올림
포스

현대문학

KB190241

정답과 해설은 EBS*i* 사이트(www.ebsi.co.kr)에서 다운로드 받으실 수 있습니다.

EBS*i* 사이트에서 본 교재의 문항별 해설 강의 검색 서비스를 제공하고 있습니다.

교재 내용 문의 교재 및 강의 내용 문의는 EBS*i* 사이트 (www.ebsi.co.kr)의 학습 Q&A 서비스를 활용하시기 바랍니다.

교재 정오표 공지 발행 이후 발견된 정오 사항을 EBS*i* 사이트 정오표 코너에서 알려 드립니다.
교재 ▶ 교재 자료실 ▶ 교재 정오표

교재 정정 신청 공지된 정오 내용 외에 발견된 정오 사항이 있다면 EBS*i* 사이트를 통해 알려 주세요.
교재 ▶ 교재 정정 신청

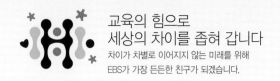

교육의 힘으로
세상의 차이를 좁혀 갑니다
차이가 차별로 이어지지 않는 미래를 위해
EBS가 가장 든든한 친구가 되겠습니다.

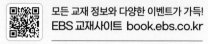

모든 교재 정보와 다양한 이벤트가 가득!
EBS 교재사이트 book.ebs.co.kr

기획 및 개발

이미애
송해나
정혜진
이혜진(개발총괄위원)

집필 및 검토

조형주(한성고)
김지상(숙명여고)
남궁민(와부고)
노은주(모락고)
박현선(서울국제고)
최두호(오산고)

검토

기노혁
김수학
민송기
손왕헌
박기완
윤성현
주용호

편집 검토

김태현
유용한
조훈화

본 교재는 기발행한 교재의 개정판으로 일부 수록 작품이 변경되었습니다.

본 교재의 강의는 TV와 모바일 APP, EBS*i* 사이트(www.ebs*i*.co.kr)에서 무료로 제공됩니다.

발행일 2020. 12. 10. 10쇄 인쇄일 2024. 12. 5. 신고번호 제2017-000193호 펴낸곳 한국교육방송공사 경기도 고양시 일산동구 한류월드로 281
표지디자인 디자인싹 편집디자인 ㈜글사랑 편집 ㈜글사랑 인쇄 금강인쇄주식회사
인쇄 과정 중 잘못된 교재는 구입하신 곳에서 교환하여 드립니다. 신규 사업 및 교재 광고 문의 pub@ebs.co.kr

올림포스

현대문학

이 책의 구성과 특징

문학, 쉽게 배워 마음으로 느끼다.
EBS 올림포스 현대문학은 문학 교과서에 실린 작품은 물론, 좀 낯설지만 꼭 알아 두어야 할 작품을 선정하여
작품이 주는 의미, 작가의 사상 등 문학 작품에 대한 종합적 감상 능력을 향상시키고
내신과 대학수학능력시험에 대비한 기초 소양을 다질 수 있도록 구성하였습니다.

2015개정 교육과정 반영! 문학 교과서에 실린 작품 수록
문학 교과서 10종에 실린 문학 작품 중 문학사적으로 중요한 작품, 수록 빈도수가 높은 작품, 새롭게 수록된 작품을 자세히 다루었습니다.

질 높은 문제로 내신과 수능에 완벽 대비
내신과 수능에 실질적 대비가 될 수 있도록 사고력을 요하는 수준 높은 핵심 문제들로 구성하였습니다.

갈래 이론 ➡
　현대시, 현대 소설, 현대 수필, 희
곡·시나리오 시작 부분에 갈래별 이
해를 두어 갈래에 대한 이해 학습이
선행될 수 있도록 하였습니다.

문학사 정리 ➡
　각 갈래별로 주요 문학사를 연표
와 함께 정리하여 앞으로 학습할 작
품들을 문학사의 흐름 속에서 감상
및 학습할 수 있도록 하였습니다.

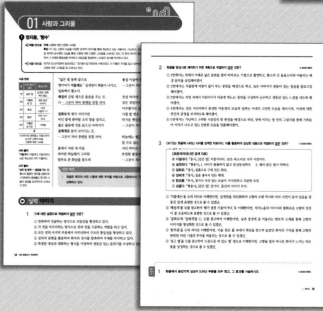

⬅ 작품 학습
　작품을 깊이 있게 이해하는 것이
문학 공부의 시작이고 마지막입니다.
작품마다 꼭 알아야 할 핵심 내용만
을 선정하여 알기 쉽게 구성하였으
며, 내신과 수능에 실질적 대비가 될
수 있는 문제들로 구성하였습니다.
**특히, 작품과 관련된 서술형 주관식
문제를 구성하여 내신에 만전을 기하
도록 하였습니다.**

더해 읽기 ➡

교재에 수록된 작품의 다른 부분을 제시하여 작품의 이해 폭을 넓힐 수 있도록 구성하였습니다. 단, 현대 소설, 현대 수필, 희곡·시나리오에만 구성되었습니다.

실전 문제 ➡

최근의 출제 경향을 반영한 문항을 유형별로 다양하게 풀어봄으로써 종합적으로 학습할 수 있도록 하였습니다.

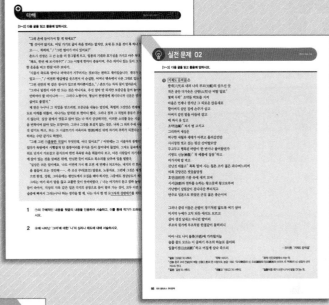

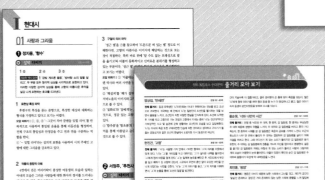

◀ 정답과 해설

정답과 해설을 통해 문제에 대한 접근 방법과 해결 과정을 익힐 수 있도록 구성하였습니다.

◀ 줄거리

전문을 실을 수 없는 소설과 수필, 희곡·시나리오는 작품의 전체 줄거리를 정리하여 완전 학습이 이루어지도록 하였습니다.

EBS 스마트북 활용 안내

EBS 스마트북은 스마트폰으로 바로 찍어 해설영상을 수강할 수 있고 교재 문제를 파일(한글, 이미지)로 다운로드하여 쉽게 활용할 수 있습니다.

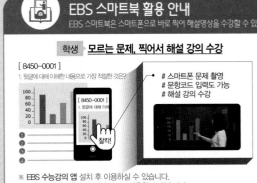

학생 모르는 문제, 찍어서 해설 강의 수강

[8450-0001]
1. 윗글에 대해 이해한 내용으로 가장 적절한 것은?

\# 스마트폰 문제 촬영
\# 문항코드 입력도 가능
\# 해설 강의 수강

찰칵!

※ EBS 수능강의 앱 설치 후 이용하실 수 있습니다.
※ 기존과 같이 문항코드 입력으로도 사용할 수 있습니다.

교사 교재 문항을 한글(HWP)문서로 저장

[8450-0001]
1. 윗글에 대해 이해한 내용으로 가장 적절한 것은?

EBS 교재 문항을 한글(HWP)파일로 다운로드하여 이용할 수 있습니다

다운로드

※ 교사지원센터(http://teacher.ebsi.co.kr) 접속 후 '교사인증'을 통해 이용 가능

이 책의 차례 및 작품 찾아보기

Contents

I 현대시

갈래 이론
현대시 문학사

I 현대시

시의 구성 요소
- 운율: 음악적 요소. 시어에서 느껴지는 말의 가락. 내재율과 외형률 등이 있다.
- 심상(이미지): 회화적 요소. 형상화된 언어에 의해 나타나는 영상 및 느낌을 말한다.
- 정서와 사상: 의미적 요소. 시에 표현된 작가의 정서와 사상. 주제와 관련 깊다.

1. 시의 언어

언어의 의미는 지시적 의미와 함축적 의미로 나눌 수 있다. 지시적 의미는 어휘가 갖는 사전적인 의미를 말하고, 함축적 의미는 어휘가 문맥적 상황에 따라 갖게 되는 사전적 의미 이외의 부가적 의미를 말한다. 예를 들어, '풀잎에 이슬이 맺혔다.'에서 '이슬'은 '공기 중의 수증기가 기온이 내려가거나 찬 물체에 부딪힐 때 엉겨서 생기는 물방울.'이라는 지시적 의미로 쓰였지만, '그녀의 눈에 이슬이 맺혔다.'에서 '이슬'은 '어떤 감정 때문에 발생한 눈물'이라는 함축적 의미를 갖게 된다. 시에서 사용되는 어휘는 지시적 의미보다는 함축적 의미로 쓰이는 경우가 많은데, 그것은 시의 언어가 비유적이고 상징적이기 때문이다.

(1) **비유적 의미**: 비유란 표현하려는 사물이나 관념(원관념)을 다른 사물이나 관념(보조 관념)에 빗대어 생생하고 감각적으로 드러내는 방법이다. 이때 보조 관념이 지닌 의미를 '비유적 의미'라고 한다.

(2) **상징적 의미**: 추상적인 사물이나 관념 또는 사상을 구체적인 사물로 나타내는 방법이다. 상징은 비유와 달리 보조 관념만 나타내는데, 보조 관념이 지닌 의미를 '상징적 의미'라고 한다. 문학 작품에서 '평화'라는 추상적인 관념을 '비둘기'라는 구체적인 사물로 나타낸 것을 예로 들 수 있다.

2. 시의 심상

심상(心象)은 이미지라고도 하는데, 감각에 의하여 획득한 형상이 마음속에서 재생된 것이다. 예를 들어 '구름이 희다.', '개구리가 운다.'와 같이 시각이나 청각과 같은 감각 기관을 통해 언어로 표현한 것이 심상이다.

(1) **시각적 이미지** 예 구름은 / 보랏빛 색지 위에 / 마구 칠한 한 다발 장미
(2) **청각적 이미지** 예 소쩍새들이 운다. / 소쩍소쩍 솥이 작다고

작품으로 이해하기

어머니,
당신은 그 먼 나라를 알으십니까?

깊은 삼림대(森林帶)를 끼고 돌면
고요한 호수에 흰 물새 날고
좁은 들길에 들장미 열매 붉어

멀리 노루 새끼 마음 놓고 뛰어다니는
아무도 살지 않는 그 먼 나라를 알으십니까?

그 나라에 가실 때에는 부디 잊지 마셔요.
나와 같이 그 나라에 가서 비둘기를 키웁시다.

어머니, / 당신은 그 먼 나라를 알으십니까?

산비탈 넌지시 타고 내려오면
양지밭에 흰 염소 한가히 풀 뜯고
길 솟는 옥수수밭에 해는 저물어 저물어
먼 바다 물 소리 구슬피 들려오는
아무도 살지 않는 그 먼 나라를 알으십니까?

어머니, 부디 잊지 마셔요.
그때 우리는 어린 양을 몰고 돌아옵시다.

– 신석정, '그 먼 나라를 알으십니까' 중에서

(3) **후각적 이미지** 예 상긋 풀 내음새 / 이슬에 젖은 초원

(4) **미각적 이미지** 예 새악시는 달콤한 꿀을 마시는 듯

(5) **촉각적 이미지** 예 꽃가루와 같이 부드러운 고양이의 털에

(6) **공감각적 이미지** 예 분수처럼 쏟아지는 푸른 종소리 (감각의 전이가 있음: 청각의 시각화)

3. 시의 운율

시는 인간의 정서를 운율이 있는 언어로 형상화한 문학이다. 운율이란 압운(운)이나 율조(율)가 일정하게 포함된 언어를 뜻한다. 운율은 시의 의미를 강화하고, 고유한 분위기를 조성한다. 또 독자에게는 노래를 듣는 듯한 즐거움을 준다.

(1) **운(韻)**: 자음이나 모음 등 일정한 소리를 일정한 위치에서 반복하여 리듬감을 형성하는 방법
예 얄리얄리 얄라셩: 'ㄹ' 음을 반복함.

(2) **율(律)**: 일정한 음보, 단어, 어구, 글자 수 등을 반복하여 리듬감을 형성하는 방법
예 아리랑∨아리랑∨아라리요 / 아리랑∨고개로∨넘어간다.: '아리랑'의 반복, 3음보의 반복

4. 시의 소통 구조

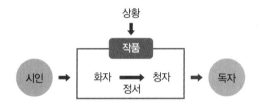

(1) **시적 화자**: 작품 속에서 시인을 대신하여 말하는 사람. '시적 자아', '서정적 자아'라고도 한다.

(2) **시적 상황**: 작품 속에서 화자가 처해 있는 상황. 시적 상황을 알아야 화자의 정서를 파악할 수 있다.

(3) **화자의 정서**: 화자가 시적 상황에 따라 지니게 된 감정이나 생각, 기분이나 분위기를 통틀어 말한다.

• 시의 언어
① 함축적 의미: '흰 물새', '흰 염소'는 한가로움이나 자유로운 정서를 떠올리게 하는 시어이다.
② 상징적 의미: '비둘기'의 상징적인 의미는 '평화'이고, '어린 양'의 상징적 의미는 '순수' 정도로 해석할 수 있다.

• 시의 운율
① 운: 2연 3행에 나오는 '좁은 들길에 들장미 열매 붉어'는 'ㄹ' 음을 반복하여 음악성을 살리고 있다.
② 율격: '깊은∨삼림대를∨끼고∨돌면 / 고요한∨호수에∨흰 물새∨날고'처럼 대체로 4음보로 끊어 읽을 수 있다.

• 시적 화자
이 시의 화자는 소년처럼 느껴진다. 화자는 이상적인 자연 세계에서 어머니와 함께 살기를 간절히 노래하고 있다.

《태서문예신보》
• 1918년에 창간된 한국 최
의 주간 문예지. 김억과 황
석우 등이 활약하였다. 김
억의 번역시와 시론을 통
한 상징주의의 도입은 근
대시 형성에 큰 영향을 끼
쳤다.

1. 1910년대의 시 문학

근대시의 출발 지점이기도 한 이 시기에는 서구 문학의 영향으로 개성 있는 율격을 지닌 새로운 형식의 시들이 나타났다. 특히 김억과 주요한의 활동이 두드러졌다. 김억은 최초의 문예 주간지인 《태서문예신보》(1918)에 프랑스의 상징주의 시와 시론을 번역하여 소개였고, 주요한은 문예지 《창조》에 정형률을 탈피한 시인 '불놀이'(1919)를 발표하였다.

(1) 시대적 배경

① 한일 병합으로 일제의 식민 통치가 시작되었다.

② 3·1 운동 등 일제에 대한 우리 민족의 저항이 나타났다.

(2) 문학사의 흐름

① 김억이 《태서문예신보》에 처음으로 서구 상징주의 시를 번역하여 서구의 근대 문학을 소개하였다.

② 주요한은 자유시의 운율에 개인의 서정을 담은 '불놀이' 등을 발표하여 현대적 자유시를 개척하였다.

2. 1920년대의 시 문학

근대시의 형식인 자유시가 성립되어 확산된 시기로, 다양한 경향의 시가 창작되었다. 특히 이 시기는 '동인지 시대'라고 불릴 정도로 《폐허》(1920), 《장미촌》(1921), 《백조》(1922), 《금성》(1923) 등 다양한 문예 동인지가 활발히 간행되면서 많은 시인들이 배출되었다.

1920년대 초기에는 3·1 운동의 실패에서 오는 암울한 정서가 주를 이루는 감상적 낭만주의가 등장하였다. 그러나 후반기에는 사회의 현실을 직시하는 신경향파 문학이 대두되었고, 1925년 카프(KAPF) 결성을 계기로 계급주의 문학이 큰 흐름을 형성했다. 한편 이들에 반발하는 국민 문학파는 민족주의를 바탕으로 문학의 순수성을 제창하는 활동을 펼치기도 했다. 뿐만 아니라 이 시기에는 민요 운동과 시조 부흥 운동이 일어나기도 하였다.

이 시기에 특히 주목할 만한 시인은 김소월과 한용운이다. 김소월은 '진달래꽃'을 비롯한 정통적 정서와 운율을 계승한 작품을 발표하였고, 한용운은 '님의 침묵'을 통해 부정적 현실에 대한 극복 의지를 드러내는 독특한 시 세계를 열었다. 또 김동환은 1925년 '국경의 밤'이라는 최초의 현대 서사시를 발표하였다.

카프(KAPF)
• '조선 프롤레타리아 예술가
동맹'의 약칭. 1925년에 사
회주의 혁명을 목적으로
결성된 문화인들의 실천
단체이다. 박영희, 김기진,
임화 등이 활동하였다.

(1) 시대적 배경

① 3·1 운동의 실패로 인한 패배 의식과 허무주의가 사회 전반에 만연하였다.

② 1925년 카프의 결성으로 사회주의 사상이 지식인들에게 퍼졌다. 이 땅의 민중들에게 투쟁 의식을 강조하는 계급주의 문학(프로 문학)의 시대를 열었다.

(2) 문학사의 흐름

① 퇴폐적 낭만주의의 경향이 나타났다. 예 이상화의 '빼앗긴 들에도 봄은 오는가', 홍사용의 '나는 왕이로소이다', 박종화의 '사의 예찬'

② 전통적인 율격과 정서를 지닌 시들이 쓰여졌다. 예 김소월의 '진달래꽃'

③ 《창조》에 이어 《폐허》, 《백조》, 《장미촌》, 《금성》 등의 동인지가 많이 발간되었다.

④ 사회주의 문학에 맞서 민족주의 문학 운동과 시조 부흥 운동이 나타났다. 예 이병기의 '난'

⑤ 김동환의 서사시 '국경의 밤', 한용운의 시집 "님의 침묵"(1926)이 발표되었다.

3. 1930년대의 시 문학

현대시의 면모가 본격적으로 갖추어진 시기라고 할 수 있다. 일제의 탄압으로 인해 사회 비판적인 작품이나 계급 의식을 고취한 작품들 대신 순수한 서정을 추구하는 작품들이 창작되었다. 《시문학》(1930)을 중심으로 활동했던 박용철, 김영랑 등과 《문장》(1939)을 중심으로 활동했던 정지용 등의 활동이 두드러졌다. 박용철, 김영랑 등은 청신한 언어 감각과 아름다운 리듬을 통해 순수한 서정의 세계를 그리려 하였다. 따라서 이들을 '시문학파'라고 한다. 이 시기에는 근대적·도시적 감수성을 바탕으로 감정보다는 지성을, 음악성보다는 회화성을 중시하는 모더니즘 시가 등장하였다. 대표 작가로는 김기림, 김광균, 이상 등으로, 이들은 서구의 이미지즘에 영향을 받아 주지주의적 경향의 작품을 발표하였다.

1930년대 후반에는 생명파 시인들이 등장하였다. 1936년에 나온 《시인부락》을 중심으로 활동한 서정주, 유치환, 함형수 등은 생명감을 추구하는 시들을 발표하였다. 1930년대 후반에는 신석정, 김상용, 김동명 등의 전원파 시인들의 활동이 이어졌다. 이들은 비극적 현실에서 벗어나 평화로운 자연에서의 삶을 추구하는 작품을 창작했다.

(1) 시대적 배경
① 일제의 식민 통치가 더욱 강화되었다.
② 서구의 새로운 문예 사조가 소개되었다.

(2) 문학사의 흐름
① 순수 문학을 추구하는 경향이 나타났다.
- 박용철, 김영랑 등을 중심으로 한 '시문학파'의 순수시 운동이 전개되었다.
  예 박용철의 '떠나가는 배', 김영랑의 '돌담에 속삭이는 햇발'
- '구인회'(1933) 등 순수 문학을 지향하는 모임들이 결성되었다.
② 서구의 모더니즘이 들어와서 주지주의 경향의 작품들이 쓰여졌다.
- 정지용, 김기림, 김광균 등이 주지주의적인 성격을 띤 작품을 발표하였다.
  예 정지용의 '유리창 1', 김기림의 '바다와 나비', 김광균의 '와사등'
③ 자의식의 문제를 다룬 이상의 '오감도(烏瞰圖)'(1934)가 발표되었다.
④ 생명 의식을 추구하는 유파가 등장하였다.
- 《시인부락》을 중심으로 서정주, 유치환, 오장환 등이 생명 의식을 추구하는 시들을 발표하였다.
  예 서정주의 '자화상', '화사', 유치환의 '생명의 서'

4. 1940년대의 시 문학

이 시기는 제2차 세계 대전(1939)이 일어나면서 일제의 식민 통치가 막바지로 치달았던 전반기와 우리 민족이 해방되어 새로운 정부를 세우기 위해 혼란을 겪었던 후반기로 나눌 수 있다. 전반기는 민족 문학의 암흑기였다. 일제의 민족의 말살 정책으로 인해 신문과 잡지가 폐간되었다. 하지만 그런 상황에서도 일제에 대한 저항 의식을 바탕으로 시를 창작한 이육사와 윤동주의 활약은 높이 평가할 만하다. 반면에 1945년 해방을 맞은 후반기에는 해방의 감격과 새로운 국가에 대한 소망과 기대를 담은 작품이 많이 나타났다.

시문학파
- 1930년 3월에 나온 《시문학》이란 잡지를 중심으로 순수 문학을 추구했던 시인들을 이르는 말이다.
- 동인: 김영랑, 박용철, 정지용, 이하윤, 정인보, 변영로, 신석정 등
- 경향
  - 카프의 정치 지향적인 경향시에 반대하여 사상성을 내세우지 않은 순수시를 썼다.
  - 언어를 다듬어서 참신한 감각을 보여 주었고, 언어가 갖는 음악성을 추구하였다.

(1) 시대적 배경

   ① 우리 민족과 우리말에 대한 일제의 탄압이 극심하였다.

   ② 신문이나 잡지 등이 폐간되는 등 문학사의 암흑기였다.

   ③ 광복 이후 정부가 수립되기 전까지 정치적인 혼란기를 맞았다.

(2) 문학사의 흐름

   ① 자연 친화나 자연과의 교감을 노래한 시들이 나타났다.

       예 박목월·박두진·조지훈의 "청록집"

   ② 이육사와 윤동주의 저항적인 시들이 쓰여졌다.

       예 이육사의 '광야', '절정', 윤동주의 '자화상', '참회록'

   ③ 광복의 기쁨과 새로운 희망을 노래한 시들이 쓰여졌다.

       예 박두진의 '해', 신석정의 '꽃덤불', 정지용의 '그대들 돌아오시니', 조지훈의 '산상의 노래'

5. 1950년대의 시 문학

   6·25 전쟁이라는 민족적 비극이 시 문학에 직접적 영향을 주었던 시기이다. 따라서 전쟁의 상처를 극복하려는 의도가 담긴 시와 전쟁을 겪으며 체험한 생명의 소중함과 실존 의식을 노래한 작품이 나타났다. 한편 전통적인 순수 서정시의 경향이 계속 이어졌으며, 현대적 도시 감각과 지적 태도를 중시하는 모더니즘 경향이 주도적 위치를 차지했다. 후반기에는 부정과 독재를 풍자하고 비판하는 내용과 현대 문명을 비판하는 시도 등장하였다.

(1) 시대적 배경

   ① 6·25 전쟁으로 인명과 재산의 피해를 입고 사회적 혼란을 겪었다.

   ② 권력의 횡포와 부패가 점차 만연하면서 민중들의 저항이 나타났다.

(2) 문학사의 흐름

   ① 전쟁의 비극성과 허무 의식을 담고 있는 작품들이 나타났다. 또한, 민족의 화해, 사회적 상처와 후유증을 다룬 작품이 창작되었다.

       예 박인환의 '목마와 숙녀', '검은 강', 유치환의 '보병과 더불어', 박봉우의 '휴전선'

   ② 전통과 순수한 서정성을 추구하려는 경향이 나타났다.

       예 서정주의 '무등을 보며', '광화문', 조지훈의 '풀잎 단장', '민들레꽃', 박목월의 '산도화'

   ③ 현실의 부조리를 비판하고 풍자하는 참여적인 문학 작품들이 등장하였다.

       예 김수영의 '폭포'

전후 문학

• 일반적으로 전후 문학이란 제1, 2차 세계 대전 후에 생겨난, 허무적이고 퇴폐적인 경향이나 사조를 띤 문학을 의미한다. 제차 세계 대전 후의 다다이즘이나 제2차 세계 대전 후의 실존주의 문학 등이 대표적이다. 전쟁으로 인한 인간성의 상실·절망감·단절감 등이 공통적인 정서로 작품들에 깃들어 있다. 우리나라도 1950년대 전쟁을 겪으면서 이런 경향의 작품들이 시와 소설에 많이 나타났다.

1900~1910년대

• 1908년 신체시 등장 (최남선의 '해에게서 소년에게', '구작 삼 편')
• 1919년 《창조》 창간, 주요한의 '불놀이'

1920년대

• 1922년 《백조》 창간 – 낭만주의 경향
• 1922년 김소월의 '진달래꽃'(민족 전통의 정서)
• 1925년 카프 결성 – 경향파 시 창작
• 1926년 한용운의 '님의 침묵'(민족적 저항 의식 고조)

1930년~광복

• 1930년 《시문학》 창간 – 순수시 운동 전개
• 1936년 《시인부락》 창간 – 생명 의식 추구
• 1939년 《문장》 창간
  – 자연 친화적인 시 창작
• 1940년대 민족 문학의 암흑기
  – 저항적인 경향과 청록파의 시

6. 1960~1970년대의 시 문학

　　1960년대의 시인들은 4·19 혁명과 그 이상을 좌절시킨 5·16 군사 정변의 역사적 체험을 바탕으로 동시대의 삶의 문제에 대한 깊이 있는 탐구를 시도하였다. 그 결과 김수영, 신동엽 등은 사회의 부조리에 대한 비판과 고발을 담은 현실 참여시를 창작하였다. 반면 김광섭, 김춘수 등은 참여 문학의 반대편에서 언어의 예술성과 기교를 바탕으로 전통적 서정을 노래하는 순수 서정시를 창작하였다. 1970년대에는 급격한 산업화로 인한 농촌 공동체의 붕괴, 도시 빈민의 문제, 소외 문제, 분단 문제를 다룬 시가 주로 창작되었다. 특히 유신 체제에 대한 저항과 민주화에 대한 열망, 인간다운 삶을 갈망하는 시들이 많이 창작되었는데, 이를 민중 문학이라고 한다.

(1) 시대적 배경
　　① 산업화가 급속하게 진행되었다.　　　② 군사 독재 체제가 점차 강화되었다.
　　③ 이농 현상으로 인구의 도시 집중 현상이 나타났다.

(2) 문학사의 흐름
　　① 문명에 대한 비판적인 경향의 시들이 많이 나타났다. 📖 김광섭의 '성북동 비둘기'
　　② 산업화의 과정에서 소외된 민중들의 삶을 노래하는 시들이 나타났다.
　　　　📖 신경림의 '농무', 정희성의 '저문 강에 삽을 씻고', 황동규의 '조그만 사랑 노래'

7. 1980년대 이후의 시 문학

　　1980년대 이후의 우리 사회는 경제 성장에 힘입어 민주화에 대한 열망이 고조되었다. 한편으로는 노동자와 서민의 삶에 대한 관심이 높아지면서 개인적인 것만을 추구하는 삶의 방식에 대한 반성도 함께 일어났다. 특히 최근에는 환경 문제를 다룬 생태시를 비롯하여 문명 비판적이고 풍자적인 시들도 활발하게 창작되고 있다. 또 형식면에서도 해체시 경향이 확대되면서 도시시, 일상시 등 다양한 범주의 시들이 나타났다.

(1) 시대적 배경
　　① 자유를 갈망하는 민중들의 욕구가 고조되었다.
　　② 산업화에 대한 비판과 반성의 목소리가 나타났다.

(2) 문학사의 흐름
　　① 현실을 비판하거나 자유를 갈망하는 시들이 등장하였다.
　　　　📖 김광규의 '상행', 황지우의 '새들도 세상을 뜨는구나'
　　② 민중들의 강인한 삶을 노래한 시들이 쓰여졌다. 📖 김용택의 '섬진강'

- 자연 파괴에 대한 문제점을 노래한 시
- 민주화에 대한 갈망을 노래한 시
- 근대화로 소외된 민중의 애환을 노래한 시

광복~1950년대	1960~1970년대	1980년대 이후
• 8·15 광복의 기쁨과 새로운 희망을 노래 – 민족주의적 경향 • 전쟁 체험의 형상화 • 전통적 순수시를 계승하고 발전시키려는 경향 • 현실의 부조리를 비판하고 풍자하는 참여적인 경향	• 서구 문명에 대한 비판적인 경향 • 산업화의 과정에서 소외된 민중의 삶을 노래하는 경향 • 시의 예술적 기법과 현대적 언어 감각을 추구하는 경향 • 노동자 계층의 주체적 자각이 이루어지면서 노동 문학 등장	• 현실을 비판하거나 자유를 갈망하는 경향 • 산업화에 대해 비판과 반성하는 경향 • 민중의 강인한 삶을 노래하는 경향

01 사랑과 그리움

① 정지용, '향수'

➜ 작품 안으로 **주제**: 고향에 대한 간절한 그리움

특징: 이 시는 고향의 모습을 다양한 감각적 이미지를 통해 회상하고 있는 작품이다. 가난하고 소박하지만 평화로운 시골의 정경과, 어린 시절 화자의 순수했던 모습을 통해 고향에 대한 간절한 그리움을 드러내고 있다. 각 연의 마지막 행에 '그곳이 차마 꿈엔들 잊힐 리야.'를 반복하여 시 전체에 통일성을 부여하고 리듬감을 형성하며 그리움의 정서를 부각하고 있다.

← 작품 밖으로 1927년 《조선지광》에 발표되었고 "정지용시집"(1935)에 수록되었다. 이 작품은 주권을 잃고 핍박받던 일제 강점기의 고통스러운 상황 속에서 고향에 대한 그리움을 잘 드러내고 있다.

시상 전개

연	시적 배경/ 공간	중심 소재
1연	넓은 벌	실개천, 얼룩백이 황소
2연	겨울밤 방 안	잠든 늙은 아버지
3연	풀섶	어린 시절의 '나'
4연	들판	어린 누이, 아내
5연	가을밤 초가집	가족들

↓

가난하지만 평화롭고 아름다우며
순수한 고향의 모습.
고향에 대한 그리움

시어 풀이

*지줄대다: 지절대다. 지절거리다. 낮은 목소리로 자꾸 지껄이다.

시구 풀이

*넓은 벌 동쪽 ~ 울음을 우는 곳: 황소의 울음인 청각을 금빛으로 시각화하여 평화롭고 한가한 시골의 정경을 효과적으로 드러내고 있다.

---

*넓은 벌 동쪽 끝으로
옛이야기 **지줄대는*** 실개천이 휘돌아 나가고,
얼룩백이 황소가
해설피 금빛 게으른 울음을 우는 곳,
㉠ ―그곳이 차마 꿈엔들 잊힐 리야.

질화로에 재가 식어지면
비인 밭에 밤바람 소리 말을 달리고,
엷은 졸음에 겨운 늙으신 아버지가
짚베개를 돋아 고이시는 곳,
―그곳이 차마 꿈엔들 잊힐 리야.

흙에서 자란 내 마음
파아란 하늘빛이 그리워
함부로 쏜 화살을 찾으려

풀섶 이슬에 **함추름** 휘적시던 곳,
―그곳이 차마 꿈엔들 잊힐 리야.

전설 바다에 춤추는 밤물결 같은
검은 귀밑머리 날리는 어린 누이와
아무렇지도 않고 예쁠 것도 없는
사철 발 벗은 아내가
따가운 햇살을 등에 지고 이삭 줍던 곳,
―그곳이 차마 꿈엔들 잊힐 리야.

하늘에는 **성근 별**
알 수도 없는 모래성으로 발을 옮기고,
서리 까마귀 우지짖고 지나가는 초라한 지붕,
흐릿한 불빛에 돌아앉아 도란도란거리는 곳,
―그곳이 차마 꿈엔들 잊힐 리야.

진단 체크

답 1 이미지

1   윗글은 화자의 어린 시절에 대한 추억을 바탕으로 고향에서의 기억을 다양한 감각적 □□□로 형상화하고 있다.

⊙ 실력 다지기

정답과 해설 2쪽

1   ㉠에 대한 설명으로 적절하지 <u>않은</u> 것은?

○ 8450-0001

① 반복하여 진술하는 방식으로 리듬감을 형성하고 있다.

② 각 연을 마무리하는 방식으로 연과 연을 구분하는 역할을 하고 있다.

③ 모든 연의 마지막 부분에서 마무리하여 구조의 통일성을 형성하고 있다.

④ 설의적 표현을 활용하여 화자의 정서를 함축하여 주제를 부각하고 있다.

⑤ 특정한 대상과 대화하는 형식을 가정하여 생동감 있는 분위기를 조성하고 있다.

2 윗글을 영상시로 제작하기 위한 계획으로 적절하지 <u>않은</u> 것은? ◑ 8450-0002

① 1연에서는 위에서 아래로 넓은 들판을 멀리 바라보는 기법으로 촬영하고, 황소의 긴 울음소리와 어울리는 배경 음악을 삽입해야겠어.

② 2연에서는 겨울밤에 바람이 많이 부는 장면을 배경으로 하고, 늙은 아버지가 잠들어 있는 얼굴을 클로즈업 해야겠어.

③ 3연에서는 자연 속에서 어린아이가 마음껏 뛰노는 장면을 구성하여 순수하고 생동감 있는 느낌을 내도록 해야겠어.

④ 4연에서는 검은 머리카락이 풍성한 여동생의 모습과 일하는 아내의 고단한 모습을 대비시켜, 아내에 대한 연민의 감정을 부각하도록 해야겠어.

⑤ 5연에서는 가난하고 소박한 시골집의 밤 풍경을 배경으로 하되, 밖에 비치는 방 안의 그림자를 통해 가족들이 이야기 나누고 있는 단란한 모습을 연출해야겠어.

3 〈보기〉는 윗글에 나타난 시어를 검색한 자료이다. 이를 활용하여 감상한 내용으로 적절하지 <u>않은</u> 것은? ◑ 8450-0003

● 보기 ●

〈표준국어대사전 검색 자료〉

ⓐ 지절대다: 「동사」 [같은 말] 지절거리다. 낮은 목소리로 자꾸 지껄이다.

ⓑ 설핏하다: 「형용사」 1. 사이가 촘촘하지 않고 듬성듬성하다.   2. 해의 밝은 빛이 약하다.

ⓒ 질화로: 「명사」 질흙으로 구워 만든 화로.

ⓓ 짚베개: 「명사」 짚을 넣어서 만든 베개.

ⓔ 함초롬: 「부사」 젖거나 서려 있는 모습이 가지런하고 차분한 모양.

ⓕ 성글다: 「형용사」 [같은 말] 성기다. 물건의 사이가 뜨다.

① '지줄대는'을 ⓐ의 의미로 이해한다면, 실개천을 의인화하여 고향의 오랜 역사와 여러 사연이 담겨 있음을 생동감 있게 표현한 것으로 볼 수 있겠군.

② '해설피'를 ⓑ를 참고하여 '해가 설핏 기울어가다.'로 이해한다면, 저녁노을의 이미지와 평화로운 고향의 정경이 잘 조응하도록 표현한 것으로 볼 수 있겠군.

③ '질화로'와 '짚베개'를 ⓒ, ⓓ를 참고하여 이해한다면, 농촌 풍경에 잘 어울리는 향토적 소재를 통해 고향의 이미지를 형상화한 것으로 볼 수 있겠군.

④ '함추름'을 ⓔ의 의미로 이해한다면, 이슬 젖은 풀 속에서 화살을 찾으며 놀았던 화자의 기억을 통해 고향과 관련된 어린 시절의 추억을 떠올리는 것으로 볼 수 있겠군.

⑤ '성근 별'을 ⓕ를 참고하여 '드문드문 떠 있는 별' 정도로 이해한다면, 고향을 멀리 떠나온 화자가 느끼는 외로움을 상징하는 것으로 볼 수 있겠군.

---

1 윗글에서 공감각적 심상이 드러난 부분을 모두 찾고, 그 효과를 서술하시오. ◑ 8450-0004

❷ 서정주, '추천사 – 춘향의 말 1'

➜ 작품 안으로   **주제**: 이상 세계에 대한 춘향의 갈망과 한계 인식
특징: 이 시는 '춘향전'에서 모티프를 가져와 유사한 통사 구조의 반복을 통해 리듬감을 형성하고 화자의 소망을 강조하고 있다. 이 시에서 '그네'는 괴로운 현실에서 벗어나 이상 세계에 도달하게 해 주는 매개체의 역할을 하지만, 결국 다시 지상으로 돌아오는 한계를 지니고 있다.

➜ 작품 밖으로   1955년 발표된 "서정주 시선"에 실린 작품으로 부제는 '춘향의 말 1'이다. '춘향전'에서 춘향이 그네 뛰는 장면을 모티프로 차용하여, 현실을 벗어나 이상향에 도달하고 싶은 인간의 갈등과 좌절을 춘향이라는 화자로 표현하고 있는 작품이다.

시상 전개

하늘
이상 세계

↑ 상승

그네
하늘과 땅을 연결해 주는 매개체

↓ 하강

땅
현실 세계

시구 풀이

*이 다수굿이 흔들리는 ~ 아주 내어 밀듯이,: '수양버들 나무'와, '베갯모에 뇌이듯 한 풀꽃데미', '자잘한 나비 새끼 꾀꼬리들'은 춘향이 있는 현실 세계에 존재하는 아름다운 것들을 의미한다. 이는 현실 세계에 대해 춘향이 품을 수 있는 미련을 상징하며, 춘향이 향단에게 아주 내어 밀어 달라고 말하는 것을 통해 현실적인 가치들로부터 벗어난 이상향을 지향하는 마음을 드러낸다고 할 수 있다.

향단아 그넷줄을 **밀어라** / 머언 바다로
배를 **내어 밀듯이,** / 향단아.

*이 다수굿이 흔들리는 ㉠수양버들 나무와 / 베갯모에 뇌이듯 한 ㉡풀꽃데미로부터,
㉢자잘한 나비 새끼 꾀꼬리들로부터 / 아주 내어 밀듯이, 향단아.

산호(珊瑚)도 섬도 없는 저 하늘로 / 나를 **밀어 올려다오.**
채색(彩色)한 구름같이 나를 밀어 올려다오 / 이 울렁이는 가슴을 밀어 올려다오!

서(西)로 가는 달같이는 / 나는 아무래도 갈 수가 없다.

바람이 파도를 밀어 올리듯이 / 그렇게 나를 밀어 올려다오
향단아.

진단 체크   [답 1 그네]

1 윗글에서 이상 세계를 향한 지향을 드러내는 동시에 현실 세계의 한계를 인식하게 하는 상징적 의미로 쓰인 소재를 찾아 쓰시오.

➡ 실력 다지기
정답과 해설 2쪽

1 ㉠~㉢의 시어들의 공통적 특성으로 가장 적절한 것은?
▶ 8450-0005

① 잊었던 과거 시간의 추억을 화자에게 떠올리게 하는 매개체이다.
② 동경하는 이상 세계에 대한 화자의 욕망을 상징하는 소재이다.
③ 벗어나려는 현실 세계에 존재하는 화자의 미련을 상징적으로 드러낸다.
④ 시간의 흐름에 따라 변화하지 않는 영원한 자연성을 함축하여 나타낸다.
⑤ 사회적 통념상 정의로운 가치라고 여겨지는 것들을 비유적으로 상징한다.

2 〈보기〉를 바탕으로 윗글을 감상할 때 적절하지 <u>않은</u> 것은?   ○ 8450-0006

● 보기 ●

현실	←	경계	→	이상
땅	㉮	그네	㉯	하늘, 바다

　　이 시는 하늘과 땅을 매개하는 '그네'의 속성을 통해 이상 세계에 대한 갈망과 현실 세계의 한계에 대한 인식을 동시에 드러내고 있다. 특히 1, 2, 3연에 드러나는 '밀다'라는 행위의 반복과 변주는 그네를 뛰는 화자의 모습과 조응하여 시적 정서를 효과적으로 전달하는 데 기여한다. 또한 4연과 5연에서는 운명적 한계를 인식하면서도 열망을 포기할 수 없는 모습을 통해 인간의 숙명을 그려 내고 있다.

① ㉯의 과정에 해당하는 '밀어라'–'내어 밀듯이'–'밀어 올려다오'의 변주는 춘향이 그네를 뛰는 역동적인 모습을 형상화한다고 볼 수 있겠군.
② ㉯의 과정에서 절정에 해당하는 '이 울렁이는 가슴을 밀어 올려다오!'의 영탄적 표현은 이상향에 대한 춘향의 갈망을 효과적으로 드러내는 것이겠군.
③ ㉯의 과정에는 부재하지만 ㉮의 과정에는 존재하는 '서으로 가는 달'은 춘향이 현실 세계를 재인식하는 계기를 제공한다고 볼 수 있겠군.
④ ㉮의 과정에 해당하는 '나는 아무래도 갈 수가 없다'는 춘향의 체념적 어조는 인간의 운명적 한계를 인식하고 있음을 내포한다고 볼 수 있겠군.
⑤ ㉮의 과정에서 한계를 인식하면서도 ㉯를 반복하는 춘향의 태도는 '바람이 파도를 밀어 올리듯이'를 통해 숙명을 벗어나려는 의지를 형상화한다고 볼 수 있겠군.

3 다음 선생님의 질문에 대한 답으로 가장 적절한 것은?   ○ 8450-0007

선생님: 이 시는 '춘향전'의 내용과 소재를 변용하고 춘향을 화자로 설정하여, 인간의 욕망과 숙명을 주제로 현대에서 재조명하고 있는 작품입니다. 그럼 이 시가 어떻게 전통을 수용하여 재창작하고 있는지 말해 볼까요?

① '머언 바다'를 통해 춘향에게 앞으로 닥칠 시련을 암시하여 사랑과 이별의 고통을 부각하고 있습니다.
② '춘향전'에 등장하는 다른 인물들은 배제하는 방식을 통해 춘향의 인식이 비현실적임을 드러내고 있습니다.
③ 지조와 절개를 중시하는 춘향의 특성을 사물인 그네의 속성에 비유하여 유추의 방식으로 주제를 강조하고 있습니다.
④ '향단'을 시의 청자로 설정하고 춘향이 직접 발화하는 방식을 통해 춘향의 인식에 초점을 맞추어 의미를 구성하고 있습니다.
⑤ '춘향전'의 갈등 구조를 변형하여 춘향이 이별의 상황에 대처하는 방식을 현대적으로 변형하여 독자의 공감을 이끌어 내고 있습니다.

1 4연에서 화자인 춘향이 '나는 아무래도 갈 수가 없다.'라고 한 이유에 대해 서술하시오.   ○ 8450-0008

❸ 박재삼, '흥부 부부상'

➡️ **작품 안으로** **주제**: 가난한 이들이 겪는 삶의 애환과 소박한 행복의 가치

특징: 이 시는 고전 소설 '흥부전'의 흥부 부부를 소재로, 가난한 이들이 겪는 삶의 애환과 소박한 행복을 형상화하여 정신적 가치의 중요성을 일깨우고 있다. 화자는 박을 가르기 전에 웃고 있는 흥부 부부를 떠올리며 가난하지만 서로 사랑하며 살아가는 그들이야말로 물질적 풍요보다 정신적 행복을 중시하는 인물임을 드러내고 있다.

⬅️ **작품 밖으로** 1962년 발표된 "춘향이 마음"에 실린 작품이다. 이 시는 고전 소설 '흥부전'에서 흥부 부부의 삶을 소재로 차용하여 긍정적인 삶의 태도를 표현하고 있는 작품이다.

시상 전개

정신적 가치

웃음살(웃음의 물살)
본웃음 물살

⬍

물질적 가치

금, 황금 벼 이삭
떡방아 소리

시어 풀이

*소스라치다: 깜짝 놀라 몸을 갑자기 떠는 듯이 움직이다.

시구 풀이
*금이 문제리, ~ 그것이 확실히 문제다.: '금'과 '황금 벼 이삭'은 물질적 가치를 의미하는 것으로 이것들이 문제가 되지 않는다는 의미는 부부 사이에 신뢰와 사랑이 중요하다는 의미를 뜻한다. 따라서 마지막 부분은 가난하지만 소박하게 행복을 추구하는 부부의 모습을 통해 긍정적인 가치를 드러내고 있다.
*웃다가 서로 ~ 구슬까지를 서로 부끄리며: '구슬'은 눈물을 의미하는 것으로, 가난하고 고달픈 상황에 처해 있는 사랑하는 상대방을 향한 연민의 눈물이라고 할 수 있다. 그러다가 서로 눈물을 흘리는 것조차 부끄러워하고 미안해하는 상대방에 대한 배려와 사랑의 태도를 드러내고 있다.

흥부 부부가 **박 덩이를 사이하고**
가르기 전에 건넨 웃음살을 헤아려 보라.
***금이 문제리,**
황금 벼 이삭이 문제리,
웃음의 물살이 반짝이며 정갈하던
그것이 확실히 문제다.

없는 떡방아 소리도
있는 듯이 들어내고
손발 닳은 처지끼리
같이 웃어 비추던 거울 면(面)들아.

***웃다가 서로 불쌍해**
서로 구슬을 나누었으리.
그러다 금시
절로 면(面)에 온 ㉠구슬까지를 서로 부끄리며
먼 물살이 가다가 소스라쳐 반짝이듯
서로 소스라쳐*
본(本)웃음 물살을 지었다고 헤아려 보라.
그것은 **확실히 문제다.**

진단 체크 | ㅇ '2 ×'1 달

1 윗글에서 흥부 부부는 가난한 현실에 대해 서로의 처지를 한스럽게 생각하며 원망하고 있다. (〇, ×)
2 윗글에서 흥부 부부는 서로를 쳐다보며 눈물을 흘리는 것조차 상대방에게 부끄러워하고 미안해하고 있다. (〇, ×)

1 윗글에 나타난 표현상 특징으로 가장 적절한 것은?

○ 8450-0009

① 반어적 표현을 사용하여 시적 분위기를 전환하고 있다.
② 계절감을 드러내는 시어를 사용하여 애상감을 형성하고 있다.
③ 단정적 어조를 사용하여 시의 주제를 효과적으로 드러내고 있다.
④ 시간의 흐름에 따른 소재 변화를 드러내어 화자의 정서를 집약하고 있다.
⑤ 부정적 현실을 반영한 소재를 통해 화자의 체념적 태도를 드러내고 있다.

2 〈보기〉의 관점으로 윗글을 감상한 내용으로 적절하지 <u>않은</u> 것은?

○ 8450-0010

● 보기 ●

　　이 시는 고전 소설 '흥부전'을 모티프로 삼아 흥부 부부가 박 타는 장면을 시적으로 재구성하고 있다. 이렇게 전통적 소재를 바탕으로 새로운 작품을 생성하는 것을 문학 전통의 창조적 계승이라고 한다. 특히 이 시는 가난한 생활 속에서도 서로를 이해하고 사랑하며 삶의 애환을 극복하는 흥부 부부의 모습을 긍정적인 가치로 조명하고, 이와 반대 측에 있는 놀부의 재물과 탐욕을 부정적인 가치로 전제하여 시의 의미를 구성한다고 볼 수 있다.

① '박 덩이를 사이하고 / 가르기 전에 건넨 웃음살'은 흥부 부부의 박타는 장면을 차용하여 그들의 사랑을 긍정적인 가치로 인식하고 있음을 알 수 있군.
② '금이 문제리, / 황금 벼 이삭이 문제리,'는 물질적인 가치가 행복한 삶에 중요한 요소가 아니라는 점을 드러내는 것이겠군.
③ '없는 떡방아 소리도 / 있는 듯이 들어내'는 것은 시대의 흐름에 따라 과거에 중시했던 가치를 현대에는 중시하지 않게 되었음을 드러낸 것이겠군.
④ '본웃음 물살'을 '확실히 문제다.'라고 단언한 것은, 흥부 부부의 서로 사랑하는 태도야말로 중요한 가치라는 시의 주제를 효과적으로 드러내는 것이겠군.
⑤ '흥부전'에서 흥부에게 탐욕을 부리던 놀부와 관련한 요소는 윗글에서는 직접 드러나지 않지만 부정적 인식으로 전제되어 의미를 형상화하겠군.

3 ㉠의 의미를 이해한 것으로 가장 적절한 것은?

○ 8450-0011

① 비참한 현실에 대한 비애감
② 사랑하는 사람에 대한 연민과 애정
③ 새로운 고난에 대한 두려움과 놀라움
④ 어쩔 수 없는 상황에 대한 수용과 체념
⑤ 현실의 문제를 해결한 뒤에 얻은 성취감

1 1연과 3연에 제시된 '그것은 확실히 문제다.'의 의미를 서술하시오.

○ 8450-0012

④ 황동규, '즐거운 편지'

작품 안으로 **주제**: 변하지 않는 사랑과 기다림
특징: 이 시는 사소하지만 삶의 한 부분인 자연 현상에 변함없는 사랑을 빗대어 표현함으로써 반어적 표현의 묘미를 드러내고 있는 작품이다. 화자는 상대방을 향한 자신의 애절한 사랑에 대해 불변성을 강조하여 표현하고 있다.

작품 밖으로 1958년 발표된 시인의 등단 작품으로 실제 시인의 첫사랑의 경험을 담은 시로 알려져 있다. 이루어지지 않은 사랑을 기다림의 정서로 승화시켜 아름답고 섬세한 감성으로 노래한 작품이다.

시상 전개

자연 현상	자연의 순환
해가 지고 바람이 부는 일	눈이 그치고 꽃이 피어나고 낙엽이 떨어지고 또 눈이 퍼붓고

↓

간절하고 영원한 사랑

시구 풀이

*오랫동안 전해오던 ~ 불러 보리라.: 사소함은 '그대'에 대한 사랑이 매우 소중한 것임을 강조하기 위한 반어적인 표현이다. 화자는 오랜 시간 간절한 사랑으로 기다리겠다고 다짐하고 있다.

*진실로 진실로 ~ 바꾸어 버린 데 있었다.: '진실로'의 반복은 화자의 간절함을 드러낸 것이고, '사랑'을 '기다림'으로 바꾸었다는 것은 현재 이루어지지 않은 사랑을 포기하지 않고 기다림으로 승화하겠다는 화자의 의지를 드러낸 것으로 볼 수 있다.

I

내 **그대**를 생각함은 항상 그대가 앉아 있는 배경에서 **해가 지고 바람이 부는 일**처럼 사소한 일일 것이나 언젠가 **그대가 한없이 괴로움 속을 헤매일 때에** *오랫동안 전해 오던 그 사소함으로 그대를 불러 보리라.

Ⅱ

*진실로 진실로 내가 그대를 사랑하는 까닭은 내 나의 사랑을 한없이 잇닿은 그 **기다림으로 바꾸어 버린** 데 있었다. 밤이 들면서 골짜기엔 눈이 퍼붓기 시작했다. **내 사랑도 어디쯤에선 반드시 그칠 것을 믿는다.** 다만 그때 내 기다림의 자세를 생각하는 것뿐이다. 그동안에 **눈이 그치고 꽃이 피어나고 낙엽이 떨어지고 또 눈이 퍼붓고** 할 것을 믿는다.

진단 체크

정답 1 기다림

1 윗글에서 일상이 일어나는 배경이면서 오랜 시간 변하지 않을 화자의 간절한 사랑의 반어적인 의미로 쓰인 시어를 찾아 쓰시오.

➡ 실력 다지기

정답과 해설 4쪽

1 윗글의 표현상 특징으로 가장 적절한 것은?

○ 8450-0013

① 공간의 대조를 통해 이상과 현실의 괴리를 부각하고 있다.
② 상승적 이미지를 활용하여 사물의 변화 과정을 표현하고 있다.
③ 사물에 생명력을 부여하여 의지를 지닌 존재로 나타내고 있다.
④ 산문적 문체를 활용하여 화자의 정서를 효과적으로 드러내고 있다.
⑤ 미래의 상황을 가정하여 부정적 시대 현실에 대한 독자의 공감을 유발하고 있다.

2 〈보기〉를 참고하여 윗글을 감상한 내용으로 적절하지 <u>않은</u> 것은?   ◐ 8450-0014

> ● 보기 ●
>
> 　이 시는 화자의 이루어지지 않은 간절한 사랑을 반어적인 기법으로 노래하고 있는 작품이다. 사랑을 자연 현상처럼 사소한 것으로 비유하지만, 그렇기 때문에 사랑은 어떤 순간에도 무엇보다 소중한 일상이 된다. 또한 사랑은 자연의 현상처럼 변화할 수 있지만 자연스러운 삶의 배경이 되는 것처럼, 화자의 사랑도 영원한 기다림으로 승화시켜 표현하고 있는 것이다.

① '즐거운 편지'라는 이 시의 제목은 현재 이루어지지 않은 사랑이지만 '그대'에 대한 사랑을 영원한 기다림으로 승화하겠다는 반어적인 표현이겠군.

② '해가 지고 바람이 부는 일'은 자연 현상에 해당하는 사소한 일이지만 '그대'의 삶에 배경이 되는 소중한 일상을 의미하는 것이로군.

③ '그대가 한없이 괴로움 속을 헤메일 때'조차도 오랫동안 변하지 않겠다는 화자의 사랑을 '진실로 진실로'라는 시어의 반복을 통해 강조하고 있군.

④ '기다림으로 바꾸어 버린' 사랑의 고통은, 마치 '눈이 그치고' 다시 '눈이 퍼붓고' 하는 시간의 변화처럼 자연스럽게 치유될 것이라는 화자의 소망과 연결되는 것이겠군.

⑤ '내 사랑도 어디쯤에선 반드시 그칠 것을 믿는다.'는 것은 사랑이 끝날 것이라는 의미가 아니라, 끊임없이 순환하는 자연처럼 영원할 것이라는 의미이겠군.

3 〈보기〉의 화자가 윗글의 화자에게 할 말로 가장 적절한 것은?   ◐ 8450-0015

> ● 보기 ●
>
> 강변에서 / 내가 사는 작은 오막살이집까지 / 이르는 숲길 사이에 / 어느 하루 / 마음먹고 나무 계단 하나 / 만들었습니다 / 밟으면 삐걱이는 / 나무 울음소리가 산뻐꾸기 울음소리보다 듣기 좋았습니다 / 언젠가는 당신이 / 이 계단을 밟고 / 내 오막살이집을 찾을 때 있겠지요 / 설령 그때 내게 / 나를 열렬히 사랑했던 / 신이 찾아와 / 자, 이게 네가 그동안 목마르게 찾았던 그 물건이야 / 하며 막 봇짐을 푸는 순간이라 해도 / 난 당신이 내 나무 계단을 밟는 소리 / 놓치지 않고 들을 수 있습니다 / 그리고는 신과는 상관없이 / 강변 숲길을 따라 달려가기 시작할 것입니다
>
> 　　－ 곽재구, '계단'

① 당신도 사랑했던 상대방에게 주었던 많은 것들이 새삼스럽게 떠오르는군요. 하지만 미련을 갖지 않는 것이 좋겠어요.

② 우리가 사랑했던 그 사람을 수동적으로만 기다리는 것은 희망이 없습니다. 적극적인 행동을 통해 상황을 변화시켜 나가야지요.

③ 우리가 사랑했다는 사실이야말로 우리 자신의 운명에 해당하는 것이겠지요. 운명의 굴레를 벗어나 자유로운 삶을 선택해야겠어요.

④ 당신도 나처럼 사랑하는 사람과 함께 지낸 추억을 회상하고 있군요. 그 사람과 함께하던 공간에 있으면 외로움이 더 극심해지지요.

⑤ 당신도 나처럼 사랑하는 사람을 간절히 기다리고 있군요. 그 사람을 향한 변치 않는 기다림의 태도가 사랑의 간절함을 보여 주는 것이겠지요.

1 '그때 내 기다림의 자세를 생각하는 것뿐이다.'라는 시구의 의미에 대해 서술하시오.   ◐ 8450-0016

❺ 장석남, '배를 밀며'

➔ 작품 안으로   **주제**: 이별하는 과정의 슬픔과 그리움

특징: 이 작품은 사랑하던 사람과의 이별의 과정을 배를 물 위로 밀어내는 것에 비유하고 있는 작품이다. 사랑하던 사람을 떠나보내며 느끼는 아쉬움과 슬픔, 안타까움의 정서를 배를 미는 구체적인 행위로 드러내고 있다. 특히 마지막 연의 시상 전환을 통해 이별 후에도 여전히 남아 있는 그리움의 정서를 절묘하게 표현하고 있다.

← 작품 밖으로   2001년 발표된 "왼쪽 가슴 아래께에 온 통증"에 실린 작품이다. '배'를 중심 소재로 한 다수의 시편에서 사랑과 이별에 대해 노래하고 있다. '배를 매며', '마당에 배를 매다' 등의 시에서 배를 매어 놓고 밀어내는 일련의 과정을 인간의 사랑의 행위와 연결시키고 있다.

시상 전개

시어 풀이

*희번덕이다: 눈을 크게 뜨고 흰 자위를 번득이며 움직이다.

시구 풀이

*온몸이 아주 추락하지 않을 ~ 허공으로부터 거둔다: 온몸의 힘을 다해 배를 밀어내고 있음을 드러내는 구절로, 상대방을 마음에서 떠나보내는 이별의 힘겨움을 강조하고 있다. '순간 환해진 손'은 상대방과 떨어진 현실의 허전함을 의미하며, 화자가 상대방의 부재를 확인하는 것으로 이해할 수 있다.

배를 민다
배를 밀어 보는 것은 아주 드문 경험
희번덕이는* 잔잔한 가을 바닷물 위에
배를 밀어 넣고는
*온몸이 아주 추락하지 않을 순간의 한 허공에서
밀던 힘을 한껏 더해 밀어 주고는
아슬아슬히 배에서 떨어진 손, 순간 환해진 손을
허공으로부터 거둔다

사랑은 참 부드럽게도 떠나지
뵈지도 않는 길을 부드럽게도

배를 한껏 세게 밀어내듯이 슬픔도
그렇게 밀어내는 것이지

배가 나가고 남은 빈 물 위의 흉터
잠시 머물다 가라앉고

[A] ┌ 그런데 오, 내 안으로 들어오는 배여
    └ 아무 소리 없이 밀려 들어오는 배여

진단 체크   정답 1. 흉터 2. 배를 민다

1. 윗글에서 이별한 후의 마음의 상처를 표현한 단어를 찾아 쓰시오.
2. 윗글에서 이별의 대상을 마음에서 떠나보내는 행위를 비유적으로 드러낸 시행을 찾아 쓰시오.

정답과 해설 4쪽

1 윗글의 표현상 특징을 〈보기〉에서 있는 대로 고른 것은?

○ 8450-0017

● 보기 ●

ㄱ. 영탄적 표현을 통해 화자의 정서를 드러내고 있다.
ㄴ. 색채 이미지를 활용하여 사물의 역동성을 드러내고 있다.
ㄷ. 시대 현실을 반영한 소재를 사용하여 화자의 의지를 구체화하고 있다.
ㄹ. 유사한 시구를 반복적으로 변주하여 주제를 효과적으로 드러내고 있다.

① ㄱ, ㄴ   ② ㄱ, ㄹ   ③ ㄴ, ㄷ
④ ㄱ, ㄴ, ㄹ   ⑤ ㄴ, ㄷ, ㄹ

2 〈보기〉를 참고하여 윗글을 감상한 내용으로 적절하지 <u>않은</u> 것은?

○ 8450-0018

● 보기 ●

이 시의 작가는 '배'를 중심 소재로 하여 사랑과 이별에 대한 여러 작품을 창작했다. 이 작품에서는 배를 밀어내는 행위를 통해 사랑하는 사람을 떠나보내는 슬픔과 그리움의 감정을 드러내고 있다.

① '배를 민다'는 첫 구절은 사랑의 감정을 밀어내는 이별의 상태를 의미하는 것으로, 화자의 상황을 드러내는 것이로군.
② '온몸이 아주 추락하지 않을 순간'이라는 것은 추락하기 직전까지 온 힘을 다해 애쓰는 행위로, 상대를 떠나보내는 일의 어려움과 관련이 있겠군.
③ '아슬아슬히 배에서 떨어진 손,'은 간신히 이별하는 행위를 의미하는 것으로, '순간 환해진'다는 것은 그 상황이 긍정적으로 인식될 수 있다는 것이겠군.
④ '슬픔도 / 그렇게 밀어내는 것'은 자신이 할 수 있는 힘껏 슬픔을 참아 내고 있다는 화자의 인식을 담고 있는 것이겠군.
⑤ '배가 나가고 남은 빈 물 위의 흉터'는 사랑하는 사람과 이별한 마음속의 상처를 의미하는 것으로, 화자는 시간이 지나면 그 상처가 '가라앉'을 수 있으리라고 생각하는군.

3 [A]에 대한 감상으로 적절하지 <u>않은</u> 것은?

○ 8450-0019

① 민정: '그런데'는 앞부분에 전개된 시상과는 다른 분위기로 전환되고 있음을 명시적으로 드러내는 것 같아.
② 고은: '오'는 놀라움을 나타내는 감탄사로 여기서는 화자의 슬픔과 당혹스러움을 내포하고 있는 것 같아.
③ 경덕: '내 안으로 들어오는 배'는 화자가 이별의 원인이 자신에게 있다는 것을 회한의 태도로 드러내는 것 같아.
④ 미애: '아무 소리 없이'는 의식하지 않은 상태에서 갑작스럽게 불쑥 다가왔다는 의미인 것 같아.
⑤ 형규: [A] 이전에는 '밀어내다'를 통해 이별하는 상황에 주목했다면, [A]는 '밀려 들어오다'를 통해 사랑하는 사람에 대한 여전한 그리움에 주목하고 있는 것 같아.

1 윗글에서 시상이 전환되는 연을 찾고, 그 의미를 서술하시오.

○ 8450-0020

02 삶과 죽음

❶ 김현승, '눈물'

➡️ **작품 안으로** **주제**: 자식을 잃은 슬픔과 종교적 승화

특징: 이 시는 자식을 잃은 슬픔으로 인해 흘리게 된 눈물의 의미를 비유적 표현을 통해 제시한다. 그리고 눈물의 의미를 꽃과 열매, 웃음과 눈물의 관계를 통해 제시하고 있다.

⬅️ **작품 밖으로** 혈육의 죽음은 고전에서 현대 문학에 이르기까지 문학 창작의 중요한 계기가 되어 왔다. 혈육의 죽음은 인간의 삶에 중요한 영향을 미치며 삶과 죽음에 대한 새로운 자각을 주기 때문이다. 그리고 문학 작품 속에는 이러한 죽음에 대응하는 화자의 다양한 태도가 형상화되어 있다. 이 작품과 같이 죽음을 종교적으로 극복하고 승화하는 작품이 있는가 하면, 죽음으로 인한 절망과 슬픔에서 헤어 나오지 못하는 모습을 드러내기도 한다. 또 죽은 자에 대한 그리움과 재회에 대한 믿음을 나타내는가 하면, 죽음을 통해 삶과 죽음의 의미를 새롭게 인식하기도 한다.

시상 전개

꽃(일시적 대상) → 열매(영원한 대상)

‖ ➡️ ‖

웃음(가변적 현상) / 눈물(불변의 본질)

시어 풀이
*옥토: 농작물이 잘 자랄 수 있는 영양분이 풍부한 좋은 땅. '기름진 땅'으로 순화.

시구 풀이
*흠도 티도 / 금 가지 않은 / 나의 전체는 오직 이뿐: 눈물의 속성을 드러낸 표현으로 눈물은 곧 '나'의 가장 순수한 마음이자 '나'의 모든 것임을 드러내고 있다.
*나의 웃음을 만드신 후에 / 새로이 나의 눈물을 지어 주시다.: 절대자가 기쁘지만 일시적인 웃음을 만드신 후에 슬프지만 더 소중하고 의미 있는 눈물을 만들어 주셨다는 뜻이다. 따라서 자식의 죽음으로 인한 슬픔, 곧 눈물은 자연스러운 신의 섭리로 인한 것이기에 마냥 슬프고 절망스러운 것이 아니라는 깨달음에 도달하게 된다.

더러는
옥토(沃土)*에 떨어지는 작은 생명(生命)이고저……

*흠도 티도
금 가지 않은
나의 전체(全體)는 오직 이뿐

더욱 값진 것으로
드리라 하올 제
나의 가장 나아중 지니인 것도 오직 이것뿐

[A]
아름다운 나무의 꽃이 시듦을 보시고
열매를 맺게 하신 당신은

*나의 웃음을 만드신 후에
새로이 나의 눈물을 지어 주시다.

진단 체크 정답: 1. 2연 2. 꽃: 웃음, 열매: 눈물

1 윗글에서 중심 소재인 '눈물'의 순수성을 가장 잘 드러낸 연을 찾아 쓰시오.

2 윗글에 등장하는 '꽃'과 '열매'에 대응되는 시어를 찾아 쓰시오.

1 윗글에 대한 설명으로 적절하지 <u>않은</u> 것은?　　　　　　　　　　　　　　　　　　　　　　　　8450-0021

① 말 줄임을 통해 시적 여운을 느끼게 하고 있다.
② 높임 표현의 사용을 통해 시적 분위기를 형성하고 있다.
③ 비유의 방식을 활용하여 중심 소재의 속성을 나타내고 있다.
④ 시간의 흐름에 따라 화자의 심리가 변화하는 과정을 제시하고 있다.
⑤ 상반된 속성을 가진 대상을 대비하여 대상의 의미를 드러내고 있다.

2 〈보기〉는 윗글에 대한 시인의 글 중 일부이다. 〈보기〉를 읽고 윗글에 대해 보인 반응으로 가장 적절한 것은?　　8450-0022

> ● 보기 ●
>
> 　이 시는 내가 그렇게도 아끼던 나의 어린 아들을 잃고 나서 애통하던 중 어느 날 문득 얻어진 시다. 나는 내 가슴의 상처를 믿음으로 달래려고, 그러한 심정으로 썼다. '인간이 신 앞에 드릴 것이 있다면 그 무엇이겠는가, 그것은 변하기 쉬운 웃음이 아니다. 이 지상에서 오직 썩지 않는 것이 있다면 그것은 신 앞에서 흘리는 눈물뿐일 것이다.'라는 것이 이 시의 주제라고 할 수 있을 것이다. 그리고 이 시는 눈물을 좋아하는 나의 타고난 기질에도 잘 맞는다.

① 1연에서는 죽은 아들이 부활할 것을 기대하는 시인의 소망이 나타나 있군.
② 2연에서는 눈물이 신 앞에 드러낼 수 있는 시인의 가장 순수한 감정임을 밝히고 있군.
③ 3연에서는 아들의 죽음으로 인한 상처를 믿음으로 달래는 것의 어려움이 드러나 있군.
④ 4연에서는 유한하고 일시적인 인간과 항구적이고 영속적인 자연의 섭리를 대비하고 있군.
⑤ 5연에서는 아들의 죽음으로 인해 흘린 눈물이 화자의 타고난 기질 때문임을 밝히고 있군.

3 [A]에 대한 이해로 적절한 내용만을 골라 바르게 묶은 것은?　　　　　　　　　　　　　　　　　　8450-0023

> ㄱ. '꽃'과 '열매'의 관계를 '웃음'과 '눈물'의 관계에 대응시킬 수 있다.
> ㄴ. '꽃'과 '웃음'은 각각 '열매'와 '눈물'에 선행하는 것이라고 볼 수 있다.
> ㄷ. '꽃'과 '열매'의 관계와 달리 '웃음'과 '눈물'의 관계에는 신의 섭리가 적용된다.
> ㄹ. '열매'와 '눈물'은 '꽃'과 '웃음'보다 더욱 의미 있고 중요한 것으로 인식할 수 있다.

① ㄱ, ㄴ　　　　② ㄱ, ㄷ　　　　③ ㄴ, ㄷ　　　　④ ㄱ, ㄴ, ㄷ　　　　⑤ ㄱ, ㄴ, ㄹ

1 윗글에 등장하는 '당신'이란 어떤 존재인지 서술하시오.　　　　　　　　　　　　　　　　　　　　8450-0024

❷ 박남수, '할머니 꽃씨를 받으시다'

➡ **작품 안으로** **주제**: 전쟁으로 인한 삶의 고통과 희망
특징: 이 시는 6·25 전쟁의 비극을 몸소 체험한 할머니의 꽃씨를 받는 행위를 통해 희망을 노래한 작품이다. 할머니가 꽃씨를 받는 행위에 초점을 맞추면서도 전쟁이라는 삶의 질곡을 경험한 할머니의 내면 심리를 표현하며, 삶의 아픔과 세상에 대한 원망을 드러내고 있다.

⬅ **작품 밖으로** 이 시는 6·25 전쟁을 배경으로 창작된 작품이다. 전쟁이라는 가혹한 상황 속에서 처참한 전쟁 체험은 곧 할머니로 하여금 삶에 대한 회의와 세상에 대한 분노를 갖게 했다. 그런 의미에서 할머니가 방공호로 들어가지 않는 것은 더 이상 삶에 대한 미련이 없음을 의미한다. 하지만 새로운 봄에 싹을 틔우게 될 꽃씨를 받는 할머니의 행위를 통해 새로운 세상에 대한 할머니의 바람과 희망을 엿볼 수 있다.

시상 전개

[할머니의 행위와 의미]

호 안에 들어가지 않음.

전쟁의 참상을 경험한 후 삶에 미련이 없음을 드러냄.

꽃씨를 받음.

전쟁의 고통으로부터 벗어난 새로운 세상을 희망함.

시구 풀이

*호 안에는 / 아예 들어오시덜 않고: 방공호로 몸을 피하지 않는 할머니의 모습을 표현한 것으로, 전쟁이라는 상황을 경험하며 삶에 회의를 느낀 할머니가 죽음 앞에 초연하고 삶을 지속하려는 미련이 없음을 드러낸 것이다.

*할머니의 노여움을 / 풀 수는 없었다.: 전쟁의 참혹함을 경험한 할머니의 고통과 삶에 대한 회의, 세상에 대한 원망 등이 복합적으로 드러난 구절로, 살아 있지만 죽음보다 더 큰 고통을 경험한 할머니의 내면 심리가 드러나 있다.

할머니 꽃씨를 받으신다. / **방공호**(防空壕) 위에
어쩌다 된 /채송화 꽃씨를 받으신다.

***호**(壕) 안에는 / 아예 들어오시덜 않고
말이 수째 적어지신 / 할머니는 그저 누여우시다.

— 진작 죽었더라면
이런 꼴 / 저런 꼴
다 보지 않았으련만……

글쎄 할머니, / 그걸 어쩌란 말씀이서요.
수째 말이 적어지신
*할머니의 **노여움**을 / 풀 수는 없었다.

할머니 꽃씨를 받으신다. / 인제 지구(地球)가 깨어져 없어진대도
할머니는 역시 살아 계시는 동안은 / 그 작은 **꽃씨를 털**으시리라.

진단 체크

정답 1. 꽃씨 2. 방공호

1 윗글에서 새로운 삶의 희망을 나타내는 시어를 찾아 쓰시오.
2 윗글의 배경이 전쟁 상황임을 짐작할 수 있게 해 주는 시어를 쓰시오.

🠲 실력 다지기

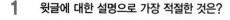

정답과 해설 6쪽

1 윗글에 대한 설명으로 가장 적절한 것은?

🔘 8450-0025

① 의지적 어조를 통해 주제 의식을 드러내고 있다.
② 명사형 종결을 통해 시상을 집약하여 제시하고 있다.
③ 대상에 인격을 부여하여 역동적 이미지를 표현하고 있다.
④ 특정 인물의 행위에 초점을 맞추어 시상을 전개하고 있다.
⑤ 감각적 이미지를 사용해 소재가 지닌 의미를 부각하고 있다.

2 〈보기〉를 바탕으로 윗글에 대해 이해한 내용으로 적절하지 <u>않은</u> 것은?　　　　　　　　　　　● 8450-0026

> ● 보기 ●
>
> 　전쟁은 파괴와 죽음을 불러일으키는 것으로 인간에게 극한의 고통과 참혹함을 경험하게 한다. 그 결과 전쟁을 통해 죽음에 이르게 된 사람뿐만 아니라 삶을 유지하고 있는 사람들에게도 죽음에 버금가는 고통을 안겨 준다. 그래서 전쟁의 참혹함을 경험한 사람들 중에는 삶과 죽음의 문제를 떠나 전쟁과 이로 인한 고통의 상황으로부터 벗어나고자 하는 태도를 보이기도 한다.

① 할머니가 '방공호'에 들어가지 않는 것은 전쟁의 참혹함을 경험하며 삶에 연연하지 않을 만큼 삶에 깊은 회의를 느끼게 되었기 때문이라고 볼 수 있다.

② '이런 꼴', '저런 꼴'은 할머니가 전쟁을 통해 경험하게 된 극한의 고통과 참혹함을 의미하는 것이라고 볼 수 있다.

③ 할머니가 '말이' 급격히 '적어지신' 것은 전쟁으로 인해 할머니가 정신적 상처를 받았기 때문이라고 볼 수 있다.

④ 할머니의 '노여움'은 죽은 사람과 달리 자신만 살아남아 행복한 삶을 유지하고 있는 것에 대한 죄책감 때문이라고 볼 수 있다.

⑤ 할머니가 살아 계신 동안 계속 '꽃씨를 털' 것이라는 표현은 새로운 세상을 희망하는 할머니의 태도를 의미한다고 볼 수 있다.

3 윗글과 〈보기〉의 공통점으로 가장 적절한 것은?　　　　　　　　　　　● 8450-0027

> ● 보기 ●
>
> 판잣집 유리딱지에 / 아이들 얼굴이 / 불타는 해바라기마냥 걸려 있다.
>
> 내리쪼이던 햇발이 눈부시어 돌아선다. / 나도 돌아선다. / 울상이 된 그림자 나의 뒤를 따른다.
>
> 어느 접어든 골목에서 걸음을 멈춘다. / 잿더미가 소복한 울타리에 / 개나리가 망울졌다.
>
> 저기 언덕을 내리달리는 / 소녀의 미소엔 앞니가 빠져 / 죄 하나도 없다.
>
> 나는 술 취한 듯 홍그러워진다. / 그림자 웃으며 앞장을 선다.
>
> 　　　　　　　　　　　　　　　　　　　　　　　– 구상, '초토의 시 1'

① 현실의 참혹한 상황을 사실적으로 묘사하고 있다.

② 암울한 현실 속에서 희망의 의미를 전달하고 있다.

③ 화자가 지향하는 이상향을 구체적으로 제시하고 있다.

④ 화자가 자신의 삶에 대한 성찰의 자세를 보이고 있다.

⑤ 시간의 흐름에 따라 부정적 현실 인식이 강화되고 있다.

1 '꽃씨'가 희망의 의미를 갖게 되는 이유에 대해 서술하시오.　　　　　　　　　　● 8450-0028

2 윗글에서 '할머니 꽃씨를 받으신다.'와 유사한 구절이 반복되는 이유는 무엇인지 서술하시오.　　　　　● 8450-0029

❸ 최승자, '올여름의 인생 공부'

↱ 작품 안으로　**주제**: 삶을 살아가는 방법에 대한 깨달음
특징: 이 작품은 여름휴가 중이던 화자가 외로움을 느끼며 삶을 살아가는 새로운 방법을 모색하는 과정을 제시한 작품이다. 인물의 이름을 구체적으로 언급하며 지양해야 할 삶의 자세를 드러내고 특정 단어와 유사한 어구의 반복을 통해 새로운 삶의 방법을 제시하고 있다.

↰ 작품 밖으로　삶을 살아가다 보면 자신에게 익숙한 것, 편한 것에 길들여지는 경우가 많다. 그리고 이러한 삶의 자세는 세상의 변화에 적절히 대응하지 못하고 과거에 안주하며 살아가는 삶으로 귀결될 수 있다. 화자는 이러한 삶을 '썩은' 삶이라고 규정하고 진정으로 살아 있는 삶, 즉 썩지 않는 삶을 위해서는 이전과 '다르게', '아이처럼' 살아가야 한다는 것을 깨닫고 있다.

시상 전개

1연
인생 공부의 계기

⬇

2연
변화된 삶에 대한 부적절한 대응으로 나타나는 쇠퇴와 타락

⬇

3연
인생을 살아가는 새로운 방법을 깨달음.

시어 풀이
*도통하다: 사물의 이치를 깨달아 통하다.

시구 풀이
*그건 이제 썩을 ~ 뜻일지도 몰랐다.: 기존의 삶에 익숙해지는 것은 원숙함을 의미하는 것이지만 다른 의미로는 세상의 변화에 적절히 대응하지 못하고 쇠락과 타락의 길을 걷는 것을 의미한다는 화자의 인식이 드러나 있다.

　　㉠모두가 바캉스를 떠난 파리에서
　　나는 묘비처럼 외로웠다.
　　고양이 한 마리가 발이 푹푹 빠지는 나의
　　습한 낮잠 주위를 어슬렁거리다 사라졌다.
　　시간이 똑똑 수돗물 새는 소리로
　　㉡내 잠 속에 떨어져 내렸다,
　　그러고서 흘러가지 않았다.

　　앨튼 존은 자신의 예술성이 한물갔음을 입증했고
　　돈 맥글린은 ㉢아예 뽕짝으로 나섰다.
　　송×식은 더욱 원숙해졌지만 / 자칫하면 서××처럼 될지도 몰랐고
　　*그건 이제 썩을 일밖에 남지 않은 **무르익은 참외**라는 뜻일지도 몰랐다.

　　㉣그러므로, 썩지 않으려면
　　다르게 기도하는 법을 배워야 했다.
　　다르게 사랑하는 법
　　감추는 법 건너뛰는 법 부정하는 법.
　　그러면서 모든 사물의 배후를
　　㉤손가락으로 후벼 팔 것
　　절대로 달관하지 말 것 / **절대로** 도통하지* 말 것
　　언제나 **아이처럼** 울 것 / 아이처럼 배고파 울 것
　　그리고 가능한 한 아이처럼 웃을 것
　　한 아이와 재미있게 노는 다른 한 아이처럼 웃을 것.

진단 체크

정답 1. 나는 묘비처럼 외로웠다. 2. 무르익은 참외

1　윗글에서 화자가 새로운 삶의 방법에 대한 깨달음을 얻기 전에 어떠한 심리 상태에 놓여 있는지를 알 수 있는 시행을 찾아 쓰시오.

2　윗글의 화자가 지양하는 삶을 비유적으로 표현한 시구를 찾아 쓰시오.

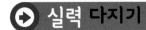

1 윗글의 표현상 특징으로 적절하지 <u>않은</u> 것은?　　　　　　　　　　　　　　　　　　　　　　　○ 8450-0030

① 동일한 시어의 반복을 통해 리듬감을 형성하고 있다.
② 비유적 표현을 활용하여 화자의 처지를 나타내고 있다.
③ 부정적인 의미를 지닌 대상을 구체적으로 열거하고 있다.
④ 관념적인 대상을 구체적 실체를 가진 대상으로 표현하고 있다.
⑤ 공간의 이동에 따라 변화하는 화자의 심리를 형상화하고 있다.

2 ㉠~㉤에 대한 설명으로 가장 적절한 것은?　　　　　　　　　　　　　　　　　　　　　　　　　○ 8450-0031

① ㉠: 사람들이 지향하는 삶의 장소를 의미한다.
② ㉡: 빠르게 흘러가는 시간의 속성을 나타낸다.
③ ㉢: 삶의 방법을 찾기 위한 숭고한 노력을 의미한다.
④ ㉣: 새로운 삶의 방법을 찾아야만 하는 이유를 나타낸다.
⑤ ㉤: 과거의 후회스러운 삶에 대한 처절한 반성을 의미한다.

3 〈보기〉를 읽고 윗글을 이해한 내용으로 적절하지 <u>않은</u> 것은?　　　　　　　　　　　　　　　　　○ 8450-0032

> ● 보기 ●
>
> 　사람은 나이가 들면 점점 자기가 익숙한 것, 편한 것만을 찾으려는 속성이 있다. 하지만 이 시의 화자는 그러한 삶의 태도가 비록 원숙함을 더하는 것일 수는 있지만 과거에 안주하여 결국은 썩어 버리게 된다는 것을 자각한다. 그리고 화자는 앞으로 진정으로 살아 있는 삶을 살아가기 위해서는 과거에 '나'에게 익숙했던 것을 버리고 새롭고 도전적인 자세로 살아가야 한다는 것을 깨닫는다.

① '앨튼 존', '돈 맥글린'은 과거와는 다른 새로운 삶의 방식을 실천하지 못하고 썩어 가는 대상이라고 볼 수 있다.
② '무르익은 참외'는 과거에 안주하는 삶을 의미하는 것으로 원숙하지만 곧 썩어 버리게 될 것을 의미한다고 볼 수 있다.
③ 화자가 '다르게'라는 표현을 사용한 것은 과거의 익숙한 것에 안주하는 태도를 버려야 한다는 것을 강조하기 위한 것이라고 볼 수 있다.
④ 화자가 '절대로'라는 표현을 통해 제시한 것들은 화자가 살아온 삶 속에서 저질렀던 잘못에 대해 후회하지 말아야 한다는 것을 의미한다고 볼 수 있다.
⑤ 화자가 '아이처럼'이라는 표현을 사용한 것은 본능적 욕망에 충실한 채 끊임없이 무엇인가에 도전하는 아이의 모습을 닮고자 하였기 때문이라고 볼 수 있다.

1 윗글에서 화자가 새롭게 깨닫게 된 삶의 방법을 구체적으로 서술하시오.　　　　　　　　　　　○ 8450-0033

④ 문정희, '율포의 기억'

작품 안으로 **주제**: 뻘밭에서 느낀 강인하고 건강한 삶에 대한 깨달음

특징: 이 작품은 어머니와 바다에 갔던 경험을 바탕으로, 생명과 노동의 가치를 깊이 인식하고 삶의 의미에 대한 깨달음을 드러낸 작품이다. 율포의 바닷가 풍경을 다양한 표현법을 활용하여 묘사하고 그 속에서 삶을 지속하기 위해 끊임없이 투쟁하는 생명의 모습을 드러낸다. 그리고 이를 통해 삶의 의미를 깨닫게 되는 화자의 의식 세계가 함께 제시되어 있다.

작품 밖으로 삶을 유지하기 위한 생명의 노력은 매우 처절하고 고달픈 것이다. 생명을 유지하기 위해 혹독한 환경에 맞서 투쟁하고 끊임없는 노동을 해야 하기 때문이다. 그래서 많은 사람들은 그러한 투쟁과 노동으로부터 벗어나기를 희망하기도 한다. 하지만 삶을 유지하기 위한 투쟁과 노동은 생명이 자신의 존재를 입증하고 세상에 존재하는 이유인 까닭에 생명이 존재할 수 있는 가장 근원적이고 원초적인 이유이자 건강하고 궁극적인 삶의 태도이다.

시상 전개

뻘밭의 경험 1	뻘밭의 경험 2
생물이 위험을 무릅쓰고 퍼덕거림.	인간이 바다에서 양식을 구하기 위해 노동함.

뻘밭의 의미

삶을 위한 투쟁과 노동의 현장

시어 풀이

*무위: 자연에 따라 행하고 인위를 가하지 않는 것. 중국의 노장 철학에서는 인간의 지식이나 욕심이 오히려 세상을 혼란시킨다고 여기고 자연 그대로를 최고의 경지로 봄.

*각혈: 혈액이나 혈액이 섞인 가래를 토함. 또는 그런 증상.

시구 풀이

*일찍이 어머니가 ~ 위해서가 아니었다: 어머니가 어린 화자를 바다에 데려간 것은 그저 자연의 모습을 보여 주기 위한 것이 아니라 삶을 유지하고 지속하기 위해 생명이 기울이는 처절한 노력과 그러한 노력의 숭고함을 보여 주기 위한 것이었음을 의미한다.

---

*일찍이 ㉠어머니가 나를 바다에 데려간 것은
소금기 많은 푸른 물을 보여 주기 위해서가 아니었다
㉡바다가 뿌리 뽑혀 밀려 나간 후
꿈틀거리는 **검은 뻘밭** 때문이었다
뻘밭에 위험을 무릅쓰고 퍼덕거리는 것들
숨 쉬고 사는 것들의 힘을 보여 주고 싶었던 거다
먹이를 건지기 위해서는
사람들은 왜 ㉢무릎을 꺾는 것일까
깊게 허리를 굽혀야만 할까
생명이 사는 곳은 왜 저토록 **쓸쓸한 맨살**일까
일찍이 어머니가 나를 바다에 데려간 것은
저 **무위(無爲)***한 해조음을 들려주기 위해서가 아니었다
㉣물 위에 집을 짓는 새들과
각혈*하듯 노을을 내뿜는 포구를 배경으로
성자처럼 뻘밭에 고개를 숙이고
먹이를 건지는
㉤슬프고 경건한 손을 보여 주기 위해서였다

진단 체크

정답 1. 경험, 어머니 2. 뻘밭

1 윗글은 율포의 바다를 방문했던 ☐☐와/과 ☐☐을/를 통해 깨닫게 된 삶의 의미를 드러낸 작품이다.

2 윗글에서 생명을 유지하기 위한 투쟁과 노동이 수행되는 공간을 나타내는 시어를 찾아 쓰시오.

1 윗글에 대한 설명으로 가장 적절한 것은?

● 8450-0034

① 영탄적 표현을 통해 화자의 의지를 드러내고 있다.
② 역설적 표현을 통해 시적 상황을 풍자적으로 비판하고 있다.
③ 화자가 경험한 내용을 바탕으로 주제 의식을 도출하고 있다.
④ 시간의 순차적인 흐름에 따라 대상이 변화하는 양상을 표현하고 있다.
⑤ 구체적인 청자에게 화자의 내면 의식을 전달하는 형식으로 구성되어 있다.

2 ㉠~㉢에 대한 설명으로 적절하지 <u>않은</u> 것은?

● 8450-0035

① ㉠: 삶의 의미를 깨닫게 하려는 의도적 행위로 볼 수 있다.
② ㉡: 썰물로 인해 바닷물이 빠져나간 것을 표현한 것으로 볼 수 있다.
③ ㉢: 삶을 위협하는 척박한 환경에 대한 무기력한 대응으로 볼 수 있다.
④ ㉣: 생존을 위해 노력하는 생명의 모습을 표현한 것으로 볼 수 있다.
⑤ ㉤: 생존을 위한 노동의 고단함과 숭고함을 드러낸 것으로 볼 수 있다.

3 〈보기〉를 바탕으로 윗글을 감상한 내용으로 적절하지 <u>않은</u> 것은?

● 8450-0036

● 보기 ●

　감각적 이미지란 구체적인 형상화를 통해 마음속에 떠오르는 감각적 영상을 말한다. 이는 독자의 감각적 기능을 생생하게 자극하여 시의 정서와 분위기 등을 효과적으로 전달하는 기능을 한다.

① '소금기 많은 푸른 물'은 바다가 가진 일반적 이미지를 제시한 것으로, 자연 공간으로서의 바다를 떠올리게 하고 있다.
② '검은 뻘밭'은 시각적 이미지를 활용하여 생명이 살아가는 환경의 척박함을 느끼게 하고 있다.
③ '쓸쓸한 맨살'은 촉각적인 이미지를 활용하여 순수하고 연약한 생명의 본래적 이미지를 환기한 것이다.
④ '무위한 해조음'은 청각적 이미지를 활용하여 화자의 깨달음과는 거리가 먼 자연의 세계를 형상화한 것이다.
⑤ '각혈하듯 노을을 내뿜는'은 고된 노동과 투쟁의 현장이 주는 치열한 분위기를 표현하기 위한 것이다.

서술형

1 윗글에서 삶을 유지하기 위해 생명이 기울이는 노력에 대해 서술하시오.

● 8450-0037

2 윗글의 화자가 '뻘밭'에서 얻게 된 깨달음은 무엇인지 구체적으로 서술하시오.

● 8450-0038

5 함민복, '사과를 먹으며'

작품 안으로 **주제**: 인간과 자연의 생명 순환의 원리

특징: 이 시는 사과를 먹는 일상적 행위가 함축하고 있는 의미와 함께 생명은 순환한다는 화자의 인식 세계가 드러난 작품이다. 사과를 먹는 일상적 행위가 지닌 다양한 의미를 짧은 문장으로 서술하고 사과가 소멸된 후 흙으로 바뀌는 부분에서는 의도적으로 시행을 들여 써 흙에서 시작해 흙으로 돌아오는 생명 순환의 원리를 드러내고 있다.

작품 밖으로 일반적으로 살아 있는 생명은 그 스스로 존재하는 것이라고 인식하는 경우가 많다. 하지만 실제로 살아 있는 생명은 다른 많은 것들과의 관계 속에서 존재한다. 또 죽음은 곧 소멸이라는 인식이 일반적이지만, 죽음을 맞이한 것들은 자연으로 돌아가 다시 살아 있는 생명을 만들어 낸다. 그런 의미에서 이 작품은 삶과 죽음은 곧 단순히 시작과 끝을 의미하는 것이 아니라 순환한다는 개성적 의식 세계를 드러내고 있다.

시상 전개

> '나'가 사과를 먹는 것

> 인간과 자연의 모든 교감 행위를 망라함.

↓ 생명의 순환 ↑

> 사과가 '나'를 먹는 것

> '나'의 소멸을 통해 또 다른 생명이 시작됨.

시어 풀이

*수액: 물이나 액체. 쇼크, 탈수증. 영양실조 따위를 방지하기 위해 인체에 투여하는 액체를 나무에 빗대어 표현한 것임.

*자양분: 몸의 영양을 좋게 하는 성분.

시구 풀이

*사과가 나를 먹는다: 화자가 사과를 먹는 행위는 곧 사과가 나를 먹는 행위와 맞닿아 있음을 드러내는 표현이다. 생명은 순환한다는 화자의 개성적 인식이 드러난 표현으로 볼 수 있다.

㉠사과를 먹는다
사과나무의 일부를 먹는다
사과꽃에 눈부시던 햇살을 먹는다
사과를 더 푸르게 하던 장맛비를 먹는다
㉡사과를 흔들던 소슬바람을 먹는다
사과나무를 감싸던 눈송이를 먹는다
사과 위를 지나던 벌레의 기억을 먹는다
사과나무에서 울던 새소리를 먹는다
사과나무 잎새를 먹는다
사과를 가꾼 사람의 땀방울을 먹는다
사과를 연구한 식물학자의 지식을 먹는다
㉢사과나무 집 딸이 바라보던 하늘을 먹는다
사과에 수액*을 공급하던 사과나무 가지를 먹는다
사과나무의 세월, 사과나무 나이테를 먹는다
사과를 지탱해 온 사과나무 뿌리를 먹는다
사과의 씨앗을 먹는다
사과나무의 자양분* 흙을 먹는다
사과나무의 흙을 붙잡고 있는 지구의 중력을 먹는다
㉣사과나무가 존재할 수 있게 한 우주를 먹는다
　　[흙]으로 빚어진 사과를 먹는다
　　흙에서 멀리 도망쳐 보려다
　　흙으로 돌아가고 마는
사과를 먹는다
㉤*사과가 나를 먹는다

진단 체크

[정답] 1. 사과를 먹는 것 2. 흙

1 윗글의 중심 소재가 되는 일상적 경험은 무엇인지 쓰시오.

2 윗글에서 생명의 소멸과 시작이 이루어지는 공간을 의미하는 시어를 찾아 쓰시오.

1 윗글의 표현상 특징으로 가장 적절한 것은?   ○ 8450-0039

① 묻고 답하는 방식을 활용하여 시상을 전개하고 있다.
② 특정 시어의 반복적 사용을 통해 운율을 형성하고 있다.
③ 비유적 표현을 통해 화자의 행위를 역동적으로 표현하고 있다.
④ 감각적 이미지를 활용하여 대상의 부정적 속성을 부각하고 있다.
⑤ 시간의 흐름에 따라 화자의 심리가 변화하는 과정을 제시하고 있다.

2 〈보기〉를 바탕으로 ㉠~㉤에 대해 이해한 내용으로 적절하지 <u>않은</u> 것은?   ○ 8450-0040

> ● 보기 ●
>
>   이 시는 일상생활의 경험에 대한 깊은 사색을 통해 삶과 생명의 원리를 제시하고 있다. 특히 이 시에는 생명을 둘러싼 다양한 대상과의 관계, 생명이 존재하는 양상, 그러한 생명의 소멸과 생성에 대한 깊이 있는 인식이 드러나 있다.

① ㉠: 깊은 사색을 촉발하는 사소한 일상생활의 경험으로 볼 수 있다.
② ㉡: 사과라는 생명이 외부 환경과의 관계 속에서 생성되는 것임을 알 수 있다.
③ ㉢: 사과라는 생명이 인간과의 소통을 통해 생명력을 유지하는 존재임을 알 수 있다.
④ ㉣: 사과가 우주 만물의 근본적 원리에 따라 생성된 것이라는 인식을 확인할 수 있다.
⑤ ㉤: 사과와 '나'와 같은 생명이 서로 순환한다는 화자의 개성적 인식을 확인할 수 있다.

3 윗글의 '흙'에 대한 반응으로 가장 적절한 것은?   ○ 8450-0041

① 생명과는 별개로 스스로 존재하는 것이군.
② 생명이 소멸되어 영원한 안식을 취하는 곳이군.
③ 생명의 탄생을 위해 일방적으로 소모되는 존재이군.
④ 생명의 소멸을 통해 존재의 가치를 부정하는 존재이군.
⑤ 생명이 소멸되지만 또 다른 생명을 시작하게 하는 곳이군.

- -

서술형

1 윗글에서 사과를 먹는 행위를 통해 드러내고자 하는 주제 의식을 서술하시오.   ○ 8450-0042

2 윗글의 20~22행에서 다른 행과 달리 시행을 들여 쓴 이유에 대해 설명하시오.   ○ 8450-0043

03 자연과 서정

1 김소월, '산유화'

작품 안으로 **주제**: 꽃이 피고 지는 모습을 통한 존재론적 고독
특징: 이 시는 꽃이 피고 지는 자연 현상을 통해 생명이 있는 것들의 존재론적 본질과 고독에 대해 노래하고 있는 작품이다. 압축적이고 간결한 시행을 통해 세상에 존재하는 모든 생명의 근본적인 고독감을 표현하고 있다.

작품 밖으로 1924년 《영대》에 발표된 작품으로 끊임없이 생성 · 소멸하고 변화하며 움직이는 무상(無常)의 우주적 원리에 대한 동경이 담겨 있다. 시인은 이와 같은 시상을 저만치 혼자서 피어 있는 꽃과 그러한 꽃이 좋아서 산에 사는 작은 새를 통해 드러내고 있다.

시상 전개

존재의 생성
갈 봄 여름 없이 피는 꽃
저만치 혼자서 피어 있는 꽃 ↓ / 산에서 우는 작은 새 ↑
존재의 소멸
갈 봄 여름 없이 지는 꽃

시어 풀이
*저만치: 저만큼.

시구 풀이
*산에는 꽃 피네. ~ 꽃이 피네./ 산에는 꽃 지네. ~ 꽃이 지네.: 수미상관을 이루는 부분으로 1연과 4연은 '피네', '지네'의 변주만 다르고 나머지는 동일하다. 존재가 새롭게 생기고 소멸해 가는 순환적 원리를 시행의 구조로 드러내고 있는 부분이라고 할 수 있다.
*갈 봄 여름 없이: '갈'은 '가을'의 줄임 표현으로 시적 허용이 사용된 것으로 보는 것이 일반적이다. 운율을 살린 표현으로 겨울을 제외한 계절의 순환을 자연스럽게 드러내면서 리듬감을 살리고 있다.

*산에는 ㉠꽃 피네.
꽃이 피네
***갈 봄 여름 없이**
꽃이 피네.

산에
산에
피는 꽃은
저만치* **혼자서** 피어 있네.

산에서 우는 작은 ㉡새여
꽃이 좋아
산에서
사노라네.

산에는 꽃 지네.
꽃이 지네.
갈 봄 여름 없이
꽃이 지네.

진단 체크 답 1. 꽃 2. 수미상관

1 윗글에서 생성과 소멸의 순환 과정을 보여 주는 자연의 소재를 찾아 쓰시오.
2 윗글은 1연과 4연이 서로 대응하는 □□□□의 구조를 통해 시의 주제를 부각하고 있다.

1 윗글에 대한 설명으로 적절하지 **않은** 것은?   ▶ 8450-0044

① '−네'를 반복 사용하여 차분한 어조를 형성하며 감정을 절제하는 느낌을 주고 있다.

② 1연과 4연에서 '피네', '지네'의 변주로 구성하여 구조적으로 짝을 이루는 느낌을 주고 있다.

③ 대상을 반복적으로 호명하는 방식을 통해 전통적인 정서로서의 비애감을 형성하고 있다.

④ 3음보를 기본 율격으로 하되, 행의 배열에 따라 다양하게 표현하여 리듬감을 살리고 있다.

⑤ 2연은 행의 길이가 점점 길어지는 방식으로, 3연은 행의 길이가 점점 짧아지는 방식으로 구성하여 대칭의 묘미를 살리고 있다.

2 〈보기〉는 윗글에 대한 선생님의 설명이다. 이를 바탕으로 감상한 내용으로 적절하지 **않은** 것은?   ▶ 8450-0045

> ● 보기 ●
>
> 이 시는 시적 화자의 위치를 어떻게 파악하는가에 따라 다양하게 감상할 수 있습니다. 먼저 ㉮화자가 꽃의 바깥에 위치하는 인간의 존재를 의미한다고 할 때, 꽃과 인간의 거리는 자연과 인간 사이의 숙명적 거리를 의미하며, 인간은 자연에 대한 근원적인 그리움과 근본적인 갈망을 가진 존재로 볼 수 있습니다. 또한 꽃이 피고 지는 것은 당연한 자연의 섭리로, 간결한 표현을 통해 자연의 순환적 질서를 보여 준다고 볼 수 있지요. 그런데 ㉯화자와 꽃을 동일시하여 파악하기도 하는데, 이때 꽃은 고고한 존재로 인간의 근원적 고독을 의미하는 것으로 봅니다.

① ㉮의 의미로 볼 때, '갈 봄 여름 없이'는 여러 계절에 꽃이 피고 지는 자연의 순환과 원리를 드러낸다고 볼 수 있겠지.

② ㉮의 의미로 볼 때, '산에 / 산에 / 피는'은 인간이 있는 속세와 거리가 먼 자연에 대한 근원적인 그리움을 내포하고 있다고 볼 수 있겠지.

③ ㉮의 의미로 볼 때, '저만치'는 인간이 자연을 끊임없이 동경하지만 결코 닿을 수는 없는 숙명적 거리라고 할 수 있겠지.

④ ㉯의 의미로 볼 때, '혼자서'는 인간이 지닌 근원적인 고독을 의미하는 것으로, 초연한 태도를 드러낸다고 할 수 있겠지.

⑤ ㉯의 의미로 볼 때, '꽃이 좋아'는 자연의 아름다움에 대한 예찬적 태도를 드러내며, 아름다움에 대한 인간의 근본적인 갈망을 의미하는 것으로 볼 수 있겠지.

3 ㉠과 ㉡에 대한 설명으로 가장 적절한 것은?   ▶ 8450-0046

① ㉠은 자연의 순환적 원리를 보여 주고 있고, ㉡은 ㉠을 동경하고 있다.

② ㉠은 자연의 자족적 원리를 드러내고 있고, ㉡은 ㉠을 경원시하고 있다.

③ ㉠은 이상향으로서 자연의 모습을 암시하고 있고, ㉡은 ㉠을 갈망하고 있다.

④ ㉡은 화자의 감정을 이입하고 있고, ㉠은 ㉡의 행위의 원인을 제공하고 있다.

⑤ ㉡은 화자의 처지와 대비를 이루고 있고, ㉠은 ㉡의 변화를 이끌어 내고 있다.

1 윗글의 제목인 '산유화'의 시적 의미에 대해 서술하시오.   ▶ 8450-0047

② 조지훈, '낙화'

→] 작품 안으로 **주제**: 낙화의 정경에서 느끼는 비애감

특징: 이 시는 선경후정의 구조와 고풍스러운 어휘, 전통적 율격을 사용하여 낙화의 과정을 지켜보는 화자의 무상감과 비애감을 효과적으로 드러내고 있는 작품이다.

←] 작품 밖으로 1946년 "청록집"에 수록된 작품으로 소멸되어 가는 것의 아름다움에 대한 슬픔을 주제로 드러내고 있다. 일제 강점기 말에 조지훈이 감시망을 피해 강원도에 피신하였을 때 지은 작품으로 알려져 있는데, 떨어지는 꽃을 바라보며 은둔한 자의 적막함과 망국의 한을 노래한 것으로 볼 수 있다.

시상 전개

선경(낙화의 정경)

1~3연	뜰 (외부)	낙화에 대한 인식
4~6연	방 안	낙화의 아름다움

↓

후정(화자의 내면)

7~9연	화자의 마음	비애감과 서글픔

시어 풀이

*주렴: 구슬 따위를 꿰어 만든 발.
*우련: '우련하다'의 어근으로 형태가 약간 나타나 보일 정도로 희미한 상태.

시구 풀이

*하이얀 미닫이가 / 우련 붉어라.: 뜰에 떨어지고 있는 낙화의 장면을 흰색 창호지와 붉은 꽃의 색채 대비를 통해 감각적으로 드러내고 있다.

꽃이 지기로서니 / 바람을 탓하랴.

주렴* 밖에 성긴 별이 / 하나 둘 스러지고,

귀촉도 울음 뒤에 / 머언 산이 다가서다.

촛불을 꺼야 하리 / 꽃이 지는데

꽃 지는 그림자 / 뜰에 어리어

하이얀 미닫이가 / 우련 붉어라.

묻혀서 사는 이의 / 고운 마음을

아는 이 있을까 / 저어하노니

꽃이 지는 아침은 / **울고 싶어라.**

진단 체크

1 낙화를 바라보는 화자의 정서가 직설적으로 제시된 시구를 찾아 쓰시오.
2 시각적 심상의 대비를 통해 낙화의 아름다움을 드러낸 연을 찾아 쓰시오.

답 1. 울고 싶어라 2. 6연

● 실력 다지기

정답과 해설 9쪽

1 윗글의 표현상 특징으로 가장 적절한 것은?

● 8450-0048

① 색채어를 통해 새롭게 나타난 대상의 가치를 강조하고 있다.
② 근경에서 원경으로 시선을 이동하며 시간의 경과를 드러내고 있다.
③ 대립적 이미지의 시어를 제시하여 화자의 현실 인식을 부각하고 있다.
④ 상승적 이미지를 활용하여 대상의 변화 과정을 순차적으로 표현하고 있다.
⑤ 자연을 관찰한 후 화자의 내면 정서를 드러내는 선경후정의 방식으로 시상을 전개하고 있다.

2 〈보기〉를 바탕으로 윗글을 감상한 내용으로 적절하지 <u>않은</u> 것은?

○ 8450-0049

● 보기 ●

이 시는 세상을 피해 살아가려는 사람이 낙화하는 꽃을 보면서 느끼는 감회를 노래하고 있다. 특히 고풍스러운 어휘와 동양화적인 이미지를 사용하고 전통적 율격을 활용하여 우리의 전통적인 정서와 잘 맞닿아 있다.

① 4음보와 3음보의 율격이 변주되어 리듬감을 형성하고 있군.

② 동일한 종결 어미를 반복적으로 사용하여 우리 문학의 전통적인 이별의 정서를 조응시키고 있군.

③ '–하랴', '우련', '저어하다'와 같은 고풍스러운 어휘는 동양화적인 분위기를 조성하는 데 효과적으로 쓰이고 있군.

④ '묻혀서 사는 이'는 세속과 떨어져 살아가는 화자의 은둔적 경향을 드러낸 것으로 연결할 수 있겠군.

⑤ '울고 싶어라.'는 낙화로 인한 화자의 애상적 정서를 직접적으로 드러낸 것으로 볼 수 있겠군.

3 〈보기〉는 윗글과 동일한 제재를 다루고 있는 작품이다. 〈보기〉의 화자가 윗글의 화자에게 건네는 말로 가장 적절한 것은?

○ 8450-0050

● 보기 ●

가야 할 때가 언제인가를 / 분명히 알고 가는 이의 / 뒷모습은 얼마나 아름다운가. //

봄 한철 / 격정을 인내한 / 나의 사랑은 지고 있다. //

분분한 낙화…… / **결별이 이룩하는 축복**에 싸여 / 지금은 가야 할 때, //

무성한 녹음과 그리고 / 머지않아 **열매 맺는** / **가을**을 향하여 //

나의 청춘은 꽃답게 죽는다. //

헤어지자 / 섬세한 손길을 흔들며 / 하롱하롱 꽃잎이 지는 어느 날 //

나의 사랑, 나의 결별, / 샘터에 물 고이듯 성숙하는 / 내 영혼의 슬픈 눈.

– 이형기, '낙화'

① 너무 걱정하지 마십시오. '가야 할 때가 언제인가를 / 분명히 알고' 있다는 것은 계획을 세워 인생을 허비하지 않겠다는 다짐이 내포된 것이니까요.

② '봄 한철 / 격정을 인내'하느라 너무 많은 것을 잃고 희생한 것이 안타까워서 저도 뼈저리게 후회하고 있습니다.

③ 전화위복이 될 수 있을 겁니다. '결별이 이룩하는 축복'처럼 이별을 딛고 일어나면 새로운 사랑을 다시 시작할 수 있는 희망이 생길 수 있습니다.

④ 낙화는 '무성한 녹음'과 '열매 맺는 / 가을'을 맞이하기 위해 필연적으로 거쳐야 하는 과정이라는 점에서 마냥 슬퍼하실 필요는 없습니다.

⑤ '헤어지자'는 말이 비정할지라도 더 나은 '나의 사랑'을 위해서 미련을 두지 않는 태도가 필요하겠지요.

1 1연의 '꽃이 지기로서니 / 바람을 탓하랴.'의 의미에 대해 서술하시오.

○ 8450-0051

❸ 박용래, '월훈(月暈)'

➜ 작품 안으로 **주제**: 겨울 외딴 마을에 사는 노인의 고독과 그리움

특징: '월훈'은 달무리라는 뜻으로, 겨울밤 깊은 산속 외딴집에서 혼자 살고 있는 노인의 외롭고 허전한 삶을 절실하게 묘사한 작품이다. 마을 밖에서 마을 안으로, 노인의 집 밖에서 방 안으로 시선이 이동하는 전개 방식을 활용하고 있는 이 작품은 노인의 고독을 마을과 집의 풍경, 그리고 노인의 행동을 통해 효과적으로 형상화하였다.

➜ 작품 밖으로 이 작품은 자연의 정경과 인물의 정감을 조화시켜 토속적인 서정을 효과적으로 구현하는 박용래 시인의 특징이 잘 드러나 있다. 토속적 배경을 향토적 어휘로 구현하여 서정성을 드러냈고, 특히 다양한 이미지를 활용하여 노인의 고독감을 심화하였다.

시상 전개

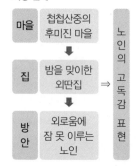

시어 풀이
*허방다리: 함정. 짐승 따위를 잡기 위하여 땅바닥에 판 구덩이.
*갱: 광물을 파내기 위하여 땅속을 파 들어간 굴.
*봉당: 안방과 건넌방 사이의 마루를 놓을 자리에 마루를 놓지 아니하고 흙바닥 그대로 둔 곳.
*시나브로: 모르는 사이에 조금씩 조금씩.
*월훈: 달무리

시구 풀이
*허방다리 들어내면 보이는 마을: 사람들에게 쉽게 보이지 않는 마을이라는 의미로, 마을이 깊은 산중에 위치하고 있음을 표현한 것이다.
*문득 바람도 ~ 설레임을 듣습니다.: 짚단이 풀려 가는 소리에도 귀를 기울이려 할 정도로 노인이 누군가를 그리워하고 있다는 점을 드러내고 있다.
*겨울 귀뚜라미는 ~ 웁니다.: 귀뚜라미는 노인의 감정이 이입된 대상으로, 노인의 외로움과 고독감을 부각하는 역할을 하고 있다.

첩첩산중에도 없는 마을이 여긴 있습니다. 잎 진 사잇길, 저 모래 둑, 그 너머 강기슭에서도 보이진 않습니다. *허방다리* 들어내면 보이는 마을.

갱(坑)* 속 같은 마을, 꼴깍, 해가, 노루꼬리 해가 지면 집집마다 봉당*에 불을 켜지요. 콩깍지, 콩깍지처럼 후미진 외딴집, 외딴집에도 불빛은 앉아 이슥토록 창문은 모쾃빛입니다.

기인 밤입니다. 외딴집 노인은 홀로 잠이 깨어 출출한 나머지 무를 깎기도 하고 고구마를 깎다, *문득 바람도 없는데 시나브로* 풀려 풀려 내리는 짚단, 짚오라기의 설레임을 듣습니다. 귀를 모으고 듣지요, 후루룩 후루룩 처마깃에 나래 묻는 이름 모를 새, 새들의 온기를 생각합니다. 숨을 죽이고 생각하지요.

참 오래오래, 노인의 자리맡에 받은기침 소리도 없을 양이면 벽 속에서 ㉠*겨울 귀뚜라미는 울지요. 떼를 지어 웁니다. 벽이 무너지라고 웁니다.

어느덧 밖에는 눈발이라도 치는지, 펄펄 함박눈이라도 흩날리는지, 창호지 문살에 돋는 월훈(月暈)*.

 실력 다지기

정답과 해설 10쪽

1 윗글에 대한 설명으로 적절하지 <u>않은</u> 것은?　◐ 8450-0052

① 시어를 반복하고 연쇄하여 운율을 형성하고 있다.
② 명사로 시상을 마무리하여 시적 여운을 주고 있다.
③ 향토어를 사용하여 토속적 정감을 형상화하고 있다.
④ 설의적 표현을 사용하여 인물의 정서를 강조하고 있다.
⑤ 쉼표와 의태어를 사용하여 공간의 특징을 부각하고 있다.

2 〈보기〉를 바탕으로 윗글의 각 연을 감상한 내용으로 적절하지 <u>않은</u> 것은?　◐ 8450-0053

> **보기**
>
> 　이 시는 세상과 멀리 떨어져 사는 노인이 느끼는 외로움과 그리움의 정서를 서정적으로 형상화하고 있다. 그런데 이 작품에는 노인의 정서를 직접 제시하기보다는 공간적 배경과 시간적 배경, 노인의 행동을 통해 간접적으로 드러낸다. 또 이 시에 나오는 시각적 심상과 청각적 심상의 시어도 노인의 상황과 정서를 형상화하는 데 효과적으로 쓰이고 있다.

① 1연: 노인이 사는 마을이 사람들에게 쉽게 발견되지 않는 곳임을 밝혀 노인이 세상에서 멀리 떨어져 살고 있음을 드러내고 있군.
② 2연: 노인이 밤을 맞이한 외딴집에 살고 있다는 설정을 통해 노인이 외로움을 느낄 수밖에 없는 처지임을 나타내고 있군.
③ 3연: 짚단이 풀리는 소리에도 귀를 기울이는 노인의 행동을 통해 그가 누군가를 기다리고 있음을 표현하고 있군.
④ 4연: 노인의 방에서 들리는 밭은기침 소리가 사라졌다는 것을 밝혀 노인이 외로운 처지가 조만간 끝날 것임을 암시하고 있군.
⑤ 5연: 노인의 방에 달그림자가 비치는 장면을 묘사하여 외로운 노인의 처지를 서정적으로 형상화하고 있군.

3 ㉠에 대한 이해로 가장 적절한 것은?　◐ 8450-0054

① 화목한 대가족의 모습을 상징한다.
② 노인의 깊은 고독감을 드러내는 대상이다.
③ 노인이 과거를 회상하게 하는 매개체이다.
④ 복잡한 도시와 대비되는 자연의 모습을 강조한다.
⑤ 자연과의 합일을 지향하는 노인의 가치관을 드러낸다.

1 윗글의 시상 전개 방법을 쓰고, 그 방법을 활용함으로써 얻을 수 있는 효과를 서술하시오.　◐ 8450-0055

④ 김명인, '그 나무'

↪ 작품 안으로 **주제**: 늦게 꽃 피는 나무의 관찰을 통한 자아 성찰
특징: '멈칫거리는', '들킨 게 부끄러운지' 등을 사용하여 나무를 의인화하여 섬세한 감정을 표현하고 있다. 또한 '—지요', '—까요?' 등의 종결 방식을 통해 고백하는 듯한 어조로 친근한 분위기를 형성하고 자신과 늦된 나무를 동일시하여 자아 성찰을 드러내고 있는 작품이다.

↩ 작품 밖으로 2002년 발표된 "바다의 아코디언"에 실린 시로, 다른 나무들보다 성장이 더딘 '그 나무'를 바라보며 안쓰러움을 느끼고 자신과 동일시하여 삶에 대한 성찰로 나아가고 있는 작품이다. 의문문을 많이 사용하는 시인의 문체적 특징이 잘 반영된 작품이라고 할 수 있는데, 이에 대해 작가는 '진실 앞에 항상 머뭇대는 것이 시인이다. 실제의 망설임이 문체에도 배어 나오는 것'이라고 밝히기도 했다.

시상 전개

그 나무

다른 나무와 달리 늦된 나무

⬇ 유추

'나'

헤매고 다녔던 난만한 봄길

시어 풀이
*멍울: 어떤 충격으로 인해서 생긴 마음의 상처나 고충을 비유적으로 이르는 말.
*난만하다: 꽃이 활짝 많이 피어 화려하다. 주고받는 의견이 충분히 많다.
*소신공양: 자기 몸을 태워 부처 앞에 바침.
*소지: 부정(不淨)을 없애고 신에게 소원을 빌기 위하여 흰 종이를 태워 공중으로 올리는 일. 또는 그런 종이.

시구 풀이
*들킨 게 부끄러운지, ~ 숨어 있었지요: 그늘 속 외진 환경에서 제대로 꽃 피우지 못하는 나무에 대한 관찰을 드러내고 있다.
*산에서 내려 ~ 저 난만한 봄길 어디: 화자가 젊은 시절 방황했던 일에 대한 기억을 회상하는 것으로, 아프게 방황했던 청춘의 시기를 의미한다.
*불타는 소신공양 ~ 올릴 수 있을까요?: '가난한 소지'는 단풍이 든 나뭇잎을 의미하는 것으로, 늦된 그 나무에도 가지마다 고운 단풍이 들길 바라는 화자의 기대와 소망이 드러나 있다.

한 해의 꽃잎을 며칠 만에 활짝 피웠다 지운
벚꽃 가로 따라가다가
㉠미처 제 꽃 한 송이도 펼쳐 들지 못하고 멈칫거리는
늦된 그 나무 발견했지요.
*들킨 게 부끄러운지, 그 나무
㉡시멘트 개울 한 구석으로 비틀린 뿌리 감춰 놓고
앞줄 아름드리 그늘 속에 반쯤 숨어 있었지요.
봄은 그 나무에게만 더디고 더뎌서
꽃철 이미 지난 줄도 모르는지,
㉢그래도 여느 꽃나무와 다름없이
가지 가득 매달고 있는 멍울* 어딘가 안쓰러웠지요.
㉣늦된 나무가 비로소 밝혀드는 꽃불 성화,
환하게 타오를 것이므로 나도 이미 길이 끝난 줄
까마득하게 잊어버리고 한참이나 거기 멈춰 서 있었지요.
*산에서 내려 두 달거리나 제자릴 찾지 못해
㉤헤매고 다녔던 저 난만한* 봄길 어디,
늦깎이 깨달음 함께 얻으려고 한나절
나도 병든 그 나무 곁에서 서성거렸지요.

[A] ⎾ 이 봄 가기 전 저 나무도 푸릇한 잎새 매달까요?
    │ 무거운 청록으로 여름도 지치고 말면
    │ *불타는 소신공양* 틈새 가난한 소지(燒紙)*,
    ⎿ 저 나무도 가지가지마다 지펴 올릴 수 있을까요?

진단 체크

정답 1. 벚꽃 며칠 만에 꽃잎 피웠다 지운 나무

1 '늦된 그 나무'와 대비되는 속성을 드러내는 소재를 찾아 쓰시오.

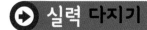

1 윗글의 표현상 특징으로 가장 적절한 것은?   ○ 8450-0061

① 공간의 대비를 통해 주제 의식을 강조하고 있다.
② 회상의 방식을 통해 대상의 변화 과정을 드러내고 있다.
③ 영탄적 표현을 통해 화자의 고조된 정서를 부각하고 있다.
④ 동일한 종결 어미를 반복하여 화자의 어조를 형성하고 있다.
⑤ 반어법을 활용하여 현실 세계에 대한 화자의 비판적 의도를 드러내고 있다.

2 〈보기〉를 참고하여 ㉠~㉤을 감상한 내용으로 적절하지 <u>않은</u> 것은?   ○ 8450-0062

> ● 보기 ●
>
> 　이 시는 꽃을 피울 시기가 지났는데도 피우지 못한 나무를 관찰하며 삶을 성찰하고 있는 작품이다. 소외된 나무에 대한 연민과 안타까움을 드러내는 동시에 언젠가는 그 나무가 꽃을 피우고 단풍이 들기를 기다리는 마음을 드러내고 있다. 화자는 이 과정을 통해 나무와 자신을 동일시하며 삶에 대한 성찰로 나아가고 있다.

① ㉠은 다른 나무들과 달리 제때 꽃 피우지 못한 '그 나무'에 대한 화자의 시선을 드러낸 것이겠군.
② ㉡은 '그 나무'가 다른 것들과 달리 소외된 처지에 놓여서 꽃을 피우는 일이 늦어졌음을 암시한 것이겠군.
③ ㉢은 꽃을 피우기 위해 다소 느리더라도 노력하고 있는 '그 나무'에 대한 화자의 연민이 담겨 있다고 볼 수 있겠군.
④ ㉣은 결국 모든 것은 소멸한다는 자연의 원리를 따르게 될 '그 나무'에게 화자가 위로를 건네는 것이겠군.
⑤ ㉤은 '그 나무'와 화자 자신을 동일시하여 자신이 방황했던 시절을 떠올리며 삶에 대해 성찰하고 있는 것이겠군.

3 [A]의 의미를 파악한 것으로 가장 적절한 것은?   ○ 8450-0063

① 봄에 꽃을 피워 내더라도 여름의 무더위를 이겨 내기 어렵다는 자연의 이치를 통해 인간 삶의 시련과 고난의 의미를 전달하고 있다.
② 봄, 여름, 가을을 거치는 나무의 변화 과정이 계절의 순환적 원리라는 의미를 통해 인간 삶의 희로애락에 담긴 의미를 유추하고 있다.
③ 봄과 여름을 지내며 나무가 꽃을 피우고 잎도 무성해져서 가을에는 붉게 단풍이 들기를 바라는 마음을 통해 나무가 잘 살아 내길 기대하고 있다.
④ 봄에 피우는 꽃과 여름에 무성해지는 잎새가 타인을 위한 것이어야 한다는 공동체적 의미를 통해 인간의 이기적인 삶에 대한 반성을 촉구하고 있다.
⑤ 봄에 화려하게 꽃과 잎새를 피웠던 나무라 하더라도 가을에는 낙엽으로 떨어지게 마련이라는 의미를 통해 타인에 대한 배려의 중요성을 강조하고 있다.

서술형

1 화자가 병든 나무 곁에서 서성거린 이유는 무엇일지 서술하시오.   ○ 8450-0064

2 '꽃불 성화'의 의미에 대해 서술하시오.   ○ 8450-0065

04 성찰과 의지

① 윤동주, '별 헤는 밤'

🔎 **작품 안으로** **주제**: 그리운 사람들과 고향에 대한 그리움과 자기 성찰

특징: 이 시는 별을 매개로 하여 과거 회상과 미래에 대한 기대감을 드러내는 담화체 형식의 작품이다. 타향에 있는 화자는 가을 밤하늘을 바라보며 고독하고 쓸쓸한 감정을 노래한다. 특히 5연과 7연에서 '어머니'를 호명하며 전개되는 시적 정황은 떠도는 자로서 고독과 그리움의 절정이 드러난다. 그러나 자신의 처지를 성찰하는 마지막 부분에 이르면 지금은 가을이고, 곧 겨울이 올 것이며, 다시 봄이 오리라 믿는 희망적 의지로 마무리하고 있다.

🔙 **작품 밖으로** 1941년 지은 윤동주의 유작으로 "하늘과 바람과 별과 시"에 실려 있다. 유랑하듯 떠도는 일제 강점기 망국인의 회한을 잘 대변하고 있는 작품으로, 타향에서 겪는 고독감과 자기 성찰적 부끄러움을 담고 있다.

시상 전개

과거	
그리움	고향의 추억, 그리운 사람들

⬇ 회상

현재	
부끄러움	밤하늘의 별, 밤을 새워 우는 벌레

⬇ 기대

미래	
희망과 기대	봄, 파란 잔디

시어 풀이

*프랑시스 잠: 상징파 후기의 신고전파 프랑스 시인. 상징주의 말기의 퇴폐성에 반발하며 시를 통해 자연으로 돌아갈 것을 촉구함.

*라이너 마리아 릴케: 독일의 실존주의 시인. 근대 사회의 모순에 대해 깊이 사색하고, 고독, 불안, 죽음, 사랑 등의 문제에 관해 깊이 있는 시를 남김.

*아슬히: 아찔아찔할 정도로 높거나 낮게.

*북간도: 두만강과 마주한 간도 지방의 동부.

계절이 지나가는 하늘에는
가을로 가득 차 있습니다.

나는 아무 걱정도 없이
가을 속의 별들을 다 헤일 듯합니다.

가슴속에 하나 둘 새겨지는 별을
이제 다 못 헤는 것은
쉬이 아침이 오는 까닭이요,
내일 밤이 남은 까닭이요,
아직 나의 청춘이 다하지 않은 까닭입니다.

*별 하나에 추억과
별 하나에 사랑과
별 하나에 쓸쓸함과
별 하나에 동경과
별 하나에 시와
별 하나에 어머니, 어머니,

[A] ⌈ 　어머님, 나는 별 하나에 아름다운 말 한마디씩 불러 봅니다. 소학교 때 책상을 같이
　　했던 아이들의 이름과, 패(佩), 경(鏡), 옥(玉), 이런 이국 소녀들의 이름과, 벌써 애기
　　어머니 된 계집애들의 이름과, 가난한 이웃 사람들의 이름과, 비둘기, 강아지, 토끼,
　⌊ 노새, 노루, 프랑시스 잠*, 라이너 마리아 릴케*, 이런 시인의 이름을 불러 봅니다.

이네들은 너무나 멀리 있습니다.
별이 아슬히* 멀듯이.

어머님,
그리고 당신은 멀리 북간도*에 계십니다.

*별 하나에 ~ 어머니, 어머니: 반
복과 열거의 방법을 통해 리듬
감을 형성하고 있는 구절로, 별
을 하나씩 헤아리며 소중한 가
치와 그리움의 대상을 떠올리고
있다.
*나는 무엇인지 ~ 덮어 버리었습
니다.: '별빛'이 아름다움과 순수
성을 상징한다고 할 때, '별빛이
내린 언덕 위에 / 내 이름자를
써 보고, / 흙으로 덮어 버리'는
것은 자신의 처지와 삶의 태도
에 대한 반성과 자아 성찰의 행
위라고 볼 수 있다.
*그러나 겨울이 ~ 무성할 게외
다.: '나의 별에도 봄이' 온다는
것은 조국의 광복에 대한 희망
과 기대를 드러낸 것으로 볼 수
있다. '무덤 위에 파란 잔디'는
재생과 부활의 이미지를 표현한
것으로, 미래에 대한 희망적 의
지를 담고 있다.

*나는 무엇인지 그리워
이 많은 별빛이 내린 언덕 위에
내 이름자를 써 보고,
흙으로 덮어 버리었습니다.

㉠딴은, 밤을 새워 우는 벌레는
부끄러운 이름을 슬퍼하는 까닭입니다.

*그러나 겨울이 지나고 나의 별에도 봄이 오면
무덤 위에 파란 잔디가 피어나듯이
내 이름자 묻힌 언덕 위에도
자랑처럼 풀이 무성할 게외다.

진단 체크

정답 1번 별, 2번 겨울

1 윗글에서 화자가 과거를 회상하게 되는 매개체로 쓰인 소재를 찾아 쓰시오.
2 윗글에서 화자의 현실 인식을 알 수 있는 상징적 의미의 시어를 찾아 쓰시오.

실력 다지기

정답과 해설 11쪽

1 [A]에 대한 설명으로 가장 적절한 것은?

○ 8450-0066

① 시적 대상을 구체적으로 열거하는 방식으로 화자의 간절한 그리움을 형상화하고 있다.
② 어조의 변화를 통해 이별의 고통으로 인해 삶의 희망을 상실한 화자의 정서를 표현하고 있다.
③ 계절적 배경을 부각하는 소재를 활용하여 대상의 아름다움에 대한 화자의 경탄을 예찬적으로 표현하고 있다.
④ 어순의 도치를 통해 상황의 긴박감을 표현하여 대상에 대한 화자의 인식이 전환되고 있음을 부각하고 있다.
⑤ 유사한 시구를 활용한 대구법을 사용하여 현재와 과거의 상황을 대비하여 과거로 회귀하고자 하는 화자의
의지를 드러내고 있다.

2 윗글을 〈보기〉와 관련하여 감상한 내용으로 적절하지 **않은** 것은? ◎ 8450-0067

> ● 보기 ●
>
> 선생님: '별 헤는 밤'에 나타난 '별'은 다음과 같이 여러 가지 의미로 해석할 수 있습니다. ㉮~㉺가 이 시의 어느 부분에 해당하는지 찾아보고, 이와 관련하여 작품을 감상해 봅시다.
>
> ㉮ 과거 회상의 매개체
>
> ㉯ 지향하는 가치   ㉰ 미래에 대한 희망
>
> ㉱ 소중하고 아름다운 인연   ㉲ 닿을 수 없는 거리

① ㉮: 1, 2, 3연을 보면 화자는 가을밤 하늘의 별을 바라보며 과거를 추억하고 있어. 따라서 화자는 별을 헤아리며 자신의 삶을 반추하고 있는 것이겠지.

② ㉯: 4연을 보면 화자는 별 하나하나마다 자신이 지향하는 가치를 연결하고 있어. 특히 동일한 구절을 반복하며 헤아리는 것은 각각의 가치가 나름의 의미를 지니고 있다는 것이겠지.

③ ㉱: 5연에서는 자신이 사랑하는 사람들과 자연물의 이름을 구체적으로 드러내고 있어. 그것이 화자에게는 가장 아름다운 인연이라는 것이겠지.

④ ㉲: 6연과 7연에서 소중한 사람들과 그리운 어머님이 멀리 있음을 드러내고 있어. 닿을 수 없는 곳에 있는 별의 속성과 마찬가지로 화자는 그들을 애틋하게 그리워하는 것이겠지.

⑤ ㉰: 10연에서는 미래에 대한 낙관적인 전망을 제시하고 있어. 이를 통해 현재의 고단한 삶을 보상받을 수 있으리라는 희망을 드러내는 것이겠지.

3 ㉠에 대해 '벌레'를 중심으로 감상한다고 할 때, 적절하지 **않은** 것은? ◎ 8450-0068

① '딴은'을 '제 딴에는'의 줄임말로 본다면, '벌레'의 제 나름대로 애쓰는 모습을 떠올리게 되는군.

② '밤을 새워'를 '밤새도록'의 의미로 본다면, '벌레'의 행위는 일시적인 것이 아니라 지속적인 것에 해당하겠군.

③ '우는' 행위가 '벌레'에게는 발화 행위에 해당하는 것으로 본다면, 시인이 시를 쓰는 행위와 연결될 수 있겠군.

④ '부끄러운 이름'이 자신에 대한 성찰을 의미하는 것으로 본다면, 이는 화자의 자괴감으로 이해할 수 있겠군.

⑤ '슬퍼하는'의 감정을 '벌레'가 우는 이유로 본다면, 사랑하는 사람을 잃은 화자의 상실감을 감정 이입한 것이겠군.

1 윗글을 시간의 흐름에 따른 시상 전개로 구분할 때, 미래를 드러내는 연을 찾고 그 속에 담긴 화자의 인식을 서술하시오. ◎ 8450-0069

② 백석, '남신의주유동박시봉방'

작품 안으로 **주제**: 지난 삶에 대한 반성과 굳고 정한 삶에 대한 의지

특징: 이 시의 제목은 '남신의주 유동에 사는 박시봉 씨 집에서'라는 의미이다. 고향을 떠나온 화자가 자신이 세든 집을 발신지 주소로 하여 고향에 보내는 편지 형식의 작품이라고 할 수 있다. 긴 호흡과 잦은 쉼표의 사용으로 내면의 진솔한 고백을 서술하여 화자의 회한과 성찰을 효과적으로 드러내고 있다.

작품 밖으로 1948년 《학풍》 창간호에 발표된 작품으로 백석의 후기시를 대표하며 자아에 대한 진지한 성찰을 보여 주고 있다. 민족의 고난과 유랑 생활의 비애를 그리면서도 '갈매나무'를 통한 숭고하고 강한 의지를 드러내고 있는 작품이다.

시상 전개

처음 (1~8행)	타향에 있는 자신의 외로운 처지

↓

중간 (9~19행)	지난 삶에 대한 괴로움과 회한

↓ 시상의 전환

끝 (20~32행)	새로운 삶에 대한 의지

시어 풀이

*삿: 삿자리. 갈대를 엮어서 만든 자리.

*쥔: '주인'의 준말. '쥔을 붙이었다'는 세를 들었다는 의미.

*누굿한: 메마르지 않고 좀 축축한.

*북덕불: 북데기에 피운 불.

*나줏손: 저녁 무렵. 저물 무렵의 방언.

*바우섶: 바위 옆. '섶'은 '옆'의 평안·함경 방언임.

시구 풀이

*어느 사이에 ~ 거리 끝에 헤매이었다.: 고향의 가족과 떨어져서 객지에서 유랑하고 있는 화자의 처지를 드러내고 있다.

*머리에 손깍지 ~ 쌔김질하는 것이었다.: 누워서 자신의 무능하고 무기력한 삶을 계속해서 되새김질하고 곱씹어 보며 생각하고 있는 모습을 드러낸 것으로, 화자 스스로 어리석고 나약한 자신의 삶에 대해 반성하고 있음을 알 수 있다.

[A]

*어느 사이에 나는 아내도 없고, 또,

아내와 같이 살던 집도 없어지고,

그리고 살뜰한 부모며 동생들과도 **멀리 떨어져서**,

그 어느 바람 세인 쓸쓸한 **거리 끝에 헤매이었다.**

바로 날도 저물어서,

바람은 더욱 세게 불고, 추위는 점점 더해 오는데,

나는 어느 **목수네 집 헌 삿***을 깐,

ⓐ한 방에 들어서 **쥔***을 붙이었다.

이리하여 나는 이 **습내 나는 춥고, 누굿한*** 방에서,

낮이나 밤이나 나는 나 혼자도 너무 많은 것같이 생각하며,

딜옹배기에 ⓑ**북덕불***이라도 담겨 오면,

이것을 안고 손을 쬐며 재 우에 뜻 없이 글자를 쓰기도 하며,

또 문밖에 나가두 않구 자리에 누워서,

*머리에 손깍지 벼개를 하고 굴기도 하면서,

나는 내 슬픔이며 어리석음이며를 소처럼 연하여 쌔김질하는 것이었다.

내 가슴이 꽉 메어 올 적이며,

내 눈에 뜨거운 것이 핑 괴일 적이며,

또 내 스스로 화끈 낯이 붉도록 부끄러울 적이며,

나는 내 슬픔과 어리석음에 눌리어 죽을 수밖에 없는 것을 느끼는 것이었다.

그러나 잠시 뒤에 나는 고개를 들어,

허연 문창을 바라보든가 또 눈을 떠서 ⓒ높은 천장을 쳐다보는 것인데,

*이때 나는 내 뜻이며 힘으로, 나를 이끌어 가는 것이 힘든 일인 것을 생각하고,

이것들보다 더 크고, 높은 것이 있어서, 나를 마음대로 굴려 가는 것을 생각하는 것인데,

이렇게 하여 여러 날이 지나는 동안에,

내 어지러운 마음에는 슬픔이며, 한탄이며, 가라앉을 것은 차츰 앙금이 되어 가라앉고,

외로운 생각만이 드는 때쯤 해서는,

더러 나줏손*에 쌀랑쌀랑 싸락눈이 와서 ⓓ문창을 치기도 하는 때도 있는데,

나는 이런 저녁에는 화로를 더욱 다가 끼며, 무릎을 꿇어 보며,

*이때 나는 ~ 생각하는 것인데.: '더 크고, 높은 것'은 자신의 삶을 이끌어 가는 운명을 의미하는 것으로 초월적이고 불가항력적인 운명을 인식하는 것으로 볼 수 있다.

*어느 먼 산 ~ 생각하는 것이었다.: 눈을 맞고 서 있는 '갈매나무'는 고난과 시련을 견디는 의지적인 삶을 상징하는 소재이다. 따라서 화자는 자신의 고단한 삶을 묵묵히 이겨 나가겠다는 삶에 대한 의지를 드러내고 있다고 볼 수 있다.

*어느 ⓔ먼 산 뒷옆에 바우섶*에 따로 외로이 서서,
어두워 오는데 하이야니 눈을 맞을, 그 마른 잎새에는,
쌀랑쌀랑 소리도 나며 ㉠눈을 맞을,
그 드물다는 굳고 정한 ㉡갈매나무라는 나무를 생각하는 것이었다.

진단 체크

정답 1. 갈매나무

1 윗글에서 삶에 대한 화자의 새로운 의지를 드러내는 상징적인 소재를 찾아 쓰시오.

▶ 실력 다지기

정답과 해설 12쪽

1 〈보기〉를 참고하여 [A]를 감상한 것으로 적절하지 <u>않은</u> 것은?

◎ 8450-0070

• 보기 •

　　이 시는 시인이 일제의 탄압을 피해 고향을 떠났을 때의 자전적 체험이 반영되어 있는 작품이다. 제목의 '방(方)'은 편지를 보낼 때 세대주 이름 뒤에 붙여서 그 집에 거처하고 있다는 뜻을 나타내는 말이다. 따라서 이 시의 제목은 '남신의주 유동에 사는 박시봉 씨 집에서'라는 뜻으로 편지 봉투의 발신인 주소에 해당하고, 시의 내용은 시인의 소외된 처지와 삶의 목표를 이루지 못한 시인의 심리가 담긴 편지의 사연에 해당한다고 볼 수 있다.

① '어느 사이에'는 화자가 처한 현실 상황이 스스로의 의지나 계획대로 이루어진 것이 아님을 내포하고 있군.
② '멀리 떨어져서'는 사랑하는 사람들과 물리적으로 떨어져 있는 화자의 쓸쓸한 처지를 반영한다고 볼 수 있군.
③ '거리 끝에 헤매이'고 있는 화자의 모습은 삶의 목표를 이루지 못하고 상실감에 젖은 화자 자신에 대한 인식을 내포하고 있군.
④ '쥔을 붙이었다'는 것은 '목수네 집'에 세를 들어 있는 시적 상황을 드러낸 것으로, 시인이 체험한 억압된 현실과 관련이 있겠군.
⑤ '습내 나는 춥고, 누긋한 방'은 타향에서 느끼는 각박한 인심에 해당하는 것으로, 화자의 내면의 분노를 유발하는 계기가 되는 것이군.

2 ⓐ~ⓔ에 대한 설명으로 적절하지 **않은** 것은?   ○ 8450-0071

① ⓐ는 화자가 외롭고 고단한 현실의 처지를 인식하는 공간이다.

② ⓑ는 화자가 자신의 과거를 돌아보며 스스로를 위로하는 소재이다.

③ ⓒ는 화자의 시선이 상승하여 머무는 지점으로, 시상이 전환하는 계기로 작용한다.

④ ⓓ는 화자가 있는 공간을 안과 밖으로 구별하는 경계로, 화자의 인식이 확장됨을 드러낸다.

⑤ ⓔ는 계절적 · 시간적 배경을 구체적으로 드러내는 동시에, 주제를 형상화하는 소재를 효과적으로 드러내고 있다.

3 ㉠과 ㉡에 대한 설명으로 가장 적절한 것은?   ○ 8450-0072

① ㉠은 화자가 포기할 수 없는 문학의 순수한 가치를 암시한다.

② ㉠은 고향에 대한 추억을 환기시키는 매개체로 작용하고 있다.

③ ㉠은 현실의 고뇌를 망각하고 살아온 삶에 대한 회한을 드러내고 있다.

④ ㉡은 아름다운 자연에 대한 화자의 경탄을 함축적으로 내포하고 있다.

⑤ ㉡은 앞으로의 삶에 대한 화자의 의지적 태도를 상징적으로 드러내고 있다.

1 '갈매나무'에 담긴 상징적인 의미를 서술하시오.   ○ 8450-0073

2 화자의 정서 변화를 중심으로 윗글을 감상할 때, 회한이 최고조로 드러난 시행의 첫 두 어절과 끝 두 어절을 찾아 쓰시오.

○ 8450-0074

❸ 신동엽, '껍데기는 가라'

➜ 작품 안으로 **주제:** 부정적 세력에 대한 저항과 민족 화합에 대한 소망

특징: 이 작품에서 화자가 가기를 바라는 '껍데기'는 허위와 겉치레와 같은 부정적 존재를 상징하고, 남기를 바라는 '알맹이'는 순수함과 순결함과 같은 긍정적 존재를 상징한다. 이처럼 작가는 작품을 통해 '껍데기'로 상징되는 부정적 존재들이 모두 사라지고 '알맹이'로 형상되는 순수와 화합만 가득한 세상이 되기를 바라는 마음을 강하게 표현하고 있다. 특히 4·19 혁명, 동학 혁명, 남북 분단이라는 역사적 사건과 아사달·아사녀 이야기를 통해 이러한 주제 의식을 효과적으로 드러내고 있다.

← 작품 밖으로 이 시는 4·19 혁명의 정신이 점차 사라지고, 군부 독재 체제가 공고해지며 남북의 대립이 첨예화되는 당시 현실의 문제를 상징적 시어로 비판하고 있다. 그런데 이 작품은 현실에 대한 비판으로 그치지 않고, 부정적 현실을 극복하고 맞이할 밝은 미래의 모습까지 제시한다는 점에서 문학사적 의의가 있다.

시상 전개

화자가 거부하는 대상	화자가 소망하는 대상
• 껍데기 • 모오든 쇠붙이	• 알맹이 • 동학년 곰나루의, 그 아우성 • 아사달 아사녀 • 흙가슴
↓	↓
허위와 가식, 부정적 세력, 반통일적 세력	진실하고 순수한 존재, 평화를 추구하는 세력

시어 풀이

*곰나루: 충청남도 공주의 옛 이름. 동학 혁명 당시 우금치 전투가 있었던 곳.

*아사달 아사녀: 석가탑 창건 설화에 나오는 주인공으로, 원래 부부였지만 헤어져 살다가 비극적 결말을 맞이함.

*초례청: 전통적으로 치르는 혼례식을 하는 장소.

시구 풀이

*사월도 알맹이만 남고 / 껍데기는 가라.: 독재 정권에 항거해 일어났던 4·19 혁명의 순수한 정신이 부활하고, 그 외 일체의 가식과 허위가 사라지기를 바라는 마음이 담겨 있다.

*이곳에선, ~ 맞절할지니: 아사달 아사녀는 분단된 조국을 상징하는 이들로, 이들이 순수한 모습으로 맞절한다는 것에는 갈라진 우리 민족이 순수한 마음으로 하나 되는 과정을 나타낸 것이다.

㉠껍데기는 가라.
*사월도 알맹이만 남고
껍데기는 가라.

껍데기는 가라.
동학년 곰나루*의, 그 아우성만 살고
껍데기는 가라.

그리하여, 다시
껍데기는 가라.
㉡*이곳에선, 두 가슴과 그곳까지 내논
아사달 아사녀*가
중립의 초례청* 앞에 서서
㉢부끄럼 빛내며
맞절할지니

껍데기는 가라.
㉣한라에서 백두까지
㉤향그러운 흙가슴만 남고
그, 모오든 쇠붙이는 가라.

진단 체크

1 윗글에서 불의와 부정을 상징하는 소재를 찾아 쓰시오.

2 윗글에서 갈라진 남과 북을 상징하는 소재를 찾아 쓰시오.

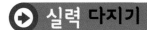
1 윗글에 대한 설명으로 적절한 것은?   ○ 8450-0075

① 시적 허용을 통해 현실에 대한 화자의 만족감을 표출하고 있다.
② 반어적 표현을 통해 민중들의 과거 지향적 태도를 비판하고 있다.
③ 명령적 어조를 사용하여 화자의 현실 극복 의지를 드러내고 있다.
④ 설의적 표현을 활용하여 화자의 자기반성적 태도를 나타내고 있다.
⑤ 청각적 이미지를 활용하여 희망적 미래의 모습을 형상화하고 있다.

2 〈보기〉를 바탕으로 윗글을 감상한 내용으로 적절하지 <u>않은</u> 것은?   ○ 8450-0076

> ● 보기 ●
>
>   신동엽의 '껍데기 가라'에는 군부 독재가 강화되고 남과 북이 첨예하게 대립하던 당시의 부정적 사회 상황
> 을 극복하고 싶은 작가의 의지가 담겨 있다. 작가는 이러한 부정적 현실이 과거 우리 민중들의 자발적 현실
> 개혁 의지로 일어난 동학 혁명의 정신과 4·19 혁명의 정신이 훼손되었기 때문에 초래되었다고 보았다. 따
> 라서 작가는 시를 통해 훼손된 순수한 혁명 정신이 되살아나야 부정적 현실을 극복할 수 있다고 밝혔다. 또
> 아사달과 아사녀 설화를 차용하여 분단된 남과 북이 하나가 되기 위해서는 남북 모두 가식과 허위 없는 태
> 도를 지녀야 하고, 통일에 반대하는 일체의 세력을 배척해야 한다고 강조했다.

① '사월도 알맹이만 남'으로 한 것에는 4·19 혁명의 순수한 정신이 훼손되고 있는 작가의 현실 인식이 반영
되어 있군.
② '동학년 곰나루'의 '아우성만 살'라고 한 것에는 동학 혁명에 참여한 당대 민중의 개혁 의지가 약했기 때문에
실패했다는 작가의 생각이 담겨 있군.
③ '아사달 아사녀'가 '두 가슴과 그곳까지 내논'다는 것에는 남과 북 모두 가식과 허위가 없는 태도를 지녀야 한
다는 작가의 생각이 반영되어 있군.
④ '중립의 초례청 앞에 서서' '맞절'을 한다는 것에는 분단된 남과 북이 하나의 공동체로 하나가 되기를 바라는
작가의 소망이 담겨 있군.
⑤ '쇠붙이는 가라'고 한 것은 우리 민족의 통일을 가로막는 모든 세력들을 배척해야 한다는 작가의 의지가 반영
되어 있군.

3 ㉠~㉤에 대한 이해로 적절하지 <u>않은</u> 것은?   ○ 8450-0077

① ㉠: 화자가 거부하려는 부정적 대상을 이른다.
② ㉡: 부조리하고 불합리한 당시의 현실 공간이다.
③ ㉢: 순수한 상태의 존재만이 느낄 수 있는 감정이다.
④ ㉣: 한반도 전체, 우리 민족 모두를 의미한다.
⑤ ㉤: 우리 민족이 지닌 순수한 마음을 뜻한다.

 1 '껍데기는 가라'의 반복을 통해 얻을 수 있는 효과를 세 가지 서술하시오.   ○ 8450-0078

④ 김수영, '어느 날 고궁을 나오면서'

→ **작품 안으로** **주제**: 부정한 사회에 저항하지 못하는 무기력한 자신에 대한 반성

특징: 이 작품은 화자가 어느 날 고궁을 다녀오면서 느낀 자신의 소시민적 행동을 고백하고 있다. 화자는 자신이 부조리하고 불합리한 현실에 적극적으로 대응하지 못하고 사소한 일에만 분노하고 있음을 깨닫는다. 그리고 절정 위에서 조금쯤 비켜서 있는 자신을 옹졸하다고 평가하는데, 이는 지식인의 무능과 허위의식에 대한 진지한 자기반성이라 할 수 있다.

← **작품 밖으로** 이 시는 1965년 11월에 창작한 작품으로, 1960년대 초반에 일어난 4·19 혁명과 5·16 군사 정변 등의 시대적 상황에 적극적으로 대응하지 못한 소시민들의 삶을 비판적으로 형상화하고 있다. 작품에 나오는 포로수용소 이야기는 작가가 실제 체험한 것으로, 이런 점으로 볼 때 이 작품에는 작가의 진솔한 자기반성이 담겨 있다고 할 수 있다.

시상 전개

분개할 대상	분개한 대상
땅 주인, 구청직원, 동회 직원	설렁탕집 주인, 야경꾼, 이발쟁이
본질적인 것	비본질적인 것

본질적인 것에 분노하지 못하고 비본질적인 것에만 분노하는 태도에 대한 반성

시어 풀이
*월남: '베트남'의 음역어.
*야경꾼: 밤사이에 화재나 범죄가 없도록 살피고 지키는 사람.

시구 풀이
*왜 나는 조그마한 일에만 분개하는가: '조그마한 일'이란 일상적이고 사소한 일이나 사건으로, 이런 것에만 예민하게 반응하면서 정작 본질적인 문제를 외면하고 있는 화자 자신의 허위의식을 폭로하고 있다.
*왕궁의 음탕: 권력자들의 부정과 부도덕성을 의미하며, 궁극적으로 타파해야 할 대상이다.
*아무래도 나는~옆으로 비켜서 있다: 부정적 현실에 맞서지 못하고 주변에서 옹졸하게 살아가는 자신의 소시민적 태도를 비판하고 있다.

*왜 나는 조그마한 일에만 분개하는가 / 저 왕궁 대신에 ㉠*왕궁의 음탕 대신에
50원짜리 갈비가 기름 덩어리만 나왔다고 분개하고
옹졸하게 분개하고 설렁탕집 **돼지 같은 주인 년**한테 욕을 하고
옹졸하게 욕을 하고

한번 정정당당하게 / 붙잡혀 간 소설가를 위해서
언론의 자유를 요구하고 월남* 파병에 반대하는 / **자유를 이행하지 못하고**
20원을 받으러 세 번씩 네 번씩 / 찾아오는 ㉡야경꾼*들만 증오하고 있는가

옹졸한 나의 전통은 유구하고 이제 내 앞에 정서(情緖)로 / 가로놓여 있다
이를테면 이런 일이 있었다 / 부산의 포로수용소의 제14 야전 병원에 있을 때
정보원이 너스들과 스펀지를 만들고 거즈를 / 개키고 있는 나를 보고 포로 경찰이 되지 않는다고
남자가 뭐 이런 일을 하고 있느냐고 놀린 일이 있었다 / 너스들 옆에서

지금도 내가 반항하고 있는 것은 이 ㉢스펀지 만들기와 / 거즈 접고 있는 일과 조금도 다름없다
개의 울음소리를 듣고 그 비명에 지고 / 머리도 피도 안 마른 **애놈의 투정**에 진다
떨어지는 ㉣은행나무 잎도 내가 밟고 가는 가시밭

*아무래도 나는 비켜서 있다 **절정 위에는 서 있지** / 않고 암만해도 조금쯤 **옆으로 비켜서 있다**
그리고 조금쯤 옆에 서 있는 것이 조금쯤 / 비겁한 것이라고 알고 있다!

그러니까 이렇게 옹졸하게 반항한다 / 이발쟁이에게
땅 주인에게는 못하고 이발쟁이에게 / 구청 직원에게는 못하고 ㉤동회 직원에게도 못하고
야경꾼에게 20원 때문에 10원 때문에 1원 때문에 / ㉮우습지 않으냐 1원 때문에

모래야 나는 얼마큼 작으냐 / 바람아 먼지야 풀아 나는 얼마큼 작으냐
정말 얼마큼 작으냐……

진단 체크

답 1. 왕궁의 음탕, 주인 년, 야경꾼, 이발쟁이 2. 옹졸, 비겁

1 윗글에서 화자가 분개하는 사소한 대상을 찾아 쓰시오.
2 윗글에서 화자가 분개하지 못하는 자신에 대해 평가한 말을 찾아 쓰시오.

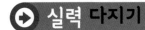
1 윗글에 대한 설명으로 적절하지 <u>않은</u> 것은?

◐ 8450-0079

① 대조되는 상황을 제시하여 주제 의식을 강조하고 있다.
② 일상어를 사용하여 화자의 현실 인식을 구체적으로 드러내고 있다.
③ 자신에게 질문의 방식을 활용하여 자기반성적 태도를 나타내고 있다.
④ 색채가 대비되는 시어로 현대 문명에 대한 비판적 태도를 강조하고 있다.
⑤ 과거 경험을 통해 화자의 현실 대응 태도가 오래전에 형성되었음을 밝히고 있다.

2 〈보기〉를 바탕으로 윗글을 감상한 내용으로 적절하지 <u>않은</u> 것은?

◐ 8450-0080

> ● 보기 ●
>
> 김수영은 시를 통해 세상의 허위와 부정에 적극적으로 대응하지 못하는 자신을 반성하려 하였다. 따라서 그의 시는 속물적이고 부조리한 화자의 모습을 정직하게 드러낸다는 특징을 지닌다. 자신의 모습을 바로 응시하는 이 정직함만이 자기비판을 가능하게 한다. 그의 시에 비속어가 많은 것은 바로 정직함의 표출이라 할 수 있다.

① 화자가 설렁탕집 주인을 '돼지 같은 주인 년'이라고 비속어를 사용해 비난한 것은 화자 자신의 속물적 모습을 스스로 노출하기 위한 것이로군.
② 화자가 설렁탕집 주인에게 욕하면서도 '자유를 이행하지 못하'는 자신을 '옹졸'하다고 자신의 행위를 평가한 것은 정직한 자기비판을 기반으로 한 것이로군.
③ 화자가 자신을 '개의 울음소리'나 '애놈의 투정'에도 지는 존재로 표현한 것은 사소한 것에만 연민을 느끼는 자신의 부조리한 모습을 비판한 것이로군.
④ 화자가 현재 자신이 '절정 위'에 서 있지 못하고 '옆으로 비켜서 있다'고 판단한 것은 부정적 현실에 적극적으로 저항하지 못하는 자신의 태도를 표현한 것이로군.
⑤ 화자가 '모래', '먼지'처럼 작은 존재에게 자신이 '얼마큼 작으냐'고 묻는 것은 현재 자신의 모습에 대한 부끄러움을 표출한 것이로군.

3 ㉠~㉤에 대한 이해로 적절한 것은?

◐ 8450-0081

① ㉠: 과거에 화자가 한 부끄러운 행위이다.
② ㉡: 화자가 분개하고 있는 힘없는 존재이다.
③ ㉢: 현재의 화자가 자랑스럽게 여기는 행위이다.
④ ㉣: 괴로운 처지의 화자에게 위안을 주는 존재이다.
⑤ ㉤: 화자에게 적극적으로 저항하지 못하는 인물이다.

 1 ㉮에 담긴 화자의 심정을 쓰고, 그와 같은 심정을 갖게 된 원인을 서술하시오.

◐ 8450-0082

⑤ 고재종, '세한도'

📌 작품 안으로
주제: 힘겨운 농촌 현실 속에서 이를 견디게 하는 희망

특징: 이 시는 과거에 활력이 있던 농촌과 현재의 가난하고 퇴락한 농촌의 모습을 대조적으로 제시하면서도 현재의 절망적인 상황을 극복해 나가고자 하는 의지와 희망을 노래한 작품이다. '청솔'의 '푸른 빛'과 아침 태양의 '꼭두서니빛'이라는 색채 이미지를 통해 새로운 희망의 가능성을 드러내고 있다.

📌 작품 밖으로
1998년 《창작과비평》(99호)에 발표된 작품으로 추사 김정희의 〈세한도〉에서 영감을 얻은 작품이다. 이 시는 그림 〈세한도〉의 기본 구성을 차용하여 퇴락한 농촌의 현실을 '마을 회관'과 추운 겨울 날씨로 표현하고, 어려운 현실을 극복하고자 하는 의지와 희망을 '청솔'을 통해 표현하고 있다.

시상 전개

과거		현재
번성했던 농촌 마을 : '한때는 앰프 ~ 깨우던 회관'	⟷ 대비	퇴락한 농촌의 현실 : '생산도 새마을도 다 끊긴 궁벽'

↓

변함없는 '청솔 한 그루'

시련에 대한 극복의 의지

시구 풀이

*한때는 앰프 방송~더욱 못 감는다.: 과거 농촌의 번성했던 모습을 의미하는 것으로 청솔을 의인화하여 과거의 번성했던 시절을 잊지 못함을 드러내고 있다.

*까막까치 얼어 죽는~꼭두서니빛 타오른다.: 아주 추운 겨울은 농촌의 현실을 상징적으로 드러내는 것으로, 암울하고 절망적인 현실에서도 새로운 희망을 잃지 않겠다는 의미를 드러내고 있다.

날로 기우듬해 가는 마을 회관 옆 / **청솔** 한 그루 꼿꼿이 서 있다.

*한때는 ㉠앰프 방송 하나로 / 집집의 새앙쥐까지 깨우던 회관 옆,
그 둥치의 터지고 갈라진 아픔으로 / 푸른 눈 더욱 못 감는다.

그 회관 **들창 거덜 내는 댓바람** 때마다 / 청솔은 또 한바탕 노엽게 운다.
거기 술만 취하면 ㉡앰프를 켜고 / 천둥산 박달재를 울고 넘는 이장과 함께.

생산도 새마을도 다 끊긴 궁벽, 그러나 / 저기 **난장 난 비닐하우스**를 일으키다
그 청솔 바라보는 몇몇들 보아라.

그때마다, **삭바람마저 빗질하여** / 서러움조차 잘 걸러 내어
푸른 숨결을 풀어내는 청솔 보아라.

나는 희망의 노예는 아니거니와 / *까막까치 얼어 죽는 이 아침에도
저 동녘에선 꼭두서니빛 타오른다.

> ### 진단 체크
>
> 1 퇴락한 농촌 현실을 비유적으로 드러낸 시어와 시구를 모두 찾아 쓰시오.
>
> 답 1. 들창 거덜 내는 댓바람, 난장 난 비닐하우스, 생산도 새마을도 다 끊긴 궁벽, 삭바람

▶ 실력 다지기

정답과 해설 14쪽

1 윗글의 표현상 특징으로 가장 적절한 것은?　　　　　　　　　　　▶ 8450-0083

① 의인법을 활용하여 시의 주제를 형상화하고 있다.
② 수미상관의 기법을 통해 화자의 정서를 강조하고 있다.
③ 어조의 전환을 통해 화자의 현실 순응적 태도를 드러내고 있다.
④ 공간의 이동에 따른 소재의 변화를 중심으로 시상을 전개하고 있다.
⑤ 현재 시제를 나타내는 어미를 사용하여 역동적인 분위기를 형성하고 있다.

2 〈보기〉와 관련하여 윗글을 감상한 내용으로 가장 적절한 것은?   ◎ 8450-0084

> ● 보기 ●
>
>  〈세한도(歲寒圖)〉는 추사 김정희가 정치적 박해를 받고 제주
> 도에서 **귀양 생활**을 하고 있을 때 제자 이상적이 사제지간의 의
> 리를 잊지 않고 북경에서 **귀한 책**들을 구하여 보내 준 답례로 그
> 려 준 그림으로 전해진다. 그림과 함께 적은 발문에서 추사는
> 스승에 대한 의리로서 훌륭한 덕목을 보여 준 제자의 인품을 공자의 말 **'날씨가 추워진 뒤**에야 **소나무와 잣
> 나무**가 늦게 시듦을 안다.'에 비유하여 표현하고 **칭찬**하였다.

① 〈보기〉에서 '귀양 생활'이 추사에 대한 불합리한 처우를 의미한다면, 윗글의 '들창 거덜 내는 댓바람'은 이장
   과 마을 사람들과의 갈등을 의미한다고 볼 수 있겠군.
② 〈보기〉에서 '날씨가 추워진 뒤'가 정치적 박해로 귀양 간 추사의 처지를 비유한 것이라면, 윗글의 '생산도 새
   마을도 다 끊긴 궁벽'의 모습과 연결된다고 볼 수 있겠군.
③ 〈보기〉에서 '귀한 책'이 스승에 대한 제자의 의리와 사랑을 의미한다면, 윗글의 '삭바람마저 빗질'해 주는 화
   자의 태도와 연결된다고 볼 수 있겠군.
④ 〈보기〉에서 '소나무와 잣나무'가 추사와 제자 이상적을 상징적으로 드러낸 것이라면, 윗글의 '난장 난 비닐하
   우스'도 '청솔'의 곁을 지키는 상징으로 표현된 것이겠군.
⑤ 〈보기〉에서 추사가 그림과 글로 제자를 '칭찬'한 것은, 윗글에서 '나는 희망의 노예는 아니거니와'라고 밝힌
   화자의 태도와 대비를 이룬다고 볼 수 있겠군.

3 ㉠과 ㉡에 대한 설명으로 가장 적절한 것은?   ◎ 8450-0085

① ㉠은 과거에 사람들이 많고 번성했던 농촌 마을을, ㉡은 퇴락한 농촌에 남은 사람들의 고단한 삶과 슬픔을
   드러내고 있다.
② ㉠은 바쁘고 고단하게 살아가는 과거 농촌의 모습을, ㉡은 안락하고 편안하지만 무료한 현재 농촌의 모습을
   암시하고 있다.
③ ㉠은 농촌에서 소외된 사람들에 대한 연민의 정서를, ㉡은 퇴락한 농촌 마을에 대한 화자의 안타까운 정서를
   상징하고 있다.
④ ㉠은 농촌의 터전이 되는 자연의 아름다움을, ㉡은 도시화로 인해 아름다움을 잃어 가는 농촌의 모습에 대한
   회한을 표출하고 있다.
⑤ ㉠은 서로를 아끼며 살아가는 농촌 사람들의 온정을, ㉡은 세태의 변화에 따라 도시로 떠난 사람들과 각박해
   진 인심을 드러내고 있다.

1 4연의 '그 청솔 바라보는 몇몇들'의 의미에 대해 서술하시오.   ◎ 8450-0086

2 윗글에 사용된 명령형 종결 방식의 효과에 대해 서술하시오.   ◎ 8450-0087

05 역사와 현실

1 한용운, '수(繡)의 비밀'

➡️ **작품 안으로**　**주제**: 임에 대한 사랑

특징: 임에 대한 사랑을 임의 옷을 만드는 과정에 빗대어 표현한 작품으로 고도의 상징과 역설을 통해 주제 의식을 표현한 작품이다.

⬅️ **작품 밖으로**　만해 한용운은 일제 식민지 정책의 허상을 비판하고 조국과 민족의 자유를 억압하는 일제에 대한 저항 의지와 조국과 민족에 대한 변함없는 사랑을 강조하며 "님의 침묵"이라는 시집을 발표했다. 이 시집에 있는 90여 편의 시에는 억압적 현실 속에서 조국, 민족, 자유 등에 대한 시인의 지향이 '임에 대한 사랑'으로 표현되어 있다. 특히 시인은 불교적 비유와 고도의 상징을 통해 일제에 대한 저항 의지와 조국과 민족에 대한 사랑을 표현했는데, 이는 일제 강점하의 엄격한 검열 과정을 염두에 둔 문학적 선택으로 볼 수 있다.

시상 전개

주머니에 넣을 만한 보물이 없음.

⬇️

주머니를 짓다가 놓아두고 짓다가 놓아둠.

⬇️

의도적으로 주머니를 완성하지 않음.

시어 풀이

*심의: 예전에, 신분이 높은 선비들이 입던 옷. 대개 흰 베를 써서 두루마기 모양으로 만들었으며 소매를 넓게 하고 검은 비단으로 가를 둘렀다.
*자리옷: 잠잘 때 입는 옷.

시구 풀이

*그 주머니는 나의 손때가 많이 묻었습니다.: 옷을 완성하지 않고 주머니에 수를 놓는 행위를 반복해 왔음을 의미한다. 화자가 옷을 짓는 행위는 곧 임에 대한 사랑의 실천이자 노력으로, 이 구절을 통해 그러한 사랑의 노력이 지속되어 왔음을 나타내고 있다.
*짓고 싶어서 다 짓지 않는 것입니다.: 임과의 사랑을 이루기 위해 임에 대한 사랑을 의미하는 옷을 짓는 행위를 지속하기 위해 옷을 완성하지 않았다는 의미이다. 역설적 표현을 통해 임에 대한 사랑을 실천하는 화자의 진실된 모습을 잘 드러내고 있다.

나는 **당신**의 옷을 다 지어 놓았습니다.
심의(深衣)*도 짓고, 도포도 짓고 자리옷*도 지었습니다.
㉠짓지 아니한 것은 작은 주머니에 **수놓는 것**뿐입니다.

*그 주머니는 나의 손때가 많이 묻었습니다.
㉡짓다가 놓아두고 짓다가 놓아두고 한 까닭입니다.
다른 사람들은 나의 바느질 솜씨가 없는 줄로 알지마는
㉢그러한 **비밀**을 나밖에는 아는 사람이 없습니다.
나는 **마음이 아프고 쓰린 때**에 주머니에 수를 놓으려면
나의 마음은 수놓는 금실을 따라서 바늘구멍으로 들어가고
㉣주머니 속에서 맑은 노래가 나와서 나의 마음이 됩니다.
그리고 아직 이 세상에는 그 주머니에 넣을 만한 무슨 **보물**이 없습니다.
이 작은 주머니는 짓기 싫어서 짓지 못하는 것이 아니라 ㉤*짓고 싶어서 다 짓지 않는 것입니다.

진단 체크

1 윗글에 사용된 가장 두드러지는 표현법을 한 가지만 쓰시오.
2 윗글에서 화자의 반복적 행위를 나타내는 2어절의 시구를 찾아 쓰시오.

정답 1. 역설법 2. 짓다가 놓아두고

1 윗글에 대한 설명으로 적절하지 <u>않은</u> 것은? ● 8450-0088

① 화자가 작품 전면에 등장하여 시상을 전개하고 있다.
② 상징적인 표현을 활용하여 주제 의식을 전달하고 있다.
③ 경어체의 어미를 반복하며 시적 분위기를 형성하고 있다.
④ 감각적인 표현을 통해 중심 소재를 사실적으로 형상화하고 있다.
⑤ 화자의 반복적 행위를 통해 대상에 대한 화자의 정서를 드러내고 있다.

2 〈보기〉를 바탕으로 윗글을 감상한 내용으로 적절하지 <u>않은</u> 것은? ● 8450-0089

> ● 보기 ●
>
> 이 시는 만해 한용운이 조국과 민족에 대한 변함없는 사랑을 표현한 작품이다. 한용운은 출가 이후 민족 운동에 뛰어들어 일제 강점의 현실을 비판하면서 3·1 운동을 이끌어 가기도 하였다. 이 작품이 실려 있는 시집 "님의 침묵"은 식민지 조선에 대한 탄압이 극심해지던 1920년대에 발간된 것으로, 일제에 대한 저항 의지와 조국과 민족에 대한 사랑을 강조한 것으로 평가되고 있다.

① 역사적·사회적 상황을 고려할 때 '당신'이 의미하는 것은 화자가 사랑했던 '조국'이나 '민족'으로 볼 수 있군.
② '수놓는 것'을 지속하는 화자의 행위는 조국과 민족에 대한 사랑이 변함없이 지속되고 있음을 의미한다고 볼 수 있군.
③ 화자가 주머니를 짓다가 놓아둔 이유를 '비밀'이라고 표현한 것은 일제의 탄압이 매우 극심했음을 나타내는 것이라고 볼 수 있군.
④ '마음이 아프고 쓰린 때'는 화자의 부정적 상황을 나타내는 것으로 일제 강점의 부조리한 현실로 인해 기인한 것이라고 볼 수 있군.
⑤ 화자가 주머니에 넣을 만한 '보물'이 없다고 표현한 것은 조국과 민족이 아직 해방에 이르지 못했음을 의미하는 것이라고 볼 수 있군.

3 ㉠~㉤ 중 〈보기〉의 내용과 관련이 있는 시구로 가장 적절한 것은? ● 8450-0090

> ● 보기 ●
>
> '역설'이란 표면상으로는 말이 안 되는, 즉 자기모순적이고 부조리한 것처럼 보이지만, 해석의 과정을 거쳤을 때 그 의미가 올바르게 전달될 수 있는 진술, 곧 진실을 담고 있는 진술을 의미한다. 그러므로 역설은 일반적인 상식이나 논리에서 벗어나 새로운 인식과 사고를 불러일으켜 삶의 진실을 일깨워 주는 역할을 하는 데 활용된다.

① ㉠   ② ㉡   ③ ㉢   ④ ㉣   ⑤ ㉤

서술형

1 윗글의 화자가 임의 '옷을 짓는 행위'가 의미하는 바가 무엇인지 서술하시오. ● 8450-0091

2 윗글의 화자가 '수놓는 것'을 완성하지 않는 이유는 무엇인지 서술하시오. ● 8450-0092

② 이육사, '광야'

→ 작품 안으로 **주제**: 조국 광복에 대한 염원과 의지
특징: 우리 민족의 삶의 터전인 '광야'의 속성을 드러내고 일제 강점의 부조리한 현실을 극복하려는 염원과 의지를 드러내고 있다. 시간적 흐름에 따른 구성 방식을 통해 광야의 면모를 드러내고 상징적 표현과 의지적 어조를 통해 주제 의식을 효과적으로 전달하고 있다.

← 작품 밖으로 이육사는 일제 강점기 가장 대표적인 저항 시인으로 꼽히는 시인이다. 화자는 우리 민족의 삶의 터전인 광야의 원시성과 신성성, 역사의 태동 순간 등을 떠올려 보고, 일제의 가혹한 탄압과 수탈의 부정적 현실을 극복하려는 의지와 자기희생의 자세를 드러낸다. 그리고 이를 통해 '광야'라는 민족의 역사적 공간에서 조국과 민족의 찬란한 미래를 이끌어 갈 초인의 등장과 조국 광복을 염원하고 이를 실현하려는 의지를 드러내고 있다.

시상 전개

과거

1연: 광야의 원시성
2연: 광야의 신성성
3연: 광야에 시작된 역사와 문명

↓

현재

4연: 암담한 시대 현실과 극복 의지

↓

미래

5연: 밝은 미래에 대한 기대와 의지

시어 풀이

*광음: 햇빛과 그늘, 즉 낮과 밤이라는 뜻으로, 시간이나 세월을 이르는 말.

시구 풀이

*내 여기 가난한 노래의 씨를 뿌려라.: 힘들고 어려운 상황 속에서 조국 광복에 대한 자기희생의 의지를 드러낸 부분이다.

*백마 타고 오는 ~ 부르게 하리라.: 조국의 광복과 찬란한 미래를 이끌어 갈 사람의 등장을 염원하고 그들이 자신의 희생을 통해 민족의 성스러운 삶의 터전에서 기쁨과 행복을 누리며 살게 하겠다는 화자의 의지가 드러난 부분이다.

㉠까마득한 날에
하늘이 처음 열리고
어디 닭 우는 소리 들렸으랴.

모든 산맥들이
바다를 연모해 휘달릴 때도
㉡차마 이곳을 범하던 못하였으리라.

끊임없는 광음(光陰)*을
부지런한 계절이 피어선 지고
㉢큰 강물이 비로소 길을 열었다.

㉣지금 눈 내리고
매화 향기 홀로 아득하니
㉤*내 여기 가난한 노래의 씨를 뿌려라.

다시 천고(千古)의 뒤에
㉥*백마 타고 오는 초인이 있어
이 광야에서 목 놓아 부르게 하리라.

진단 체크

답 1. 곡 → 매화 향기 2. 의지적이고 고사적인 어조

1 윗글에서 대립적인 의미를 지닌 시어나 어구를 찾아 쓰시오.
2 윗글에 사용된 중심적인 어조가 무엇인지 쓰시오.

1 윗글의 표현상 특징에 대한 설명으로 적절하지 <u>않은</u> 것은?
○ 8450-0093

① 관념적인 대상을 시각화하여 표현하고 있다.
② 상징적 표현을 활용하여 주제를 형상화하고 있다.
③ 유사한 종결 어미의 반복을 통해 리듬을 형성하고 있다.
④ 역동적 이미지를 활용하여 공간의 이동을 나타내고 있다.
⑤ 대립적 의미의 시어를 통해 화자의 처지를 드러내고 있다.

2 〈보기〉를 바탕으로 ㉠∼㉤에 대해 이해한 내용으로 적절하지 <u>않은</u> 것은?
○ 8450-0094

┌─ ● 보기 ● ─────────────────────────────┐
│   이 시는 과거, 현재, 미래의 시간 흐름에 따라 시상이 전개되고 있다. 특히 과거 부분에서는 우리 민족의
│ 거룩한 삶의 터전인 광야의 원시성과 신성성을 드러내고, 이 땅에 역사와 문명이 열리던 과거를 떠올려 본
│ 다. 그리고 현재에서는 일제 강점의 부조리한 현실을 인식하며, 미래에서는 조국 광복을 이루겠다는 의지를
│ 드러내고 있다.
└────────────────────────────────────┘

① ㉠: 태초에 우리 민족의 삶의 터전인 광야가 만들어진 시기로 광야의 원시성을 드러낸다고 볼 수 있다.
② ㉡: 우리 민족의 삶의 터전인 광야가 지닌 신성성을 나타내는 부분으로 볼 수 있다.
③ ㉢: 우리 민족의 역사와 문명이 지닌 우월성을 표현하여 일제 강점의 부당함을 표현한 것이라고 볼 수 있다.
④ ㉣: 눈이 가지고 있는 차가운 속성을 활용하여 일제 강점의 부조리한 현실에 대한 화자의 인식을 드러낸 것
으로 볼 수 있다.
⑤ ㉤: 조국 광복과 우리 민족의 발전을 이끌어 갈 존재를 의미하며 화자가 미래의 어느 시점에 나타나기를 희
망하는 존재라고 볼 수 있다.

3 ㉮에 대한 반응으로 가장 적절한 것은?
○ 8450-0095

① '내'가 '씨를 뿌리'는 행동을 통해 화자의 자기만족이 나타나는군.
② '씨'라는 시어를 통해 화자가 기울인 노력의 미약함이 나타나는군.
③ '가난한'이라는 표현을 통해 긍정적 현실 인식의 이유가 드러나는군.
④ '여기'라는 공간을 통해 화자가 지향하는 이상적 세계가 나타나는군.
⑤ '뿌려라'와 같은 명령형 표현을 통해 화자의 의지와 신념이 드러나는군.

1 윗글에서 '천고의 뒤'가 의미하는 바를 구체적으로 서술하시오.
○ 8450-0096

❸ 신석정, '꽃덤불'

➜ **작품 안으로** **주제**: 진정한 민족의 해방과 화합에 대한 염원

특징: 고도의 상징의 표현과 시간의 흐름에 따른 시상 전개를 통해 주제 의식을 전달하고 있다. 대립적 이미지를 가진 시어의 활용과 유사한 시어나 문장 구조의 반복을 통해 화자의 역사 인식과 염원을 효과적으로 드러내고 있다.

⬅ **작품 밖으로** 이 시가 창작된 시기는 해방 직후로 좌우익의 이념 대립으로 인해 민족이 분열되고 혼란한 사회상이 계속되던 시기였다. 이러한 혼란은 우리 민족이 일제 강점에서는 벗어났지만, 남한과 북한에 진주했던 미국과 소련이라는 외세에 의해 만들어진 대립과 긴장으로 인해 비롯된 것이었다. 그래서 시인은 이 시를 통해 이러한 현실에 대한 부정적 인식과 함께 민족의 진정한 해방과 화합이 이루어지는 세상에 대한 염원을 상징적으로 드러내었던 것이다.

시상 전개

1연	일제 강점기의 부정적 현실과 조국 광복에 대한 소망
2연	조국 광복을 위한 노력과 염원
3연	일제 강점기 부정적 삶의 모습
4연	일제 강점의 종식과 조국 광복의 도래
5연	진정한 민족의 해방과 화합에 대한 염원

시어 풀이

*오롯하다.: 모자람이 없이 온전하다.

시구 풀이

*그러는 동안에 ~ 벗도 있다.: 일제 강점의 부조리한 현실 속에서 나타난 우리 민족의 불행한 삶의 모습을 형상화한 것이다. 죽음, 유랑, 부역, 변절 등의 모습이 드러나 있다.

*겨울밤 달이 아직도 차거니: 해방 직후 좌우익의 이념 대립으로 인해 여전히 우리 민족이 분열과 혼란의 부정적 상황을 경험하고 있음을 의미한다.

태양을 의논하는 거룩한 이야기는
항상 태양을 등진 곳에서만 비롯하였다.

달빛이 흡사 비 오듯 쏟아지는 밤에도
우리는 **헐어진 성터**를 헤매이면서
언제 참으로 그 언제 우리 하늘에
오롯한* 태양을 모시겠느냐고
가슴을 쥐어뜯으며 이야기하며 이야기하며
가슴을 쥐어뜯지 않았느냐?

*그러는 동안에 영영 잃어버린 벗도 있다.
그러는 동안에 **멀리 떠나 버린 벗**도 있다.
그러는 동안에 몸을 팔아 버린 벗도 있다.
그러는 동안에 맘을 팔아 버린 벗도 있다.

그러는 동안에 드디어 서른여섯 해가 지나갔다.

다시 우러러보는 이 하늘에
*겨울밤 달이 아직도 차거니
오는 **봄**엔 분수처럼 쏟아지는 태양을 안고
그 어느 언덕 꽃덤불에 아늑히 안겨 보리라.

진단 체크

답 1. 봄, 꽃덤불 2. 헐어진 성터

1 윗글에서 화자가 희망하는 세상을 상징하는 시어를 찾아 쓰시오.

2 윗글에서 일제 강점기의 조국을 뜻하는 시구를 찾아 쓰시오.

1 윗글에 대한 설명으로 적절하지 <u>않은</u> 것은?
○ 8450-0097

① 시간의 순차적인 흐름에 따라 시상을 전개하고 있다.
② 물음의 형식을 활용하여 화자의 회한을 드러내고 있다.
③ 비유적 표현을 활용하여 화자의 정서를 나타내고 있다.
④ 유사한 문장 구조의 반복을 통해 운율을 형성하고 있다.
⑤ 감각의 전이를 통해 화자의 현실 인식을 드러내고 있다.

2 윗글과 관련하여 〈보기〉의 빈칸에 들어갈 말로 가장 적절한 것은?
○ 8450-0098

┌─ 보기 ●
   신석정의 '꽃덤불'에는 감각적인 이미지가 사용되고 있는데 특히 (   )의 대립적인 이미지를 활
용하여 주제 의식을 부각하고 있다.
└

① 밝음과 어둠   ② 느림과 빠름   ③ 가벼움과 무거움
④ 차가움과 따뜻함   ⑤ 고요함과 소란스러움

3 〈보기〉를 참고하여 윗글에 대해 이해한 내용으로 적절하지 <u>않은</u> 것은?
○ 8450-0099

┌─ 보기 ●
   이 시는 해방 직후 우리 민족이 우익과 좌익으로 분열된 상황 속에서 진정한 민족 해방과 화합에 대한 염
원을 노래한 작품이다. 시인은 일제 강점의 어두운 과거를 회고하고, 일제로부터 해방되었지만 여전히 혼란
과 갈등이 가중되는 현실을 무겁게 인식한다. 그리고 이러한 혼란과 갈등이 해소된 세상에 대한 염원을 드
러내고 있다.
└

① 1연의 '태양'은 일제의 억압과 좌우익의 이념 대립으로 인한 갈등이 모두 해소된 세상을 의미하는 것으로 볼
수 있다.
② 2연의 '헐어진 성터'는 일제에게 나라를 빼앗긴 우리 민족이나 조국의 처지를 의미한다고 볼 수 있다.
③ 3연의 '멀리 떠나 버린 벗'은 일제의 혹독한 탄압으로 인해 조국을 떠나 유랑해야 했던 사람들을 의미한다고
볼 수 있다.
④ 5연의 '겨울밤 달'은 일제로부터 해방되었음에도 불구하고 우익과 좌익의 이념적 대립과 혼란이 계속되는 부
정적 현실을 의미하는 것으로 볼 수 있다.
⑤ 5연의 '봄'은 해방 직후의 혼란과 갈등이 종식되고 진정한 민족의 해방과 화합이 이루어진 때를 의미하는 것
으로 볼 수 있다.

1 윗글의 '꽃덤불'에 담긴 상징적 의미를 구체적으로 서술하시오.
○ 8450-0100

④ 신경림, '농무'

➜ 작품 안으로 **주제**: 산업화 시기 몰락한 농촌의 현실과 농민의 한

특징: 서사적이고 극적인 시상 전개로 몰락한 농촌의 현실과 농민의 한을 구체적이고 직설적으로 표현한 작품이다. 공연을 마치고 술을 마시며 농무를 추는 농민의 모습을 제시하면서 당대 농민들의 부정적 현실 인식과 울분, 한을 형상화하고 있다.

⬅ 작품 밖으로 이 작품의 배경이 되는 1960~1970년대는 정부 주도의 공업화, 산업화가 진행됨에 따라 농촌이 점점 소외되어 몰락해 가던 시기이다. 이러한 정부의 정책이 지속되면서 농촌의 인구가 공장이나 도시 서비스업으로 유입되었고, 그 결과 농촌의 황폐화가 가속화되었다. 또 저곡가 정책으로 인해 농촌이 몰락하면서, 이를 견디지 못한 농민들은 도시 주변부의 빈민층으로 흡수되거나 저임금 노동자로 전락하였다.

시상 전개

텅 빈 운동장	쓸쓸함
소줏집	원통함
장거리	울분
쇠전	한의 정서
도수장	신명이 남.

시어 풀이

*도수장: 도살장. 고기를 얻기 위해 소나 돼지 따위의 가축을 잡아 죽이는 곳.
*신명: 흥겨운 신이나 멋.

시구 풀이

*따라붙어 악을 쓰는 건 쪼무래기들뿐: 상당수의 농민들이 도시로 떠나 버린 황폐한 농촌의 현실을 단적으로 보여 주는 구절이다.

*보름달은 밝아 어떤 녀석은 / 꺽정이처럼 울부짖고 또 어떤 녀석은 / 서림이처럼 해해대지만: 몰락한 농촌의 현실에 대한 울분을 조선 시대의 화적패였던 임꺽정과 그를 배신한 서림에 빗대어 표현하고 있다. 부조리한 농촌의 현실에 저항했던 임꺽정이라는 인물을 언급하며 농민들의 저항 의식을 드러내려는 의도도 담겨 있다.

징이 울린다 막이 내렸다
오동나무에 전등이 매어 달린 **가설무대**
구경꾼이 돌아가고 난 **텅 빈 운동장**
우리는 분이 얼룩진 얼굴로
학교 앞 소줏집에 몰려 술을 마신다
답답하고 고달프게 사는 것이 원통하다
꽹과리를 앞장세워 장거리로 나서면
*따라붙어 악을 쓰는 건 쪼무래기들뿐
처녀 애들은 기름집 담벽에 붙어 서서
철없이 킬킬대는구나
*보름달은 밝아 어떤 녀석은
꺽정이처럼 울부짖고 또 어떤 녀석은
서림이처럼 해해대지만 이까짓
산 구석에 처박혀 발버둥 친들 무엇하랴
비료값도 안 나오는 농사 따위야
아예 여편네에게나 맡겨 두고
쇠전을 거쳐 도수장* 앞에 와 돌 때
우리는 점점 **신명*이** 난다
한 다리를 들고 **날나리를 불꺼나**
고갯짓을 하고 **어깨를 흔들꺼나**

진단 체크

정답 1. 텅 빈 운동장 2. 신명

1 윗글의 공간적 배경을 쓰시오.

2 윗글에서 농민의 울분이 역설적으로 드러난 시어를 찾아 쓰시오.

1 윗글에 대한 설명으로 가장 적절한 것은? 🔵 8450-0101

① 단정적 어조를 통해 화자의 의지를 나타내고 있다.
② 공간의 이동에 따라 고조되는 정서를 드러내고 있다.
③ 자연과 인간을 대비하여 주제 의식을 부각하고 있다.
④ 절제된 표현을 통해 화자의 정서를 완곡하게 표현하고 있다.
⑤ 구체적인 청자에게 말을 건네는 방식으로 시상을 전개하고 있다.

2 〈보기〉는 윗글에서 확인할 수 있는 상황을 도식화한 것이다. ㉠~㉤에 대한 이해로 적절하지 않은 것은? 🔵 8450-0102

텅 빈 운동장		소줏집		장거리		쇠전		도수장
㉠	→	㉡	→	㉢	→	㉣	→	㉤

① ㉠: 공연을 마치고 난 상황과 소외된 농촌의 현실이 쓸쓸함을 느끼게 하고 있다.
② ㉡: 농민들의 부정적 현실 인식과 울분이 직설적으로 표출되고 있다.
③ ㉢: 농무에 대한 반응이 이전과는 달라진 농촌의 모습이 드러나 있다.
④ ㉣: 농촌의 부정적 현실에 한탄하면서도 농민들이 농무를 추는 것을 지속하고 있다.
⑤ ㉤: 농무가 최고조에 이르며 농민들의 한과 울분이 가라앉고 있다.

3 〈보기〉를 바탕으로 윗글을 감상한 내용으로 적절하지 않은 것은? 🔵 8450-0103

> ● 보기 ●
>
> 　이 시는 1960~1970년대의 몰락한 농촌을 배경으로 하고 있다. 당시 우리나라에서는 산업화가 본격화된 시기로 정부의 산업화 정책으로 인해 농촌의 많은 인구가 도시로 이주하였으며, 그 결과 농촌의 몰락이 가속화되었다. 또 정부의 저곡가 정책이 지속되면서 농민들은 자신의 노동의 대가를 제대로 보상받지 못하고 도시 빈민이나 저임금 노동자로 전락하고 말았다.

① 초라한 '가설무대'와 '텅 빈 운동장'은 몰락한 농촌의 현실을 상징적으로 나타낸 것이라고 볼 수 있군.
② '꺽정이처럼 울부짖고'라는 표현을 통해 부정적 농촌 현실에 대한 저항 의식을 확인할 수 있군.
③ '비료값도 안 나오는 농사'라는 표현을 통해 농민들이 노동의 대가를 제대로 보상받지 못하는 현실을 확인할 수 있군.
④ 농민들이 경험하는 '신명'은 농촌의 몰락으로 인해 느껴야 했던 울분과 한이 승화된 것으로 볼 수 있군.
⑤ '날나리를 불꺼나', '어깨를 흔들꺼나'에서 몰락한 농촌의 현실을 이겨 내려는 농민들의 낙천적 의식을 확인할 수 있군.

1 윗글에 나타난 역설적 상황에 대해 서술하시오. 🔵 8450-0104

5 이성부, '봄'

→ 작품 안으로　**주제**: 새로운 시대에 대한 기다림과 갈망

특징: 이 시는 '봄'을 의인화하여 새로운 세상이 오기를 갈망하고 있는 화자의 내면 의식을 형상화한 작품이다. 추운 겨울을 이겨 내고 어김없이 찾아오는 따뜻한 '봄'을 의인화와 상징의 방법을 통해 형상화한 것이 특징이다.

← 작품 밖으로　이 작품이 창작된 1974년은 유신 독재 시절로 민중들의 자유가 억압되고 민주주의가 훼손되었던 시기로, 10여 년 이상 지속된 군부 독재와 유신 체제로 인해 자유와 민주주의에 대한 민중들의 갈망이 높았던 시기였다. 작가는 이러한 시대 현실 속에서 반드시 오고야 마는 봄의 속성을 활용하여 자유와 민주주의가 회복된 새로운 시대가 도래할 것이라는 신념과 갈망을 의인화와 상징을 통해 서정적으로 형상화하였다.

시상 전개

1~2행
봄이 오는 것에 대한 믿음

↓

3~10행
더디지만 봄이 찾아올 것이라는 확신

↓

11~16행
봄을 맞이하는 기쁨과 감격

시구 풀이

*기다리지 않아도 오고 / 기다림마저 잃었을 때에도 너는 온다.: 기다림마저 사라져 버린 절망적인 상황 속에서도 봄은 반드시 돌아온다는 믿음을 드러내고 있다.

*더디게 더디게 마침내 올 것이 온다.: 봄은 비록 느리지만 반드시 돌아온다는 의미로, 새로운 세상을 의미하는 봄이 반드시 돌아올 것이라는 화자의 확신과 믿음을 드러내고 있다.

*기다리지 않아도 오고
㉠기다림마저 잃었을 때에도 너는 온다.
어디 뻘밭 구석이거나
썩은 물웅덩이 같은 데를 기웃거리다가
한눈 좀 팔고, 싸움도 한판 하고,
지쳐 나자빠져 있다가
다급한 사연 들고 달려간 바람이
흔들어 깨우면
눈 부비며 너는 더디게 온다.
*더디게 더디게 ㉡마침내 올 것이 온다.
㉢너를 보면 눈부셔
일어나 맞이할 수가 없다.
입을 열어 외치지만 소리는 굳어
나는 ㉣아무것도 미리 알릴 수가 없다.
가까스로 두 팔 벌려 껴안아 보는
너, ㉤먼 데서 이기고 돌아온 사람아.

1　윗글에서 의인법을 활용하여 표현한 대상을 모두 찾아 쓰시오.
2　윗글에서 '봄'의 의미가 구체적으로 드러난 시구를 찾아 쓰시오.

1 윗글에 대한 설명으로 가장 적절한 것은?

● 8450-0105

① 대상에 인격을 부여하여 주제를 형상화하고 있다.
② 동일한 어구의 반복을 통해 주제를 부각하고 있다.
③ 감각적 이미지를 활용해 대상의 외양을 묘사하고 있다.
④ 냉소적인 어조를 통해 화자의 현실 인식을 드러내고 있다.
⑤ 인간의 유한성과 자연의 영원성을 대비하여 주제를 부각하고 있다.

2 〈보기〉를 참고하여, ㉠～㉫에 대해 설명한 내용으로 적절하지 않은 것은?

● 8450-0106

● 보기 ●

　이 시가 창작되던 1970년대는 유신 헌법과 군부 독재로 인해 민중의 자유가 억압되고 민주주의가 훼손된 상황 속에서 민중은 극심한 고통과 절망감을 경험해야 했다. 그리고 암울한 시대 현실 속에서 자유와 민주주의가 회복된 새로운 세상이 도래하기를 갈망하였다.

① ㉠: 군부 독재와 유신 헌법으로 인해 민중이 절망 속에 빠져 있던 시대 현실을 의미한다.
② ㉡: 계절이 순환하는 것처럼 반드시 새로운 세상이 도래할 것이라는 믿음이 드러나 있다.
③ ㉢: 자유와 민주주의가 회복된 새로운 세상에 대한 민중의 기대와 갈망을 엿볼 수 있다.
④ ㉣: 생각하고 소통하는 자유마저 억압된 암울한 시대 현실의 단면을 보여 준다.
⑤ ㉤: 암울한 시대 현실 속에서 민중이 갈망하는 자유와 민주주의를 상징한다.

3 〈보기〉의 ⓐ～ⓔ 중 윗글의 '너'와 성격이 가장 유사한 것은?

● 8450-0107

● 보기 ●

　ⓐ해야 솟아라. 해야 솟아라. 말갛게 씻은 얼굴 고운 해야 솟아라. 산 넘어 산 넘어서 어둠을 살라 먹고, 산 넘어서 밤새도록 어둠을 살라 먹고, 이글이글 앳된 얼굴 고운 해야 솟아라. //
　ⓑ달밤이 싫여, 달밤이 싫여, 눈물 같은 골짜기에 달밤이 싫여, 아무도 없는 뜰에 달밤이 나는 싫여……, //
　해야, 고운 해야. 늬가 오면 늬가사 오면, 나는 나는 ⓒ청산이 좋아라. 훨훨훨 깃을 치는 청산이 좋아라. 청산이 있으면 홀로래도 좋아라. //
　사슴을 따라, 사슴을 따라, 양지로 양지로 사슴을 따라 사슴을 만나면 사슴과 놀고, //
　ⓓ칡범을 따라, 칡범을 따라, 칡범을 만나면 칡범과 놀고, …… //
　해야, 고운 해야. 해야 솟아라. ⓔ꿈이 아니래도 너를 만나면, 꽃도 새도 짐승도 한자리 앉아, 워어이 워어이 모두 불러 한자리 앉아 앳되고 고운 날을 누려 보리라.
ー 박두진, '해'

① ⓐ　　　　② ⓑ　　　　③ ⓒ　　　　④ ⓓ　　　　⑤ ⓔ

1 윗글이 창작된 시기인 1974년의 역사적·사회적 배경을 고려할 때 '봄'이 의미하는 바가 무엇인지 서술하시오.

● 8450-0108

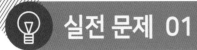
[1~3] 다음 글을 읽고 물음에 답하시오.

㉮ 우리 집도 아니고 / 일가 집도 아닌 집
고향은 더욱 아닌 곳에서
아버지의 **침상(寢床) 없는 최후 최후의 밤**은 / 풀벌레 소리 가득 차 있었다

노령(露領)*을 다니면서까지
애써 자래운* 아들과 딸에게 / 한 마디 남겨 두는 말도 없었고
아무을 만(灣)*의 파선도 / 설룽한* 니코리스크*의 밤도 완전히 잊으셨다
목침을 반듯이 벤 채

다시 뜨시잖는 두 눈에 / **피지 못한 꿈의 꽃봉오리**가 갈앉고
얼음장에 누우신 듯 손발은 식어 갈 뿐 / **입술은 심장의 영원한 정지를 가리켰다**
때늦은 의원이 아모 말없이 돌아간 뒤 / 이웃 늙은이 손으로
눈빛 미명은 고요히 / 낯을 덮었다

우리는 머리맡에 엎디어 / 있는 대로의 울음을 다아 울었고
아버지의 침상 없는 최후 최후의 밤은 / ⓐ풀벌레 소리 가득 차 있었다   – 이용악, '풀벌레 소리 가득 차 있었다'

* **노령**: 러시아의 영토.   * **자래운**: 키운.   * **아무을 만, 니코리스크**: 오호츠크 해 근처의 러시아 지명.   * **설룽한**: 춥고 차가운.

㉯ ㉠관(棺)이 내렸다.
깊은 가슴 안에 밧줄로 달아 내리듯.
주여. / 용납(容納)하옵소서.
머리맡에 성경을 얹어 주고
㉡나는 옷자락에 흙을 받아
좌르르 하직(下直)했다.

㉢그 후로
그를 꿈에서 만났다.
턱이 긴 얼굴이 나를 돌아보고 / 형님!
불렀다.
㉣오오냐. 나는 전신(全身)으로 대답했다.
그래도 그는 못 들었으리라. / 이제
네 음성을 / 나만 듣는 여기는 눈과 비가 오는 세상.

너는 / 어디로 갔느냐.
그 어질고 안쓰럽고 다정한 눈짓을 하고.

ⓜ형님!
부르는 목소리는 들리는데
내 목소리는 미치지 못하는.
다만 여기는 / 열매가 떨어지면
ⓑ툭 하는 소리가 들리는 세상.

— 박목월, '하관(下棺)'

1 〈보기〉를 참고하여 (가)를 감상한 내용으로 적절하지 **않은** 것은? ◎ 8450-0112

> ● 보기 ●
>
> 이 시에는 이국땅에서 맞은 아버지의 초라하고 비참한 죽음에 대한 비통한 감정이 담겨 있다. 이 시에서의 아버지는 단순히 한 개인이 아니라 일제 강점기에 억압과 수탈 때문에 유랑해야 했던 유민(遺民)의 고통을 대변하는 존재로 볼 수 있다. 시인은 상황을 객관화하는 담담한 서술을 통해 절제된 어조를 드러내지만, 이것이 오히려 절절한 슬픔을 역설적으로 강조하는 효과로 이어진다.

① '침상 없는 최후 최후의 밤'은 아버지가 초라하고 비참한 죽음을 맞이한 사실을 표현한 것이겠군.
② '노령을 다니면서까지' 자식을 기른 아버지의 삶은 당시 유민들의 고통스러운 삶이 지녔던 보편성과 관련되는 모습이겠군.
③ '피지 못한 꿈의 꽃봉오리'는 억압과 수탈 때문에 품게 되었던 화자의 분노와 원한을 가리키겠군.
④ '입술은 심장의 영원한 정지를 가리켰다'라는 객관적 서술은 오히려 슬픔을 강조하는 효과가 있겠군.
⑤ '있는 대로의 울음을 다아 울었고'에는 아버지의 죽음에 대한 가족들의 비통한 감정이 드러나 있군.

2 (나)의 ㉠~㉤에 대한 설명으로 적절하지 **않은** 것은? ◎ 8450-0113

① ㉠: 비유적 표현을 활용하여 혈육의 죽음으로 인한 고통을 드러내고 있다.
② ㉡: 음성 상징어와 중의적 표현을 통해 장례의 과정이 환기하는 슬픔을 강조하고 있다.
③ ㉢: 시간의 경과를 드러냄으로써 동생에 대한 그리움이 지속되는 상황을 제시하고 있다.
④ ㉣: 감탄사의 사용을 통해 꿈에서 만난 동생에 대한 반가움을 드러내고 있다.
⑤ ㉤: 이승과 저승의 공간적 유사성을 제시하여 동생과 재회하고 싶은 소망을 표현하고 있다.

3 ⓐ와 ⓑ의 공통점으로 가장 적절한 것은? ◎ 8450-0114

① 시각을 청각화한 심상으로, 추상적인 관념을 구체화하여 표현하였다.
② 계절적 배경과 연관되는 심상으로, 자연 친화적인 분위기를 강조하였다.
③ 화자의 애상감이 투영되어 있는 심상으로, 상황의 비극성을 부각하였다.
④ 화자가 경험한 환각에 해당하는 심상으로, 정신적 충격의 강도를 암시하였다.
⑤ 과거의 추억과 결부되어 있는 심상으로, 화자가 느끼는 회한의 심리를 환기하였다.

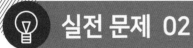

[1~3] 다음 글을 읽고 물음에 답하시오.

가 거제도 둔덕골은
팔대(八代)로 내려 나의 부조(父祖)의 살으신 곳
적은 골안 다가솟은 산방(山芳)산 비탈 알로*
몇백 두락* 조약돌 박토를 지켜
마을은 언제나 생겨난 그 외로운 앉음새로
할아버지 살던 집에 손주가 살고
아버지 갈던 밭을 아들네 갈고
베 짜서 옷 입고
조약(造藥)* 써서 병 고치고
그리하여 세상은
허구한 세월과 세대가 바뀌고 흘러갔건만
사시장천 벗고 섰는 뒷산 산비탈모양
두고두고 행복된 바람이 한 번이나 불어왔던가
시방도 신농(神農)* 적 베틀에 질쌈*하고
바가지에 밥 먹고
갓난것 데불고* 톡톡 털며 사는 칠촌 조카 젊은 과수며느리며
비록 갓망건은 벗었을망정
호연(浩然)한 기풍 속에 새끼 꼬며
시서(詩書)와 천하를 논하는 왕고못댁 왕고모부며
가난뱅이 살림살이 견디다간 뿌리치고
만주로 일본으로 뛰었던 큰집 젊은 종손이며

그러나 끝내 이들은 손발이 장기처럼 닳도록 여기 살아
마지막 누에가 고치 되듯 애석도 모르고
살아 생전 날세고 다니던 밭머리
부조의 묏가에 부조처럼 한결같이 묻히리니

아아 나도 나이 불혹(不惑)에 가까웠거늘
슬플 줄도 모르는 이 골짜기 부조의 하늘로 돌아와
일출이경(日出而耕)*하고 어질게 살다 죽으리

— 유치환, '거제도 둔덕골'

---

*알로: '아래로'의 사투리.　　　　　*두락: 마지기.　　　　　*조약: 민간요법에서 쓰는 약.
*신농: 중국 고대 전설상의 제왕. 삼황(三皇)의 한 사람으로, 농업·의료·악사(樂師)의 신, 주조(鑄造)와 양조(釀造)의 신이며, 또 역(易)의 신 상업의 신이
　　라고도 한다.
*질쌈: '길쌈'의 사투리.　　　　　*데불고: '데리고'의 사투리.　　　　　*일출이경: 해가 뜨면 나가서 밭을 간다는 뜻.

나 고향이 고향인 줄도 모르면서

긴 장대 휘둘러 ㉠까치밥 따는

서울 조카아이들이여

그 까치밥 따지 말라

남도의 빈 **겨울 하늘**만 남으면

우리 마음 얼마나 허전할까

살아온 이 세상 어느 물굽이

소용돌이치고 휩쓸려 **배 주릴 때도**

공중을 오가는 ㉡날짐승에게 **길을 내어 주는**

그것은 따뜻한 ㉢등불이었으니

철없는 조카아이들이여

그 까치밥 따지 말라

사랑방 말쿠지에 ㉣짚신 몇 죽 걸어 놓고

할아버지는 무덤 속을 걸어가시지 않았느냐

그 짚신 더러는 외로운 ㉤길손의 **길보시가** 되고

한밤중 동네 개 컹컹 짖어 그 짚신 짊어지고

아버지는 다시 새벽 두만강 국경을 넘기도 하였느니

㉥아이들아, **수많은 기다림의 세월**

그러니 서러워하지도 말아라

눈 속에 익은 까치밥 몇 개가

겨울 하늘에 떠서

아직도 너희들이 가야 할 머나먼 길

이렇게 등 따숩게 비춰 주고 있지 않으냐.

– 송수권, '까치밥'

---

1 (가)와 (나)에 대한 설명으로 적절한 것은?

○ 8450-0115

① (가)와 달리 (나)는 감탄사를 활용하여 고조된 정서를 표현하고 있다.

② (가)와 달리 (나)는 설의적 표현을 활용하여 시적 의미를 강조하고 있다.

③ (나)와 달리 (가)는 직유법을 통해 대상의 속성을 표현하고 있다.

④ (나)와 달리 (가)는 수미상관을 통해 구조적 안정감을 추구하고 있다.

⑤ (가)와 (나)는 모두 명령문을 활용하여 단호한 태도를 형상화하고 있다.

2 (가)의 '거제도 둔덕골'에 대한 설명으로 적절하지 <u>않은</u> 것은? ◎ 8450-0116

① 동일한 삶의 방식이 지속되는 공간이다.

② 누대에 걸쳐 가난이 대물림되어 온 공간이다.

③ 세상의 변화와는 다소 동떨어져 있는 공간이다.

④ 화자가 순박한 삶의 지향을 실현하고자 하는 공간이다.

⑤ 역사적 비극으로 인해 비옥한 토지와 천혜의 환경이 훼손된 공간이다.

3 (나)에 드러난 화자의 생각으로 적절하지 <u>않은</u> 것은? ◎ 8450-0117

① '배 주릴 때도' ㉠을 ㉡에게 양보해 왔기에 '겨울 하늘'이 허전하지 않을 수 있었다.

② '할아버지'가 ㉣을 걸어 놓고 '무덤 속'으로 가신 데는 ㉤을 위한 마음도 있었다.

③ ㉡에게 '길을 내어 주는' 점과 ㉤에게 '길보시'가 되는 점으로 인해 ㉠과 ㉣이 ㉢의 의미를 지니게 된다.

④ ㉠과 ㉣에 담긴 '우리 마음'이 '수많은 기다림의 세월'을 앞둔 ㉻에게 ㉢이 되어 줄 수 있다.

⑤ '고향이 고향인 줄도 모르면서' ㉠을 마구 따기 때문에 '서울 조카아이들'은 ㉻에서 제외된다.

[4~6] 다음 글을 읽고 물음에 답하시오.

㉮ **뿌리가 뽑혀 하늘로 뻗었더라**
낮말은 쥐가 듣고 밤말은 새가 들으니
입이 열이라서 할 말이 많구나
듣거라 세상에 원
한 달에 한 번은 꼭 조국을 위해
누이는 피 흘려 철야작업을 하고
㉠날만 새면 눈앞이 캄캄해서
쌍심지 돋우고 공장문을 나섰더라
㉡너무 배불러 음식을 보면 회가 먼저 동하니
남이 입으로 먹는 것을 눈으로 삼켰더라
대낮에 코를 버히니
슬프면 웃고 기뻐 울었더라
얼굴이 없어 잠도 없고
빵만으론 살 수 없어 쌀을 훔쳤더라
물구나무서서 세상을 보고
멀리 고향 바라 울었더라
못 살고 떠나온 논바닥에
세상에 원
아버지는 한평생 허공에 매달려
㉢수염만 허옇게 뿌리를 내렸더라

— 정희성, '물구나무서기'

㉯ 이른 아침 6시부터 밤 10시까지 하루도 빠짐없이
그는 의자 고행을 했다고 한다.
제일 먼저 출근하여 제일 늦게 퇴근할 때까지
그는 자기 책상 자기 의자에만 앉아 있었으므로
사람들은 그가 서 있는 모습을 여간해서는 볼 수 없었다고 한다.
점심시간에도 의자에 단단히 붙박여
보리밥과 김치가 든 도시락으로 공양을 마쳤다고 한다.
그가 화장실 가는 것을 처음으로 목격했다는 사람에 의하면
놀랍게도 그의 다리는 의자가 직립한 것처럼 보였다고 한다.
그는 하루 종일 손익관리대장경(損益管理臺帳經)과 자금수지심경(資金收支心經) 속의 숫자를 읊으며
철저히 고행 업무 속에만 은둔하였다고 한다.
종소리 북소리 목탁 소리로 전화벨이 울리면

수화기에다 자금 현황 매출 원가 영업 이익 재고 자산 부실 채권 등등을
ⓔ청아하고 구성지게 염불했다고 한다.
끝없는 수행 정진으로 머리는 점점 **빠지고** 배는 부풀고
ⓜ커다란 머리와 몸집에 비해 팔다리는 턱없이 가늘어졌으며
오랜 음지의 수행으로 얼굴은 창백해졌지만
그는 매일 상사에게 굽실굽실 108배를 올렸다고 한다.
수행에 너무 지극하게 정진한 나머지
전화를 걸다가 전화기 버튼 대신 계산기를 누르기도 했으며
귀가하다가 지하철 개찰구에 승차권 대신 열쇠를 밀어 넣었다고도 한다.
이미 습관이 모든 행동과 사고를 대신할 만큼
깊은 경지에 들어갔으므로
사람들은 그를 '30년 간의 장좌 불립(長座不立)'이라고 불렀다 한다.
그리 부르든 말든 그는 전혀 상관치 않고 묵언으로 일관했으며
다만 혹독하다면 혹독할 이 수행을
외부 압력에 의해 끝까지 마치지 못할까 두려워했다고 한다.
그나마 지금껏 매달릴 수 있다는 것을 큰 행운으로 여겼다고 한다.
그의 통장으로는 매달 적은 대로 시주가 들어왔고
시주는 채워지기 무섭게 속가의 살림에 흔적 없이 스며들었으나
혹시 남는지 역시 모자라는지 한 번도 거들떠보지 않았다고 한다.
오로지 의자 고행에만 더욱 용맹 정진했다고 한다.
그의 책상 아래에는 여전히 다리가 여섯이었고
둘은 그의 다리 넷은 의자다리였지만
어느 둘이 그의 다리였는지는 알 수 없었다고 한다.

– 김기택, '사무원'

4 **(가)와 (나)의 공통점으로 적절한 것은?**　　　　　　　　　　　　　◉ 8450-0118

① 명령형 어미의 사용을 통해 단호한 태도를 드러내고 있다.
② 어둠과 밝음의 대조를 통해 현실의 암울한 조건을 암시하고 있다.
③ 화자를 작품의 표면에 드러내어 주제에 대한 공감을 이끌어 내고 있다.
④ 영탄적 표현을 통해 상황에 대한 화자의 느낌을 직접적으로 제시하고 있다.
⑤ 동일한 방식으로 종결되는 문장을 반복하여 어조의 일관성을 유지하고 있다.

5 〈보기〉를 바탕으로 (가)와 (나)를 감상한 의견으로 적절하지 <u>않은</u> 것은?　　　　　　　　　　○ 8450-0119

> ● 보기 ●
>
> 　시에서 모순되고 부정적인 현실에 대한 풍자는 익숙한 것을 낯설게 형상화하는 방식으로 구현되기도 한다. 낯익은 대상을 비틀거나 뒤집어서 변형한다든지 이질적인 맥락 속에 배치함으로써, 독자로 하여금 이제껏 당연하다고 여기던 것들에 대한 판단 기준을 의심하게 하고, 비판적 사유의 기회를 갖도록 유도하는 것이다.

① (가)에서 '뿌리가 뽑혀 하늘로 뻗'은 나무의 이미지는 자연의 섭리를 뒤집음으로써 독자로 하여금 이제껏 당연하다고 여기던 것들을 낯설게 바라보도록 하려는 것이군.

② (가)에서 '입이 열이라서 할 말이 많'다는 것은 관용적 표현을 비틀어 놓음으로써 비판이나 풍자의 여지가 많은 사회적 현실을 환기하려는 것이군.

③ (가)에서 '빵만으론 살 수 없어 쌀을 훔쳤'다는 것은 통용되는 표현을 부분적으로 변형함으로써 고된 노동이 충분한 대가로 돌아오지 않는 현실의 모순을 드러내려는 것이군.

④ (나)에서 '오랜 음지의 수행'은 사무직 노동을 종교적 구도 행위라는 이질적 맥락에 배치함으로써 끝없는 노동에 시달리는 현대인의 삶에 대한 풍자를 시도한 것이군.

⑤ (나)에서 '어느 둘이 그의 다리였는지는 알 수 없었다'는 것은 익숙한 판단 기준에 의문을 제기함으로써 가치관의 혼란을 보이는 현대 사회에 대한 비판적 사유를 유도하는 것이군.

6 ㉠~㉤에 대한 이해로 적절하지 <u>않은</u> 것은?　　　　　　　　　　○ 8450-0120

① ㉠: 역설로 볼 수 있는 표현을 통해, 밤새 이어진 노동으로 인한 고통과 피로를 드러낸 것이다.

② ㉡: 반어를 활용하여, 굶주림의 고통에 시달리는 상황을 표현한 것이다.

③ ㉢: 색채어를 사용하여, 민중의 삶을 억압하는 주체에 대한 반감을 드러낸 것이다.

④ ㉣: 청각적 이미지를 통해, 노동의 과정에서 나누는 업무상 대화를 형상화한 것이다.

⑤ ㉤: 시각적 이미지를 통해, 고된 노동의 결과로 발생한 신체적 변화상을 제시한 것이다.

II 현대 소설

갈래 이론

현대 소설 문학사

II 현대 소설

1. 인물

소설은 현실 세계에서 있을 법한 사건을 상상해 꾸며 낸 허구의 이야기로, 인간 존재를 탐구하고 인생의 참된 의미를 밝히는 기능을 한다. 이를 위해 작가는 소설에 인물을 등장시키는데, 소설의 인물은 사건을 일으키고 해결해 나가거나 행위를 수행하는 주체이다.

허구
• 꾸며 낸 이야기. 즉 작가가 자신의 경험을 바탕으로 상상력을 동원하여 만들어 낸 이야기라는 뜻으로, 문학 작품의 특성을 가리키는 말이다.

(1) 인물의 유형

역할	주동 인물	주인공. 작가가 의도하는 주제의 실현에 부합하는 인물
	반동 인물	주인공의 의지나 행위에 맞서서 갈등과 대립을 일으키는 인물
특성	전형적 인물	사회의 어떤 집단과 계층, 특정 시대와 상황의 의미를 대표하는 인물
	개성적 인물	특정한 집단이나 시대의 전형에서 자유로우며 개인으로서의 독자성을 가진 인물
성격	평면적 인물	작품 전체를 통하여 성격에 변화가 없는 인물. 정적 인물
변화	입체적 인물	사건이 전개되면서 성격이 변화·발전하는 인물. 동적 인물

(2) 인물의 성격 제시 방법

직접 제시 방법 (telling)	• 서술자나 작품 속의 한 인물이 어떤 인물의 성격이나 심리 상태 등을 직접 설명하거나 논평하는 방법이다. 해설적 방법. 분석적 방법 • 독자는 그 설명과 논평을 그대로 받아들이기만 하면 된다.
간접 제시 방법 (showing)	• 인물의 외양, 행동, 대화 등 객관적인 상황을 묘사하여 보여 줌으로써 인물의 성격이나 심리 상태를 암시하여 제시한다. 극적 방법. 묘사적 방법 • 인물의 성격을 생생하고 구체적으로 드러낼 수 있다.

2. 갈등과 사건

(1) 갈등: 소설이나 희곡 등에서 한 인물의 심리적 혼란이나 한 인물과 다른 인물, 혹은 한 인물과 외적 요소와 대립으로 인한 혼란 상태를 이른다. 흔히 욕망의 충돌로 발생한다.

갈등의 역할
• 글의 전개에 긴장감을 더해 준다.
• 전개되는 사건에 개연성을 부여해 준다.

(2) 갈등의 양상

내적 갈등	• 한 개인의 심리적 모순·대립에 의한 내면의 갈등을 말한다.
외적 갈등	• 한 개인과 외부 세계와의 모순·대립에 의한 외부의 갈등을 말한다. • 개인과 개인 사이의 갈등, 개인과 사회 사이의 갈등, 개인과 자연 사이의 갈등, 개인과 운명 사이의 갈등 등이 있다.

작품으로 이해하기

"너, 봄감자가 맛있단다." / "난 감자 안 먹는다, 니나 먹어라."

나는 고개도 돌리지 않고 일하는 손으로 그 감자를 도로 어깨 너머로 쑥 밀어 버렸다. 그랬더니 그래도 가는 기색이 없고 뿐만 아니라 쌔근쌔근하고 심상치 않게 숨소리가 점점 거칠어진다. 이건 또 뭐야 싶어서 그때에야 비로소 돌아다보니 나는 참으로 놀랐다. 우리가 이 동리에 들어온 것은 근 삼 년째 되어 오지만, 여지껏 가무잡잡한 점순이의 얼굴이 이렇게까지 홍당무로 새빨개진 법이 없었다. 게다 눈에 독을 올리고 한참 나를 요렇게 쏘아보더니 나중에는 눈물까지 어리는 것이 아니냐. 그리고 바구니를 다시 집어들더니 이를 꼭 악물고는 엎어질 듯 자빠질 듯 논둑으로 힝하게 달아나는 것이다. 〈중략〉 설혹 주는 감자를 안 받아 먹는 것이 실례라 하면 주면 그냥

3. 구성과 시점

(1) 구성: 인물들이 겪는 여러 사건을 인과적으로 배열한 것이다. 대체적으로 '발단 → 전개 → 위기 → 절정 → 결말'의 방식을 취하지만, 주제를 효과적으로 드러내기 위해 각 단계의 요소가 바뀌기도 한다.

발단	사건의 실마리가 나타나고 배경 및 주요 등장인물의 성격이 드러난다.
전개	본격적으로 사건이 전개되는 부분으로, 갈등이 표출된다.
위기	갈등이 고조·심화되고, 새로운 사건이 나타나 위기감이 조성된다.
절정	갈등이 최고조에 이르고, 사건 해결의 실마리가 나타난다.
결말	갈등이 해소되고, 주요 등장인물의 운명이 결정된다.

(2) 시점: 서술의 초점, 즉 서술자가 어떤 위치에서 사건을 관찰하여 이야기를 전달해 주는가 하는 서술자의 위치와 시각을 말한다.

1인칭 주인공 시점	• 주인공 '나'가 자신의 이야기를 서술하는 시점으로, 인물과 서술의 시점이 일치한다. • 주인공의 내면 세계를 제시하는 데 효과적이다.
1인칭 관찰자 시점	• '나'가 관찰자의 입장에서 주인공에 대해 이야기하는 시점으로, '나'는 관찰자일 뿐 주인공과는 별개의 인물이다. • 주인공의 내면을 숨김으로써 긴장감과 경이감을 자아낸다.
전지적 시점	• 사건 밖의 서술자 '그'가 사건을 서술하는 시점으로, 인물들의 심리 및 행동의 동기와 정서 등을 논평하기 때문에 독자의 상상력을 제한한다.
작가 관찰자 시점	• 사건 밖의 서술자 '그'가 객관적인 태도로 사건을 서술하는 시점으로, 서술자의 태도가 제한적이기 때문에 독자의 상상력이 넓어진다.

4. 배경

인물이 구체적인 삶을 살아가는 시간적·공간적 환경을 이른다. 소설의 배경은 적당한 분위기와 구체적인 상황 설정 등으로 사건을 자연스럽게 전개하는 장치의 기능을 지닌다.

(1) 배경의 요소

시간		공간
낮, 밤, 겨울, 전쟁 중 등 인물이 행동하고 사건이 발생하는 시간적 상황	➡	도시, 방, 길 등 인물이 활동하고 사건이 발생하는 공간적 무대

(2) 배경의 종류

자연적 배경	사건이 진행되는 구체적인 시간과 장소를 말한다.
사회적 배경	인물을 둘러싼 사회적 환경, 즉 인물이 처한 시대나 사회 상황을 말한다.
심리적 배경	논리를 초월하여 확대된 시간·공간을 말하며, 심리주의 소설에 등장한다.
상황적 배경	인간의 실존적인 상황을 상징하고 암시하는 배경을 말한다.

서술자
• 서술자는 작품 속에서 독자에게 이야기를 건네는 인물로, 원칙적으로 작가가 아니다. 서술자는 엄밀하게 말해서 작가로부터 분리되어 작품에서만 존재하는 인물이기 때문이다. 때로는 '허구적 대리인'이라고도 한다.

암시와 복선
• 암시: 특정 소재를 사용하거나 서술자의 묘사와 행위를 통해 사건의 진행 상황과 의미 및 뒤에 일어날 사건을 미리 짐작할 수 있도록 힌트를 주는 장치를 말한다.
• 복선: 나중에 있을 사건의 계기를 마련하는 장치로, 사건이 우발적으로 일어난 것이 아니라 필연적으로 일어난 것이라는 인상을 주기 위해 마련한 장치이다.

주었지 "느 집엔 이거 없지?"는 다 뭐냐. 그러잖아도 저희는 마름이고 우리는 그 손에서 배재를 얻어 땅을 부치므로 일상 굽실거린다.
                                                                                              – 김유정, '동백꽃'

• 갈래: 공간적 배경과 제재 등으로 보아, 농촌 소설임을 알 수 있다.
• 인물: ① '나': 점순의 사랑 표현을 제대로 이해하지 못하는, 우직하고 순박한 인물이다.
         ② 점순: 조숙하고 활달한 성격의 인물로, 사랑하는 사람 앞에서 감정을 적극적으로 표현한다.
• 시점: 등장인물 '나'가 자신의 속마음을 드러내고 있다는 점에서 1인칭 주인공 시점이다.
• 배경: '봄감자', '논둑', '마름' 등으로 보아, 과거의 농촌을 배경으로 한다는 것을 알 수 있다.
• 주제: 감자 사건을 중심으로 '나'와 점순의 엇갈린 심리가 전개되는 것으로 보아, '사춘기 소년과 소녀의 순박한 사랑'이 이 소설의 주제임을 알 수 있다.

1. 1910~1920년대의 소설 문학

(1) 최초의 근대 소설 창작

《매일신보》에 우리나라 최초의 근대 소설로 평가되는 이광수의 '무정'(1917)이 연재되었다. 언문일치의 문장, 세밀한 묘사, 구체적 시·공간적 배경 설정과 함께 근대적 인간형을 형상화하여 대중성과 계몽성을 획득했다.

(2) 낭만주의와 사실주의의 경합

1920년대 초에는 감상적이고 퇴폐적인 낭만주의 경향의 작품이 주를 이루었다. 대표적 소설가로 김동인이 있다. 또한 인간의 삶과 사회의 문제를 있는 그대로 묘사하는 것에 중점을 둔 자연주의 소설과 현실을 있는 그대로 묘사·재현하려고 하는 사실주의 소설이 창작되었다. 염상섭, 현진건 등이 이런 작품을 많이 창작했다.
例 김동인의 '배따라기', 염상섭의 '표본실의 청개구리', 현진건의 '운수 좋은 날'

(3) 자아의 탐구를 토대로 한 사회와 현실의 재인식

새롭게 중요성을 갖게 된 '나'를 중심으로 민족과 사회의 현실을 관찰하고, 그에 비친 민중의 삶의 실상을 소설로 형상화하게 되었다. 例 염상섭의 '만세전'

(4) 신경향파 문학의 대두

신경향파는 1920년대를 전후하여 등장한 사회 운동을 배경으로, 백조파의 감상과 자연주의 문학의 퇴폐적 경향에 반발하여 일어났다. 박영희, 김기진, 최서해 등이 주동하였다. 이 문학은 식민 정책이 노골화된 시기에 등장한 것으로, 절망적인 가난과 사회의 모순을 고발하고 이를 극복하기 위한 개인적인 항거의 모습을 보여 준다. 이는 우리 문학이 현실에 대응하는 한 방식을 찾았다는 점에서 의의를 가진다. 하지만 구체적인 대안을 제시하지 못하고 극단적인 파괴와 살인, 방화 등 결말 처리 방식이 극단적이라는 한계를 갖는다.
例 최학송의 '탈출기', 주요섭의 '인력거꾼', 나도향의 '물레방아'

(5) 프로 문학의 확산

신경향파가 대두된 이후 카프의 영향 아래 본격적으로 사회 현실을 비판하는 소설들이 창작되었다. 주로 독자의 계급 의식을 일깨우고 정치적 목적을 달성하기 위해 창작되었다. 이 소설의 작가들은 가진 자와 못 가진 자, 착취자와 피착취자의 대립을 계급적 시각에서 바라보았고, 공장 및 농업, 노동자의 삶과 투쟁을 조직 운동의 차원에서 형상화한 작품을 창작하였다.
例 조명희의 '낙동강', 이기영의 '홍수', 김남천의 '공장 신문'

2. 1930년대~광복 전까지의 소설 문학

(1) 모더니즘 계열의 소설 등장

카프 문학의 퇴조와 때를 맞추어 당대의 새로운 문학으로 표상되는 모더니즘 계통의 소설이 등장하였다. 모더니즘 소설은 도시 감각, 문명 비판, 일상적 삶의 작품화, 현실 도착적 언어 사용, 엘리트 의식 등을 특징으로 한다.
例 박태원의 '소설가 구보 씨의 일일'과 '천변풍경', 이상의 '날개'

(2) 시대의 총체적 현실을 반영하는 장편 소설의 성과

1930년대 소설의 또 다른 양상으로 장편 소설의 창작에 대한 관심과 함께 무게 있는 성과들이 많이 나타났다. 이러한 현상은 소설적 탐구의 시야가 넓어지고 작가들의 역량이 두터워진 데 기인한 것으로서 깊이 있는 현실 탐구와 사회적 전형의 창조가 이루어졌다.

① 염상섭의 '삼대': 1930년대 서울의 중산층 가정의 삼대 간에 벌어지는 문제를 객관적으로 그려 냄으로써 당시의 현실을 생생하게 드러냈다.

② 채만식의 '태평천하': 염상섭의 '삼대'와 마찬가지로 삼대에 걸친 한국의 계층 구조와 그 갈등 관계를 반영하였으며, 전자와 달리 진보주의의 입장에 섰기 때문에 미미하나마 현실의 발전 방향을 포착하였다. 풍자 소설의 백미에 해당한다.

(3) 농촌 소설의 확산

① 농촌 계몽 소설: 뜻 있는 지식인이 농촌 계몽의 이상을 품고 어려운 상황 속에서 고투하며 헌신하는 모습을 담은 소설로, 1931년부터 일어난 브나로드 운동에 의해 농촌 계몽 활동이 전개되면서 등장하였다. **예** 이광수의 '흙', 심훈의 '상록수'

② 향토적 농촌 소설: 자연과의 화합을 꿈꾸거나 향토색 짙은 농촌의 삶을 다룬 소설이다. **예** 이효석의 '산'과 '메밀꽃 필 무렵', 김유정의 '동백꽃', 이무영의 '제1과 제1장'

③ 현실 비판적 농촌 소설: 식민지 지배의 억압성과 토지 제도 등의 모순 속에서 궁핍화된 농촌의 고통스러운 현실을 부각한 소설이다. **예** 김정한의 '사하촌', 이기영의 '고향'

(4) 토속적 세계의 탐구

중일 전쟁 이후 일제의 정치적, 경제적 탄압이 한층 가혹해지고, 문학의 현실 대응 방식도 더욱 좁아지면서 사회 문제에 직접적으로 파고들지 못하게 되자, 인생 자체의 의미를 탐구하는 경향이 생겨났다.

① 인생의 근원 탐구: 특정의 시대적, 사회적 조건을 떠나 삶과 죽음, 고독 등 인간의 근원적인 문제를 다룬 작품이 창작되었다. **예** 김동리의 '바위', '무녀도', '산화'

② 전근대적 세계의 탐구: 일제의 압제에 대항해서 우리 자신을 지켜 나가려는 예술적 저항의 의미를 지닌 전근대적, 토속적 세계를 탐구한 소설이 등장하였다. **예** 김유정의 '산골 나그네', '땡볕', '봄봄'

(5) 역사 소설의 유행

만주사변 이후 일제의 수탈과 탄압이 더욱 가혹해지고 사상 통제가 심해졌기 때문에, 일제의 검열을 피해 역사에서 얻은 소재를 이용하여 민족의식을 고취하려는 시도가 나타나 한때 주류를 이루기도 하였다. **예** 김동인의 '대수양', 박종화의 '금삼의 피', 현진건의 '무영탑'

(6) 여성 작가의 등장

소설가로서 명망을 얻은 여성 작가들이 본격적으로 등장한다. 일제 강점기 현실을 사실적으로 그린 소설인 '인간 문제'의 작가 강경애를 비롯하여, 뛰어난 심리 묘사를 보여 준 최정희, 대담한 문체로 암울한 시대 현실을 그려 낸 박화성 등이 있다.

1930년대~광복 전 개관

• 1930년대에 들어서면서부터 일본의 파시즘화, 만주 사변, 중일 전쟁과 같은 전쟁 책동으로 우리나라는 정치적으로 극도로 불안한 상황에 놓이게 되었다.

• 일본의 우리나라에 대한 병참 기지화 정책으로, 우리 민족에 대한 경제적 수탈 또한 더욱 강화되었다.

• 일제는 극심한 사상 통제를 행하였으며, 조국의 광복을 목표로 하는 모든 민족 운동은 탄압을 받게 되었다.

광복 후~1960년대 개관
• 광복은 우리 민족 문학의 회생을 가져오지만 동시에 좌우의 이념 갈등을 불러오기도 하였다.
• 이어진 6·25 전쟁과 민족 분단은 우리 민족이 넘어서고 해결해야 할 중요한 과제가 되었다.
• 1960년대에는 4·19 혁명과 5·16 군사 정변이라는 정치적 격동기를 배경으로 전개된다.
• 이 시기의 문학은 진보에의 믿음과 인간이 역사의 창조적 주체라는 인식을 갖게 되어 언어의 탐구에 주력하고 시민 의식을 내세우게 되었다.

3. 광복 후~1960년대의 소설 문학

(1) 식민지적 삶의 극복

일제 강점기의 체험을 승화시켜 광복의 의미를 되새기고자 하였다. 아울러 광복 후의 삶의 인식을 바탕으로 지식인의 문제와 귀향 의식을 드러내기도 하였다. ㉘ 채만식의 '논 이야기'와 '민족의 죄인', 김동인의 '반역자', 김동리의 '혈거 부족'

(2) 전쟁 체험의 형상화

의미 없는 전쟁의 어쩔 수 없는 당사자이자 희생자로서의 체험이 절박하게 묘사되기도 하고, 전쟁을 통해서 육체와 정신이 파괴된 외적·내적 상처를 치유하거나 극복하기 위한 소설이 등장하였다. ㉘ 오상원의 '유예', 하근찬의 '수난 이대', 황순원의 '학'

(3) 전후의 다양한 현실 인식과 참여

전후 사회와 현실에 대한 다양한 인식으로 새로운 인간상을 제시하기도 하고, 개인과 사회의 갈등 문제를 다루면서 소외된 삶의 문제, 삶의 내부에 자리한 부조리한 현실 인식, 행동을 통한 참여 문제를 다루어 참여 문학의 전통을 수립하였다.
㉘ 황순원의 '카인의 후예', 장용학의 '요한 시집', 김성한의 '바비도', 선우휘의 '불꽃'

(4) 전후의 소외된 삶과 무력함

전쟁의 후유증과 실존 철학의 영향으로 삶의 무기력함과 방황을 새로운 감각으로 묘사한 작품들도 나타나게 되었다. ㉘ 이범선의 '오발탄', 손창섭의 '비 오는 날'과 '잉여 인간'

(5) 근대사를 다룬 역사 소설들

1930년대의 야사적·복고적 특성이 많았던 역사 소설에서 탈피하여 진지한 문제의식을 가지고 우리 민족의 근대사를 추적하는 작품들이 등장하게 되었다.
㉘ 안수길의 '북간도', 김정한의 '수라도', 유주현의 '조선 총독부', 박경리의 '토지'

(6) 내적 성찰의 소설들

개인주의적 성찰과 새로운 감성의 세계를 섬세한 언어 기교로 그린 작품들이 등장하였다.
① 관념 소설의 등장: 현실의 장벽과 개인주의적 인물 사이의 갈등을 관념의 탐구 형태로 그렸다. ㉘ 최인훈의 '가면고'와 '회색인'
② 감수성의 혁명: 불안하고 답답한 분위기 속에서 방황하는 인물들의 심리 상태와 느낌을 내적 성찰적인 기교로 처리하였다. ㉘ 김승옥의 '생명 연습'과 '무진 기행'
③ 지식인의 치열한 고뇌: 방향 감각을 상실한 젊은이의 비틀거림과 소외감을 그렸다.
　㉘ 이청준의 '퇴원'
④ 도시적 감각과 인간 소외의 현장: 현실에 대한 도전과 물질 사회에 대한 비판적 안목을 드러냈다. ㉘ 최인호의 '타인의 방'

1910년대	1920년대	1930년대	1930년대 말~광복 전
• 근대 소설 등장 • 역사 전기 소설	• 동인지 발간(《창조》, 《백조》, 《폐허》) • 다양한 문예 사조의 등장 • 카프 결성 – 신경향파 문학	• 모더니즘 경향의 지식인 소설 • 농촌을 제재로 한 농민 소설 • 역사 소설, 가족사 소설	• 국문학의 암흑기

⑤ 정치적 모순에 대한 비판: 전쟁 직후에 지배하던 실존적 경향의 전후 소설을 넘어서서 분단의 세계사적 맥락과 그것의 치유 방안을 차분하게 성찰한 작품들이 등장하기 시작했다. 4·19 혁명의 실패와 5·16 군사 정변으로 정치적인 문제를 다각도로 조명한 소설이 많았다.

　　예 최인훈의 '광장', 박연희의 '침묵', 선우휘의 '아버지'

4. 1970년대 이후의 소설 문학

(1) 산업화에 소외된 민중의 삶

1970년대에는 산업화 과정에서 희생된 농촌과 농민, 도시 빈민의 생활을 다룬 작품들이 많이 창작되었다. 산업화와 근대화에 따른 사회적 모순을 비판적으로 드러낸 작품들이 주를 이루었다.

　　예 이문구의 '관촌 수필'과 '우리 동네', 윤흥길의 '아홉 켤레의 구두로 남은 사내', 조세희의 '난장이가 쏘아 올린 작은 공'

(2) 노동 소설의 대두

노동자들의 일상적 현실과 그들이 추구하는 지향점을 리얼리즘적 안목으로 담은 작품들이 나타났다. 지식인의 진보 의식과는 다른 민중 지향적인 소설이 창작되었다.

　　예 황석영의 '객지'와 '삼포 가는 길'

(3) 여성 작가의 두드러진 활약

이 시기에는 섬세한 서정성과 감수성, 유려한 문체, 그리고 남다른 현실 인식을 갖춘 여성 작가들이 대거 등장하여 활약하였다. 기존의 소설가들이 놓치고 있었던 일상적 삶의 진실, 남녀 간의 사랑 등을 다루게 되었다.

　　예 양귀자의 '희망'과 '원미동 사람들', 박완서의 '나목'과 '겨울 나들이'

(4) 소시민적 진실의 탐구

섬세한 심리 묘사를 바탕으로 하여 소시민들의 삶과 정서를 담은 작품들도 창작되었다.

　　예 송기원의 '아름다운 얼굴', 최인호의 '겨울 나그네'

(5) 역사 대하 장편 소설의 융성

왜곡되고 모순된 현대사에 대한 반성으로 지난 역사를 재조명한 대하 장편 소설이 하나의 흐름을 이루게 되었다.

　　예 조정래의 '태백산맥'과 '아리랑'

1970년대 이후 개관

- 독재 권력에 의해 지속적으로 이루어진 경제 성장의 성공으로 산업화, 근대화가 추진되면서 인간 소외와 빈부의 격차가 심화되었다.
- 이에 대한 저항 의식을 드러내는 참여 문학의 작품과 순수 문학의 작품이 대립을 이루게 되었다.
- 1980년대는 1970년대에 이미 발생한 민중 문학의 기운이 활발해지며 문단의 큰 세력을 형성하였다.
- 1980년에 일어난 광주 민주화 운동을 계기로, 우리 소설은 사회의 모순에 눈을 뜨고 한층 더 고양된 역사의식과 미의식을 갖게 되었다.
- 아울러 개인의 취향이나 습성을 다룬 소설도 많이 등장하게 되었다.

광복 직후	1950년대	1960년대	1970년대 이후
• 일제 강점기 문학의 청산 • 새로운 민족 문화 건설 • 분단 의식의 형상화	• 이념에 대한 비판적 시각 • 인간 존재에 대한 회의 • 전쟁의 비극과 고발	• 민족의 비극과 분단 현실에 대한 인식 • 사회 부조리, 개인과 사회의 억압, 갈등 고발	• 경제 개발로 인한 산업화와 소외 문제 • 독재 체제에 대한 저항과 민주화 • 산업화에 소외된 민중의 삶

01 억압과 자유

❶ 염상섭, '만세전'

↪ 작품 안으로 **주제**: 지식인의 눈으로 바라본 식민지 조선의 암담한 현실

특징: 이 소설은 호흡이 긴 문체의 사용이 두드러질 뿐만 아니라, 1인칭 주인공 시점과 '동경에서 조선, 조선에서 다시 동경'으로 이동하는 여로형 구조를 통해 조선의 참담한 현실을 효과적으로 드러내고 있다.

↩ 작품 밖으로 원래 《신생활》에 '묘지'라는 제목으로 발표된 소설로, 3·1 운동 직전의 암울한 시대 상황을 '구더기가 들끓는 묘지'로 인식하며 당대의 상황을 객관적이고 사실적으로 형상화했다. 이 소설은 개인의 존재를 사회적 현실과의 연관 속에서 이해하고자 하는 근대 소설의 한 특징을 잘 보여 준 작품이라 할 수 있다.

내용 구조도

[원점 회귀 여로형 구조]

동경

↓

부산 ⇨ 김천 ⇨ 영동 ⇨ 대전 ⇨ 서울

↓

동경

꼭 필요한 내용 연구

● **여로형 구조**

길을 떠난 주인공이 현실의 문제를 발견하고 해결하는 형식이다. 이 소설은 주인공인 '나'가 일본 동경에서 서울까지 왔다가 다시 동경으로 돌아가는 여로형 구조를 지닌다.

● **사실주의**

객관적 현실을 있는 그대로 재현하려 했던 문예 사조로, 근대 이후의 사회 현실에 대한 인식을 작품에 반영하는 것에 중점을 둔다. 유럽의 대표적인 사실주의 작가에는 발자크나 스탕달 등이 있고, 한국 근대 초기 사실주의 작가에는 염상섭, 현진건 등이 있다.

"노형은 무엇을 하슈?" / 나는 딴소리를 하였다.

"네에, 갓(笠) 장사를 다닙니다." / "갓이오? 그래 요새두 갓이 잘 팔리나요?"

"그저 그렇지요. 촌에서들은 그래두 여전히 갓을 쓰니까요."

나는 좀 의외로 생각하였다. 두 사람은 잠깐 말이 끊겼다가, 나는 다시 물었다.

"그러나 당노형부터 왜 머리는 안 깎으슈? 세상이 바뀌었을 뿐 아니라 귀찮고 돈도 더 들지 않소?"

"웬걸요, 촌에서 머리를 깎으려면 더 폐롭고* 실상 돈도 더 들죠. 게다가 머리를 깎으면 형장네* 들 모양으로 '내지어(內地語)*'도 할 줄 알고 시체학문(時體學問)*도 있어야지요. 머리만 깎고 내지 사람을 만나도 말대답 하나 똑똑히 못하면 관청에 가서든지 순사를 만나서든지 더 귀찮은 때가 많지요. *이렇게 망건을 쓰고 있으면 요보*라고 해서 좀 잘못하는 게 있어도 웬만한 것은 용서를 해 주니까, 그것만 해도 깎을 필요가 없지 않아요." / 하며 껄껄 웃어버린다.

"그렇지만 같은 조선 사람끼리라도 양복을 입으면 대접이 다른 것같이, 역시 머리라도 깎는 것이 저 사람들에게 덜 천대를 받지 않소. 언제까지든지 함부로 훌뿌리는* 대로 꿉적꿉적하고 요보 소리만 들으려우?"

나는 궐자*의 말이 일리가 있다고 동정은 하면서도, 무어라고 하나 들어보려고 이렇게 물었다.

"훌뿌리거나 요보라고 하거나 천대는 받을 때뿐이지요만, 머리나 깎고 모자를 쓰고 개화장이나 짚고 다녀 보슈. 가는 데마다 시달리고 조금만 하면 뺨따귀나 얻어맞고, 유치장 구경을 한 달에 한 번쯤은 할 테니! 당신네들은 내지어나 능통하시지요? 하지만 우리 같은 놈이야 맞으면 맞았지 별수 있나요! 허허허."

천대를 받아도 얻어맞는 것보다는 낫다! 그도 그럴 것이다. *미친 체하고 떡 목판에 엎드려진다는 격으로 미친 체하고 어리광 비슷한 수작을 하거나, 스라소니 행세를 하여 어떻든지 저편의 호감을 사고 저편을 웃기기만 하면 목전에 닥쳐오는 핍박은 면할 것이다. 속으로는 요놈 하면서라도 얼굴에만 웃는 빛을 띠면 당장의 급한 욕은 면할 것이다. 고식, 미봉, 가식, 굴복, 도회(韜晦)*, 비겁…… 이러한 모든 것에 만족하는 것이 조선 사람의 가장 유리한 생활 방도요, 현명한 처세술이다. 〈중략〉

자정이나 넘은 뒤에 차는 대전에 와서 닿았다. 김 의관 같은 하이칼라 신사는 커다란 가죽 가방에 담요를 비끄러매어서 옆에 놓았던 것을 앞에 앉았던 사람에게 들려가지고 내려갔다. 그러나 기생은 내리지 않았다.

얼마나 정거하느냐고 소제*하는 역부더러 물어보니까, 삼십 분 동안이라고 멱따는 소리를 꽥 지르고 달아난다. 나는 하도 심심하기에 모자를 집어 쓰고 차에서 내려서 플랫폼으로 어슬렁어슬

어휘 풀이
*폐롭다: 성가시고 귀찮다.
*형장네: 당신네.
*내지어: 일본어.
*시체학문: 그 시대의 풍습·유행을 따르는 학문.
*요보: 일본인들이 한국인들을 낮추어 부르던 호칭.
*훌뿌리다: 업신여겨 함부로 냉정하게 뿌리치다.
*궐자: 삼인칭 '그'에 해당하는 말.
*도회: 재능이나 학식 따위를 숨겨 감춤. 종적을 감춤.
*소제: 청소.
*야과온포: 밤에 파는 일본 국수.

구절 풀이
*이렇게 망건을 ~ 용서를 해 주니까: 망건을 쓴 조선인들을 일본 사람들이 천대하고 무시함을 의미한다.
*미친 체하고 떡 목판에 엎드려진다: 원인을 잘 알면서 모르는 척 하고 자신의 욕심만 챙긴다는 뜻이다.

렁 걸어 나갔다. 그동안에 눈이 5, 6촌은 쌓인 모양이다. 지금은 뜸하나 뼈에 저린 밤바람이 모가지를 자라목처럼 오그라뜨렸다. 맨 끝에 달린 찻간 앞까지 오니까 불을 환하게 켠 차장실 속에 얼굴이 해끄무레한 두 청년이 검정 방한모에 소매통이 좁은 옥색 두루마기를 입고, 누런 복장을 입은 헌병과 마주 서서 웃으며 이야기를 하는 것이 환히 보였다. 얼굴 모습이 같은 것을 보면 두 청년은 형제 같고, 헌병 가슴에 권총을 단 줄이 늘어진 것을 보면 일본 사람이 분명하다. 나는 수상히 여겨서 창 밑으로 가까이 가 보니까, 세 사람은 여전히 웃으며 뭐라고 속살거린다. 그러나 그 청년들의 어설프게 웃는 미소와 입술이 경련적으로 위로 뒤틀린 것은 공포 그 자체 같았다. 나는 발을 돌이켜 목책으로 막은 입구 앞으로 가서 서슴지 않고 내 손으로 열고 나갔다. 아무것도 막지 않고 좌우편으로 눈발이 쳐들어오는 휑뎅그레한 속에는 한가운데에 난로랍시고 놓고 그 가에 옹기종기 사람들이 모여 섰다.

'대합실도 없이 이런 벌판에 세워둘 지경이면 어서 찻간으로 들여보냈으면 작히나 좋을까!'

나는 이런 생각을 하고 난로 옆을 흘끗 보려니까 결박을 지은 범인이 너댓 사람이나 오르르 떨며 나무 의자에 걸터앉고, 그 옆에는 순사가 세 명이나 앉아서 지키고 있는 것이 눈에 띄었다. 나는 깜짝 놀랐다. 그중에는 머리를 파발을 하고 땟덩이가 된 치마저고리의 매무시까지 흘러내린 젊은 여편네도 역시 결박을 지어서 앉아 있다. 부끄럽지도 않은지 나를 부러워하는 듯한 눈으로 물끄러미 쳐다보다가 고개를 숙였다. 등 뒤에는 쌕쌕 자는 아이가 매달렸다. 나는 가슴이 선뜩하고 다리가 떨렸다. 모든 광경이 어떠한 책 속에서 본 것을 실연해 보여 주는 것 같은 생각이 희미하게 별안간 머리에 떠올랐다. 나는 지금 꿈을 보지 않았나 하는 의심까지 났다.

정거장 문밖으로 나서서 눈을 바삭바삭 밟으며 큰길 거리로 나가니까 칠 년 전에 일본으로 도망갈 때, 오정 때 대전에 내려서 점심을 사먹던 집이 어디인지 방면도 알 수가 없었다. 길 맞은편으로 쭉 늘어선 것은 컴컴해서 자세히는 안 보이나 일본 사람 집인 모양이다. '야과온포(夜鍋縕袍)*'를 파는 수레가 적막한 밤을 깨뜨리며 호젓하고 처량하게 쩔렁쩔렁 요령을 흔드는 것을 한참 바라보고 섰다가, 그때에 밥을 팔던 삼십 남짓한 객줏집 계집은 지금쯤 어디 가서 파묻혔누? 하는 생각을 하며 다시 정거장 구내로 들어왔다. 발자국 하나 말 한마디 제꺽 소리도 없이 얼어붙은 듯이 앉아 있는 승객들은, 웅숭그려뜨리고 들어오는 나의 얼굴을 쳐다보며 여전히 오그라뜨리고 앉아 있다. 결박을 지은 계집은 또다시 나를 쳐다보았다. 곁에 앉아 있는 순사까지 불쌍히 보였다. 목책 안으로 들어오며 건너다보니까 차장실 속에 있던 두 청년과 헌병도 여전히 이야기를 하고 섰는 것이 보인다. 나는 까닭 없이 처량한 생각이 가슴에 복받쳐 오르면서 몸이 한층 더 부르르 떨렸다. 모든 기억이 꿈 같고 눈에 띄는 것마다 가엾어 보였다. 눈물이 스며 나올 것 같았다. 나는 승강대로 올라서며, 속에서 분노가 치밀어 올라와서 이렇게 부르짖었다.

'이것이 생활이라는 것인가? 모두 뒈져버려라!' / 찻간 안으로 들어오며,

'무덤이다! 구더기가 끓는 무덤이다!' / 라고 나는 지긋지긋한 듯이 입술을 악물어보았다.

진단 체크

정답 1. 요보 2. 내지어, 시체학문

1 윗글에서 일본 사람들이 조선인들을 무시하며 부른 호칭을 찾아 쓰시오.
2 갓 장수는 머리를 깎으려면 이에 걸맞게 □□□도 할 줄 알고, □□□□도 있어야 한다고 생각하고 있다.

1 윗글을 바탕으로 다음과 같이 '나'와 '갓 장수'가 토론을 한다고 할 때 토론 내용으로 적절하지 <u>않은</u> 것은?   ○ 8450-0121

> [토론 주제] 갓을 쓰지 말고 머리를 깎아야 한다.
>
> '나': 저는 갓을 쓰지 말고 머리를 깎는 것에 찬성합니다. 세상도 변한 마당에 ①<u>굳이 갓을 사는 비용까지 들이며 귀찮게 머리를 기를 필요가 없다고 생각합니다.</u> 또한 조선 사람끼리도 양복을 입으면 대접을 더 해 주지 않습니까? ②<u>머리라도 깎으면, 일본 사람들이 조선인을 무시하는 태도가 덜할 것이라고 생각합니다.</u>
>
> 갓 장수: 갓을 사는 비용 문제를 언급하셨는데요. ③<u>오히려 머리를 깎는 것이 갓을 사서 쓰는 것보다 더 많은 비용이 들 수도 있습니다.</u> 단순히 머리 깎는 비용만 드는 것이 아니라, 그에 맞게 옷과 신발 등 다른 것들도 바꾸다 보면 비용이 더 들 수 있어요. 그리고 머리를 깎으면 조선인을 덜 무시할 거라고 말씀하셨는데, 무시 좀 당하면 어떻습니까? ④<u>머리를 깎아도 일본말을 할 줄 몰라 여기저기 귀찮게 불려 다니는 것보다 천대를 당하는 것이 더 낫지요.</u> 얻어맞지 않고 목숨을 부지하는 것이 더 중요하거든요.
>
> '나': ⑤<u>얻어맞는 것보다는 천대를 받는 것이 더 낫다는 것이야말로 제가 본받아야 할 현명한 처세술이네요.</u>

2 다음은 기차가 대전역에서 잠시 정차했을 때 '나'가 이동한 경로이다. ㉠~㉢에 나타난 '나'의 심리 및 태도에 대한 설명으로 적절한 것은?   ○ 8450-0122

| 기차 안 | ➡ | ㉠ 맨 끝에 달린 찻간 앞 | ➡ | ㉡ 벌판 | ➡ | ㉢ 큰길 거리 | ➡ | 기차 안 |

① ㉠: 일본 헌병을 두려워하는 조선의 두 청년들을 보며 그들을 비웃고 있다.
② ㉠: 조선의 두 청년들이 일본 헌병과 웃으며 이야기를 나누는 것을 보며 불쾌해하고 있다.
③ ㉡: 난로를 쬐고 있는 사람들을 보며 그들의 현실 순응적인 태도에 분노하고 있다.
④ ㉡: 결박당한 젊은 여인의 등 뒤에 매달린 아이의 모습을 보며 충격을 받고 있다.
⑤ ㉢: 칠 년 전과 달라진 시가의 모습을 보며 근대화된 조선의 모습에 감탄을 하고 있다.

3 〈보기〉를 바탕으로 윗글의 작가가 여로형 구조를 활용한 의도를 추론한 것으로 가장 적절한 것은?   ○ 8450-0123

> ● 보기 ●
>
> 여로형 구조는 길을 떠난 주인공이 현실의 다양한 문제를 발견하고 해결하는 형식의 구조를 말한다. '만세전'은 여로형 구조를 취하는데, 이 소설의 주인공인 '나'는 아내가 위독하다는 소식을 듣고 일본 동경에서 서울까지 오는 과정에서 조선의 실상을 목격하게 된다. 하지만 다시 동경으로 돌아가는 원점 회귀의 구조는 주인공이 현실의 문제를 해결하는 데까지 나아가지 못하는 한계를 드러내기도 한다.

① 주인공의 현실 인식 과정을 통해 식민지 조선의 비참한 현실을 있는 그대로 보여 주기 위해
② 기차 여행이라는 탐색 과정을 통해 주인공이 지향하는 가치가 무엇인지를 보여 주기 위해
③ 인물들이 갖는 가치관의 차이를 극명하게 드러내며, 상호 존중이 필요함을 보여 주기 위해
④ 현실의 문제를 해결하는 주인공의 모습을 통해 바람직한 삶의 태도가 무엇인지 보여 주기 위해
⑤ 개인이 처한 문제들을 객관적으로 보여 줌으로써 어려운 이웃에 대한 연민의 시선이 필요함을 보여 주기 위해

1 조선의 현실에 대한 '나'의 인식을 단적으로 표현한 구절을 찾아 3어절로 쓰고, 그 의미를 서술하시오.   ○ 8450-0124

[1~2] 다음 글을 읽고 물음에 답하시오.

"그래 촌에 들어가서 할 게 뭐예요?"

"할 것이야 많지요. 어딜 가기로 굶어 죽을 염려는 없지만, 요새 돈 모을 것이 똑 하나 있지요. 자본 없이 힘 안 들고……. 하하하." / "그런 벌이가 어디 있어요?"

촌뜨기 선생은 그 큰 눈을 더 둥그렇게 뜨고, 일종의 기대와 호기심을 가지고 마주 쳐다보는 모양이다.

"왜요, 한번 해 보시려우?" / 그는 이렇게 한마디 충동이며, 무슨 의미나 있는 듯이 그 악독해 보이는 얼굴에 교활한 웃음을 띠고 한참 마주 보다가,

"시골서 죽도록 땅이나 파먹다가 거꾸러지는 것보다는 편하고 재미있습니다. 게다가 돈은 쓰고 싶은 대로 쓸 수 있고……." / 여전히 뱅글뱅글 웃으면서 이 순실한, 어머니 뱃속에서 나온 그대로 있는 듯한 촌뜨기를 꾄다.

"그런 선반의 떡 같은 장사가 있으면 하다뿐이겠소." / 촌뜨기는 차차 침이 말라온다.

"그러나 밑천이 아주 안 드는 것은 아니지요. 우선 얼마 안 되지만 보증금을 들여 놓아야 하고, 양복이나 한 벌 장만하여야 할 터이니까……. 그러나 노형이야, 형님이 헌병대에 계시다니까 신분은 염려 없을 터인 고로 보증금은 없어도 좋겠지."

제 딴은 누구나 그 직업을 얻으려면, 보증금을 내놓는 법인데, 특별히 그것만은 면제해 주겠다는 듯이, 오만한 태도로 어깨를 뒤틀며, 지나가는 말처럼 또 한마디 했다. 그러나 정작 그 직업의 종류가 무엇인가는 용이히 가르쳐 주지 않는다. 실상 곁에서 엿듣고 앉아 있는 나 역시 궁금하지만, 이러한 소리를 듣는 시골 궐자는, 더한층 호기의 눈을 번쩍이며 앉아 있는 모양이다. 그러나 그것을 토설치 않는 것은, 나와 그 외의 두세 사람이 들을까 꺼려서 그러는 것 같기도 하고, 또는 그 시골뜨기가 더욱더욱 열(熱)해진 뒤에 자기의 부하가 되겠다는 다짐까지 받고서야 이야기하려는 수단 같기도 하였다.

"그래 그런 ㉠훌륭한 직업이 무엇인데, 어디 있어요?" / 이번에는 그 시골자의 동행인 듯한 사람이 가만히 듣고 있다가 욕탕에서 시뻘겋게 단 몸뚱어리를 무거운 듯이 끌어내며 물었다. 그자도 물속에서 불쑥 일어서서 수건을 등 뒤로 넘겨서 가로잡고 문지르며 한번 목욕탕 속을 휘돌아다 보고, 다른 사람들이 자기네의 대화에는 무심히 한구석에 앉아 있는 것을 살펴본 뒤에, 안심한 듯이 비로소 목소리를 낮추며 입을 벌렸다.

"실상은 쉬운 일이에요. 나도 이번에 가서 해 오면 세 번째나 되오마는, 내지의 각 회사와 연락해 가지고, 요보들을 붙들어 오는 것인데……. 즉 조선 쿠리〔苦力〕 말씀요. 노동자요. 그런데 그것은 대개 경상남북도나, 그렇지 않으면 함경, 강원, 그다음에는 평안도에서 모집을 해야 하지만, 그중에도 경상남도가 제일 쉽습니다. 하하하."

그자는 여기 와서 말을 끊고 교활한 듯이 웃어버렸다. / 나는 여기까지 듣고 깜짝 놀랐다. 그 가련한 조선 노동자들이 속아서, 지상의 지옥 같은 일본 각지의 공장으로 몸이 팔려 가는 것이, 모두 이런 도적놈 같은 협잡 부랑배의 술중에 빠져서 그러는구나 하는 생각을 할 제, 나는 다시 한 번 ⓐ그자의 상판대기를 쳐다보지 않을 수 없었다.

1 ㉠의 구체적인 내용을 윗글의 내용을 인용하여 서술하고, 이를 통해 작가가 드러내고자 하는 바가 무엇인지 서술하시오.

◎ 8450-0125

2 ⓐ에 나타난 '그자'에 대한 '나'의 심리나 태도에 대해 서술하시오.

◎ 8450-0126

❷ 현진건, '고향'

➜ **작품 안으로** **주제**: 일제의 수탈로 인한 우리 민족의 비참한 현실 고발

특징: 기차 안에서 우연히 만난 두 인물을 통해 일제 강점기 우리 민족의 피폐한 삶을 형상화하고 있는 소설이다. 이 작품은 액자식 구성을 취하고 있는데, 외부 이야기에는 '나'와 '그'의 대화가 있고, 내부 이야기에는 '그'의 삶의 내력이 서술되고 있다.

⬅ **작품 밖으로** 일제의 수탈로 황폐진 1920년대의 농촌을 배경으로 한 현진건의 단편 소설로, 1926년에 발행된 단편집인 "조선의 얼굴"에 수록되어 있다. 당시의 일제 식민지 현실을 집약적으로 조명하고, 일제의 식민지 수탈 정책을 날카롭게 비판하였다.

내용 구조도

[액자식 구성]

> **외부 이야기**
> '나'와 '그'의 만남.

↓

> **내부 이야기**
> '그'의 비참한 삶의 내력과 고향에서 만난 '그 여자'의 기구한 삶

↓

> **외부 이야기**
> '그'를 연민의 시선으로 바라보는 '나'

어휘 풀이

*역둔토: '역토(역에 딸린 땅)'와 '둔토(지방에 주둔한 군대 경비를 충당하기 위한 땅.)'를 아울러 이르는 말.
*사삿집: 개인이 살림하는 집.
*동양 척식 회사: 1908년 일제가 대한 제국의 경제를 독점, 착취하기 위하여 설립한 국책 회사.
*동척: '동양 척식 회사'를 줄여 이르는 말.
*실작인: 실제의 경작자.
*남부여대(男負女戴): (비유적으로) 가난한 사람들이 살 곳을 찾아 이리저리 떠돌아다니다. 남자는 지고 여자는 인다는 뜻에서 나온 말이다.
*유리하다: 유리표박(流離漂迫)하다. 일정한 집과 직업이 없이 이곳저곳으로 떠돌아다니다.
*신신하다: 새롭고 생기가 돌다.
*구주: 일본의 '규슈'를 우리 한자음으로 읽은 이름.
*주접: 한때 머물러 삶.

"어데서 오시는 길입니까?" / "흥, 고향에서 오누마."

하고 그는 휘 한숨을 쉬었다. 그러자 그의 신세타령의 실마리는 풀려나왔다. 그의 고향은 대구에서 멀지 않은 K군 H란 외딴 동리였다. 한 백 호 남짓한 그곳 주민은 전부가 역둔토*를 파 먹고살았는데 역둔토로 말하면 사삿집* 땅을 부치는 것보다 떨어지는 것이 후하였다. 그러므로 넉넉지는 못할망정 평화로운 농촌으로 남부럽지 않게 지낼 수 있었다. 그러나 세상이 뒤바뀌자 그 땅은 전부 **동양 척식 회사**의 소유에 들어가고 말았다. 직접으로 회사에 소작료를 바치게나 되었으면 그래도 나으련만 소위 **중간 소작인**이란 것이 생겨나서 저는 손에 흙 한번 만져 보지도 않고 **동척**엔 소작인 노릇을 하며 실작인에게는 지주 행세를 하게 되었다. 동척에 소작료를 물고 나서 또 중간 소작인에게 긁히고 보니 **실작인***의 손에는 소출의 삼 할도 떨어지지 않았다. 그 후로 '죽겠다' '못살겠다' 하는 소리는 중이 염불하듯 그들의 입길에서 오르내리게 되었다. **남부여대***하고 **타처로 유리하는*** 사람만 늘고 동리는 점점 쇠진해 갔다.

지금으로부터 구 년 전 그가 열일곱 살 되던 해 봄에(그의 나이는 실상 스물여섯이었다. 가난과 고생이 얼마나 사람을 늙히는가.) 그의 집안은 살기 좋다는 바람에 서간도로 이사를 갔다. 쫓겨가는 이의 운명이어든 어디를 간들 신신하랴*. 그곳의 비옥한 전야도 그들을 위하여 열려질 리 없었다. 조금 좋은 땅은 먼저 간 이가 모조리 차지를 하였고 황무지는 비록 많다 하나 그곳 당도하던 날부터 아침거리 저녁거리 걱정이라, 무슨 행세로 적어도 일 년이란 장구한 세월을 먹고 입어 가며 거친 땅을 풀 수가 있으랴. **남의 밑천을 얻어서 농사를 짓고 보니 가을이 되어 얻는 것은 빈주먹뿐이었다.** 이태 동안을 사는 것이 아니라 억지로 버티어 갈 제 그의 아버지는 우연히 병을 얻어 타국의 외로운 혼이 되고 말았다. 열아홉 살밖에 안 된 그가 홀어머니를 모시고 악으로 악으로 모진 목숨을 이어 가던 중, 사 년이 못 되어 영양 부족한 몸이 심한 노동에 지친 탓으로 그의 어머니 또한 죽고 말았다. / "모친꺼정 돌아갔구마." / "돌아가실 때 흰죽 한 모금도 못 자셨구마."

하고 이야기하던 이는 문득 말을 뚝 끊는다. 그의 눈이 번들번들함은 눈물이 쏟아졌음이리라. 나는 무엇이라고 위로할 말을 몰랐다. 한동안 머뭇머뭇이 있다가 나는 차를 탈 때에 친구들이 사 준 정종 병마개를 빼었다. 찻잔에 부어서 그도 마시고 나도 마셨다. 악착한 운명이 던져 준 깊은 슬픔을 술로 녹이려는 듯이 연거푸 다섯 잔을 마신 그는 다시 말을 계속하였다. 그 후 그는 부모 잃은 땅에 오래 머물기 싫었다. 신의주로 안동현으로 품을 팔다가 일본으로 또 벌이를 찾아가게 되었다. 구주* 탄광에 있어도 보고 대판 철공장에도 몸을 담가보았다. 벌이는 조금 나았으나 외롭고 젊은 몸은 자연히 방탕해졌다. 돈은 모을래야 모을 수 없고 이따금 울화만 치받치기 때문에 한곳에 주접*을 하고 있을 수 없었다. 화도 나고 고국산천이 그립기도 하여서 훌쩍 뛰어나왔다가 오래간만에 고향을 둘러보고 벌이를 구할 겸 구경도 할 겸 서울로 올라가는 길이라 한다. 〈중략〉

"썩어 넘어진 서까래, 뚤뚤 구르는 주추*는! 꼭 무덤을 파서 해골을 헐어 젖혀 놓은 것 같더마.

구절 풀이

*그 신세도 내 신세만이나 하구마.: '그 여자'와 '그'의 지난 삶이 모두 비참했음을 의미한다.

*궐녀도 자기와 같이 ~ 있게 된 것이었다.: '그 여자'의 인생 역정을 알려 주고 있는 부분으로 그녀의 삶을 통해 일제 강점기에서 여성의 삶이 어떠했는가를 구체적으로 드러내고 있다.

세상에 이런 일도 있는기오? 백여 호 살던 동리가 십 년이 못 되어 통 없어지는 수도 있는기오? 후!" / 하고 그는 한숨을 쉬며 그때의 광경을 눈앞에 그리는 듯이 멀거니 먼 산을 보다가 내가 따라 준 술을 꿀꺽 들이켜고,

"참! 가슴이 터지더마, 가슴이 터져." / 하자마자 굵직한 눈물 두어 방울이 뚝뚝 떨어진다.

나는 그 눈물 가운데 음산하고 비참한 조선의 얼굴 을 똑똑히 본 듯싶었다.

이윽고 나는 이런 말을 물었다. / "그래, 이번 길에 고향 사람은 하나도 못 만났습니까?"

"하나 만났구마, 단지 하나." / "친척 되시는 분이던가요?"

"아니구마, 한 이웃에 살던 사람이구마." / 하고 그의 얼굴은 더욱 침울해진다.

"여간 반갑지 않으셨겠지요?" / "반갑다마다, 죽은 사람을 만난 것 같더마. 더구나 그 사람은 나와 까닭도 좀 있던 사람인데……." / "까닭이라니?" / "나와 혼인 말이 있던 여자구마."

"하ー" / 나는 놀란 듯이 벌린 입이 다물어지지 않았다.

"*그 신세도 내 신세만이나 하구마." / 하고 그는 또 이야기를 계속하였다. 그 여자는 자기보다 나이 두 살 위였는데 한 이웃에 사는 탓으로 같이 놀기도 하고 싸우기도 하며 자라났었다. 그가 열네댓 살 적부터 그들 부모 사이에 혼인 말이 있었고 그도 어린 마음에 매우 탐탐하게* 생각하였다. 그런데 그 처녀가 열일곱 살 된 겨울에 별안간 간 곳을 모르게 되었다. 알고 보니 그 아비 되는 자가 이십 원을 받고 대구 유곽에 팔아먹은 것이었다. 그 소문이 퍼지자 그 처녀 가족은 **그 동리에서 못 살고 멀리 이사를** 갔는데 그 후로는 물론 피차에 한 번 만나보지도 못하였다. 이번에야 빈터만 남은 고향을 구경하고 돌아오는 길에 읍내에서 그 아내 될 뻔한 댁과 마주치게 되었다. 처녀는 어떤 일본 사람 집에서 아이를 보고 있었다. 궐녀*는 이십 원 몸값을 십 년을 두고 갚았지만 그래도 주인에게 빚이 육십 원이나 남았었는데 몸에 몹쓸 병이 들고 나이 늙어져서 산송장이 되니까 주인 되는 자가 특별히 빚을 탕감해 주고 작년 가을에야 놓아 준 것이었다. *궐녀도 자기와 같이 십 년 동안이나 그리던 고향에 찾아오니까 거기는 집도 없고 부모도 없고 쓸쓸한 돌무더기만 눈물을 자아낼 뿐이었다. 하루 해를 울어 보내고 읍내로 들어와서 돌아다니다가 십 년 동안에 한 마디 두 마디 배워 두었던 일본말 덕택으로 그 일본 집에 있게 된 것이었다.

진단 체크

답 1. 일제의 침략과 착취로 인하여 황폐해진 우리나라의 농촌과 조선인의 피폐한 삶. 2. 빼앗긴 민족의 국토

1 '음산하고 비참한 조선의 얼굴'이 의미하는 것이 무엇인지 쓰시오.

2 시대적 배경과 관련지었을 때, 이 소설의 제목인 '고향'이 상징하는 것이 무엇인지 쓰시오.

● 실력 다지기

정답과 해설 25쪽

1 윗글의 서술상 특징으로 가장 적절한 것은?
○ 8450-0127

① 주인공의 내면 심리를 의식의 흐름 기법으로 표현하고 있다.
② 서술자가 작중 상황과 사건을 전지적 시점으로 전달하고 있다.
③ 장면에 따라 시점에 변화를 주어 다양한 관점으로 사건을 전개하고 있다.
④ 외부 이야기 속에 내부 이야기를 삽입하여 중심인물과 관련된 이야기를 서술하고 있다.
⑤ 동일한 시간에 서로 다른 장소에서 펼쳐진 사건을 병렬하여 인물 간의 갈등 상황을 부각하고 있다.

2 윗글을 바탕으로 하여 '그'를 소개하는 인물 카드를 다음과 같이 작성한다고 할 때, 적절하지 **않은** 것은? ◐ 8450-0128

- 이름: ○○○(26세)
- 고향: K군 H란 외딴 동리
- 삶의 내력
  - 고향에서 남부럽지 않게 살았으나 시절이 변해 살기가 어려워짐. ············ ①
  - 열일곱 살 되던 봄에 살기 좋다는 서간도로 이사를 감. ······················ ②
  - 서간도에서 황무지를 개간하며 살았으나 경제적으로 곤궁해졌고, 현지인들의 핍박으로 부모님이 돌아가심. ······················ ③
  - 부모님이 돌아가신 후 더 이상 서간도에 머물기 싫어, 신의주, 안동현, 일본으로 돈벌이를 찾아 유랑하게 되면서 방탕하게 살았음. ···················· ④
  - 고향에 들렀다 구경도 할 겸 돈벌이가 있을까 하여 서울로 가는 중임. ······ ⑤

3 〈보기〉를 바탕으로 윗글을 감상한 것으로 적절하지 **않은** 것은? ◐ 8450-0129

● 보기 ●

　이 작품은 1920년대 중반의 조선 사회, 특히 일제의 수탈로 황폐해진 농촌을 배경으로 하고 있다. 기차 안에서 만난 조선 유랑민과의 대화를 통해 일제의 수탈로 농토와 고향을 잃은 사람들의 참담한 삶을 형상화하여 보여 주며, 식민지 현실이 개인의 삶을 얼마나 짓밟았는지를 사실적으로 그리고 있다. 일제는 농업 생산력 증대 및 농업 근대화를 명분으로 내세워 토지 조사 사업을 벌이고, 이 과정에서 빼앗은 토지를 동양 척식 주식회사를 통해 관리하면서 조선의 토지를 수탈했다. 이는 결국 농촌 공동체의 파괴로 이어지고, 토지를 잃은 농민들은 뿌리를 잃고 간도 등지로 이주하게 되지만 그곳에서도 참담한 삶을 이어 가게 된다.

① 역둔토가 전부 '동양 척식 회사의 소유에 들어가고' 농민들이 '동척'과 '중간 소작인'에게 소작료를 내는 것에서 일제의 수탈의 구체적인 모습을 확인할 수 있군.
② '실작인의 손에는 소출의 삼 할도 떨어지지 않아 '남부여대하고 타처로 유리하는 사람'이 늘어난 것에서 참담한 농민의 삶의 모습을 확인할 수 있군.
③ '남의 밑천을 얻어서 농사를 짓고 보니 가을이 되어 얻는 것은 빈주먹뿐이'라는 것에서 간도 이주민의 참담한 상황을 확인할 수 있군.
④ '썩어 넘어진 서까래, 뚤뚤 구르는 주추는! 꼭 무덤을 파서 해골을 헐어 젖혀 놓은 것 같더마.'에서 황폐해진 농촌의 모습을 확인할 수 있군.
⑤ '그 동리에서 못 살고 멀리 이사를' 가게 된 궐녀 가족의 상황에서 일제 식민지 치하에서 핍박당하는 개인의 모습을 확인할 수 있군.

1 다음은 윗글의 마지막 부분이다. 윗글의 주제와 관련지어 볼 때, [A]의 기능에 대해 서술하시오. ◐ 8450-0130

　그는 취흥에 겨워서 우리가 어릴 때 부르던 노래를 읊조리었다.

[A]
볏섬이나 나는 전토는 / 신작로가 되고요― // 말마디나 하는 친구는 / 감옥소로 가고요―
담뱃대나 떠는 노인은 / 공동묘지 가고요― // 인물이나 좋은 계집은 / 유곽으로 가고요―

[1~2] 다음 글을 읽고 물음에 답하시오.

나는 나와 마주 앉은 그를 매우 흥미 있게 바라보고 또 바라보았다. ㉠두루마기 격으로 기모노를 둘렀고 그 안에 선 옥양목 저고리가 내어 보이며 아랫도리엔 중국식 바지를 입었다. 그것은 그네들이 흔히 입는 유지 모양으로 번질 번질한 암갈색 피륙으로 지은 것이었다. 그러고 발은 감발을 하였는데 짚신을 신었고 고부가리로 깎은 머리엔 모자 도 쓰지 않았다. 우연히 이따금 기묘한 모임을 꾸미는 것이다. 우리가 자리를 잡은 찻간에는 공교롭게 세 나라 사람 이 다 모이었으니 내 옆에는 중국 사람이 기대었다. 그의 옆에는 일본 사람이 앉아 있었다. 그는 동양 삼국 옷을 한 몸에 감은 보람이 있어 일본말로 곧잘 철철대이거니와 중국말에도 그리 서툴지 않은 모양이었다.

"도코마데 오이데 데스카?" / 하고 첫마디를 걸더니만 동경이 어떠니 대판이 어떠니, 조선 사람은 고추를 끔찍이 많이 먹는다는 둥, 일본 음식은 너무 싱거워서 처음에는 속이 뉘엿거린다는 둥, 횡설수설 지껄이다가 일본 사람이 엄지와 검지손가락으로 짧게 끊은 꼿꼿한 윗수염을 비비면서 마지못해 까땍까땍하는 고개와 함께 '소데스카'란 한 마디로 코대답을 할 따름이요, 잘 받아 주지 않으매, 그는 또 중국인을 붙들고 실랑이를 한다.

"네쌍나얼취?" / "니씽섬마?" / 하고 덤벼보았으나 중국인 또한 그 기름 끼인 뚜한 얼굴에 수수께끼 같은 웃음을 띨 뿐이요 별로 대꾸를 하지 않았건만 그래도 무에라고 연해 응얼거리면서 나를 보고 웃어 보였다.

그것은 마침 짐승을 놀리는 요술쟁이가 구경꾼을 바라볼 때처럼 훌륭한 제 재주를 갈채해 달라는 웃음이었다. 나 는 쌀쌀하게 그의 시선을 피해 버렸다. 그 주적대는 꼴이 어쭙잖고 밉살스러움이다. 그는 잠깐 입을 닥치고 무료 한 듯이 머리를 더억더억 긁기도 하며 손톱을 이로 물어뜯기도 하고 멀거니 창밖을 내다보기도 하다가 암만해도 지 절대지 않고는 못 참겠던지 문득 나에게도 향하며, / "어데꺼정 가는기오?" / 라고 경상도 사투리로 말을 붙인다.

"서울까지 가오." / "그런기오? 참 반갑구마, 나도 서울꺼정 가는데 그러면 우리 동행이 되겠구마."

나는 이 지나치게 반가워하는 말씨에 대하여 무에라고 대답할 말도 없고 또 군이 대답하기도 싫기에 덤덤히 입을 닫쳐 버렸다. / "서울에 오래 살았는기오?" / 그는 또 물었다.

"육칠 년이나 됩니다." / 조금 성가시다 싶었으되 대꾸 않을 수도 없었다.

"에이구 오래 살았구나, 나는 처음 길인데 우리 같은 막벌이꾼이 차를 내려서 어데로 찾아가야 되겠는기오? 일본 으로 말하면 '기진야도' 같은 것이 있는기오?"

하고 그는 답답한 제 신세를 생각했던지 찡그려 보였다. 그때 나는 그의 얼굴이 웃기보다 찡그리기에 가장 적당한 얼굴임을 발견하였다. ㉡군데군데 찢어진 경성드뭇한 눈썹이 알알이 일어서며 아래로 축 처지는 서슬에 양미간에는 여러 가닥 주름이 잡히고 광대뼈 위로 뺨 살이 실룩실룩 보이자 두 볼은 쪽 빨아든다. 입은 소태나 먹은 것처럼 왼편 으로 삐뚤어지게 찢어 올라가고, 조이던 눈엔 눈물이 괴인 듯 삼십 세밖에 안 되어 보이는 그 얼굴이 십 년가량은 늙 어진 듯하였다. 나는 그 신산(辛酸)스러운 표정이 얼마쯤 감동이 되어서 그에게 대한 반감이 풀려지는 듯하였다.

1 ㉠과 ㉡에 공통적으로 나타나는 서술상의 특징과 그 효과에 대해 서술하시오. ◎ 8450-0131

2 '그'에 대해 '나'가 다음의 ⓐ, ⓑ와 같은 심리를 가지게 된 이유를 서술하시오. ◎ 8450-0132

대구에서 서울로 오는 차 안에서 '나'는 '그'를 만나고 ⓐ호기심을 느끼지만, 이내 그 호기심은 ⓑ반감으로 변한다. 하지만 '나'는 그를 계속 관찰하게 되면서 어느덧 반감이 풀림을 느낀다.

❸ 윤흥길, '완장'

📌 작품 안으로 **주제**: 권력의 속성과 허황된 권력 의식에 대한 날카로운 비판과 풍자

특징: 완장을 찬다는 말에 저수지 관리인으로 취직한 종술은, 완장의 위력을 믿고 사람들 위에 군림하려다 파멸을 당하게 된다. 이러한 인물을 통해 우리 사회에 만연해 있는 권력에 대한 과도한 집착과 허황된 의식을 날카롭게 풍자하고 있다.

📌 작품 밖으로 이 작품은 월간 문예지 《현대문학》에 연재된 것으로, 1983년 5월 단행본으로 출간된 장편 소설이다. 권력의 피폐한 모습을 해학과 풍자의 기법으로 표현하면서 6·25 전쟁 이후 우리 사회에 팽배했던 정치 권력의 폭력성과 보통 사람들의 억울한 삶을 조명하고 있다.

내용 구조도

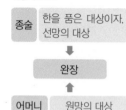

종술 — 한을 품은 대상이자, 선망의 대상

↓

완장

↑

어머니 — 원망의 대상

꼭 필요한 내용 연구

● '완장'의 상징성

상징이란 구체적인 대상을 통해 추상적이거나 관념적인 것을 지시하는 것으로, 주제나 정서에 관한 독자들의 공감을 이끌어 내고, 주제를 좀 더 풍부하고 깊이 있게 드러내는 역할을 한다. 이 작품의 제목이기도 한 '완장'은 '신분이나 지위 따위를 나타내기 위해 팔에 두르는 표장'으로, 남을 복종시키거나 지배할 수 있는 공인된 권리와 힘, 즉 권력을 상징한다.

십 리 길을 한달음에 뛰어온 사람처럼 종술은 씨근벌떡* 가쁜 숨을 몰아쉬면서 마침내 삿대질까지 곁들이기 시작했다.

"사람이 운수 불길혀서 잠시 잠깐 이런 촌구석에 처백혀 있다고 그렇게 호락호락 시삐* 보들 마시오! 에이 여보쇼들, 저수지 감시가 뭐요, 감시가! 내가 게우 오만 원짜리 꼴머심 푼수배끼 안 되는 것 같소? 나 임종술이, 이래 뵈야도 왕년에는 사장님 소리까장 들어 본 사람이오!" 〈중략〉 지칠 줄 모르는 최 사장의 끈기에 힘입어 익삼 씨도 다시 설득에 나섰다.

"내가 자네라면은 나는 기왕 낚시질허는 짐에 비단잉어에다 월급 봉투를 암냥혀서* 한목에 같이 낚어 올리겠네. 삽자루 들고 땅띠기허는 배도 아니고 그냥 소일 삼어서 감시원 완장 차고 물가상으로 왔다리 갔다리 허면서……." / "완장요!"

그렇다. 완장 바로 그것이었다. 그것이 순간적으로 종술의 흥분한 머리를 무섭게 때려서 갑자기 멍한 상태로 만들어 놓는 것이었다. / "팔에다 차는 그 완장 말입니까?"

종술의 천치스런 질문에 최 사장은 또다시 그 어울리지 않는 너털웃음을 호탕하게 터뜨렸다.

"이 사람아, 팔 완장 말고 기저구맨치로 사추리에다 차는 완장이라도 봤는가?"

완장이란! 왼쪽 팔에다 끼고 다니는 그 완장 말이다! / 본래 잽싼 데가 있는 최 사장이었다. 그는 우연히 튀어나온 완장이란 말에 놀랍게도 민감한 반응을 보이는 종술의 허점을 간파하고는 쥐란 놈이 곳간 벽에 구멍을 뚫듯 거기를 집중적으로 공격하기로 마음먹었다.

"종술이 자네가 원헌다면 하얀 완장에다가 뻘건 글씨로 감시원이라고 크막허게 써서 멋들어지게 채워 줄 작정이네."

[A]
고단했던 생애를 통하여 직접으로 간접으로 인연을 맺어 온 숱한 완장들의 기억이 주마등처럼 종술의 뇌리를 스쳤다. 완장의 나라, 완장에 얽힌 무수한 사연들로 점철된 완장의 역사가 너울거리는 치맛자락의 한끝을 슬쩍 벌려 바야흐로 흔들리기 시작하는 종술의 가슴을 유혹하고 있었다. / 시장 경비나 방범들의 눈을 피해 전 재산이나 다름없는 목판을 들고 이 골목 저 골목으로 끝없이 쫓겨 다니던 시절, 도로 교통법 위반이다 뭐다 해서 걸핏하면 포장마차에 걸려 오던 시비와 단속들, 암거래 조직에 끼어들어 미군 부대나 양색시들로부터 흘러나오는 물건을 상인들한테 중개하던 시절, 그리고 똑같이 전매법과 관세법의 위반을 전문으로 하는 다른 조직과의 피나는 세력 다툼 끝에 상대편의 밀고로 뒤가 구린 미제 컬러 텔레비전을 운반하다가 체포되어 특정 범죄의 가중 처벌을 몸으로 때우던 시절…….

어느 시기나 다 마찬가지로 돈을 벌어 보려고 몸부림치는 그의 노력 앞에는 언제나 완장들이 도사리고 있었던 셈이다. 완장 앞에서는 선천적으로 약한 체질이었다. 완장 때문에 녹아나는 건 늘 제 쪽이었다. 제각각 색깔 다르고 글씨도 다른 그 숱한 완장들에 그간 얼마나 많은 한을 품어 왔던가. 그리고 다른 한편으로는 그 완장들을 얼마나 또 많이 선망해 왔던가.

완장이란 말 한마디에 허망하게 무너지는 자신을 종술은 속수무책으로 방관만 하고 있었다.

어휘 풀이

*씨근벌떡: 몹시 숨이 차서 소리가 고르지 아니하고 거칠면서 가쁘고 급하게 나는 모양.

*시삐: 별로 대수롭지 않은 듯하게.

*암냥허서: '암령해서'의 방언. 물건 따위를 호송해서.

*반거충이: 반거들충이. 무엇을 배우다가 중도에 그만두어 다 이루지 못한 사람.

*사시장청: 소나무나 대나무같이 식물의 잎이 일 년 내내 푸름. 여기서는 일 년 내내 변함없다는 의미로 쓰임.

*점직해지다: 부끄럽고 미안해지다.

*몽니: 받고자 하는 대우를 받지 못할 때 내는 심술.

구절 풀이

*'먹고 대학' 다니면서: 직업 없이 먹고 놀면서 종술이 그동안 변변한 직업이 없었음을 드러낸다.

*사죽을 못 쓰는: 사족을 못 쓰는. 무슨 일에 반하거나 혹하여 꼼짝 못 하는.

　　아들한테서 저수지의 감시원으로 취직했다는 이야기를 듣고 육순이 내일모레인 운암 댁은 삼 년 묵은 체증이 내려앉는 듯한 상쾌함을 맛보았다. 동네 강부잣집 유채밭에 날품으로 웃거름을 주고 오는 길인데, 쌓이고 쌓인 하루의 피곤이 말끔히 가시는 기분이었다. 월급 오만 원의 많고 적음이 문제가 아니었다. 삭신이 뒤틀리지 않는 한은 늙어 죽는 날까지 무슨 짓을 해서라도 손녀 하나 있는 것 자기 손으로 거두기로 이미 각오가 되어 있었다. 설령 무보수로 일한다 하더라도 상관은 없었다. 문제는 사람의 됨됨이에 있었다. / 사대육신 나무랄 데 없는 장정이 반거충이*로 편둥편둥 *'먹고 대학' 다니면서 사시장청* 말썽이나 질러 쌓는 통에 동네 안에서 그나마 밥줄 이어 나가기도 차츰 점직해지는* 판국이었다. 남들한테 손가락질만 안 받고 살아도 감지덕지 황감할 지경인데 거기에다 또 취직까지 했단다. 망나니 외아들한테서 삼십 년 만에 처음 받아 보는 효도인 셈이었다. 지지리도 홀어머니의 속을 썩여 온 자식이 아니던가.

　　"월급이 많들 않은 만침 허는 일도 별로 없구만요. 그저 감시원 완장이나 차고 슬슬 바람 쐬기 겸 대봇둑이나……." / 어머니가 느끼는 기쁨이 여간만 큰 것이 아닌 줄 익히 아는지라 종술은 그 기쁨을 더욱 배가시킬 요량으로 대수롭지 않은 척 무심히 지껄임으로써 극적인 효과를 노렸다.

　　그러나 운암 댁의 귀에는 그 말이 결코 무심하게 들리지가 않았다. 결국 애당초 의도했던 그대로 극적인 효과가 나타나고 만 셈이었다.

[B]

　　"뭣이여야? 완장이여?"

　　"예, 여그 요짝 왼팔에다 감시원 완장을 처억 허니 둘르고 순시를 돌기로 혔구만요. 그냥 맨 몸띵이로 단속에 나서면 권위가 없어서 낚시꾼들이 시삐 보고 말을 잘 안 들어 먹으니깨요."

　　그제서야 종술은 자라 콧구멍을 벌름거리고 메기주둥이를 히죽거려 가며 구태여 자랑스러움을 감추려 하지 않았다. / "오매 시상에나, 니가 완장을 다 둘러야?"

　　"그깟 놈의 것, 쇠고랑 채울 권한도 없고 그냥 명예뿐인디요, 뭐."

　　㉠너무도 놀란 나머지 운암 댁은 눈앞이 다 캄캄해 왔다. 처음 맛본 기쁨이 마을 회관 옆 공동 수도 푼수에 지나지 않는 것이라면 나중에 느낀 놀라움은 널금 저수지하고도 맞먹을 정도로 그 규모가 대단한 것이었다. 대체나 이 노릇을 어째야 옳단 말이냐.

　　"너 그것 안 둘르고 감시원 헐 수는 없겄냐?"

　　당치도 않은 말씀이었다. 순전히 완장의 매력 한 가지에 이끌려 맡기로 한 감시원이었다. 그런데 그걸 두르지 말라는 이야기는 결과적으로 아들더러 언제까지고 개망나니 먹고 대학생으로 그냥 세월을 보내라는 이야기나 마찬가지였다.

　　"에이 참, 엄니도! 엄니는 동네서 사람대접 조깨 받고 살라고 그러는 아들이 그렇게도 여엉 못마땅허요?" / "돌아가신 냥반 생각이 나서 안 그러냐."

　　아버지 말이 나오는 바람에 종술은 갑자기 말문이 막혔다. 어머니의 심정을 대강은 이해할 것 같았다. 하지만……. / "완장이라면 *사죽을 못 쓰는 것도 다아 지 핏줄 탓인갑다."

　　"그 완장허고 이 완장은 엄연히 승질부터가 달르단 말이요!"

　　홧김에 종술은 그예 또 몽니*를 부리고 말았다.

진단 체크

정답. 1. 종술에게 저수지 감시원으로 일하고 월급을 주겠다고 함. 2. 완장에 대한 집착이 심함.

1　'최 사장'이 '종술'에게 한 제안은 무엇인지 쓰시오.

2　'종술'과 '아버지'의 공통된 성향이 무엇인지 쓰시오.

1 [A]와 [B]에 대한 설명으로 적절하지 <u>않은</u> 것은?　　　　　　　　　　　　　　　▶ 8450-0133

① [A]는 인물의 삶을 요약적으로 제시하고 있다.
② [A]는 외양 묘사를 통해 인물의 심리를 드러내고 있다.
③ [B]는 사투리를 통해 현장감을 살리고 있다.
④ [B]는 대화를 중심으로 사건이 진행되고 있다.
⑤ [A]와 [B]는 모두 인물의 심리를 직접적으로 드러내고 있다.

2 '종술'에 대한 설명으로 적절하지 <u>않은</u> 것은?　　　　　　　　　　　　　　　　　▶ 8450-0134

① 어머니의 부탁에 화를 내며 심술을 부리고 있다.
② 별다른 직업 없이 먹고 놀면서 홀어머니의 속을 썩여 왔다.
③ 개망나니처럼 세월을 보냈던 것에 대해 부끄러움을 느끼고 있다.
④ 자신의 허점을 간파한 최 사장의 설득에 어쩔 도리 없이 꼼짝 못하고 있다.
⑤ 취업 소식을 무심하게 전하는 것이 어머니를 더 기쁘게 한다고 생각하고 있다.

3 〈보기〉를 바탕으로 '어머니'가 ㉠과 같은 반응을 보인 이유를 추론한 것으로 가장 적절한 것은?　　　▶ 8450-0135

> ● 보기 ●
>
> 　운암 댁이 맨 처음 완장하고 맞닥뜨린 것은 일제 말 일본 헌병이 찬 완장이었다. 일 년 먹을 양식을 공출
> 로 거저 빼앗길 수 없다며 남편이 가마들을 감추어 두었는데, 누군가의 고자질로 발각이 되었고 운암 댁과
> 남편은 완장을 찬 헌병들에게 끌려가 온갖 고초를 다 겪었다. 해방을 맞고, 6·25 전쟁이 일어나도 완장을
> 찬 사람들은 언제나 새롭게 나타났는데, 남편은 일제 시대 때 당했던 분한 일을 복수하겠다며 찬 좌익 완장
> 때문에 결국 행방불명되었고, 운암 댁은 남편이 완장 때문에 죽었다고 여긴다.

① 자식에게 좋지 않은 일이 생길까 봐 두려워서
② 자식이 일을 열심히 하지 않을까 봐 걱정돼서
③ 자식이 저수지 감시원을 하는 것이 못마땅해서
④ 자식이 남들에게 무시당하고 사는 것이 싫어서
⑤ 명예보다 돈을 추구하는 자식의 모습이 안타까워서

1 [A]에 나타난 '완장'에 대한 '종술'의 이중적 심리에 대해 서술하시오.　　　　　　　　　▶ 8450-0136

[1~2] 다음 글을 읽고 물음에 답하시오.

　　비로소 부월이는 진지해졌다. 진지하다 못해 심각해졌다. 종술이가 또 노질을 멈추었다. 무슨 말인가를 할 듯하다가 그는 입을 다물어버렸다.

　　"엄니가 당부허시도만. 우리더러 정옥이 데리고 어디든 멀리멀리 떠나서 살어돌라고."

　　종술이는 여전히 아무 말도 하지 않았다.

　　"그러겠다고 엄니한티 약속혔어. 나는 자신이 있어. 어디 가서 무신 짓을 허든 넘부럽지 않게코롬 살어 낼 자신 있단 말여."

　　"씨잘디없는 소리 허지도 마! 대장부 사나가 한번 칼을 뽑았으면 썩은 무시라도 짤르고 죽어야지!"

　　마침내 종술이는 신경질을 부렸다. 그러나 부월이는 맞받아 화를 내지는 않았다. 남자를 설득할 수만 있다면 그니는 섶을 지고 불 속에라도 뛰어들 각오가 이미 서 있었다.

　　"자기 한 목숨 없어지면 남지기 세 목숨도 없어지는 게여. 자기 한 목숨 살어나면 남지기 세 목숨도 덤으로 살어나는 게여." / 종술이가 갑자기 노를 난폭하게 젓기 시작했다. 부월이는 남자의 팔을 꽉 붙들면서 소리쳤다.

　　"앞으로는 나가지 마! 물문 쪽은 위험하다고!" / "위험헌 것 좋아허네!"

　　"안 순경허고 익삼 씨가 밤새껏 지키고 있단 말여! 눈이 뒤집힌 종술 씨가 밤중에 또 쳐들어와서 무신 짓을 저질를지 몰른다고 그럼시나!" / "지키는 것 좋아허네!"

　　부월이는 남자 못잖은 힘으로 남자의 손에서 노를 냉큼 빼앗아 버렸다. 무게가 한쪽으로 쏠리는 바람에 두 사람 모두 물에 빠질 뻔했다. 찰싹거리는 물소리에 귀를 모은 채 부월이는 뗏목의 요동이 가라앉기를 기다렸다.

　　"자기한티는 완장이 그렇게나 소중헌 것인가?" / 남자는 잠자코 앉아 있기만 했다.

　　"세 식구 목숨허고도 안 바꿀 만침 소중헌 것이 그 완장이여?"

　　"너는 임종술이가 아니여. 너는 김부월이여. 차고 댕겨본 적도 없으니께 부월이는 완장을 몰라. 요 완장 뒤에는 법이 있어 공유 수면 관리법이." / 완장이 매끄러운 비닐 표면을 손톱 끝으로 톡톡 튕기는 소리가 났다. 부월이는 홧김에 노를 들어 뗏목 바닥을 퍽 갈겼다.

　　"나도 알어! 눈에 뵈는 완장은 기중 벨 볼 일 없는 하빠리들이나 차는 게여! 진짜배기 완장은 눈에 뵈지도 않어! 자기는 지서장이나 면장 군수가 완장 차는 꼴 봤어? 완장 차고 댕기는 사장님이나 교수님 봤어? 권력 중에서도 아무 실속 없이 넘들이 흘린 뿌시레기나 줏어먹는 핫질 중에 핫질이 바로 완장인 게여! 진수성찬은 말짱 다 뒷전에 숨어서 눈에 뵈지도 않는 완장들 차지란 말여! 우리 둘이서 힘만 합친다면 자기는 앞으로 진짜배기 완장도 찰 수가 있단 말여!"

1　윗글을 통해 비판하고자 하는 당대의 사회 현실에 대해 서술하시오.　　　　　🔊 8450-0137

2　윗글을 바탕으로 '완장'에 대한 '종술'과 '부월'의 생각을 서술하시오.　　　　🔊 8450-0138

❹ 김애란, '도도한 생활'

➡️ 작품 안으로 **주제**: 서울 변두리에 거주하는 비정규직 젊은이들의 궁핍하고 누추한 일상

특징: 1인칭 시점으로 유년기부터 현재까지의 '나'의 삶을 제시하고 있다. 집이 망해도 피아노를 팔지 않고 서울의 반지하방에 딸려 보내는 엄마와, 반지하방에서 피아노를 빗물로부터 지키기 위해 애쓰는 '나'의 모습에서 피아노는 단순한 사물이 아닌 엄마와 '나'의 마지막 남은 자존심을 상징함을 알 수 있다.

⬅️ 작품 밖으로 2007년 발표된 "침이 고인다"에 수록된 김애란의 단편 소설로, 2000년대를 살아가는 청년들의 고단한 삶을 감각적으로 형상화하면서 '반지하방'이라는 개인의 '방'을 중심으로 그 속에서 느끼는 인물의 감정을 섬세하게 묘사하고 있다.

내용 구조도

개인의 공간

반지하방	• '나'와 언니의 삶의 공간 • 경제적으로 궁핍한 '나'의 상황을 보여 줌.

⬇️

개인의 사물

피아노	• 반지하방에는 어울리지 않는 사물 • '나'의 자존심을 상징함.

어휘 풀이

*네안데르탈인: 1856년 독일 네안데르탈의 석회암 동굴에서 두개골이 발견된 화석 인류.

*편입: 첫 학년에 입학하지 않고 어떤 학년에 도중에 들어가거나 다니던 학교를 그만두고 다른 학교에 들어감.

*훈수: 남의 일에 끼어들어 이래라저래라 하는 말.

일은 생각만큼 쉽지 않았다. 어깨도 결리고, 눈이 아픈데다, 타자 치랴, 오·탈자 확인하랴, 도표 갖다 붙이랴, 영어에, 한자 표기까지 정신이 없었다. **인쇄소에서는 오·탈자가 날 경우 돈을 줄 수 없다**고 했다. 그곳에선 **정해진 시간에 결코 소화할 수 없는 양의 일을 주고**, 아무렇지 않게 **삼 일 안에 해 달라고** 했다. 나는 '당장 저만큼이면 얼마 벌 수 있겠다.'란 생각에 덥석 일을 안고 와 시뻘게진 눈으로 밤을 새웠다. 언니의 컴퓨터는 디근 키가 잘 먹지 않아 작업 속도를 떨어뜨리곤 했다. 나는 신나게 손가락을 놀리다 번번이 디근 키 앞에 서 멈춰 섰다. 나는 도로 위로 뛰어든 사슴이라도 본 양 디근만 보면 긴장했고, 그제야 세상에 디근이 들어가는 글자가 얼마나 많은지 깨달으며 한탄해야 했다. 나는 목을 길게 뺀 채 모니터 앞에 붙박여 있었다. 언니는 / "흑백은 눈에 가장 피로를 많이 주는 색이라던데." / 라며 나를 걱정스럽게 바라봤다. *백 년 전 사람들은 상상하지 못할 정도로 **진보적인 기계 앞에서**, 내 등은 **네안데르탈인***처럼 점점 굽어 갔다.

언니는 편입* 시험을 준비하고 있었다. 언니는 4년제 영문과에 들어가 어학 연수도 가고, 취직도 하고 싶다 했다. 나는 '재수'나 '전학'이라는 말과 달리 '편입'이란 말은 묘한 빈곤감을 준다고 생각했다. 언니는 "세상에 영어 하나만 돼도 주어지는 기회가 얼마나 많은 줄 아느냐."며 훈수*를 뒀다. 나는 언니가 '영어 하나만 돼도 주어지는 기회가 많다'는 걸, 어째서 20대 초반이 다 지나서야 깨달은 것일까 의아했다. 언니는 문제집을 잔뜩 안고 와, 단어를 외우고 테이프를 청취했다. 내가 미친 듯이 타이핑을 하는 동안, 언니는 피아노 위에 문법책을 펼쳐 놓고 외국어를 웅얼거렸다. 밤마다, 조그마한 불빛이 새어 나오는 이곳 반지하에는 **타자 소리와, 영어 단어 외우는 소리가 끊이지 않았다.** 어느 날 언니는 도저히 이해가 안 된다는 듯 볼펜을 집어던지며 소리쳤다.

"야, '미래'가 어떻게 '완료' 되냐?" / 나는 지층 단면도를 따다 붙이다 말고, 키보드에 머리를 박으며 외쳤다. / "아! 과학이 제일 싫어!" 〈중략〉

방 안은 눅눅했다. 자판을 치다 주위를 둘러보면, 습기 때문에 자글자글 운 공기가 미역처럼 나풀대며 날아다니는 것 같았다. **벽지 위론 하나둘 곰팡이 꽃**이 피었다. 피아노 뒤에 벽은 상태가 더 심했다. 건반 하나라도 누르면 꼭 그 음의 파동만큼 날아올라, 곳곳에 포자를 흩날릴 것 같은 모양이었다. 나는 ⊙**피아노가 썩을까 봐 걱정**이었다. 몇 번 마른걸레로 닦아 봤지만 소용없었다. 우선 달력 몇 장을 찢어 피아노 뒷면에 덧대 놓는 수밖에 없었다. 그러다 곧 피아노 건반을 확인해 보고 싶은 마음이 들었다. 시골에서부터 이고 온 것인데, 이대로 망가지면 억울할 것 같았다. 한날 마음을 먹고 피아노 의자 위에 앉았다. 그런 뒤 두 손으로 건반 뚜껑을 들어 올렸다. 손안에 익숙한 무게감이 전해져 왔다. 내가 알고 있는 무게감이었다. 곧 88개의 깨끗한 건반이 눈에 들어왔다. 악기는 악기답게 고요했다. 나는 건반 위에 손가락을 얹어 보았다. 손목에 힘을 푼 채 뭔가 부드럽게 감아쥐는 모양을 하고. 서늘하고 매끄러운 감촉이 전해졌다. 조금만 힘을 주면 원하는 소리가 날 터였다. 밖에선 공사음이 들려왔다. 며칠 전부터 주인집을 보수하는 소리였다. 문득

구절 풀이

*백 년 전 사람들은 ~ 점점 굽어 갔다.: 컴퓨터 앞에서 자판을 오랫동안 쳐서 등이 굽어 가는 '나'의 모습을 나타낸다.

*지하는 원래 그렇다.: 지하에 살면 그런 것쯤은 감수하고 살아야 한다는 집주인의 생각을 드러낸다.

피아노를 치고 싶은 마음이 들었다. 이사 후 처음 있는 일이었다. 그리고 일단 그런 마음이 들자, 주체할 수 없는 감정이 솟구쳤다. 한 음 정도는 괜찮지 않을까. 소리는 금방 사라져 아무도 모를 것이다. 나는 용기 내어 손가락에 힘을 주었다.

"도—" / 도는 방 안에 갇힌 나방처럼 긴 선을 그리며 오래오래 날아다녔다. 나는 그 소리가 아름답다고 생각했다. 가슴속 어떤 것이 엷게 출렁여 사그라지는 기분이었다. 도는 생각보다 오래 도—하고 울었다. 나는 한 음이 완전하게 사라지는 느낌을 즐기려 눈을 감았다. 밖에서 문 두드리는 소리가 났다. 쿵쿵쿵쿵. 주먹으로 네 번이었다. 나는 얼른 피아노 뚜껑을 닫았다. 다시 쿵쿵 소리가 들렸다. 현관문을 열어 보니 주인집 식구들이었다. 체육복을 입은 남자와 그의 아내, 두 아이가 나란히 서 있었다. 사내아이는 아빠와, 계집아이는 엄마와 똑 닮아 있었다. 외식이라도 갔다 오는지 그들 모두 입에 이쑤시개를 물고 있었다. 남자가 입을 열었다. / "학생, 혹시 좀 전에 피아노 쳤어?" / 나는 천진하게 말했다. / "아닌데요." / 주인 남자는 고개를 갸웃거리며 물었다.

"친 거 같은데……?" / 나는 다시 아니라고 했다. **주인 남자**는 의심스러운 표정을 짓다가, 내가 곰팡이 얘길 꺼내자 "*지하는 원래 그렇다."고 말한 뒤, 서둘러 2층으로 올라갔다. 나는 방으로 돌아와 피아노 옆에 기대어 앉았다. 그런 뒤 무심코 휴대 전화 폴더를 열었다. 휴대 전화는 번호마다 고유한 음이 있어 단순한 연주가 가능했다. 1번은 도, 2번은 레, 높은 음은 별표나 영을 함께 누르면 되는 식이었다. 더듬더듬 버튼을 눌렀다. 미 솔미 레도시도 파, 미 솔미 레도시도 레레레 미…… '원래 그렇다'는 말 같은 거, 왠지 나쁘다는 생각이 들었다.

ⓐ저녁부터 폭우가 내렸다. 언니는 아르바이트 때문에 늦는다고 했다. 벌써 퇴근했어야 하는 시간인데 정산을 잘못한 모양이었다. 언니는 계산서를 처음부터 끝까지 살펴본 뒤, 안 맞을 경우 다시 계산기를 두드리고, 같은 일을 반복하며 밤을 새울 터였다. 나는 만두 라면을 먹으며 연속극을 보고 있었다. 볼륨을 한껏 높였는데도 배우들의 목소리가 잘 들리지 않았다. 리모컨을 잡으니 뭔가 축축한 게 만져졌다. 한참 손바닥을 들여다본 후에야 그것이 빗물이란 걸 깨달았다. 나는 화들짝 자리에서 일어났다. 현관에서부터 물이 새고 있었다. 이물질이 잔뜩 섞인 새까만 빗물이었다. 그것은 벽지를 더럽히며 창틀 아래로 흘러내렸다. 벽면은 검은 눈물을 뚝뚝 흘리는 누군가의 얼굴 같았다.

진단 체크

답 1. × 2. 글자를 정확히 누르기 위해 버튼 위에 손가락

1 나는 인쇄소의 요구를 거절했다. (○, ×)
2 '나'의 컴퓨터 작업 속도를 더디게 하는 이유는 무엇인지 쓰시오.

실력 다지기

정답과 해설 27쪽

1 윗글의 서술상 특징으로 가장 적절한 것은?

○ 8450-0139

① 역순행적 구성을 통해 갈등의 원인을 밝히고 있다.
② 서술자가 이야기 밖에 위치하여 인물의 심리를 드러내고 있다.
③ 구체적인 배경 묘사를 통해 인물이 처한 상황을 보여 주고 있다.
④ 인물의 과장된 행동을 통해 비극적 분위기에 반전을 꾀하고 있다.
⑤ 과거와 현재를 반복적으로 교차시켜 사건에 입체감을 부여하고 있다.

2 〈보기〉를 바탕으로 윗글을 감상한 것으로 적절하지 **않은** 것은? ⊙ 8450-0140

● 보기 ●

　'도도한 생활'은 가진 자들의 횡포를 겪는 사회적 약자들의 어려운 현실과 척박한 노동 현실을 사실적이고 구체적으로 그려 냄으로써 당시의 사회를 고발하고 있다. 이 소설은 궁핍하고 누추한 일상의 공간인 '방'을 배경으로 청년 실업과 비정규직 양산이라는 암울한 시대 상황 속에서 사회적 약자들이 더 나은 미래를 향해 고군분투하는 모습을 담아내고 있다.

① '인쇄소'에서 '정해진 시간에 결코 소화할 수 없는 양의 일을 주'며 '삼 일 안에 해 달라고' 하는 것은 사회적 약자에게 가해진 척박한 노동 현실이라고 이해할 수 있군.

② '진보적인 기계 앞에서' '나'의 '등'이 '네안데르탈인처럼 점점 굽어' 가는 것은 기계화로 인한 청년 실업의 암울한 시대 상황을 드러낸 것으로 이해할 수 있군.

③ '반지하에' '타자 소리와, 영어 단어 외우는 소리가 끊이지 않'은 것은 더 나은 미래를 위해 고군분투하는 젊은 이들의 모습을 형상화한 것으로 이해할 수 있군.

④ '벽지' 위에 '곰팡이 꽃이' 핀 지하의 '방'은 젊은이들의 궁핍하고 누추한 일상의 공간으로 이해할 수 있군.

⑤ "지하는 원래 그렇다."라고 말하는 '주인 남자'의 태도는 사회적 약자들을 핍박하는 가진 자의 모습을 형상화한 것으로 이해할 수 있군.

3 〈보기〉의 밑줄 친 내용을 바탕으로 ㉠의 의미를 이해한 것으로 가장 적절한 것은? ⊙ 8450-0141

● 보기 ●

　시골에서 만두 가게를 운영하는 엄마는 배움이 짧았고, 자신의 교육적 선택에 늘 자신감을 갖지 못했기 때문에 보통의 기준들을 따라가기 위해 딸에게 피아노를 사 준다. 거실이 없어서 만두 가게 안, 작은 방에 놓인 피아노는 '우리 삶의 질이 한 뼘쯤 세련돼진 것 같'은 느낌을 선사한다. "체르니란 말은 이국에서 불어오는 바람 같아서, 돼지비계나 단무지란 말과는 다른 울림을" 주기 때문이다. <u>집이 망해 집안 살림을 팔아야 하는 상황에서도 엄마는 피아노만큼은 팔지 않고 딸들이 사는 서울 반지하방에 옮겨 놓음으로써 위안을 얻으려고 한다.</u>

① 타인에게 희망과 위로를 주는 대상

② 이웃과의 소통을 가능하게 하는 매개체

③ 남보다 우월한 삶을 가능하게 하는 수단

④ 자신의 마지막 남은 자존심을 지키려는 태도가 반영된 소재

⑤ 엄마의 왜곡된 사랑에 대한 자식의 저항을 드러내는 사물

1 인물이 처한 상황을 고려할 때, ⓐ의 역할을 서술하시오. ⊙ 8450-0142

[1~2] 다음 글을 읽고 물음에 답하시오.

그날, 저녁으로 만두를 먹었다. 엄마가 아이스박스에 넣어 보내 준 거였다. 김이 무럭 나는 만두를 식도로 밀어 넘기며 언니는 새삼 '몸이 진정되는 기분'이라고 말했다. ⊙언니는 만두를 삼킬 때마다 엄마를 삼키는 기분이 든다고 했다. 나는 두 손으로 왕만두를 갈랐다. 당면과 부추, 두부, 돼지고기로 채워진 속살이 폭죽처럼 튀어나오며 뿌연 김을 내뿜었다. 문득, 스무 해를 넘긴 언니와 나의 육체는 엄마가 팔아 온 수천 개의 만두로 빚어진 게 아닐까 하는 생각이 들었다.

"그런데 아빠, 왜 그랬대?" / 언니가 사이다를 들이켜며 물었다. 나는 대충 아는 대로 설명했다. 아빠의 친구가 고기 뷔페를 차린다고 대출을 받으면서 보증을 부탁했다. 몇 해 전부터 동네 외곽에 크고 작은 공장이 들어섰는데, 아빠 친구는 "그 사람들이 여기서 한두 번만 회식해도 흑자는 문제없다."고 자신했다. 그즈음, 아빠의 선배도 노래방을 개업했다. 사람들이 회식을 하면 고기만 먹고 헤어지겠냐는 거였다. 아빠는 이중으로 보증을 섰다. 그런데 어느 순간 공장들이 하나둘 문을 닫았고, 고기 뷔페가 망하자 노래방도 간판을 내렸다. 말하자면 보증의, 보증의, 보증이 도미노처럼 꼬리를 물고 무너져 만두 가게 앞에서 멈춰 선 것이었다. 소읍 전체가 서로에게 빚을 지고 있는데, 그 빚은 누구도 만져 본 적 없는 유령 같은 거였다. 언니가 젓가락을 빨며 물었다.

"그럼 누구 잘못이야?" / 나는 모른다고 했다. 다만 그것이 아주 투명한 불행처럼 느껴진다고, 실감이 안 난다고 덧붙였다. 그것은 당장 내가 내일부터 아르바이트를 하고 어마어마한 피로감을 느낀다 해도, 저 너머 도미노의 끝을 상상할 수 없고, 원망할 수 없는 것과 비슷한 느낌이었다.

"언니, 학교는 왜 쉰 거야?" / 언니는 거품이 사그라져 가는 사이다를 보며 말했다.

"집 사정도 그렇고. 이걸 계속 해야 할지 알 수 없어서."

나는 이 상황에 '적성'을 생각하고 있는 언니에게 서운함을 느꼈다. 누군가 빨리 자리를 잡아 짐을 덜어 줬으면 하는 바람이었다. 언니는 취업이 잘 된다는 말에 서둘러 원서를 쓴 게 후회된다고 말했다. 자질이나 작업 환경에 대해서는 고민하지 못했다고. 학습실서 가스 폭발 사고가 난 후로 두려움이 들고, 허리 디스크와 기침 때문에 고생을 한다고도 했다. 나는 좀 미안한 마음이 들었다.

1 ⊙의 이유를 서술하시오.

○ 8450-0143

2 〈보기〉의 밑줄 친 내용을 고려하여, 이 소설의 제목인 '도도한 생활'의 의미를 인물들의 상황과 관련지어 서술하시오.

○ 8450-0144

> • 보기 •
>
> '도도하다'의 사전적 의미는 '잘난 체하여 주제넘게 거만하다.'로, 부정적 의미로 쓰인다. 하지만 밑지 않을 만큼 당당해 쉽게 범접하기 어렵다는 느낌으로 쓰이기도 한다.

02 전쟁과 평화

1 이호철, '나상'

→ **작품 안으로** **주제**: 근원적인 인간성의 소중함. 극한 상황 속에서 모색하는 올바른 삶의 방향

특징: '나'와 '철'이 베란다 위에 앉아 이야기를 시작하는 외부 이야기와 6·25 전쟁 당시 포로가 된 형제의 사연을 들려주는 내부 이야기, 그리고 다시 현실로 돌아와 그 동생이 '나'였다는 고백으로 마무리되는 외부 이야기로 구성되어 있다. 작가는 본연의 순수성을 그대로 드러내는 벌거숭이 인간인 '형'이 외부의 폭력에 희생되는 모습을 통해 근원적 인간성의 소중함을 보여 주면서 전쟁의 폭력성을 비판하고 있다.

← **작품 밖으로** 1956년에 발표된 단편 소설로 형의 모습을 통해 근원적인 인간성이 얼마나 소중한지를 일깨워 준다. 또한 이 소설은 포로 호송이라는 상황을 빌려 구성원을 획일화하는 사회에 대해 우회적으로 비판하고 있다. 극한 상황에서 어떻게 사는 것이 옳은 것인가 하는 물음에 대한 진지한 성찰의 기회를 제공하는 작품이다.

내용 구조도

[액자식 구성]

외부 이야기: '나'가 전달하는 '철'의 이야기

내부 이야기
전쟁에서 형과 동생이 북한군의 포로가 되어 겪은 이야기

어휘 풀이

*오연하다: 태도가 거만하거나 그렇게 보일 정도로 담담하다.
*인계: 하던 일이나 물품을 넘겨주거나 넘겨받음.
*적적하다: 조용하고 쓸쓸하다.
*영: 재. 길이 나 있어서 넘어 다닐 수 있는, 높은 산의 고개.

구절 풀이

*아버지는 애초부터 ~ 찔끔거리곤 했다: 남들보다 좀 모자란 아들에 대한 부모의 태도를 드러내고 있다.
*물론 동생에 대한 ~ 성미와 잘 어울려 있었다: 남들보다 좀 모자란 형을 무시하는 동생의 거만한 태도가 나타난다.

철은 먼 하늘가에 시선을 준 채 연방 담배를 피웠다. 이렇게 한 시간쯤 묵묵히 앉았다가 철은 다음과 같은 얘기를 들려주었다.

형은 스물일곱 살이었고 동생은 스물두 살이었다.

형은 좀 둔감했고 위태위태하도록 솔직했고, 결국 좀 모자란 축이었다.

[A] 해방 이듬해 삼팔선을 넘어올 때, 모두 긴장해서 숨조차 제대로 쉬지 못하는 판에 큰 소리로,
"야하, 이기 바루 그 삼팔선이구나이 야하."

이래 놔서 일행 모두의 간담을 서늘하게 한 일이 있었다. 아버지는 그때도 화를 내며 형을 쥐어박았고, 형은 엉엉 울었고 어머니도 찔끔찔끔 울었다.

*아버지는 애초부터 이 형을 단념하고 있었고, 어머니는 불쌍해서 이따금 찔끔거리곤 했다. *물론 동생에 대한 형으로서의 체면이나 위신 같은 것을 조금도 생각하지 않았던 탓에, 이미 철들자부터 형을 대하는 동생의 눈언저리와 입가엔 늘 쓴웃음 같은 것이 어리어 있었으니, 하얀 살갗의 좀 여윈 얼굴에 이 쓴웃음은 동생의 오연한* 성미와 잘 어울려 있었다.

어머니는 형에 대한 아버지의 단념이나 동생의 이런 투가 더 서러웠는지도 몰랐다.

그러나 형은 아버지나 어머니나 동생의 표정에 구애 없이 하루하루가 그저 태평이었다.

전쟁이 일어나자 형제가 다 군인의 몸이 됐다. / 1951년 가을, 제각기 놈들의 포로로 잡혀, 놈들의 후방으로 인계*돼 가다가 둘은 더럭 만났다. / 해가 질 무렵 무너진 통천읍 거리에서었다.

[B] 형은 대뜸 울음보를 터뜨렸다. 펄렁한 야전 점퍼에 맨머리 바람이었고, 털럭털럭한 군화를 끌고 있었다. / 동생도 한순간은 좀 흠칫했으나, 형이 울음을 터뜨리자 난처한 듯 고이 외면을 했다. 형에 비해선 주제가 좀 덜했고 선뜻한 초록색 군 작업복 차림이었다.

시월달 밤이라 꽤 선들선들했다. 멀리 초이레 달 밑에 태백산 줄기가 써늘히 뻗어 있었다.

형은 동생 곁에 누워 자꾸 쿨럭거리기만 했다.

일행 모두가 잠들었을 무렵, 경비병들도 사그라진 불 곁에 둘러앉아 잠이 들었다. 〈중략〉

[C] 그날 밤 형은 동생을 향해 적적하게* 웃기만 했다.
"칠성아……. 너 집에 가거든 말이다, 집에 가거든……."

이러다간 또 무슨 생각이 났는지 벌쭉 웃으면서,
"히히……. 내가 무슨 소릴 허니……. 네가 집에 갈 땐 나두 갈 텐데 앙 그러니? 내가 정신이 빠졌어."

한참 후엔 또 서서히 또 동생의 어깨를 그러안으면서, / "야……. 칠성아……."
동생의 얼굴을 똑바로 마주 쳐다보기만 했다.

---

*너 무슨 일이 생기두 날 형이라구 글지 마라: 다리의 통증이 심해지자 죽음을 직감한 형이 혹시라도 자신으로 인하여 동생에게 피해가 갈 것을 염려하여 자신과 형제 관계임을 밝히지 말 것을 당부하고 있다. 동생에 대한 형의 사랑이 드러나는 부분이다.

바깥은 바람이 세었다. 거적문이 습기 어린 소리를 내며 열리고 닫히곤 하였다. 문이 열릴 때마다 눈 덮인 초라한 들판이 부유스름하게 아득히 뻗었다. / 동생의 눈에선 또 눈물이 비어져 나왔다. 형은 또 벌컥 성을 내며, / "왜 우니? 왜? 흐흐흐……." / 하고 제 편에서도 마구 울음을 쏟았다.

[D]
며칠이 지날수록 형의 걸음은 더 절름거려졌다. 행렬 속에서도 별로 혼잣소릴 지껄이지 않았다. 퍽 조심스런 표정이었다. **둘레를 두리번거리며 경비병들의 눈치를 흘끔거리**기만 했다. 이젠 밤에도 동생의 귀에다 입을 대고 이것저것 지껄이지 않았다. 그러나 먼 개 짖는 소리 같은 것에는 여전히 흠칫흠칫 놀라곤 했다. 동생은 또 참다못해 눈물이 흘렀다. 그러나 형은 왜 우느냐고 화를 내지도 않고 울음을 터뜨리지도 않았다. 동생은 이런 형이 서러워 더 흐느꼈다.

그날 밤 바깥엔 함박눈이 내렸다. / 형은 불현듯 동생의 귀에다 입을 대고 지껄였다.

"*너 무슨 일이 생기두 날 형이라구 글지 마라, 어잉……?"

여느 때답지 않게 숙성한 사람다운 억양이었다.

[E]
"……." / "울지두 말구 모르는 체만 해, 꼭……." / 동생은 부러 큰 소리로,
"야하, 눈이 내린다." / 형이 지껄일 소리를 자기가 대신하고 있다고 생각했다.
"……." / 그러나 이미 형은 그저 꾹 하니 굳은 표정이었다.
동생은 안타까워 또 울었다. 형을 그러안고 귀에다 입을 대고, / "형아, 형아, 정신 차려."

이튿날 한낮이 기울어서 어느 영* 기슭에 다다르자, 형은 동생의 허벅다리를 쿡 찌르곤 걷던 자리에 덜썩 주저앉고 말았다.

형의 걸음걸이를 주의해 보아 오던 한 사람이 뒤에서 **따발총**을 휘둘러 쏘았다.

형은 **앉은 채, 움쑥 앞으로 고꾸라**졌다. 그 사람은 총을 어깨에 둘러메면서,

"며칠을 더 살겠다구 뻐득대? 뻐득대길……." / 철의 얘기란 대강 이러했다.

진단 체크

답 1. 1951년 1월 / 2. 포로 수용소 가는 길

1 형과 동생이 재회하게 된 시·공간적 배경을 쓰시오.
2 6·25 전쟁 후 형과 동생은 어떤 처지에 놓여 있는지 쓰시오.

▶ 실력 다지기

정답과 해설 28쪽

1 윗글의 서술상 특징에 대한 학생의 응답으로 적절하지 <u>않은</u> 것은?　　▶ 8450-0145

	서술상의 특징	학생의 응답	
		예	아니요
①	인물의 말과 행동을 통해 성격을 드러내고 있다.	V	
②	배경 묘사를 통해 인물이 처한 상황을 환기하고 있다.		V
③	서술자의 논평을 통해 인물의 성격 변화 양상을 드러내고 있다.		V
④	액자식 구성을 통해 외부 이야기와 내부 이야기를 구분하고 있다.	V	
⑤	동일한 시간에 서로 다른 장소에서 펼쳐진 사건을 병렬적으로 제시하고 있다.		V

2 〈보기〉를 바탕으로 윗글을 감상한 것으로 적절하지 **않은** 것은?　　　○ 8450-0146

> ● 보기 ●
>
> 　이 소설의 제목인 '나상'은 벌거벗은 모습이라는 뜻으로, 순수한 인간 본연의 모습을 간직한 상태를 말한다. 이 소설은 형제가 전쟁 중에 포로로 만나 이송되는 과정을 그리고 있는데, 포로 호송이라는 상황을 빌려 구성원을 획일화하는 사회에 대해 우회적으로 비판하고 있다. 개인의 자유를 억압하는 외부의 감시와 전쟁의 폭력성으로 인해 희생되는 개인의 모습은 인간성을 상실한 비정한 전쟁 상황과 대비되어, 근원적인 인간성이 얼마나 소중한지를 일깨워 준다.

① '좀 둔감했고 위태위태하도록 솔직'해 외부의 폭력에 나약한 형의 모습은 순수한 인간 본연의 모습을 간직한 '나상'을 형상화한 인물임을 알 수 있군.

② '둘레를 두리번거리며 경비병들의 눈치를 흘끔거리'는 형의 모습에서 개인의 자유를 억압하는 외부의 감시가 존재함을 엿볼 수 있군.

③ "무슨 일이 생게두 날 형이라구 글지 마라,"라고 당부하는 형의 모습에서 구성원을 획일화하는 사회에 대한 형의 비판적인 태도를 엿볼 수 있군.

④ '따발총'에 맞아 '앉은 채 움쑥 앞으로 고꾸라'진 형의 모습에서 개인에게 가해지는 전쟁의 폭력성을 엿볼 수 있군.

⑤ "며칠을 더 살겠다구 뻐득대? 뻐득대길……."이라고 말하는 감시병의 모습에서 전쟁으로 인해 인간성을 상실한 비정한 적군의 모습을 엿볼 수 있군.

3 윗글을 시나리오로 각색하고자 할 때, [A]~[E]의 촬영 방법에 대한 의견으로 적절하지 **않은** 것은?　　　○ 8450-0147

① [A]에서는 '모두 긴장해서 숨조차 제대로 쉬지 못하는' 상황에서도 삼팔선을 보고 큰 소리 치며 신기해하는 형의 모습을 보여 주면 좋겠어.

② [B]에서는 '난처한 듯 고이 외면을 했다.'는 표현에 주목하여, 울음보를 터뜨린 형과 마주치기를 꺼려 얼굴을 돌리는 동생의 태도를 보여 주면 좋겠어.

③ [C]에서는 '적적하게 웃'다가 '벌쭉 웃'는 형의 표정 변화에 주목하여, 냉정한 동생의 태도에 무안함을 느끼는 형의 모습을 보여 주면 좋겠어.

④ [D]에서는 '왜 우느냐고 화를 내지도 않고 울음을 터뜨리지도 않'는 형의 모습에 주목하여, 평소와 다른 형의 모습에 눈물을 흘리는 동생의 모습을 보여 주면 좋겠어.

⑤ [E]에서는 '그저 꾹 하니 굳은 표정'을 짓고 있는 형을 바라보면서, 불길한 일이 일어날 것 같은 예감에 눈물을 흘리는 동생의 안타까운 모습을 보여 주면 좋겠어.

1 윗글을 바탕으로 상황에 어울리지 않는 행동을 하는 '형'에 대한 '아버지'와 '어머니'의 심리나 태도를 서술하시오.　○ 8450-0148

[1~2] 다음 글을 읽고 물음에 답하시오.

거의 매일 밤 이랬다.

차츰 동생도 밤이 어지간하면 형이 얻은 밥덩이를 은근히 기다리게끔 되었다.

이렇게 밥을 못 얻은 저녁엔, 형은 또 흑흑 흐느껴 우는 것이었다. 울면서 동생에게, 넌 내가 혼자만 먹은 줄 알구 화가 나서 뾰로통해 있나, 이렇게 못 얻을 때두 있지, 매일 저녁이야 어떻게 얻니, 사람의 일이 한도가 있는 법이지……. 이렇게 넋두리했다. 동생은 역시 대답이 없었다. 형은 더 흐느껴 울었다.

그러니 이튿날 저녁이면, 형은 더욱 신명이 나서 ㉠밥 한 덩이를 전부 동생 앞에 내밀었다.

"자, 너 다 묵어." / 동생이 반을 가르려 들면, 형은 또 벌컥 성을 내며,

"난, 때때루 아침에두 얻어먹잖니? 아침에는 어쩔 수 없이 혼자 먹능 거다. 널 안 줄래 안 주는 게 아니구……. 다른 새끼덜 눈이 있어 놔서……. 이렇게 밤까지 기대릴람 하루 종일 주머니다 넣어 둬야 되겠으니, 손으로 주물럭거려서 손때가 다 옮아 오르구……. 또 사실 견딜 수가 있니? 목이 닳아서 히히히……."

동생도 형의 고집을 아는 터라 혼자서 다 먹곤 했다.

형은 벌쭉벌쭉 웃으며, 동생 손에 있는 밥덩이를 만져 보면서,

"좀 퍼뜩퍼뜩 먹으려무나. 오무작오무작거리지 말구 어떠니? 오늘 저녁 건 쌀알이 좀 많니? 좀 괜찮은 것 같니?"

이러면서 침을 꿀꺽 삼키는 것이었다.

어느 날 밤엔 이렇게 동생이 한 덩이를 다 먹어 치웠을 때 형은 갑자기 또 울음이 터졌다.

"……?" / 동생은 여전히 아무 말도 없었다.

형은 동생의 허벅다리를 마구 꼬집어 뜯었다.

이렇게 며칠이 지나는 사이에 동생은 이런 형 앞에 지난날 스스로가 간직하고 있었던 오연함을 그대로 유지할 수 없을 뿐만 아니라 형이 남부끄럽다거나 창피하다거나 그렇지 않은 것은 물론, 좀 어처구니없었으나 이런 형인 까닭으로 해서 도리어 마음이 개운해지는 것을 느꼈다. 헤죽하게 두 팔을 들어올리는 싱거운 뒷모습이 오히려 어울리는 형의 모습이긴 하다! 생각하며, 이런 꼬락서니로 형과 만나진 데 쓴웃음을 지으면서도 이런 형일수록 오히려 형다운 것이, 어처구니없는 즐거움 같은 것들이 느껴지는 것이었다. 종래의 모든 것을 철저히 체념해 버리고 잃어버린 지금, 마음 밑바닥에 무심이 자리 잡고 있다고 자신하면서도 이런 형의 그 마음가락에 휩쓸려 들어가는 스스로를 의식하며, 벅차게 서러워 오고, 지난날의 형에 대한 스스로가 후회되며, 더불어 엉뚱한 향수 같은 것이 즐거움 같은 것이 느껴지는 것이었다. 지금 이런 형에게서 의지, 논리로서 얻어진 신념 같은 것이 멀리 미치지 못할 어떤 위엄 같은 것조차 느껴지는 것이었다.

어느 날 밤, 동생은 형의 귀에다 입을 대고 불쑥,

"낼은 세수나 좀 하자."

하곤 픽 웃어버렸다. 도시 처음으로 형에게 한 말이었다.

1 ㉠의 상징적 의미를 서술하시오.

○ 8450-0149

2 과거에 '동생'은 '형'을 어떻게 생각했는지 서술하시오.

○ 8450-0150

❷ 황순원, '너와 나만의 시간'

작품 안으로 **주제**: 전쟁이라는 극한 상황에서 발현되는 인간의 삶의 의지

특징: 전쟁 중 낙오된 극한의 상황에서 죽음에 놓인 주 대위, 현 중위, 김 일등병이라는 세 군인의 심리와 삶의 방식을 보여 준 소설이다. 부상당한 주 대위를 버리고 혼자 살겠다고 간 현 중위와, 끝까지 주 대위를 업고 함께 가려고 한 김 일등병, 생에 대한 의지를 마지막까지 놓지 않으면서도 김 일등병을 살리기 위해 애쓰던 주 대위의 모습을 통해, 인간의 삶의 방식에 대한 성찰을 이끌어 내고 있다.

작품 밖으로 이 작품은 1958년 1월에 발표된 전후 소설로 이념 갈등에서 벗어나 인간을 실존적 측면에서 깊이 있게 성찰한 작품이다. 전쟁과 전쟁 중의 낙오라는 특수한 상황은 상관과 부하라는 사회적 위계와 질서가 관여할 수 없는 극한의 상황이다. 이러한 극한의 상황에서 세 인물들은 '너'와 '나'라는 실존적 개체만 존재하게 되고, '너와 나만의 시간' 속에서 개인의 의지에 따른 인간 본연의 시간을 갖게 된다.

발길을 돌리며 김 일등병은 무심코 아래를 내려다 보았다. 거기에 까마귀 두세 마리가 앉아 무엇인가 열심히 쪼고 있었다.

사람의 시체였다. 그리고 첫눈에 그것은 현 중위의 시체라는 걸 알 수 있었다. 어제저녁 두 사람을 버리고 떠났을 때와 똑같이 위는 셔츠 바람이요, 아래는 군복 바지에 군화를 신고 있었다.

까마귀란 놈이 시체 얼굴에 붙어서 무엇인가 쪼고 있는 것이었다. 그러다가 이쪽을 보고는 날아갈 기미를 보이다가도 그저 **까욱까욱** 몇 번 울 뿐, 다시 쪼기를 계속하는 것이었다.

시체 얼굴에는 이미 눈알은 없어져 떼꾼하니* 검은 구멍이 나 있었다.

두 사람은 이쪽으로 와 아무 데나 쓰러지듯이 드러누웠다. 현 중위의 시체를 보자 마지막 남았던 기운마저 빠져 버리고 만 것이었다.

ⓐ<u>잠시 후에 김 일등병은 무엇을 생각했는지 일어나 허청거리며* 벼랑 쪽으로 가더니 돌을 집어 던지기 시작했다</u>. 그때마다 까마귀가 펄럭 하고 시체를 떠나는 것이었으나, 곧 못마땅한 듯이 까욱까욱하며 다시 내려앉는 것이었다. / 김 일등병은 도로 와 쓰러지듯이 드러누워 버렸다.

옆에 누워 있는 주 대위를 돌아다보았다. 그는 눈을 감은 채 번듯이 누워 있었다.

김 일등병은 전에 치열한 싸움터에서는 오히려 잊게 마련이었던 죽음이란 것을 몸 가까이 느꼈다. 내일쯤은 까마귀가 자기네의 눈알도 파먹으리라. 그러자 그는 옆에 누워 있는 주 대위가 먼저 죽어 까마귀에게 눈알을 파먹히는 걸 보느니보다는 차라리 자기 편이 먼저 죽어 모든 것을 모르고 지나기를 바랐다.

그는 문득 울고 싶어졌다. 그러자 그럴 기운조차 지금 그에겐 없었다.

저도 모르게 혼곤히 잠 속에 끌려 들어갔던 김 일등병은 주 대위가 무어라 부르는 소리에 눈을 떴다. 하늘에 별이 총총 나 있었다.

"저 소릴 좀 듣게."

주 대위가 누운 채 쇠잔한 목 안의 소리로,

"㉠<u>폿소릴세</u>."

김 일등병은 정신이 번쩍 들어 상반신을 일으키며 귀를 기울였다. 과연 먼 우렛소리 같은 포성이 은은히 들려오는 것이다.

"어느 편 폽니까?" / "아군의 포야. 백오십오 밀리의……."

이 주 대위의 감별*이면 틀림없는 것이다. 그래 얼마나 먼 거리냐고 물으려는데 주 대위 편에서,

"그렇지만 너무 멀어, 사십 리는 실히 되겠어."

그렇다면 아무리 아군의 포라 해도 소용이 없다.

내용 구조도

까마귀가 현 중위의 시체를 쪼아 먹는 것을 봄.
⬇
먼 곳에서 폿소리가 들림.
⬇
개 짖는 소리가 들림.
⬇
권총으로 김 일등병을 위협하며 걸음을 재촉하는 주 대위
⬇
인가를 발견함.

꼭 필요한 내용 연구

- **황순원의 작품 세계**
  간결하고 시적인 문체로 소박하면서도 치열한 휴머니즘의 정신, 한국인의 전통적인 삶에 대한 애정 등을 소설에 담아냈다. 주요 작품으로 '별'(1941년), '독 짓는 늙은이'(1950년), '소나기'(1953년) 등이 있다.
- **전후 문학**
  제1, 2차 세계 대전 이후에 생겨난 허무주의적이고 비이성적인 경향을 띤 문학을 말한다. 세계 대전 이후 반이성, 반도덕, 반예술을 표방한 다다이즘이나 실존주의 문학이 대표적이다. 6·25 전쟁 후 우리 문학도 허무주의나 실존주의적 경향을 짙게 띠고 있었다.

어휘 풀이
*떼꾼하다: 눈이 쑥 들어가고 생기가 없다.
*허청거리다: 다리에 힘이 없어 잘 걷지 못하고 비틀거리다.
*감별: 보고 식별함.
*진지: 언제든지 적과 싸울 수 있도록 설비 또는 장비를 갖추고 부대를 배치하여 둔 곳.
*영문: 일이 돌아가는 형편이나 그 까닭.
*고역(苦役): 몹시 힘들고 고되어 견디기 어려운 일.

구절 풀이
*김 일등병의 귀에는 여전히 아무것도 들리지 않았다: 김 일등병은 삶에 대한 희망을 상실하고 자포자기하고 있어 아무것도 듣지 못하고 있다.
*깜짝 놀라 돌아다보니 어둠 속에 주 대위가 권총을 이리 겨눈 채: 삶의 의욕을 상실한 김 일등병을 살리기 위한 주 대위의 행동으로, 김 일등병에게 삶에 대한 희망과 의지를 놓지 않게 하기 위해 권총을 겨눈 것이다.

김 일등병은 도로 자리에 누워 버렸다. 주 대위는 지금 자기는 각각으로 죽어 가고 있다고 느꼈다. 이상스레 맑은 정신으로 그게 느껴졌다. 그러다가 그는 드디어 지금까지 피해 오던 ⓑ어떤 상념과 정면으로 부딪쳤다. 그것은 권총을 사용해야 한다는 생각이었다. 아무래도 죽을 자기가 진작 자결을 했던들 모든 문제는 해결됐을 게 아닌가. 첫째 현 중위가 밤길을 서두르다가 벼랑에 떨어져 죽지 않았을는지 모른다. 아무튼 이제라도 자결을 해 버려야 한다. 그러면 아무리 지친 김 일등병이라 하더라도 혼잣몸이니 어떻게든 아군 진지*까지 도달할 가망이 전혀 없는 것도 아니다.

그는 김 일등병을 향해,

"폿소리 나는 방향은 동남쪽이다. 바로 우리가 누워 있는 발쪽 벼랑을 왼쪽으루 돌아 내려가면 된다!"

있는 힘을 다해 명령조로 말했다. 그리고 무거운 손을 움직여 허리에서 권총을 슬그머니 빼었다.

그때, 바로 그때 주 대위의 귀에 은은한 폿소리 사이로 또 다른 하나의 소리가 들려온 것이었다. 처음에는 그도 의심스러운 듯이 귀를 기울이고 있다가,

"저 소리가 무슨 소리지?" / 김 일등병이 고개만을 들고 잠시 귀를 기울이듯 하더니,

"무슨 소리 말입니까?" / "지금은 안 들리는군."

거기에 그쳤던 소리가 바람을 탄 듯이 다시 들려왔다.

"저 소리 말야. 이 머리 쪽에서 들려오는……."

그래도 김 일등병의 귀에는 아무것도 들리지 않았다.

"ⓛ개 짖는 소리 같애."

개 짖는 소리라는 말에 김 일등병은 지친 몸을 벌떡 일으켜 머리 쪽으로 무릎걸음을 쳐나갔다. 개 짖는 소리가 들린다면 그리 멀지 않은 곳에 인가가 있음에 틀림없었다.

"그 등성이를 넘어가면 된다!" / 그러나 *김 일등병의 귀에는 여전히 아무것도 들리지 않았다. 그는 누웠던 자리로 도로 뒷걸음질을 쳤다.

주 대위는 김 일등병에게 무엇인가 주고 싶었다. 그리고 그것을 자기 자신도 받고 싶었다.

김 일등병이 드러누우며 혼잣소리로,

"내일쯤은 까마귀 떼가 더 많이 몰려들겠지. 눈알이 붙어 있는 것두 오늘 밤뿐야."

이 말이 채 끝나기도 전에 갑자기 **권총 소리**가 그의 귓전을 때렸다.

*깜짝 놀라 돌아다보니 어둠 속에 주 대위가 권총을 이리 겨눈 채 목 속에 잠긴 음성치고는 또렷하게, / "날 업어!" / 하는 것이다.

김 일등병은 무슨 영문*인지 몰라 하면서도 하라는 대로 일어나 등을 돌려 대는 수밖에 없었다.

"자, 걸어라!" / 김 일등병은 자기 오른쪽 귀 뒤에 권총 끝이 와 닿음을 느꼈다. 〈중략〉

이렇게, 왼쪽으로, 오른쪽으로, 앞으로, 하는 주 대위의 말대로 죽을힘을 다해 걸음을 옮겨 놓는 동안에도 김 일등병의 귀에는 아무것도 들리지 않았다. 혹시 주 대위가 죽음을 앞두고 허깨비 소리를 듣고 그러는 게 아닐까. 그렇다면 하필 자기네 두 사람은 마지막에 이러다가 죽을 필요는 무언가. 어제저녁부터 혼자 업고 오느라고 갖은 고역*을 다 겪으면서도 느끼지 못했던 원망이 주 대위를 향해 거듭 복받쳐 오름을 어찌할 수가 없었다.

하지만 걷지 않을 수 없었다. 오른쪽 귀 뒤에 감촉되는 권총 끝이 떠나지 않는 것이다. 그것은 마치 권총이 비틀거리는 걸음이나마 옮겨 놓게 하는 거나 다름없었다. / 산 밑에 이르렀다.

"오른쪽으루!" / "그대루 똑바루!"

구절 풀이

*그리고 거기서 ~ 내려앉음을
느꼈다.: 주 대위가 자신과 김 일
등병을 살리기 위해 마지막 힘
을 소진하고 결국 죽게 되었음
을 나타낸다.

그제야 김 일등병의 귀에도 무슨 소리가 들렸다. 그것이 점점 개 짖는 소리로 확실해졌다. 그러나 그것이 얼마만 한 거리에서인지는 짐작이 안 되었다.

목에서는 단내가 나고, 간신히 옮겨 놓는 걸음은 한껏 깊은 데로 무한정 빠져들어 가는 것만 같았다. 그저 그 자리에 주저앉고 싶은 생각뿐이었다. 그렇건만 쉬어 갈 수도 없는 노릇이었다. 귀 뒤에 와 닿은 권총 끝이 더 세게 밀고 있는 것이었다.

아무것도 뵈는 게 없었다. 어떻게 걸음을 떼어 놓고 있는지조차 깨닫지 못하고 있었다. 그러는데 저쪽 어둠 속에 자리 잡은 초가집 같은 검은 그림자와 그 앞에 서 있는 사람의 그림자, *그리고 거기서 짖고 있는 개의 모양이 몽롱해진 눈에 어렴풋이 들어왔다고 느낀 순간과 동시에 귀 뒤에 와 밀고 있던 권총 끝이 별안간 물러나면서 업힌 주 대위 몸뚱이가 무겁게 탁 내려앉음을 느꼈다.

진단 체크

정답 1. 현 중위의 시체 2. 권총, 일등병

1 까마귀 두세 마리가 쪼고 있었던 것이 무엇인지 쓰시오.
2 이 소설의 시대적 배경을 짐작하게 하는 소재를 하나 이상 찾아 쓰시오.

▶ 실력 다지기

정답과 해설 30쪽

1 윗글의 내용과 일치하지 <u>않는</u> 것은?

○ 8450-0151

① 주 대위는 생에 대한 희망을 김 일등병에게 주고 싶어 했다.
② 김 일등병은 자신을 살리기 위한 주 대위의 노력에 감동하고 있다.
③ 현 중위는 동료들을 버리고 혼자 가다 벼랑에 떨어져 죽게 되었다.
④ 김 일등병은 현 중위의 시체를 본 후, 죽음의 공포를 가까이 느끼고 있다.
⑤ 주 대위는 자신이 자결했더라면 현 중위가 죽지 않았을지 모른다고 생각하고 있다.

2 ㉠과 ㉡에 대한 설명으로 가장 적절한 것은?

○ 8450-0152

① ㉠은 김 일등병의 현실 속에 존재하고, ㉡은 주 대위의 상상 속에 존재한다.
② ㉠은 주 대위가 처한 현실을 자각하게 하고, ㉡은 주 대위가 꿈꾸는 이상 세계를 보여 준다.
③ ㉠은 김 일등병의 심리를 희망에서 절망으로, ㉡은 주 대위의 심리를 절망에서 희망으로 전환시킨다.
④ ㉠은 주 대위와 김 일등병의 갈등을 해소하게 하고, ㉡은 주 대위와 김 일등병의 갈등을 유발하게 한다.
⑤ ㉠은 김 일등병이 앞으로 해야 할 일을 떠올리게 하고, ㉡은 주 대위의 과거의 삶의 내력을 떠올리게 한다.

3 윗글과 〈보기〉를 비교하여 감상한 것으로 적절하지 <u>않은</u> 것은? ◐ 8450-0153

<blockquote>
● 보기 ●

　그는 눈을 다섯 손가락으로 꽉 움켜 짚고 떨리는 다리를 바로잡아 가며 일어섰다. 그리고 한 걸음, 한 걸음 정확히 걸음을 옮겼다. 눈은 의지적인 신념으로 차가이 빛나고 있었다.

　본부에서 몇 마디 주고받은 다음, 준비 완료 보고와 집행 명령이 뒤이어 떨어졌다.

　눈에 함빡 싸인 흰 둑길이다. 오! 이 둑길…… 몇 사람이나 이 둑길을 걸었을 거냐. 흰칠히 트인 벌판 너머로 마주 선 언덕, **흰 눈**이다. 가슴이 탁 트이는 것 같다. 똑바로 걸어가시오. **남쪽으로 내닿은 길**이오. 그처럼 가고 싶어 하던 길이니 유감 없을 거요. 걸음마다 흰 눈 위에 발자국이 따른다. 한 걸음 두 걸음 정확히 걸어야 한다. 사수(射手) 준비! **총탄 재는 소리**가 바람처럼 차갑다. 눈앞엔 흰 눈뿐, 아무것도 없다. 인제 모든 것은 끝났다. 끝나는 그 순간까지 정확히 끝을 맺어야 한다. 끝나는 일 초, 일각까지 나를, 자기를 잊어서는 안 된다.

　걸음걸이는 그의 의지처럼 또한 정확했다. 아무리 한 걸음, 한 걸음 다가가는 걸음걸이가 죽음에 접근하여 가는 마지막 길일지라도 결코 허튼, 불안한, 절망적인 것일 수는 없었다. 흰 눈, 그 속을 걷고 있다. 흰칠히 트인 벌판 너머로, 마주 선 언덕, 흰 눈이다. 연발하는 총성, 마치 외부 세계의 잡음만 같다. 아니 아무것도 아닌 것이다. 그는 흰 눈 속을 그대로 한 걸음, 한 걸음 정확히 걸어가고 있었다. 눈 속에 부서지는 발자국 소리가 어렴풋이 들려온다. 두런두런 이야기 소리가 난다. 누가 뒤통수를 잡아 일으키는 것 같다. 뒤허리에 충격을 느꼈다. 아니, 아무것도 아니다. 아무것도 아닌 것이다.

－ 오상원, '유예'
</blockquote>

① 윗글과 〈보기〉 모두 전쟁이라는 비극적인 상황을 배경으로 하고 있다.

② 윗글의 '권총 소리'는 김 일등병을 살리는 역할을 하지만, 〈보기〉의 '총탄 재는 소리'는 '그'를 죽음에 이르게 한다.

③ 윗글의 김 일등병은 '인가'를 발견하며, 〈보기〉의 '그'는 '남쪽으로 내닿은 길'을 가게 되며 삶의 희망을 발견하게 된다.

④ 윗글의 '까욱까욱' 우는 '까마귀'는 불길한 분위기를 조성하고, 〈보기〉의 차가운 속성의 '흰 눈'은 '그'가 처한 상황을 효과적으로 드러내고 있다.

⑤ 윗글의 주 대위는 죽음을 예감한 후에도 생에 대한 의지를 보이고, 〈보기〉의 '그'는 죽음에 직면하면서도 자신을 잊지 않으려는 의지를 드러내고 있다.

1 김 일등병이 ⓐ와 같은 행동을 한 이유를 서술하시오. ◐ 8450-0154

2 ⓑ의 내용을 구체적으로 서술하시오. ◐ 8450-0155

[1~2] 다음 글을 읽고 〈보기〉를 참고하여 물음에 답하시오.

어느 능선굽이에 이르렀다. / 김 일등병이 대번해서 업을 차례였다. / 지형상으로 보아 앞에 가로놓인 계곡을 내려가 앞산으로 질러 올라가면 잠깐이요, 그렇지 않으면 꾸불꾸불 굽이진 능선을 상당히 돌아가지 않으면 안 되게 된 곳이었다. / 현 중위는 계곡을 내려가 곧장 가자고 했다. 누구든지 그렇게 보는 것이 타당할 것이었다. 더욱이 그들은 단 몇 걸음의 단축이나마 염두에 두지 않으면 안 될 처지에 있는 것이었다.

김 일등병의 의견은 그러나 그렇지가 않았다. 계곡을 내려갔다가 나무숲 속에서 방향이라도 잃게 되면 고생은 고생대로 하고 길만 더 더디게 되기 쉽다는 것이다.

얼른 결정이 지어지지 않고 있을 때 주 대위가 한 마디 했다. / "현 중위, 김 일병의 말대루 하지."

퍼뜩 현 중위의 눈이 주 대위의 허리에 매달려 있는 권총으로 갔다. 그러는 그의 눈앞에는 또다시 꿈의 장면이 나타났다.

[A]
한결같이 누렇게 뜬 하늘에는 황달 든 태양이 타고 있고, 그 밑으로 한없이 넓게 깔려 있는 불모의 황야, 그 한가운데 그는 땀을 철철 흘리며 서 있었다. 앞에 누렇게 뜬 메마른 흙바닥에 개미 구멍이 있어, 누런빛을 한 조고만 개미 떼가 연달아 기어 나오고, 그것을 구멍 입구에 같은 빛깔의 왕개미가 대기하고 서서 자꾸만 목을 잘라 내고 있는 것이다. 마치 그것은 왕개미가 기계적으로 주둥이를 놀리고 있는데 거기 꼭 맞는 속도로 작은 개미 떼들이 기어 나와 목을 들이미는 것과도 같았다. 그리고 목 잘린 개미 떼들은 그대로 누렇게 뜬 흙으로 화해 버리고 마는 것이었다. 거기 따라 점점 흙이 높아지면서 그의 정강이털이 거의 묻히게 돼 있었다.

초조할 밖에 없었다. 하지만 그는 그곳에 서 있을 수밖에 없는 것이었다.

그러다가 문득 그는 개미 구멍 한옆에 따로 뚫어져 있는 샛구멍을 하나 발견했다. 이것만은 꿈속에서는 전혀 없었던, 지금 그 자신이 의식적으로 뚫어 놓은 구멍이었다. 그런데도 어리석은 개미 떼들은 그냥 본래의 구멍으로만 나오면서 목을 무수히 잘리우고 있는 것이었다.

현 중위는 주 대위를 업지도 않은 몸이지만 전신에 비지땀을 흘렸다.

해거름 때 세 사람은 구렁이 한 마리를 잡아 구워서 나눠 먹었다.

다 먹고 난 현 중위가 뒤라도 마려운 듯이 자리를 떴다.

그런 지 좀 만에 주 대위가 김 일등병에게 말했다. / "자네두 여길 떠나게."

김 일등병은 그게 무슨 말이냐는 듯이 주 대위를 쳐다봤다. / "현 중윈 갔어. 기다리다 못해."

"기다리다 못해 가다뇨?" / "내가 자살하길 기다리다 못해 떠났어."

• 보기 •

전쟁은 가공할 만한 폭력성을 가지고 있고, 전쟁이라는 상황에 놓인 개인은 나약한 모습으로 존재할 수밖에 없다. 전쟁을 일으킨 권력자, 지배자들과 달리 개인들은 전쟁이라는 상황 속에서 속수무책으로 죽음을 당하기 때문에 개인들은 죽음에 대한 공포를 느끼게 된다.

1 [A]의 '개미 떼'의 상징적 의미를 서술하시오.

◐ 8450-0156

2 [A]에 나타난 현 중위의 심리를 추측하여 서술하시오.

◐ 8450-0157

❸ 최인훈, '광장(廣場)'

작품 안으로 **주제**: 분단의 현실에서 고뇌하는 지식인의 모습

특징: 주인공 이명준은 철학도로서의 밀실에서 벗어나 광장을 찾아 월북하지만 그곳에 자신이 원하는 광장이 없다는 사실에 실망한다. 그 후 주인공은 아무도 자신을 알지 못하는 또 다른 밀실인 중립국으로 향하는 길에 자살을 선택하고 만다. 작가는 주인공의 자살을 통해 이념 선택의 한계를 극적으로 제시함으로써 분단 상황에 대한 비판 의식을 드러내고 있다.

작품 밖으로 1960년 《새벽》에 발표된 후 여러 차례 손질을 거쳐 장편으로 개작된 작품이며, 본격적으로 분단의 문제에 접근한 작품이라는 평가를 받고 있다. 작가는 사회적 삶의 공간인 '광장'과 개인의 내밀한 삶의 공간인 '밀실'을 대립시켜 분단의 의미를 규정하고 있다.

내용 구조도

남북이 분단 – 이념의 선택을 강요당하는 삶

⬇ 현실의 도피

중립국 – 이념이 배제된 공간

⬇ 과거의 회상

은혜의 죽음

⬇ 자발적 선택

바다 – 자유와 사랑이 실현되는 공간

꼭 필요한 내용 연구

● 단어의 상징적 의미

밀실	• 개인의 내밀한 공간 • 사회와의 의사소통이 차단된 공간
광장	• 사회적인 공간 • 사회적인 의사소통이 이루어지는 공간
부채	• 주인공의 삶
사북자리	• 주인공이 삶의 자리를 잃어버린 상태
새	• 은혜와 딸 • 사랑과 자유의 표상
바다	• 은혜와 딸이 갈매기가 되어 살고 있는 공간 • 진정한 자유와 사랑이 실현되는 공간 • 밀실과 광장이 조화를 이루는 공간

앉으라고 하던 장교가, 윗몸을 테이블 위로 바싹 내밀면서, 말한다.

[A] "동무, 중립국도, 마찬가지 자본주의 나라요. 굶주림과 범죄가 우글대는 낯선 곳에 가서 어쩌자는 거요?"

"중립국*." / "다시 한 번 생각하시오. 돌이킬 수 없는 중대한 결정이란 말요. 자랑스러운 권리를 왜 포기하는 거요?"

"중립국." / 이번에는, 그 옆에 앉은 장교가 나앉는다.

[B] "동무, 지금 인민 공화국에서는, 참전 용사들을 위한 연금 법령을 냈소. 동무는 누구보다도 먼저 일터를 가지게 될 것이며, 인민의 영웅으로 존경받을 것이오. 전체 인민은 동무가 돌아오기를 기다리고 있소. 고향의 초목도 동무의 개선을 반길 거요."

"중립국." / 그들은 머리를 모으고 소곤소곤 상의를 한다.

처음에 말하던 장교가, 다시 입을 연다.

[C] "동무의 심정도 잘 알겠소. 오랜 포로 생활에서, 제국주의자들의 간사한 꾀임수*에 유혹을 받지 않을 수 없었다는 것도 용서할 수 있소. 그런 염려는 하지 마시오. 공화국은 동무의 하찮은 잘못을 탓하기보다도, 동무가 조국과 인민에게 바친 충성을 더 높이 평가하오. 일체의 보복 행위는 없을 것을 약속하오. 동무는……."

"중립국." / 중공 대표가, 날카롭게 무어라 외쳤다. *설득하던 장교는, 증오에 찬 눈초리로 명준을 노려보면서, 내뱉었다.

"좋아." / 눈길을, 방금 도어를 열고 들어서는 다음 포로에게 옮겨 버렸다.

아까부터 그는 설득자들에게 간단한 한 마디만을 되풀이 대꾸하면서, 지금 다른 천막에서 동시에 진행되고 있을 광경을 그려 보고 있었다. 그리고 그 자리에도 자기를 세워 보고 있었다.

"자넨 어디 출신인가?" / "……."

"음, 서울이군." / 설득자는, 앞에 놓인 서류를 뒤적이면서,

[D] "중립국이라지만 막연한 얘기요. 제 나라보다 나은 데가 어디 있겠어요. 외국에 가 본 사람들이 한결같이 하는 얘기지만, 밖에 나가 봐야 조국이 소중하다는 걸 안다구 하잖아요? 당신이 지금 가슴에 품은 울분은 나도 압니다. 대한민국이 과도기적인 여러 가지 모순을 가지고 있는 걸 누가 부인합니까? 그러나 대한민국엔 자유가 있습니다. 인간은 무엇보다도 자유가 소중한 것입니다. 당신은 북한 생활과 포로 생활을 통해서 이중으로 그걸 느꼈을 겁니다. 인간은……."

"중립국." 〈중략〉

*중립국: 중립주의를 외교의 방침
으로 하는 나라.
*꾀임수: '꾐수'의 북한어. 꾐수는
남을 꾀어 속여 넘기는 수단을
의미함.
*조력: 힘을 써 도와줌. 또는 그런
힘.
*명부: 어떤 일에 관련된 사람의
이름, 주소, 직업 따위를 적어 놓
은 장부.
*영생수: 영원한 생명을 가져다주
는 물.
*업: 미래에 선악의 결과를 가져오
는 원인이 된다고 하는 일. 업보.

*설득하던 장교는, 증오에 찬 눈
초리로 명준을 노려보면서, 내
뱉었다.: 계속 설득해도 명준이
중립국을 선택하겠다는 결심을
꺾지 않자 장교가 명준을 노려
보고 있다.
*그러나, 그렇다고 제 몸을 없애
버리겠습니까? 종기가 났다고
말이지요.: 종기, 즉 피부에 염증
이 났다고 자기 몸을 없앨 수는
없다는 의미로, 조국에 문제가
있다고 해서 그 조국을 버릴 수
는 없다는 의미를 담고 있다.

[E] "지식인일수록 불만이 많은 법입니다. *그러나, 그렇다고 제 몸을 없애 버리겠습니까? 종기가 났다고 말이지요. 당신 한 사람을 잃는 건, 무식한 사람 열을 잃은 것보다 더 큰 민족의 손실입니다. 당신은 아직 젊습니다. 우리 사회에는 할 일이 태산 같습니다. 나는 당신보다 나이를 약간 더 먹었다는 의미에서, 친구로서 충고하고 싶습니다. 조국의 품으로 돌아와서, 조국을 재건하는 일꾼이 돼주십시오. 낯선 땅에 가서 고생하느니, 그쪽이 당신 개인으로서도 행복이라는 걸 믿어 의심치 않습니다. 나는 당신을 처음 보았을 때, 대단히 인상이 마음에 들었습니다. 뭐 어떻게 생각지 마십시오. 나는 동생처럼 여겨졌다는 말입니다. 만일 남한에 오는 경우에, 개인적인 조력*을 제공할 용의가 있습니다. 어떻습니까?"

명준은 고개를 쳐들고, 반듯하게 된 천막 천장을 올려다본다. 한층 가락을 낮춘 목소리로 혼잣말 외듯 나직이 말할 것이다. / "중립국."

설득자는, 손에 들었던 연필 꼭지로, 테이블을 툭 치면서, 곁에 앉은 미군을 돌아볼 것이다. 미군은, 어깨를 추스르며, 눈을 찡긋 하고 웃겠지.

나오는 문 앞에서, 서기의 책상 위에 놓인 명부*에 이름을 적고 천막을 나서자, 그는 마치 재채기를 참았던 사람처럼 몸을 벌떡 뒤로 젖히면서, 마음껏 웃음을 터뜨렸다. 눈물이 찔끔찔끔 번지고, 침이 걸려서 캑캑거리면서도 그의 웃음은 멎지 않았다.

준다고 ⓐ바다를 마실 수는 없는 일. 사람이 마시기는 ⓑ한 사발의 물. 준다는 것도 허황하고 가지거니 함도 철없는 일. 바다와 한 잔의 물. 그 사이에 놓인 골짜기와 눈물과 땀과 피. 그것을 셈할 줄 모르는 데 잘못이 있었다. 세상에서 뒤진 가난한 땅에 자란 지식 노동자의 슬픈 환상. 과학을 믿은 게 아니라 ⓒ마술을 믿었던 게지. 바다를 한 잔의 영생수*로 바꿔 준다는 ⓓ마술사의 말을. 그들은 뻔히 알면서 권력이라는 약을 팔려고 말로 속인 꼬임. 어리석게 신비한 술잔을 찾아 나섰다가, 낌새를 차리고 항구를 돌아보자, 그들은 항구를 차지하고 움직이지 않고 있었다. 참을 알고 돌아온 ⓔ바다의 난파자들을 그들은 감옥에 가둘 것이다. 못된 균을 옮기지 않기 위해서. 역사는 소걸음으로 움직인다. 사람의 커다란 모순과 업(業)*에 비기면, 아무 자국도 못 낸 것이나 마찬가지다. 당대까지 사람이 만들어 낸 물질 생산의 수확을 고르게 나누는 것만이 모든 시대에 두루 맞는 가능한 일이다. 마찬가지 아닌가. 벌써 아득한 옛날부터 사람 동네가 알아낸 슬기. 사람이라는 조건에서 비롯하는 슬픔과 기쁨을 고루 나누는 것. 그래 봐야, 사람의 조건이 아직도 풀어 나가야 할 어려움의 크기에 대면, 아무것도 아니다. 사람이 이루어 놓은 것에 눈을 돌리지 않고, 이루어야 할 것에만 눈을 돌리면, 그 자리에서 그는 삶의 힘을 잃는다. 사람이 풀어야 할 일을 한눈에 보여 주는 것— 그것이 '죽음'이다. 은혜의 죽음을 당했을 때, 이명준 배에서는 마지막 돛대가 부러진 셈이다. 이제 이루어 놓은 것에 눈을 돌리면서 살 수 있는 힘이 남아 있지 않다. 팔자소관으로 빨리 늙는 사람도 있는 법이었다. 사람마다 다르게 마련된 몸의 길, 마음의 길, 무리의 길. 대일 언덕 없는 난파꾼은 항구를 잊어버리기로 하고 물결 따라 나선다. 환상의 술에 취해 보지 못한 섬에 닿기를 바라며. 그리고 그 섬에서 환상 없는 삶을 살기 위해서. 무서운 것을 너무 빨리 본 탓으로 지쳐 빠진 몸이, 자연의 수명을 다하기를 기다리면서 쉬기 위해서. 그렇게 해서 결정한, 중립국 행이었다.

진단 체크

1 이명준은 고등교육까지 받은 지식인이다. (○, ×)

2 이명준의 고향이 어디인지 찾아 쓰시오.

1 [A]~[E]에 나타난 '명준'을 설득하는 방식에 대한 설명으로 적절하지 <u>않은</u> 것은?

⊙ 8450-0158

① [A]: 상대방의 입장을 존중하며 명준이 가려는 중립국의 실상을 폭로함.
② [B]: 인민 공화국을 선택하게 되었을 때 예상되는 결과들을 언급함.
③ [C]: 내적 갈등을 겪었던 것에 대한 불이익이 없을 것이라는 약속을 함.
④ [D]: 상대방의 마음에 공감을 하면서도 인간에게 소중한 가치를 언급하며 설득을 함.
⑤ [E]: 상대방에 대한 호의를 드러내며 개인적으로 도움을 주겠다는 제안을 함.

2 〈보기〉를 바탕으로 ⓐ~ⓔ의 상징적 의미를 이해한다고 할 때, 적절하지 <u>않은</u> 것은?

⊙ 8450-0159

> ● 보기 ●
>
> '광장'은 남과 북의 이념적 대립 상황에서 고뇌하고 갈등하는 한 지식인의 모습을 통해, 분단 현실에서 남북한 사회가 지닌 이데올로기적 허상을 극명하게 드러내고 있는 소설이다. '광장'의 주인공인 '명준'은 공공의 공간으로서 평등을 상징하는 광장과 개인적인 공간으로서 자유를 상징하는 밀실이 공존하는 이상적인 이데올로기를 가진 사회가 있다고 꿈꾸지만, 그것은 이데올로기적 환상을 통해 군중을 속이려는 권력자들의 행위에 불과할 뿐이라는 것을 깨닫게 되며, 현실과 이상의 괴리를 경험하게 된다.

① ⓐ: 공공의 공간으로서 평등을 상징하는 공간을 의미함.
② ⓑ: 사람들이 경험하게 되는 현실을 의미함.
③ ⓒ: 이상적인 이데올로기를 가진 사회가 있다고 믿는 노동자의 환상을 의미함.
④ ⓓ: 이데올로기적 환상을 통해 군중을 속이고 권력을 잡은 사람들을 의미함.
⑤ ⓔ: 이상과 현실의 괴리를 깨달은 군중들을 의미함.

3 '명준'이 '중립국'을 선택한 이유로 적절한 것만을 〈보기〉에서 있는 대로 고른 것은?

⊙ 8450-0160

> ● 보기 ●
> ㄱ. 삶에 대한 희망을 상실하였기 때문에
> ㄴ. 이념의 갈등이나 강요가 없는 공간이라고 생각했기 때문에
> ㄷ. 잃었던 자존감을 회복할 수 있는 공간이라고 생각했기 때문에
> ㄹ. 현실의 문제를 적극적으로 해결할 수 있는 공간이라고 생각했기 때문에

① ㄱ, ㄴ   ② ㄱ, ㄷ   ③ ㄴ, ㄹ
④ ㄱ, ㄷ, ㄹ   ⑤ ㄴ, ㄷ, ㄹ

1 '명준'이 삶에 대한 희망을 완전히 꺾게 된 구체적인 사건을 윗글에서 찾아 2어절로 쓰시오.

⊙ 8450-0161

[1~2] 다음 글을 읽고 물음에 답하시오.

……펼쳐진 부채가 있다. 부채의 끝 넓은 테두리 쪽을, 철학과 학생 이명준이 걸어간다. 가을이다. 겨드랑이에 낀 대학 신문을 꺼내 들여다본다. 약간 자랑스러운 듯이. 여자를 깔보지는 않아도, 알 수 없는 동물이라고 여기고 있다.

책을 모으고, 미라를 구경하러 다닌다.

정치는 경멸하고 있다. 그 경멸이 실은 강한 관심과 아버지 일 때문에 그런 모양으로 나타난 것인 줄은 알고 있다. 다음에, 부채의 안쪽 좀 더 좁은 너비에, 바다가 보이는 분지가 있다. 거기서 보면 갈매기가 날고 있다. 윤애에게 말하고 있다. 윤애 날 믿어 줘. 알몸으로 날 믿어 줘. 고기 썩는 냄새가 역한 배 안에서 물결에 흔들리다가 깜빡 잠든 사이에, 유토피아의 꿈을 꾸고 있는 그 자신이 있다. 조선인 꼴호즈 숙소의 창에서 불타는 저녁놀의 힘을 부러운 듯이 바라보고 있는 그도 있다. 구겨진 바바리코트 속에 시래기처럼 바랜 심장을 안고 은혜가 기다리는 하숙으로 돌아가고 있는 9월의 어느 저녁이 있다. 도어에 뒤통수를 부딪치면서 악마도 되지 못한 자기를 언제까지나 웃고 있는 그가 있다. 그의 삶의 터는 부채꼴, 넓은 데서 점점 안으로 오므라들고 있었다. 마지막으로 은혜와 둘이 안고 뒹굴던 동굴이 그 부채꼴 위에 있다. 사람이 안고 뒹구는 목숨이 꿈이 다르지 않느니. 어디선가 그런 소리도 들렸다. 그는 지금, 부채의 ⊙사북자리에 서 있다. 삶의 광장은 좁다가 못해 끝내 그의 두 발바닥이 차지하는 넓이가 되고 말았다. 자 이제는? 모르는 나라, 아무도 자기를 알 리 없는 먼 나라로 가서, 전혀 새사람이 되기 위해 이 배를 탔다. 사람은, 모르는 사람들 사이에서는, 자기 성격까지도 마음대로 골라잡을 수도 있다고 믿는다. 성격을 골라잡다니! 모든 일이 잘 될 터이었다. 다만 한 가지만 없었다면. 그는 두 마리 새들을 방금까지 알아보지 못한 것이었다. 무덤 속에서 몸을 푼 한 여자의 용기를, 방금 태어난 아기를 한 팔로 보듬고 다른 팔로 무덤을 깨뜨리고 하늘 높이 치솟는 여자를, 그리고 마침내 그를 찾아내고야 만 그들의 사랑을.

돌아서서 마스트를 올려다본다. 그들은 보이지 않는다. 바다를 본다. ⓒ큰 새와 꼬마 새는 바다를 향하여 미끄러지듯 내려오고 있다. 바다. 그녀들이 마음껏 날아다니는 광장을 명준은 처음 알아본다. 부채꼴 사북까지 뒷걸음질친 그는 지금 핑그르 뒤로 돌아선다. 제정신이 든 눈에 비친 푸른 광장이 거기 있다.

자기가 무엇에 홀려 있음을 깨닫는다. 그 넉넉한 뱃길에 여태껏 알아보지 못하고, 숨바꼭질을 하고, 피하려 하고 총으로 쏘려고까지 한 일을 생각하면, 무엇에 씌웠던 게 틀림없다. 큰일 날 뻔했다. 큰 새 작은 새는 좋아서 미칠 듯이, 물 속에 가라앉을 듯, 탁 스치고 지나가는가 하면, 되돌아오면서, 그렇다고 한다. 무덤을 이기고 온, 못 잊을 고운 각시들이, 손짓해 부른다. 내 딸아. 비로소 마음이 놓인다. 옛날, 어느 벌판에서 겪은 신내림이, 문득 떠오른다. 그러자, 언젠가 전에, 이렇게 이 배를 타고 가다가, 그 벌판을 지금처럼 떠올린 일이, 그리고 딸을 부르던 일이, 이렇게 마음이 놓이던 일이 떠올랐다. 거울 속에 비친 남자는 활짝 웃고 있다.

밤중.

선장은 문을 두드리는 소리에 잠자리에서 몸을 일으켰다. 얼른 손목에 찬 야광시계를 보았다. 마카오에 닿자면 아직 일렀다.

"무슨 일이야?" / "석방자가 한 사람 행방불명이 됐습니다."

"응?" / "지금 같은 방에 있는 사람이 신고해 와서, 인원을 파악해 봤습니다만, 배 안에는 보이지 않습니다."

선장은 계단을 내려가면서 물었다.

"누구야 없다는 게?" / "미스터 리 말입니다."

이튿날.

타고르호는, 흰 페인트로 말쑥하게 칠한 삼천 톤의 몸을 떨면서, 한 사람의 손님을 잃어버린 채 물체처럼 빼곡이 들어찬 남지나 바다의 훈김을 헤치며 미끄러져 간다.

흰 바다새들의 그림자는 보이지 않는다. 마스트에도, 그 언저리 바다에도.

아마, 마카오에서, 다른 데로 가버린 모양이다.

1 다음 그림을 참고하여 ㉠의 상징적인 의미가 무엇인지 서술하시오. ◐ 8450-0162

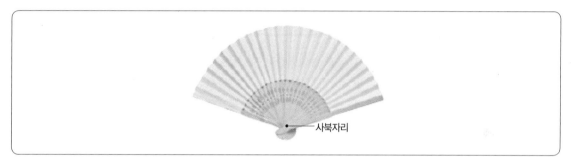
사북자리

2 윗글과 〈보기〉를 바탕으로 하여, ㉡이 상징하고 있는 대상이 누구인지 서술하시오. ◐ 8450-0163

● 보기 ●

　　주인공 이명준은 아버지의 정치 활동으로 경찰서에 불려가서 구타를 당하면서 아버지와 현재 어떤 연락이 있는가 조사를 당한다. 이를 계기로 그는 남한의 현실에 환멸을 느끼고 월북을 결행한다. 그러나 북한에 도착한 이명준의 비판적 눈에 북한 사회는 사회주의 제도의 굳어진 공식인 명령과 복종만이 보일 뿐이며, 활기차고 정의로운 삶은 찾을 수가 없었다. 즉 진정한 삶의 광장은 없었던 것이다. 이처럼, 이명준은 남과 북에서 이념의 선택을 시도했으나, 어느 곳에서도 진실을 발견하지 못하는, 일종의 허무주의적 상황에 처하게 되고 6·25 전쟁이 발발하자 인민군으로 그는 전쟁에 뛰어든다. 그렇지만 전쟁에서도 새로운 삶을 발견하지 못한다. 사랑하는 여인 은혜와 극적으로 해후하나 그녀는 뱃속에 아이(은혜는 뱃속의 아이가 딸일 거라고 말한다.)를 임신한 채 비극적인 죽음을 맞이하고, 이명준은 결국 포로가 된다. 포로 송환 과정에서 남이냐 북이냐의 선택의 갈림길을 맞게 된 이명준은 중립국을 택한다. 그러나 중립국을 선택한 포로들을 싣고 가는 인도의 상선(商船) 타고르호(號)를 타고 가던 이명준은 바다에 투신하여 자살하고 만다.

❹ 이청준, '병신과 머저리'

➡ 작품 안으로　**주제**: 두 형제의 서로 다른 아픔과 그 극복 의지

특징: 이 작품은 6·25 전쟁의 상처를 안고 사는 군인인 '형'의 실존적 고통과, 전쟁을 체험하지 못한 세대인 '나'의 관념적 고통을 형상화하고 있다. 형의 상처는 경험에 의해 형성된 것으로 구체적이지만, 동생의 고민과 상처는 알 수 없는 것이기에 관념적이다. 아픔의 원인과 실체가 분명한 형을 '병신'으로, 상처의 근원을 알지 못해 무기력한 동생을 '머저리'로 형상화함으로써, 삶의 방식이 다른 형제의 아픔과 그 극복 의지를 보여 준다.

⬅ 작품 밖으로　1966년 《창작과 비평》 가을호에 실린 이청준의 단편 소설로 전후 소설의 허무주의적이고 난삽한 작품 세계를 뛰어넘어 새로운 경지를 개척한 작품이다. 전쟁 직후에 전쟁의 경험으로 인한 상처와 구체적인 경험에서 비롯되지 않은 관념적인 상처 등으로 모든 것이 혼란스러웠던 당시의 현실을 두 인물을 통해 보여 주고 있다.

내용 구조도

형
- 전쟁 체험자
- 근원이 뚜렷한 상처
- 치유 가능

↓

동생
- 전쟁 미체험자
- 근원을 모르는 관념적인 상처
- 치유 불가능

내용 연구

● **제목 '병신과 머저리'**
형은 6·25 전쟁의 체험을 생생한 아픔으로 지니고 있는 '병신'이고, 동생(서술자)은 그러한 체험이 없으면서도 무기력하게 자신을 포기한 '머저리'이다. 이 두 인물은 서로에게 자신의 상처를 돌아볼 수 있는 계기를 제공한다.

● **액자 구조**
이 소설은 전체 소설 속에 형의 소설이 삽입되어 있다. 형의 소설 쓰기 과정이 소설 속에 드러나 있는 점도 특이하다.

● **오관모의 상징성**
김 일병을 학대하다가 쓸모없어지자 죽이려는 인물로, 우리 사회의 비정성을 상징한다. 이러한 비정성은 지나친 합리성에서 연유한 것이다. 형의 소설은 어릴 적 노루 사냥 체험에서 시작되는데, 사냥꾼과 몰이꾼들이 바로 오관모와 같은 역할을 한다.

"병신 새끼!" / 형은 나에겐지, 형 아닌 다른 사람에게라기에는 너무나 탈진한 목소리로 중얼거렸다. 그러나 그것은 나에게 한 말이었다. 다음 순간 형은 다시 나를 똑바로 쳐다보았다.

"너의 그 귀여운 아가씨는 정말 널 싫어했니?"

— 형님은 6·25 전상자랍니다.

하려다 나는 아직도 형이 하고 싶은 말이 있으리라 생각하고 순순히 머리를 끄덕였다.

"병신 새끼……." / 이번에는 형이 손으로는 연신 원고지를 찢어 불에 넣으면서도 눈길만은 내 쪽을 향해 분명하게 말했다.

"그래 도망간 아가씨의 얼굴을 그리고 싶어졌군!" / 나는 아직도 더 참을 수 있다고 생각했다. 아주머니는 여전히 형과 나의 얼굴을 무표정하게 번갈아 보고만 서 있었다.

"다 소용없는 짓이야……. 오해였어." / 형은 다시 중얼거리는 투였다. 나는, 지금 형에게 원고를 불태우는 이유를 이야기시키려는 것은 소용없는 일일 것 같았다. 방으로 들어가려고 했다.

"거기 있어!" / 형이 벌떡 몸을 일으키는 체하며 호령을 했다.

"*기껏해야 김 일병이나 죽인 주제에……. 인마, 넌 이걸 모두 읽고 있었지…… 불쌍한 김 일병을……. 그 아가씨가 널 싫어한 건 너무 당연했어."

순서는 뒤범벅이었지만 무엇을 이야기하려는 것인지는 분명했다. 나는 형을 쏘아보았으나, 그때 형도 나를 마주 쏘아보았기 때문에 시선을 흘리고 말았다. 형은 눈으로 나를 쏘아본 채 손으로는 계속 원고를 뜯어 불에 넣고 있었다.

"인마, 넌 머저리 병신이다. 알았어?"

형이 또 소리를 꽥 질렀다. 그리고 그것은 지극히 당연한 말이었다는 듯이 머리를 두어 번 끄덕이고 나서는, / "그런데 말이야……."

갑자기 장난스럽게 손짓을 했다. 형은 손에서 원고 뭉치를 떨어뜨리고 나의 귀를 잡아 끌었다. 술냄새가 호흡을 타고 내장까지 스며들 것 같았다. 형은 아주머니까지도 들어서는 안 될 이야기나 된 것처럼 귀에다 입을 대고 가만히 속삭이는 것이었다.

"넌 내가 ㉠소설을 불태우는 이유를 묻지 않는군……."

너무나 정색을 한 목소리여서 형의 얼굴을 보려고 했으나 형의 손이 귀를 놓아 주지 않았다.

"*그런데 너도 읽었겠지만, 거 내가 죽인 관모놈 있지 않아, 오늘 밤 나 그놈을 만났단 말야."

그러고는 잠시 말을 끊고 나를 찬찬히 살펴보고 있었다. 그 눈은 술에 젖어 있었으나, 생각이 멀리 있는 것처럼 보이는 것은 결코 술 때문만은 아닌 것 같았다. 그러자 형은 이제 안심이라는

어휘 풀이
*환부: 상처가 난 곳.

구절 풀이
*기껏해야 김 일병이나 죽인 주제에: 동생인 '나'가 형의 소설 뒷부분을, 형이 김 일병을 죽이는 것으로 완성한 것을 가리킨다.
*그런데 너도 ~ 그놈을 만났단 말야: 관모는 우리 사회의 비정함을 상징하므로, 소설 속에서 죽인 관모가 현실에 나타났다는 것은, 소설이 현실의 부정적 요소를 제거할 수는 없음을 의미한다.
*이 참새가슴 같은 것: 전쟁 당시에 오관모가 형에게 한 말이다. 형은 동생을 이렇게 부름으로써 동생을 비판하고 있는 것이다.
*비로소 몸 전체가 ~ 전해 왔다: 형이 느낀 아픔을 동생도 느끼게 된다.
*검고 무거운 것: 현실에 상존해 있는 부정성을 말한다.

듯 큰 소리로,

"그래 이건 쓸데없는 게 되어 버렸지……. 이 머저리 새끼야!"

하고는 나의 귀를 쭉 밀어 버렸다. / 다시 원고지를 집어 사그라드는 불집에 집어 넣었다. 〈중략〉

"*이 참새가슴 같은 것, 뭘 듣고 있어. 썩 ⓛ네 굴로 꺼져!"

소리를 꽥 지르는 통에 나는 방으로 쫓겨 들어오고 말았다.

*비로소 몸 전체가 까지는 듯한 아픔이 전해 왔다. 그것은 아마 형의 아픔이었을 것이다. 형은 그 아픔 속에서 이를 물고 살아왔다. 그는 그 아픔이 오는 곳을 알고 있는 것이다. 그리하여 그것은 견딜 수 있었고, 그것을 견디는 힘은 오히려 형을 살아 있게 했고 자기를 주장할 수 있게 했다. 그러던 형의 내부는 *검고 무거운 것에 부딪혀 지금 산산조각이 나고 있었다.

그렇다고 해도 **이제 형은 곧 일을 시작하게 될 것이다.** 형은 자기가 솔직하게 시인할 용기를 가지고, 마지막에는 관모의 출현이 착각이든 아니든, 사실로서 오는 것에 보다 순종하여, 관념을 파괴해 버릴 수 있는 힘이 있었다. 무엇보다도 형은 그 아픈 곳을 알고 있었으니까. 어쨌든 형은 지금까지 지켜 온 그 아픈 관념의 성은 무너지고 말았지만, 그만한 용기는 계속해서 형에게 메스를 휘두르게 할 것이다. 그것은 무서운 창조력일 수도 있었다.

그러나 — / 나는 멍하니 드러누워 생각을 모으려고 애를 썼다.

나의 아픔은 어디서 온 것인가. 혜인의 말처럼 형은 6·25의 전상자이지만, **아픔만이 있고 그 아픔이 오는 곳이 없는 나의 환부***는 어디인가. / 혜인은 아픔이 오는 곳이 없으면 아픔도 없어야 할 것처럼 말했지만, 그렇다면 지금 나는 엄살을 부리고 있다는 것인가.

나의 일은, 그 **나의 화폭은 깨어진 거울처럼 산산조각이 나 있었다.**

그것을 다시 시작하기 위하여 나는 지금까지보다 더 많은 시간을 망설이며 허비해야 할는지도 모른다. / 어쩌면 그것은 나의 힘으로는 영영 찾아내지 못하고 말 얼굴일는지도 모를 일이었다. 나의 아픔 가운데에는 형에게서처럼 명료한 얼굴이 없었다.

진단 체크

정답 1. ○ 2. 혜인이 여자 친구의 얼굴

1 윗글에서 형이 쓴 소설의 결말은 형의 체험과는 다른 결말이다. (○, ×)
2 윗글에서 '나'가 그리고 싶어 했던 것은 무엇인지 쓰시오.

▶ 실력 다지기

정답과 해설 32쪽

1 윗글의 서술상 특징으로 가장 적절한 것은?

◎ 8450-0164

① 서술자가 자신의 내면 심리를 서술하고 있다.
② 서술자를 교체하면서 새로운 사건을 도입하고 있다.
③ 서술자가 작중 상황과 사건을 전지적 시점으로 전달하고 있다.
④ 이야기 밖에서 서술자가 개입하여 인물에 대한 판단을 드러내고 있다.
⑤ 서술자는 과거와 현재를 반복적으로 교차시켜 사건에 입체감을 부여하고 있다.

2 윗글의 인물에 대한 설명으로 적절한 것은?

8450-0165

① '나'는 원고지를 뜯어 불태우고 있는 '형'을 말리고 있다.
② '형'은 '혜인'이 '나'를 싫어할 이유가 없다고 생각하고 있다.
③ '나'는 자신이 느끼는 아픔을 엄살로 치부하는 '혜인'을 비난하고 있다.
④ '아주머니'는 '형'과 '나'가 갈등하는 모습을 바라보며 안타까워하고 있다.
⑤ '형'은 '관모'를 만난 후 자신이 쓴 소설이 쓸모없어졌다고 생각하고 있다.

[3, 서술형 1~2] 다음 글을 읽고 물음에 답하시오.

> **◦ 보기 ◦**
>
> '병신과 머저리'는 구체적인 경험에 기반한 생생한 아픔을 지니고 있는 형과 뚜렷한 실체도 없이 무기력하게 자신을 포기하며 관념적인 아픔만을 가지고 있는 동생의 모습을 통해 아픔의 근원과 그 해소 방법을 제시해 주고 있다. 소설 쓰기로 아픔을 치유하고자 했던 형과 그림 그리기를 통해 아픔을 치유하고자 했던 동생이 대면하면서 서로의 아픔을 확인하며 갈등하고 있는데, 그 갈등은 형이 쓴 소설의 결말 처리 방식에 대한 입장의 차이로 나타난다. 형이 쓴 소설에는 전쟁 중 낙오된 '나(형)', 오관모, 김 일병이 등장하는데, 소설은 오관모가 자신의 생존을 위해 부상당한 김 일병을 버리려는 데서 멈춰 있었다. 동생은 형 몰래 소설 속의 '나(형)'가 김 일병을 죽여 그의 고통을 줄여 주는 것으로 결말을 쓴다. 하지만 형은 오관모가 김 일병을 죽이고, '나(형)'가 김 일병을 지속적으로 학대한 오관모를 죽이는 것으로 결말을 수정해 과거의 아픔을 치유하려 한다. 적극적인 대응 방식으로 치유의 가능성을 보여 준 형과, 소극적인 태도로 인해 여전히 아픔의 근원을 찾지 못하고, 자기만의 생각에 빠져 현실에서 도피하려고만 하는 동생의 모습을 통해 아픔을 해소할 수 있는 방법이 무엇인지 독자에게 제시해 주고 있다.

3 〈보기〉를 바탕으로 윗글을 감상한 것으로 적절하지 <u>않은</u> 것은?

8450-0166

① '6·25 전상자'인 형이 관모와 김 일병으로부터 의식이 자유롭지 못한 것은 구체적인 경험에 기반한 생생한 아픔을 지닌 것에서 비롯된 것이겠군.
② '기껏해야 김 일병이나 죽인 주제'라며 형이 '나'를 비난하는 것에서 소극적인 대응 방식을 보인 동생과의 갈등이 드러나는군.
③ '이제 형은 곧 일을 시작하게 될 것'이라는 '나'의 말에서 형이 아픔의 근원을 찾기 위해 끊임없이 고뇌할 것임을 짐작할 수 있겠군.
④ '아픔만이 있고 그 아픔이 오는 곳이 없는 나의 환부'에서 뚜렷한 실체가 없이 관념적인 아픔만을 가지고 있는 동생의 모습을 확인할 수 있군.
⑤ '깨어진 거울처럼 산산조각이 나 있'는 '나의 화폭'은 아픔의 근원을 찾지 못해 아픔의 치유에 실패한 동생의 처지를 드러낸 것으로 이해할 수 있군.

1 윗글과 〈보기〉를 참고하여 ㉠에 대해 구체적으로 서술하시오.

8450-0167

2 윗글과 〈보기〉를 참고하여 ㉡이 의미하는 바가 무엇인지 서술하시오.

8450-0168

※ 다음 글을 읽고 물음에 답하시오.

선생님을 언제나 그렇게 만든 것은 선생님이 지니고 계신 이상한 환부(患部)였을 것입니다. 내일 저와 식을 올릴 분은 선생님의 형님 되시는 분을 6·25 전쟁의 전상자라고 하더군요. 처음에는 저는 그 말을 알아들을 수가 없었지만 요즘의 병원 일과 소설을 쓰신다는 일, 술(놀라시겠지만 그분은 선생님의 형님과 친구랍니다.)에 관한 모든 이야기를 듣고는 어느 정도 납득이 갔어요. 그렇지만 정말로 저는 선생님에 대해서는 알 수가 없었어요. 6·25의 전상이 자취를 감췄다고 생각하면 오해라고, 선생님의 형님은 아직도 그 상처를 앓고 있다고 하시는 그분의 말을 듣고 저는 선생님을 생각했어요. 그렇다면 이유를 알 수 없는 환부를 지닌, 어쩌면 처음부터 환부다운 환부가 없는 선생님은 도대체 무슨 환자일까요. 더욱이 그 증상은 더 심한 것 같았어요. 그 환부가 어디에 위치해 있는지, 그것이 무슨 병인지조차 알 수 없다는 점에서 선생님의 증상은 더욱더 무겁고 위험해 보였지요. 선생님의 형님은 그 에너지와 어디에 근원 했건 자기를 주장해 왔고, 자기의 여자를 위해서 뭔가 싸워 왔어요.

몇 번의 입맞춤과 손길을 허락한 대가로 말씀드리는 것은 아닙니다. 제가 치료를 해 드릴 수 있었으면 하고 생각했었지만, 그것은 결국 선생님 자신의 힘으로밖에 치료될 수 없는 것이라는 것을 알게 되었습니다. 그렇게 되기를 빌 뿐입니다. / 그리고 이제 저는 어떻든 행복해지고 싶으며, 그러기 위해선 누구보다 먼저 자신이 자신을 용서해야 하리라는 조그만 소망 속에 이 글을 끝맺겠어요.

영영 열리지 않을 문의 성주(城主)에게

혜인 올림

"도련님, 오늘은 이 집에 무슨 못 불 바람이 불었나 보죠?"

가까스로 아이들을 돌보고 집으로 돌아오자, 아주머니는 전에 없이 웃는 얼굴이었다.

"바람이라뇨?" / 나는 말하면서 힐끗 형의 방을 들여다보았다. 형은 역시 부재중이었다.

"도련님 얼굴이 다른 날과 달라요." / 그것은 정말일지 모른다. 아주머니 자신의 표정이 다른 날과는 다르기 때문이다. / "무슨 일이 있었나요?" / "형님이 내일부터 병원 일을 시작하시겠대요."

아주머니는 어서 누구에게라도 그 말을 하려고 기다리고 있었던 듯 더 이상 참지 못하고 웃음의 비밀을 털어놓았다.

나는 형의 방으로 뛰어 들어가서 서랍을 열고 원고 뭉치를 꺼냈다.

잠시 나의 뇌수는 어떤 감정의 유발도 유보하고 있었다. 소설을 끝부분을 펼쳤다. 그리고는 거기 선 채로 나의 시선은 원고지를 쫓기 시작했다. 나의 감정은 다시 한 번 진공 속으로 빠져 들어갔다. 등을 보이고 쫓기던 사람이 갑자기 돌아섰을 때처럼 나는 긴장했다. 형의 소설은 끝이 달라져 있었다. 형은 내가 쓴 부분을 잘라 내고 자신이 다시 끝을 맺어 놓고 있었다. 형의 경험은 이 소설 속에서 얼마만큼 사실성을 유지하고 있는지는 모른다. 혹은 적어도 이 끝부분만은 형의 완전한 픽션인지도 모른다. 형은 나의 추리를 완전히 거부해 버리고 있었다.

1 혜인의 편지 내용을 바탕으로 ⓐ, ⓑ에 들어갈 내용을 서술하시오.

⊙ 8450-0169

'나'	아픔의 원인	이유를 알 수 없음. 어쩌면 처음부터 환부다운 환부가 없을 수 있음.
	아픔을 대하는 태도	아무것도 책임질 능력이 없음. 적극적으로 대응하지 않고 안으로 숨어 버림.
형	아픔의 원인	ⓐ
	아픔을 대하는 태도	ⓑ

5 박완서, '겨울 나들이'

작품 안으로 **주제**: 가족 간의 사랑을 통한 전쟁의 상처 극복

특징: 이 작품은 중년 여성인 '나'가 남편에 대한 배신감과 삶에 대한 허탈감에서 벗어나기 위해 겨울 여행을 떠났다가 우연히 만난 고부의 이야기를 중심으로 한 소설이다. 전쟁으로 겪은 가족의 비극을 끈끈한 사랑으로 극복하는 고부의 이야기를 통해 삶의 참다운 의미를 찾고 있는 작품이다.

작품 밖으로 1975년에 발표된 단편 소설로, 작가 개인의 체험에 근거한 6·25 전쟁의 참상을 증언하고 그 상처의 회복을 희구하는 소설이다. 박완서는 6·25 전쟁의 소용돌이 속에서 오빠를 잃은 비통한 가족사를 여러 편의 소설에서 다루면서 가족사를 바탕으로 하여 6·25 전쟁의 참상을 증언하고 그 상처의 회복을 희구하는 소설을 창작했을 뿐만 아니라, 중산층의 허위의식을 비판하는 소설을 많이 발표했다.

내용 구조도

여행을 떠남
남편에 대한 배신감으로 삶에 대한 허무를 느껴 여행을 떠남.

↓

여인숙에서 고부를 만남
전쟁으로 남편을 잃고도 시어머니와 아들을 극진히 보살피는 며느리의 모습에 감동을 받음.

↓

집으로 돌아갈 결심을 함
가족의 소중함을 깨달으며 집으로 돌아가기로 함.

어휘 풀이

*새되다: 목소리가 높고 날카롭다.

*난사: 활, 대포, 총 따위를 제대로 겨냥하지 아니하고 아무 곳에나 마구 쏨.

*고질병: 오랫동안 앓고 있어 고치기 어려운 병.

*허랑하다: 언행이나 상황 따위가 허황하고 착실하지 못하다.

*점괘: 점을 쳐서 나오는 괘. 이 괘를 풀이하여 길흉을 판단함.

*맥맥하: '맥맥이'의 북한어. 끊임없이 줄기차게.

"*몰라요, 몰라요. 정말 난 모른단 말예요." / 소름이 쪽 끼치고 간담이 서늘해지는 처참한 비명이었다. 그녀도 뛰어나가고 그녀의 남편까지도 엉겁결에 뛰어나갔다. 잠깐 아무도 분별력이 없었다. 저만치 뒷간 모퉁이에 패잔병인 듯싶은 지치고 남루한 인민군 서너 명이 일제히 총부리를 시어머니에게 겨누고 있었다. 그들도 놀란 것 같았다. 그들은 처음부터 누굴 해치려고 나타났다기보다는 그냥 시어머니와 마주쳤거나 마주친 김에 옷이나 먹을 것을 달랄 작정이었는지도 모른다. 그런데 그들이 무슨 말을 걸기도 전에 시어머니는 그 자리에 꼼짝도 못 하고 못 박힌 채 고개만 미친 듯이 저으며 "몰라요, 난 몰라요."를 딴사람같이 드높고 새된* 소리로 되풀이했다. 패잔병 중 한 사람의 눈에 살기가 번뜩이는가 하는 순간 총이 그녀의 남편을 향해 난사*됐다. 그녀의 남편은 처참한 모습으로 나동그라지고 그들도 어디론지 도망쳤다. 이런 일은 일순에 일어났다.

*그 후 거의 실성하다시피 한 시어머니를 오랫동안 극진히 봉양한 끝에 어느 만큼 회복은 됐지만 그때 뒷간 모퉁이에서 죽길 기를 쓰고 흔들어 대던 도리질만은 그때 같은 박력만 가셨다뿐 멈출 줄 모르는 고질병*이 되고 말았다. 그래서 도리도리 할머니라는 이 동네 명물 할머니가 됐다.

아주머니는 이런 얘기를 조금도 수다스럽지 않고 담담하고 고즈넉하게 했다.

"이젠 고쳐 드려야겠다는 생각보다 도와 드려야겠다는 생각뿐이에요."

"도와 드리다뇨? 어떻게요?" / "당신 임의로는 못 하시는 일이고, 얼마나 힘이 드시겠어요. 삼시 잡숫는 거라도 정성껏 잡숫게 해 드리고 몸 편케 보살펴 드리고, 뭐, 그런 거죠. 대사업을 완수하시고 돌아가시는 날까지 그거야 못 해 드리겠어요."

치매(癡呆)가 된 채 허구한 날 도리질이나 해 대는 걸 '대사업'이라고 하는 아주머니의 농담에 웃으려다 말고 입을 다물었다. 아주머니의 태도가 조금도 농담 같지 않아서였다. 정말 대사업을 힘껏 보필하는 이의 사명감과 긍지로 아주머니의 얼굴이 은은히 빛나 보이기까지 했다. 나는 어쩌면 이 아주머니야말로 ⓐ대사업을 하고 있는 게 아닌가 하는 생각이 들면서 등골에 전율이 지나갔다. / 점심값과 방값이 도합 팔백 원이라고 했다. 나는 천 원을 내주면서 그냥 넣어 두세요 했다. 아주머니는 내가 불쾌할 만큼 굽실굽실 고마워했다. 아까 점심을 시킬 때도 그랬지만 통틀어 천 원인데 몇 푼 떨어지겠다고 저렇게 비굴하게 구나 싶었다. 아주머니의 비굴한 태도가 싫은 건 그만큼 내가 아주머니를 아끼고 좋아하기 때문일지도 몰랐다. 그러고도 그 아주머니의 비굴한 태도는 몸에 배지 않고 어색하게 겉돌아 더 보기 흉했다. 〈중략〉

"어제 글쎄 서울서 이상한 편지가 왔답니다." / "아드님한테서요?"

"아뇨. 아들이 하숙하고 있는 주인집 아주머니한테서요. 벌써 일 주일이 넘도록 아들이 하숙집에 들어오지를 않는다는군요. 평소 품행이 허랑한* 학생 같으면 이만 일로 고자질 같은 건 않겠

구절 풀이

*몰라요, 몰라요. 정말 난 모른단 말예요: 숨어 있는 아들의 위치를 모른다는 의미의 노파의 비명 소리로, 노파가 인민군과 마주치자 당황하여 내뱉은 말이다.

*그 후 거의 실성하다시피 ~ 고질병이 되고 말았다: 자신이 외친 비명으로 인해 아들이 죽게 되자 노파는 실성을 하게 되고, 그 후유증으로 도리질을 계속하게 된다. 노파의 도리질은 아들을 지키고 싶었던 어머니의 자식에 대한 사랑을 의미한다.

는데 하도 착실한 학생이었던지라 만의 하더라도 무슨 일이 있는 게 아닌가 싶어 알리는 거니 어머니가 한번 올라와 수소문을 해 보는 게 어떻겠느냐는 사연이었어요. 허랑한 학생 아니더라도 제 집도 아니고 하숙집이겠다 나가서 친구집 같은 데서 며칠 자고 들어올 수도 있는 일 아니겠어요? 그만 일로 편지질을 해서 사람을 놀라게 하는 하숙집 주인도 주인이지만 나도 나죠, 괜히 온갖 방정맞은 생각이 다 나지 뭡니까. 어젯밤에 한잠도 못자고 뒤척이면서 온갖 주접을 다 떨다 미신을 하나 만들어 냈는데, 글쎄 그게……." / "ⓒ미신이라뇨?"

"네, 주책이죠. 오늘 우리 여인숙에 손님이 들어 그 돈으로 노자를 해 갖고 서울 가면 아들의 신상에 아무 일이 없을 게고, 꽁꽁 뭉쳐 논 돈을 헐어서 노자로 쓰게 되면 아들의 신상에 좋지 않은 일이 있을 게고, 뭐 이런 거랍니다. 이렇게 정해 놓고 손님을 기다리려니 어찌나 초조하고 애가 타는지 혼났어요. 그런데 손님이 내가 만든 미신의 좋은 쪽 점괘(占卦)*가 돼 주신 거죠. 정말 고마워요."

아주머니는 또 한 번 고마워했다. 나는 그런 기묘한 방법으로 외아들의 신상에 대한 크나큰 근심을 달래려 들었던 이 과부 아주머니에 대한 연민으로 가슴이 찐했다. 내가 점괘가 됐다는 게 조금도 언짢지 않았다.

"그럼 곧 떠나시겠네요." / "네 준빈 다 됐어요. 이웃사람에게 어머님 부탁도 해놨구요. 이제 곧 온천장으로 나가는 네 시 반 버스만 오면 돼요."

"동행하게 됐군요." / "참 그렇군요. 네 시 반 버스로 온천장으로 나가신댔지……"

"아뇨. 서울까지 동행할 거예요." / 나도 오늘 안으로 서울로 가리라는 결정을 나는 순식간에 내렸고, 그러자 마음이 그렇게 편안해질 수가 없었다. 아주머니가 시어머니에게 다녀오겠다는 인사를 하러 들어갈 때 나도 따라 들어갔다. 고부(姑婦) 간의 비슷하게 늙은 손이 서로 꼭 맞잡았다.

"어머님, 저 서울 좀 다녀오겠어요. 물건 살 것도 좀 있고 방학인데도 공부 핑계로 안 내려오는 태식이 녀석도 보고 싶고 해서요. 어머님은 뒷집 삼순이가 잘 보살펴 드릴 거예요. 아무 걱정 마시고 진지 많이 잡수셔야 돼요."

알아들었는지 못 알아들었는지 노파는 여전히 고개만 살래살래 흔들었다. 나에겐 그 도리질이 '몰라요 몰라요'가 아니라 '며늘아, 태식이 녀석에겐 아무 일도 없어, 글쎄 아무 일도 없다니까. 우리가 무슨 죄가 많아서 그 녀석에게까지 무슨 일이 있겠니?' 하는 것처럼 보였다.

나는 불현듯 아직도 마주 잡고 있는 고부의 손 위에 내 손을 포개 보고 싶어졌다. 남남끼리이면서 가장 친한 두 손, 대사업의 동업자끼리이기도 한 이 두 손 사이를 맥맥히* 흐르는 그 무엇을 직접 내 손으로 맥짚어 보고, 느끼고, 오래 기억해 두고 싶었다. 마치 이 세상 온갖 것 중 허망하지 않은 단 하나의 것에 닿아 볼 수 있는 처음이자 마지막 기회라도 되는 듯이 나는 감지덕지 그 일을 했다. 거칠지만 푸근한 두 손 위에 유약한 한 손이 경건하게 보태졌다.

"할머니, 안녕히 계세요." / 노파는 고개만 살래살래 흔들었지만 나는 노파가 "너는 결코 헛살지만은 않았어, 암, 헛살지 않았고 말고." / 하는 것처럼 느꼈다.

진단 체크 답 1. 대사업 2. 여인숙

1 아주머니는 시어머니의 도리질을 무엇이라고 말하는지 찾아 쓰시오.
2 아주머니가 운영하고 있는 것은 무엇인지 찾아 쓰시오.

Ⅱ. 현대 소설 **115**

1 다음 ⓐ~ⓔ에 나타난 '나'의 심리 변화 과정을 이해한 것으로 적절하지 **않은** 것은? ● 8450-0170

| ⓐ 아주머니에게 노파에 관한 이야기를 들음. | → | ⓑ 점심값과 방값을 지불함. | → | ⓒ 아주머니의 아들에 대한 이야기를 들음. | → | ⓓ 아주머니와 '나'가 동행하기로 함. | → | ⓔ 아주머니와 함께 '노파'에게 인사를 하러 감. |

① ⓐ에서 '나'는 시어머니를 봉양하는 '아주머니'의 이야기를 들으며 '아주머니'의 삶에 경외감을 느끼고 있다.
② ⓑ에서 '나'는 자신에게 비굴할 만큼 굽실거리며 고마워하는 '아주머니'의 모습에 불쾌감을 느끼고 있다.
③ ⓒ에서 '나'는 자신이 '아주머니'가 만든 미신의 점괘가 된 것에 대해 언짢아하고 있다.
④ ⓓ에서 '나'는 오늘 안으로 서울로 가겠다는 결정을 내리며 마음의 안정을 느끼고 있다.
⑤ ⓔ에서 '나'는 노파의 도리질을 통해 자신이 살아왔던 삶이 결코 헛되지 않았다는 위안을 느끼고 있다.

2 다음은 윗글을 읽은 학생이 선생님의 설명을 듣고 쓴 감상문이다. 윗글의 맥락과 선생님의 설명을 고려할 때, 감상문의 내용으로 적절하지 **않은** 것은? ● 8450-0171

> 선생님: 제시된 장면에 나타나지는 않지만, '나' 또한 전쟁으로 인해 상처받은 사람이라고 할 수 있습니다. '나'의 남편은 전쟁 중 이북에 노부모와 아내를 남겨 두고 어린 딸 하나만 업고 내려 온 빈털터리였지요. 무명 화가였던 남편과 결혼한 '나'는 평생을 남편과 의붓딸의 상처를 보듬으며 살아갑니다. 하지만 어느 날 남편이 딸을 모델로 그림을 그리는 것을 본 후, 남편이 북에 두고 온 아내를 그리워하는 것은 아닌가 생각하며 자신의 삶에 대한 허탈감을 느끼게 되고 여행을 떠나게 되죠. 그 여행지에서 바로 만나게 된 것이 노파와 아주머니입니다. 이 소설은 전쟁으로 인해 상처받은 사람들이 가족애를 통해 가족의 아픔을 이해하고 자신이 헌신하면서 그 아픔을 치유하는 과정을 보여 주고 있습니다.

학생의 감상문

뒷간 모퉁이에서 갑자기 인민군과 마주친 노파. ①'몰라요, 몰라요. 정말 난 모른단 말예요.'를 외친 노파의 비명은 간담이 서늘할 정도로 처참했다. 하지만 ②노파의 그 비명은 결국 아들을 죽음에 이르게 한다. 아들을 죽음에 이르게 했다는 충격 때문이었을까? ③노파는 실성을 하고 결국 도리질을 습관적으로 하게 된다. ④노파의 병을 고쳐 드리겠다는 일념으로 지금까지 포기하지 않고 백방으로 좋은 약을 구하기 위해 애쓰는 '아주머니'의 모습은 감동적이다. 가족애를 통한 '아주머니'의 헌신. '아주머니'와 '노파'의 모습을 보며 '나'는 자신의 삶을 떠올렸을 것이다. ⑤전쟁으로 인해 이북에 아내를 두고 월남할 수밖에 없었던 남편의 상처를 이해하게 되며, 가족에게 헌신했었던 자신의 삶 또한 허탈하지 않았다는 것을 깨닫게 된 것은 아닐까?

3 '아주머니'가 ⓛ을 만들게 된 이유로 가장 적절한 것은? ● 8450-0172

① 노파의 건강을 염원하는 마음으로
② 자식이 성공을 기원하는 마음으로
③ 자식에게 별일 없길 바라는 마음으로
④ 서울에 다녀갈 핑계를 만들기 위해서
⑤ 손님을 많이 받아 자식의 학비를 벌기 위해서

1 윗글을 바탕으로 '나'가 생각하는 ⓛ의 의미를 쓰시오. ● 8450-0173

[1~2] 다음 글을 읽고 물음에 답하시오.

　　남편은 출가한 딸을 모델로 그림을 그리고 있었다. 극도로 단순화, 동화화한 풍경이나 동물을 즐겨 그릴 뿐, 인물이 남편의 그림에 등장하는 걸 거의 본 적이 없는 나는 적이 놀랐다. 그리고 그 인물화는 남편의 종래의 화풍과는 전연 다른 끔찍하도록 섬세하고 생생하고 사실적인 그림이었다. 그렇게 똑같이 닮게 그린 그림이 좋은가 나쁜가는 둘째고 나는 울컥 혐오감부터 느꼈다. 혼(魂)까지 옮아 붙은 영정을 보는 느낌이었다. 더욱 질린 건 모델인 딸과 화가인 남편이 이루고 있는 미묘한 분위기였다. 부드럽고 따습고 만족한 교감은 사랑하는 부녀 사이의 그것으로 이해할 수 있었으나 부녀 이상의 비밀스러운 무엇인가가 있었다. 둘이만 친하고 싶은 눈치가 역력했다. 둘은 나를 예의 바르게 반겼는데도 나는 밀려난 것처럼 느꼈다.

　　출가해서 삼 년째, 갓 돌 지난 첫 애를 두고 있는 딸은 처녀 때와는 또 다른 윤택하고 기품 있는 아름다움으로 소파에 단정히 앉아 있었다. 한창때구나 하는 찬탄과 동시에 섬광처럼 눈부시게 어떤 깨달음이 왔다. 그렇지 꼭 저맘때였겠구나! 남편이 난리통에 첫 번째 아내와 생이별한 게 꼭 첫 번째 아내가 지금 딸만한 나이 때였겠구나 하는 깨달음은 나에게 얼마나 충격적이었던가. 더군다나 딸은 내 친딸이 아니고 남편과 첫 번째 아내와의 사이에서 난 딸이었다. 딸은 엄마를 닮는 법이다. 남편은 딸을 통해 이북에 두고 온 당시의 아내의 모습을 되살렸음에 틀림없다. 나는 그 여자보다 훨씬 손아래지만 지금 남편 옆에서 볼품없는 꼴로 늙어 가는데 그 여자는 남편의 가슴속에 지금의 딸의 모습처럼 빛나는 젊음과 아름다움으로 간직돼 있었구나 싶자 질투가 독사 대가리처럼 고개를 드는 걸 느꼈다. 여자의 질투를 위해선 휘어잡을 머리채가 마련돼 있어야 하는 법이다. 그러나 나는 지금 누구의 머리채를 휘어잡을 수 있단 말인가. 나는 점잖게 예사롭게 굴 수밖에 없었고, 그건 여간만 고통스러운 게 아니었다. ㉠발산시키지 못한 질투심은 서서히 여지껏 산 게 온통 헛산 것 같은 허탈감으로 이어졌다.

[A] ⎡　　사느라고 열심히 살았건만······. 이북에 노부모와 아내를 남겨 두고 어린 딸 하나만 업고 내려온 빈털터리, 게다가 나이는 나보다 열두 살이나 더 많고 직업도 불안정한 무명 화가를 불쌍해하다가 그만 사랑하게 돼서 결혼까지 하고 홀아비와 어미 없는 어린 것의 궁기를 닦아내고, 사랑하고, 섬기며 살아온 게 큰 허탕을 친 것처럼 억울하게 여겨졌다. 속아 산 것 같은, 헛산 것 같은 기분은 씹으면 씹을수록 고약해서 나는 얼굴을 찡그렸다. 어디가 아프냐고 남편과 딸이 근심스러운 듯이 물었다. 나는 속상한 일이 좀 있는데 어디로 훨훨 혼자 여행이나 떠나고 싶다고 했다. ⎣

　　"하필 이 겨울에 혼자서 여행을?"

　　남편이 놀라다 못해 신기해했다. 요 며칠 혹독한 추위가 계속되고 있었다. 문득 아틀리에의 창을 통해 해골 같은 가로수와 인적이 드뭇한 얼어붙은 보도가 내려다 보였다. 나는 이런 을씨년스러운 도시의 겨울 풍경에 느닷없이 뭉클한 감동을 맛보았다. 그리고 그냥 투정처럼 해 본 여행 소리가 비로소 현실감을 갖고 다가왔다. 정말 당장 떠나리라 마음먹었다. 서울을 떠나 보고 싶다거나 남편 곁을 떠나 보고 싶다거나 하느니보다는 여지껏 악착같이 집착했던 내가 이룩한 생활을 헌신짝처럼 차 버리고 훨훨 자유로워지고 싶었다.

1　㉠의 이유에 대해 구체적으로 서술하시오.　　　　　　　　　　○ 8450-0174

2　[A]의 서술상 특징에 대해 서술하시오.　　　　　　　　　　○ 8450-0175

6 김훈, '남한산성'

→ 작품 안으로 **주제**: 척화파와 주화파의 대립과 병자호란의 치욕

특징: 병자호란을 배경으로 명에 대한 명분을 내세우며 청나라와 싸워야 한다고 주장하는 척화론자 김상헌과 상황이 어려우니만큼 화친을 하여 위기를 타개해 나가야 한다는 주화론자 최명길의 대립과 갈등을 섬세하게 보여 주고 있는 소설로, 간결하면서도 힘 있는 문장으로 척화파와 주화파 사이에서 갈등하는 임금의 내면을 깊이 있게 묘사하였다.

← 작품 밖으로 2007년에 발표된 김훈의 역사 소설로, 병자호란을 둘러싼 치욕의 역사를 다루고 있다. 47일 동안 남한산성에서 벌어진 기록을 담고 있으며, 청나라의 침입으로 인한 조정의 저항과 삼전도의 굴욕적인 항복 등의 역사적 사건을 현대적 정서에 맞게 재구성하고 있다.

내용 구조도

예조 판서 김상헌
싸우자. (척화론)

↑

용골대의 문서

↓

이조 판서 최명길
화친을 하자. (주화론)

내용 연구
● 작가의 말
소설 '남한산성'은 우리 민족의 패배와 치욕에 관한 역사를 담고 있다. 어떤 민족의 역사도 영광과 자존만으로 이루어지지 않는다. 거기에는 반드시 치욕과 패배가 있다. 나는 그걸 딛고 넘어서는 과정이 중요하다고 생각한다.

임금이 승지를 불렀다. 승지가 당상의 뒷전에 꿇어앉아 용골대의 문서를 소리 내어 읽었다.

　너희가 선비의 나라라더니 손님을 대하여 어찌 이리 무례하냐. 내가 군마를 이끌고 의주에 당도했을 때 너희 관아는 비어 있었고, 지방 수령이나 군장 중에 나와서 맞는 자가 없었다. …… 너희가 나를 깊이 불러들여서 결국 너희의 마지막 성까지 이르렀으니, 너희 신료* 들 중에서 물정을 알고 말귀가 터진 자가 마땅히 나와서 나를 맞아야 하지 않겠느냐. 나의 말이 예에 비추어 어긋나는 것이냐. ……

승지가 마저 읽기를 머뭇거렸다.

*너희 군신이 그 춥고 궁벽한 토굴 속으로 들어가 한사코 웅크리고 내다보지 않으니 답답하다.

승지가 읽기를 마치고 물러갔다. 임금이 혼잣말처럼 중얼거렸다.
"적들이 답답하다는구나."
이조 판서 최명길이 헛기침으로 목청을 쓸어내렸다. 최명길의 어조는 차분했다.
"전하, 적의 문서가 비록 무도* 하나 신들을 성 밖으로 청하고 있으니 아마도 화친할 뜻이 있을 것이옵니다. 적병이 성을 멀리서 둘러싸고 서둘러 취하려 하지 않음도 화친의 뜻일 것으로 헤아리옵니다. 글을 닦아서 응답할 일은 아니로되 신들을 성 밖으로 내보내 말길* 을 트게 하소서."
예조 판서 김상헌이 손바닥으로 마루를 내리쳤다. 김상헌의 목소리가 떨려 나왔다.
"화친이라 함은 국경을 사이에 두고 논할 수 있는 것이온데, 지금 적들이 대병을 몰아 이처럼 깊이 들어왔으니 화친은 가당치 않사옵니다. 심양에서 예까지 내려온 적이 빈손으로 돌아갈 리도 없으니 화친은 곧 투항일 것이옵니다. 화친으로 적을 대하는 형식을 삼더라도 지킴으로써 내실을 돋우고 싸움으로써 맞서야만 화친의 길도 열릴 것이며, 싸우고 지키지 않으면 화친할 길은 마침내 없을 것이옵니다. 그러므로 화(和), 전(戰), 수(守)는 다르지 않사옵니다. 적의 문서를 군병들 앞에서 불살라 보여서 싸우고 지키려는 뜻을 밝히소서."
최명길은 더욱 낮은 목소리로 말했다.
"예판의 말은 말로써 옳으나 그 헤아림이 얕사옵니다. 화친을 형식으로 내세우면서 적이 성을 서둘러 취하지 않음은 성을 말려서 뿌리 뽑으려는 뜻이온데, 앉아서 말라 죽을 날을 기다릴 수는 없사옵니다. 안이 피폐하면 내실을 도모할 수 없고, 내실이 없으면 어찌 나아가 싸울 수 있겠사옵니까. 싸울 자리에서 싸우고, 지킬 자리에서 지키고, 물러설 자리에서 물러서는 것이 사리일진대 여기가 대체 어느 자리이겠습니까. 더구나……." / 김상헌이 최명길의 말을 끊었다.
"이거 보시오, 이판. 싸울 수 없는 자리에서 싸우는 것이 전이고, 지킬 수 없는 자리에서 지키는 것이 수이며, 화해할 수 없는 때 화해하는 것은 화가 아니라 항(降)이오. 아시겠소? 여기가 대체 어느 자리요?” / 최명길은 김상헌의 말에 대답하지 않고 임금을 향해 말했다.

“예판이 화해할 수 있는 때와 화해할 수 없는 때를 말하고 또 성의 내실을 말하나, 아직 내실이 남아 있을 때가 화친의 때이옵니다. 성안이 다 마르고 시들면 어느 적이 스스로 무너질 상대와 화친을 도모하겠나이까.” / 김상헌이 다시 손바닥으로 마루를 때렸다.

“이판의 말은 몽매하여 본말*이 뒤집힌 것이옵니다. 전이 본(本)이고 화가 말(末)이며 수는 실(實)이옵니다. 그러므로 전이 화를 이끌어 내는 것이지 그 반대가 아니옵니다. 더구나 천도가 전하께 부응하고, 전하께서 실덕(失德)하신 일이 없으시며 또 이만한 성에 의지하고 있으니 반드시 싸우고 지켜서 회복할 길이 있을 것이옵니다.”

최명길의 목소리는 더욱 가라앉았다. 최명길은 천천히 말했다.

“상헌의 말은 지극히 의로우나 그것은 말일 뿐입니다. 상헌은 말을 중히 여기고 생을 가벼이 여기는 자이옵니다. 갇힌 성안에서 어찌 말의 길을 따라가오리까.”

김상헌의 목소리에 울음기가 섞여 들었다.

“전하, 죽음이 가볍지 어찌 삶이 가볍겠습니까. 명길이 말하는 생이란 곧 죽음입니다. 명길은 삶과 죽음을 구분하지 못하고, 삶을 죽음과 뒤섞어 삶을 욕되게 하는 자이옵니다. *신은 가벼운 죽음으로 무거운 삶을 지탱하려 하옵니다.” / 최명길의 목소리에도 울음기가 섞여 들었다.

“전하, 죽음은 가볍지 않사옵니다. 만백성과 더불어 죽음을 각오하지 마소서. 죽음으로써 삶을 지탱하지는 못할 것이옵니다.” / 임금이 주먹으로 서안을 내리치며 소리 질렀다.

“어허, 그만들 하라. 그만들 해.” / 최명길은 계속 말했다.

[A]
“전하, 그만할 일이 아니오니 신의 말을 막지 마옵소서. 장마가 지면 물이 한 골로 모이듯 말도 한곳으로 쏠리는 것입니다. 성안으로 들어오기 전부터 묘당*의 말들은 이른바 대의로 쏠려서 사세를 돌보지 않으니, 대의를 말하는 목소리는 크고 사세*를 살피는 목소리는 조심스러운 것입니다. 사세가 말과 맞지 않으면 산목숨이 어느 쪽을 쫓아야 하겠습니까. 상헌은 우뚝하고 신은 비루하며, 상헌은 충직하고 신은 불민한 줄 아오나 상헌을 충렬의 반열에 올리시더라도 신의 뜻을 따라 주시옵소서.”

김상헌은 다시 고개를 들었다.

[B]
“묘당의 말들이 그동안 화친을 배척해 온 것은 말이 쏠린 것이 아니옵고 강토를 보전하고 군부를 지키는 대의를 향해 공론이 아름답게 모인 것이옵니다. 뜻이 뚜렷하고 근본이 굳어야 사세를 살필 수 있을 것이온데, 명길이 저토록 조정의 의로운 공론을 업신여기고 종사*를 호구(虎口)*에 던지려 하니 명길이 과연 전하의 신하이옵니까?”

임금이 다시 주먹으로 서안을 내리쳤다.

진단 체크

정답 1. 차분한 2. 손바닥으로 마루를 내리치는 행위를 반복하며 화를 내고 있다.

1. 용골대가 보낸 문서를 들은 최명길은 □□□ 어조로 임금에게 말을 했다.

2. 최명길의 이야기를 들은 김상헌이 어떤 행위를 반복하며 화를 내고 있는지 쓰시오.

1 윗글을 읽고 다음과 같이 정리할 때, ⓐ~ⓓ에 들어갈 말로 가장 적절한 것은?　　● 8450-0176

	김상헌
주장	ⓐ
근거	ⓑ

➡ 상황: 적들이 대병을 몰고 조선으로 들어와 남한산성을 둘러싸고 있음. ⬅

	최명길
주장	ⓒ
근거	ⓓ

	ⓐ	ⓑ	ⓒ	ⓓ
①	싸우자	전투가 화친을 이끌어 낼 것이다.	화친하자	화친을 통해 전투를 이끌어 낼 수 있다.
②	싸우자	조정의 공론보다는 일이 되어 가는 형세를 고려해야 한다.	화친하자	대의를 따라야 한다.
③	싸우자	치욕스럽게 사느니 차라리 죽기를 각오하고 싸워서 지켜야 한다.	화친하자	만백성의 목숨은 소중하므로 화친을 해야 한다.
④	화친하자	화친은 조선에 내실이 있을 때 가능한 것이다.	싸우자	화해를 하는 것은 화친이 아니라 투항이다.
⑤	화친하자	적병이 성을 둘러싸고 있을 뿐 아직 쳐들어오지 않았으니 적 또한 화친할 생각이 있을 것이다.	싸우자	화친이란 국경을 두고 논할 수 있는 것인데, 적이 여기까지 왔으니 빈손으로 돌아갈 리가 없다.

2 윗글의 '임금'에 대한 평가로 가장 적절한 것은?　　● 8450-0177

① 자신의 세력을 과시하고 있군.
② 옳고 그름을 제대로 가릴 줄 아는군.
③ 융통성이 없이 원칙을 고수하고 있군.
④ 문제를 개선하기 위해 백방으로 노력하고 있군.
⑤ 양쪽의 의견을 듣느라 결단을 내리지 못하고 있군.

3 [A]와 [B]의 말하기 방식에 대한 설명으로 적절하지 않은 것은?　　● 8450-0178

① [A]는 직설적인 표현을 활용하여 상대방의 결단을 촉구하고 있다.
② [A]는 비유적인 표현을 포함하여 자신이 하고자 하는 말을 전하고 있다.
③ [B]는 고사(故事)를 활용하여 자신의 주장이 옳음을 강조하고 있다.
④ [B]는 다른 인물의 잘못된 행동을 지적하며 상대방에게 호소하고 있다.
⑤ [A]와 [B]는 모두 질문의 방식을 활용하여 상대방의 생각을 한쪽으로 유도하고 있다.

1 〈보기〉를 바탕으로 윗글에서 조정 대신들이 용골대 일행과 싸우자고 말한 근본적인 이유를 서술하시오.　　● 8450-0179

> ● 보기 ●
>
> 　17세기 후금은 만주 지역에서 세력을 넓혀 갔고, 칭제 사실을 알리기 위해 후금 사신 용골대 일행은 조선에 입국하게 된다. 당시 조선 지식인들은 명을 섬겨 온 예의와 명분을 수호하기 위해 후금과의 모든 관계를 끊고 결전의 길로 나가야 한다고 말한 척화파와, 후금과 형제 관계를 유지하도록 끝까지 노력해야 한다고 주장했던 주화파가 있었다.

※ 다음 글을 읽고 물음에 답하시오.

칸은 구층 단 위에서 기다렸다. 황색 일산이 강바람에 펄럭였다. 칸은 남향으로 앉아서 기다리고 있었다.

강화도에서 끌려온 빈궁과 대군과 사녀들이 칠층 단 서쪽에 꿇어앉았고, 구층 단으로 오르는 계단 양쪽에 청의 왕자와 군장들이 깃발을 세우고 도열했다. 철갑무사들이 방진(方陣)으로 단을 외호했고, 꽃단장에 머리를 틀어 올린 조선 기녀 이백 명이 단 아래서 악기를 펼쳤다.

들을 건너오는 조선 왕의 대열이 한낮의 아지랑이 속에서 흔들렸다. 구부러진 들길을 따라서 대열은 길게 이어졌다. 야산 모퉁이를 돌아서 대열은 다가왔다. 대열은 느리게, 천천히, 물 흐르듯 다가왔다. 칸은 실눈으로 대열을 살폈다. 조선 왕은 청병의 푸른 군복을 입고 칸이 보낸 호마 위에 올라 있었다. 칸이 용골대에게 물었다.

"조선 왕은 거동 때 깃발을 쓰지 않느냐?" / "의물을 일절 쓰지 말라고 일렀사옵니다."

"어허, 뭐 그럴 것까지야……."

대열이 삼전도 청진 안으로 들어왔다. 청의 포병들이 강 쪽으로 홍이포를 쏘아서 조선 왕의 도착을 알렸다. 조선 왕의 대열이 구층 단 아래 도착했다.

조선 왕이 말에서 내렸다. 조선 왕은 구층 단 위의 황색 일산을 향해 읍했다. 멀어서 칸의 얼굴은 보이지 않았다. 단 위에서 칸이 말했다. 말은 들리지 않았다. / 정명수가 계단에 내려와 칸의 말을 조선 왕에게 전했다.

"내 앞으로 나오니 어여쁘다. 지난 일을 말하지 않겠다. 나는 너와 더불어 앞일을 말하고자 한다."

조선 왕이 말했다.

"황은이 망극하오이다."

정명수가 계단을 뛰어 올라가 조선 왕의 말을 전했다.

청의 사령이 목청을 빼어 길게 소리쳤다. / "일 배요!"

조선 왕이 구층 단 위를 향해 절했다. 세자가 왕을 따랐다. 조선 기녀들이 풍악을 울리고 춤추었다. 기녀들의 소맷자락과 치마폭이 바람에 나부꼈다. 풍악 소리가 강바람에 실려 멀리 퍼졌다. 홍이포가 터지고, 청의 군장들이 여진 말로 함성을 질렀다.

조선 왕은 오랫동안 이마를 땅에 대고 있었다. 조선 왕은 먼 지심 속 흙냄새를 빨아들였다, 볕에 익은 흙은 향기로웠다. 흙냄새 속에서 살아가야 할 아득한 날들이 흔들렸다. 조선 왕은 이마로 땅을 찧었다.

청의 사령이 다시 소리쳤다. / "이 배요!"

조선 왕이 다시 절을 올렸다. 기녀들이 손을 잡고 펼치고 좁히며 원무를 추었다. 풍악이 자진모리로 바뀌었다. 춤추는 기녀들의 동작이 빨라졌다. 속곳이 펄럭이고 머리채가 흔들렸다. 다시 홍이포가 터지고 함성이 일었다. 조선 왕이 삼 배를 마쳤다.

1 〈보기〉는 윗글을 지은 작가의 말이다. 〈보기〉를 고려할 때, 작가가 윗글을 통해 강조하고자 한 것이 무엇인지 서술하시오.

◐ 8450-0180

● 보기 ●

소설 '남한산성'은 병자호란이라는 우리 민족의 패배와 치욕에 관한 역사를 담고 있다. 어떤 민족의 역사도 영광과 자존만으로 이루어지지 않는다. 거기에는 반드시 치욕과 패배가 있다. 나는 그걸 딛고 넘어서는 과정이 중요하다고 생각한다.

03 산업화와 소외

❶ 양귀자, '비 오는 날이면 가리봉동에 가야 한다'

➡️ **작품 안으로** **주제**: 소시민들 사이에 벌어지는 일상의 갈등과 화해

특징: 도시 하층민의 정직한 노동을 소재로 한 소설로, 도시 하층민의 정직한 노동과 삶의 애환을 통해 중산층의 허위의식을 고발함으로써 인간에 대한 신뢰의 회복을 모색하는 작품이다.

⬅️ **작품 밖으로** 1980년대 서민들의 모습을 그린 소설로, 도시 변두리에 사는 사람들의 삶을 그린 연작 소설 "원미동 사람들" 11편 중 한 편이다. "원미동 사람들"은 작가가 1982년에 부천 원미동으로 이사해서 겪은 일들에 대한 이야기이다. 작가는 이 작품을 통해 타자에 대한 진정한 이해와 존중의 중요성을 이야기하고 있다.

내용 구조도

임 씨에 대한 '그'와 아내의 태도

공사 전	임 씨가 제시한 견적서가 터무니없다고 생각함. 임 씨의 원래 직업이 연탄장수라는 것을 알고 임 씨를 의심하게 됨.
공사 후	공사 비용을 임 씨에게 듣고 놀라며 임 씨를 의심한 자신을 부끄러워함.

꼭 필요한 내용 연구

● **초점 화자**

전지적 시점의 서술자라 하더라도 특정 인물의 시각에 의존해서 이야기를 하는 경우가 있다. 이때 그 특정 인물을 초점 인물 혹은 초점 화자라고 한다. 이 작품은 전지적 시점이지만 '그'의 시선에 의존하여 서술되고 있으므로, '그'를 초점 화자라고 할 수 있다.

임 씨의 머릿속에서 굴러다니고 있을 숫자들에 잔뜩 애를 태우고 있는 스스로가 정말이지 역겨웠다.

[A]
"됐습니다, 사장님. 이게 말입니다. 처음엔 파이프가 어디서 새는지 모르니 전체를 뜯을 작정으로 견적을 뽑았지요. 아까도 말씀드렸지만 일이 썩 간단하게 되었다 이 말씀입니다. 그래서 노임*에서 사만 원이 빠지고 시멘트도 이게 다 안 들었고, 모래도 그렇고, 에, 쓰레기 치울 용달차도 빠지게 되죠. 방수액도 타일도 반도 못 썼으니 여기서도 요게 빠지고 또…….""

임 씨가 볼펜심으로 쿡쿡 찔러 가며 조목조목 남는 것들을 설명해 갔지만 그의 귀에는 제대로 들리지 않았다. 뭔가 단단히 잘못되었다는 기분, 이게 아닌데, 하는 느낌이 어깨의 뻐근함과 함께 그를 짓누르고 있을 뿐이었다. / "그렇게 해서 모두 칠만 원이면 되겠습니다요."

선언하듯 임 씨가 분홍 편지지를 아내에게 내밀었다. 놀란 것은 그보다 아내 쪽이 더 심했다. 그녀는 분명 칠만 원이란 소리가 믿기지 않는 모양이었다. / "칠만 원요? 그럼 옥상은…….""

"옥상에 들어간 재료비도 여기에 다 들어 있습니다. 그거야 뭐 몇 푼 되나요."

"그럼 우리가 너무 미안해서…….""

아내가 이번에는 호소하는 눈빛으로 그를 쳐다보았다. 할 수 없이 그가 끼어들었다.

"계산을 다시 해 봐요. 처음에는 십팔만 원이라고 했지 않소?"

"이거 돈을 더 내시겠다 이 말씀입니까? 에이, 사장님도. 제가 어디 공일 해 줬나요. 조목조목 다 계산에 넣었습니다요. 옥상 일한 품값은 지가 써비스로다가…….". / "써비스?"

그는 아연해서* 임 씨의 말을 되받았다. / "그럼요. 저도 써비스할 때는 써비스도 하지요."

그는 입을 다물어 버렸다. 뭐라 대꾸할 말이 없었다.

"토끼띠이면서도 사장님이 왜 잘 사는가 했더니 역시 그렇구만요. 다른 집에서는 노임 한 푼이라도 더 깎아 보려고 온갖 트집을 다 잡는데 말입니다. 제가요, 이 무식한 노가다*가 한 말씀 드리자면요, 앞으로 이 세상 사시려면 그렇게 마음이 물러서는 안 됩니다요. 저는요, 받을 것 다 받은 거니까 이따 겨울 돌아오면 우리 연탄이나 갈아 주세요."

임 씨는 아내가 내민 칠만 원을 주머니에 쑤셔 넣고 자리에서 일어섰다.

그는 일 층 현관까지 내려가 임 씨를 배웅하기로 했다. 어두워진 계단을 앞서거니 뒤서거니 내려가면서 임 씨는 연장 가방을 몇 번이나 난간에 부딪혔다. 시원한 밤공기가 현관 앞을 나서는 두 사람을 감쌌고 그는 무슨 말로 이 사내를 배웅할 것인가를 궁리해 보았다. 수고했다라는 말도, 고맙다는 말도 이 사내의 그 '써비스'에 대면 너무 초라하지 않을까. 그때 임 씨가 돌연 그의 팔목을 꽉 움켜잡았다.

"사장님요, 기분도 그렇지 않은데 제가 맥주 한잔 살게요. 가십시다." 〈중략〉

"가리봉동에 가면 곰국이 나와요?"

임 씨가 따라주는 잔을 받으면서 그는 온몸을 휘감는 술기운에 문득 머리를 내둘렀다. 아까부터 비 오는 날에는 가리봉동에 간다는 임 씨의 말이 술기운과 더불어 떠올랐다.

"곰국만 나오냐. 큰놈 자전거도 나오고 우리 농구 선수 운동화도 나오지요. 마누라 빠마값도 쑥 빠집니다요. 자그마치 팔십만 원이오, 팔십만 원. 제기랄. 쉐타 공장 하던 놈한테 일 년 내 연탄을 대 줬더니 이놈이 연탄값 떼어먹고 야반도주*했어요. 공장이 망했다고 엄살을 까길래, 내 마음인들 좋았겠소. 근데 형씨. 아, 그놈이 가리봉동에 가서 더 크게 공장을 차렸지 뭡니까. 우리네 노가다*들, 출신이 다양해서 그런 소식이야 제꺼덕 들어오지요, 뭐."

"그럼 받아야지, 암. 받아야 하구말구." / 그는 딸꾹질을 시작했다. 임 씨에게 술을 붓는 손도 정처 없이 흔들렸다. 그에 비하면 임 씨의 기세 좋은 입만큼은 아직 든든하다.

"누군 받기 싫어 못 받수. 줘야 받지. 형씨, 돈 있는 놈은 죄다 도둑놈이오. 쫓아가면 지가 먼저 울상이네. 여공들 노임도 밀렸다, 부도가 나서 그거 메우느라 마누라 목걸이까지 팔았다고 지가 먼저 성깔 내." / "죽일놈."

그는 스웨터 공장 사장을 눈앞에 그려본다. 빤질빤질한 상판에 배는 툭 불거져 나왔겠지.

"그게 작년 일인데, 형씨 올 여름에 비가 오죽 많았소. 비만 오면 가리봉동에 갔지요. 비만 오면 갔단 말이오." / "아따, 일년 삼백육십오 일 비 오는 날은 쎄고 쎘디 머시 그리 걱정이당가요?" 김 반장이 맥주를 새로 가져오며 임 씨를 놀려 먹었다.

"시끄러, 임마. 비가 와야 가리봉동에 가지, 비가 와야……."

"해 뜨는 날은 돈 벌어서 좋고, 비 오는 날은 돈 받아서 좋고, 조오타!" 〈중략〉

"난 말요. 이 토끼띠 사내는 말요, 보증금 백오십만 원에 월세 삼만 원짜리 지하실 방에서 여섯 식구가 살고 있소. 가리봉동 그 새끼는 곧 죽어도 맨션아파트요, 맨션아파트!"

임 씨는 주먹을 흔들며 맨션아파트라고 외쳤는데 그의 귀에는 꼭 맨손아파트처럼 들렸다.

"돈 받으러 갈 시간도 없다구. 마누라는 마누라대로 벽돌 찍는 공장에 나댕기지, 나는 나대로 이 짓해서 벌어야지. 그래도 달걀 후라이 한 개 마음 놓고 못 먹는 세상!" / 임 씨의 목소리가 거칠어졌다. 술이 너무 과하지 않나 해서 그는 선뜻 임 씨에게 잔을 돌리지 못하고 있었다.

"돌고 돌아서 돈이라고? 돌고 도는 돈 본 놈 있음 나와 보래! 우리 같은 신세는 평생 이 지랄로 끝장이야. 돈? 에이! 개수작 말라고 해." / 임 씨가 갑자기 탁자를 내리쳤다. 그 바람에 기우뚱거리던 맥주병이 기어이 바닥으로 나뒹굴면서 요란한 소리를 내었다.

"참고 살다 보면 나중에는……." / "모두 다 소용없는 일이야!"

임 씨의 기세에 눌려 그는 또 말을 맺지 못하고 입을 다물었다. 나중에는 임 씨 역시 맨션아파트에 살게 되고 달걀 프라이쯤은 역겨워서, 곰국은 물배만 채우니 싫어서 갖은 음식 타박에 비 오는 날에는 양주나 찔끔거리며 사는 인생이 될 것이다, 라고 말할 수는 없었다. *천 번 만 번 참는다고 해서 이 두터운 벽이, 오를 수 없는 저 꼭대기가 발밑으로 걸어와 주는 게 아님을 모르는 사람이 그 누구인가. / 그는 임 씨의 핏발 선 눈을 마주 보지 못하였다. 엉터리 견적으로 주인 속이는 일꾼이라고 종일토록 의심하며 손해볼까 두려워 궁리를 거듭하던 꼴을 눈치채이지는 않았는지, 아무래도 술기운이 확 달아나 버리는 느낌이었다.

진단 체크

1 '지하실 방'과 대조되는 공간으로서 부유한 사람들이 사는 공간을 가리키는 것을 찾아 쓰시오.
2 임 씨의 아내가 일하러 다니는 곳을 찾아 쓰시오.

답 1. 맨션아파트 2. 벽돌 찍는 공장

1 [A]에 나타난 '임 씨'에 대한 설명으로 가장 적절한 것은? ◐ 8450-0194

① 타인을 위해 자신을 희생하는 헌신적인 사람
② 막노동을 하지만 자신의 일에 대한 자부심이 강한 사람
③ 정해진 시간에 구애받지 않고 일을 하는 책임감 있는 사람
④ 자기가 앞장서서 궂은일을 도맡아 하는 솔선수범하는 사람
⑤ 받아야 할 비용에 대해서만 정직하게 청구하는 양심적인 사람

2 다음은 '임 씨'와 술자리를 한 후 '그'가 쓴 일기이다. 윗글의 맥락을 고려할 때 적절하지 <u>않은</u> 것은? ◐ 8450-0195

> 오늘 임 씨에게 집 목욕탕 공사를 맡기면서 나는 처음에 그가 엉터리 견적으로 주인을 속이는 일꾼이라고 종일 의심했었다. ①임 씨가 공사비를 계산할 때, 나는 그가 공사비로 얼마를 요구할지 무척 애를 태우면서 터무니없는 금액을 제시하면 깎아야겠다고 다짐했다. 그런데 공사비를 듣고는 ②나는 뭔가 단단히 잘못되었다는 기분에 마음이 무거웠다. ③아내 또한 너무 싼 비용에 놀라며 임 씨에게 미안해했지만, 임 씨는 받을 돈은 다 받았다며 옥상 공사는 서비스로 해 준거라고 말을 했다. ④나는 임 씨를 배웅하면서 어떤 말로 그에게 배웅을 할 것인가 아무리 궁리해 보아도, 그가 베푼 서비스에 비하면 너무 초라한 말들인 것 같아 아무 말도 할 수 없었다. 그런데 임 씨가 갑자기 나에게 술 한잔을 하자고 제안했고, 나는 그와 술을 마시면서 그의 삶에 대한 이야기를 들었다. ⑤그와 이야기를 나누며 나는 혹시 내가 그를 의심했었던 일을 그가 눈치채지는 않았는지 몹시 부끄러웠고, 나의 삶을 되돌아보게 되었다.

3 〈보기〉의 ⓐ, ⓑ를 중심으로 윗글을 감상한 것으로 적절하지 <u>않은</u> 것은? ◐ 8450-0196

> **보기**
>
> '비 오는 날이면 가리봉동에 가야 한다'는 연작 소설 "원미동 사람들" 11편 중 한 편으로, ⓐ도시 변두리 주민의 삶을 사실적으로 형상화하면서, ⓑ세속적이고 탐욕스러운 현대인들에게 반성을 촉구하고 있다. 또한 타자에 대한 불신이 이해와 공감으로 바뀌게 되는 과정을 통해 공동체의 삶의 방향을 모색하고 있다.

① 일년 내내 연탄을 대 주고도 연탄값 팔십만 원을 떼인 임 씨의 상황은 ⓐ에 해당하겠군.
② 월세 삼만 원짜리 지하실 방에서 여섯 식구와 살고 있는 임 씨의 상황은 ⓐ에 해당하겠군.
③ 돈 받으러 갈 시간도 없이 일을 해도 달걀 프라이조차 맘 편히 못 먹는 임 씨의 상황은 ⓐ에 해당하겠군.
④ 줄 돈이 없다며 신세타령을 하면서도 맨션아파트에 사는 스웨터 공장 사장의 모습은 ⓑ에 해당하겠군.
⑤ 나중에 임 씨 역시 맨션아파트에서 살게 될 것이라는 말을 차마 하지 못하는 그의 모습은 ⓑ에 해당하겠군.

1 '임 씨'가 '비 오는 날'에만 가리봉동에 가는 이유는 무엇인지 서술하시오. ◐ 8450-0197

2 '그'가 상상한 '스웨터 공장 사장'의 모습을 윗글에서 찾아 쓰고, 그 모습을 통해 엿볼 수 있는 '스웨터 공장 사장'의 성격을 윗글의 맥락을 고려하여 서술하시오. ◐ 8450-0198

[1~2] 다음 글을 읽고 물음에 답하시오.

"당신이 지금 가서 따져 봐요. 저런 사람들 돈이라면 무슨 거짓말을 못 하겠어요. 괜히 견적만 거창하게 뽑아 놓고 일은 그 반값도 못 미치게 하자는 속임수가 틀림없어요. 우리 같은 사람이 어떻게 공사판 내용을 다 알겠어요. 이렇다 하면 그런갑다 하고 믿는 게 예사지."

아내는 애가 달았다. 이럴 줄 알았으면 이곳저곳에 견적을 뽑아 보고 시킬 것을 그랬다는 둥, 괜히 주 씨 말만 믿고 덥석 일을 맡겼다가 돈만 속게 되었다는 둥, 저런 양심으로 일을 하니 연탄 배달 신세 못 면하는 것 아니냐는 둥, 종국에는 임 씨의 반지르한 말솜씨마저 다 검은 속셈을 감추기 위한 게 아니냐는 말까지 쏟아져 나왔다.

"그런 작자한테 일 잘한다고 추켜세우지를 않나, 원……."

아내는 눈까지 흘기면서 부엌으로 돌아갔다. 갑자기 그릇 부딪치는 소리가 요란해진 걸 보니 아내는 억울하게 빼앗길 돈 생각에 잔뜩 울화가 솟구치는 모양이었다. 하기야 언제까지 원미동 구석에 처박혀 살겠느냐고 벌써부터 서울 집값을 수소문하면서 아라비아 숫자들을 나열해 보곤 하던 아내였으니까 너무한다고 나무랄 것도 없었다. 전철을 타고 한강을 건널 때면 멀리 강변을 따라 우뚝 솟아 있는 고층 아파트를 보는 일이 괴롭다고 하소연한 적도 있었던 그녀였다. 공장 그을음이 깔려 있는 영등포를 지나 한강을 건너 서울로 들어갈 때의 기분과 서울에서 나올 때 한강을 건너는 기분은 사뭇 다르다고 말하던 그녀였다.

다락 용도로나 쓰임 직한 부엌 옆 골방까지 방 셋에 마루·부엌·욕실까지 어엿하게 꾸며진 집에서 살게 되었을 때의 흐뭇함은 일 년도 못 되어 거지반 사라지고 만 셈이었다. 서울에서 살 때의 그 끝없는 허둥댐, 떠돌아다님의 정처 없음과는 다르겠지만 ⊙이곳 원미동에서의 생활 역시 좀체 뿌리가 박히지는 않았다. 무엇보다도 잦은 공사로 그간 안정을 누리는 일 따위와는 거리가 멀었던 까닭도 있지만 간단히 말하면 그와 그의 아내는 서울에 대한 미련을 버리지 못하고 있는 중이었다. 〈중략〉

임 씨에게 잔뜩 당했다고 믿고 있는 아내는 점심상을 내놓을 때까지도 얼굴이 굳어 있었다. 하다못해 많이들 드시라는 입에 발린 인사조차 내밀지 않아서 그가 오히려 민망하였다. 게다가 밥상에는 두 그릇의 밥만 올려져 있었다. ⊙그의 몫의 식사는 함께 준비하지 않은 것이었다.

"내 밥도 가져와. 아저씨들이랑 함께 먹어 치우지 뭐."

그는 짐짓 소탈하게 아내를 채근했다.

"나중에 어머님이랑 함께 드세요. 아직 이르잖아요."

아침 식사한 지가 얼마나 되었느냐는 아내의 말이었지만 인부들과 겸상으로 차릴 수 없다는 아내다운 발상임을 그는 모르지 않았다.

1 윗글의 맥락을 고려할 때, ⊙의 의미에 대해 서술하시오. ◐ 8450-0199

2 '그'의 '아내'가 ⓒ과 같이 행동을 한 이유를 '아내'의 심리를 중심으로 서술하시오. ◐ 8450-0200

② 임철우, '사평역'

➡ 작품 안으로   **주제**: 산업화에 밀려 소외된 사람들의 삶과 그들의 내면 풍경
  특징: 이 작품은 눈이 내리는 겨울, 한적한 시골 역사인 사평역을 배경으로 막차를 기다리는 익명의 사람들의 내면 풍경을 액자식으로 구성한 작품이다.

⬅ 작품 밖으로   곽재구 시인의 시 '사평역에서'에서 영감을 얻어 1983년 《민족과 문학》에 발표한 임철우의 단편 소설이다. 가상의 공간인 '사평역'이라는 쓸쓸하고 퇴락한 간이역에서 막차를 기다리는 아홉 사람들은 당대 시대와 계층을 대표하는 전형적 인물들이다. 이들이 회상하는 삶의 모습을 통해 작가는 1970~1980년대 산업화 이면에 묻혀 버린 소외된 사람들의 쓸쓸한 내면 풍경을 서정적 문체로 아름답게 그려 내고 있다.

내용 구조도

사평역
- 완행열차만 서는 간이역
- 사람들이 막차를 기다리는 공간

↓

사람들이 사평역에 모여듦.

삶에 대한 성찰의 계기를 제공함.

↓

사람들이 막차를 탐

다시 각자에게 남겨진 삶으로 돌아감.

어휘 풀이

*간이역: 일반 역과는 달리 역무원이 없고 정차만 하는 역.
*안온: 조용하고 편안함.
*국민학교: 초등학교의 전 용어.
*톱밥 난로: 톱밥을 원료로 하는 난로.

---

*막차는 좀처럼 오지 않았다. / 별로 복잡한 내용이랄 것도 없는 장부를 마저 꼼꼼히 확인해 보고 나서야 늙은 역장은 돋보기안경을 벗어 책상 위에 놓고 일어선다.

벌써 삼십 분이나 지났군. / 출입문 위쪽에 붙은 낡은 벽시계가 여덟 시 십오 분을 가리키고 있다. 하긴 뭐 벌써라는 말을 쓰는 것도 새삼스럽다고 그는 고쳐 생각한다. 이렇게 작은 산골 간이역*에서 제시간에 정확히 도착하는 완행열차를 보기가 그리 쉬운 일은 아님을 익히 알고 있는 탓이다. 더구나 오늘은 눈까지 내리고 있지 않은가.

[A] 역장은 손바닥을 비비며 창가로 다가가더니 유리창 너머로 무심히 시선을 던진다. 건널목 옆 외눈박이 수은등이 껑충하게 서서 홀로 눈을 맞으며 희뿌연 얼굴로 땅바닥을 내려다보고 있다. 송이눈이다. 갓난아이의 주먹만 한 눈송이들은 어둠 저편에 까맣게 숨어 있다가 느닷없이 수은등의 불빛 속에 뛰어들어 오면서 뚱그렇게 놀란 표정을 미처 지우지 못한 채 땅바닥으로 곤두박질치고 있다. 굉장한 눈이다. 바람도 그리 없는데 눈발이 비스듬히 비껴 날리고 있다. 늙은 역장은 조금은 근심스러운 기색으로 유리창에 얼굴을 바짝 대어 본다. 하지만 콧김이 먼저 재빠르게 유리창에 달라붙어 뿌연 물방울을 만들었기 때문에 소매로 훔쳐 내야 했다. 철길은 아직까지는 이상이 없었다.

그는 두 줄기 레일이 두툼한 눈을 뒤집어쓴 채 멀리 뻗어 나간 쪽을 바라본다. 낮엔 철길이 저만치 산모퉁이를 돌아가는 모습까지 뚜렷이 보였다. 봄날 몸을 푼 강물이 흐르듯 반원을 그리며 유유히 산모퉁이를 돌아 사라지는 철길의 끝을 보고 있노라면 마치도 모든 걸 다 마치고 평온하게 죽음을 맞이하는 어느 노년의 모습처럼 그것은 퍽이나 안온*하고 평화로운 느낌을 주곤 하는 것이다. 하지만 지금, 철길은 훨씬 앞당겨져서 끝나 있다. 수은등 불빛이 약해지는 부분에서부터 차츰 희미해져 가다가 이윽고 흐물흐물 녹아 버렸는가 싶게 철길은 더 이상 볼 수가 없다. *그 저편은 칠흑 같은 어둠이다. 어둠에 삼켜져 버린 철길의 끝이 오늘 밤은 까닭 없이 늙은 역장의 가슴 한구석을 썰렁하게 만든다. 그는 공연히 어깨를 떨어 보며 오른편 유리창 쪽으로 몸을 돌린다. 그쪽은 대합실과 접해 있는 이를테면 매표구라고 불리는 곳이다.

역장은 먼지 낀 유리를 통해 대합실 안을 대충 휘둘러본다. 대합실이라고 해야 고작 국민학교* 교실 하나 정도의 크기이다. 일제 때 처음 지어졌다는 그 작은 역사 건물은 두 칸으로 나뉘어져서 각각 사무실과 대합실로 쓰이고 있는 터였다. 대개의 간이역이 그렇듯이 대합실 내부엔 눈에 띌 만한 시설물이라곤 거의 없다. 유난히 높은 천장과 하얗게 회칠한 사방 벽 때문에 열 평도 채 못 되는 공간이 턱없이 넓어 보여서 더욱 을씨년스러운 느낌을 준다. 천장까지 올라가 매미마냥 납작하니 붙어 있는 형광등의 불빛이 실내 풍경을 어슴푸레하게 드러내 주고 있다.

구절 풀이
*막차는 좀처럼 오지 않았다.: 곽
재구의 시 '사평역에서'의 일부
를 인용하여 소설의 첫 부분에
제시하고 있다.
*그 저편은 칠흑 같은 어둠이다.:
등장인물들의 고단한 삶과 암울
한 미래를 암시한다.
*한가운데에 톱밥 난로가 ~ 달
라붙어 있다.: 톱밥 난로 하나뿐
인 대합실 안의 썰렁하고 초라
한 풍경을 통해 난로에 달라붙
은 세 사람도 삶이 고달픈 인물
들일 것임을 짐작하게 한다.

지금 대합실에 남아 있는 사람은 모두 다섯이다. *한가운데에 톱밥 난로*가 놓여져 있고 그 주위로 세 사람이 달라붙어 있다. 난로는 양철통 두 개를 맞붙여서 세워 놓은 듯한 꼬락서니로, 그나마 녹이 잔뜩 슬어 있어서 그간 겨울을 몇 차례나 맞고 보냈는지 어림잡기조차 힘들다. 난로의 허리께에 톱날 모양으로 촘촘히 뚫린 구멍 새로는 톱밥이 타들어 가면서 내는 빨간 불빛이 내비치고 있다. 하지만 형편없이 낡아 빠진 그 난로 하나로 겨울밤의 찬 공기를 덥히기에는 어림도 없을 듯싶다.

난롯가에 모여 있는 셋 중 한 사람만 유일하게 등받이 없는 의자에 앉아 있는데, 그러고 있는 것도 힘겨운지 등 뒤에 서 있는 사람의 팔에 반쯤 기댄 자세로 힘없이 안겨 있다. 그는 아까부터 줄곧 콜록거리고 있는 중늙은이로, 오래 앓아 오던 병이 요즘 들어 부쩍 심해져서 가까운 도회지의 병원을 찾아가려는 길이라는 것을 역장도 알고 있다. 등을 떠받치고 있는 건장한 팔뚝의 임자는 바로 노인의 아들이다. 대합실에 있는 다섯 사람 가운데에서 그들 두 부자만이 역장에겐 낯익은 인물들이다.

그 곁에서 난로를 등진 채 불을 쬐고 있는 중년의 사내는 처음 보는 얼굴이다. 마흔은 넘었을까 싶은 사내는 싸구려 털실 모자에 때 묻은 구식 오바를 걸쳐 입었는데 첫눈에도 무척 음울해 뵈는 표정을 지니고 있다. 길게 자란 턱수염이며, 가무잡잡한 얼굴 그리고 유난히 번뜩이는 눈빛이 왠지 섬뜩하다. 오랜 세월을 햇볕 한 오라기 들지 않는 토굴 속에 갇혀 보낸 사람처럼 사내의 눈은 기묘한 광채마저 띠고 있다. 〈중략〉

톱밥이 부족할 것 같은데……. / 창 너머 그들을 하나하나 둘러보다가 문득 난로 쪽을 슬쩍 쳐다보며 늙은 역장은 중얼거린다. 불을 지핀 게 두어 시간 전이니 지금쯤은 톱밥이 거의 동이 났을 것이다.

톱밥은 역사 바깥의 임시 창고에 저장해 놓고 있었다. 월동용 톱밥이 필요량의 절반 정도밖에 남아 있지 않다는 사실을 역장은 아까서야 알았다. 미리미리 충분한 톱밥을 확보해 두는 것은 김 씨가 맡은 일이었지만 미처 확인하지 못한 자신에게도 책임은 있다고 역장은 생각한다. 역원이라고 해야 역장인 자신까지 합해 기껏 세 명뿐이니 서로 책임을 확실히 구분 지을 수 있는 일 따위란 애당초 있을 턱이 없었다. 하필 이날따라 사무원인 장 씨는 자리를 비우고 없는 참이었다. 아내의 해산일이라고 어제 아침 고향인 K시로 달려갔으므로 그가 돌아올 때까지는 역장은 김 씨와 둘이서 교대로 야근을 해야 할 처지였다.

진단 체크

1 대합실의 크기를 표현한 부분을 찾아 쓰시오.
2 대합실에 있는 사람들 중 역장에게 낯익은 인물은 누구인지 쓰시오.

답 1. 오랜 세월을 햇볕 한 오라기 들지 않는 토굴 속에 갇혀 보낸 사람 2. 노인과 그 아들

실력 다지기

정답과 해설 37쪽

1 [A]에 대한 설명으로 가장 적절한 것은?

8450-0201

① 공간의 이동을 통해 사건을 전개하고 있다.
② 풍경을 묘사함으로써 작품의 분위기를 조성하고 있다.
③ 요약적 제시를 통해 인물이 살아온 내력을 서술하고 있다.
④ 이야기 안의 서술자가 자신이 관찰한 사건을 서술하고 있다.
⑤ 구체적인 행위를 열거하여 인물을 해학적으로 형상화하고 있다.

2 역장이 Ⓐ, Ⓑ를 보며 느낀 심리나 생각으로 적절하지 <u>않은</u> 것은? ⏵ 8450-0202

① Ⓐ: 눈발이 많이 날리는 것을 보며 역장은 철길에 이상이 생기지는 않을지 근심하고 있다.

② Ⓐ: 칠흑 같은 어둠으로 인해 끝이 보이지 않은 철길은 역장의 마음을 허전하게 하고 있다.

③ Ⓑ: 마흔이 넘었을까 싶은 중년 사내의 눈빛을 보며 역장은 섬뜩함을 느끼고 있다.

④ Ⓑ: 병든 노인과 그의 아들을 보며 역장은 효심이 지극한 아들을 둔 노인을 부러워하고 있다.

⑤ Ⓑ: 낡아 빠진 난로를 보며, 난로 하나로 겨울밤의 찬 공기를 덥히기에는 역부족이라 생각하고 있다.

3 윗글은 〈보기〉의 시에서 영감을 얻어 창작한 소설이다. 윗글과 〈보기〉를 비교한 것으로 적절하지 <u>않은</u> 것은? ⏵ 8450-0203

> ● 보기 ●
>
> 막차는 좀처럼 오지 않았다. / 대합실 밖에는 밤새 송이눈이 쌓이고 / 흰 보라 수수꽃 눈시린 유리창마다 톱밥 난로가 지펴지고 있었다. // 그믐처럼 몇은 졸고 / 몇은 감기에 쿨럭이고 //
>
> 그리웠던 순간들을 생각하며 나는 / 한줌의 톱밥을 불빛 속에 던져 주었다. //
>
> 내면 깊숙이 할 말들은 가득해도 / 청색의 손바닥을 불빛 속에 적셔 두고 / 모두들 아무 말도 하지 않았다. //
>
> 산다는 것이 때론 술에 취한 듯 / 한 두릅의 굴비 한 광주리의 사과를 / 만지작 거리며 귀향하는 기분으로 / 침묵해야 한다는 것을 / 모두들 알고 있었다. //
>
> 오래 앓은 기침소리와 / 쓴약 같은 입술 담배 연기 속에서 / 싸륵싸륵 눈꽃은 쌓이고// //
>
> 그래 지금은 모두들 / 눈꽃의 화음에 귀를 적신다. // 자정 넘으면 / 낯설음도 뼈아픔도 다 설원인데 //
>
> 단풍잎 같은 몇 잎의 차장을 달고 / 밤열차는 또 어디로 흘러가는지 //
>
> 그리웠던 순간들을 호명하며 나는 / 한 줌의 눈물을 불빛 속에 던져 주었다.
>
> — 곽재구, '사평역에서'

유사점	• 대합실 안의 사람들이 사평역에서 막차를 기다리고 있는 상황 ·································· ①
	• 눈이 내리고 대합실 안에 톱밥 난로가 지펴지고 있는 배경 ································· ②
	• 대합실 안의 사람들이 과거를 회상하며 지난날의 삶을 성찰하고 있음. ···················· ③
차이점	• 〈보기〉와 달리 윗글에서는 대합실 안의 사람들의 외양을 구체적으로 묘사하고 있음. ······ ④
	• 윗글은 역장의 시선에 초점을 맞춰 서술하고 있고, 〈보기〉는 '나'의 시선으로 시상을 전개하고 있음. ·· ⑤

1 막차가 예정된 시간보다 늦게 오는 이유를 윗글에서 찾아 서술하시오. ⏵ 8450-0204

[1~2] 다음 글을 읽고 물음에 답하시오.

"흐유. 산다는 게 대체 뭣이간디……." / 불현듯 누군가 나직이 내뱉었다.

그러자 사람들은 그 말꼬리를 붙잡고 저마다 곰곰이 생각해 보기 시작한다. 정말이지 산다는 게 도대체 무엇일까……. / 중년 사내에겐 산다는 일이 그저 벽돌담 같은 것이라고 여겨진다. 햇볕도 바람도 흘러들지 않는 폐쇄된 공간. 그곳엔 시간마저도 아무런 흔적을 남기지 않는다. 마치 이 작은 산골 간이역을 빠른 속도로 무심히 지나쳐 가 버리는 특급 열차처럼……. 사내는 그 열차를 세울 수도 탈 수도 없다는 것을 잘 알고 있다. 그러면서도 여전히 기다릴 도리밖에 없다는 것. 그것이 바로 앞으로 남겨진 자기 몫의 삶이라고 사내는 생각한다.

농부의 생각엔 삶이란 그저 누가 뭐해도 흙과 일뿐이다. 계절도 없이 쳇바퀴로 이어지는 노동. 농한기라는 겨울철마저도 융자금 상환과 농약값이며 비료값으로부터 시작하여 중학교에 보낸 큰아들놈의 학비에 이르기까지 이런저런 걱정만 하다가 보내고 마는 한숨 철이 되고 만 지도 오래였다. 삶이란 필시 등뼈가 휘도록 일하고 근심하다가 끝내는 늙고 병들어 죽는 것이리라고 여겨졌으므로, 드디어 어려운 문제를 풀어냈다는 듯이 농부는 한숨을 길게 내쉰다.

서울 여자에겐 돈이다. 그녀가 경영하고 있는 음식점 출입문을 들어서는 사람들은 모조리 그녀에겐 돈으로 뵌다. 어서 오세요. 입에 붙은 인사도 알고 보면 손님에게가 아니라 돈에게 하는 말일 게다. 그래서 뚱뚱이 여자는 식사를 마치고 나가는 손님들에게 결코 안녕히 가세요, 라는 말은 쓰지 않는다. 또 오세요다. 그녀는 가난을 안다. 미친 듯 돈을 벌어서, 가랑이를 찢어 내던 어린 시절의 배고픈 기억을 보란 듯이 보상받고 싶은 게 그녀의 욕심이다. 〈중략〉 그녀는 두 아들을 끔찍이 사랑했다. 소중한 두 아들과 또 그들을 행복하게 만드는 데에 쓰여질 돈, 그 두 가지만 있으면 과부인 그녀의 삶은 그런대로 만족할 것도 같다.

춘심이는 애당초 그런 골치 아픈 얘기는 생각하기도 싫어진다. 산다는 게 뭐 별것일까. 아무리 허덕이며 몸부림을 쳐 본들, 까짓 것 혀 꼬부라진 소리로 불러 대는 청승맞은 유행가 가락이나 술 취해 두들기는 젓가락 장단과 매양 한 가지일걸 뭐. 그래서 춘심이는 술이 좋다. 아무것도 생각나지 않게 해 주는 술님이 고맙다. 그래도 춘심이는 취하면 때로 울기도 하는데 그 까닭이야말로 춘심이도 모를 일이다.

㉠대학생에겐 삶은 이 세상과 구별할 수 없는 그 무엇이다. 스물셋의 나이인 그에게는 세상 돌아가는 내력을 모르고, 아니 모른 척하고 산다는 것은 절대로 용서할 수 없다. 그런 삶은 잠이다. 마취 상태에 빠져 흘려보내는 시간일 뿐이라고 청년은 믿고 있다. 하지만 그는 얼마 전부터 그런 확신이 조금씩 흔들리기 시작하는 걸 느끼고 있다. 유치장에서 보낸 한 달 남짓한 기억과 퇴학. 끓어오르는 그들의 신념과는 아랑곳없이 이루어지고 있는 강의실 밖의 질서……. 그런 것들이 자꾸만 청년의 시야를 어지럽히고 혼란을 일으키고 있는 중이다.

1 윗글의 인물들이 '산다는 것'을 빗대어 표현한 것을 찾아 빈칸에 쓰시오. ❍ 8450-0205

인물	산다는 것
중년 사내	
농부	
서울 여자	
춘심이	
대학생	

2 ㉠의 신념이 흔들리게 된 이유를 윗글에서 찾아 쓰시오. ❍ 8450-0206

❸ 공선옥, '명랑한 밤길'

↳ **작품 안으로** **주제**: 소외된 사람들의 아픔과 건강한 극복 의지에 대한 가능성

특징: 이 작품은 실연으로 인해 좌절하는 가난한 여성인 '나'와 외국인 근로자들인 '깐쭈'와 '싸부딘'의 삶을 연결 지은 소설이다. 실연으로 인해 절망감을 안고 돌아오는 밤길에 '나'는 우연히 두 외국인 근로자의 대화를 엿듣게 된다. 어려운 환경 속에서 꿋꿋이 살아가는 그들의 뒷모습을 바라보며, '나'도 크게 노래를 부르며 명랑하게 밤길을 걸어간다.

↤ **작품 밖으로** '명랑한 밤길'은 2007년에 발간된 소설집 "명랑한 밤길"에 수록된 공선옥의 단편 소설로, 진솔한 삶의 체험을 바탕으로 우리 사회의 소외된 이웃들에게 따뜻한 연민의 시선을 보내고 있다. 이 작품은 공동체 구성원 간의 교류와 상호 존중이 건강한 삶의 조건이라는 점을 강조하고 있다.

내용 구조도

'나'	• 치매에 걸린 어머니를 부양함. • 이혼한 언니, 연대 보증을 서서 신용 불량자가 된 오빠들 • 도시에서 온 남자에게 실연당함.
깐쭈·싸부딘	• 가난한 가족들의 삶 • 사장에게 임금을 제대로 받지 못함.

↓

'노래'를 부르며 명랑하게 밤길을 걸음으로써 힘든 상황을 극복하려는 소외된 사람들의 모습

어휘 풀이

*조소: 흉을 보듯이 빈정거리거나 업신여김. 또는 그렇게 웃음.
*융단 폭격: 여럿 또는 많은 수의 폭격기가 일정한 지역을 대상으로 적절하게 폭격하는 일.

비가 그친 저녁 하늘 한귀퉁이에 **오랜만에 별**이 보였다. 별은 두꺼운 구름 사이, 간신히 찢어진 틈으로 위태롭게 **빛나고 있었다**. 남자의 집까지는 걸어서 한 시간이다. 나는 밤길을 천천히 걸어갔다. 병원에서 늦게 퇴근하거나 먼 소재지에서 놀다가 집으로 오는 길이 무서울 때도 있었다. 그러나 지금은 그렇지 않다. 내가 애써 가꾼, 무공해로 가꾼 고추와 상추와 치커리와 가지를 주면서 나는 남자에게 물어볼 것이다. 지난날의 어느 한밤에 당신이 보고 싶다고 나를 불러내서 한 말을 잊었느냐고. 〈중략〉

그는 집에 있었다. 집 안에서는 음악 소리가 났고 그리고 그는 **여전히 나를 집에 들이지 않았다**. 나는 내가 가지고 간 것들을 남자에게 내밀었다. 위태롭게 반짝거리던 **몇 낱의 별**들은 어느 사이 다시 **두꺼운 구름 너머로 사라졌다**.

"무공해 채소예요." / "무공해고 뭐고 인제 그만 가져오세요."

"나는 당신에게 이 채소들을 갖다 주기 위해 지난 봄 내내 마당을 일구어 텃밭으로 만들었어요. 텃밭을 일구는 동안 손에서 피가 나기도 했죠."

[A] "나는 연이 씨에게 손에서 피가 나도록 텃밭을 일구라고 한 적이 없어요."

"나는 당신 집에 오는 택시비 때문에 사람들 다 하는……. 통화 중에 다른 전화 왔다고 신호해 주는 장치도 못 했어요."

내가 그랬던가? 그러나 나는 그에게 어떤 말로 내 마음의 슬픔을, 분노를, 낯선 감정을 표현해야 할지 알 수가 없었다. 그래서 통화 중 대기 장치 따위의 엉뚱한 말이 튀어나올 수밖에 없었던 것이다. 당신은 나쁜 사람이라는 진짜 내 속마음을 말하기가 나는 두려웠다.

"무슨 장치?" / 나는 문득 무안해져서 말하지 않았다.

"그건 장치한다고 하지 않고 설정한다고 하는 거야. 것도 모르니?"

남자가 조소*했다. 그 조소가 순간적으로 내게 용기를 주었다.

"장치든, 설정이든 하여간요. 난 누구처럼 엠피스리가 있는 것도 아니고 당신에게 노트북을 사 줄 수 없어요. 내가 당신에게 줄 수 있는 건 무공해 채소뿐이었어요. 나를 가지고 장난치지 마세요. 나는 이제 겨우 스물한 살이에요. 스물한 살 처녀한테 이러시면 죄받겠죠? 더군다나 당신은 배울 만큼 배운 사람이고 비록 노트북 없으면 못 쓰지만 이런 집도 구해서 글을 쓰고 하는 사람이잖아요?" 〈중략〉

내가 **비에 젖어** 걸을 때, 뒤에서 누군가도 비에 젖어 걸어오고 있었다. **칠흑 같은 밤**이다. 남자다. 대화를 나누는 걸로 봐서 두 사람이다. 나는 겁이 났다. 남자 집으로 갈 때는 악에 받친 어떤 기운 때문에 무섭증도 느끼지 못했다. 그러나 돌아오는 길은 무서웠다. 나에게 융단 폭격* 같은 말 폭

*정미소: 쌀 찧는 일을 전문적으로 하는 곳.

구절 풀이

*나는 사장님 돈 줘, 소리 못 해. 왜냐, 사장 돈 없어.: 사장의 말을 믿고 연민을 느끼는 깐쭈의 모습에서 인간적인 면모를 확인할 수 있다.

격을 퍼부어 대던 남자가 무섭고 칠흑 같은 밤이 무섭고 내 뒤에 오는 누군가가 무서웠다. 〈중략〉 정미소* 안으로 몸을 숨긴 뒤에야 나는 채소 봉지를 놓친 것을 알았다. 남자들이 정미소 앞에서 딱 멈추었다. / "잠깐만, 이게 뭘까?" / 두 남자가 정미소 처마 밑에서 뭔가를 펼치고 있었다. 나는 어둠 속에 몸을 바짝 숨기고 숨을 죽였다. / "깐쭈, 그거 돈 아니야?"

"이건 고추야, 싸부딘. 상추도 있어. 월급날, 소주 마시고 삼겹살을 상추에 싸 먹어."

[B] 생각만 해도 즐거운가. 깐쭈가 ⓐ노래를 부르기 시작했다.

사랑했나 봐 잊을 수 없나 봐 자꾸 생각나 견딜 수가 없어 후회하나 봐 널 기다리나 봐……

나는 어둠 속에 몸을 숨긴 채로 그러나 나도 모르게 입을 달싹여 남자들이 부르는 노래를 따라 불렀다.

바보인가 봐 한마디 못 하는 잘 지내냐는 그 쉬운 인사도 행복한가 봐 여전한 미소는 자꾸만 날 작아지게 만들어……

남자들이 노래를 뚝 멈추었다. 나도 입을 다물었다. 빗소리는 점점 더 거세졌다.

"싸부딘, 사장이 너무 불쌍해." / "난 사장 죽도록 미웠어. 깐쭈, 너 때문에 오늘 일 다 망친 거야."

"난 사장님, 돈 줘 소리 못 하겠어. 사장 돈 없어, 몸 아파, 어머니 아파, 사장 슬퍼."

"그래도 사장한테 말을 해야 했어." / **"나는 사장님 돈 줘, 소리 못 해. 왜냐, 사장 돈 없어."

"깐쭈, 언제 떠나?" / "모레, 오늘 밤, 내일 밤 자고 모레. 내일은 시내 가서 음악 시디하고 고무장갑하고 소주하고 옷하고 신발하고 여러 가지를 살 거야." / "깐쭈, 넌 너희 나라 가면 뭐 할 거야?"

"모르겠어. 가면, 엄마, 아버지, 누나, 여동생, 사촌들 만나고 산에 올라 달을 볼 거야. 우리나라 네팔 달 볼 거야. 내가 뭘 할 건지, 달한테 물어볼 거야. 싸부딘은?"

"여동생이 한국 사람과 결혼했어. 시골이야. 동생이 남편한테 맞았어. 동생 많이 슬퍼. 형이 한국 여자랑 결혼했어. 형 여자 도망갔어. 조카 있어. 형이랑 조카 많이 슬퍼. 부모님 돌아가셨어. 우리나라, 방글라데시 가도 나는 아무도 없어. 한국에 다 있어. 난 갈 수 없어. 형 다쳤어. 손가락 잘렸어. 조카 살려야 해."

"싸부딘, 난 한국에서 슬플 때 노래했어. 한국 발라드야. 사장이 막 욕해. 나 여기, 심장 막 뛰어. 손가락 막 떨려. 눈물 막 흘러. 그럼 노래했어. 사랑 못했어. 억울했어. 그러면 또 노래했어. 그러면 잠이 왔어. 그러면 꿈속에서 달을 봤어. 크고 아름다운 네팔 달이야."

[C] 깐쭈가 다시 노래한다.

가을 우체국 앞에서 그대를 기다리다 노오란 은행잎들이 바람에 날려 가고 지나는 사람들같이 저 멀리 가는 걸 보네……

나는 어둠 속에 몸을 숨긴 채 또다시 따라 했다.

세상에 아름다운 것이 얼마나 오래 남을까 한여름 소나기 쏟아져도 굳세게 버틴 꽃들과 지난 겨울 눈보라에도 우뚝 서 있는 나무들같이 하늘 아래 모든 것이 저 홀로 설 수 있을까……. 〈중략〉

나는 정미소를 나섰다. 나는 빗속에서 악을 썼다. 눈에서는 눈물이 쏟아졌다. 그러나 나는 노래 불렀다. 저기, 네팔의 설산에 떠오른 달이 보인다. 나는 달을 향해 나아갔다. **비를 맞으며 천천히, 뚜벅뚜벅, 명랑하게.**

진단 체크 답 1. 채소 봉지

1 '그'에 대한 '나'의 순수한 사랑을 나타내는 소재를 2어절로 찾아 쓰시오.

1 [A]의 서술상 특징으로 가장 적절한 것은?

○ 8450-0207

① 대화를 통해 인물들의 갈등이 고조되고 있다.
② 삽화 형식의 이야기를 병렬적으로 배치하고 있다.
③ 역순행적 구성을 통해 인물이 살아온 내력을 밝히고 있다.
④ 서술자가 작중 상황과 사건을 전지적 시점으로 전달하고 있다.
⑤ 과거와 현재를 반복적으로 교차시켜 사건에 입체감을 부여하고 있다.

2 윗글에 대한 설명으로 적절하지 <u>않은</u> 것은?

○ 8450-0208

① '그'는 통화 중 대기 장치라는 '나'의 말에 '나'를 비웃고 있다.
② '나'는 '그'를 위해 지난 봄 내내 마당을 일구어 텃밭으로 만들었다.
③ '사장'은 '깐쭈'와 '싸부딘'에게 줘야 할 돈을 제대로 지급하지 않았다.
④ '싸부딘'은 고향에 가고 싶어도 경제적인 어려움 때문에 갈 수 없는 처지이다.
⑤ '깐쭈'는 가족이 있는 고향에 돌아가기 위해 가족에게 줄 선물을 사려고 한다.

3 배경을 중심으로 윗글을 이해한 것으로 적절하지 <u>않은</u> 것은?

○ 8450-0209

① 남자의 집까지 걸어가고 있는 상황에서 '오랜만에 별'이 '빛나고 있'는 것은 '그'와의 관계가 개선되길 바라는 '나'의 희망을 상징적으로 표현한 것으로 이해할 수 있다.
② '그'가 '여전히 나를 집에 들이지 않'는 상황에서 '몇 낱의 별들'이 '두꺼운 구름 너머로 사라'지고 있는 것은 '그'와 '나'의 관계가 회복될 수 있음을 암시하는 것으로 이해할 수 있다.
③ '그'와 다툰 후 집으로 돌아오는 길에 '나'가 '비에 젖'은 것은 '그'와의 관계가 끝나고 버림받은 '나'의 슬픔을 상징하는 것으로 이해할 수 있다.
④ 집으로 돌아가는 길이 '칠흑 같은 밤'인 것은 '그'와의 이별로 인한 '나'의 절망감을 부각시키는 것으로 이해할 수 있다.
⑤ 정미소를 나선 후 '비를 맞으며 천천히, 뚜벅뚜벅, 명랑하게' 가는 '나'의 모습은 상처를 극복하려는 '나'의 의지를 드러낸 것으로 이해할 수 있다.

1 [B]와 [C]에 나타난 ㉠의 역할에 대해 서술하시오.

○ 8450-0210

[1~2] 다음 글을 읽고 물음에 답하시오.

"야야, 너네 아버지가 날 버렸다."

엄마한테 치매기가 생긴 건 작년 아버지 장례를 치른 지 딱 사흘째부터였다. 엄마는 그때부터 아버지가 자신을 버렸다며 슬퍼했다. 처음에는 몰랐다가 한 달 동안 엄마 입에서 같은 말이 반복됐을 때야 그게 치매인 줄 알았다. 그러나 나로서는 속수무책이었다. 이제 겨우 스물한 살인 나는 엄마를 어떻게 해야 할지 알 수 없었다. 분명한 건 당분간 엄마를 떠나 먼 곳으로 갈 수 없게 되었다는 사실뿐. 나는 내가 태어나 살던 이 고장을 떠나 먼 곳으로, 도시로 나가 살고 싶은 그 열망 하나로 간호 학원을 다녔다. 간호 학원을 마치자마자 아버지가 세상을 떠났고 형제들은 제 살 곳으로 떠났으며 엄마와 나만 남았다. 오빠들은 내게 말했다.

"면 소재지에 병원이 두 개나 있다."

언니도 말했다.

"치과도 있고 한의원도 있어."

두 명의 오빠와 한 명의 언니 중 두 오빠가 신용 불량자이고 언니는 이혼하여 모자 가정의 가장이다. 두 오빠는 서로 의기투합하여 연대 보증으로 빚을 얻어 한 오빠는 화훼 하우스를 하다가 태풍으로 하우스가 무너지는 바람에 폭삭 망했고 한 오빠는 망한 오빠의 빚을 갚지 못해 망했다.

나는 우산을 받고 마당으로 나가 아욱잎을 뜯는다.

"야야, 그래서 내가 이렇게 아픈 거야. 여기도, 여기도, 여기도."

아욱잎은 열 장만 뜯어도 충분하다. 그러나 그 열 장을 뜯기가 어려울 만큼 잔뜩 쇠어 있다.

"야야, 근데 너네 아버지가 진짜 날 버린 거니?"

아욱을 포기해 버릴까? 꽃이 핀 아욱을 보면 왈칵 무섬증이 인다. 야들야들한 아욱잎이 주던 기쁨, 그 보드라운 잎을 뜯어 부드러운 아욱 된장국을 끓여 먹었던 행복감에 비례해서 부숭부숭하게 꽃이 돋아나기 시작한 직후부터 뻣뻣해진 아욱잎을 보면 생에 대한 아득한 절망감이 엄습해 온다. 내가 이것을 심어 놓고 불과 두 번밖에 끓여 먹지 못했구나. 두 번밖에 끓여 먹지 못해서 절망스러운 게 아니라, 야들야들한 아욱이 어느새 부숭부숭 꽃을 피우는 동안 아욱밭을 까맣게 잊고 있었던 것이, 그 아욱밭을 잊고 있던 동안의 나의 행적이 스스로 무서운 것이다. 아욱이 꽃을 피우고 꽃이 지고 아욱은 늙어 가고 이윽고 녹아 없어져 버린 연후에야 내가 아욱밭에 와서, 아욱밭에 주질러 앉아서 눈에 보이지 않는 아욱을 찾느라 슬피 울 것만 같은 불길한 예감에 진저리를 치는 것이다.

1 엄마의 치매는 '나'의 삶에 어떤 영향을 끼쳤는지 윗글을 바탕으로 서술하시오. ○ 8450-0211

2 '나'가 '꽃을 핀 아욱을 보면' '무섬증'이 생기는 이유를 윗글에서 찾아 6어절로 쓰시오. ○ 8450-0212

04 돈과 욕망

❶ 채만식, '논 이야기'

→ 작품 안으로　**주제**: 해방 직후 부조리한 토지 정책에 대한 비판과 풍자

특징: 이 소설은 해방 직후를 배경으로 부조리한 토지 정책을 비판, 풍자한 작품이다. 게으름뱅이 농민 한덕문이 일제 강점기에 팔았던 논을 찾을 수 있을 것이라는 기대가 부조리한 토지 정책으로 인해 무너지고 갈등이 발생하는 내용이 사건 전개의 중심이다. 부조리한 토지 정책뿐만 아니라 게으름뱅이였던 한덕문에 대한 비판과 풍자도 이 작품의 한 축을 이루고 있다.

←| 작품 밖으로　1946년 《해방문학선집》에 발표된 작품으로, 국민의 대다수를 차지했던 농민의 생산 수단이자 삶의 터전인 토지 정책의 문제점을 사실적으로 다룬 작품이다. 주인공 한덕문은 성실한 농민이었지만 구한말 고을 원님에게 땅을 빼앗겼으며, 일제 때에는 얼마 남지 않은 논을 일본인에게 팔고 소작농으로 살아가야만 했다. 하지만 해방 이후에도 그들의 삶은 달라지지 않았다. 국가는 친일 기득권자들에게 유리한 토지 정책을 시행했고 토지는 다시 그들에게 귀속되었다. 가난한 민중과 농민들에게 진정한 해방의 의미는 무엇이며, 국가와 정부는 그들에게 어떤 존재인지에 대한 비판과 물음을 던지고 있는 작품이다.

내용 구조도

[주인공 한덕문의 삶]

> **구한말**
> 고을 원님에게 억울하게 땅을 뺏김.

↓

> **일제 강점기**
> 일본인에게 땅을 팜.

↓

> **해방 이후**
> 땅을 되찾지 못하고 실망함.

꼭 필요한 내용 연구

- **비판, 풍자의 대상 1: 해방 직후 불합리한 토지 정책**
  일본인들이 소유하던 땅을 모두 국유화한 후 유상으로 분배한다. 그 결과 일제 강점기에 재산을 축적한 친일 세력들이 땅을 다시 소유하게 되고 기득권을 유지하게 된다.
- **비판, 풍자의 대상 2: 한덕문**
  조국의 해방과 독립의 의미를 개인적 이익의 관점에서만 접근하고 있다. 한덕문은 억울하게 땅을 잃고 가난한 소작농이 된 것도 사실이지만 동시에 투전을 좋아하고 게으름뱅이이기도 하다.

[앞부분의 줄거리] 살림이 어렵지만 술과 노름을 좋아하던 한덕문은 많은 빚을 지게 된다. 그러던 중 시세의 갑절로 논을 산다는 일본인 길천에게 논을 판다. 한덕문은 빚을 갚고 새 논을 살 생각이었지만 땅값이 올라 좌절되고, 남은 재산을 모두 탕진한다. 해방이 되자 한덕문은 길천에게 팔았던 땅을 되찾을 것이라는 기대에 들뜨게 된다.

"가잿골 있는 길천 농장 멧갓*이라구?" / "네."

"네라니? 그 멧갓이…… . 가마안 있자. 아니, 그 멧갓이 뉘 멧갓이길래?"

"길천 농장 멧갓 아녜요? 걸, 영남이가 일인들이 이번에 거들이 나는 바람에 농장 산림 감독하던 강 서방한테 샀대요."

"하, 이런 도적놈들. 이런 천하 불한당 놈들. 그래, 지끔두 벌목을 하구 있더냐?"

"오늘버틈 시작했다나 봐요." / "하, 이런 천하 날불한당 놈들이."

한 생원은 천방지축으로 가잿골을 향하여 비틀걸음을 친다.

솔은 잘 자라지 않고, 개간하여 밭을 만들자 하니 힘이 부치고 하여, 이름만 멧갓이지, 있으나 마나 한 멧갓 한 자리가 있었다. 한 삼천 평 될까 말까, 그다지 크지도 못한 것이었다.

이 멧갓을 한 생원은 길천이에게다 논을 팔던 이듬해지 그 이듬해지, 돈은 아쉽고 한 판에 또한 어수룩히 비싼 값으로 팔아넘겼었다.

길천은 그 멧갓에다 낙엽송을 심어, 삼십여 년이 지난 지금 와서는 아주 헌다한 산림이 되었었다.

늙은이의 총기요, 논을 도로 찾게 되었다는 것에만 정신이 팔려, 깜빡 멧갓 생각은 미처 아직 못 하였던 모양이었다.

마침 전신주 감의 쪽쪽 곧은 낙엽송이 총총들이 섰다. 베기에 아까워 보이는 나무였다.

한 서넛이 나가 한편에서부터 깡그리 베어 눕히고, 일변 우죽*을 치고 한다.

"이놈, 이 불한당 놈들, 이 멧갓 벌목한다는 놈이 어떤 놈이내?"

비틀거리면서 고함을 치고 쫓아오는 한 생원을, 사람들은 영문을 몰라 일하던 손을 멈추고 뻐언히 바라다보고 섰다.

"이놈 너루구나?"

한 생원은 영남이라는 읍내 사람 벌목 주인 앞으로 달려들면서, 한 대 갈길 듯이 지팡이를 둘러멘다.

명색이 읍 사람이라서, 촌 논투성이에게 무단히 해거*를 당하면서 공수*하거나 늙은이 대접을 하려고는 않는다.

어휘 풀이
*멧갓: 산판(山坂). 나무를 함부로
 베지 못하게 가꾸는 산.
*우죽: 나무나 대나무의 우두머리
 에 있는 가지.
*해거(駭擧): 괴상하고 얄궂은 짓.
*공수(拱手): 두 손을 앞으로 모아
 포개어 잡음.
*이녘: 듣는 이를 조금 낮추어 이
 르는 이인칭 대명사.
*부동: 그른 일에 어울려 한통속
 이 됨.

구절 풀이
*왜 남 일하는 데 와서 ~ 부러지
 지 말란 법 있나?: 영남이 길천
 농장 관리인으로부터 구매한 멧
 갓을 자기 것이라고 주장하며 벌
 목을 방해하는 한덕문을 위협하
 는 내용이다. 영남은 한덕문보다
 나이가 어리지만 자신의 재산을
 지키기 위해 한덕문의 나이나 사
 연 따위는 중요하지 않다고 생각
 하고 있음을 알 수 있다.
*8·15 직후, 낡은 법이 없어지
 고 ~ 배를 불린 일이 허다하였
 다: 서술자가, 한덕문과 영남이
 멧갓의 소유권을 두고 벌이는
 갈등의 원인을 시대적, 역사적
 배경을 통해 직접적으로 제시한
 부분이다. 해방 직후의 혼란한
 사회상을 보여 준다.

"아니, 이 늙은이가 환장을 했나? 왜 그러는 거야, 왜."

"이놈, 네가 왜, 이 멧갓을 손을 대느냐?"

"무슨 상관여?" / "어째 이놈아, 상관이 없느냐?"

"뉘 멧갓이길래?" / "내 멧갓이다. 한덕문이 멧갓이다, 이놈아."

"허허, 내 별꼴 다 보니. 괜시리 술잔 든질렀거들랑, 고히 삭히진 아녀구서, 나이깨 먹은 것이, *왜 남 일하는 데 와서 이 행악야, 행악이. 늙은인 다리 뼉다구 부러지지 말란 법 있나?"

"오냐, 이놈, 날 죽여라. 너구 나구 죽자."

"대체 내력을 말을 해요. 무엇 때문에 이 야론지, 내력을 말을 해요."

"이 멧갓이 그새까진 길천이 것이라두, 조선은 독립됐은깐 인전 내 것이란 말야, 이놈아."

"조선이 독립이 됐는데, 어째 길천이 멧갓이 한덕문이 것이 되는구?"

"길천인, 일인들은, 땅을 죄다 내놓구 가니깐, 그전 임자가 도루 차지하는 게 옳지, 무슨 말이냐?"

"오오, 이녘*이 이 멧갓을 전에 길천이한테다 팔았소?" / "그래서."

"그랬으니깐, 일인들이 땅을 다 내놓구 가니깐, 이녘은 팔았던 땅을 공짜루 도루 차지하겠다?"

"그래서."

"그 개 뭐 같은 소리 인전 엔간치 해 두구, 어서 없어져 버려요. 난 뻐젓이 길천 농장 산림 관리인 강태식이한테 시퍼런 돈 이천 환 주구서 계약서 받구 샀어요. 강태식인 길천이가 해 준 위임장 가지구 팔구. 돈 내구 산 사람이 임자지, 저, 옛날 돈 받구 팔아먹은 사람이 임잘까?"

*8·15 직후, 낡은 법이 없어지고 새로운 영이 서기 전 혼란한 틈을 타서, 잇속에 눈이 밝은 무리들이 일본인 농장이나 회사의 관리자와 부동*이 되어 가지고, 일인의 재산을 부당 처분하여 배를 불린 일이 허다하였다. 이 산판 사건도 그런 것의 하나였다.

진단 체크

답 1. 8·15 광복 직후 / 2. 멧갓(길천 농장)

1 윗글의 시간적 배경은 언제인지 찾아 쓰시오.

2 윗글에서 갈등의 원인이 되고 있는 소재가 무엇인지 쓰시오.

▶ 실력 다지기

정답과 해설 39쪽

1 윗글에 대한 이해로 적절하지 **않은** 것은?

○ 8450-0213

① 한덕문은 조선이 독립되었으므로 길천 농장의 멧갓이 자기 것이라고 주장하였다.

② 한덕문은 길천 농장의 멧갓에서 벌목을 한다는 소리를 듣고 분개하였다.

③ 영남은 길천 농장의 산림 관리인인 강태식으로부터 땅을 구매하였다.

④ 영남은 한덕문의 처지를 안타까워하며 그에게 어른 대접을 하였다.

⑤ 일본인 길천은 한덕문의 땅을 산 후 그곳에 낙엽송을 심었다.

2 윗글의 서술상 특징으로 가장 적절한 것은?   ○ 8450-0214

① 동시에 일어나는 여러 가지 사건들을 나열하고 있다.

② 서술자가 개입하여 인물의 행동에 대해 논평하고 있다.

③ 대화를 통해 인물 간의 갈등 양상을 사실적으로 전달하고 있다.

④ 감각적인 묘사를 통해 공간적 배경을 환상적으로 표현하고 있다.

⑤ 장면의 전환을 통해 갈등이 고조되고 이완되는 과정을 제시하고 있다.

3 〈보기〉를 참고하여 윗글을 감상한 내용으로 적절하지 <u>않은</u> 것은?   ○ 8450-0215

> ● 보기 ●
>
> 농민에게 땅은 유일한 생산 수단이자 삶 그 자체였다. 이 작품의 주인공 한덕문은 구한말 고을 원님에게 억울하게 땅을 빼앗기고, 일제 강점기에는 무차별적으로 조선 땅을 사들이던 일본인에게 얼마 남지 않은 땅을 팔고 소작농으로 전락하였다. 하지만 아무리 열심히 농사를 지어도 먹을 양식조차 남지 않았던 불합리한 소작 제도를 경험한 한덕문은 해방이 되자 일본인에게 팔았던 땅이 다시 자기 것이 될 것이라는 기대를 갖게 된다. 하지만 기대했던 것과 달리 땅에 대한 소유권이 일제 강점기에 재산을 축적했던 친일 세력에게 넘어가면서 한덕문의 고통은 계속되었으며, 이는 해방 이전의 세계와 다를 바가 없었다.

① 한덕문이 땅을 되찾겠다고 영남과 싸움까지 벌이는 것은 땅이 농민인 한덕문의 삶에 미치는 영향력이 매우 컸기 때문이겠군.

② 해방 직후 영남이 이천 환이라는 돈을 주고 땅을 산 것을 보니 그는 일제 강점기에 재산을 축적했던 사람이라고 볼 수 있겠군.

③ 해방 직후에 영남이나 강태식과 같은 인물들이 땅을 소유하게 되었기 때문에 한덕문과 같은 농민의 처지는 나아질 수 없었겠군.

④ 한덕문이 길천에게 팔았던 자신의 땅을 되찾지 못한다면 한덕문은 결국 해방 직후에도 구한말이나 일제 강점기와 같이 어려운 삶을 이어 가겠군.

⑤ 일본인의 농장이 강태식을 거쳐 영남에게 소유권이 넘어간 것은 해방 직후 땅을 분배하는 과정에서 농민들 사이에 과도한 경쟁이 나타났기 때문이겠군.

---

1 윗글에서 '멧갓의 소유'와 관련하여 '한덕문'이 주장하고 있는 내용을 간략하게 서술하시오.   ○ 8450-0216

2 윗글에서 '한덕문'이 '영남'과 갈등을 빚는 근본적인 이유에 대해 서술하시오.   ○ 8450-0217

더해 읽기

정답과 해설 39쪽

[1~2] 다음 글을 읽고 물음에 답하시오.

그 뒤 훨씬 지나서 / 일인의 재산을 조선 사람에게 판다, 이런 소문이 들렸다.

사실이라고 한다면 한 생원은 그 논 일곱 마지기를 돈을 내고 사지 않고서는 도로 차지할 수가 없을 판이었다. 물론 한 생원에게는 그런 재력이 없거니와, 도대체 전의 임자가 있는데 그것을 아무나에게 판다는 것이 한 생원으로 보기에는 불합리한 처사였다.

한 생원은 분이 나서 두 주먹을 쥐고 구장에게로 쫓아갔다.

“그래 일인들이 죄다 내놓구 가는 것을, 백성들더러 돈을 내구 사라구 마련을 했다면서?”

“아직 자세힌 모르겠어두, 아마 그렇게 되기가 쉬우리라구들 하드군요.”

해방 후에 새로 난 구장의 대답이었다.

“그런 놈의 법이 어딨단 말인가? 그래, 누가 그렇게 마련을 했는구?”

“나라에서 그랬을 테죠.” / “나라?” / “우리 조선 나라요.”

“나라가 다 무어 말라비틀어진 거야? 나라 명색이 내게 무얼 해 준 게 있길래, 이번엔 일인이 내놓구 가는 내 땅을 저이가 팔아먹으려구 들어? 그게 나라야?” / “일인의 재산이 우리 조선 나라 재산이 되는 거야 당연한 일이죠.”

“당연?” / “그렇죠.”

“흥 가만 둬 두면 저절루 백성의 것이 될 걸 나라 명색은 가만히 앉았다 어디서 툭 튀어나와 가지구, 걸 뺏어서 팔아먹어? 그따위 행사가 어딨다든가?”

“한 생원은, 그 논이랑 멧갓이랑 길천이한테 돈을 받구 파셨으니깐 임자로 말하면 길천이지 한 생원인가요?”

“암만 팔았어두, 길천이가 내놓구 쫓겨 갔은깐, 도루 내 것이 돼야 옳지, 무슨 말야. 걸, 무슨 탁에 나라가 뺏을 영으루 들어?” / “한 생원한테 뺏는 게 아니라, 길천이한테 뺏는 거랍니다.”

“흥, 둘러다 대긴 잘들 허이. 공동묘지 가 보게나. 핑계 없는 무덤 있던가? 저, 병신년에 원 놈(군수) 김가가 우리 논 열두 마지기 뺏을 제두 핑계 다 있었드라네.”

“좌우간, 아직 그렇게 지레 염려 하실 게 아니라, 기대리구 있느라면 나라에서 다 억울치 않두룩 처단을 하겠죠.”

“일없네. 난 오늘버틈 도루 나라 없는 백성이네. 제길, 삼십육 년두 나라 없이 살아왔을려드냐. 아—니 글쎄, 나라가 있으면 백성한테 무얼 좀 고마운 노릇을 해 주어야 백성두 나라를 믿구, 나라에다 마음을 붙이구 살지. 독립이 됐다면서 고작 그래, 백성이 차지할 땅 뺏어서 팔아먹는 게 나라 명색야?” / 그러고는 털고 일어서면서 혼잣말로,

“㉠독립됐다구 했을 제, 내, 만세 안 부르기, 잘했지.”

1 ‘한덕문’이 ㉠과 같이 말한 이유에 대해 서술하시오. ⊙ 8450-0218

2 윗글에 제시된 ‘한덕문’의 언행을 바탕으로 그의 태도를 비판하시오. ⊙ 8450-0219

04 돈과 욕망

❷ 염상섭, '두 파산'

➡️ **작품 안으로** **주제**: 해방 공간의 각박한 현실과 가치관의 혼란

특징: 이 작품은 정례 모친과 '옥임'이라는 두 대립적 인물을 통해 물질적으로 파산해 가는 인물과 정신적으로 파산해 가는 인물 유형을 제시하고 있다. 그리고 이러한 인물을 통해 해방 공간의 시대적 혼란상과 물질 만능주의적 세태를 단적으로 드러내고 있다. 또 만연체의 문장과 경기 방언의 사용은 당대의 사회상을 사실적으로 제시하는 데 기여하고 있다.

⬅️ **작품 밖으로** 1949년 《신천지》에 발표된 이 작품은 해방 직후의 물질 만능적 세태를 그린 단편 소설이자 세태 소설이다. 염상섭은 현실의 문제점을 예리한 관찰력을 통해 사실적으로 묘사하여 객관적 리얼리티를 확보하는 경향의 작가이다. 이 작품에서는 경제적 파산에 도달한 인물과 정신적 파산에 도달한 인물을 제시하며, 물질 만능주의적 세태와 각박하고 혼란한 사회 상황 속에서 개인적 삶이 어떠한 양상으로 변화하고 있는지를 사실적으로 드러내고 있으며, 두 인물 모두가 불합리하고 부조리한 사회 구조와 분위기가 만들어 낸 피해자라는 관점이 적용되어 있다.

내용 구조도

> **정례 모친(경제적 파산)**
>
> 광복 직후 성실하게 살았으나 경제적으로 몰락함.
>
> ⬇️
>
> **두 파산**
>
> ⬆️
>
> **김옥임(정신적 파산)**
>
> 물질 만능주의적 세태에 따르며 정신적 파탄에 이름.

어휘 풀이

*봉욕: 욕된 일을 당함.

*생화: 장사.

*부라퀴: 자신에게 이로운 일이면 기를 쓰고 덤벼드는 사람.

*취체역: 예전에, 주식회사의 이사를 이르던 말.

*제독을 주다: [관용구] 상대편의 기운을 꺾어서 감히 다른 마음을 먹지 못하게 하다.

*떠세: 재물이나 힘 따위를 내세워 젠체하고 억지를 씀. 또는 그런 짓

*조리차: 알뜰하게 아껴 쓰는 일.

[앞부분의 줄거리] 어느 날 정류장에서 차를 기다리던 정례 모친은 그에게 돈을 빌려준 친구 옥임과 마주친다. 옥임은 정례 모친에게 친구의 돈을 갚지 않으려고 작정했다며 몰아세우고, 정례 모친은 사람들이 모여들자 옥임을 뒷골목으로 끌고 가려 한다. 하지만 옥임은 이에 응하지 않고 구경꾼들이 보는 앞에서 정례 모친에게 창피를 준다.

구경꾼은 자꾸 꾀어드는데, 정례 모친은 생전에 처음 당하는 이런 봉욕*에 눈앞이 아찔하여지고 가슴이 꼭 메어 올랐으나, 언제까지 이러고 섰다가는 예서 더 무슨 창피한 꼴을 볼까 무서워서 선뜻 몸을 빼쳐 옆 골목으로 줄달음질을 쳐 들어갔다. 뒤에서 발소리가 없으니 옥임이는 제대로 간 모양이다.

정례 모친은 눈물이 핑 돌았다.

스물예닐곱까지 동경 바닥에서 신여성 운동이네, 연애네, 어쩌네 하고 멋대로 놀다가, 지금 영감의 후실로 들어앉아서 세상 고생을 알까, 아이를 한번 낳아 보았을까, 사십 전의 젊은 한때를 도지사 대감의 실내마님으로 떠받들려 제멋대로 호강도 하여 본 옥임이다. 지금도 어디가 사십이 훨씬 넘은 중늙은이로 보이랴.

머리를 곱게 지지고 엷은 단장에, 번질거리는 미국제 핸드백을 착 끼고 나선 맵시가 어느 댁 유한마담으로 알 것이지, 설마 일 할, 일 할 오 푼으로 아귀다툼을 하고, 어려운 예전 동무를 쫓아다니며 울리는 고리대금업자로야 누가 짐작이나 할까? *해방이 되자, 고리대금이 전당국 대신으로 터놓고 하는 큰 생화*가 되었지마는, 옥임이는 반민자의 아내가 되리라는 것을 도리어 간판으로 내세우고 부라퀴*같이 덤빈 것이다. 중경 도지사요, 전쟁 말기에는 무슨 군수품 회사의 취체역*인가 감사역을 지냈으니, 반민법이 국회에서 통과되는 날이면, 중풍으로 삼 년째나 누웠는 영감이 어서 돌아가 주기나 하기 전에야, 으레 걸리고 말 것이요, 걸리는 날이면 떠메다가 징역은 시키지 않을지 모르되, 지니고 있는 집칸이며 땅섬지기나마 몰수를 당할 것이니, 비록 자식은 없을망정 자기는 자기대로 살 길을 차려야 하겠다고 나선 길이 이 길이었다.

상하 식솔을 혼자 떠맡고 영감의 약값을 제 손으로 벌어야 될 가련한 신세같이 우는 소리를 하지마는, 그래야 남의 욕을 덜 먹는 발뺌이 되는 것이다.

옥임이는 정례 모친이 혼쭐이 나서 달아나는 꼴을 그것 보라는 듯이 곁눈으로 흘겨보고 입귀를 샐룩하여 비웃으며, 버젓이 사람 틈을 헤치고 종로 편으로 내렸다. 의기양양할 것도 없지마는, 가슴 속이 후련하니, 머릿속이고 가슴속이고 무언지 뭉치고 비비 꼬이고 하던 것이 확 풀어져 스러지고 화가 제대로 도는 것 같아서 기분이 시원하다. 그러나 그 뭉치고 비비 꼬인 것이라는 것이 반드시 정례 어머니에게 대한 악감정은 아니었다. 옥임이가 그 오랜 동무에게 이렇다 할 감정이 있을 까닭

*해방이 되자, 고리대금이 ~ 부라퀴같이 덤빈 것이다.: 옥임은 해방이 된 후 반민법이 통과되면, 누워 있는 영감이 반민족자가 되어 자신이 생계를 유지하기 위해 돈을 벌어 두어야 한다는 논리로 고리 대금업에 더 악착같이 임했다는 의미이다.

*결혼들을 처음 했을 ~ 존재나 있던 위인들인가?: 일제 강점기에 옥임이 도지사 영감의 후실이 되고, 정례 모친이 막 결혼했을 무렵에는, 옥임이 정례 모친과 비교할 수 없을 정도로 권력과 위세가 있었다는 것을 회고하는 내용이다. 옥임은 정례 모친의 남편과 아이들을 부러워하면서도 과거 자신과 비교할 수 없었던 정례 모친과 그 가족의 형편을 떠올려 보며 스스로를 위안하고 있는 것이다.

은 없었다. 다만 아무리, 요새 돈이라도 이십만여 환이라는 대금을 받아 내려면 한번 혼을 단단히 내고 제독을 주어야* 하겠다고 벼르기는 하였지마는, 얼떨결에 나온다는 말이 젊은 서방을 둔 떠세*냐 무어냐고 한 것은 구석 없는 말이었고, 지금 생각하니 우스웠다. 그러나 자기보다도 훨씬 늙어 보이고 살림에 찌든 정례 모친에게는 과분한 남편이라는 생각은 늘 하는 옥임이기는 하였다. 남의 남편을 보고 부럽다거나 샘이 나거나 하는 그런 몰상식한 옥임이도 아니지마는, 자식도 없이 군식구들만 들썩거리는 집에 들어가서 몸도 제대로 가누지 못하는 늙은 영감의 방을 들여다보면 공연히 짜증이 나고, 정례 어머니가 자식들을 공부시키느라고 어려운 살림에 얽매이고 고생은 하나, 자기보다 팔자가 좋다는 생각도 나는 것이었다. 내년이면 공과 대학을 나오는 맏아들에, 중학교에 다니는 어머니보다도 키가 큰 둘째 아들이 있고, 딸은 지금이라도 사위를 보게 다 길러 놓았고, 남편은 편둥편둥 놀며 마누라가 조리차*를 하는 용돈이나 받아 쓰고 자동차로 땅뙈기는 까불렸을망정 신수가 멀쩡한 호남자가 무슨 정당이라나 하는 데 조직 부장이니 훈련 부장이니 하고 돌아다니니, 때를 만나면 아닌 게 아니라 장래 대신이 되지 말라는 법도 없을 것이다. 팔구 삭 동안 장사를 하느라고 매일 들러서 보면, 젊은 영감을 등이라도 두드리고 머리를 쓰다듬어 줄 듯이 지성으로 고이는 꼴이란, 아닌 게 아니라 옆에서 보기에도 부러운 생각이 들 때가 없지 않았지마는, *결혼들을 처음 했을 예전 시절이나, 도지사 관사에 들러서 드날릴 때에야 어디 존재나 있던 위인들인가? 그것이 처지가 뒤바뀌어서 관 속에 한 발을 들여놓은 영감이나마 반민자로 지목이 가다니, 이런 것 저런 것을 생각하면 쭉쭉 뽑아 놓은 자식들과, 한참 활동적인 허우대 좋은 남편에 둘러싸여 재미있고 기운꼴 차게 사는 양이 역시 부럽고 저희만 잘된다는 것이 시기도 나는 것이었다. 보기 좋게 이년 저년을 붙이며 한바탕 해 대고 나서 속이 후련한 것도 그러한 은연중의 시기였고, 공연한 자기 화풀이였는지 모른다.

1 윗글에서 갈등을 일으키고 있는 인물을 찾아 쓰시오.
2 윗글에서 해방 직후의 시대적 배경을 알 수 있는 어휘를 찾아 쓰시오.

실력 다지기

정답과 해설 39쪽

1 윗글에 대한 이해로 적절하지 않은 것은?

○ 8450-0220

① 정례 모친과 옥임은 예전부터 알고 지내던 사이였다.
② 정례 모친은 자식들을 교육시키느라 경제적 어려움을 겪었다.
③ 옥임은 정례 모친의 남편과 아이들에 대해 부러움을 느꼈다.
④ 옥임은 해방 직후에 정례 모친에게 수모를 당한 경험이 있다.
⑤ 옥임은 해방 이전 도지사 대감의 후실로 들어가 호강을 하며 살았다.

2 윗글의 서술상 특징으로 가장 적절한 것은?   ◎ 8450-0221

① 1인칭 주인공이 자신의 경험과 내면 의식을 서술하고 있다.
② 공간적 배경을 활용하여 주제를 암시적으로 나타내고 있다.
③ 서술자의 논평을 통해 인물의 성격 변화 양상을 드러내고 있다.
④ 서술자가 중심인물의 심리와 관련 정보를 직접적으로 제시하고 있다.
⑤ 현재와 과거의 사실을 교차하여 앞으로 전개될 사건을 암시하고 있다.

3 〈보기〉를 바탕으로 윗글을 감상한 내용으로 적절하지 <u>않은</u> 것은?   ◎ 8450-0222

> ● 보기 ●
>
> 　이 작품은 광복 직후를 배경으로 물질적으로 파산해 가는 인간과 정신적으로 파산해 가는 인간의 두 유형을 사실적으로 치밀하게 묘사하고 있다. 그리고 이 작품에서는 이 두 가지 인물형의 우열을 제시하는 것이 아니라 이러한 인간 모두가 현실적이고 실제적인 인물로서 당대의 사회적 분위기가 만들어 낸 피해자임을 드러내고 있다.

① 정례 모친이 옥임으로부터 모욕을 당하게 된 것은 물질 만능주의 사회에서 경제적 파산에 도달했기 때문이군.
② 정례 모친이 양육하는 세 자녀와 무능력한 남편은 경제적 파산을 가중시키고 나아가 정신적 파산을 가속화하는 원인이 되고 있군.
③ 옥임이 정례 모친을 부러워하는 것은 비록 경제적으로 어렵지만 자신과 달리 안정된 가정을 꾸리고 있다고 판단하기 때문이군.
④ 옥임이 '반민자의 아내'가 되리라는 점을 고리대금업에 이용한 것은 역사적, 윤리적 의식이 마비된 정신적 파산에 도달했음을 나타내고 있군.
⑤ 정례 모친과 옥임이 각각 경제적 파산과 정신적 파산에 도달하게 된 데에는 당시의 물질 만능주의적 사회 분위기가 영향을 미친 것으로 볼 수 있군.

1 윗글의 제목이 '두 파산'인 이유는 무엇인지 서술하시오.   ◎ 8450-0223

2 윗글에서 '옥임'이 '정례 모친'을 부러워하는 이유를 간략하게 서술하시오.   ◎ 8450-0224

[1~2] 다음 글을 읽고 물음에 답하시오.

정례 모친은 그 후 두 달 걸려서 교장 영감의 오만 환 빚은 갚았으나, 석 달째 가서는 이 상점 주인이 바뀌어 들고야 말았다. 정말 교장 영감의 조카가 나서나 하였더니 교장의 딸 내외가 들어앉았다. 상점을 내놓고 만 바에는 자질구레한 셈속을 따진대야 죽은 아이 귀 만져 보기지 별수 없지마는, 하여튼 이십만 환의 석 달 변리 육만 환이 또 늘어서 이십육만 환인데 정례 모녀가 사글세의 보증금 팔만 환마저 못 찾고 두 손 털고 나선 것을 보면, 그 팔만 환을 아끼고 남은 십팔만 환이 점방의 설비와 남은 물건 값으로 치운 것이었다. 물론 옥임이가 뒤에 앉아 맡은 것이나, 권리 값으로 오만 환 더 얹어서 교장 영감에게 팔아넘긴 것이었다. 옥임이는 좀 더 남겨 먹었을 것이로되, 교장 영감이 그 빚 받아 내는 데에 공로가 있었기 때문에 오만 환만 얹어 먹고 말았다. 또 교장은 이북에서 내려온 딸 내외에게는 똑 알맞은 장사라는 생각이 있어서 애초부터 침을 삼키고 눈독을 들였던 것이라, 이 상점을 손에 넣으려고 애도 썼지마는, 매득*하였다고 좋아하였다.

정례 모녀는 일 년 반 동안이나 죽도록 벌어서 죽 쑤어 개 좋은 일 한 셈이라고 절통*을 하였으나, 그보다도 정례 모친은 오래간만에 몸 편해져서 그렇기도 하였겠지마는, 몸살 감기에 울화가 터져서 그만 누운 것이 반 달이나 끌었다.

"마누라, 염려 말아요. 김옥임이 돈쯤 먹자만 들면 삼사십만 환쯤 금세루 녹여 내지. 가만있어요."

정례 부친은 앓는 마누라 앞에 앉아서 이렇게 위로하였다.

"옥임이 돈을 먹자는 것두 아니지마는 무슨 재주루?"

마누라는 말리는 것도 아니요, 부채질하는 것도 아닌 소리를 하였다.

[A]   "김옥임이도 요새 자동차를 놀려 보구 싶어 한다는데, 마침 어수룩한 자동차 한 대가 나섰단 말이지. 조금만 참어요, 우리 집문서는 아무래두 김옥임 여사의 돈으로 찾고 말 것이니……."

하며 정례 부친은 앓는 아내를 위하여 뱃속 유하게 껄껄 웃었다.

* 매득: 싸게 삼.
* 절통: 뼈에 사무치도록 원통함.

---

1 윗글에 나타난 '옥임'의 행동을 비판하시오.   ○ 8450-0225

2 [A]에 드러난 '정례 부친'의 생각에 대해 비판적으로 평가하시오.   ○ 8450-0226

3 이태준, '복덕방'

➡ 작품 안으로 **주제**: 근대화에 적응하지 못한 인물들의 좌절과 비애

특징: 이 작품은 근대화의 과정에서 변화하는 시대에 뒤처진 사람들의 이야기를 담고 있다. 서 참의, 안 초시, 박희완 영감은 복덕방이라는 공간 속에서 소외된 채 살아가는 사람들이다. 일확천금에 대한 허황된 꿈이 좌절되며 안 초시가 자살하는 비극적 사건과 그의 딸 안경화의 속물적 언행을 통해 근대화에 대한 비판적 시선을 드러내고 있다.

⬅ 작품 밖으로 이 작품은 1937년 《조광》에 발표된 작품이다. 당시의 사회는 근대화가 진행되던 시점으로 구시대를 대표하는 서 참의, 안 초시, 박희완 영감과 같은 인물들은 급속한 근대화와 자본주의화에 적응하지 못한 채 가난과 소외감 속에 살아가야만 했다. 그리고 이들은 자신의 좌절된 욕망을 충족하기 위해 혼란한 근대화의 과정 속에서 일확천금을 꿈꾸다가 안 초시와 같이 비극적 결말을 맞이하는 경우가 많았다. 그런 의미에서 이 작품은 파괴적이고 비인간적인 근대화의 속성을 드러내고 있을 뿐 아니라, 소외된 사람들에 대한 작가의 연민과 동정도 제시하고 있다.

내용 구조도

복덕방의 소외된 세 노인

근대화의 거센 물결 속에서 적응하지 못하고 밀려난 구세대의 인물

⬇

안 초시, 박희완 영감의 투기와 실패

근대화의 과정에서 좌절된 욕망을 만회하려는 허황된 꿈과 좌절

⬇

안 초시의 자살

근대화에 적응하지 못하는 사람의 비극적 결말과 노인들의 울분

꼭 필요한 내용 연구

● '복덕방'의 의미

'복덕방'을 문자 그대로 풀이하면 '복(福)'과 '덕(德)'이 넘치는 공간이라는 의미이지만, 이 작품에서는 근대화에 적응하지 못한 노인들이 소일을 하는 초라하고 궁핍한 공간이다. 따라서 이 작품에서 '복덕방'은 소외된 세대의 상징적 공간으로서 본래의 의미와는 달리 불행을 의미하는 반어적 명칭을 가진 공간으로 볼 수 있다.

"자식도 소용없어. 더구나 딸자식……. 그저 내 수중에 돈이 있어야……."

초시는 돈의 긴요성을 날로날로 더욱 심각하게 느끼었다. / "돈만 가지면야 좀 좋은 세상인가!"

심심해서 운동 삼아 좀 나다녀 보면 *거리마다 짓느니 고층 건축들이요, 동네마다 느느니 그림 같은 문화 주택들이다. 조금만 정신을 놓아도 물에서 갓 튀어나온 메기처럼 미끈미끈한 자동차가 등덜미에서 소리를 꽥 지른다. 돌아다보면 운전수는 눈을 부릅떴고 그 뒤에는 금시곗줄이 번쩍거리는 살진 중년 신사가 빙그레 웃고 앉았는 것이었다.

"예순이 낼모레……. 젠장할 것."

초시는 늙어 가는 것이 원통하였다. 어떻게 해서나 더 늙기 전에 적게 돈 만 원이라도 붙들어 가지고 내 손으로 다시 한 번 이 세상과 교섭해 보고 싶었다. 지금 이 꼴로서야 문화 주택이 암만 서기로 내게 무슨 상관이며 자동차 · 비행기가 개미 떼나 파리 떼처럼 퍼지기로 나와 무슨 인연이 있는 것이냐. 세상과 자기와는 자기 손에서 돈이 떨어진, 그 즉시로 인연이 끊어진 것이라 생각되었다.

'그러면 송장이나 다름없지 뭔가?' / 초시는 이런 질문을 자신에게 던진 지가 이미 오래였다.

'무슨 수가 없을까?' / 또, / '무슨 그루터기가 있어야 비비지!' / 그러다도,

'그래도 돈냥이나 엎질러 본 녀석이 벌기도 하는 게지.' / 하고, 그야말로 무슨 그루터기만 만나면 꼭 벌기는 할 자신이었다.

그러다가 박희완 영감에게서 들은 말이었다. 관변*에 있는 모 유력자를 통해 비밀리에 나온 말인데 황해 연안에 제2의 나진(羅津)이 생긴다는 말이었다. 지금은 관청에서만 알 뿐이나 축항 용지*는 비밀리에 매수되었으므로 불원*하여 당국자로부터 공표가 있으리라는 것이다.

"그럼, 거기가 황무진가? 전답들인가?" / 초시는 눈이 뻘게 물었다.

"밭이라데." / "밭? 그럼 매 평 얼마나 간다나?"

"좀 올랐대. 관청에서 사는 바람에 아무리 시굴 사람들이기루 그만 눈치 없겠나. 그래두 무슨 일루 관청서 사는진 모르거든……." / "그래?"

"그래, 그리 오르진 않았대……. 아마 평당 이십오륙 전씩이면 살 수 있다나 보데. 그러니 ⬜ ㉠ (이)지 뭘 허나 우리가……." / "음……."

*초시는 관자놀이가 욱신거리었다. 정말이기만 하면 한 시각이라도 먼저 덤비는 놈이 더 먹는 판이다. 나진도 오륙 전 하던 땅이 한번 개항된다는 소문이 나자 당년으로 오륙 전의 백 배 이상이 올랐고 삼사 년 뒤에는, 땅 나름이지만 어떤 요지는 천 배 이상이 오른 데가 많다.

*관변: 정부나 관청 쪽. 또는 그
계통
*축항 용자: 항구를 구축할 땅.
*불원: 시일이 오래지 않음.
*무려하다: 믿음직스러워 아무 염
려할 것이 없다.
*금시발복: 어떤 일을 한 다음 이
내 복이 돌아와 부귀를 누리게
되는 것

*거리마다 짓느니 고층 건물이
요, ~ 소리를 꽥 지른다.: 고층
건물과 자동차의 증가 등 빠른
속도로 근대화되고 있는 당시
사회상을 엿볼 수 있다.
*초시는 관자놀이가 ~ 더 먹는
판이다.: 일확천금에 대한 안 초
시의 욕망과 이에 대한 조바심
이 드러나고 있다.

'다 산 나이에 오래 끌 건 뭐 있나. 당년으로 넘겨두 최소한도 5환씩야 무려할* 테지…….'

혼자 생각한 초시는, / "대관절 어디란 말야 거기가?" / 하고 나앉으며 물었다.

"그걸 낸들 아나?" / "그럼?"

"그 모씨라는 이만 알지. 그게 날더러 단 만 원이라도 자본을 운동하면 자기는 거기서도 어디 어디가 요지라는 걸 설계도를 복사해 낸 사람이니까, 그 요지만 산단 말이지, 그리구 많이두 바라지 않어. 비용 죄다 제치구 순이익의 2할만 달라는 거야."

"그럴 테지……. 누가 그런 자국을 일러 주구 구경만 하자겠나……. 2할이라……2할……."

초시는 생각할수록 이것이 훌륭한, 그 무슨 그루터기가 될 것 같았다. 나진의 선례도 있거니와 박희완 영감 말이 만주국이 되는 바람에 중국과의 관계가 미묘해지므로 황해 연안에도 으레 나진과 같은 사명을 갖는 큰 항구가 필요한 것은 우리 상식으로도 추측할 바이라 하였다. 초시의 상식에도 그것을 믿을 수 있었다.

〈중략〉

초시는 이날 저녁에 박희완 영감에게서 들은 이야기를 딸에게 하였다. 실패는 했을지라도 그래도 십수 년을 상업계에서 논 안 초시라 출자를 권유하는 수작만은 딸이 듣기에도 딴사람인 듯 놀라웠다. 딸은 즉석에서는 가부를 말하지 않았으나 그의 머릿속에서도 이내 잊혀지지는 않았던지 다음 날 아침에는, 딸 편이 먼저 이 이야기를 다시 꺼내었고, 초시가 박희완 영감에게 묻던 이상을 시시콜콜히 캐어물었다. 그러면 초시는 또 박희완 영감 이상으로 손가락으로 가리키듯 소상히 설명하였고, 1년 안에 청장을 하더라도 최소한도로 50배 이상의 순이익이 날 것이라고 장담 장담하였다.

딸은 솔깃했다. 사흘 안에 연구소 집을 어느 신탁 회사에 넣고 3천 원을 돌리기로 하였다. 초시는 금시발복(今時發福)*이나 된 듯 뛰고 싶게 기뻤다.

진단 체크

정답 1. 고층 건물, 신탁 회사, 자동차 2. 축항 용지(축항할) 매입

1 윗글에서 근대화를 의미하는 대상을 찾아 3가지만 쓰시오.
2 안 초시와 박희완 영감이 재산 증식을 위해 관심을 갖게 된 일은 무엇인지 쓰시오.

▶ 실력 다지기

정답과 해설 40쪽

1 윗글에 대한 설명으로 가장 적절한 것은? ◐ 8450-0227

① 작품 밖의 서술자가 등장인물의 내면 심리를 서술하고 있다.
② 작품의 등장인물이 사건의 진행 과정을 객관적으로 전달하고 있다.
③ 동시에 일어나는 두 개의 사건을 병치하여 긴장감을 조성하고 있다.
④ 다른 사람에게 들은 이야기를 재구성하여 전달하는 형식을 취하고 있다.
⑤ 배경을 감각적으로 묘사하여 소설의 분위기를 입체적으로 제시하고 있다.

2 〈보기〉를 바탕으로 윗글에 대해 이해한 내용으로 적절하지 <u>않은</u> 것은?　　　　　　　　　　　● 8450-0228

> ● 보기 ●
>
> 　이 글의 작가 이태준은 급변하는 현실에 적응하지 못하는 인물들을 작품에 등장시키는 경우가 많았다. 특히 이태준은 근대화의 과정을 지극히 회의적이고 비판적인 입장에서 바라보면서 근대화를 경험하는 조선인들이 겪는 혼란과 불안, 좌절과 소외는 물론 그들의 욕망을 연민 어린 시선으로 그려 내고 있다.

① 안 초시는 근대화의 과정 속에서 급변하는 현실에 잘 적응하지 못하는 인물로 볼 수 있다.

② 안 초시의 '문화 주택'이나 '자동차'에 대한 동경은 성공하고 싶어 하는 인물의 욕망이 드러난 것이라고 볼 수 있다.

③ 안 초시의 딸이 아버지의 권유를 수용한 것은 아버지가 느끼는 좌절감을 치유하기 위한 행동이라고 볼 수 있다.

④ 안 초시가 박희완 영감을 통해 듣게 된 말들은 근대화의 과정 속에서 사람들을 혼란스럽게 했던 정보라고 볼 수 있다.

⑤ 안 초시가 부동산 투기를 통해 일확천금을 노리는 것은 근대화의 과정 속에 경험했던 좌절감을 만회하기 위한 것이라고 볼 수 있다.

3 문맥상 ㉠에 들어갈 한자 성어로 가장 적절한 것은?　　　　　　　　　　　　　　　　　　　● 8450-0229

① 경천동지(驚天動地)　　　　② 사필귀정(事必歸正)　　　　③ 정저지와(井底之蛙)

④ 화중지병(畵中之餠)　　　　⑤ 호사다마(好事多魔)

1 '안 초시'와 '박 희완 영감'이 돈을 벌기 위해 선택한 방법이 지닌 문제점에 대해 간략하게 서술하시오.　　　● 8450-0230

[1~2] 다음 글을 읽고 물음에 답하시오.

[앞부분의 줄거리] 안 초시는 박희완 영감으로부터 들은 축항 용지 개발 정보를 듣고 딸의 돈까지 끌어들여 투자를 한다. 그러나 축항 용지 개발이 허위 정보로 밝혀지면서 안 초시의 허황된 꿈은 물거품이 되고 만다.

　참의는 머리가 띵하였다. 요즘 와서 울기 잘하는 안 초시를 한번 위로해 주려, 엊저녁에는 데리고 나와 청요릿집으로, 추탕집으로 새로 두 점을 치도록 돌아다닌 때문 같았다. 조반이라고 몇 술 뜨기는 했으나 혀도 그냥 뻑뻑하다. 안 초시도 그럴 것이니까 해는 벌써 오정 때지만 끌고 나와 해장술이나 먹으리라 하고 부지런히 내려와 보니, 웬일인지 복덕방이라고 쓴 베발*이 아직 내어 걸리지 않았다.

　"이 사람 봐아…… 어느 땐 줄 알구 코만 고누……."

　그러나 코 고는 소리는 들리지 않았다. 미닫이를 밀어젖힌 서 참의는 정신이 번쩍 났다. 안 초시의 입에는 피, 얼굴은 잿빛이다. 방 안은 움 속처럼 음습한 바람이 휭 끼친다.

　"아니……?"

　참의는 우선 미닫이를 닫고 눈을 비비고 초시를 들여다보았다. 안 초시는 벌써 아니오, 안 초시의 시체일 뿐, 둘러보니 무슨 약병인 듯한 것 하나가 굴러져 있다.

　참의는 한참 만에야 이 일이 슬픈 일인 것을 깨달았다.

　"허……."

　파출소로 갈까 하다 그래도 자식한테 먼저 알려야겠다 하고 말만 듣던 그 안경화무용연구소를 찾아가서 안경화를 데리고 왔다. 딸이 한참 울고 난 뒤다.

　"관청에 어서 알려야지?" / "아니야요. 아스세요." / 딸은 펄쩍 뛰었다.

　"아스라니?" / "저……."

　"저라니?" / "제 명예도 좀……." / 하고 그는 애원하였다.

　"명예? 안 될 말이지. 명옐 생각하는 사람이 애빌 저 모양으루 세상 떠나게 해?"

　"……." / 안경화는 엎드려 다시 울었다. 그러다가 나가려는 서 참의의 다리를 그러안고 놓지 않았다. 그리고,

　"절, 살려 주세요." / 소리를 몇 번이나 거듭하였다.

　"그럼, 비밀은 내가 지킬 테니 나 하자는 대루 할까?" / "네." / 서 참의는 다시 앉았다.

　"부친 위해 보험 든 거 있지?" / "네, 간이 보험이야요."

　"무슨 보험이든…… 얼마나 타게 되누?" / "480원요."

　"부친 위해 들었으니 부친 위해 다 써야지?" / "그럼요."

*베발: 삼베를 가는 대나무에 달아 길게 늘어뜨려 만든 발.

1　윗글에서 '안 초시'가 죽음을 선택한 이유에 대해 서술하시오.　　　　　　　　　　　　　　○ 8450-0231

2　윗글에 '안경화'가 아버지 '안 초시'의 죽음을 관청에 알리는 것을 만류한 이유를 간략하게 서술하고 이를 비판하시오.

○ 8450-0232

04 돈과 욕망

❹ 이문구, '유자소전'

→] 작품 안으로 **주제**: 물질 만능주의 사회에 대한 비판과 풍자

특징: 이 소설은 물질 만능주의 사회인 현대 사회에서 넉넉한 성품과 인격을 소유한 유자의 삶을 전의 형식을 통해 표현한 작품이다. 유자의 의뭉스럽고 익살스러운 행동이 웃음을 유발하며, 이를 통해 총수를 비롯한 주변 사람들의 이기적이고 물질 만능주의적 태도를 비판, 풍자하고 있다.

←] 작품 밖으로 1991년 발표된 이 작품은 1인칭 관찰자 시점으로 한 인물의 일대기 중 일부를 그리고 있는 작품이다. 인물의 일대기를 서술하는 전(傳)의 형식을 빌린 점, 희극적이고 우스꽝스러운 상황의 설정, 방언의 사용 등은 전통 가면극이나 판소리 등과 유사한 것으로, 전통적인 서사를 효과적으로 계승하고 있는 작품으로 볼 수 있다.

내용 구조도

유자

권력이 있는 사람의 눈치를 보지 않고, 신념을 드러내며 넉넉한 성품과 유머를 갖춘 인물

↕

총수

아랫사람을 업신여기는 거만한 인물이자, 물질을 통한 과시욕과 속물근성을 가진 인물

꼭 필요한 내용 연구

• '잉어'의 의미

잉어는 인간의 물질에 대한 욕망과 과시욕을 의미한다. 특히 웬만한 사람들의 몇 년 치 월급보다 비싼 잉엇값은, 사람의 노동력이 지니는 가치보다 관상용 잉어의 가치를 더 높이 사는 현대 사회의 물질 만능주의를 단적으로 보여 준다.

어휘 풀이

*귀꿈맞다: 전혀 어울리지 아니하고 촌스럽다.
*해감내: 바닷물 따위에서 흙과 유기물이 썩어서 생긴 찌꺼기의 냄새.
*하꾸라이: 배를 타고 외국에서 왔다는 뜻의 일본식 표현.
*흘기눈: 눈동자가 한쪽으로 쏠려, 정면으로 보지 못하고 언제나 흘겨보는 눈.

하루는 어디로 어디로 해서 어디로 좀 와 보라고 하기에 물어물어 찾아갔더니, 귀꿈맞게도* 붕어니 메기니 하고 민물고기로만 술상을 보는 후미진 대폿집이었다.

나는 한내를 떠난 이래 처음 대하는 민물고기 요리여서 새삼스럽게도 해감내*가 역하고 싫었으나, 그는 흙탕 내도 아니고 시궁 내도 아닌 그 해감내가 문득 그리워져서 부득이 그 집으로 불러냈다는 것이었다.

"허울 좋은 하눌타리지, 수챗구녕 내가 나서 워디 먹겄나, 이까짓 냄새가 뭣이 그리워서 이걸 다 돈 주고 사 먹어, 나 원 참, 취미두 별 움둑가지 같은 취미가 다 있구먼."

내가 사뭇 마뜩잖아했더니,

"그래두 좀 구적구적헌 디서 사는 고기가 하꾸라이*버덤은 맛이 낫어."

하면서 그날사말고 수그러들 기미를 보이지 않는 것이었다. 그가 자기주장에 완강할 때는 반드시 경험론적인 설득 논리로써 무장이 되어 있는 경우였다.

"무슨 얘기가 있는 모양이구먼."

"있다면 있구 읎다면 읎는디, 들어 볼라남?"

그는 이야기를 펼쳐 놓았다. / 총수의 자택에 연못이 생긴 것은 그 며칠 전의 일이었다. 뜰 안에다 벽이고 바닥이고 시멘트를 들어부어 만들었으니 연못이라기보다는 수족관이라고 하는 편이 알맞은 시설이었다. 시멘트가 굳어지자 물을 채우고 울긋불긋한 비단잉어들을 풀어놓았다.

비단잉어들은 화려하고 귀티 나는 맵시로 보는 사람마다 탄성을 자아내게 하였으나, 그는 처음부터 **흘기눈***을 떴다. 비행기를 타고 온 수입 고기라서가 아니었다. 그 회사 직원의 몇 사람 치 월급을 합쳐도 못 미치는 상식 밖의 몸값 때문이었다.

"대관절 월매짜리 고기간디 그려?" / 내가 물어보았다.

"마리당 팔십만 원쓱 주구 가져왔댜."

그 회사 직원들의 봉급 수준을 모르기에 내 월급으로 계산을 해 보니, 자그마치 3년 4개월 동안이나 봉투째로 쌓아야 겨우 한 마리 만져 볼까 말까 한 값이었다.

"월 늠으 잉어가 사람버덤 비싸다냐?"

내가 기가 막혀 두런거렸더니,

"보통 것은 아닐러면그려. *뱉어낸벤또(베토벤)라나 뭐라나를 틀어 주면 또 그 가락대루 따라서 허구, 차에코풀구싶어(차이콥스키)라나 뭐라나를 틀어 주면 또 그 가락대루 따라서 허구, 좌우간 곡을 틀어 주는 대루 못 추는 춤이 읎는 순전 딴따라 고기닝께. 물고기두 꼬랑지 흔들어서 먹구사는 물고기가 있다는 건 이번에 그 집에서 츰 봤구먼."

*객고: 객지에서 고생을 겪음. 또
는 그 고생
*조시: 일본에서 온 말로, '조시가
좋지 않다.'는 '몸 상태가 좋지
않다.'라는 의미임.
*배참: 꾸지람을 듣고 그 화풀이
를 다른 데다 함.

구절 풀이
*뱉어낸벤또(베토벤)라나 뭬라나
를 틀어 주면 ~ 그 가락대로 따
라서 허구: 직원들의 월급보다
훨씬 비싼 비단잉어에 대한 유
자의 부정적인 시각이 드러난
표현이다. 비단잉어에게 틀어 주
는 음악을 작곡한 음악가 이름
의 언어유희를 통해 희화화함으
로써 풍자와 비판의 의도를 드
러내고 있다.
*한 마리가 황소 네댓 마리 값이
나 나간다는디 ~ 한 고뿌덜씩
했지유.: 총수가 애지중지하던
비단잉어를 술안주로 먹었다는
말을 하며 총수의 심기를 의도
적으로 불편하게 하는 말이다.
총수의 과시욕과 속물근성을 우
회적으로 풍자하는 말이다.

그런데 이 비단잉어들이 어제 새벽에 떼죽음을 한 거였다. 자고 일어나 보니 죄다 허옇게 뒤집어진 채로 떠 있는 것이었다.

총수가 실내화를 꿴 발로 뛰어나왔지만 아무 소용없는 일이었다.

"어떻게 된 거야?" / 한동안 넋 나간 듯이 서 있던 총수가 하고많은 사람 중에 하필이면 유자를 겨냥하며 물은 말이었다.

"글쎄유, 아마 밤새에 고뿔이 들언던 개비네유." / 유자는 부러 딴청을 하였다.

"뭐야? 물고기가 물에서 감기가 들어 죽는 물고기두 봤어?"

총수는 그가 마치 혐의자나 되는 것처럼 화풀이를 하려 드는 것이었다.

그는 비위가 상해서,

"그야 팔자가 사나서 이런 후진국에 시집와 살라니께 여러 가지루다 객고*가 쌓여서 조시*두 안 좋았을 테구……. 그런디다가 부룻쓰구 지루박이구 가락을 트는 대루 디립다 춰 댔으니께. 과로해서 몸살끼두 다소 있었을 테구……. 본래 받들어서 키우는 새끼덜일수록이 다다 탈이 많은 법이니께……."

그는 시멘트의 독성을 충분히 우려내지 않고 고기를 넣은 것이 탈이었으려니 하면서도 부러 배참*으로 의뭉을 떨었다.

"하는 말마다 저 말 같잖은 소리……. 시끄러 이 사람아."

총수는 말 가운데 어디가 어떻게 듣기 싫었는지 자기 성질을 못 이기며 돌아섰다.

그는 총수가 그랬다고 속상해할 만큼 속이 옹색한 편이 아니었다. 그렇지만 오늘 아침에 들은 말만은 쉽사리 삭일 수가 없었다.

총수는 연못이 텅 빈 것이 못내 아쉬운지 식전마다 하던 정원 산책도 그만두고 연못가로만 맴돌더니,

"유 기사, 어제 그 고기들은 다 어떡했나?"

또 그를 지명하며 묻는 것이었다.

그는 아무렇지 않게 대답했다.

"*한 마리가 황소 네댓 마리 값이나 나간다는디, 아까워서 그냥 내뻔지기두 거시기 허구, 비싼 고기는 맛두 괜찮겠다 싶기두 허구……. 게 비눌을 대강 긁어서 된장끼 좀 허구, 꼬치장두 좀 풀구, 마늘두 서너 통 다져 늫구, 멀국두 좀 있게 지져서 한 고뿌덜씩 했지유."

"뭣이 어쩌구 어째?" / "왜유?"

"왜애유? 이런 **잔인무도한 것들 같으니**……."

총수는 분기탱천하여 어쩌지를 못하였다. 보아하니 아는 문자는 다 동원하여 호통을 쳤으면 하나 혈압을 생각하여 참는 눈치였다.

진단 체크

정답 1. 비단잉어 2. 비단잉어의 떼죽음

1　윗글에서 총수의 물질에 대한 욕망과 과시욕을 의미하는 소재를 찾아 쓰시오.
2　윗글에서 총수와 유자의 갈등이 드러나게 된 계기가 된 사건을 쓰시오.

1 윗글에 대한 설명으로 적절하지 <u>않은</u> 것은?

◑ 8450-0240

① 대화를 통해 중심인물의 성격을 드러내고 있다.
② 특정한 소재에 대한 인물 간의 갈등을 제시하고 있다.
③ 작품 속의 서술자가 다른 사람의 이야기를 전달하고 있다.
④ 현재의 시점에서 인물이 경험한 과거의 일을 서술하고 있다.
⑤ 전지적 서술자가 사건에 대한 주관적 견해를 드러내고 있다.

2 윗글에 제시된 '유자'의 말하기 방식에 대한 설명으로 적절하지 <u>않은</u> 것은?

◑ 8450-0241

① 웃음을 유발하는 표현을 통해 대화 상대의 화를 돋우고 있다.
② 중심 화제를 빈번하게 전환하여 자신의 책임을 회피하고 있다.
③ 방언의 사용을 통해 경험한 내용을 현장감 있게 전달하고 있다.
④ 언어유희를 통해 특정 대상에 대한 비판적 태도를 드러내고 있다.
⑤ 사리에 맞지 않는 말을 통해 대화 상대가 흥분하도록 유도하고 있다.

3 〈보기〉를 참고하여 윗글을 감상한 내용으로 적절하지 <u>않은</u> 것은?

◑ 8450-0242

> ● 보기 ●
>
> 문학 작품을 감상할 때 그 작품이 창작된 사회적, 문화적 배경을 고려하여 이해하고 감상하는 것이 효과적인 경우가 있습니다. 이 작품은 물질 만능주의가 지배적인 현대 사회에서 사람보다 돈의 가치가 더 중시되는 부조리한 사회상을 비판하고 풍자하는 데 탁월한 작품이라고 볼 수 있습니다. 특히 이 작품에서는 이러한 사회상에 휩쓸리지 않고 자신의 소신을 지키며 지혜롭게 살아가는 '유재필'이라는 인물의 삶을 예찬하고 있습니다.

① '유자'가 '흘기눈'으로 '비단잉어'를 바라본 것은 물질 만능주의적 가치에 대한 비판적 태도를 드러낸 것이군.
② '총수'의 물음에 대한 '유자'의 태도는 물질 만능주의를 강요하는 세태에 대해 자신의 신념을 직설적으로 표현한 것이군.
③ '잔인무도한 것들 같으니'라는 표현은 인간보다 물질의 가치를 중시하는 '총수'의 모순적 태도가 반어적 표현을 통해 드러난 것이군.
④ 월급의 몇 십 배나 되는 수입산 '비단잉어'는 물질 만능주의적 가치를 추구하는 '총수'의 과시욕과 물질에 대한 애착을 보여 주는 소재로군.
⑤ 주인공을 '공자', '맹자'와 같이 '유자'라고 지칭한 것은 부조리한 사회상에 휩쓸리지 않고 지혜롭게 살아가는 '유재필'을 높게 평가했기 때문이군.

1 윗글에서 작품의 재미를 더해 주는 웃음의 요소가 어떻게 실현되고 있는지 구체적으로 서술하시오.

◑ 8450-0243

[1~2] 다음 글을 읽고 물음에 답하시오.

[앞부분의 줄거리] 총수의 운전기사였던 유자는 비단잉어를 키우고 황금 불상을 애지중지하는 총수가 못마땅하다. 그러던 중 총수의 눈에 난 유자는 그룹의 노선 상무로 좌천된다. 하지만 유자는 한마디 불평 없이, 특유의 사리 분별력과 융통성으로 까다로운 교통사고를 원만하게 해결해 나간다.

그가 다루는 사건도 태반이 가해자의 운전 윤리 마비증이 자아낸 것이었다. 그렇지만 가해자가 그룹 내의 동료 운전수라 하여 팔이 들이굽는다는 식의 적당주의를 취한 적은 거의 없었다.

다만 사건 처리에 필요한 서류를 갖추기 위해 신상 기록 대장에 있는 주소를 찾아가 보면 일쑤 비탈진 산꼭대기에 더뎅이*진 무허가 주택에서 근근이 셋방살이를 하는 축이 많았고, 더욱이 인건비를 줄이느라고 임시로 쓰던 스페어 운전수들이 사는 꼴이 말이 아닐 때는, 그 운전자의 자질 여부를 떠나서 현실적인 딱한 사정에 괴로워하지 않을 수가 없었던 것이다.

스페어 운전수는 대체로 벌이가 시답지 않아 결혼도 못 한 채 늙고 병든 홀어미와 단칸 셋방을 살고 있거나, 여편네가 집을 나가 버려 어린것들만 있는 경우가 적지 않았고, 들여다보면 방구석에 먹던 봉지 쌀이 남은 대신 연탄이 떨어지고, 연탄이 있으면 쌀이 없거나 밀가루 포대가 비어 있어, 한심해서 들여다볼 수가 없고 심란해서 돌아설 수가 없는 집이 허다한 것이었다.

그는 결국 주머니를 털었다. 스페어 운전수의 사고에는 업무 추진비 명색도 차례가 가지 않아 자신의 용돈을 털게 되는 것이었다. 식구가 단출하면 쌀을 한 말 팔아 주고, 식구가 많은 집은 밀가루를 두 포대 팔아 주고, 그리고 연탄을 백 장씩 들여놓아 주는 것이 그가 용돈에서 여툴* 수 있는 한계였다.

그는 쌀가게에서 쌀이나 밀가루를 배달하고, 연탄 가게에서 연탄 백 장을 지게로 져 올려 비에 안 젖게 쌓아 주기를 마칠 때까지 그 집을 떠나지 않았다. 그리고 그 집을 나와서 골목을 빠져나오다 보면 늘 무엇인가를 빠뜨리고 오는 것처럼 개운치가 않았다.

그는 비탈길을 다 내려와서야 그것이 무엇이라는 것을 깨닫곤 하였다. 산동네 초입의 반찬 가게를 보고서야 아까 그 집의 부엌에 간장밖에 없었던 것이 뒤늦게 떠오른 것이었다.

그러면 다시 주머니를 뒤졌다.

그가 반찬 가게에서 집어 드는 것은 만날 얼간하여 엮어 놓은 새끼 굴비 두름이었다. 바다와 연하여 사는 탓에 밥상에 비린 것이 없으면 먹어도 먹은 것 같지 않아 하는 대천 사람의 속성이 그런 데서까지도 드티었던 것이다.

*더뎅이: 부스럼 딱지나 때 같은 것이 거듭 붙어서 된 조각.
*여투다: 돈이나 물건을 아껴 쓰고 나머지를 모아 두다.

1 윗글을 통해 알 수 있는 '유자'의 성격을 간략하게 서술하시오. ◐ 8450-0244

2 작가가 '유자'의 삶을 소설로 쓴 이유를 당대 사회와 연관 지어 서술하시오. ◐ 8450-0245

① 최은영, '씬짜오, 씬짜오'

작품 안으로

주제: 베트남 전쟁으로 상처 입은 두 가족의 갈등과 화해

특징: 다문화 사회에서 일어날 수 있는 역사적 사건에 대한 시각 차이가 가져온 갈등 상황을 다루고 있는 단편 소설이다. 베트남 전쟁에서 한국군의 학살을 경험한 투이네 가족과 베트남 전쟁에 참전했던 큰아버지를 두고 있는 '나'의 가족이 독일에서 만나 겪게 되는 사건을 다루고 있다. 타자에 대한 이해와 상호 소통의 중요성을 되새기며 읽어야 하는 작품이다.

작품 밖으로 2017년 출간된 최은영의 소설집 "쇼코의 미소"에 실려 있는 단편 소설이다. 아빠의 직장 때문에 독일의 작은 도시에서 살게 된 '나'의 가족이 베트남에서 온 호 아저씨네 가족과 친분을 쌓아 가며 의지하던 중 '베트남 전쟁'에 대한 시각 차이로 갈등을 빚게 되는 과정을 보여 준다. 다문화 사회를 살아가는 구성원으로서 문화적 차이를 이해하고, 공감의 자세를 가질 것을 강조하고 있다.

내용 구조도

한국군의 베트남 학살에 대해 이야기하는 투이

투이의 가족과 함께 저녁 식사를 하던 중 친구 투이로부터 한국군이 베트남 사람들을 학살했다는 이야기를 듣게 된 '나'

↓

투이 가족에게 사과하는 어머니, 못 들은 것처럼 무시하는 아버지

투이 가족에게 대신 사과하는 어머니와 달리 전쟁의 상처로 인해 아무런 말도 하지 않는 아버지

↓

베트남 전쟁에 대한 시각 차이와 갈등

학살이었다고 말하는 투이네 가족들과 전쟁일 뿐이었다고 말하는 아버지. 그로 인해 사이가 멀어지게 된 두 가족

꼭 필요한 내용 연구

● **어린 화자, '나'**
이 작품에는 나이가 어린 화자 '나'가 등장하는데, 대체로 독자보다 낮은 의식 수준을 가지고 사건을 제시하게 된다. 그러나 어린 화자는 순수하게 세상을 바라봄으로써 오히려 사건의 본질과 핵심을 건드릴 수 있다는 장점이 있다. 또한 어른의 시점에서 말하기에는 싱겁거나 부담스러운 이야기를 전달할 때에도 어린 화자를 활용할 수 있다.

"한국 군인들이 죽였다고 했어."

투이가 말했다. 작은 목소리였지만 식탁의 분위기를 얼려 버리기에는 충분했다.

"그들이 엄마 가족 모두를 다 죽였다고 했어. 할머니도, 아기였던 이모까지도 그냥 다 죽였다고 했어. 엄마 고향에는 한국군 증오비가 있대." / *어떻게 네가 그런 말을 할 수 있느냐고 힐난* 하는 말투였지만 나는 그 애가 무슨 말을 하는지 도무지 이해할 수 없었다.

"투이 넌 함부로 말하지 마라." / 그 말을 하고 아줌마는 나를 봤다.

"넌 신경 쓸 것 없어. 너와는 관계없는 일이야." / 응웬 아줌마의 말은 투이의 말이 사실이라는 걸 확인시켜 줄 뿐이었다. / "정말로 신경 쓸 일 아니야." / 어린 마음에 혹여 상처를 입었을까 걱정하는 아줌마의 두 눈, 내가 결코 잊지 못할 얼굴. ㉠투이의 말이 진실이라는 걸 나는 응웬 아줌마의 그 얼굴을 보고 이해했다. 그때 내가 상처를 받았다면 그건 응웬 아줌마의 상처에 대한 가책 때문이었을 것이다. / "네가 태어나기도 전에 일어난 일이야." / 아줌마가 속삭였다.

"저는 정말 몰랐어요." / 엄마가 말했다.

"*응웬 씨가 겪었던 일, 저는 아무것도 모르지만 그래도 죄송하다고 말씀드리고 싶어요. 죄송합니다." / 엄마는 호 아저씨와 응웬 아줌마에게 고개 숙였다.

"저는 모든 걸 제 눈으로 다 봤답니다. 투이 나이 때였죠." / 그렇게 말하고 호 아저씨는 붉어진 눈시울로 애써 웃었다. / "하지만 그렇게 말씀해 주셔서 감사합니다." / 호 아저씨는 거기까지 말하고 힘껏 웃어 보였다. 응웬 아줌마는 호 아저씨에게 베트남어로 속삭이듯이 이야기했다. ㉡알아들을 수 없었지만 분명 마음을 다독이는 말이었을 것이다. 그 말의 진동이 내 마음까지 위로하는 것 같았으니까. / 아빠는 엄마와 호 아저씨의 대화를 못 들은 것처럼 맥주만 마시고 있었다.

"당신도 무슨 말 좀 해 봐." / 엄마가 한국어로 아빠에게 말했다.

"내가 무슨 얘길 해? 그럼 우리가 잘못했다고 말해야 돼? 왜 당신이 나서서 미안하다고 말해? 당신이 뭔데?" / 아빠가 한국어로 받아쳤다.

"당신은 항상 이런 식이야. 죽어도 미안하다는 말을 못 해. 안 해. 그게 그렇게 어려운 일이야? 내가 응웬 씨였으면 처음부터 우리 가족 만나지도 않았을 거야."

아빠는 식탁 의자에 걸친 카디건에 팔을 넣었다.

"저녁 잘 먹었습니다." / 아빠는 잠시 망설이다가 입을 열었다.

"*저희 형도 그 전쟁에서 죽었습니다. 그때 형 나이 스물이었죠. 용병일 뿐이었어요."

아빠는 누구의 눈도 마주치지 않으려는 듯 바닥을 보면서 말했다.

"그들은 아기와 노인들을 죽였어요." / 응웬 아줌마가 말했다.

어휘 풀이

*힐난: 트집을 잡아 거북할 만큼 따지고 듦.

*베트콩: 베트남 공산주의자라는 뜻으로, '남베트남 민족 해방 전선'을 일상적으로 이르는 말.

*학살: 가혹하게 마구 죽임.

구절 풀이

*어떻게 네가 그런 말을 ~ 도무지 이해할 수 없었다: 투이가 말한 베트남 전쟁에서 한국군이 벌인 학살 사건에 대해 '나'는 알지 못하고 있었기 때문에 투이가 자신을 힐난하는 이유를 제대로 이해하지 못하고 있다.

*응웬 씨가 겪었던 일, ~ 죄송합니다: 응웬의 가족이 겪었던 비극에 대해 한국인을 대표하여 어머니가 대신 사과의 말을 전하고 있다. 정확한 상황은 몰라도 일단 상대방의 상처를 이해하고 공감하려는 태도를 보여 준 것이다.

*저희 형도 그 전쟁에서 죽었습니다. ~ 용병일 뿐이었어요: 아빠는 베트남 전쟁에서 한국군은 미군을 지원하기 위한 용병이었다고 말하며, 형을 먼저 떠나보낸 자신의 상처를 드러내고 있다. 한국군 또한 전쟁의 피해자였다는 자신의 생각을 이야기하며 상황을 얼버무리려 하는 것이다.

"누가 베트콩*인지 누가 민간인인지 알아볼 수 없는 상황이었겠지요."

아빠는 여전히 응웬 아줌마의 눈을 피하며 말했다.

"태어난 지 고작 일주일 된 아기도 베트콩으로 보였을까요. 거동도 못 하는 노인도 베트콩으로 보였을까요." / "전쟁이었습니다." / "전쟁요? 그건 그저 구역질 나는 학살*일 뿐이었어요."

응웬 아줌마가 말했다. 어떤 감정도 담기지 않은 사무적인 말투였다.

"그래서 제가 무슨 말을 하길 바라시는 겁니까? 저도 형을 잃었다고요. 이미 끝난 일 아닙니까? 잘못했다고 빌고 또 빌어야 하는 일이라고 생각하세요?"

"당신 제정신이야?" / 엄마가 말했다.

응웬 아줌마는 자리에서 일어나 천천히 서재로 걸어 들어갔다. 조심히 닫히던 문소리. ⓒ나는 겁에 질렸지만 차마 서재로 따라 들어가지는 못했다. 엄마는 동생을 안고 자리에서 일어났다.

"정말 죄송합니다." / 엄마는 호 아저씨에게 고개를 숙였다. / "투이야 미안하다." / 엄마는 그 말을 하고 밖으로 나갔다. 나는 기저귀 가방과 카디건을 들고 엄마를 따라 나갔다.

'그건 그저 구역질 나는 학살일 뿐이었어요.' ⓓ그 말을 하던 응웬 아줌마의 웃음기 없는 얼굴이 자려고 누운 내 얼굴 위로 떠올랐다. 그 말을 할 때 아줌마는 우리와 다른 곳에 있었다. 내가 아무리 상상하려고 해도 상상할 수 없는 장소와 시간에 아줌마는 내몰려 있었다. 그녀의 말은 아빠를 설득하려는 말도 아니었고, 자신을 방어하고자 하는 말도 아니었다. 그 말은 아빠를 향한 것이 아니라 그간, 그 일을 겪은 이후로 애써 살아온 응웬 아줌마 자신에 대한 쓴웃음이었던 것 같다. 그녀는 아빠의 태도에 실망조차 하지 않았던 것이다. 어차피 당신들은 이해하지 못할 테니까, 라는 마음이 그날 밤, 아줌마와 우리 사이를 안전하게 갈라놓았다. ⓔ그건 서로를 미워하고 싶지도, 서로로 인해 더는 다치고 싶지도 않은 어른들의 평범한 선택이었다.

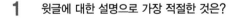

진단 체크

답 1. 원작은 증언이다 2. 베트남 전쟁에 대한 이야기를 듣고 싶지 않았기 때문에

1 한국군의 베트남 민간인 학살 사건을 직접적으로 드러내는 소재를 쓰시오.

2 아빠가 엄마와 호 아저씨의 대화를 못 들은 척 한 이유를 쓰시오.

▶ 실력 다지기

정답과 해설 42쪽

1 윗글에 대한 설명으로 가장 적절한 것은?   ○ 8450-0246

① 인물이 가진 신념을 인물의 외양 변화를 통해 제시하고 있다.

② 인물의 행위가 지닌 상징적 의미를 회상 형식을 통해 부각하고 있다.

③ 인물의 가치관이 바뀌게 된 이유를 요약적 서술을 통해 제시하고 있다.

④ 동일한 사건에 대한 인물들의 시각 차이를 대화를 통해 드러내고 있다.

⑤ 인물의 성격이 변화하는 양상을 치밀한 심리 묘사를 통해 드러내고 있다.

2 〈보기〉를 참고하여 윗글에 나타난 갈등 상황을 이해한 내용으로 적절하지 <u>않은</u> 것은?   ◎ 8450-0247

> ● 보기 ●
>
> 우리나라 역사상 처음으로 해외에 파병된 전투병들은 6·25 전쟁 때 유엔 연합군이 우리를 위해 싸워 주었듯 베트남을 위해 희생을 무릅썼다. 북부의 공산군은 타도해야 할 대상이었다. 게다가 베트남에 간 장병들이 벌어들인 달러와 참전으로 인한 특수(特需)는 개인의 살림을 향상시키고 국부(國富) 증대에 기여했다. 한국 정부는 그들의 월급 가운데 80%를 고국의 가족에게 송금토록 했다.
>
> 그러나 자유 민주주의 수호와 국가에 대한 기여로 자부심이 높았던 부대원들은 베트남 전쟁이 패배로 끝난 뒤 '정의롭지 못한 전쟁'에 잘못 파병된 '용병'이라는 평가를 듣게 된다. 한국군의 경우 4만여 명의 베트콩을 사살하는 전과를 올렸지만, 9천여 명의 양민을 학살했다는 죄과도 있다.

① 투이가 엄마의 경험과 '한국군 증오비'에 대해 말을 할 때, '나'는 투이의 말투가 '나'를 힐난하는 것이라 생각하였다.

② '나'는 베트남전에서 한국군이 양민을 학살했다는 사실을 몰랐기 때문에 투이가 한 말을 처음에는 이해할 수 없었다.

③ 응웬 아줌마와 호 아저씨는 한국군의 학살 현장을 직접 겪었음에도 '나'의 가족을 친절하게 대하려고 노력하였다.

④ 엄마는 응웬 아줌마에게 한국군이 베트남에서 저지른 잘못에 대해서 대신 사과하는 모습을 보였다.

⑤ 아빠는 베트남 전쟁에 참여했다가 사망한 형을 언급하며, 한국군에게 아무런 잘못이 없음을 강변하였다.

3 ㉠~㉤에 나타난 '나'의 심리 변화에 대한 설명으로 적절하지 <u>않은</u> 것은?   ◎ 8450-0248

① ㉠: '나'가 알고 있던 것과 다르지만, 투이가 한 말이 사실임을 인정하게 된 순간이다.

② ㉡: 응웬 아줌마와 호 아저씨의 말투와 표정으로부터 서로가 나눈 말의 따뜻함을 느끼고 있다.

③ ㉢: 응웬 아줌마를 위로하고 싶은 마음이 있었음에도 행동으로 표현하지 못해 안타까워하고 있다.

④ ㉣: 응웬 아줌마가 한 말 속에 담긴 의미와 내용을 떠올려 보며, 아줌마의 괴로움에 공감하고 있다.

⑤ ㉤: 서로를 미워하는 마음이 너무 컸기에 다시는 만나지 않기로 한 어른들의 선택을 받아들이고 있다.

1 '베트남에서 한국군이 한 일'에 대한 응웬 아줌마와 아빠의 생각을 윗글의 단어를 활용해 서술하시오.   ◎ 8450-0249

2 응웬 아줌마가 아빠의 태도에 실망조차 하지 않았던 까닭을 서술하시오.   ◎ 8450-0250

[1~2] 다음 글을 읽고 물음에 답하시오.

2차 세계 대전에 대해 배우던 시간에 나는 투이로부터 뜻밖의 이야기를 들었다. 가을 학기가 시작될 무렵이었다. ㉠"다행히 2차 대전 이후로 이처럼 대규모의 살상이 일어난 전쟁은 없었단다."

투이가 손을 들어 선생님의 말을 끊었다.

"아닌데요." / 그게 투이의 첫마디였다.

"뭐가 아니라는 거지?"

"베트남에서 전쟁으로 사람들이 많이 죽었어요. 저희 할아버지, 할머니, 고모, 이모, 삼촌 모두 다 죽었대요. 군인들이 와서 그냥 죽였대요. 아이들도 다 죽었다고. 마을이 없어졌다고 했어요. 저희 엄마가 얘기하는 걸 들었어요." 투이가 말했다.

"그래. 투이 말이 맞다. 베트남 전쟁에 대해 너희는 들어본 적 없을 거야. 투이가 더 얘기해 볼래?"

선생님은 투이가 자기 의견을 말했다는 것에 만족해했지만, 그 애는 반사적으로 말한 것처럼 보였다. 투이의 얼굴이 곧 울 것처럼 붉어졌기 때문이다. 그 애는 무슨 말을 하려다가 입을 다물고 고개를 숙였다.

"투이, 더 말해 봐. 우리들도 모두 알아야 하잖아."

그 애는 고개를 저었다. 나는 그 모든 상황이 부당하게 느껴졌지만 당시에는 그 감정의 이유에 대해 알지 못했다. 그때 반장 잉가가 손을 들었다.

"베트남은 전쟁으로 미국을 이긴 유일한 나라예요. 미군만 육만 명이 죽었고 군인 아닌 베트남 사람들도 이백만 명 죽었대요. 텔레비전에서 봤어요. 미군이 비행기로 폭탄을 떨어뜨리고 나무를 죽이는 약도 뿌렸고요."

반장의 얼굴에 자랑스러운 미소가 떠올랐다. 나는 빨갛게 달아오른 투이의 작은 귀를 바라봤다.

선생님은 반장의 말이 정확하다고 칭찬하고는 미국이 베트남전에 참전한 배경과 전쟁 과정에 대해 설명했다. 그리고 그 일이 미국 정부의 실책이었고, 미국으로서는 아무런 득도 보지 못한 전쟁이었다고 결론 내렸다. 투이가 말하고 싶었던 건 그런 게 아니었으리라고, 그 애를 앞에 두고 ㉡그런 식의 설명을 하는 건 가슴 아픈 일이라고 말하고 싶었지만 어쩐지 입을 열 수 없었던 기억이 난다. 투이는 분명 교실에 있었지만 그 순간만큼은 그곳에 없는 사람으로 취급된 것 같았다. 나는 등을 구부리고 앉아 있는 그 애의 뒷모습을 바라봤다. 너희들은 투이의 마음을 조금도 짐작하지 못하겠지. 독일 애들에게 희미한 분노마저 느꼈던 기억도.

1 선생님의 발언 ㉠에서 잘못된 내용을 찾아 근거를 들어 서술하시오.

◉ 8450-0251

2 〈보기〉를 참고하여 ㉡의 설명이 어떠한 방식의 설명을 말하는지 서술하시오.

◉ 8450-0252

> **보기**
>
> '나'의 가족과 투이의 가족은 각각 한국인과 베트남인이지만 독일의 작은 도시에 머물고 있다. 한편 아시아로부터 멀리 떨어진 일부 유럽인들에게 '베트남 전쟁'은 자신의 삶의 터전으로부터 너무 먼 곳에서 일어난, 역사적 사건에 불과한 것일 수 있었다.

② 성석제, '처삼촌 묘 벌초하기'

작품 안으로

주제: 처가 선산 벌초라는 사건을 통해 본 현대인들의 삶의 방식

특징: 처가 선산의 벌초와 관련된 사건을 재미있게 표현한 단편 소설이다. '처삼촌 묘에 벌초하듯'은 정성을 들이지 않고 마지못하여 건성으로 일할 때 쓰는 속담인데, 이 작품의 주인공은 속담과 달리 최선을 다해 벌초를 한다. 그것은 주인공이 처가의 도움을 받아 생계를 유지하고 있기 때문이다. 이 소설은 제목과 다른 방향으로 사건을 진행시키면서 현대인들의 행동 방식을 풍자하고 있다.

작품 밖으로 특유의 입담과 재치 넘치는 문장이 돋보이는 소설가 성석제가 2010년 펴낸 단편 소설집 "인간적이다"에 실려 있는 작품이다. 처가집의 경제적 도움을 받고 있는 주인공 동순이 선산을 보러 온다는 처가 식구들의 말에 하루 종일 벌초를 하는 사건을 다루고 있다. 촌철살인적인 문장에 깃든 유머와 반전, 풍자를 통해 오늘날의 세태를 드러내고 있다.

내용 구조도

전화를 끊고 분주해진 동순
처가 쪽 어른들이 선산을 보러 온다는 말에 급하게 선산 벌초 대행을 알아보지만 적당한 해결책을 찾지 못함.

↓

다음 날 직접 벌초에 나선 동순
새 예초기를 들고 처갓집 선산에서 힘이 들어도 최선을 다해 벌초에 임함.

↓

벌초를 마친 동순의 뿌듯함.
하루 종일 고생하여 벌초를 마친 동순이 뿌듯함을 느낌.

↓

오지 않는 처가 쪽 식구들
보름 후에 온다고 하고는 두 달 후에도, 다음 해에도 찾아오지 않은 처가 쪽 식구들

꼭 필요한 내용 연구

● 제목, '처삼촌 묘 벌초하기'
국어사전에 '처삼촌 뫼에 벌초하듯' 혹은 '외삼촌 산소에 벌초하듯'이라는 말이 있다. 이는 '일에 정성을 들이지 아니하고 마지못하여 건성으로 함.'을 비유적으로 이르는 말이다. 동순은 하루 종일 애를 써서 처갓집 선산의 벌초를 마치고 이 말이 틀린 말이라고 뻐기며 뿌듯해한다. 그러나 처갓집 식구들은 오지 않고 동순의 노력은 헛고생이 되어 버린다.

전화를 끊은 동순은 한숨을 푹 내쉬었다. 천이백 평짜리 사과 과수원 위 이천 평은 될 웅장한 규모의 산소가 올려다보였다. 군데군데 집채만 한 바위까지 섞여 있는 선산은 처가의 12대조 산소부터 모셔져 있었다. 동순과 결혼하여 이십여 년 동안 살아온 옥자는 아버지가 종손*이 아니어서 문중 선산을 공짜로 빌려 쓸 처지는 아니었다. *하지만 오빠인 대수가 워낙 문중 대소사*를 잘 챙기고 문중 어른들의 신임을 톡톡히 받아 온 터에 칠 년 전 동순이 실직을 하고 실의에 빠져 있을 때 문중 선산의 아래쪽에 있던 밭을 맡겨 농사라도 지어 먹게 했던 것이다.

그러나 사무실에서 손가락을 놀리며 살아온 동순으로서는 농사가 거저먹기일 수가 없었다. 별수 없이 처가 쪽 사람의 소개로 알게 된 과수업자에게 밭을 맡기고 ㉠임대료를 받아먹는 처지가 되었다. 얼마 전 첫 수확이 있었고 일을 따라 거들면서 겨우 첫걸음을 뗀 기분을 느끼고 있었던 참이었다. 물론 이런 일은 모두 처가 쪽에는 비밀이었다.

당장 모레 ㉡처가 쪽의 어른들이 총출동한다니 직계 선조의 산소라도 벌초를 해야 할 참이었다. 동순은 농협 근처 담벼락에 붙어 있던 "벌초 대행해 드립니다."라는 문구를 떠올리고는 농협 사업부에 전화를 걸었다. 하지만 농협에서는 그 문구는 작년에 써 붙인 것이고 아직 추석이 다가오지 않아서 사업 시행을 할 사람을 구하지 않았다고 했다. 그러면서 정 급하면 조경 회사에 전화를 해 보라고 했다.

말이 ㉢조경 회사이지 마당만 한 공토에 나무 수십 그루 심어 놓고 매일 놀고 지내는 것 같던 그곳 업체들은 좀체 연락이 되지 않았다. 114에 전화 걸기를 세 번, 처음으로 연결된 조경 회사에서는 일이 바빠서 그런 걸 해 줄 수 없다고 했다. 동순이 애걸을 하다시피 하자 인력 공급을 하는 업체에나 알아보라고 하는 것이었다. 오기가 난 동순은 자신이 직접 예초기*를 들고 벌초를 해 보리라 작정했다.

다음 날 아침 동순은 몇 번 사용해 보지도 않은 ㉣새 예초기를 들고 처갓집 선산으로 향했다. 주변의 충고에 따라 장화를 신고 마스크와 선글라스, 장갑, 모자로 중무장을 했으니 아침부터 더워서 죽을 지경이었다. 과수원과 연결된 선산 출입로로는 ㉤어린 아카시아가 숲을 이루고 있었다. 웬만한 풀도 키 높이로 자라 있었다. 일반 예초기 날로는 베기가 어려울 듯해서 동순은 미리 준비해 온 체인 톱으로 날을 갈아 끼웠다. 어떻든 예초기는 윙윙거리는 소리를 내며 풀과 나무를 베기 시작했다.

처음에는 조심스러웠지만 일이 손에 익자 동순의 팔에는 힘이 붙었다. 그러나 선산은 너무 넓고 가팔랐다. 게다가 위로 올라갈수록 산소가 두 배씩은 커지는 듯해서 모두 합쳐서 수백 평은 될 묘역은 좀체 줄어들지 않았다. 뉴스에서 남 이야기인 양 들어 넘겼던, 벌초를 하다가 말벌에 쏘여

● 선산의 벌초

● 선산의 벌초
'벌초'란 주로 음력 팔월 추석 이전에 조상의 묘에 자란 잡초를 베고 묘 주위를 정리하는 풍속을 말한다. 주로 백중 이후인 7월 말부터 이루어진다.

어휘 풀이
*종손: 종가의 대를 이을 맏손자.
*대소사: 크고 작은 일을 통틀어 이르는 말.
*예초기: 풀을 베는 데 쓰는 기계.
*오금: 무릎의 구부러지는 오목한 안쪽 부분.

구절 풀이
*하지만 오빠인 대수가 ~ 지어 먹게 했던 것이다.: 동순이 실직하였을 때, 처가 식구인 대수가 처갓집에 부탁하여 처갓집 문중 선산의 밭을 맡겨 동순네 식구가 먹고 살 수 있도록 도와주었다는 뜻이다. 동순이 처갓집 선산 벌초에 열심히 임할 수밖에 없는 이유가 드러나 있다.
*언놈이 ~ 속이 시원할따.: '처삼촌 뫼에 벌초하듯'이라는 속담을 떠올리며, 처갓집 선산 벌초에 최선을 다한 뿌듯함과 자부심을 드러내고 있다. 처갓집에 경제적 도움을 받고 있는 상황에서 처가 식구들에게 좀 더 잘 보이고, 제대로 인정받기 위하여 선산 벌초에 최선을 다한 것이다.

죽었다는 사람의 이야기가 자꾸 생각났다. 장화를 신고 있기는 해도 독사가 있지 않은지, 예초기의 날이 바윗돌에 부딪혀 부러져 날아와 오금*에 박혔다는 이웃 농부들의 경험담도 신경이 쓰였다. 가장 큰 적은 땀과 더위였다. 〈중략〉

도와줄 사람은 아무도 없었고 땀에 젖은 선글라스로는 아무것도 보이지 않았다. 그럴수록 동순의 오기는 강해졌다. 미친 듯 산소 위를 헤매 다녔다. 마침내 해가 저물 무렵에야 일이 끝났다.

"*언놈이 처삼촌 산소 벌초를 대충 한다커노, 앞에 있으마 귀때기라도 한 대 올리붙이야 속이 시원할따."

동순은 성취감과 함께 힘들었던 하루에 대한 뿌듯함을 느끼며 이렇게 아내 앞에서 큰소리를 쳤다. 기다렸다는 듯 전화가 걸려 왔다. 손위 처남이었다.

"아이고 동상. ㉠아부지가 날 더운데 김 서방 고상한다고 다음에 가자고 하시는구먼. 머 한 보름쯤 있다가 가실랑가 모르겠네."

다음 날 아침 동순이 일어나 보니 코피가 쏟아졌다. 잇몸이 아파 음식을 씹을 수가 없어 치과에 갔더니 의사는 과로 탓이라며 두 달 동안 치료를 해야 할 것이라고 말했다. 온다던 사람들은 보름 후에도, 두 달 후에도 오지 않았다. 다음 해 아카시아가 다시 자라 숲을 이룰 때까지도 오지 않았다.

진단 체크

답: 1. 벌초를 하여 효를 하려 처갓집 식구들이 나중에 가자고 하기 때문에 2. 벌초 대행업자 가지나 다른 사람을 구하기 어려웠기 때문에

1 전화를 끊은 동순이 한숨을 내쉰 이유를 쓰시오.

2 동순이 직접 벌초에 나설 수밖에 없었던 까닭을 쓰시오.

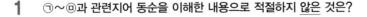

▶ 실력 다지기   정답과 해설 43쪽

1 ㉠~㉤과 관련지어 동순을 이해한 내용으로 적절하지 **않은** 것은?   ● 8450-0253

① ㉠은 동순이 과수원 농사를 제대로 지을 능력이 부족하다는 것을 드러낸다.

② ㉡은 동순에게 경제적 도움을 주고 있어서, 동순이 잘 보이고 싶어 하는 대상이다.

③ ㉢을 두고 한가한 회사라 여겼는데, 동순의 요청을 거절해 오기가 생기게 만들었다.

④ ㉣이 위험하다는 말을 듣고 신경을 쓰고 있으며, 자주 사용하지 않아 손에 익지 않았다.

⑤ ㉤은 동순이 벌초를 하기 위해 베어야 하는 것으로, 만만하게 보았다가 난처한 상황에 처하게 된다.

2 〈보기〉를 바탕으로 윗글을 이해한 내용으로 적절하지 <u>않은</u> 것은?　　　　　　　　　　○ 8450-0254

> ● 보기 ●
>
> 　시점이란 소설에서 서술자를 활용하여 이야기를 서술하는 관점이나 방식을 의미한다. 시점은 인물들의 행동과 사건을 풀어 나가는 서술자가 이야기 속에 존재하느냐, 이야기 바깥에 위치하느냐에 따라 1인칭과 작가 시점으로 구분한다. 이때 서술자가 어디에 위치하느냐에 따라 서술의 범위나 내용도 크게 달라진다. 또한 이러한 서술자가 주인공과 관련된 사건을 주관적 태도로 서술하느냐, 객관적 태도로 서술하느냐에 따라 1인칭 주인공 시점과 1인칭 관찰자 시점으로 나누기도 한다.

① 동순의 행동과 대화 등을 서술하는 인물이 이야기 속에서 발견되지 않는다.

② 서술자는 동순과 관련된 사건 전체를 꿰뚫어 보고 있으며, 중심 사건을 요약적으로 서술하고 있다.

③ 서술자는 동순을 주인공으로 삼아 심리를 드러낸 후, 안타까운 현실에 대해 직접적으로 논평하고 있다.

④ 서술자는 동순의 입장에서 사건을 서술하면서 동순의 속마음이나 동순이 지닌 태도 등을 상세하게 드러내고 있다.

⑤ 서술자는 동순 외의 인물들에 대해 거리를 유지하면서 그들의 행동이나 그들이 벌이는 사건의 의미를 제한적으로 서술하고 있다.

3 〈보기〉를 참고하여 윗글의 핵심 사건을 이해한 내용으로 가장 적절한 것은?　　　　　　　○ 8450-0255

> ● 보기 ●
>
> 　'처삼촌 뫼에 벌초하듯'이라는 속담은 어떤 일을 형식적으로 대충 할 때 많이 쓰는 속담이다. 특히 조선 후기에 이르러 장자 위주의 상속 체제, 남자 중심의 가부장제가 공고해지면서, 친가 쪽 산소는 열심히 벌초하면서 처갓집 산소의 벌초는 제대로 챙기지 않는 사람들이 늘어났기 때문에 생겨난 속담으로 볼 수 있다.

① 처갓집의 도움을 받아 살면서도 처갓집에서 부탁한 선산의 벌초는 대충 하려다 문제를 일으키는 동순의 배은망덕함을 잘 보여 주고 있군.

② 장자 위주의 상속 체제가 강해진 오늘날의 모습을 고려할 때, 처갓집 선산의 벌초까지 열성을 다한 동순의 순진함을 부각하려 한 것이군.

③ 하루 종일 고생하며 처갓집 산소를 벌초한 동순과 총출동한다더니 내려오지도 않은 처갓집 식구들을 대비하여 세태의 변화를 드러내고 있군.

④ 처갓집의 재산을 물려받은 것이나 다름없는 동순이 처갓집 산소를 벌초하는 모습을 통해, 조상의 은덕을 갚는 것이 중요하다는 것을 말하고 있군.

⑤ 동순을 통해 처삼촌 묘의 벌초를 번거롭게만 생각했던 사위들의 모습을 풍자하면서, 전통을 지키는 것이 중요하다는 것을 은연중에 강조하고 있군.

---

1 '동순'이 처갓집 선산의 밭을 빌려 쓸 수 있었던 이유를 서술하시오.　　　　　　　　○ 8450-0256

2 손위 처남의 말인 ㉮가 재미를 주는 까닭을 서술하시오.　　　　　　　　　　　　　○ 8450-0257

[1~2] 다음 글을 읽고 물음에 답하시오.

사과를 가득 실은 트럭이 떠나 버리고 난 직후에 동순의 가슴팍에 걸려 있던 휴대 전화가 울렸다. 손위 처남의 이름이 액정에 찍혀 있었다. 동순은 급히 전화기를 귀에 댔다.

"아이고 형님요, 우옌 일이십니까?"

"어이 동상, 잘 있었는가? 아그들도 잘 크고잉?"

"그라모예. 형님 염려 덕분에 잘 먹고 잘 싸고 우렁차게 잘 울면서 잘 크고 있심다."

"그려. 연이나* 나가 처서도 지나고 추석도 다가오고 혀서 말이시. 증조할부지, 할부지, 작은아부지 산소가 잘 있는가 매급시* 궁금하더랑게. 혀서 큰아부지하고 아부지 모시고 내일모레 한번 선산에 가 볼라고 허네. 새로 쓴 작은아부지 산소도 별일 없겠지?"

"아, 벌써 그래 됐심니까. 그라마 그러시소. ㉠지가 늘 어르신들 산소를 지 산소처럼 돌보고 있으니까니 염려는 안 하셔도 될 낀데."

"자네가 요즘 부쩍 농사일에 재미를 붙여서 집으서 얼굴도 보기 힘들다고 옥자가 그러던디 그럴 시간이 있었는가?"

"하여튼 염려하실 거 하나도 없심다. 어르신들 모시고 찬차이* 내리오시소."

*연이냐: (예스러운 표현으로) '그러하나', '그러나'의 뜻을 나타내는 접속 부사.
*매급시: '괜스레' 또는 '이유 없이'라는 뜻의 방언.
*찬차이: '천천히'의 방언.

1 윗글에서 '동순'과 손위 처남의 통화가 보여 주는 언어적 특징을 서술하시오.

◉ 8450-0258

2 ㉠에서 '동순'이 '지 산소처럼'이라는 말을 사용한 까닭을 서술하시오.

◉ 8450-0259

③ 서유미, '스노우맨'

→ **작품 안으로** **주제**: 경쟁 사회를 살아가는 직장인의 비애와 비극

특징: 이 글은 현대 사회를 부속품처럼 살아가는 한 남자의 이야기를 통해 경쟁이 만연한 시대의 불우한 모습을 그려 내고 있다. 이틀 동안 내린 눈에 출근을 할 수 없는 힘든 상황에서 상사의 압박에 삽질을 하며 길을 만들어 출근을 하는 주인공과 출근을 하지 않은 우수 사원 유 대리의 상황을 관련지어 인간적 대우를 받지 못하고 살아가는 현대인들의 비극을 드러내고 있다.

← **작품 밖으로** 2013년 서유미의 첫 소설집 "당분간 인간"에 실려 있는 단편 소설이다. 기발하고 재치 있는 상상을 통해 현대인들의 고단한 현실을 절묘하게 드러내고 있다. 기록적인 폭설을 뚫고 출근을 하기 위해 고군분투하는 남자의 이야기를 통해 누구에게나 쉽지 않은 세상살이의 고단함을 아이러니하게 풀어내고 있다.

내용 구조도

배달원이 가져온 짜장면

기록적인 폭설을 뚫고 남자가 있는 곳까지 배달된 짜장면을 정신없이 먹음.

↓

편의점 앞 눈사람

회사까지 힘들게 길을 만들며 가다가 불 꺼진 편의점 앞에서 웃는 얼굴의 눈사람을 보게 됨.

↓

눈 속에서 만난 유 대리

삽 끝에 딱딱한 게 걸려서 파 보는데, 유 대리의 휴대 전화가 울림. 눈 속에 파묻힌 채 얼어붙은 유 대리를 발견한 남자

꼭 필요한 내용 연구

● **경쟁 사회를 살아가는 현대인**

기록적인 폭설을 기록한 새해 첫 출근 날. 결국 회사에 가지 못했던 남자는 눈을 파헤쳐서라도 길을 만들어 출근을 하기로 한다. 출근을 재촉하는 과장과 부장의 전화를 모른 척하며, 눈길을 만들다가 우수 사원인 유 대리를 눈 속에서 발견하게 된다. 출세를 위해 목숨을 내걸고 회사 일에 매진해야 하는 현대인들의 비극적 상황을 폭설이라는 소재로 드러내고 있다.

● **유 대리의 죽음이 지닌 아이러니**

유 대리는 우수 사원이라는 칭찬을 듣고 회사에서 인정을 받아 더 큰 행복을 꿈꾸지만, 폭

[앞부분의 줄거리] 새해 첫 출근 날, 눈이 허리를 넘어설 만큼 쌓여 출근할 수 없게 된 남자는 초조함 속에서 하루를 보내고, 다음 날 눈을 파헤치며 회사로 향한다. 상사의 압박에 불안감을 느끼던 남자는 우수 사원 유 대리 역시 출근하지 않았다는 소식을 듣게 된다.

"대단하시네요. 이런 날까지 배달을 하시고……." / "눈이 와도 먹고는 살아야죠."

배달원은 그릇을 건네자마자 다시 안전모를 쓰고는 바쁘게 걸어갔다. 짜장면 위에 쿠폰 한 장이 단정하게 놓여 있었다.

손이 얼어서 젓가락은 짝짝이로 쪼개졌다. 짜장의 고소한 냄새와 일회용 용기의 따뜻함은 너무나 생생해서 오히려 비현실적이었다. 젓가락을 쥐고 짜장면을 비비면서 남자는 코를 훌쩍거렸다. *엉거주춤하게 서서 짜장면을 먹는 동안 남자는 세상이 자신을 상대로 ㉠몰래 카메라를 찍고 있는 게 아닌가 의심했다. 자신처럼 보잘것없는 사람에게 관심이 있어서가 아니라 별 볼 일 없는 사람이 다급한 상황에 처했을 때 보여 줄 법한 우스꽝스러운 행동을 즐기기 위해서, 정말 그런 거라면 남자는 지금 자신이 그들의 기대에 충분히 부합하고 있다고 생각했다. 줄줄 흐르는 콧물을 손등으로 닦으면서 젓가락질을 했고 그릇까지 먹어 치울 기세로 허겁지겁하다 젓가락을 한 짝 떨어뜨리기까지 했으니까. 그걸 찾으려고 눈 속을 파헤쳤지만 결국 찾지 못하고 남은 짜장면은 젓가락 한 짝으로 긁어 먹었다. 그래도 양념까지 깨끗하게 비웠다. 부끄러움이나 자괴감* 같은 것을 느낄 겨를도 없었다.

회사까지의 거리는 이제 삼분의 일쯤 남아 있었다. 남자는 과장의 문자와 부장의 전화를 한 번씩 받지 않았다. 그것과는 전혀 다른 이유로 **아내의 전화**도 받지 않았다. 남자는 그저 파고 걸었다. 쉴 때는 허리를 펴고 목을 좌우로 돌리면서 거리를 천천히 둘러보았다. *전화는 받지 않았지만 누군가와 이야기를 나누고 싶은 마음은 어느 때보다 간절했다.

맞은편에 ㉡불 꺼진 편의점이 있었다. 편의점 간판을 보자 온장고에 든 따뜻한 캔 커피가 마시고 싶어졌다. 얼마 전까지 일상이었던 것들이 지금은 손이 닿지 않는 저 눈 밑에 파묻혀 버렸다. 누가 만들어 놓았는지 편의점 앞에는 남자의 키만 한 눈사람이 서 있었다. 동그란 눈과 웃는 입 모양을 한 눈사람이었다. 그 웃는 얼굴을 보고는 남자는 잠시 멈춰 섰다. 눈이 재앙이 되고 눈 때문에 일상이 무너진 곳에 서 있는, 웃는 얼굴의 눈사람은 김새는 농담 같았다. 남자는 자신도 모르게 그 입 모양을 흉내 냈다. 말라붙어 있던 입술이 툭 터져서 피가 찔금 새어 나왔다.

한참 속도를 내고 있는데 삽 끝에 딱딱한 게 또 걸렸다. 시간은 촉박하고 마음은 급한데 발로 눌러도 삽날이 더 이상 들어가지 않았다. 남자는 일 미터쯤 떨어진 곳에 다시 삽을 꽂았다. 한 삽 떠내고 나자 또 삽이 들어가지 않았다. 생활 정보지 함이나 자전거가 쓰러진 게 아니라 공룡이라

도 묻혀 있는 것 같았다. 하는 수 없이 방향을 옆으로 틀어서 팠다. 그때 어디선가 메아리처럼 음악 소리가 들려왔다. 가느다란 목소리의 여자가 부르는 곡인데 멜로디가 익숙했다. 남자는 잠시 손을 멈추고 그 소리에 귀를 기울였다. 비록 벨 소리이긴 하지만 그날 처음으로 듣는 음악이었다. 주머니 속에서 휴대 전화의 진동이 울렸지만 남자는 무시해 버렸다. 음악 소리는 멈추었다가 눈을 퍼내자 다시 시작되었다. 아까와 같은 멜로디였고 눈을 퍼낼수록 소리가 점점 커졌다. 남자는 길이 아니라 소리를 찾아서 삽을 움직였다. 손으로 눈을 쓸어 낸 뒤에야 소리의 진원지를 찾아낼 수 있었다. 그것은 눈 속에 파묻힌 누군가의 휴대 전화였고 공교롭게도 빳빳하게 언 양복바지 안에 들어 있었다. 〈중략〉

해가 빠르게 기울고 있었다. 몸은 추운데 남자의 얼굴은 땀범벅이 되었다. 흘러내리는 땀을 닦으며 남자는 조심스럽게 눈을 치웠다. 고대 유물을 발굴하는 고고학자처럼 손이 떨렸다. 눈을 쓸어 내자 어깨와 목, 안경을 쓴 얼굴이 차례로 나타났다. 혹시라도 맥박이 뛰는지 확인하려던 남자가 바닥에 그대로 주저앉았다. 눈 속에서 화석이 된 사람은 집에도 없고 전화도 받지 않던 유 대리였다. 이봐. 남자는 유 대리의 몸을 흔들었다. 턱에서 땀이 툭 떨어졌다. 일어나. 휴대 전화에서 다시 익숙한 멜로디의 노래가 흘러나왔다. "이봐!" 유 대리를 부르는 남자의 목소리가 떨렸다. 유 대리의 전화기를 주워 귀에 댔지만, 남자는 아무 말도 하지 못했다. '여기, 눈 속에, 유 대리가 있어요.' 하지만 그 말은 입 밖으로 나오지 않고 남자의 입안에서 딱딱하게 굳었다.

해가 기울고 주위는 어느새 어둑어둑해졌다. 이대로 한 시간 정도만 파고 가면 회사에 도착할 수 있을 것 같은데, 남자는 회사 쪽을 쳐다보았다. 그리고 자신이 파고 온 길을 돌아보았다. 앞으로 나아가기에도 다시 돌아가기에도 만만치 않은 거리였다. 게다가 남자는 너무 지쳐 있었다. 그는 유 대리의 옆에 쪼그리고 앉아서 숨을 골랐다. *졸음이 밀려왔지만 졸지 않으려고 눈을 부릅떴다. 눈 더미는 딱딱하거나 차갑게 느껴지지 않고 그저 공원에 있는 나무 벤치 같았다. 시야가 구겨진 종이처럼 뭉개지고 있었다.

진단 체크

[거꾸로 인쇄: 정답 1. 가느다란 목소리의 여자가 부르는 곡인 휴대 전화의 벨 소리 2. 너무 급박하게 돌아가는 상황이라서 부끄러움을 느낄 겨를이 없었기 때문에]

1 배달원이 평상시처럼 행동하고 있음을 드러내는 소재를 찾아 쓰시오.
2 남자가 '부끄러움이나 자괴감 같은 것'을 느낄 겨를이 없었던 이유는 무엇인지 쓰시오.

▶ 실력 다지기

정답과 해설 44쪽

1 ⓐ~ⓓ와 관련하여 윗글을 이해한 내용으로 적절하지 <u>않은</u> 것은?

8450-0260

ⓐ	ⓑ	ⓒ	ⓓ
배달원이 가져온 짜장면을 먹음.	편의점 앞의 눈사람의 입 모양을 흉내 내다가 입술이 터짐.	휴대 전화의 벨 소리를 듣고 눈을 파헤치게 됨.	눈 속에 얼어붙은 유 대리를 발견하지만 구하지 못하고 지쳐서 주저앉음.

① ⓐ에는 먹고살기 위해 매사에 최선을 다하는 배달원의 모습이 강조되고 있다.
② ⓐ는 지쳐 버렸던 남자가 다시 기운을 차리고 출근을 시도할 수 있는 계기가 된다.
③ ⓑ는 눈으로 인해 일상이 무너진 상황에 대한 남자의 심리와 반응을 드러내고 있다.
④ ⓒ는 갈 곳이 없어 망설이던 남자가 불행한 사건에 휘말리는 과정을 보여 주고 있다.
⑤ ⓓ에서는 유 대리와 마찬가지로 더 이상 나아갈 수 없는 남자의 상태를 부각하고 있다.

2 〈보기〉와 관련지어 윗글의 내용을 이해한 내용으로 적절하지 **않은** 것은? ◐ 8450-0261

> ● 보기 ●
>
> 현대가 경쟁의 시대라는 말은, 현대적 삶이란 본질적으로 이기적이고 차갑다는 말이다. 이기적이고 차가운 현대적 삶에 대해서 우리는 분함을 표출하기도 한다. 또한 사람들의 관계가 차가워짐에 따라 우리 모두는 외톨이가 되어 가고 있음을 느낀다. 이기적인 삶은 천박하며 사랑 없이 경쟁하는 삶은 비인간적이다.

① 회사에 도착하기 위해 하루 종일 눈을 파내며 길을 내고 있는 남자의 모습은 현대 사회의 생존 경쟁을 떠올리게 하는군.
② 차가운 눈으로 뒤덮인 상황에서 혼자 출근을 하고 있는 남자의 상황은 외톨이가 되어 버린 현대인들의 삶을 표상하는군.
③ 남자가 과장의 문자와 부장의 전화를 피하는 것은 경쟁을 강요하는 현대적 삶 속에서 인간에 대한 신뢰가 줄어들었음을 드러내는군.
④ 눈 속에서 화석이 된 채 얼어 버린 유 대리의 모습은 경쟁하는 삶에 무너져 버린 현대인들의 모습을 나타내고 있군.
⑤ 유 대리를 보고도 아무 말도 하지 못하는 남자의 상황은 이기심 때문에 인간미를 상실한 현대인의 모습을 상징하는군.

3 ㉠과 ㉡에 대한 설명으로 가장 적절한 것은? ◐ 8450-0262

① ㉠과 ㉡은 남자가 자신의 보잘것없음을 솔직하게 드러내는 수단으로 활용되고 있다.
② ㉠과 ㉡은 남자가 은연중에 꿈꿔 왔던 욕망을 실현할 수 있는 공간으로 제시되고 있다.
③ ㉠이 세상에 대한 남자의 의심을 드러낸다면, ㉡은 세상에 기대고 싶은 남자의 속마음을 상징한다.
④ ㉠이 남자를 평가하는 외부의 시선을 상징한다면, ㉡은 남자가 자신에 대해 내린 주관적 평가를 의미한다.
⑤ ㉠이 남자가 하는 행동의 우스꽝스러움을 강조하는 것이라면, ㉡은 남자의 일상이 무너졌음을 강조하는 것이다.

1 남자가 '아내의 전화'를 받지 않은 이유를 추측하여 서술하시오. ◐ 8450-0263

2 유 대리가 눈 속에 파묻히게 된 과정을 날씨와 관련지어 서술하시오. ◐ 8450-0264

[1~2] 다음 글을 읽고 물음에 답하시오.

빨리 안 오고 뭐 해. **과장의 문자**가 도착했다. 어느새 두 시였다. 남자는 삽을 쥐고 기계적으로 움직였다. 눈을 치우는 속도가 점점 빨라졌다. 하지만 그만큼 빨리 지쳤다. 눈 속에 앉아서 쉬고 있으면 드러누워서 눈을 붙이고 싶은 마음이 간절해졌다. 그 순간에는 눈이 딱딱하고 차갑게 느껴지지 않고 그저 공원에 있는 나무 벤치 같았다. 심지어 솜이불처럼 포근하게 느껴져서 한없이 파고들어 가고 싶어지기까지 했다. 남자는 쭈그리고 앉아서 꾸벅꾸벅 졸다가 한기 때문에 경기하듯 깨어났다.

남자의 삽 끝에 폐지 묶음이 걸렸다. 얼어붙은 종이 뭉치는 돌덩이처럼 무거웠다. 삽으로 떠내는데 그 사이에 들어 있던 중국집 스티커가 남자의 구두 위에 툭 떨어졌다. 손바닥만 한 광고지에는 짜장면과 짬뽕, 볶음밥 사진이 인쇄되어 있었다. 하얀 눈 위에서 그 까맣고 발간 색상은 너무나 선명했다. 남자는 자신이 아침, 점심도 거른 채 삽질을 했다는 걸 깨달았다. 머릿속에서 짜장면과 짬뽕의 냄새가 천천히 피어올랐다. 그건 아주 먼 옛날에 먹었던 것처럼 아득하고 그리운 맛이었다. 입안에 따뜻한 침이 고였다. 짜장면 한 그릇만 먹고 나면 회사까지 갈 힘이 생길 것 같았다. 다 먹고살자고 하는 일 아닌가. 남자는 홀린 듯 휴대 전화를 꺼냈다.

배달이 될까 의심하면서도 밑져야 본전이라는 심정으로 번호를 눌렀다. 신호가 가는 소리가 길어지자 절대로 전화를 받을 리가 없다는 확신이 들었다. 그가 전화하는 건 짜장면을 먹을 수 없다는 걸 확인하기 위해서인 것 같았다. 그래서 "여보세요."라는 굵직한 목소리가 튀어나왔을 때 남자는 당황해서 아무 말도 하지 못했다. "여보세요." 상대가 한 번 더 말한 뒤에야 "거기가 중국집 맞습니까?" 하고 물었다.

"네. 진성각입니다."

"혹시, 지금 배달됩니까?"

"주소가 어떻게 되세요?"

중국집 주인은 도시가 눈으로 덮여 버렸다는 걸 모르는 것처럼 태연하게 물었다. 여기 주소가……. 남자는 주변을 둘러봤다.

"가정집이 아니라 대로변인데 가능하겠습니까? 근처에 ○○ 병원하고 부동산이 있습니다."

"아, 거기요. 예, 배달됩니다. 짜장 곱빼기 하나요? 네 알겠습니다."

전화를 끊은 뒤에도 남자는 한동안 멍하게 서 있었다. 배 속에서 나는 꼬르륵 소리가 요란했다. 통화하면서 나눈 말들은 모두 장난이고 배고픔만 진짜인 것 같았다. ㉮배달을 기다리는 동안 시간은 흐르지 않고 어깨 위에 차곡차곡 쌓였다. 이대로라면 무게를 견디지 못하고 어깨가 똑 부러져 버릴 것 같았다.

1 '과장의 문자'를 받은 '나'의 심리를 서술하시오.

○ 8450-0265

2 ㉮에 사용된 표현상의 특징을 밝히고, 이를 통해 표현하려는 '나'의 심리를 서술하시오.

○ 8450-0266

❹ 이기호, '우리에겐 일 년 누군가에겐 칠 년'

➡ 작품 안으로　**주제**: 반려견의 행동을 통해 돌아보는 부모에 대한 사랑

특징: 이 작품은 반려동물의 죽음을 대하는 인물들의 태도 차이를 통해 인간에 대한 사랑을 돌아보는 단편 소설(콩트)이다. 아버지가 돌아가신 뒤 혼자 지내시던 어머니와 십육 년을 함께했던 반려견 '봉순이'의 죽음과 그 사체를 묻는 과정에서 아들보다 더 어머니를 위했던 반려견의 행동을 부각하고 있다. 이를 통해 인간에 대한 사랑이 인간만의 것이 아님을, 또한 진정한 사랑은 어디에서 오는가를 돌아보게 만드는 작품이다.

⬅ 작품 밖으로　2016년 출간된 이기호의 콩트집 "웬만해선 아무렇지 않다"에 수록된 작품이다. 콩트는 대체로 일반적인 단편 소설보다 더 짧아서 200자 원고지 20매 내외의 분량으로 창작된다. 인생의 단면을 참신한 발상으로 그려 낸 경우가 많으며, 유머와 재치, 기지 등이 주로 활용된다. 도덕적 가치나 알레고리를 활용해 삶의 교훈이나 깨달음을 전달하는 작품이 많다.

내용 구조도

> **봉순이를 묻어 주자는 어머니의 전화**
>
> 퇴근 후 어머니의 전화를 받고 선산이 있는 가평에 애완견 '봉순이'를 묻으러 간 '나'

⬇

> **봉순이와 어머니의 관계**
>
> 아버지가 돌아가신 후 16년을 어머니와 함께 지내며 어머니의 든든한 반려가 되어 준 봉순이

⬇

> **봉순이에 대한 어머니의 단상**
>
> 봉순이가 눈 감기 사흘 전 양말을 덮혀 주던 일을 이야기하며 세상을 떠난 봉순이에 대한 애틋함을 드러내는 어머니

꼭 필요한 내용 연구

● **반려동물의 매장 문제**

이 작품에는 반려견의 사체를 '쓰레기 종량제 봉투'에 넣어 처리하도록 한 현행 법규가 언급되어 있다. 인간의 마음 한 구석을 채워 주던 반려동물들의 사체 처리 방법이 매정하다는 사실을 보여 주며, 반려견을 매장하는 문제에 대한 고민을 '나'를 통해 드러낸 것이다

땅은 잘 파지지 않았다. 삽날이 **언 땅**을 때릴 때마다 둔탁한 쇳소리가 어두운 전나무 군락지* 너머로 길게 퍼져 나갔다. 밤은 깊었고 무릎을 스치는 한기는 더더욱 뾰족해져 갔다. *이게 도대체 뭐 하는 짓인가? 나는 ㉠삽질을 하면서 계속 그런 생각을 했다. 남양주에서 **부천**으로, 그리고 다시 차를 몰아 **선산**이 있는 경기도 **가평**에 도착한 것은 자정 무렵의 일이었다. 일을 아무리 일찍 마무리한다고 해도 새벽 네 시는 되어야 끝날 텐데……. 내일도 어김없이 여덟 시 반까지는 출근을 해야 하는데……. 그런 생각이 들 때마다 나는 힐끔힐끔 아버지 산소 옆에 쪼그려 앉아 있는 어머니를 바라보았다. 어머니는 마치 ㉡오래된 비석처럼 아무 말 없이 거기 앉아 있었다.

"네가 부천으로 건너와야겠다."

어머니의 전화를 받은 것은 퇴근 후 막 집에 도착했을 때였다. 월말인 데다 분기 사업 실적 보고서까지 겹쳐 몸과 마음 모두 세탁기에 넣어 놓고 오랫동안 돌리지 않은 빨래처럼 후줄근해진 상태였다. 나는 따뜻한 물에 샤워를 하고 싶었고, 바로 잠들고 싶었다. 하지만 어머니는 단호했다.

"오늘 밤 안에 보내 주고 싶구나."

*나는 하마터면 어머니에게 ㉢'쓰레기 종량제 봉투' 이야기를 할 뻔했다. 하지만 나는 차마 그 얘기는 꺼내지 못했다. 나는 휴대 전화를 든 채 말없이 서 있다가 다시 **주차장**으로 내려와 시동을 걸었다. 내가 살고 있는 남양주에서부터 어머니가 홀로 살고 있는 부천까지는 한 시간 반 남짓 걸렸다. 부천에서 가평까지는 두 시간이 더 걸릴 텐데, 선산이라, 선산이란 말이지……. 죽은 개를 꼭 선산에 묻어야겠다는 말씀인 거지……. 나는 나도 모르게 끙, 소리를 내며 신경질적으로 핸들을 돌렸다. **외곽 순환 도로**는 역시나 꽉 막혀 있었다.

어머니와 십육 년을 함께 산 몰티즈 '봉순이'의 몸이 예사롭지 않은 신호를 보내기 시작한 것은 작년 이맘때쯤부터였다. 털이 듬성듬성 빠지고 눈가가 벌겋게 변해 가는가 싶더니, 아니나 다를까 올여름 어머니 생신 때 가 보니 치매기가 역력했다. 똥오줌도 제대로 가리지 못했고 베란다 유리창에 머리를 부딪치고 넘어지는가 하면 사료를 먹고 토하고 또 사료를 먹는 일을 반복했다. 관절염 때문에 예전처럼 소파 위로 올라오지도 계단을 내려가지도 못한다는 말을 하는 어머니의 표정은 묘하게도 봉순이의 얼굴을 닮아 있었다. 그러니까 아마도 그때부터 내 불안은 시작된 것인지도 모른다.

사실 봉순이를 처음 애견 매장에서 분양받아 어머니 품에 맡긴 것은 나였다. 환갑*이 되자마자 간암으로 세상을 뜬 아버지의 빈자리를 나는 그런 식으로 메우려 했다. 남양주에 막 신혼집을 꾸린 것도 그때였고, 아무래도 홀어머니를 모시고 산다는 것이 부담스럽기도 했으니까. 아버지의

어휘 풀이
*군락지: 동일한 생육 조건(生育條件)의 지역에서 같이 자라는 식물의 무리가 서식하는 곳.
*환갑: 육십갑자의 '갑(甲)'으로 되돌아온다는 뜻으로, 예순한 살을 이르는 말.

구절 풀이
*이게 도대체 ~ 그런 생각을 했다.: 반려견 봉순이를 매장하려고 삽질을 하고 있는 자신의 모습을 떠올리며, 피곤한 몸을 이끌고 이렇게까지 해야 하는지 어머니의 요청에 대해 의구심을 드러내고 있다.
*나는 하마터면 어머니에게 ~ 그 얘기는 꺼내지 못했다.: 귀찮은 마음에 법규대로 '쓰레기 종량제 봉투'에 버리라고 말하려다가, 봉순이를 생각하는 어머니의 마음을 떠올리며 잔혹한 말까지 내뱉지는 못하고 있다.
*그렇게 한참을 안고 있다가 ~ 양전히 놓여 있는 거야…….: 봉순이가 죽기 직전 순간까지 어머니에게 대한 애정을 온몸으로 표현하는 반려견이었음을 드러내고 있다. 어머니의 양말을 덮혀 주는 행위에서 자식보다 따뜻한 봉순이의 마음을 확인할 수 있다.

자리를, 아들의 자리를 봉순이가 대신해 주길 바라는 마음이 컸다. 그리고 내 예상대로 봉순이는 훌륭히 그 역할을 해 나갔다. 그런 봉순이가 세상을 뜬 것이었다. 그러니……. 법규에 나온 대로 '쓰레게 종량제 봉투'에 담아서 사체를 처리하라는 말을, 그 얘기를 차마 꺼내지 못한 것이었다.

그럭저럭 구덩이의 형태를 갖춰 갈 때쯤 등 뒤에서 ㉠어머니의 목소리가 들려왔다.

"사흘 전쯤에 말이다……. 봉순이가 눈감기 사흘 전쯤에……."

나는 잠시 삽질을 멈추고 뒤돌아 어머니를 바라보았다. 어머니는 계속 어둠 속에 웅크리고 앉아 있었다.

"자고 일어났더니 얘가 내 베개 옆에 가만히 엎드려서 빤히 내 눈을 바라보고 있는 거야……. 그래서 나도 잠결에 얘를 안아 주려고 손을 뻗었는데……. 봉순이가, 봉순이가 눈물을 뚝뚝 흘리고 있더라……."

나는 삽날에 걸린 커다란 돌부리 하나를 꺼내 들었다. 돌은 차갑고 무거웠다.

"그래서 나도 모르게 눈물이 나와서 봉순이를 왈칵 안았는데……. *그렇게 한참을 안고 있다가 봉순이가 엎드려 있던 곳을 보니까……. 거기에 내 ㉢양말 두 짝이 얌전히 놓여 있는 거야……."

어머니는 계속 무덤덤한 목소리로 말을 했다.

"사람한테 일 년이 강아지한텐 칠 년이라고 하더라. 봉순이는 칠 년도 넘게 아픈 몸으로 내 옆을 지켜 준 거야. 내 양말을 제 몸으로 데워 주면서."

나는 묵묵히 계속 삽질만 했다. 내가 파고 있는 ㉣어두운 구덩이가 어쩐지 꼭 내 마음만 같았다.

진단 체크

정답 1. 아버지의 반려견 봉순이를 선산에 묻어 주기 위해서 2. 세상을 뜬 아버지의 빈자리를 메우려고

1 '나'가 땅을 파고 있는 이유를 쓰시오.
2 '나'가 봉순이를 분양받은 이유를 윗글에서 찾아 쓰시오.

실력 다지기

정답과 해설 45쪽

1 윗글에 제시된 공간적 배경에 대한 이해로 적절하지 <u>않은</u> 것은?

◎ 8450-0274

① '언 땅'은 봉순이를 묻는 것이 쉽지 않은 '나'의 상황을 효과적으로 드러내고 있다.
② '부천'을 거쳐 '가평'까지 가는 데 많은 시간이 든다는 것이 '나'를 더욱 괴롭히고 있다.
③ '선산'은 봉순이를 의미 있는 곳에 묻어 주고 싶은 어머니의 진심이 반영된 공간이다.
④ '주차장'은 어머니의 무리한 요청에 대한 '나'의 괴로운 마음이 솔직하게 드러나는 장소이다.
⑤ '외곽 순환 도로'는 어머니와 '나'의 갈등이 답답한 상태로 남아 해결되지 않을 것을 암시하고 있다.

2 ㉠의 서사적 기능에 대한 설명으로 가장 적절한 것은? ▶ 8450-0275

① 상황에 대한 객관적인 진술로 사건 진행에 속도감을 높이고 있다.
② 사건의 흐름에서 벗어난 발화로 인물 간의 외적 갈등을 회피하고 있다.
③ 인물의 문제점을 구체적으로 지적하여 변화의 가능성을 열어 두고 있다.
④ 일화를 소개하여 주인공이 자신의 가치관을 돌아볼 수 있는 계기가 되고 있다.
⑤ 인물 간의 갈등이 벌어지게 된 이유를 설명함으로써, 서사 구조에 필연성을 부여하고 있다.

3 〈보기〉를 참고하여 ㉠~㉤에 투영된 정서나 사상을 파악한 설명으로 적절하지 <u>않은</u> 것은? ▶ 8450-0276

● 보기 ●

  흔히 문학 작품에서 어떤 정서나 사상을 직접적으로 이야기하는 것을 배제하고 다른 사물이나 정황, 일련의 사건을 통해 표현하는 것을 객관적 상관물이라고 한다. 즉 작가가 드러내고자 하는 특별한 정서를 독자에게 보다 정확하게 전달하기 위해, 공식처럼 사용할 수 있는 심상, 상징, 사건 등이 여기에 해당한다.

① ㉠: 죽은 강아지 봉순이를 묻기 위해 구덩이를 파는 행위로, 관용적 의미로 해석했을 때 자신이 하고 있는 행위에 대한 불편한 심리를 드러낼 수 있다.
② ㉡: 연세를 많이 드신 어머니의 모습을 부각함과 동시에 봉순이를 보내는 어머니의 안타까움과 괴로움이 응축되어 있음을 드러낼 수 있다.
③ ㉢: 죽은 봉순이에 대한 '나'의 무성의함과 반려견의 죽음 앞에서 편리함만을 먼저 생각하는 인간의 매정함을 드러낼 수 있다.
④ ㉣: 반려견 봉순이가 어머니에게 보여 준 정성과 사랑을 나타냄과 동시에 죽는 순간까지 어머니 곁을 지켜준 봉순이에 대한 '나'의 고마움을 드러낼 수 있다.
⑤ ㉤: 봉순이와 달리 어머니를 진심으로 아끼고 보살피지 못했던 자신을 떠올리며 느끼는 답답함과 괴로움을 응축하여 드러낼 수 있다.

1 어머니의 전화를 받은 '나'의 심리를 구체적으로 서술하시오. ▶ 8450-0277

2 '나'가 법규에 나온 대로 봉순이를 처리하라는 말을 어머니에게 하지 못한 이유를 서술하시오. ▶ 8450-0278

정답과 해설 46쪽

[1~3] 다음 글을 읽고 물음에 답하시오.

[앞부분의 줄거리] 원래 성실한 소작농이었으나 빚 때문에 야반도주를 한 뒤 구걸로 연명하다 아내와 헤어지고 전과자이자 만무방(염치가 없이 막된 사람)이 된 응칠은 동생 응오의 동네로 와서 한가롭게 송이로 요기를 하고 남의 닭을 잡아먹는다.

주재소는 그를 노려보았다. 툭하면 오라, 가라, 하는 데 학질이었다. 어느 동리고 가 있다가 불행히 일만 나면 누구보다도 그부터 붙들려 간다. 왜냐면 그는 전과 사범이었다. 처음에는 도박으로, 다음엔 절도로, 또 고 담에는 절도로, 절도로.

그러나 이번 멀리 아우를 방문함은 생활이 궁하여 근대러 왔다거나 혹은 일을 해 보러 온 것은 결코 아니었다. 혈족이라곤 단 하나의 동생이요, 또한 오래 못 본 지라 때 없이 그리웠다. 그래 모처럼 찾아온 것이 뜻밖에 덜컥 일을 만났다.

지금까지 논의 벼가 서 있다면 그것은 성한 사람의 짓이라 안 할 것이다. 응오는 응고개 논의 벼를 여태 베지 않았다. 물론 응오가 베어야 할 것이다. 누가 듣던지 그 형 응칠이를 먼저 의심하리라. 그럼 여기에 따르는 모든 책임을 응칠이가 혼자 지지 않으면 안 될 것이다.

응오는 진실한 농군이었다. 나이 서른하나로 무던히 철났다 하고 동리에서 쳐주는 모범 청년이었다. 그런데 벼를 베지 않는다. 남은 다들 거둬들였고 털기까지 하련만 그는 벨 생각조차 않는 것이다.

[A] ──

지주든 혹은 그에게 장리를 놓은 김 참판이든 뻔질 찾아와 벼를 베라 독촉하였다.

"얼른 털어서 낼 건 내야지."

하면 그 대답은,

"계집이 죽게 됐는데 벼는 다 뭐지유—."

하고 한결같이 내뱉는 소리뿐이었다.

하기는 응오의 아내가 지금 기지사경이매 틈은 없었다 하더라도 돈이 놀아서 약을 못 쓰는 이 판이니 진시 벼라도 털어야 할 것이다.

그러면 왜 안 털었던가. 그것은 작년 응오와 같이 지주 문전에서 타작을 하던 친구라면 묻지는 않으리라. 한 해 동안 애를 졸이며 홑 자식 모양으로 알뜰히 가꾸던 그 벼를 거둬들임은 기쁨에 틀림없었다. 꼭두새벽부터 엣, 엣, 하며 괴로움을 모른다. 그러나 캄캄하도록 털고 나서 지주에게 도지를 제하고, 장리쌀을 제하고, 색초를 제하고 보니 남은 것은 등줄기를 흐르는 식은땀이 있을 따름. 그것은 슬프다 하기보다 끝없이 부끄러웠다. 같이 털어 주던 동무들이 뻔히 보고 섰는데 빈 지게로 덜렁거리며 집으로 돌아오는 건 진정 열적기 짝이 없는 노릇이었다. 참다 참다 못해 응오는 눈에 눈물이 흘렀던 것이다.

가뜩한데 엎치고 덮치더라고 올해는 고나마 흉작이었다. 샛바람과 비에 벼는 깨깨 비틀렸다. 이놈을 가을하다간 먹을 게 남지 않음은 물론이요 빚도 다 못 가릴 모양. 에라, 빌어먹을 거 너들끼리 캐다 먹든 말든 멋대로 하여라, 하고 내던져 두지 않을 수 없다. 벼를 거뒀다고 말만 나면 빚쟁이들은 우 — 몰려들 거니깐.

응칠이의 죄목은 여기에서도 또렷이 드러난다. 국으로 가만만 있었더면 좋은 걸 이 사품에 뛰어들어 지주의 뺨을 제법 갈긴 것이 응칠이었다. 처음에야 그럴 작정이 아니었다. 그는 여러 곳 물을 마신 이만치 어지간히 속이 틘 건달이었다. 지주를 만나 까놓고 썩 좋은 소리로 의논하였다. 올 농사는 반실이니 도지도 좀 감해 주는 게 어떠냐고. 그러나 지주는 암말 없이 고개를 모로 흔들었다. 정 이러면 하여튼 일년 품은 빼야 할 테니 나는 그 논에다 불을 지르겠수, 하여도 잠자코 응치 않는다. 지주로 보면 자기로도 그 벼는 넉넉히 거둬 들일 수는 있다마는, 한번 버릇을 잘못 해 놓으면 어느 작인까지 행실을 버릴까 염려하여 겉으로 독촉만 하고 있는 터이었다. 실상이야 고까짓 벼쯤 있어도 고만 없어도 고만, 그 심보를 눈치채고 응칠이는 화를 벌컥 낸 것만은 좋으나 저도 모르게 대뜸 주먹뺨이 들어 갔던 것이다.

이렇게 문제 중에 있는 벼인데 귀신의 놀음 같은 변괴가 생겼다. 다시 말하면 벼가 없어졌다. 그것도 병들어 쓰러진 쭉정이는 제쳐 놓고 무얼로 그랬는지 알장 이삭만 따 갔다. 그 면적으로 어림하면 아마 못 돼도 한 댓 말가량은 될는지!

응칠이가 아침 일찍이 그 논께로 노닐자 이걸 발견하고 기가 막혔다. 누굴 성가시게 굴려고 그러는지. 산속에 파묻힌 논이라 아직은 본 사람이 없는 모양 같다. 하나 동리에 이 소문이 퍼지기만 하면 저는 어느 모로든 혐의를 받아 폐는 좋이 입어야 될 것이다.

〈중략〉

한 식경쯤 지났을까, 도적은 다시 나타난다. 논둑에 머리만 내놓고 사면을 두리번거리더니 그제야 기어 나온다. 얼굴에는 눈만 내놓고 수건인지 뭔지 형겊이 가리었다. 봇짐을 등에 짊어 메고는 허리를 구붓이 빽손을 놓는다.

그러자 응칠이가 날째게 달려들며,

"이 자식, 남의 벼를 훔쳐 가니!"

하고 대포처럼 고함을 지르니 논둑으로 고대로 데굴데굴 굴러서 떨어진다. 얼결에 호되게 놀란 모양이다.

응칠이는 덤벼들어 우선 허리께를 내려조겼다. 어이쿠쿠, 쿠 — 하고 처참한 비명이다. 이 소리에 귀가 번쩍 띄어서 그 고개를 들고 팔부터 벗겨 보았다. 그러나 너무나 어이가 없었음인지 시선을 치걷으며 그 자리에 우두망찰한다.

그것은 무서운 침묵이었다. 살풍맞은 바람만 공중에서 북새를 논다.

한참을 신음하다 도적은 일어나더니,

"성님까지 이렇게 못살게 굴기유?"

제법 눈을 부라리며 몸을 홱 돌린다. 그리고 느끼며 울음이 복받친다. 봇짐도 내버린 채,

"내 것 내가 먹는데 누가 뭐래?"

하고 데퉁스러이 내뱉고는 비틀비틀 논 저쪽으로 없어진다.

형은 너무 꿈속 같아서 멍하니 섰을 뿐이다. 그러다 얼마 지나서 한 손으로 그 봇짐을 들어 본다. 가뿐하니 끽 말 가웃이나 될는지. 이까짓 걸 요렇게까지 해 가려는 그 심정은 실로 알 수 없다. 벼를 논에다 도로 털어 버렸다. 그리고 아내의 치마이겠지, 검은 보자기를 척척 개서 들었다. 내 걸 내가 먹는다…… . 그야 이를 말이랴. 하나 내 걸 내가 훔쳐야 할 그 운명도 얄궂거니와 형을 배반하고 이 짓을 벌인 아우도 아우렷다. 에—이 고얀 놈, 할 제 볼을 적시는 것은 눈물이다.

– 김유정, '만무방'

---

1 윗글에 대한 설명으로 가장 적절한 것은?　　　　　　　　　　　　　　○ 8450-0279

① 서술자가 자신의 경험을 직접 서술하여 사건의 전모를 드러내고 있다.

② 작중 인물이 관찰자의 입장에서 다른 인물을 객관적으로 묘사하고 있다.

③ 서술자가 사건을 이야기 속에서 전달하다가 이야기 밖에서 전달하고 있다.

④ 서술자의 주관적 평가를 노출하여 인물의 됨됨이에 대한 정보를 제시하고 있다.

⑤ 공간적 배경에 따라 서술자를 달리하여 사건의 의미를 다각도로 조명하고 있다.

2 [A]에 대한 반응으로 적절하지 <u>않은</u> 것은?　　　　　　　　　　　　　　◐ 8450-0280

① 빚쟁이들의 재촉에 응오는 시종일관(始終一貫) 변함없는 대답을 하는군.

② 응오와 같은 농민들에게 올해의 상황은 설상가상(雪上加霜)이라고 할 수 있겠군.

③ 지주나 김 참판의 눈에는 응오가 자포자기(自暴自棄)한 듯한 모습으로 보일 수 있겠군.

④ 응오의 생각에는 만약 올해 벼를 베면 빚쟁이들이 몰려들 것이 명약관화(明若觀火)로군.

⑤ 지주의 입장에서는 응오가 벼를 베지 않고 버티는 것이 견문발검(見蚊拔劍)으로 느껴지겠군.

3 〈보기〉를 참고하여 윗글을 감상한 내용으로 가장 적절한 것은?　　　　　　　◐ 8450-0281

> ● 보기 ●
>
> 　문학에서 반어(irony)는 의미를 강조하거나 특정한 효과를 유발하기 위해 본뜻과는 반대되는 말을 하여 이면의 의도를 은연중에 나타내는 표현법을 가리킨다. 이처럼 드러난 것과 숨겨진 것 사이의 괴리를 기반으로 하는 반어는 단지 개별적인 표현에만 국한되는 것이 아니라, 예컨대 소설이나 희곡에서 사건이나 그것의 연속이 예상하거나 기대하고 있던 것과는 정반대로 전개될 때와 같이 작품 속의 상황 설정을 통해 구현되기도 한다.

① 그리워서 동생 응오를 찾아왔으면서 동생의 작은 실수도 참지 못하는 응칠이의 모습이 반어적인 것이라고 할 수 있다.

② 자신이 갈등의 원인을 제공했으면서도 도리어 지주에게 주먹뺨을 날리는 응칠이의 행동이 반어적인 것이라고 할 수 있다.

③ 응칠이가 주재소의 감시를 받는 처지이면서도 일을 하려고 하지 않는 태도를 보이는 점이 반어적인 것이라고 할 수 있다.

④ 응칠이는 응오의 논에서 벼를 훔쳤다고 의심받는 처지인데 오히려 범인을 잡으려 한다는 설정이 반어적인 것이라고 할 수 있다.

⑤ 응오의 논에서 벼를 도둑질한 범인이 알고 보니 가혹한 수탈을 견디지 못한 응오 자신이었다는 상황이 반어적인 것이라고 할 수 있다.

[4~6] 다음 글을 읽고 물음에 답하시오.

　　서른여섯 해 전에 꼭 하룻밤 놀다 갔다는 젊은 남사당의 진양조장단에 반하여 옥화를 배게 된 할머니나, 구름같이 떠돌아다니는 중과 인연을 맺어 성기를 가지게 된 옥화나 다 같이 '화개 장터' 주막에 태어났던 그녀들로서는 별로 누구를 원망할 턱도 없는 어미 딸이었다. 성기에게 역마살이 든 것은 어머니가 중 서방을 정한 탓이요, 어머니가 중 서방을 정한 것은 할머니가 남사당에게 반했던 때문이라면 성기의 역마운도 결국은 할머니가 장본이라, 이에, 할머니는 성기에게 중질을 시켜서 살을 떼려고도 서둘러 보았던 것이고, 중질에서 못다 푼 살을, 이번에는, 옥화가 그에게 책 장사라도 시켜서 풀어 보려는 속셈인 것이었다. 성기로서도 불경(佛經)보다는 암만해도 이야기책에 끌리는 눈치요, 중질보다는 차라리 장사라도 해 보고 싶다는 소청이기도 하여, 그러나, 옥화는 꼭 화개장만 보이기로 다짐까지 받은 뒤, 그에게 책전*을 내어 주기로 했던 것이었다.
　　성기가 마루 앞 축대 위에 올라서는 것을 보자 옥화는 놀란 듯이 자리에서 일어나 앉으며
　　"더운데 왜 인저사 내려오냐?"
　　곁에 있던 수건과 부채를 집어 그에게 주었다.
　　지금까지 옥화에게 이야기책을 읽어 들려주고 있은 듯한 어떤 낯선 계집애는, 책 읽던 것을 멈추고 얼굴을 들어 성기를 바라보았다. 갸름한 얼굴에, 흰자위 검은자위가 꽃같이 선연한 두 눈이었다. ㉠순간, 성기는 가슴이 찌르르 하며, 갑자기 생기 띤 눈으로 집 앞에 늘어선 버들가지를 바라보았다.
　　얼마 뒤, 계집애는 안으로 들어가고, 옥화는 성기의 점심상을 차려 들고 나와서,
　　"체 장수 딸이다."
　　하였다. 어머니도 즐거운 얼굴이었다.
　　"체 장수라니?"
　　성기는 밥상을 받은 채, 그러나 얼른 숟가락을 들려고도 않고, 그의 어머니의 얼굴을 쳐다보았다.
　　"구례 산다더라. 이번에 어쩌면 하동으로 해서, 진주 쪽으로 나가 볼 참이라는데 어제저녁에 화갯골로 들어갔다."
　　그리고 저 딸아이는 그 체 장수의 무남독녀인데 영감이 화갯골 쪽으로 들어갔다 나와서, 하동 쪽으로 나갈 때 데리고 가겠다고, 하도 간청을 하기에, 그동안 좀 맡아 있어 주기로 했다면서, ㉡옥화는 성기의 눈치를 살피듯 그의 얼굴을 물끄러미 바라보았다.

〈중략〉

　　그해 아직 봄이 오기 전, 보는 사람마다, 성기의 회춘을 거의 다 단념하곤 하였을 때 옥화는, 이왕 죽고 말 것이라면, 어미의 맘속이나 알고 가라고, 그래, 그 체 장수 영감은, 서른여섯 해 전 남사당을 꾸며 와 이 화개 장터에 하룻밤을 놀고 갔다는 자기의 아버지임에 틀림이 없었다는 것과, 계연은 그 왼쪽 귓바퀴 위의 사마귀로 보아 자기의 동생임이 분명하더라는 것을, 통정*하노라면서, 자기의 같은 왼쪽 귓바퀴 위의 검정 사마귀까지를 그에게 보여 주었다.
　　"나도 처음부터 영감이 '서른여섯 해 전'이라고 했을 때 가슴이 섬뜩하긴 했다. 그렇지만 설마 했지 그렇게 남의 간을 뒤집어 놀 줄이야 알았나. 하도 아슬해서 이튿날 악양으로 가 명도*까지 불러 봤더니, 요것도 남의 속을 빤히 들여다나 보는 듯이 재잘대는구나, 차라리 망신을 했지."
　　옥화는 잠깐 말을 그쳤다. ㉢성기는 두 눈에 불을 켜듯 한 형형한 광채를 띠고, 그 어머니의 얼굴을 쳐다보고 있었다.
　　"차라리 몰랐으면 또 모르지만 한번 알고 나서야 인륜이 있는듸 어쩌겠냐."

그리고 부디 어미 야속타고나 생각지 말라고, 옥화는 아들의 뼈만 남은 손을 눈물로 씻었다.

옥화의 이 마지막 하직같이 하는 통정 이야기에 의외로도 성기는 도로 힘을 얻은 모양이었다. 그 불타는 듯한 형형한 두 눈으로 천장을 한참 바라보고 있던 성기는 무슨 새로운 결심이나 하듯 입술을 지그시 깨물고 있었다.

아버지를 찾아 강원도 쪽으로 가 볼 생각도 없다, 집에서 장가들어 살림을 할 생각도 없다, 하는 아들에게 그러나, 옥화는 이제 전과 같이 고지식한 미련을 두는 것도 아니었다.

"그럼 어쩔라냐? 너 좋을 대로 해라."

"……."

성기는 아무런 말도 없이 도로 자리에 드러누워 버렸다.

그러고 나서 한 달포나 넘어 지난 뒤였다.

성기가 좋아하는 여러 가지 산나물이 화갯골에서 연달아 자꾸 내려오는 이른 여름의 어느 장날 아침이었다. 두릅회에 막걸리 한 사발을 쭉 들이켜고 난 성기는 옥화더러,

"어머니, 나 엿판 하나만 맞춰 주."

하였다.

"……."

㉣옥화는 갑자기 무엇으로 머리를 얻어맞은 듯이 성기의 얼굴을 멍하니 바라보고 있었다.

그런 지도 다시 한 보름이나 지나, 뻐꾸기는 또다시 산울림처럼 건드러지게 울고, 늘어진 버들가지엔 햇빛이 젖어 흐르는 아침이었다. 새벽녘에 잠깐 가는 비가 지나가고, 날은 다시 유달리 맑게 갠 화개 장터 삼거리 길 위에서, 성기는 그 어머니와 하직을 하고 있었다. 갈아입은 옥양목 고의적삼에, 명주 수건까지 머리에 잘끈 동여매고 난 성기는, 새로 맞춘 새하얀 나무 엿판을 걸빵해서 느직하게 엉덩이 즈음에다 걸었다. 위 목판에는 새하얀 가락엿이 반나마 들어 있었고, 아래 목판에는 팔다 남은 이야기책 몇 권과 간단한 방물이 좀 들어 있었다.

그의 발 앞에는, 물과 함께 갈려 길도 세 갈래로 나 있었으나, 화갯골 쪽엔 처음부터 등을 지고 있었고, 동남으로 난 길은 하동, 서남으로 난 길이 구례, 작년 이맘때도 지나 그녀가 울음 섞인 하직을 남기고 체 장수 영감과 함께 넘어간 산모퉁이 고갯길은 퍼붓는 햇빛 속에 지금도 환히 장터 위를 굽이돌아 구례 쪽을 향했으나, 성기는 한참 뒤, 몸을 돌렸다. 그리하여 그의 발은 구례 쪽을 등지고 하동 쪽을 향해 천천히 옮겨졌다.

한 걸음, 한 걸음, 발을 옮겨 놓을수록 그의 마음은 한결 가벼워져, 멀리 버드나무 사이에서 그의 뒷모양을 바라보고 서 있을 어머니의 주막이 그의 시야에서 완전히 사라져 갈 무렵 해서는, ㉤육자배기 가락으로 제법 콧노래까지 흥얼거리며 가고 있는 것이었다.

- 김동리, '역마'

* **책전**: 서점.
* **통정**: 통사정. 딱하고 안타까운 형편을 털어놓고 말함.
* **명도**: 마마를 앓다가 죽은 어린 계집아이의 귀신.

4 윗글의 서술상 특징으로 가장 적절한 것은?   ● 8450-0282

① 액자 구조를 통해 이야기의 신빙성을 제고하고 있다.
② 인물 간 대화를 통해 인물의 분열된 의식을 표현하고 있다.
③ 빈번한 장면 교체를 통해 상황의 긴박감을 극대화하고 있다.
④ 요약적 서술을 통해 과거 사건에 대한 독자의 이해를 유도하고 있다.
⑤ 동시에 벌어지는 사건을 병치하여 이야기를 입체적으로 구성하고 있다.

5 〈보기〉를 참고하여 윗글을 감상한 내용으로 적절하지 <u>않은</u> 것은?   ● 8450-0283

> ● 보기 ●
>
> 김동리는 '역마'에서 운명과 욕망 간의 갈등 관계를 다룸으로써 인간 삶의 본질에 관해 탐구하였다. 그는 주어진 운명에 대항해 보려는 인물들이 운명을 수용하게 되는 과정을 통해, 운명과 조화로운 삶에 대해 우리 민족이 전통적으로 지녀 왔던 관점을 작품 속에 투영하였다.

① 화개 장터는 유사한 운명이 대를 이어 반복되는 공간적 배경이라고 할 수 있겠군.
② 성기가 세 갈래 길 중에서 하동 쪽을 택하는 것은 자신의 운명을 수용하려는 태도와 관련이 있겠군.
③ 옥화가 죽어 가는 아들에게 지난 일에 대해 통정하는 것은 주어진 운명에 대항해 보려는 안간힘에 해당하겠군.
④ 자리에 누워 지낸 달포 동안 성기는 자신의 운명과 욕망 사이에서 심리적인 갈등을 겪었으리라고 볼 수 있겠군.
⑤ 결국에는 역마살을 지닌 아들을 떠나보내고 마는 옥화를 통해 운명에 대한 우리 민족의 전통적 관점을 엿볼 수 있겠군.

6 ㉠~㉤에 대한 설명으로 적절하지 <u>않은</u> 것은?   ● 8450-0284

① ㉠: 성기는 체 장수 딸에게 한눈에 반할 만큼 매력을 느끼고 있다.
② ㉡: 옥화는 아들의 허락도 없이 낯선 사람을 집에 들인 일로 위축되어 있다.
③ ㉢: 성기는 어머니에게 들어 새롭게 알게 된 사실 때문에 놀라움을 금하지 못하고 있다.
④ ㉣: 옥화는 예상하지 못했던 아들의 요구를 듣고 잠시 넋을 놓고 있다.
⑤ ㉤: 성기는 점차 마음이 홀가분해지는 것을 느끼고 있다.

[1~3] 다음 글을 읽고 물음에 답하시오.

[앞부분의 줄거리] 공사가 중단되자 밥값을 떼어먹고 도망가던 떠돌이 노동자 영달과, 교도소에서 출감한 노동자 정 씨가 우연히 만나고, 그들은 술집에서 일하다 도망친 백화를 만나 동행하게 된다.

　　어디에나 눈이 덮여 있어서 길을 잘 분간할 수가 없었다. 뒤에 처졌던 백화가 눈 덮인 길의 고랑에 빠져 버렸다. 발이라도 삐었는지 백화는 꼼짝 못하고 주저앉아 신음을 했다. 영달이가 달려들어 싫다고 뿌리치는 백화를 업었다. 백화는 영달이의 등에 업히면서 말했다. / "무겁죠?"

　　영달이는 대꾸하지 않았다. 백화는 어린애처럼 가벼웠다. 등이 불편하지도 않았고 어쩐지 가뿐한 느낌이었다. 아마 쇠약해진 탓이리라 생각하니 영달이는 어쩐지 대전에서의 옥자가 생각나서 눈시울이 화끈했다. / 백화가 말했다.

　　"어깨가 참 넓으네요. 한 세 사람쯤 업겠어."

　　"댁이 근수가 모자라니 그렇다구."

　　그들은 일곱 시쯤에 **감천 읍내**에 도착했다. 마침 장이 섰었는지 파장된 뒤인데도 읍내 중앙은 흥청대고 있었다. 전 부치는 냄새, 고기 굽는 냄새, 곰국 냄새가 풍겨 왔다. 영달이는 이제 백화를 옆에서 부축하고 있었다. 발을 디딜 때마다 여자가 얼굴을 찡그렸다. 정 씨가 백화에게 물었다.

　　"어느 방향이오?"

　　"전라선이에요."

　　"나는 호남선 쪽인데. 여비는 있소?"

　　"군용차를 사정해서 타고 가면 돼요."

　　그들은 장터 모퉁이에서 아직도 따뜻한 온기가 남아 있는 **팥시루떡**을 사 먹었다. 백화가 자기 몫에서 절반을 떼어 영달에게 내밀었다.

　　"더 드세요. 날 업구 왔으니 기운이 배나 들었을 텐데."

　　역으로 가면서 백화가 말했다.

　　"어차피 갈 곳이 정해지지 않았다면 우리 고향에 함께 가요. 내 일자리를 주선해 드릴게."

　　"내야 삼포루 가는 길이지만, 그렇게 하지?"

　　정 씨도 영달이에게 권유했다. 영달이는 흙이 덕지덕지 달라붙은 신발끈을 내려다보며 아무 말이 없었다. **대합실**에서 정 씨가 영달이를 한쪽으로 끌고 가서 속삭였다.

　　"여비 있소?"

　　"빠듯이 됩니다. 비상금이 한 천 원쯤 있으니까."

　　"어디루 가려오?"

　　"일자리 있는 데면 어디든지……."

　　스피커에서 안내하는 소리가 웅얼대고 있었다. 정 씨는 대합실 나무 의자에 피곤하게 기대어 앉은 백화 쪽을 힐끗 보고 나서 말했다.

　　"같이 가시지. 내 보기엔 좋은 여자 같군."

　　"그런 거 같아요."

　　"또 알우? 인연이 닿아서 **말뚝 박구** 살게 될지. 이런 때 아주 **뜨내기 신셀 청산**해야지."

　　영달이는 시무룩해져서 역사 밖을 멍하니 내다보았다. 백화는 뭔가 수군대고 있는 두 사내를 불안한 듯이 지켜보고 있었다.

영달이가 말했다.

"어디 능력이 있어야죠."

"삼포엘 같이 가실라우?"

"어쨌든······." / 영달이가 뒷주머니에서 꼬깃꼬깃한 오백 원짜리 두 장을 꺼냈다.

"저 여잘 보냅시다."

영달이는 표를 사고 삼립빵 두 개와 찐 달걀을 샀다. 백화에게 그는 말했다.

"우린 뒷차를 탈 텐데······. 잘 가슈."

영달이가 내민 것들을 받아 쥔 백화의 눈이 붉게 충혈되었다.

그 여자는 더듬거리며 물었다.

"아무도······. 안 가나요?"

"우린 삼포루 갑니다. 거긴 내 고향이오."

영달이 대신 정 씨가 말했다. 사람들이 개찰구로 나가고 있었다. 백화가 보퉁이를 들고 일어섰다.

"정말, 잊어버리지······. 않을게요."

백화는 개찰구로 가다가 다시 돌아왔다. 돌아온 백화는 눈이 젖은 채로 웃고 있었다.

"내 이름 백화가 아니에요. **본명**은요······. 이점례예요."

여자는 개찰구로 뛰어나갔다. 잠시 후에 기차가 떠났다.

그들은 나무 의자에 기대어 한 시간쯤 잤다. 깨어 보니 대합실 바깥에 다시 눈발이 흩날리고 있었다. 기차는 연착이었다. 밤차를 타려는 시골 사람들이 의자마다 가득 차 있었다. 두 사람은 말없이 담배를 나눠 피웠다. 먼 길을 걷고 나서 잠깐 눈을 붙였더니 더욱 피로해졌던 것이다. 영달이가 혼잣말로,

"쳇, 며칠이나 견디나······."

"뭐라구?"

"아뇨, 백화란 여자 말요. 저런 애들······ 한 사날두 시골 생활 못 배겨나요."

"사람 나름이지만 하긴 그럴 거요. 요즘 세상에 일이 년 안두루 인정이 획 변해 가는 판인데······."

[A] ┌ 정 씨 옆에 앉았던 노인이 두 사람의 행색과 무릎 위의 배낭을 눈여겨 살피더니 말을 걸어 왔다.

"어디 일들 가슈?"

"아뇨, 고향에 갑니다."

"고향이 어딘데······."

"삼포라고 아십니까."

"어 알지, **우리 아들놈**이 거기서 도저를 끄는데······."

"삼포에서요? 거 어디 공사 벌릴 데나 됩니까 고작해야 고기잡이나 하구 감자나 매는데요."

"어허! 몇 년 만에 가는 거요?"

"십 년."

노인은 그렇겠다며 고개를 끄덕였다.

"말두 말우. 거긴 지금 육지야. 바다에 방둑을 쌓아 놓구, 트럭이 수십 대씩 돌을 실어 나른다구."

"뭣 땜에요?"

"낸들 아나. 뭐 관광호텔을 여러 채 짓는담서, 복잡하기가 말할 수 없네."

└ "동네는 그대루 있을까요?"

"그대루가 뭐요. 맨 천지에 공사판 사람들에다 장까지 들어섰는 걸."

"그럼 나룻배두 없어졌겠네요."

"바다 위로 신작로가 났는데, 나룻배는 뭐에 쓰오. 허허, 사람이 많아지니 변고지. 사람이 많아지면 하늘을 잊는 법이거든."

작정하고 벼르다가 찾아가는 고향이었으나, 정 씨에게는 풍문마저 낯설었다. 옆에서 잠자코 듣고 있던 영달이가 말했다.

"잘 됐군. 우리 거기서 공사판 일이나 잡읍시다."

그때에 기차가 도착했다. 정 씨는 발걸음이 내키질 않았다. 그는 마음의 정처를 방금 잃어버렸던 때문이었다. 어느 결에 정 씨는 **영달이와 똑같은 입장**이 되어 버렸다.

기차는 눈발이 날리는 어두운 들판을 향해서 달려갔다.

– 황석영, '삼포 가는 길'

1 윗글의 인물에 대한 이해로 적절한 것은? ◑ 8450-0285

① 정 씨는 자신의 돈벌이에 이용하려고 영달에게 삼포행을 제안했다.

② 백화는 역사에서 영달이 마음을 정하기를 기다리며 초조함을 느꼈다.

③ 백화는 자기 고향에 가는 데 필요한 여비를 정 씨와 영달에게서 빌렸다.

④ 영달은 자신을 두고 혼자 고향으로 떠난 백화가 원망스러워서 그녀를 험담했다.

⑤ 영달은 백화를 따라가라는 정 씨의 말을 듣고 자존심이 상해서 한동안 침묵했다.

2 〈보기〉를 바탕으로 윗글을 감상한 내용으로 적절하지 <u>않은</u> 것은? ◑ 8450-0286

> ● 보기 ●
>
> '삼포 가는 길'은 세 인물의 우연한 동행을 다룬 여로형 소설이다. 1970년대의 급격한 근대화 과정에서 소외되어 고향을 상실한 채 뿌리 뽑힌 삶을 살아야 했던 민중들의 상황을 잘 보여 주는 이 인물들은 짧은 동행의 과정에서 서로의 상처를 이해하고 유대감을 갖게 된다. 그러나 작가는 이 작품을 통해 섣부른 희망을 제시하기보다는 미래에 대한 냉철한 전망을 형상화하고 있다.

① '감천 읍내'와 '대합실'에 이르는 길은 세 인물이 우연히 동행하는 여로라고 할 수 있군.

② '팥시루떡'을 떼어 건네거나 '본명'을 알려 주는 것으로 보아 백화가 영달과 정 씨에게 유대감을 느끼게 됐음을 알 수 있군.

③ '말뚝 박구' 살고 싶어도 '뜨내기 신셀 청산'하지 못하는 영달은 뿌리 뽑힌 삶을 사는 민중의 모습을 잘 보여 주는 인물이라고 할 수 있군.

④ '우리 아들놈' 이야기를 하는 노인이 정 씨를 향해 '그렇겠다며 고개를 끄덕'이는 것은 인물들이 서로의 상처를 이해하게 됐음을 의미한다고 할 수 있군.

⑤ '눈발이 날리는 어두운 들판을 향해서' 기차가 달리는 것은 '영달이와 똑같은 입장'이 된 정 씨의 미래에 대한 냉철한 전망을 암시하기 위한 것으로 볼 수 있군.

3 [A]를 〈보기〉와 같이 각색했을 때, 고려했을 내용으로 적절하지 <u>않은</u> 것은?

◐ 8450-0287

● 보기 ●

S# 65. 버스 정류소

정 씨가 차장과 싸우며 영달과 함께 내린다.

정 씨: 아니, 내 고향 삼포를 내가 몰라? 여긴 삼포가 아니란 말야! 삼포는 나룻배 타고 바다를 건너가야 하는데 여기가 삼포라니…….

차장: 별 미친 사람 다 보겠네. 눈앞에 삼포를 두고 삼포를 찾다니!

　떠나 버리는 버스.
　같이 내린 노인 하나가 빙그레 웃으며

노인: 고향 떠난 지 오래되신 모양이구먼요?

정 씨: 예, 한 십 년 됐습니다만 아무려면 제 고향을 몰라보겠습니까?

노인: 십 년이요? 일 년도 아니구 십 년? 여보, 지금 일 년이면 세상이 어떻게 변하는데…….

정 씨: 그야 그렇겠지만…….

노인: 바로 여기가 삼포요!

정 씨: 예?!

노인: 옛날엔 나룻배가 다녔지만 지금은 저 바다 위로 길이 나서 버스가 다니고 있단 말이오.

　하며 가리켜 보인다. 정 씨의 눈은 이미 정상을 잃고 있다. 그 눈에 보이는 바다 위의 대교. 언덕 위엔 호텔이 섰고 사방에 벌어져 있는 공사판. 완전히 도시가 된 마을 한복판에 장까지 들어섰다. 정 씨, 얼이 빠져 돌아보는데 영달은 공사판을 가리키며 살판났다고 신나서 지껄인다.

－ 황석영 원작·유동훈 각색, '삼포 가는 길'

① 새로운 인물을 등장시켜 고향의 변화상에 대한 정 씨의 충격을 드러낸다.

② 상황에 대한 반응을 보다 구체적인 말과 표정으로 제시하여 정 씨의 황망한 심정을 부각한다.

③ 삼포의 변화에 대한 영달의 반응을 바꾸어 그가 정 씨에게 느끼게 된 연민의 감정을 강조한다.

④ 대화가 이루어지는 장소를 다르게 설정하여 노인이 설명하는 내용을 시각적으로 직접 제시한다.

⑤ 삼포의 변화에 대해 부정적으로 평가하는 말은 삭제하여 노인이 객관적인 상황만 진술하도록 바꾼다.

[4~6] 다음 글을 읽고 물음에 답하시오.

[앞부분의 줄거리] 어려서 고아가 되어 머슴처럼 일하며 자라나 순덕과 결혼한 칠복은 고향 마을이 댐 건설로 수몰되자 광주 산동네로 이주한다. 하지만 농사 품을 팔러 시골에 다녀온 칠복은 아내의 불륜을 목격하고 아내는 줄행랑을 친다. 여섯 살 딸을 데리고 어쩔 수 없이 방울재로 돌아온 칠복은 외지로 나갔던 고향 사람들이 되돌아와 장사를 하고 있는 낚시터에서 징을 마구 두들기다 몰매를 맞는다.

　말이 보상금이지, 보상 가격을 책정해 놓고도 일이 년 뒤에야 지불을 받고 보니, 이미 인근 농톳값은 몇 배로 뛰어올라 대토(代土) 잡기에 어려웠고, 도회지로 나가서 살자 해도 전세방을 얻고 나면 자전거 하나 사기도 힘든지라, 아무 짓도 못 하고 솔래솔래 곶감 꼬치 빼먹듯 하다가는 두 손바닥 탈탈 털고 영락없이 알거지가 되고 만 집이 어디 한두 사람인가.

　봉구 그 자신도 보상금 받아 가지고 읍에 나가서 버스 정류장 옆에 가게를 얻어 쌀집을 냈으나 어찌 된 셈인지 남는 것은 없고 옴니암니 본전만 까먹게 되어 전셋돈이나마 가까스로 건져 다시 방울재로 돌아오지 않았는가.

　"지붕 위에서 낚시질을 한다고 생각하니 기분이 이상합니다."

　빨간 모자 낚시꾼은 뚜벅뚜벅 곧잘 말을 걸어왔다.

　"사람들꺼정 한꺼번에 잼겨 뿐 거이 더 마음 아프구먼유."

　"누가 빠져 죽었나요?"

　"죽은 거나 매한가지라유. 수십 년 동안 얼굴 맞대고 정 붙이고 살아온 방울재 사람들을 시방 어디에 가서 찾을 겁니까유. 살아남은 사람들은 몇 집 안 되지라우."

　"예끼 여보슈, 난 또 무슨 소리라구!"

　"선생님들은 우리 속 몰라유."

　"땜이 원망스럽겠군요."

　"으째서유?"

　"고향을 삼켜 버렸으니까요."

　"워디가유. 아무리 배우지 못했어도 우리가 그러키 앞뒤 꽉 맥힌 멍충이들이란가유? 땜이 생겨서 많은 농민덜이 가뭄 모르고 농사 잘 짓는 거이 을매나 잘헌 일인가유? 우리도 그 정도는 압니다유."

〈중략〉

　"강촌 영감님, 부탁입니다유. 지발 쫓아내지만 마셔유. 다시는 훼방치지 않겠구먼유. 이렇게 빌께유."

　칠복이는 우르르 강촌 영감에게로 달라붙어 어깻죽지며 팔을 붙들고 애원하다가는 그대로 땅에 무릎을 꿇고 비대발괄 빌어 대는 게 아닌가.

　이 모습을 본 봉구와 덕칠이, 강촌 영감까지도 목울대에 모닥불이 타오르면서 시울이 시큰시큰했다.

　"안 가겠다면 덕석몰이를 혀서라도 내쫓을 꺼여!"

　강촌 영감은 담배 연기를 허공에 토해 내며 결연히 말했다.

　"봉구, 덕칠이, 팔만이 나를 내쫓지 말어. 고향에서 내쫓기면 워디로 갈 것인감. 이보게덜 내 사정 좀 봐 줘!"

　칠복이는 무릎을 꿇은 채 친구들의 아랫도리를 두 팔로 덥썩 껴안으며 통사정을 해 보았으나 그들 방울재 친구들은 도시 말이 없었다.

　칠복이는 소리 내어 울고 싶었으나 이를 응등물고 참아 냈다. 강촌 영감의 말마따나 고향이 없어져 버린 판국에 고향 사람인들 남아 있을 리 없지 않겠느냐는 생각이 들었다.

　그런데 이상한 일이었다. 칠복이 자신이 참 알 수 없는 일은 때때로 그의 눈에 방울재와 방울재의 옛 사람들이 너무도 선명하게 보이면서, 그가 영락없이 방울재 사람들과 한데 어울려 살고 있는 환각에 정신을 가늠할 수 없게 된 거였다. 방울재를 삼킨 호수의 물도 거대한 댐도 보이지 않고 낯익은 하늘, 반갑게 맞아 주는 마을 사람들만이 눈에 가득 들어오고, 그럴 때는 정월 대보름날 밤 메기굿*을 할 때처럼 어깨가 들썩거리면서 겅중겅중 춤을 추고 싶어져 ⓐ징을 찾아 들고 나서는 거였다.

그러다가 온몸이 흠뻑 땀에 젖은 채 정신을 차리고 보면, 방울재와 낯익은 사람들은 온데간데없고 호수의 물만이 그를 삼킬 듯 넘실거리고 댐은 더욱 하늘 닿게 높아지는 듯싶었다.

"자네 정신 말짱허니께 허는 소리네만 좋은 얼굴로 헤어지세. 지발 부탁이니 지금 떠나도록 히여."

㉠강촌 영감이 볼멘소리로, 그러나 약간은 사정조로 말하고 나서 칠복의 겨드랑이에 손을 넣어 일으키려고 했다.

"낼 아침 떠나라 허고 싶네만, 정은 단칼에 자르는 거이 좋은겨."

칠복이는 아이를 업고 천천히 일어서서 희끄무레한 램프 불빛에 비춰 보이는 침울하게 가라앉은 마을 사람들의 얼굴들을 하나하나 가슴속 깊이깊이 새기며 찬찬히 뜯어보았다. 그의 눈에서는 금방 눈물이 소나기처럼 주르륵 쏟아질 것만 같았다.

"핑 서둘러 나가면 광주 나가는 버스를 탈 꺼여!"

강촌 영감이 앞서 술청을 나가며 하는 말이다. ㉡강촌 영감을 따라 칠복이가 고개를 떨어뜨리고 나갔고, 뒤이어 봉구와 덕칠이, 팔만이가 차례로 몸을 움직였다.

㉢봉구네 주막에서 나온 그들은 칠복이를 앞세우고 미루나무가 두 줄로 가지런히 비를 맞고 늘어서 있는 자갈길 구신작로를 향해 어둠 속을 걸었다. 그들은 아무도 입을 열지 않았다. 칠복이의 등에 업힌 그의 딸아이가 캘록캘록 기침을 하자, 바짝 뒤를 따르던 봉구가 잠바를 벗어 덮어씌워 주었다.

빗방울은 점점 굵어졌고 호수를 훑고 온 물에 젖은 가을바람에 으스스 몸이 떨렸다.

이따금씩 고속도로에서 자동차들이 헤드라이트로 눅눅한 어둠의 이 구석 저 구석을 쿡쿡 쑤셔 대는 바람처럼 내달았다. 자동차의 불빛이 길게 어둠을 가를 때마다 칠복이를 앞세우고 걷는 방울재 사람들의 가슴이 마치 총을 맞는 것만큼이나 섬찟섬찟 했다.

㉣신작로에 당도해서 조금 기다리자 읍으로 들어가는 헌털뱅이 버스가 왔으며, 그들은 서둘러 차를 세우고 칠복이를 밀어 넣었다.

"징헌 고향 다시는 오지 말어."

봉구가 천 원짜리 두 장을 칠복이의 호주머니에 푹 쑤셔 넣어 주며 울먹울먹한 목소리로 말했다.

㉤칠복이가 무슨 말인가 하는 것 같았으나 부르릉 버스가 굴러가는 바람에 알아들을 수가 없었다.

그들은 버스가 어둠 속에 묻히고 자동차 불빛이 보이지 않게 되어서야 말없이 돌아섰다.

한사코 가기 싫다는 칠복이 부녀를 억지로 버스에 태워 쫓아 보낸 그날 밤, 방울재 사람들은 잠을 이룰 수가 없었다. 후두둑후두둑 빗방울이 굵어지고 땅껍질 벗겨 가는 소리가 드세어질 무렵, 봉구는 잠결에 아슴푸레하게 들려오는 ⓑ징 소리에 퍼뜩 놀라 일어나 앉았다.

"아니, 이 밤중에 무신 징 소리당가?"

그는 마른기침을 토해 내고 삐거덕 방문을 열어, 송곳 하나 박을 틈도 없이 꽉 들어찬 어둠의 여기저기를 쑤석여 보았다. 어둠 속 어디선가 딸을 업은 칠복이가 휘주근하게 비에 젖은 채 바보처럼 벌쭉벌쭉 웃으면서 불쑥 나타날 것만 같았다.

– 문순태, '징 소리'

* 메기굿: 지신밟기.

4 윗글을 읽고 알 수 있는 내용이 <u>아닌</u> 것은? ▸ 8450-0288

① 봉구는 쫓겨나는 칠복이 부녀에게 연민의 감정을 느끼고 있었다.
② 봉구를 비롯한 마을 사람들도 댐 건설의 필요성에는 공감하고 있었다.
③ 칠복은 약간의 말미만 준다면 떠날 채비를 하겠다고 강촌 영감에게 약속했다.
④ 강촌 영감이 칠복에게 한 모진 말은 마을 사람들의 곤란한 입장을 대변한 것이었다.
⑤ 방울재 사람들이 수몰의 대가로 받은 돈은 새로운 삶의 터전을 마련하기에 불충분했다.

5 〈보기〉를 참고할 때, ㉠~㉤ 중 성격이 <u>다른</u> 것은? ▸ 8450-0289

> ● 보기 ●
>
>   소설에서 이야기를 들려주는 이가 서술자인데, 서술자는 자신의 시각에서 이야기를 직접 서술하기도 하고 작중 인물의 시각에서 이야기를 서술하기도 한다. 즉 서술자가 들려주는 이야기 중에서 어떤 부분은 서술자 자신의 눈으로 본 것에 대한 진술이지만, 어떤 부분은 인물의 시각에서 경험되거나 인식된 것에 대한 진술이다.

① ㉠   ② ㉡   ③ ㉢   ④ ㉣   ⑤ ㉤

6 ⓐ와 ⓑ에 대한 설명으로 적절하지 <u>않은</u> 것은? ▸ 8450-0290

① ⓐ는 고향 사람들과 칠복 간에 발생하는 갈등의 매개이다.
② ⓐ는 칠복이 그리워하는 고향의 옛 모습과 결부된 소재이다.
③ ⓐ는 칠복이 스스로 이해할 수도, 주체할 수도 없는 신명을 표출하는 수단이다.
④ ⓑ는 칠복이 고향 사람들에게 용서를 구하는 수단이다.
⑤ ⓑ는 봉구로 하여금 칠복에 대한 죄의식을 느끼게 하는 소리이다.

III

현대 수필

갈래 이론

III 현대 수필

1. 수필의 정의

수필의 소통 방식
수필가 자신이 서술자가 되어서 독자에게 직접 말하는 방식

수필(隨筆)이란 '붓을 따라 붓 가는 대로 적는 글'로 생활 속의 체험이나 생각을 자유롭게 표현한 산문 문학의 한 갈래이다. 또한 인생과 자연에 대한 관조(觀照)와 통찰(洞察)을 개성적인 문체로 표현하여 작가 자신을 진실하게 드러내는 문학이라고 정의할 수 있다. 일반적으로 수필이라고 하면 좁은 의미로 경수필을 지칭하는 말로 사용되지만, 넓은 의미의 수필은 수필의 특성을 지닌 모든 글을 포함하며, 서간문, 일기문, 기행문, 전기문 등도 수필 특유의 예술성을 지니면 수필의 범주에 포함한다.

2. 수필의 특성

수필의 갈래
• 태도에 따라
 – 경수필: 개성이 강한 개인적 수필
 – 중수필: 객관적이고 논리적으로 쓴 사회적 수필
• 진술 방식에 따라
 – 서정적 수필: 감상 위주로 전개한 수필
 – 서사적 수필: 사건 위주로 서술한 수필
 – 희곡적 수필: 극적 효과를 살린 수필
 – 교훈적 수필: 작가의 인생관 위주의 계몽적 수필

(1) 수필은 형식이 자유롭다.

수필은 흔히 무형식의 형식을 지닌 산문이라고 한다. '무형식'이란 아무렇게나 써도 된다는 의미가 아니라 형식이 자유롭다는 것이다. 형식의 자유는 구성상의 자유로움을 뜻하며, 자유로운 사고·상상력·관찰력을 동반한다.

(2) 수필은 자기 고백적이다.

수필의 주제는 작가 자신의 인생관이나 사상, 감정이다. 따라서 작가의 솔직한 마음이 드러나는, 자기 고백적인 글이다.

(3) 수필은 제재가 다양하다.

수필은 무엇이든지 담을 수 있는 그릇이다. 수필은 신변잡기부터 작가의 인생관이나 사회, 역사, 자연 등에 대하여 느낀 것, 생각한 것 등 어느 것이나 제재로 삼을 수 있다.

(4) 수필은 누구나 쓸 수 있다.

수필은 생활인이면 누구나 쓸 수 있는, 전문성을 필요로 하지 않는 글로서 대중적이고 누구에게나 개방된 문학이다.

작품으로 이해하기

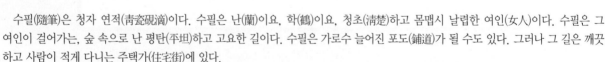

수필(隨筆)은 청자 연적(靑瓷硯滴)이다. 수필은 난(蘭)이요, 학(鶴)이요, 청초(淸楚)하고 몸맵시 날렵한 여인(女人)이다. 수필은 그 여인이 걸어가는, 숲 속으로 난 평탄(平坦)하고 고요한 길이다. 수필은 가로수 늘어진 포도(鋪道)가 될 수도 있다. 그러나 그 길은 깨끗하고 사람이 적게 다니는 주택가(住宅街)에 있다.

수필은 청춘(靑春)의 글은 아니요, 서른여섯 살 중년(中年) 고개를 넘어선 사람의 글이며, 정열(情熱)이나 심오한 지성(知性)을 내포한 문학이 아니요, 그저 수필가(隨筆家)가 쓴 단순한 글이다. 수필은 흥미를 주지마는, 읽는 사람을 흥분시키지 아니한다. 수필은 마음의 산책(散策)이다. 그 속에는 인생의 향기와 여운(餘韻)이 숨어 있다.

수필의 빛깔은 황홀 찬란(恍惚燦爛)하거나 진하지 아니하며, 검거나 희지 않고, 퇴락(頹落)하여 추(醜)하지 않고, 언제나 온아 우미(溫雅優美)하다. 수필의 빛은 비둘기 빛이거나 진주 빛이다. 수필이 비단이라면, 번쩍거리지 않는 바탕에 약간의 무늬가 있는 것이다. 그 무늬는 읽는 사람 얼굴에 미소(微笑)를 띠게 한다. 〈중략〉

(5) 수필은 개성 있는 글이다.

수필의 '나'는 바로 작가 자신이므로, 자신만의 육체적·정신적 체험을 글에 담는 것으로
자신의 독특한 개성과 가치관을 드러낼 수 있다.

(6) 수필에는 위트와 유머가 있다.

수필에는 독자로 하여금 입가에 잔잔한 미소를 띠게 하는 유머(humor)와 무릎을 탁 치게
하는 위트(wit)가 깃들어 있다. 그것을 통해 인생에 대한 깨달음을 주며, 멋과 운치를 느끼
게 하는 글이다.

3. 수필의 수용과 감상

수필은 작가의 체험이 제재가 되어 작품의 바탕을 이루고, 이에 대한 작가의 해석이 주제가
된다. 따라서 수필을 읽을 때에는 작가의 삶을 간접적으로 체험하려 노력해야 한다. 또 수필
은 내용과 형식 모두 작가의 개성이 직접 드러나 있는 문학이므로, 작품에 나타난 개성을 파
악하며 읽어야 한다. 마지막으로 작가가 자신의 체험에 부여한 의미를 돌아보고, 이것이 독자
자신에게 어떤 깨달음과 가르침을 주는가도 살펴보아야 한다.

4. 현대 수필 문학사

(1) 1910년대: 계몽적·기행적 수필이 주를 이루었다. 박지원, 허난설헌 등이 쓴 고전 수필을 소
개하는 데도 힘썼다.

(2) 1920년대: 수필 문학이 독자성을 확보해 가던 시기로, 다수의 기행 수필과 논설체 수필이 발
표되었다. **예** 이광수의 '금강산유기', 최남선 '심춘순례'

(3) 1930년대~광복 전: 외국의 수필과 이론이 소개되었고, 수필이 독자적 갈래로 정립되었다.
철학적이고 사색적인 수필이 발표되었다.
예 이양하의 '신록 예찬', 이상의 '권태', 김진섭의 '백설부'

(4) 광복 이후: 광복 직후에는 혼란한 사회상에 대한 비판과 삶의 성찰을 담은 작품이 창작되었
다. 1960년대 이후에는 예술을 강조한 수필과 사회적 의미를 담은 다양한 주제의 작품이
창작되었다.
예 김소운의 '목근 통신', 이양하의 '나무', 법정의 '무소유'

경수필과 중수필의 비교

경수필	중수필
• 가벼움	• 무거움
• 고백적	• 설명적
• 주관적	• 객관적
• 개인적	• 사회적
• 정서적	• 논리적
• 잡기적	• 사색적
• '나'가 드러남	• '나'가 숨어 있음

수필의 구성 방식

• 직렬 구성: 인과적이거나 시간·공간의 흐름에 따른 구성
• 병렬 구성: 여러 내용을 대등하게 나열하는 구성
• 혼합 구성: 직렬과 병렬 구성을 혼합한 구성
• 진술 방식에 따른 구성: 서정적 구성, 서사적 구성, 극적 구성, 서간체 구성 등

수필의 재료는 생활 경험, 자연 관찰, 인간성이나 사회 현상에 대한 새로운 발견 등 무엇이나 다 좋을 것이다. 그 제재(題材)가 무엇
이든지 간에 쓰는 이의 독특한 개성(個性)과 그때의 심정(心情)에 따라 '누에의 입에서 나오는 액(液)이 고치를 만들 듯이' 수필은 써지
는 것이다.
— 피천득, '수필'

• **이해의 길잡이:** 이 작품은 수필이라는 문학 장르에 대한 개념적 지식을 형상적·비유적 언어로 서술한, 수필로 쓴 수필론이다. 작가의 내적 호흡을 따
라가며 읽다 보면 수필이 갖는 예술적 성격을 이해함은 물론, 수필을 쓰는 마음가짐과 자세를 배울 수 있는 글이다.

• **이 글의 특성:** 첫머리에 나오는 세련된 은유는 단 몇 마디 말 속에 수필의 온갖 특질들을 집대성해 놓은 우리 수필사의 최고의 명구이기도 하다. 이처
럼 다양한 비유를 사용하여 수필이 지녀야 할 특성을 예술적 감동과 더불어 알게 해 준다.

• **이 글의 구성:** 이 작품은 수필의 특성을 병렬적으로 제시하고 있다. 이 글에서는 '수필의 본질 – 수필과 인생 – 수필의 성격 – 수필의 재료' 등을 형상
적 언어로 소개하고 있다.

• **이 글의 수용과 감상:** 수필의 다양한 비유를 해석하며 읽는다.

❶ 이상, '산촌 여정'

➡️ 작품 안으로　**주제**: 산촌의 정경과 그곳에서 겪는 심회

특징: 글쓴이가 평안남도 성천에 머물며 체험한 산촌의 정경과 모습을 감각적 언어로 표현한 수필이다. 도시 사람으로 살다가 경험하게 된 산촌에서의 낯선 풍경들을 다양한 도회적 감각과 이국적 이미지를 통해 구체적으로 형상화하고 있다. 다양하고 풍부한 이미지로 산골의 모습을 묘사하면서 타향에서 지내고 있는 자신의 감회를 편지 형식으로 풀어놓고 있다.

⬅️ 작품 밖으로　소설가이자 시인, 그리고 수필가인 이상이 1935년 《매일신보》에 연재한 수필이다. 요양을 위해 친구의 고향인 평안남도 성천에서 지냈던 경험을 바탕으로, 근대적 발전에서 뒤처진 궁벽한 산촌에서의 일과를 경쾌하게 드러내고 있다. 서경적 묘사에 자신의 감회를 덧붙인 수필로, 도회적 감수성과 전원의 풍경이 이질적인 상태에서 독특하게 결합되어 있다고 평가받는다.

내용 구조도

도시에서와는 다른 글쓴이의 삶

도시의 것을 순간순간 그리워하면서도 산골 마을에서의 삶에 적응하는 글쓴이

↓

성천에서 떠올리는 시정

산골 마을에서의 삶에 빠져 이런 저런 시정을 떠올리는 글쓴이

↓

근심을 잊고 지내고 싶은 마음

도시의 가난한 식구들을 떠올릴 때마다 드는 근심을 잊고 지내고 싶은 글쓴이

꼭 필요한 내용 연구

● **1930년대 모더니즘 수필**

1930년대 모더니즘은 정서를 중시하는 낭만주의 문학에서 벗어나 주지적 태도를 가지고 근대적이고 도회적인 분위기를 드러내기 위해서 노력하였다. 이상의 '산촌 여정'의 경우 아름다운 산촌 마을을 배경으로 하고 있지만, 이를 도시의 화려한 외관과 비교하면서 근대에 대한 동경과 환멸, 전근대에 대한 호기심과 지루함을 혼재하여 드러내고 있다.

　향기로운 엠제이비(MJB)*의 미각을 잊어버린 지도 이십여 일이나 됩니다. *이곳에는 신문도 잘 아니 오고 체전부(遞傳夫)*는 이따금 '하도롱*'빛 소식을 가져옵니다. 거기는 누에고치와 옥수수의 사연이 적혀 있습니다. 마을 사람들은 멀리 떨어져 사는 일가 때문에 수심이 생겼나 봅니다. 나도 도회에 남기고 온 일이 걱정이 됩니다.

　건너편 팔봉산에는 노루와 멧도야지가 있답니다. 그리고 기우제 지내던 개골창까지 내려와서 가재를 잡아먹는 '곰'을 본 사람도 있습니다. 동물원에서밖에 볼 수 없는 짐승, 산에 있는 짐승들을 사로잡아다가 동물원에 갖다 가둔 것이 아니라, 동물원에 있는 짐승들을 이런 산에다 내어 놓아준 것만 같은 착각을 자꾸만 느낍니다. 밤이 되면 달도 없는 그믐 칠야(漆夜)에 팔봉산도 사람이 침소로 들어가듯이 어둠 속으로 아주 없어져 버립니다.

　그러나 공기는 수정처럼 맑아서 별빛만으로라도 넉넉히 좋아하는 누가복음도 읽을 수 있을 것 같습니다. 그리고 또 참 별이 도회에서보다 갑절이나 더 많이 나옵니다. 하도 조용한 것이 처음으로 별들의 운행하는 기척이 들리는 것도 같습니다.

　객줏집 방에는 석유 등잔을 켜 놓습니다. 그 도회지의 석간(夕刊)과 같은 그윽한 내음새가 소년 시대의 꿈을 부릅니다. 정 형! 그런 석유 등잔 밑에서 밤이 이슥하도록 '호까―연초갑지*―' 붙이던 생각이 납니다. *벼쨍이가 한 마리 등잔에 올라앉아서 그 연둣빛 색채로 혼곤한 내 꿈에 마치 영어 '티(T)'자를 쓰고 건너 긋듯이 유(類)다른 기억에다는 군데군데 '언더라인'을 하여 놓습니다. 슬퍼하는 것처럼 고개를 숙이고 도회의 여차장이 차표 찍는 소리 같은 그 성악(聲樂)을 가만히 듣습니다. 그러면 그것이 또 이발소 가위 소리와도 같아집니다. 나는 눈까지 감고 가만히 또 자세히 들어봅니다. / 그리고 비망록을 꺼내어 머룻빛 잉크로 산촌의 시정(詩情)을 기초합니다.

그저께 신문을 찢어버린
때 묻은 흰 나비
봉선화는 아름다운 애인의 귀처럼 생기고
귀에 보이는 지난날의 기사

　얼마 있으면 목이 마릅니다. **자릿물***―심해(深海)처럼 가라앉은 냉수를 마십니다. 석영질 광석 내음새가 나면서 폐부에 한란계 같은 길을 느낍니다. 나는 백지 위에 그 싸늘한 곡선을 그리라면 그릴 수도 있을 것 같습니다.

　청석(靑石) 얹은 지붕에 별빛이 나려쪼이면 한겨울에 장독 터지는 것 같은 소리가 납니다. 벌레

어휘 풀이
*엠제이비(MJB): 커피의 일종.
*체전부: '우편집배원'의 전 용어.
*하도롱: 화학 펄프로 만든 갈색으로 착색된 봉투의 광택을 이름.
*연초갑지: 담뱃갑 종이. 담배를 말아서 만들 때 사용하는 종이.
*자릿물: 자리끼. 밤에 자다가 마시기 위하여 잠자리의 머리맡에 준비하여 두는 물.
*그라비아: 그라비어 인쇄를 뜻함. 동판 위에 원그림의 요판을 만들고 잉크를 채워 인쇄하는 방법으로 복제화의 농담이 기존 방법보다 잘 재현됨.

구절 풀이
*이곳에는 신문도 잘 아니 오고 ~ 소식을 가져옵니다.: 도시와 달리 새로운 소식은 전해지지 않고, 간간이 우체부들을 통해 가족들의 근심만 편지로 전달되는 산골 마을의 특성을 드러내고 있다.
*벼짱이가 한 마리 ~ 또 자세히 들어봅니다.: 베짱이를 보며 이런저런 상념에 젖는 글쓴이의 모습을 드러내면서, 베짱이 소리를 도시의 소리나 이미지들과 연결 지어 제시하고 있다.
*등잔 심지를 돋우고 ~ 조밀한 인구가―: 잠을 깨어 글을 쓰기 시작하였음을 밝히고 있다. 자신의 작품 속에 불행한 인물들이 창조되어 살아가고 있음을 비유적으로 드러내고 있다.

소리가 요란합니다. 가을이 이런 시간에 엽서 한 장에 적을 만큼씩 오는 까닭입니다. 이런 때 참 무슨 재주로 광음(光陰)을 헤아리겠습니까? 맥박 소리가 이 방 안을 방째 시계로 만들어 버리고 장침과 단침의 나사못이 돌아가느라고 양짝 눈이 번갈아 간질간질합니다. 코로 기계 기름 내음새가 드나듭니다. 석유 등잔 밑에서 졸음이 오는 기분입니다.

파라마운트 회사 상표처럼 생긴 도회 소녀가 나오는 꿈을 조곰 꿉니다. 그러다가 어느 도회에 남겨 두고 온 가난한 식구들을 꿈에 봅니다. 그들은 포로들의 사진처럼 나란히 늘어섭니다. 그리고 내게 걱정을 시킵니다. 그러면 그만 잠이 깨어 버립니다.

죽어 버릴까 그런 생각을 하여 봅니다. 벽(壁) 못에 걸린 다 해어진 내 저고리를 쳐다봅니다. 서도(西道) 천 리(千里)를 나를 따라 여기 와 있습니다그려!

*등잔 심지를 돋우고 불을 켠 다음 비망록에 철필(鐵筆)로 군청빛 '모'를 심어 갑니다. 불행한 인구가 그 위에 하나하나 탄생합니다. 조밀(稠密)한 인구가―.

내일은 진종일 화초만 보고 놀리라, ㉠탈지면(脫脂綿)에다 알콜을 묻혀서 온갖 근심을 문지르리라, 이런 생각을 먹습니다. 너무나 꿈자리가 뒤숭숭하여서 그러는 것입니다. 화초가 피어 만발하는 꿈, 그라비아* 원색판 꿈, 그림책을 보듯이 즐겁게 꿈을 꾸고 싶습니다. 그러면 간단한 설명을 위하여 상쾌한 시를 지어서 7포인트 활자로 배치하는 것도 좋습니다.

도회에 화려한 고향이 있습니다. 활엽수만으로 된 산이 고향의 시각을 가려 버린 이 산촌에 팔봉산 허리를 넘는 철골 전신주가 소식의 제목만을 부호로 전하는 것 같습니다.

진단 체크

1 '하도롱빛 소식'의 원관념이 무엇인지 쓰시오.
2 글쓴이가 머물고 있는 산촌 마을에 대한 구체적 정보를 드러내는 단어를 찾아 쓰시오.
3 글쓴이의 고향과 글쓴이가 머무는 마을을 연결해 주는 소재를 찾아 쓰시오.

실력 다지기

정답과 해설 50쪽

1 윗글에 대한 설명으로 가장 적절한 것은?　　　　　　　　　　○ 8450-0291

① 역설적 인식을 바탕으로 현실의 문제를 드러내고 있다.
② 자연에 대한 성찰을 통해 삶의 교훈을 이끌어 내고 있다.
③ 특정 공간에서의 체험을 앞으로의 계획과 연결 짓고 있다.
④ 자문자답 형식을 반복하여 문제의 해결 방안을 찾아내고 있다.
⑤ 편지 형식을 활용하여 자신의 체험을 솔직하게 드러내고 있다.

2 윗글의 글쓴이에 대한 이해로 적절하지 <u>않은</u> 것은?　　　　　　　　　　　　　　　　◑ 8450-0292

① 평소 누가복음을 읽는 것을 좋아한다.
② 도회를 떠나 시골 마을에 와 생활하고 있다.
③ 꿈자리가 뒤숭숭하여 잠을 제대로 못 자고 있다.
④ 고향에 두고 온 가난한 식구들을 걱정하고 있다.
⑤ 익숙지 않은 곳에서 맞이한 겨울 생활에 고생하고 있다.

3 〈보기〉를 참고하여 윗글의 표현 방식을 이해한 내용으로 가장 적절한 것은?　　　　　　◑ 8450-0293

● 보기 ●

원관념	보조 관념
노루, 멧돼지, 곰	산에다 내어놓은, 동물원에 있던 짐승들
석유 등잔 냄새	도회지의 석간과 같은 그윽한 냄새
버쨍이(베짱이) 소리	도회의 여차장이 차표 찍는 소리, 이발소 가위 소리

① 자연에서 만난 생명체들을 생명이 없는 무생물에 빗대어 냉정한 분위기를 강조하고 있다.
② 산촌에서 만난 물건이나 동물들을 도시의 사물들과 관련지어 근대적 이미지를 강화하고 있다.
③ 고향을 떠올리게 하는 소재들을 타향을 떠올리게 하는 소재들과 대비하여 장단점을 밝히고 있다.
④ 특정 지역에서만 볼 수 있는 물건이나 동물들을 다른 지역의 것들과 관련지어 해당 지역의 희소성을 떨어뜨리고 있다.
⑤ 자연스럽고 부드러운 이미지의 물건이나 동물들을 인공적이고 딱딱한 물건이나 동물들에 빗대어 기존의 이미지를 파괴하고 있다.

1 글쓴이가 '자릿물—심해(深海)처럼 가라앉은 냉수'를 어떠한 심상으로 형상화하고 있는지 쓰시오.　　◑ 8450-0294

2 ㉮와 같은 행위를 통해 글쓴이가 드러내고자 하는 심리를 서술하시오.　　　　　　　　◑ 8450-0295

[1~2] 다음 글을 읽고 물음에 답하시오.

아침에 볕에 시달려서 마당이 부스럭거리면 그 소리에 잠을 깨입니다. 하루라는 '짐'이 마당에 가득한 가운데 새빨간 잠자리가 병균처럼 활동입니다. 끄지 않고 잔 석유 등잔에 불이 그저 켜진 채 소실된 밤의 흔적이 낡은 조끼 '단추'처럼 남아 있습니다. 작야(昨夜)를 방문할 수 있는 요비링입니다. 지난밤의 체온을 방 안에 내어던진 채 마당에 나서면 마당 한 모퉁이에는 화단이 있습니다. 불타오르는 듯한 맨드라미꽃 그리고 봉선화.

지하에서 빨아 올리는 이 화초들의 정열에 호흡이 더워오는 것 같습니다. 여기 처녀 손톱 끝에 물들 봉선화 중에는 흰 것도 섞였습니다. 흰 봉선화도 붉게 물들까, 조금도 이상스러울 것 없이 봉선화는 꼭두서니빛으로 곱게 물듭니다.

수수깡 울타리에 오렌지빛 여주가 열렸습니다. 당콩 넝쿨과 어우러져 세피아 빛을 배경으로 하는 일폭의 병풍입니다. 이 끝으로는 호박 넝쿨 그 소박하면서도 대담한 호박꽃에 스파르타식 꿀벌이 한 마리 앉아 있습니다. 농황색에 반영되어 세실 · 비(B) · 데밀의 영화처럼 화려하며 황금색으로 사치합니다. 귀를 기울이면 ㉠'르네상스' 응접실에서 들리는 선풍기 소리가 납니다.

야채 사라다에 놓이는 아스파라거스 잎사귀 같은 또 무슨 화초가 있습니다. 객줏집 아이에게 물어 봅니다. 기상꽃, 기생화란 말입니다. 무슨 꽃이 피나, 진홍 비단꽃이 핀답니다.

선조(先祖)가 지정(指定)하지 아니한 조젯 치마에 웨스트민스터 권련(卷煙)을 감아 놓은 것 같은 도회의 기생의 아름다움을 연상하여 봅니다. 박하보다도 훈훈한 리그레추잉 껌 냄새 두꺼운 장부를 넘기는 듯한 그 입맛 다시는 소리, 그러나 아마 여기 필 기생 꽃은 분명히 혜원(蕙園) 그림에서 보는 것 같은 혹은 우리가 소년 시대에 보던 떨떨 인력거에 홍일산(紅日傘) 받던, 지금은 지난날의 삽화인 기생일 것 같습니다.

청둥 호박이 열렸습니다. 호박고자리에 무시루떡, 그 훅훅 끼치는 구수한 김에 좇아서 증조할아버지의 시골뜨기 망령들은 정월 초하룻날 한식날 오시는 것입니다. 그러나 저 국가 백 년의 기반을 생각케 하는 넓적하고도 묵직한 안정감과 침착한 색채는 럭비구를 안고 뛰는 이 제너레이션의 젊은 용사의 굵직한 팔뚝을 기다리는 것도 같습니다.

유자가 익으면 껍질이 벌어지면서 속이 비쳐 나온답니다. 하나를 따서 실 끝에 매어서 방에다가 걸어 둡니다. 물방울져 떨어지는 풍염한 미각 밑에서 연필같이 수척하여 가는 이 몸에 조금씩 조금씩 살이 오르는 것 같습니다. 그러나 이 야채도 과실도 아닌 유머러스한 용적에 향기가 없습니다. 다만 세숫비누에 한겹씩 한겹씩 해소되는 내 도회의 육향(肉香)이 방 안에 배회할 뿐입니다.

팔봉산 올라가는 초경(草徑) 입구 모퉁이에 최×× 송덕비와 또 ○○○ 아무개의 영세불망비(永世不忘碑)가 항공우편 포스트처럼 서 있습니다. 듣자니 그들은 다 아직도 생존하여 계시다 합니다. 우습지 않습니까.

1 ㉠의 원관념을 찾아 구체적으로 서술하시오.

◎ 8450-0296

2 마지막 문단에서 글쓴이가 '우습지 않습니까.'라고 반문한 이유를 서술하시오.

◎ 8450-0297

❷ 이희승, '뒤지가 진적'

→ 작품 안으로 **주제**: 고된 감옥 생활에서도 버릴 수 없었던 글 읽는 습관

특징: 일제 강점기에 조선어 학회의 일원으로 활동하다가 일제에 의해 감방살이를 했던 경험을 바탕으로 창작한 수필이다. 어떠한 어려움 속에서도 지식에 대한 갈증을 지니고 있는, 글을 읽는 것을 포기할 수 없는 당대 지식인들의 습성을 해학적으로 드러내고 있다. 감옥에서의 체험을 구체적으로 드러내면서 인력으로는 좌우할 수 없는 지식인의 본능을 토로하고 있다.

← 작품 밖으로 1976년에 발표된 이희승의 수필 '옥중 풍토기'의 한 부분이다. 글쓴이는 조선어 학회 사건으로 일본 경찰에 검거되어 해방 후 풀려나기까지 만 3년 가까이 감옥살이를 하였다. '옥중 풍토기'는 이 시기에 겪은 사건들을 사실적으로 그린 수필로 모두 열 부분으로 이루어져 있다. 수록된 내용은 아홉 번째 부분으로 열악한 환경과 탄압 속에서도 글을 읽는 재미를 놓칠 수 없었던 지식인들의 특성을 드러내고 있다.

내용 구조도

감방에서 쓰는 뒤지의 가치

감방 안에서 뒤지를 공급받으면, 도서관에서 책을 대하듯이 귀중하게 대함.

↓

혼자 보고 버릴 수 없는 뒤지

글 읽기를 좋아하는 동지들 때문에 혼자 보고 버릴 수 없었던 뒤지

↓

뒤지를 얻기 위한 지식인의 노력

뒤를 자주 보거나, 여러 장 달라고 하거나, 헛뒤를 본다고 하며 뒤지를 모아서 돌려 읽던 지식인들의 습성

꼭 필요한 내용 연구

● **제목 '뒤지가 진적'의 의미**

'뒤지가 진적'은 '화장실에서 뒤를 보고 사용하는 종이가 곧 진귀한 책이다.'라는 의미로, 뒤지로 받은 종이를 진적처럼 대하던 감방 식구들의 태도를 표현한 제목이다. 열악한 환경과 탄압 속에서도 글 읽기의 재미를 놓을 수 없었던 지식인들의 태도를, 쓰자마자 버리는 '뒤지'가 엄청난 가치를 지닌 '진적'이 된다는 모순적 제목으로 표현하고 있다.

㉠두 평쯤이나 될까 말까 한 좁은 감방 안에서 7, 8명의 식구가, 때로는 십여 명이 넘는 인구가 똥통과 동거 생활을 하면서 뒤를 볼 때에는 그래도 뒤지*가 필요하였다.

그러므로 경찰서에는 이 불가피한 청구에 응하기 위하여 뒤지를 공급하고 있었다. 원래 뒤지감의 종이를 따로 만들어 한 움큼씩 묶어서 파는 것이 있었지만, *이 당시에는 전쟁 중의 일본이 경제적 파탄에 직면하고 있었으므로 뒤지조차 구하기 어려웠다.

그리하여 일반으로 신문지나, 읽어 넘긴 잡지 같은 것을 썰어서 뒤지로 쓰고 있는 형편이었다. 감방 안에서 이러한 뒤지의 공급을 받으면, 이것은 도서관에서 책을 대하듯이 귀중한 읽을거리였다. 그런데 ㉡경찰서나 형무소에서는 구속되어 있는 사람이 바깥세상의 소식을 아는 것을 지극히 꺼리고 있어서, 신문지 조각 같은 것은 좀체로 들여 주지를 않았다. 만일 우리 동지들의 가족 중에서 음식물의 차입*을 할 적에, 신문지로 싸개지를 삼은 것이 있으면, 대개는 난로에 넣어서 태워 버리는 것이 보통이었다. 그래도 혹시 신문지가 남아 있고, 그것을 뒤지로 쓰겠다고 청구하면 읽을거리가 없어지도록 잘게 썰어서 넣어 준다. 그리하여 대개는 한 장이나 두 장밖에는 더 주지 않는다.

그러면 뒤를 보기 전에 이 신문지 쪽을 한 줄 한 자도 빼놓지 않고 읽는다. 뒤지를 받고서 왜 뒤를 안 보느냐고 따지는 일도 있기 때문에, 똥통 위에 올라앉아서, 그것을 읽어 버리는 일도 있었다.

이러한 재료는 같은 감방에 있는 동지들도 읽어 보기를 열심히 바라고 있기 때문에 차마 혼자만 보고 없앨 수는 없었다. 그리하여 무슨 꾀를 부리고 무슨 방법을 쓰든지 간에 신문 조각을 돌려 가며 윤독(輪讀)*하기로 하는 것이다. 이것을 읽되 어엿이 펼쳐 놓고 보는 것이 아니라, 손바닥 안에 감추어질 만큼 접어서 간수의 눈을 피해 가며 몰래 읽어 내려가는 것이다. 그러나 신문지 같은 것은 천재일우(千載一遇)의 좋은 기회를 얻어야만 볼 수 있는 노릇이요, ㉢보통 경우에는 왜정(倭政) 당시 경찰계의 유일한 기관지(機關誌)로서 '경무휘보(警務彙報)'란 것이 있었다. 그리하여 경찰서에는 이 묵은 잡지의 재고품이 상당히 풍부한 듯하여, 이것으로 우리에게 뒤지를 공급하고 있었다.

이 잡지는 주로 경찰 행정에 필요한 지식이나 참고 사항을 재료로 하여 편집한 것인데, 그중에는 혹 취미 기사도 있고, 일본 사람으로서 양행(洋行)*한 기행문 같은 것도 있었다.

어쨌든 ㉣우리는 문초*를 받는 일 이외에는 열흘이 하루같이 아무것도 하는 일 없이 팔짱을 끼고 부라질*을 하며 온종일 앉아 있으므로, 그 무료하기란 견주어 말할 데가 없었다.

*그런데 이러한 글발이 있는 종잇조각이라도 얻어 읽는 경우에는, 한결 지리한 시간이 쉽사리 지나는 것만 같았다. 더욱이 문초를 전부 마치고, 그저 구속만 되어 있는 동안은 진정 세월이 더

*뒤지: 밑씻개로 쓰는 종이.
*차입: 교도소나 구치소에 갇힌
  사람에게 음식, 의복, 돈 따위를
  들여보냄. 또는 그 물건.
*윤독: 여러 사람이 같은 글이나
  책을 돌려 가며 읽음.
*양행: 서양으로 감.
*문초: 죄나 잘못을 따져 묻거나
  심문함.
*부라질: 몸을 좌우로 흔드는 짓
*갈급질: 부족하여 몹시 바라는 짓

구절 풀이
*이 당시에는 ~ 구하기 어려웠
  다.: 당시는 제2차 세계 대전이
  끝나가던 1940년대 중반의 시기
  로, 일본의 경제적 상황이 좋지
  않아 모든 물자가 풍요롭지 않
  았음을 알 수 있다.
*그런데 이러한 글발이 있는 ~
  쉽사리 지나는 것만 같았다.: 감
  옥살이를 견디는 고달픔과 함께
  책이나 글자를 읽는 것을 몹시
  좋아하는 지식인들의 특성을 드
  러내고 있다.

딘 것이 지루하여 견딜 수가 없었다.

그리하여 우리는 어떻게 하든지 이 '경무휘보'의 잡지 쪽을 많이 입수하도록 갖은 노력을 다 기울이었다.

우선 뒤를 자주 보기로 하였다. 설사가 나니까 한 장만으로 부족하니, 석 장 넉 장씩 달라고 하였다. 가다가는 뒤지를 얻기 위하여 헛뒤를 보는 일도 있었다. 이렇게 하여 다 각각 얻은 뒤지를 서로 돌려 가며 보는 것이었다.

그러나 이렇게 들여 주는 뒤지만으로는 진정 갈급질*이 나서 못 견딜 지경이었다. 그리하여 다량으로 뒤지를 입수하기에 청소꾼을 이용하는 일이 많았다. 젊은 사람이 청소하러 나가서 마치 담배를 훔쳐 들이듯이, 뒤지를 걸터서 감방으로 들여 주곤 하였다. 이와 같이 ⓜ도둑글을 읽다가 들켜서 뒤지를 빼앗기는 일도 있었고, 뺨을 맞는 일도 한두 번이 아니었다. 그러나 이와 같이 봉변을 당하고도, 그래도 또 잡지 쪽 읽기를 단념하지 못하였다. 이로써 미루어 보면, **사람이 하고 싶어 하는 의욕**은 벌을 받거나 모욕을 당하는 것만으로 깨끗이 청산하여 버리지 못하는 것이 역시 인간인가 싶었다. 이런 것도 인력(人力)으로 좌우할 수 없는 본능의 소치인 듯하였다. 그 진정한 경지를 실지로 당하여 보지 않고서는 이해하기 어려울 것이다.

진단 체크

답 1. 진정 갈급질의 통증 기회 2. 글자를 읽고 싶은 욕구(지식에 대한 욕구)

1 '신문지' 같은 것을 구하기가 굉장히 어려웠음을 관용적 표현으로 드러낸 부분을 찾아 쓰시오.

2 수감 생활을 하며 글쓴이와 그의 동지들이 가장 크게 가졌던 욕구는 무엇인지 쓰시오.

실력 다지기

정답과 해설 51쪽

1 〈보기〉와 관련지어 제목의 의미를 파악하려고 할 때 가장 적절한 것은?

○ 8450-0298

┌─ 보기 ─

뒤지	진적
밑씻개로 쓰는 종이	진귀한 책
한 번 쓰고 버리는 것	가치가 있어 여러 번 읽는 것

① '진적'까지도 '뒤지'로 사용할 수밖에 없었던 시대적 상황을 의미하는 것이군.

② '뒤지'에 쓰인 내용도 가치 있다고 여길 수밖에 없었던 글쓴이의 상황을 드러내는군.

③ '뒤지'나 '진적'이나 결국 그 내용을 받아들이는 사람의 마음가짐에 달렸다는 뜻이군.

④ 한 번 쓰고 버리는 '뒤지'를 진귀한 것처럼 대하는 사람들의 위선을 드러내는 것이군.

⑤ 감옥에서 생활하면서 밑씻개로 쓰던 '뒤지'의 진정한 가치를 깨달았음을 강조한 것이군.

2 ㉠～㉤ 중, 감옥 생활의 고달픔을 강조하기 위해 언급한 내용으로 볼 수 <u>없는</u> 것은?　　　　◐ 8450-0299

① ㉠　　　　② ㉡　　　　③ ㉢　　　　④ ㉣　　　　⑤ ㉤

3 〈보기〉와 관련지어 윗글에 나타난 상황을 이해한 내용으로 적절하지 <u>않은</u> 것은?　　　　◐ 8450-0300

> ● 보기 ●
>
> 　조선어 학회는 1929년 10월 조선어 사전 편찬회를 조직했다. 1938년부터 민족 문화 말살 정책의 일환으로 조선어의 교육 및 사용을 금지하려던 일제는 이들을 강제로 해산하기 위해 1942년 함흥 학생 사건을 꾸며 낸다. 일제는 조선어 학회의 사전 편찬을 맡고 있었던 정태진에게서 조선어 학회가 독립운동을 목적으로 하는 민족주의 단체라는 거짓 자백을 받아 낸 후, 이희승을 포함한 22명을 내란죄로 기소한다. 이 사건으로 이희승은 함경남도 흥원 경찰서와 함흥 형무소에서 3년 동안 복역하던 중, 해방이 되어 풀려났다.

① 글쓴이가 함흥 형무소에서 복역하던 시기는 전쟁으로 인해 일본이 경제적 파탄에 직면하던 시기였군.
② 글쓴이처럼 감옥에 갇힌 사람들은 신문지를 얻으면, 바깥소식을 조금이라도 알 수 있는 좋은 기회라 생각했겠군.
③ 글쓴이와 같이 조선어 학회 같은 학술 단체에서 일했던 사람들은, 글자를 읽고 싶다는 욕망을 감옥에서도 버리지 못한 것이군.
④ 글쓴이나 동지들은 문초를 당할 때, 조선어 학회가 독립운동을 위해 어떠한 활동을 했는지를 털어놓으라는 질문을 주로 받았겠군.
⑤ 글쓴이와 동지들이 잡지 등을 읽다가 봉변을 당하고도 그 일을 단념하지 않은 것은 조선어에 대한 변함없는 사랑을 드러내려 한 것이군.

1 '경무휘보'의 주된 내용을 윗글에서 찾아 서술하시오.　　　　◐ 8450-0301

2 '사람이 하고 싶어 하는 의욕'에 해당하는 원관념을 구체적으로 서술하시오.　　　　◐ 8450-0302

02 관용과 이해

❶ 박태원, '여백을 위한 잡담'

➡ 작품 안으로 **주제**: 자신의 독특한 머리 모양에 대한 글쓴이의 변(辯)
특징: 자신의 독특한 머리 모양에 대해 독자들의 이해를 구하는 수필이다. 신변잡기의 일종으로, 자기 주위에서 일어나는 일상적 사건을 소재로 솔직하고 담백하게 자신의 의견을 밝히고 있다. 독자들과 이야기를 나누는 듯한 독특한 문체를 활용해 전달하고 싶은 이야기를 효과적으로 표현하고 있다.

⬅ 작품 밖으로 1930년대의 대표적 모더니스트 작가로 꼽히는 박태원의 수필이다. 자신의 독특한 머리 모양을 소재로 삼아 그에 대한 사람들의 평가, 자신이 그러한 머리 모양을 하는 까닭, 그것을 선택하게 된 과정, 머리 모양과 관련된 에피소드 등을 상세하게 늘어놓고 있다. 문학인으로서 자신의 가치와 자부심을 은연중에 드러내면서 단지 머리 모양으로 인해 자신을 나쁘게 평가하지 말 것을 독자들에게 당부하는 수필이다.

내용 구조도

'나'의 독특한 머리 모양

'나'의 머리 모양은 조선에는 비슷한 사람이 없다는 것과 크게 호감을 받지 못한다는 것을 알고 있음.

⬇

'나'의 머리 모양에 대한 변명

'나'가 이런 머리를 하는 것은 머리터럭이 위로 뻗치기 때문이지, 자가선전이나 악취미에서 출발한 것이 아님.

⬇

지금 머리 모양을 유지하는 이유

매일 기름칠하고 빗질하는 부지런함을 갖추지 못한 천성 때문에 현재의 머리 모양을 십 년 가깝게 하고 살게 됨.

꼭 필요한 내용 연구

● **모더니스트 소설가, 박태원**
소설가 박태원은 작품 내용의 이데올로기보다는 문장 자체의 예술성을 중시하고, 새로운 소설적 기법을 시도하면서, 내면 의식의 묘사를 중시하는 등 다양한 작품 창작 실험을 해 왔다. 이러한 실험적 경향은 자신의 단점을 솔직하게 인정하면서 위트 있게 풀어내는 이 수필에서도 발견할 수 있다.

혹 나의 사진이라도 보신 일이 있으신 분은 아시려니와 나는 ┃나의 머리┃를 다른 이들과는 좀 다른 방식으로 다스리고 있다.

뒤로 넘긴다거나 가운데로나 모로나 가르마를 타서 옆으로 가른다거나 그러지 않고, 이마 위에다 가지런히 추려 가지고 한일자로 자른 머리, *조선에는 소위 이름 있는 이로 이러한 머리를 가진 분이 없으므로, 그래, 사람들은 예를 일본에서 구하여 **후지타 화백**에게 비한 이도 있고, 농조를 좋아하는 이는 만담가 **오오츠지 시로**에 견주기도 했으며, 〈주부지우(主婦之友)〉라는 가정 잡지의 애독자인 모 여급은 성별을 전연 무시하고 여류 작가 요수다 노부코와 흡사하다고 했으나 ㉠그 누구나 모두가 나의 머리에 호감을 가져 주지 못하는 것은 사실이다.

*호감은 말도 말고 지극한 악의조차 가지고서 나의 머리를 비난하고, 한 걸음 나아가서는 나의 사람됨에까지 논란을 캔 이조차 있었다.

단순히 괴팍스러운 풍속이라 말하는 이에게 나는 사실 그것이 악취미임을 수긍했다. 그러나 어떤 이는 내가 남다른 머리 모양을 하고 다니는 것을 무슨 일종의 자가선전을 위한 행동같이 오해하고, 신문 잡지와 같은 기관을 이용하여 대부분이 익명을 가지고 나를 욕했다.

사람이란 대개가 저를 가지고 남을 미루어 보는 법이다. 나의 단순한 악취미를 곧 그러한 것과 연관시켜 생각하지 않을 수 없었던 그들은, 우선 그들 자신이 그처럼 비열한 심정의 소유자랄밖에 없지만, 나는 속으로 무던히 불쾌하고 괘씸했음에도 불구하고 일찍이 그러한 것에 대하여 한 마디도 반발을 시험하여 본다거나 구차스러운 변명을 꾀해 보려 안 했다.

그것을 이제 와서 새삼스레 끄집어내는 것은 도리어 우스운 일일지 모르나 ㉡이것은 물론 내가 잡문*의 재료에 그처럼 궁한 까닭이 아니다.

내가 이 머리를 하고 지내 오기도 어언간에 십 년이 되거니와, 내가 글 쓰는 사람으로 다소라도 이름이 알려졌다 하면 그것은 틀림없이 나의 그동안의 문학 행동에 힘입은 것으로, ㉰결코 내 머리의 덕을 본 것이 아님을 두 번 말할 것도 없다.

이제 내가 내 머리에 관하여 몇 마디 잡담을 하더라도 아무도 그것을 나의 '자가선전'인 듯이 곡해를 하지는 않을 것이다. 그래, 이 기회에 나의 작품은 사랑하면서도 나의 머리를 함께 사랑할 도리가 없어 나의 악취미를 슬프게 생각하고 있는 이들에게, 나는 나의 머리에 대해 한마디 석명*을 시험해 보고자 한다.

㉢머리에 대한 나의 악취미는 물론 단순한 악취미에서 출발된 것이 결코 아니다. 참말 까닭을 찾자면 나의 머리터럭이 인력으로는 어찌할 도리가 없게 억세다는 것과 내 천성이 스스로는 구제할 도리가 없게 게으르다는 것에 있다.

구절 풀이
*조선에는 소위 이름 있는 이로 ~ 흡사하다고 했으나: 조선의 유명한 인물 중에는 자신과 비슷한 머리 모양을 한 사람이 없으므로 일본의 잘 알려진 인물들을 비슷한 사례로 들어 자신의 머리 모양을 설명하고 있다.
*호감은 말도 말고 ~ 논란을 캔 이조차 있었다.: 머리 모양을 가지고 자신을 비난하고 나의 사람됨을 비판하는 악질적인 사람들이 있었음을 이야기하고 있다.
*홍문연의 번쾌 장군인 양 ~ 위로 뻗쳤다.: 중국의 고사를 빌려와 위로 뻗치는 자신의 머리터럭 모양이 홍문연에서 칼춤을 추던 번쾌 장군의 그것과 유사하다고 말하고 있다.
*그러나 모자나 양복은 ~ 없는 것이다.: 천성이 게으른 사람으로서 매일 머리를 다려 단정하게 만들 수 없다는 사실을 인정하고, 그러한 연유로 현재의 머리 모양을 가지게 되었다는 사실을 밝히고 있다.

내가 중학을 나와 이제는 누구 꺼리지 않고 머리를 기를 수 있었을 때 마음속으로 은근히 원하기는, 빗질도 않고 기름도 안 바른 제멋대로 슬쩍 뒤로 넘긴 머리 모양이었다.

그러나 정작 기르고 보니, 나의 머리는 그렇게 고분고분하게 나의 생각대로 슬쩍 뒤로 넘어가거나 그래 주지를 않았다. *홍문연의 번쾌 장군인 양 내 머리터럭은 그저 제멋대로 위로 뻗쳤다.

나는 하는 수 없이 빗과 기름을 가지고 이것들을 다스리려 들었다. 그러나 **약간 양의 포마드***쯤이 능히 나의 흥분할 대로 흥분한 머리털을 위무*할 도리는 없는 것이다. 그래, 나는 취침 전에 반드시 머리에 기름을 바르고 빗질을 하고 그리고 그 위에 수건을 씌워 잔뜩 머리를 졸라매고서 잤다.

*그러나 모자나 양복은 언제 한번 **솔질**을 한 일이 없고 구두조차 제 손으로 **약칠**을 해 본 것은 이제까지 도무지 몇 번이 안 되는 그러한 나로서, 머리만을 언제까지든 그렇게 마음을 수고롭게 해 다스릴 수는 없는 것이다.

며칠 가지 아니하여 나는 그만 머리에 기름칠할 것과 빗질할 것을 단념하여 버렸다. ㉣가장 무난한 해결법은 도로 빡빡 깎아 버리는 것이겠으나 까까머리라는 것은 참말 나의 취미에는 맞지 않는다. 그래, 길게 기른 머리를 그대로 두어 두자니 눈을 가리고 코를 덮고, 그렇다고 쓰다듬어 올리자니 제각기 하늘을 가리키고……. 그래, 마침내 생각해 낸 것이 이것들을 이마 위에다 가지런히 추려 가지고 한일자로 자르는 방법이었다.

그것이 내가 동경서 돌아오기 조금 전의 일이었으니까 십 년이 가까운 노릇이다. 그사이 꼭 사흘 동안, 내가 장가를 들고 처가에서 사흘을 치르는 그동안에만, **처조부모**가 나의 특이한 두발 풍경에 놀라지 않도록 해 달라는 신부의 간청에 의해 나는 부득이 기름을 바르고 빗질을 하고 그랬으나, 그때만 빼고는 늘 그 머리가 그 머리인 것이다.

㉤그의 성미나 한가지로 나의 머리가 그처럼 고집 센 것은 슬픈 일이다. 그러나 또한 어찌할 도리가 없다. 나이 삼십이 넘었으니 그만 머리를 고치라고 말하는 이도 있으나, 그것이 나의 악취미에서 나온 일이 아니니 이제 달리 묘방*이라도 생기기 전에는 얼마동안 이대로 지내는 수밖에 별 수가 없는 것이다.

진단 체크

답 1. 이마 위에다 가지런히 추려 가지고 한일자로 자른 머리 2. 비열한 심정의 소산일 따름

1 글쓴이가 십 년 가까이 하고 있는 머리 모양을 간략하게 쓰시오.
2 익명으로 자신을 욕하는 사람들에 대한 글쓴이의 평가를 찾아 쓰시오.

1 '나의 머리'에 대한 글쓴이의 생각으로 적절하지 <u>않은</u> 것은?   ▶ 8450-0303

① 조선에 사는 사람 중 이름 있는 이 중에 이런 머리를 한 사람은 없을 것이다.

② '나'의 주변 사람들 누구도 이러한 '나'의 머리에 호감 따위를 가진 이가 없을 것이다.

③ '나'가 이 머리를 하고 다니는 것이 자가선전을 위한 행동이라고 생각한다면 오해이다.

④ '나'의 작품을 사랑하면서 '나'의 머리를 함께 사랑하지 못하는 이들이 많이 있어 괴롭다.

⑤ 잠들기 전부터 머리를 신경 쓰는 부지런함이 있었다면 이 머리도 관리할 수 있었을 것이다.

2 다음 소재를 통해 추론할 수 있는 내용으로 적절하지 <u>않은</u> 것은?   ▶ 8450-0304

① 후지타 화백, 오오츠지 시로: 글쓴이가 일본의 인물이나 문화에 대해 친숙함을 알 수 있다.

② 홍문연의 번쾌 장군: 글쓴이의 머리카락이 위로 뻗쳐 있는 정도가 상당히 심함을 짐작할 수 있다.

③ 약간 양의 포마드: 머리카락을 다스려 보려던 글쓴이의 시도가 게으른 성품으로 인해 실패하였음을 알 수 있다.

④ 솔질, 약칠: 글쓴이가 자기 물건을 깔끔하게 관리하기 위해 부지런히 노력하는 사람이 아니었음을 알 수 있다.

⑤ 처조부모: 신부의 간청과 관련된 내용으로, 장가를 들 무렵 글쓴이가 처가 어른들의 마음에 들기 위해 노력했음을 짐작할 수 있다.

3 ㉠~㉢ 중, 〈보기〉의 밑줄 친 부분의 구체적 사례로 활용할 수 있는 것으로 적절한 것은?   ▶ 8450-0305

> ● 보기 ●
>
> 메타언어란 하나의 언어 다음에 오는 언어를 말한다. 즉 다른 발화 행위에 대해서 다루는 발화 행위나, 다른 텍스트들을 직접적으로 언급하는 텍스트들이 여기에 해당한다. 일부 문학 작품 중에는 자신의 작품에 대해 다시 언급하는 경우가 있는데, 이것도 메타언어에 해당한다. <u>자신이 쓴 글에 대해 이야기하거나, 구체적으로 설명하는 부분</u>도 여기에 해당하는데, 이러한 성격을 메타언어의 자기 참조성(self-referentiality)이라고 한다.

① ㉠   ② ㉡   ③ ㉢   ④ ㉣   ⑤ ㉤

1 ㉮를 통해 글쓴이가 강조하고자 하는 바를 설명하시오.   ▶ 8450-0306

2 글쓴이가 윗글을 쓴 까닭을 서술하시오.   ▶ 8450-0307

② 신영복, '관용은 자기와 다른 것, 자기에게 없는 것에 대한 애정입니다'

➡️ **작품 안으로**　**주제**: 자신과 다른 것에 대한 관용적 태도의 중요성

특징: 이 글은 엽서 글의 형식을 빌려 자신의 견문과 감상을 기록한 수필이다. 낯설었던 이스탄불에 대한 여러 가지 상념과 그들이 보여 준 관용적 태도에 대한 글쓴이의 단상을 드러내고 있다. 또한 관용의 정신에 반하는 오늘날의 세계화를 비판하면서 관용적 태도를 가질 것을 주장하며 글을 마치고 있다.

⬅️ **작품 밖으로**　1997년 《중앙일보》에 연재된 신영복의 기행 수필이다. 세계 23개국 47개의 유적지와 역사 현장을 탐사한 감상이 정리되어 있다. 쉽고 분명한 서술을 통해 어려운 내용을 알기 쉽게 전달하고 있으며, 경어체의 문장을 사용해 겸손한 태도를 드러내고 있다. 세계사의 흔적이 남아 있는 역사적 현장을 마주하면서 글쓴이가 보여 주는 반성적 태도는 우리가 가져야 할 태도를 다시 생각해 볼 수 있게 하는 기회를 제공해 준다.

내용 구조도

이스탄불에서 엽서를 띄움.

건물과 유적에 있어 유럽에 뒤지지 않는 이스탄불의 모습

⬇️

1935년의 사건

이슬람 사원으로 사용되던 소피아 성당을 박물관으로 개조하던 중, 비잔틴의 찬란한 문명이 손상되지 않은 채 남아 있음을 발견함.

⬇️

메메트 2세의 관용

소피아 성당의 파괴를 금지시킨 후, 모스크라 선언하며 보호함.

⬇️

소피아 성당과 마주 보고 서 있는 블루 모스크

기독교와 이슬람교가 공존하는 모습을 통해 배우는 관용과 공존의 역사

꼭 필요한 내용 연구

● **기독교와 이슬람교의 공존**

글쓴이는 이단에 대한 박해보다는 다른 종교에 대해 보여 준 관대함이 더 많이 발견되는 터키의 역사를 이야기하면서, 이러한 관용이야말로 대제국을 건설할 수 있는 힘임을 밝히고 있다. 또한 이를 통해 세계화라는 강자의 논리를 역조명할 수 있는 기회를 얻고 있다.

　오늘은 그 두 개의 장벽을 넘어 이곳 이스탄불의 소피아 성당과 블루 모스크* 사이에 앉아 이 엽서를 띄웁니다. 소피아 성당은 로마로부터 세계의 중심[옴팔리온(Omphalion)]을 이곳으로 옮겨 온 비잔틴 문명의 절정입니다. 직경 32m의 돔을 지상 56m의 높이에 그것을 받치는 단 한 개의 기둥도 없이 올려놓은 불가사의한 건축입니다. *그보다 못한 유럽의 유적들이 예찬되고 있는 것에 생각이 미치면 또 한 번 우리들의 부당한 편견에 놀라지 않을 수 없습니다.

　건물과 유적뿐이 아닙니다. 이스탄불에는 유럽 중심의 역사에서 완벽하게 소외된 수많은 사화(史話)*들이 있습니다. 1453년 메메트 2세가 콘스탄티노플을 함락시킬 당시의 이야기들도 그중 하나입니다. 배가 산을 넘는 등 무수한 무용담은 그리스와 로마의 전사에서도 그에 필적할 사례를 찾을 수 없을 정도로 장대한 드라마입니다.

　그중에서도 가장 충격적인 것은 이슬람에 대한 새로운 발견입니다. 1935년, 그때까지 이슬람 사원으로 사용되던 소피아 성당을 박물관으로 개조하면서 드러난 사실입니다. 벽면의 칠을 벗겨 내자 그 속에서 모자이크와 프레스코화*로 된 예수상과 가브리엘 천사 등 수많은 성화들이 조금도 손상되지 않은 채 고스란히 나타났습니다. 500년 동안 잠자던 비잔틴의 찬란한 문명이 되살아난 것입니다.

　벽면에 칠이 되어 있었다는 사실조차 모르고 있던 많은 사람들에게는 경악을 금치 못하게 한 일대 사건입니다. 비잔틴 문명의 찬란함이 경탄의 대상이 되었음은 물론이지만, 그보다는 비잔틴 문명에 대한 오스만 튀르크의 관대함이 더욱 놀라웠던 것입니다. 이교도 문화에 대한 관대함이었기에 더욱 돋보이지 않을 수 없었습니다.

　적군의 성을 함락시키면 통상적으로 삼 일 동안 약탈이 허용되는 것이 이슬람의 관례였습니다. 그러나 메메트 2세는 콘스탄티노플을 함락하고 난 다음 바로 이 소피아 성당으로 말을 몰아 성당 파괴를 금지했습니다. 다 같은 하나님을 섬기는 성소를 파괴하지 말라는 엄명을 내린 다음, 이제부터는 이곳이 사원이 아니라 모스크라고 선언하고 일체의 약탈을 엄금했습니다. 이것은 어쩌면 오스만 튀르크가 그들보다 앞선 유럽 문명의 정화(精華)*를 그대로 계승하겠다는 의지라고 할 수도 있겠지만, 내게는 이슬람의 그러한 관용이 매우 감동적이었습니다.

　이슬람의 이러한 전통이야말로 오늘날의 이스탄불을 공존과 대화의 도시로 남겨 놓았습니다. 동과 서, 고와 금이 함께 숨 쉬고 있습니다. 이스탄불은 보스포루스 해협을 사이에 두고 유럽 대륙과 아시아 대륙에 걸쳐 있는 실크 로드의 종착지입니다. 터키는 스스로 아시리아·그리스·페르시아·로마·비잔틴·오스만 튀르크 등 역대 문명을 계승하고 있는 나라로 자부합니다. 카파도키아·에페수스·트로이 등지에는 지금도 그리스·로마의 유적들이 남아 있습니다. 그래서 터키

어휘 풀이
*모스크: 이슬람교에서, 예배하는 건물을 이르는 말. 집단 예배를 보는 신앙 공동체의 중심지로 군사, 정치, 사회, 교육 따위의 공공 행사가 이루어짐.
*사화: 역사에 관한 이야기.
*프레스코화: 벽화를 그릴 때 쓰는 화법인 프레스코로 그린 그림. 새로 석회를 바른 벽에, 그것이 채 마르기 전에 수채로 그림.
*정화: 정수가 될 만한 뛰어난 부분.
*도량: 사물을 너그럽게 용납하여 처리할 수 있는 넓은 마음과 깊은 생각.

구절 풀이

*그보다 못한 유럽의 ~ 놀라지 않을 수 없습니다.: 이스탄불의 유적들에 대한 평가가 유럽의 유적들에 비해 굉장히 박하다는 사실을 언급하며, 이를 통해 우리 자신이 낯선 문명에 대한 편견을 가지고 있음을 밝히고 있다.
*우리는 우리의 의식 속에 ~ 여정에 나서야 할 것입니다.: 스스로 장벽을 쌓고 편견을 가지고 대상을 바라보는 우리의 의식과 태도를 반성하면서, 그러한 태도를 바꾸어 낯선 문명에 대해 열린 마음을 가질 것을 강조하고 있다.

를 모자이크의 나라라고도 합니다.

소피아 성당은 이슬람 사원인 블루 모스크와 마주 보고 서 있습니다. 기독교와 이슬람교가 공존하는 모습입니다. 터키의 역사에서는 이단에 대한 박해보다는 다른 종교에 대해 보여 준 관대함이 더 많이 발견됩니다. '한 손에 코란, 한 손에 칼'이라고 배웠던 세계사 교과서의 서구적 사관이 부끄럽기까지 합니다. 당신의 말처럼 이 구절은 '한 손에 코란, 한 손에 세금'으로 바뀌어야 할 것 같았습니다. 세수(稅收)의 감소 때문에 개종을 허락하지 않기도 했기 때문입니다. 터키의 이러한 관용은 북만주에서 중국 대륙을 거쳐 중앙아시아·중동·아프리카에 걸치는 역사의 대장정 속에서 길러 온 도량*인지도 모릅니다. 대제국은 결코 칼이나 강제에 의하여 건설될 수도 없고 경영할 수도 없다는 것이 역사의 진리이기도 합니다.

〈중략〉

당신이 이스탄불로 나를 부른 까닭을 이제 알 수 있을 것 같습니다. 당신이 보여 준 것은 이스탄불이 안고 있는 관용과 공존의 역사였습니다. 그뿐만 아니라 당신은 세계화라는 강자의 논리를 역조명할 수 있는 귀중한 시각을 안겨 주었습니다.

그러나 이스탄불에 있는 동안 내가 바라보고 있었던 것은 나의 의식 속에 자리 잡고 있는 거대한 두 개의 장벽 이었습니다. 장벽은 단지 장벽의 건너편을 보지 못하게 할 뿐만 아니라 우리들 스스로를 한없이 왜소하게 만드는 굴레였습니다. *우리는 우리의 의식 속에 얼마나 많은 장벽을 쌓아 놓고 있는가를 먼저 반성해야 할 것입니다. 그리고 그것을 열어 가는 멀고 먼 여정에 나서야 할 것입니다.

진단 체크

답 1. 이스탄불 2. 비잔틴 문명 3. 모자이크의 나라

1 글쓴이가 방문하고 있는 도시의 이름을 찾아 쓰시오.

2 소피아 성당의 건축 양식이 포함되는 문명은 무엇인지 쓰시오.

3 다양한 문화가 혼재되어 있는 터키의 특징을 함축적으로 드러낸 표현을 찾아 쓰시오.

▶ 실력 다지기

정답과 해설 52쪽

1 윗글에 대한 설명으로 적절하지 않은 것은? ▶ 8450-0308

① 여행 중의 체험, 견문, 감상 등을 중심으로 하는 기행 문학에 해당한다.
② '당신'을 청자로 삼아 글쓴이가 직접 말을 건네는 듯한 말투를 활용하고 있다.
③ 감동을 줄 수 있는 역사적 사건이나 일화를 활용하여 교훈을 전달하고 있다.
④ 해당 연도나 건물의 크기, 지명 등을 구체적으로 밝혀 객관성을 더하고 있다.
⑤ 교과서에 나온 구절을 인용한 후, 해당 구절 속에 감춰진 의미를 풀이하고 있다.

2 '두 개의 장벽'에 대한 글쓴이의 판단으로 볼 수 없는 것은?   ⊙ 8450-0309

① 이쪽 세계와 저쪽 세계를 구분하고 가로막는 장애물에 해당한다.

② 우리들의 의식 속에 자리 잡고 있는 심리적 장벽을 형상화한 것이다.

③ 장벽을 높이 세울수록 우리들 자신의 활동 영역은 좁아지게 마련이다.

④ 세계화라는 논리를 앞세우면 장벽을 열 수 있는 기회는 점차 커져 간다.

⑤ 장벽을 열어 가는 일이 쉽지 않은 일, 멀고 먼 여정이라는 것을 인정한다.

3 〈보기〉를 읽고 윗글의 주장을 반박하는 글을 쓴다고 할 때, 그 내용으로 적절하지 않은 것은?   ⊙ 8450-0310

> ● 보기 ●
>
>   오스만 튀르크군은 콘스탄티노플을 차지한 뒤 전통 관례대로 사흘 동안 마음껏 살육하고 약탈했다. 젊은 정복자 메메트 2세는 성소피아 성당에 들어가 알라에게 감사드린 뒤 성당의 제단을 파괴하게 했다. 부서진 성물 조각들이 그의 발밑에 흩어졌다. 살육과 약탈의 잔치가 끝난 뒤 메메트 2세는 비잔틴 제국의 유민을 돌보고 종교의 자유를 보장할 것을 약속했다. 그리고 바로 자신이 기독교 교회의 보호자라고 선언하고 그리스인 대교구장을 임명했다. 그리스 정교회는 이슬람 군주를 비잔틴 황제의 계승자로 받아들였다. 메메트 2세는 콘스탄티노플의 이름을 이스탄불로 바꾸고 제국의 수도로 삼았다.

① 메메트 2세가 성당의 제단을 파괴했다는 점에서 소피아 성당을 그대로 보호하려고 한 것은 아니라는 점이 드러나지 않나요?

② 메메트 2세가 비잔틴 제국의 유민을 돌보고 종교의 자유를 보장할 것을 약속한 것은 공존과 대화를 중시하는 태도를 지녔기 때문은 아닐까요?

③ 오스만 튀르크군이 콘스탄티노플을 차지한 후 삼 일 동안 약탈한 것이 관례라고 했는데, 그러한 전통을 인정하는 사람이 관용을 가진 자라고 말할 수 있을까요?

④ 콘스탄티노플의 이름을 이스탄불로 바꾸고 제국의 수도로 삼았다는 사실을 보면, 메메트 2세가 유럽 문명의 정화를 그대로 계승할 생각을 가졌던 것은 아니겠군요?

⑤ 메메트 2세가 자신을 기독교 교회의 보호자임을 자임한 것은 그리스 정교회로부터 권위를 인정받아 비잔틴 황제의 계승자라는 명분을 얻기 위한 것이 아닐까요?

1 소피아 성당이 불가사의한 건축이라고 일컬어지는 이유를 서술하시오.   ⊙ 8450-0311

2 소피아 성당과 블루 모스크가 마주 보고 서 있는 풍경을 글쓴이는 어떻게 인식하고 있는지 설명하시오.   ⊙ 8450-0312

[1~2] 다음 글을 읽고 물음에 답하시오.

　　이스탄불은 먼 곳에 있었습니다. 거리로는 로마나 파리보다 가까웠는데도 나의 의식 속에는 훨씬 더 먼 곳에 있었습니다. 이스탄불과 콘스탄티노플, 그리고 비잔틴이 서로 구별되지 않은 채 흑해처럼 몽매하기만 하였습니다.

　　이 아득한 거리감과 무지가 어디에서 왔는지 내게도 의문입니다. 이곳에 와서 비로소 깨닫게 된 것이지만, 그것은 나의 머릿속에 완강히 버티고 있는 이중의 장벽 때문이었습니다. 중국의 벽과 유럽의 벽이었습니다. 그것은 한마디로 우리 역사의 곳곳에 세워져 있는 벽이며 우리의 의식 속에 각인된 문화 종속성이라는 사실을 깨닫게 됩니다.

　　이스탄불로 오는 이번 여정도 이 두 개의 장벽을 넘어온 셈입니다. 중국 대륙을 횡단하고 런던, 파리, 아테네를 거쳐서 이스탄불에 도착했기 때문입니다. 돌궐과 흉노는 중화라는 벽을 넘지 않고는 결코 온당한 실상을 만날 수 없으며, 마찬가지로 유럽이라는 높은 벽을 넘지 않고는 이슬람과 비잔틴의 역사를 대면할 수 없습니다. 만리장성보다 완고하고 알프스보다 더 높은 장벽이 우리의 생각을 가로막고 있음을 깨닫게 됩니다.

〈중략〉

　　우리들은 저마다 자기의 내면 깊숙한 곳에 자기에게 없는 것, 자기와 다른 것들에 대한 애정을 간직하고 있다는 것을 이곳 이스탄불에서 다시 한 번 깨닫게 됩니다. 다만 이러한 내면의 애정이 관용과 화해로 개화할 수 없었던 까닭은 지금까지 인류사가 달려온 험난한 도정 때문이었다는 생각이 들었습니다. 타인에 대한 이해는 물론 자기 자신에 대한 깊은 성찰도 없어 가파른 길을 숨 가쁘게 달려왔기 때문이라고 해야 할 것입니다. 그것이 어떤 목표였던 그것은 나중 문제입니다.

　　블루 모스크에서 나는 우리들의 내면에 잠재되어 있는 관용을 웅장한 오케스트라로 만날 수 있었습니다. 288개의 창문으로 쏟아져 들어오는 빛줄기가 99가지 청색으로 장식된 공간에서 현란한 빛의 향연을 연출합니다. 이것이 곧 이스탄불이 자부하는 과거와 현재, 동과 서의 거대한 합창이었습니다. 이 현란한 빛의 향연과 거대한 합창은 그 속에 서 있는 나 자신을 풍선처럼 커지게 하는 것 같았습니다. 자기와 정반대편에 서 있는 사람을 사랑하기로 결심했다는 한 유학생의 감동적인 변화도 바로 이스탄불의 관용이 피워 낸 한 송이 꽃인지도 모릅니다.

1　글쓴이가 이스탄불을 상대적으로 멀게 느꼈던 이유를 찾아 서술하시오.

● 8450-0313

2　이스탄불에서 글쓴이가 얻은 핵심적 깨달음을 윗글에서 찾아 서술하시오.

● 8450-0314

03 문학 활동의 생활화

❶ 정재찬, '총, 꽃, 시'

➡ **작품 안으로** **주제**: '총'을 이길 수 있는 '꽃'과 '시'의 가치
특징: 이 작품은 '총', '꽃', '시'에 대한 고민과 성찰을 통해 작은 것이 큰 것을 고치고, 부드러운 것이 강한 것을 이긴다는 깨달음을 전달하는 수필이다. 글쓴이는 인터뷰, 영상, 시, 동요, 사진, 카툰 등 다양한 매체 자료를 활용하여 주제 의식을 다채로우면서도 깊이 있게 전달하고 있다.

⬅ **작품 밖으로** 2017년 출간된 정재찬의 시 에세이집 "그대를 듣는다"에 수록된 수필이다. 사람들의 기억과 가슴속에서 멀어진 '명시'들에 생명력을 불어넣으려는 저자의 노력이 돋보인다. 작품 전반에 현실에 대한 묵상과 몽상이 반복적으로 나타나는데, 이를 통해 심오한 내적 성찰을 바탕으로 한 상상력을 발산하고 있으며, 시인이 말하고자 하는 바를 현실과 관련지어 드러내면서 인간과 시에 대한 믿음과 사랑을 내비치고 있다.

내용 구조도

 동영상 속 앙겔과 브랑동

꽃이 총의 위협에서 우리를 지켜 준다는 아버지 앙겔의 말을 한순간에 깨닫고 받아들이는 아들 브랑동

⬇

동요 '꽃밭에서'에 나타난 삶의 태도

전쟁 통에 채송화 꽃씨를 거두고 꽃밭을 만드는 사람들. 그로 인해 꽃밭에서 시와 노래를 즐기며 사는 후손들

⬇

 사진과 카툰에서 찾는 꽃의 힘

마크 리부의 사진 〈꽃을 든 여인〉과 카투니스트 지현곤의 그림에서 확인되는 꽃의 힘

⬇

총을 이기는 꽃과 시

강한 것을 이기는 작고 부드러운 것 지배 언어의 자기도취를 일깨우는 변방의 언어인 시

꼭 필요한 내용 연구

● **파리 테러와 추모 동영상**
2015년 11월 파리에서 이슬람 단체의 소행으로 여겨지는 동시다발적인 테러가 무차별적으로 일어났다. 이 작품은 희생자를 추모하는 사람들의 모습과 이민자 아빠인 앙겔과 아들

2015년 11월 13일 금요일, 유럽의 한 도시가 충격에 빠졌다. 테러였다. 130명의 무고한 시민이 목숨을 잃었다. 죽은 자의 아픔과 산 자의 슬픔이 온 세계를 뒤덮었다. 며칠 후, 유럽의 방송 매체 〈르프티주르날(Le Petit Journal)〉이 올린 동영상이 떴다. 비통과 절망에 빠진 도시, 희생자들을 추모하기 위해 꽃다발과 촛불이 가득 놓인 광장에서 이민자인 아빠 앙겔과 아들 브랑동이 대화하는 모습을 찍은 영상이었다. 순진하게만 보이는 어린 아들이 어디서 무슨 소리를 들었는지 테러를 피해 이사 갈 걱정까지 한다. 그러자 아버지가 따스한 표정으로 그에게 말한다.

"아니야, 걱정할 필요 없어. 집은 옮기지 않아도 된단다. 프랑스가 우리 집이야."
"그렇지만 나쁜 사람들이 있잖아요? 아빠." / "나쁜 사람들은 어디에나 있단다."
"나쁜 사람들은 총이 있고 우리를 쏠 수도 있어요. 나쁘고 총이 있으니까요, 아빠."
"봐 봐, 그들은 총을 갖고 있지만 우리에겐 꽃이 있잖니?"
"하지만 꽃으로는 아무것도 할 수 없잖아요? 그들은 우리들을, 우리들을……."
"*사람들이 놓아둔 저 꽃들이 보이지? 총에 맞서 싸우기 위한 거란다."
"꽃이 우리를 보호해 준다고요?" / "그렇고말고!"
"촛불도요?" / "그래, 그건 우리를 떠난 사람들을 잊지 않기 위한 거야."

꽃이 우리를 지켜 주고 촛불이 떠나간 이들을 잊지 않게 해 준다는 말에 브랑동은 비로소 안심한 듯 미소를 짓는다. 하지만 이 인과 관계에는 ㉠엄청난 비약이 존재한다. 꽃이 총을 이기고, 그래서 사람들이 꽃을 바치고, 꽃을 바치는 사람이 저렇게 많으니, 우리는 안전하게 보호될 것이라는 비약. 어린아이라서 순진한 탓일까, 아니면 어린아이이기에 현자(賢者)인 탓일까. 〈중략〉

혹시 동요 〈꽃밭에서〉를 기억하는가.

아빠하고 나하고 만든 꽃밭에
채송화도 봉숭아도 한창입니다.
아빠가 매어 놓은 새끼줄 따라
나팔꽃도 어울리게 피었습니다.

– 어효선 작사 · 권길상 작곡, 〈꽃밭에서〉

맑고 밝게 즐겨 불렀던 노래지만 사실 이 노래는 〈스승의 은혜〉로 유명한 권길상 선생이 1953년 피란 시절에 작곡한 것이다. 아, 피란 시절 그 난리 통에 아빠는 뭐하러 꽃밭을 만들었을꼬. 놀랄 만하지 않은가. 전쟁 통에 할머니는 채송화 씨를 거두고 아빠는 그걸 심었단 말이다. 게다가 그걸 박남수는 시로 남기고 권길상은 노래로 만들었던 말이다. 혹여나 아빠와 할머니가 키웠던 채송화가 '나' 아니었을까, 채송화 꽃씨는 내 자식이 아닐까. *그 덕에 지금 우리가 꽃밭에서 시와

노래를 즐기며 살고 있는 게 아니겠는가.

그래, 전쟁 통에도 꽃은 피었고, 사람들은 꽃을 키웠다. 채송화 꽃밭은 환상이나 낭만이 아닌 실재 세계였던 것이다. 하지만 현실이든 상상이든 그게 무슨 대수랴. 중요한 것은 군화 자국 옆에 꽃들을 피우고, 총자루에 꽃을 매며, 총구에 꽃을 꽂는 일 아니겠는가.

현실의 장면 하나, 거장 마크 리부(Marc Riboud)의 사진 〈꽃을 든 여인〉을 찾아보라. 1967년 10월 21일, 미국의 수도 워싱턴. 펜타곤 앞에서 베트남전 반대 시위가 열렸다. 착검까지 되어 있는 군인들의 총 앞으로 꽃문양 옷차림의, 중간 이름까지 장미꽃(rose)인 잔 로즈 캐즈미어(Jan Rose Kasmir)라는 17세 여고생이 꽃 한 송이를 들고 다가선다. 총을 든 군인보다 꽃을 든 여인이 더 강하다. 당당하기 때문이다.

상상의 장면 하나, 카투니스트* 지현곤의 그림을 보라. 척추 결핵을 앓아 하반신 마비 중증 장애로 초등학교 1학년 이후 40년간 바깥 외출도 못 한 채 쪽방에 누워 지내면서 왼손 하나만으로, 아니 피와 땀으로 한 점 한 점 찍어 낸 그림. 아름다운 작가의 눈물겨운 그림. 보기만 해도 마음이 열리고 미소가 번져 나오는 그림이다. 평시보다 더 평화로운 전장의 폐허, 심장보다 더 붉은 저 빛나는 꽃 한 송이. 그 꽃을 든 저 꼬마는 의심도 두려움도 없다. 순수하기 때문이다.

총은 꽃을 이기지 못한다. 총이 이기면 사람이 죽는다. 더 큰 총은 더 많은 사람을 죽인다. 그래서 거친 남성, 어른의 폭력, 주류의 횡포에 맞서는 것은 늘 여성, 아이, 장애다. 아픈 자만이 아픔을 안다. 작은 것이 큰 것을 고치고, 부드러운 것이 강한 것을 이긴다. 그러므로 꽃이 총을 이긴다. 그리고 그런 꽃은 시를 닮고자 한다. *시는 지배 언어의 자기도취를 일깨우는 변방의 언어이기 때문이다.

진단 체크

1 '동영상' 속에서 브랑동이 이사 갈 걱정을 하는 까닭은 무엇인지 쓰시오.
2 카투니스트 지현곤의 그림을 보고 미소를 지을 수 있는 까닭은 무엇인지 쓰시오.

답 1. 다음 이사 갈 집에 꽃밭을 만들지 못할까 봐 / 2. 총을 든 꼬마의 모습이 순수하기 때문에

실력 다지기

정답과 해설 53쪽

1 윗글에 대한 설명으로 적절하지 <u>않은</u> 것은?

○ 8450-0315

① 역사적 사건의 비극적 측면을 구체적으로 언급하여 독자의 주의를 집중시키고 있다.
② 다양한 매체의 자료들을 적극적으로 활용하여 전달하고자 하는 내용을 부각하고 있다.
③ 아버지와 아들의 대화를 상세하게 제시하여 핵심 소재의 의미를 떠올려 보게 하고 있다.
④ 동요 가사를 제시하고 창작 당시의 상황과 대비하여 동요 가사의 의미를 따져 보고 있다.
⑤ 현실의 장면과 상상의 장면을 대조적으로 구성하여 현실 극복의 가능성을 드러내고 있다.

2 '브랑동'과 관련지어. ㉠을 이해한 내용으로 가장 적절한 것은?   ▶ 8450-0316

① 촛불이 떠난 사람을 잊지 않기 위한 것이라는 아버지의 설명
② 어린아이이기에 더 큰 순진함과 현명함을 지니고 있다는 생각
③ 꽃이 우리를 안전하게 보호해 준다는 말을 단번에 이해하는 것
④ 꽃을 바치는 사람들이 테러리스트보다 더 당당하게 행동한다는 사실
⑤ 꽃을 심는 일이 결국 시와 노래를 즐기며 살아가는 일이라고 믿게 된 것

3 〈보기〉의 ㉮와 ㉯에 대한 글쓴이의 생각으로 적절하지 <u>않은</u> 것은?   ▶ 8450-0317

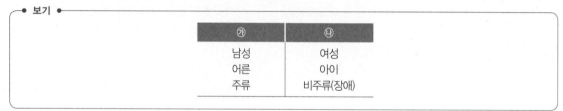

㉮	㉯
남성	여성
어른	아이
주류	비주류(장애)

① ㉮는 사회적으로 횡포를 부리는 자들을 표상한다.
② ㉯는 아픔을 겪어 본 자들로 상대의 아픔까지 공감하는 이들을 뜻한다.
③ ㉮가 크고 강한 것들을 의미한다면 ㉯는 작고 부드러운 것들을 의미한다.
④ ㉮는 총을 지니고 있는 자들에, ㉯는 꽃을 지니고 있는 자들에 해당한다.
⑤ ㉮가 내뱉는 지배 언어에 대항하는 '시'는 ㉯에게 자기도취의 기회를 부여한다.

1 방송 매체 〈르프티주르날(Le Petit Journal)〉이 동영상을 올린 이유를 서술하시오.   ▶ 8450-0318

2 글쓴이가 '총은 꽃을 이기지 못한다.'라고 단정하는 근거를 윗글에서 찾아 서술하시오.   ▶ 8450-0319

더해 읽기

정답과 해설 54쪽

[1~2] 다음 글을 읽고 물음에 답하시오.

1957년 전봉건, 김종삼, 김광림 3인이 펴낸 시집이 아니나 다를까 "전쟁과 음악과 희망과"였다. 전쟁터에서도 음악은 흐르고, 음악이 있는 한 희망이 있고, 그리하여 시를 쓴다. 하지만 이번에도 그의 시에서 감상은 허용되지 않는다. 슬픔의 과장만이 아니라 희망을 과장하는 것 역시 피해야 할 감상이다. 그가 가장 경계하는 것은 거짓이다. 거짓된 희망보다 정직한 절망을 그는 추구했다. 그러기에 한참 세월이 흐른 뒤에도 그는 이렇게 썼다.

전쟁의 마당에도 꽃은 핀다. 그런데 어떤 시인은 말하기를, 그 꽃 색깔은 불에 탄 살 색깔이나 땅을 적신 핏빛이라고 한다. 나는 그러한 입장과 많이 다르다. 전쟁의 마당에 피는 꽃의 색깔도 내게는 그것들이 생래로 지닌 분홍빛이거나 노란빛이거나 흰빛이거나 그러하다. 내 경우는 그렇게 말하는 것이 정직함이요, 그것이 진정한 시인 것이다.

– 전봉건, 〈서문〉, '새들에게' 중에서

그는 꽃을 노래했다. 핏빛 꽃이 아니라 분홍빛, 노란빛, 흰빛 꽃을 노래했다. 그 꽃은 머릿속 관념이 아니라 그의 눈으로 직접 본 사실이었다. 그는 이념으로 현실을 채색하지 않았다. 정직했다. 그가 겪었던 전쟁의 마당에도 꽃은 피었다. 그것도 분홍색, 노란색, 흰색 꽃이 피었다. 그런가 하면 또 다른 시 '장미의 의미'에서는 이렇게 썼다. "무수한 자국 / 무수한 군화 자국을 헤치며 흙은 / 녹색을 새 수목과 꽃과 새들의 녹색을 키우고 / 그 가장자리엔 흰 구름이 비꼈다."라고. 무수한 군화 자국에도 녹색은 녹색을 키우고 있었다고. 참전 시인 전봉건은 우리에게 증언하고 있는 것이다.

이리하여 우리는 다시 전쟁 속 시와 음악을 거쳐 꽃으로 되돌아왔다. 그래, 전쟁 통에도 꽃은 피었고, 사람들은 꽃을 키웠다. 채송화 꽃밭은 환상이나 낭만이 아닌 실재 세계였던 것이다. 하지만 현실이든 상상이든 그게 무슨 대수랴. 중요한 것은 군화 자국 옆에 꽃들을 피우고, 총자루에 꽃을 매며, 총구에 꽃을 꽂는 일 아니겠는가. 〈중략〉

하지만 아직도 쿠르디와 브랑동에게 꽃이 우리를 지켜 주리라 차마 확언하지는 못하겠다. 다만 쿠르디와 브랑동 너희들이 우리의 꽃이요, 우리의 시와 노래라고는 확실히 말할 수 있다. 야만의 시대는 아직도 끝나지 않았으니, 꽃과 시와 노래 없이 우리가 어떻게 견딜 수 있단 말인가. 이제는 당당히 노벨상 수상 시인의 반열에 오른 가수 밥 딜런, 그의 노래를 들으며 다시 또 견뎌 볼밖에.

1 이념과 현실에 대해 시인 전봉건이 가졌던 태도를 윗글에서 찾아 서술하시오.

◐ 8450-0320

2 '야만의 시대'와 관련지어 글쓴이가 '쿠르디'와 '브랑동'에게 하고 싶은 말을 서술하시오.

◐ 8450-0321

❷ 정혜윤, '사랑하는 자의 모습으로'

➜ **작품 안으로** **주제**: 우리 삶에서 책 읽기가 갖는 가치와 의미

특징: 책 읽기가 우리의 삶에 어떠한 영향을 주는지를 성찰하여 드러낸 수필이다. 사람들에게 잘 알려진 작품이나 만화 등의 구절이나 내용을 활용하여 '책을 왜 읽어요?'라는 질문에 대해 답하고 있다. 사랑에 빠진 사람이 디테일로 사랑하는 순간을 채워 나가는 것처럼 책을 통해 배운 디테일들이 사람과 세상을 사랑하는 방법이 될 수 있음을 밝히고 있다.

➜ **작품 밖으로** 2012년 출간된 정혜윤의 수필집 "삶을 바꾸는 책 읽기"에 포함된 작품이다. 독서와 관련한 독자들의 질문에 답하는 형식으로 구성되어 있으며, 독서의 방법과 인생의 철학을 깊이 있게 다루고 있다. 책 읽는 능력이 없을 때는 어떻게 해야 하는지, 책이 정말 삶의 위로가 되는지, 읽은 책을 어떻게 오래 기억하고, 어떤 책부터 읽으면 좋을지 등 독서에 대한 다양한 질문들에 대한 답변으로, 작가만의 독서론, 독서법, 인생론을 제시하고 있다.

내용 구조도

삶과 책
'내가 이 세상에서 겪는 일'이 삶이라면, '어떻게 살아갈까?'라는 고민에 답해 주는 것이 책임.

무엇을 사랑할 것인가
무엇인가를 사랑하면 그 무엇인가를 사랑하는 모습 그대로 세상을 사랑하게 될 것이라는 점을 깨달음.

사랑은 디테일
사랑하는 순간 우리는 디테일로 기억하고 기억되기를 바람.

책은 왜 읽는가
책에서 배운 디테일들로 사람과 세상을 사랑할 수 있기 때문에, 그리고 더 잘 사랑하는 방법을 알기 위해서 책을 읽음.

꼭 필요한 내용 연구

● 세상을 알려 주는 대화 상대로서 '책'

글쓴이는 책이야말로 '어떻게 살아갈까?'를 고민하는 사람에게 중요한 대화 상대라고 말하고 있다. 내가 겪고 있는 일들을 다른 사람은 어떻게 헤쳐 나가는지 혹은 어째서 헤쳐 나가지 못하는지를 보여 주는 것이 책이라고 말하는 것이다.

삶이란 뭘까요? 아주 간단히 말하면, 내가 이 세상에서 겪는 일이겠죠. 그러니 세상을 잘 알 수록 좋겠죠. 그러나 세상을 알고 싶다고 생각해도 혼자서는 제대로 탐구할 수가 없습니다. 대화 상대가 필요합니다. 책은 '어떻게 살아갈까?' 고민하는 사람에게 중요한 대화 상대가 될 수 있습니다. *책은 자꾸 일어나라고 합니다. 깨어나라고 합니다. 그만 자라고 합니다. 다시 생각해 보라고 합니다. 생각 못 한 게 있다고 알려 줍니다. 내가 보는 세상이 아주 작다고 말합니다. 내가 겪고 있는 일들을 다른 사람은 어떻게 헤쳐 나가는지 혹은 어째서 헤쳐 나가지 못하는지 보여 줍니다. 책은 마치 '크리스마스 캐럴'에서 스크루지 영감이 만난 세 유령처럼 굽니다. 책은 인간이 아닌데도 인간처럼 세상에 개입하고 싶어 합니다.

〈중략〉

어렸을 때 만화 '뽀빠이'를 보는데 이런 장면이 나왔습니다. 말라깽이 올리브는 어느 날 먹성이 아주 좋은, 기름기 좔좔 흐르는 남자의 구애를 받게 되지요. 그런데 그 남자는 이렇게 외쳐요. "당신의 머리카락은 스파게티 가락처럼 아름다워요.", "당신과 나 사이는 샌드위치 속의 베이컨과 계란 사이처럼 가까워요." 그때 저는 전문 용어로 돈오돈수*의 경지에 고고히 떠올랐던 것 같습니다. **두 가지 생각**이 들었습니다. 먹보는 먹보같이 사랑하고, 이기적인 사람은 이기적으로 사랑하고, 계산적인 사람은 계산적으로 사랑하고, 깨끗한 사람은 깨끗하게 사랑하겠구나. 그리고 이런 생각도 들었습니다. 사람이 뭔가를 아주 좋아하면 세상만사를 그걸로 설명할 수도 있구나. 그런 말이 있지 않습니까? 돈을 좋아하는 사람 눈에는 세상이 온통 돈으로 보인다고. 그때 이후로 줄곧 제게 남은 문제는 하나였던 건지도 모르겠습니다. 무엇을 사랑할 것인가? 무언가를 사랑하면 그 무언가를 사랑하는 모습 그대로 세상을 사랑하게 되겠구나.

저는 뭔가를 깊이 좋아하는 사람은 그 하나의 사랑에 자신이 귀하게 여기는 모든 가치를 부여한다고 생각합니다. 그리고 하나의 사랑에서 출발해 세계 전체를 사랑할 수도 있다고 생각합니다. 그 하나의 사랑에서 출발해 모든 것에 대한 답을 구하려 한다고 생각합니다. 그런데 사랑은 결국 디테일입니다. 사랑하는 순간 우리는 디테일*로 기억하고 기억되길 바랍니다. 사라 에밀리 미아노의 "눈에 대한 백과사전"에 나오는 한 남자의 편지에서처럼요.

"나는 당신과 사랑에 빠졌던 남자로 추억하지 마십시오. 그보다는 지평선에 뜬 작은 무지개를 보여 주러 당신을 앨버타로 데려갔던 남자로, 당신이 자신을 괴롭힐 때마다 영국에서부터 달려왔던 남자로 기억해 주십시오. 나 역시 당신을 그런 방식으로 기억할 것입니다."

다시 말해, 책은 인간처럼 세상에 개입하여 인간을 바꾸려 드는 존재라고 할 수 있다.

어휘 풀이

*돈오돈수: '단박에 깨치고 단박에 닦는다.'라는 뜻으로, 불교에서 더 이상 수행할 것이 없는 경지를 이르는 말.

*디테일: 여기서는 전반적인 세부 사항이나 양식, 혹은 상세하고 구체적인 정보나 내용을 이르는 말로 사용됨.

*수수방관: 팔짱을 끼고 보고만 있다는 뜻. 간섭하거나 거들지 아니하고 그대로 버려둠.

구절 풀이

*책은 자꾸 ~ 있다고 알려 줍니다.: 우리는 책을 읽거나 책의 내용을 통해 자신의 고민에 대한 답변을 찾거나 스스로의 태도를 정하기도 한다는 점을 구체적인 행위의 열거로 드러내고 있다.

*인간을 비인격적으로 ~ 거래할 수 없습니다.: 사랑이야말로 돈으로 바꿀 수 없기에 인간에게 가장 중요하고, 인간의 존엄성을 드러내는 감정임을 강조하고 있다. 또한 사랑을 통해서 자신과 타인에 대한 태도를 결정짓게 된다는 것을 드러내고 있다.

그래서 ㉠"책을 왜 읽어요?"라는 질문에 저는 무수히 많은 디테일로 답하고 싶습니다. 우리의 충동, 능력, 게으름, 타성, 우정, 불안, 고통, 회한, 슬픔, 욕망, 상상력, 기억, 위로, 정체성, 공감, 재탄생, 창조, 이 모든 것에 대해서요. 저는 책을 읽고 한 발짝씩 나가며 거기서 배운 디테일들로 사람과 세상을 사랑하고 싶었습니다. 사랑은 그만큼 중요하기 때문입니다. *인간을 비인격적으로 취급하는 일이 만연하는 세상에서, 모든 것이 거래되는 세상에서 사랑만은 유일하게 거래할 수 없습니다. 사랑만은 돈으로 바꿀 수 없는 것이기에 인간의 존엄성과 관련됩니다. 삶은 이 세계에서 내게 벌어지는 일이라고 앞에서 말했습니다. 하지만 사랑은 "이미 벌어진 일을 어떻게 하겠어?"라며 삶을 수수방관*하게 하지 않습니다.

우리에겐 오늘 당장 어떻게 살아야 할지 모르는 순간들이 있습니다. '지금, 여기'에서 **어떻게 존재해야 할지 길을 잃을 때**가 있습니다. 우리가 가치를 두는 것을 더 잘 사랑하기 위해서 조금씩 조금씩 나를 바꾸어 나가는 것, 이것이야말로 우리가 지금 여기서 힘 있게 존재할 수 있는 방식 아닐까요? 나의 삶은 유한하지만 애쓰고 있다는 것, 그것도 네 옆에서 너와 함께 너의 영향 아래서, 누구에게나 중요한 게 있다면 바로 이런 것일 겁니다.

진단 체크

답 1. 너 2. 사랑만은 유일하게 거래할 수 없으며, 인간의 존엄성과 관련됨. 또한 삶을 수수방관하게 하지 않음.

1 글쓴이가 말하는 '중요한 대화 상대'는 누구인지 쓰시오.

2 '사랑'의 가치나 의미에 대한 글쓴이의 견해를 찾아 쓰시오.

실력 다지기

정답과 해설 54쪽

1 윗글에 대한 설명으로 적절하지 **않은** 것은?

◑ 8450-0322

① '삶'에 대해 자문자답하면서 '책'이라는 화제를 이끌어 내고 있다.

② '책'을 '크리스마스 캐럴' 속 인물에 빗대어 책이 지닌 속성을 제시하고 있다.

③ 만화 '뽀빠이'의 장면과 대사를 언급한 후 그것을 통해 깨달은 바를 서술하고 있다.

④ '한 남자의 편지'를 사례로 들어 연인 사이의 문제를 해결하는 방법을 설명하고 있다.

⑤ '사랑'의 가치와 의미를 밝혀 어떻게 살아야 하는지에 대한 글쓴이의 생각을 드러내고 있다.

2 ㉠에 대해 글쓴이가 할 수 있는 대답으로 적절하지 <u>않은</u> 것은? ◐ 8450-0323

① 책은 '어떻게 살아갈까?' 고민하는 사람에게 중요한 대화 상대가 되어 주기 때문에

② 책은 '내가 겪고 있는 일들을 다른 사람은 어떻게 헤쳐 나가는지'를 보여 주기 때문에

③ 책을 읽으면 '거기서 배운 디테일들로 사람과 세상을 사랑'하는 방법을 알려 주기 때문에

④ 책은 인간을 비인격적으로 취급하는 일이 만연한 이 세상에서 함부로 거래할 수 없는 것이기 때문에

⑤ 책은 '우리의 충동, 능력, 게으름, 타성, 우정, 불안' 등 모든 것에 대한 디테일을 다루고 있기 때문에

3 〈보기〉의 ㉮와 ㉯의 관계에 해당하지 <u>않는</u> 것은? ◐ 8450-0324

● 보기 ●

㉮ (개념)	㉯ (디테일)
사랑	지평선에 뜬 작은 무지개를 보여 주러 당신을 앨버타주로 데려감.

	㉮ (개념)	㉯ (디테일)
①	게으름	해가 중천에 뜨도록 세수도 양치도 하지 않고 미적거리며 방 안을 뒹굶.
②	우정	이미 밥을 먹어 배가 부름에도 친구를 위해 식당에 함께 가서 두말없이 밥 한 끼를 더 먹음.
③	고통	무심코 책장을 넘기다 날카로운 종이에 손끝을 살짝 베여서 피가 조금 비침.
④	상상력	텔레비전에서 방영하는 영화에 빠져 있다가 이미 봤던 영화임을 떠올리게 됨.
⑤	공감	발가락을 세게 부딪친 친구를 보고 나도 표정이 찡그려지며 순간 탄식을 내뱉음.

1 글쓴이가 떠올린 '두 가지 생각'을 간략하게 서술하시오. ◐ 8450-0325

2 우리가 '어떻게 존재해야 할지 길을 잃을 때' 어떻게 해야 하는지에 대한 글쓴이의 견해를 서술하시오. ◐ 8450-0326

[1~2] 다음 글을 읽고 물음에 답하시오.

나무는 덕(德)을 지녔다. 나무는 **주어진 분수에 만족할 줄을 안다.** 나무로 태어난 것을 탓하지 아니하고, 왜 여기 놓이고 저기 놓이지 않았는가를 말하지 아니한다. 등성이에 서면 햇살이 따사로울까, 골짜기에 내려서면 물이 좋을까 하여, 새로운 자리를 엿보는 일도 없다. 물과 흙과 태양의 아들로, 물과 흙과 태양이 주는 대로 받고, 득박(得薄)과 불만족을 말하지 아니한다. 이웃 친구의 처지에 눈 떠 보는 일도 없다. 소나무는 진달래를 내려다보되 깔보는 일이 없고, 진달래는 소나무를 우러러보되 부러워하는 일이 없다. 소나무는 소나무대로 스스로 족하고, 진달래는 진달래대로 스스로 족하다.

나무는 **고독하다.** 나무는 모든 고독을 안다. 안개에 잠긴 아침의 고독을 알고, 구름에 덮인 저녁의 고독을 안다. 부슬비 내리는 가을 저녁의 고독도 알고, 함박눈 펄펄 날리는 겨울 아침의 고독도 안다. 나무는 파리 옴쭉 않는 한여름 대낮의 고독도 알고, 별 얼고 돌 우는 동짓날 한밤의 고독도 안다. 그러면서도 나무는 어디까지든지 고독에 견디고, 고독을 이기고, **고독을 즐긴다.**

나무에 아주 친구가 없는 것은 아니다. 달이 있고, 바람이 있고, 새가 있다. 달은 때를 어기지 아니하고 찾고, 고독한 여름밤을 같이 지내고 가는, 의리 있고 다정한 친구다. **웃을 뿐 말이 없으나,** 이심전심(以心傳心) 의사가 잘 소통되고 아주 비위에 맞는 친구다.

바람은 달과 달라 아주 변덕 많고 수다스럽고 **믿지 못할 친구**다. 그야말로 바람쟁이 친구다. 자기 마음 내키는 때 찾아올 뿐 아니라, 어떤 때는 쏘삭쏘삭 알랑거리고, 어떤 때에는 난데없이 휘갈기고, 또 어떤 때에는 공연히 뒤틀려 우악스럽게 남의 팔다리에 생채기를 내 놓고 달아난다. 새 역시 바람같이 믿지 못할 친구다. 자기 마음 내키는 때 찾아오고, 자기 마음 내키는 때 달아난다. 그러나 가다 믿고 와 둥지를 틀고, 지쳤을 때 찾아와 쉬며 푸념하는 것이 귀엽다. 그리고 가다 흥겨워 노래할 때, 노래 들을 수 있는 것이 또한 기쁨이 되지 아니할 수 없다. 나무는 이 모든 것을 잘 가릴 줄 안다. 그러나 좋은 친구라 하여 달만을 반기고, 믿지 못할 친구라 하여 새와 바람을 물리치는 일이 없다. 그리고 달을 유달리 후대(厚待)하고 새와 바람을 박대(薄待)하는 일도 없다. 달은 달대로, 새는 새대로, 바람은 바람대로 다 같이 친구로 대한다. 그리고 친구가 오면 다행하게 생각하고, 오지 않는다고 하여 불행해하는 법이 없다.

같은 나무, 이웃 나무가 가장 좋은 친구가 되는 것은 두말할 것 없다. 나무는 서로 속속들이 이해하고 진심으로 동정하고 공감한다. 서로 마주 보기만 해도 기쁘고, 일생을 이웃하고 살아도 싫증나지 않는 참다운 친구다.

그러나 나무는 친구끼리 서로 즐긴다느니보다는, 제각기 하늘이 준 힘을 다하여 널리 가지를 펴고, 아름다운 꽃을 피우고, 열매를 맺는 데 더 힘을 쓴다. 그리고 하늘을 우러러 항상 감사하고 찬송하고 묵도(默禱)하는 것을 일삼는다. 그러기에, 나무는 언제나 하늘을 향하며, 손을 쳐들고 있다. 온갖 나뭇잎이 우거진 숲을 찾는 사람이, 거룩한 전당에 들어선 것처럼, 엄숙하고 경건한 마음으로 절로 옷깃을 여미고, 우렁찬 찬가에 귀를 기울이게 되는 이유도 여기 있다.

나무에 하나 더 원하는 것이 있다면, 그것은 천명(天命)을 다한 뒤에 하늘 뜻대로 다시 흙과 물로 돌아가는 것이다. 그러나 사람은 가다 장난삼아 칼로 제 이름을 새겨 보고, 흔히 자기 소용 닿는 대로 가지를 쳐 가고 송두리째 베어 가곤 한다. 나무는 그래도 원망하지 않는다. 새긴 이름은 도로 그들의 원대로 키워지고, 베어 간 재목이 혹 자기를 해칠 도끼 자루가 되고 톱 손잡이가 된다 하더라도, 이렇다 하는 법이 없다.

나무는 훌륭한 견인주의자(堅忍主義者)*요, 고독의 철인(哲人)이요, 안분지족(安分知足)의 현인(賢人)이다.

불교의 소위 윤회설이 참말이라면, 나는 죽어서 나무가 되고 싶다. '무슨 나무가 될까?' 이미 나무를 뜻하였으니, 진달래가 될까 소나무가 될까는 가리지 않으련다.

– 이양하, '나무'

* 견인주의자 : 욕정이나 욕망 따위를 의지의 힘으로 굳게 참고 견디어 억제하려는 도덕적·종교적 태도를 지닌 사람.

1 〈보기〉의 ㉠~㉣을 중심으로 윗글을 설명한 내용 중, 적절하지 <u>않은</u> 것은? 　　◉ 8450-0327

　수필은 대체로 ㉠일상적인 소재를 다루되 여기에 글쓴이의 ㉡독특한 관점을 투영함으로써 삶에 대한 깨달음을 담은 ㉢교훈적 주제를 도출하는데, 이 과정에서 저마다의 ㉣개성적 표현이 활용된다.

㉠	나무, 달, 바람, 새 등과 같이 누구나 쉽게 접할 수 있는 자연물을 소재로 삼았다.	①
㉡	나무를 인격체처럼 바라봄으로써 덕, 고독 같은 추상적 관념과의 연관성을 제시했다.	②
㉢	안분지족, 인내, 포용력 같은 바람직한 삶의 자세를 환기했다.	③
㉣	감탄사를 활용하여 나무에 대한 격정적인 예찬의 태도를 효과적으로 드러냈다.	④
	쉼표를 자주 사용하거나 간결한 문장을 구사하여 내용을 속도감 있게 전개했다.	⑤

2 윗글과 〈보기〉를 비교하여 감상한 것으로 적절하지 <u>않은</u> 것은? 　　◉ 8450-0328

보리밥 픗ᄂᆞ믈을 알마초 머근 후에
바횟긋 믉ᄀᆞ의 슬ᄏᆞ지 노니노라.
그나믄 녀나믄 일이야 부를 줄이 이시랴. 〈제2수〉

잔 들고 혼자 안자 먼 뫼흘 ᄇᆞ라보니,
그리던 님이 오다 반가옴이 이러ᄒᆞ랴.
말ᄉᆞᆷ도 우움도 아녀도 **몬내 됴하ᄒᆞ**노라. 〈제3수〉

– 윤선도, '만흥(漫興)'

① 윗글의 나무가 '주어진 분수에 만족'한다는 것은 〈보기〉의 화자가 '그나믄 녀나믄 일'을 부러워하지 않는 모습과 닮았다고 할 수 있군.
② 윗글의 나무가 '고독하다'는 것은 〈보기〉의 화자가 '잔 들고 혼자 안자' 있는 상황과 유사하다고 할 수 있군.
③ 윗글의 나무가 '고독을 즐긴다'는 것은 〈보기〉의 화자가 '몬내 됴하ᄒᆞ'는 모습과 닮았다고 할 수 있군.
④ 윗글의 나무에게 달이 '웃을 뿐 말이 없으나' 마음이 통하는 친구인 것은 〈보기〉의 화자에게 '먼 뫼'가 반가움을 주는 것과 유사하다고 할 수 있군.
⑤ 윗글의 나무에게 바람이 '믿지 못할 친구'인 것은 〈보기〉의 화자에게 '그리던 님'이 상실감을 느끼게 하는 것과 유사하다고 할 수 있군.

[1~3] 다음 글을 읽고 물음에 답하시오.

며칠 전 한 친지의 병문안을 하고 돌아오는 길에서였다. 주택가 한쪽에 잔디밭이 있었는데 대여섯 살 된 사내아이가 토끼풀을 뽑아 한 손에 가지런히 들고 있었다. ㉠그 아이의 모습이 하도 귀여워 다가서서 물었다.

"누구에게 주려고 그러니?" / "여자 친구한테 주려고요."

이 말을 듣고 그 애가 너무 기특해서 그 곁에 쭈그리고 앉아

"나도 여자 친구한테 줄 꽃을 꺾어야겠네." / 하고 토끼풀을 뽑았다. 한 주먹 뽑아 들고 일어서니 내 토끼풀에는 꽃이 없다며 자기가 뽑아 든 꽃에서 세 송이를 내게 건네주었다.

유치원생 또래의 아이가 여자 친구한테 주기 위해 토끼풀을 뽑고 있던 그 모습이 요 근래 내가 마주친 사람들 중에서 가장 감동적이었다. 내가 뽑은 토끼풀에는 꽃이 없다고 자기가 뽑은 꽃을 내게 나누어 준 그 마음씨도 너무나 착하고 기특했다.

㉡이런 아이들이 세상의 물결에 휩쓸리지 않고 곱게 자란다면 이 땅의 미래도 밝겠다는 생각이 들었다.

그날 오전 나는 정기 집회에서 '나눔'에 대해서 이야기를 했다. 그런데 진정한 나눔이 무엇이라는 걸 그 애가 몸소 보여 주었던 것이다. 나눔이란 이름을 내걸거나 생색을 내지 않고 사소한 일상적인 일로써 마음을 따뜻하게 해 주는 것이다. / 이를테면 끼어들려는 차에 선뜻 차로를 양보하는 일, 엘리베이터 단추를 눌러 뒤에 오는 사람이 탈 수 있도록 마음 쓰는 일, 또 뒤따라오는 사람을 위해 열린 문을 붙잡아 주는 일, 그리고 마주치는 사람에게 밝은 표정으로 미소 짓는 일, 이와 같은 일들이 다 나눔 아니겠는가. 나눔에는 무엇보다도 맞은편에 대한 배려가 전제되어야 한다.

흔히 가을을 수확의 계절이라고 하는데, 이와 같은 표현은 어디까지나 사람을 기준으로 한 것이다. ㉢자연의 입장에서는 거두어들임이 아니고 나누어 줌이다. 겨울의 혹독한 추위를 견뎌 내고 여름날의 폭풍우와 뙤약볕 아래서 가꾸어 온 이삭과 열매와 잎과 뿌리를, 곡식과 과일과 채소들을 무상으로 나누어 준다.

자연의 은덕을 노자는 이렇게 말했다. / 하늘과 땅은 만물을 생성하고 양육하지만 자기 소유로 삼지 않고, 스스로 이룬 바 있어도 자신의 능력을 과시하지 않으며, 온갖 것을 길러 주었으면서도 아무것도 거느리지 않는다. 이것을 일러 크나큰 덕이라 한다.

죄다 나누어 줄 뿐 어느 것 하나도 차지하거나 거느리지 않는다. 그러면서도 자신의 공을 결코 내세우지 않는다. 이것이 대지가 지닌 덕이다. 땅을 의지하고 살아가는 우리는 이와 같은 대지의 덕을 본받을 수 있어야 한다.

나눔이나 봉사에 어떤 보상이 있다면 그건 나누며 봉사할 때의 그 뿌듯하고 흐뭇한 마음일 것이다. 결식 이웃에게 부식을 만들어 보내는 일을 하고 있는 '맑고 향기롭게 모임'의 회원으로부터 지난 추석 무렵 편지를 한 통 받았는데, 편지 중에 이런 구절이 있었다.

한 주에 한 번씩 남을 위해 봉사를 한다기보다는 그곳에 나가서 한 주 동안 흐트러졌던 마음을 가다듬고 작은 힘이나마 이웃에게 따뜻한 마음을 나눌 수 있음에 도리어 위안과 기쁨을 안고 돌아옵니다.

맑고 향기롭게 조리장에 모이는 정말 아름다운 사람들을 만나는 금요일을 만들어 주셔서 다시 한번 감사드립니다.

나눔에는 이와 같이 위안과 기쁨과 고마움이 따른다. 나눌 때 내 몫이 줄어드는가? 물론 아니다. 뿌듯하고 흐뭇한 그 마음이 복과 덕을 쌓는다. 우리에게 건강과 재능이 주어진 것은 그 건강과 재능을 보람 있게 쓰라는 뜻에서일 것이다. 당신에게 건강과 재능이 남아 있는 동안 그걸 이웃과 함께 나눌 수 있어야 그 뜻이 우주에 도달한다.

㉣돌이켜 보니 지금까지 살아오면서 나는 이웃에게 많은 은혜를 입어 왔다. 뒤늦게 철이 들어 그 은혜 갚음을 하고 가야겠다는 생각이 일고 있다. 몸은 고단하지만 여기저기 나를 필요로 하는 곳에 최소한으로라도 드러내는 이유

가 여기에 있다. / 우리를 감싸고 있는 이 대지와 공기와 햇볕과 바람, 나무와 물로부터 아무 대가도 치르지 않고 무상으로 입은 그 은혜와 보살핌이 얼마이겠는가. 한순간도 우리 곁에 없으면 살아갈 수 없는 소중한 존재들. 먹고 입고 거처하는 의식주가 모두 자연의 혜택 아닌 것이 없다.

ⓜ우리는 살아 있는 동안 이런 은혜와 보살핌에 대해서 나누는 일로써 보답해야 한다. 이것이 이 지구상에 몸담아 사는 인간의 도리이고 의무일 것이다.

[A] ┌ 인도의 현자, 비노바 바베는 학교 교육이 아닌 어머니의 믿음에 감화를 받으면서 성장한 사람이다. 어느 날 체격이 건장한 거지에게 적선을 베푼 어머니를 보고
│ "저런 사람에게 적선하는 것은 게으름만 키워 주게 돼요. 받을 자격이 없는 사람에게 베푸는 것은 그들에게 도 좋지 않아요." / 라고 불만을 토로한다.
│ "아들아, 우리가 무엇인데 누가 받을 사람이고 그렇지 못한 사람인지를 판단한단 말이냐. 내 집 문전에 찾아 오는 사람이면 그가 누구든 다 신처럼 받들고 우리 힘닿는 대로 베푸는 거란다. 내가 어떻게 그 사람을 판단
└ 할 수 있겠느냐."

꿀벌이 다른 곤충보다 존중되는 것은 부지런해서가 아니라 남을 위해 일하기 때문이다. 남이란 무엇인가? 그는 무연한 타인이 아니라 또 다른 나 자신 아니겠는가. 그는 생명의 한 뿌리에서 나누어진 가지이다.

― 법정, '토끼풀을 뽑아 든 아이'

---

1 윗글에 대한 설명으로 적절하지 <u>않은</u> 것은?   ◐ 8450-0329

① 구체적인 예들을 열거하여 일상에서 나눔을 실천하는 행위를 언급하고 있다.
② 비유적 표현을 활용하여 자아와 타인의 관계에 대한 깨달음을 전달하고 있다.
③ 성현의 말을 인용하여 인간이 자연으로부터 본받아야 할 점을 드러내고 있다.
④ 스스로 물음을 던지고 이에 답함으로써 나눔의 진정한 의미와 가치를 제시하고 있다.
⑤ 과거와 현재를 대조함으로써 나눔에 대한 인식 때문에 변화된 자신의 삶을 보여 주고 있다.

2 윗글의 주제와 관련지어 볼 때 [A]의 기능으로 가장 적절한 것은?   ◐ 8450-0330

① 나눔에 대한 교육은 누구에 의해서든 이루어져야 한다는 것을 부각한다.
② 인류가 지닌 유대와 연민의 감정은 경제적 가치로 따질 수 없다는 것을 설명한다.
③ 대자연에 비하면 인간이라는 존재가 얼마나 왜소한지 자각해야 한다는 것을 주장한다.
④ 누군가를 도울 때는 도움을 받는 사람의 입장에서 생각해 보아야 한다는 것을 일깨운다.
⑤ 선입견을 갖지 않고 다른 사람에게 베푸는 것이야말로 올바른 나눔의 자세라는 것을 강조한다.

3 ㉠~ⓜ에 대한 이해로 적절하지 <u>않은</u> 것은?   ◐ 8450-0331

① ㉠에는 주제를 이끌어 내기 위해 도입한 일화에서 글쓴이가 한 행동의 동기가 드러나 있군.
② ㉡에는 이타심이 부족한 세태에 대한 글쓴이의 비판적 인식이 바탕에 깔려 있군.
③ ㉢에서 글쓴이는 발상의 전환을 통해 일반적인 인식보다 심화된 사고를 유도하고 있군.
④ ㉣에서 글쓴이는 자신과의 약속을 지키지 못한 회한의 감정을 드러내고 있군.
⑤ ⓜ에는 올바른 삶에 대한 글쓴이의 견해가 당위의 형태로 표현되어 있군.

IV

희곡 · 시나리오

IV 희곡·시나리오

연극의 약속: 연극과 관객 사이에 맺어진 자연스러운 약속이며 제약이다.

- 배우는 허구의 인물이지만 실제 인물로 간주하고, 배우의 행동도 실제 행동으로 간주한다.
- 독백과 방백은 무대 위에 있는 다른 인물이 듣지 못하는 것을 전제로 한다.
- 무대는 가공의 장소이지만 희곡에서는 이를 현실로 받아들인다.

희곡

1. 희곡의 본질

희곡은 연극의 대본으로 무대 상연을 전제로 한다. 희곡은 허구적 사건을 다룬다는 점에서 소설과 같지만, 서술자에 의해 사건이 전달되는 소설과 달리 등장인물의 대화와 행동으로 사건이 전개된다.

2. 희곡의 특성

(1) **허구의 문학**: 희곡은 꾸며 낸 이야기이다.

(2) **갈등의 문학**: 인간과 세계의 갈등을 가장 집약적이고 직접적으로 다루는 문학이다.

(3) **무대 상연의 문학**: 희곡은 무대 상연을 전제로 한 문학으로 시·공간, 등장인물의 수, 심리 묘사에 제약을 받을 뿐만 아니라, 작가가 직접적으로 개입하기 어렵다.

(4) **행동의 문학**: 희곡은 인간의 행동을 표현한 문학이다. 즉 희곡은 배우에게 연기를 지시하여 무대 위에서 인간의 행동을 표출하는 것으로 대사·동작·휴지(休止)가 포함된다.

(5) **대사의 문학**: 사건 전개 및 인물의 성격 구현, 주제의 형상화가 대사를 통해 이루어진다.

(6) **현재화된 인생 표현**: 현재화된 이야기의 직접 전달로 관객과 작가의 의사소통이 이루어진다.

작품으로 이해하기

희곡

[등장인물] 맹 진사: 태량 / 맹 노인: 그의 아버지 / 맹효원: 그의 숙부 / 한 씨: 그의 아내 / 갑분: 그의 딸 / 입분 / 김명정 / 김미언 / 길보 / 삼돌: 머슴

제1막 제1장

[무대] 맹 진사 태량(兌良) 씨의 안사랑. 가풍(家風) 있는 구가(舊家). 왼편에는 안방. 집 뒤로 재실이 있는 모양. 나무가 울창하고, 그중 한 그루 전나무가 오른편 한구석에 높이 섰다.

막(幕)이 열리면 무대는 잠시 비었다. 맹 진사, 왼편 문으로 들어선다. 기고만장하여 일종의 흥분 상태이다.

맹 진사: 애! 아무도 없느냐, 아무도 없어? 헛! 내가 어떤 길을 다녀왔다구 쥐새끼 한 마리 얼씬 않느냐. (삼돌이 안에서 나온다.)

삼돌: 에그 나리마님, 어느새 당겨 오셨군입쇼. / **맹 진사:** 에끼 이눔…… 그래…… 마님 계시냐?

삼돌: 네, 가셨던 일 어찌나 되셨나, 그렇잖아두 지금 안절부절…….

맹 진사: 안절부절은 왜? 그런 걱정 말구 냉큼 나오시라고 그래.

– 오영진, '맹 진사 댁 경사'

- **갈래:** 창작 희곡
- **구성:** 전 2막 5장, 5단 구성
- **주제:** 인간의 허욕과 우매함에 대한 풍자와 비판. 착한 사람은 복을 받고 악한 사람은 벌을 받는다는 한국적 인생관
- **특징:** ① 지시문과 대사로 이루어져 있다. ② 장과 막으로 구성되어 있다. ③ 무대에 대한 설명이 있다.

3. 희곡의 구성

(1) 형식상의 요소

① 해설: 희곡의 첫머리 부분으로 막이 오르기 전후에 필요한 무대 장치, 인물, 배경(시간, 공간) 등을 설명하는 글이다.

② 지문: 배경, 효과, 인물 소개 및 무대 설명, 인물의 행동을 지시하고 설명한다.
  - 행동 지시문: 등장인물의 동작, 표정, 말투, 입장 및 퇴장, 조명, 심리 등을 지시
  - 무대 지시문: 작품의 배경, 등장인물, 무대 장치 및 소도구의 배치, 음향 효과 등의 처리를 지시

③ 대사: 등장인물이 하는 말로, 모든 극적인 주제와 사건은 대사를 바탕으로 이루어진다.
  - 대화(對話): 두 사람 이상의 등장인물들이 서로 주고받는 말
  - 독백(獨白): 상대방 없이 혼자 하는 말
  - 방백(傍白): 관객에게는 들리나 상대역에게는 들리지 않는 것으로 약속하고 하는 대사. 무대에 서 있는 인물이 관객에게 직접 말을 하여 자기의 의도를 알리는 수법

(2) 내용상의 요소

① 인물: 의지적, 전형적, 개성적 성격을 지닌 인물이어야 한다.

② 사건: 갈등을 중심으로 하나의 주제를 향하여 긴장을 몰고 가며 전개되어야 한다.

③ 배경: 사건이 전개되는 때와 장소이다.

(3) 희곡의 분할 단위

① 막(幕): 몇 개의 장으로 이루어지며, 막(curtain)을 올리고 내리는 데서 생기는 구분이다.

② 장(場): 막의 하위 단위로, 희곡의 기본 단위이다. 전체 가운데 하나의 독립된 장면으로, 배경이 바뀌거나, 인물의 등장이나 퇴장으로 그 구분이 이루어진다.

희곡의 분류

(1) 내용에 따른 분류
  ① 비극
    - 위대한 인물의 불행한 상황
    - 초월적 질서에 의한 인간의 소외 표현
    - 공포와 연민을 통한 감정의 카타르시스
  ② 희극
    - 하찮은 인물의 일상적 상황
    - 풍자, 해학, 기지로 인간 사회의 불합리성 표현
    - 행복한 결말
    - 풍자와 해학으로, 웃음을 통한 인생 성찰
  ③ 희비극: 비극과 희극이 혼합, 교차되는 극

(2) 분량에 따른 분류
  ① 단막극: 1막으로 구성
  ② 장막극: 2막 이상으로 구성
  ※ 전통적으로 5막 구성이었으나, 현대에는 3막 구성이 주류를 이룬다.

시나리오

S# 158. 마을 어귀 – 같은 시각

홀로 선 홍연. 지프가 완전히 사라진 후에도 산모퉁이를 바라보고 오랫동안 섰다.
그대로 망부석이 된 듯
그 위에 들리는 음악

S# 159. 주택 거실 (현재) – 에필로그

소파에 홀로 앉아 있는 중년 여인의 옆에 한 중년 남자가 조용히 다가와 앉는다.
여인의 어깨에 손을 가만히 얹자 여인은 남자의 어깨에 머리를 기댄다.
(트랙 아웃) 액자에 담긴 두 사람의 결혼 사진이 보인다.

END CREDIT

– 하근찬 원작 / 이영재 각색, '내 마음의 풍금'

● 엔드 크레디트(END CREDIT) : 영화가 끝날 때 영화 관계자를 표시하는 자막

- **갈래**: 각색 시나리오
- **배경**: 1960년대 강원도 어느 시골 학교
- **성격**: 서정적, 낭만적, 향토적, 회상적
- **주제**: 젊은 총각 선생에 대한 여제자의 순수한 사랑. 애틋한 첫사랑의 설렘과 순수함
- **특징**: ① 장면(scene) 별로 구성되어 있다. ② 촬영 기법을 제시하고 있다. ③ 시나리오 구성 요소들로 이루어져 있다.

시나리오

1. 시나리오의 본질

(1) 시나리오의 개념

① 영화 촬영을 목적으로 장면의 순서, 배우의 대사와 동작, 촬영 기법 등을 적은 대본이다.

② 작품을 영상화하기 이전에 무엇을 어떻게 표현하고 싶은가를, 즉 작품의 주제와 구체적인 전개를 언어에 의해 객관화한 것이다.

(2) 시나리오의 특성

① 영화 상영을 전제로 하며, 영화적 기술에 의존한다.

② 대사와 장면 지시로 이루어지며, 카메라의 시선을 통해 장면화된다.

③ 시간·공간과 인물의 제약에서 비교적 자유롭다.

2. 시나리오의 구성

(1) 시나리오의 분할 단위

① 화면(cut): 한 장면 안에서 카메라의 움직임에 따라 구분된다.

② 장면(scene): 동일한 인물에 의해 동일한 시간·공간에서 일어나는 일련의 상황이나 사건을 말한다. 한 장면은 여러 개의 화면(cut)으로 구성된다.

③ 시퀀스(sequence): 일련의 줄거리를 구성하는 하나의 삽화를 말한다. 연극의 막, 소설의 장에 해당하는 것으로, 하나 또는 여러 개의 장면(scene)으로 구성된다.

(2) 시나리오의 구성 요소

① 장면 지정: 사건의 배경이 되는 장면을 설정하는 것으로, 장면 번호(S#)를 붙인다.

② 대사: 등장인물 간의 대화를 말한다.

③ 지문: 여러 가지 촬영 기법과 영화의 상황을 지시하는 것으로 약정된 부호를 사용한다.

④ 해설: 등장인물, 장소와 시간, 배경 등을 제시한다.

3. 희곡과 시나리오의 비교

구분	희곡	시나리오
공통점	• 문학 작품이다. • 작품의 길이에 제한을 받는다. – 적당한 길이 • 음성 언어에 의한 예술이다. – 세련된 대사 • 직접적인 심리 묘사가 대체로 불가능하다. – 간접적 묘사 • 공동 작업으로 이루어지는 종합 예술이다. • 흥행성을 가지는 사회적 예술이다. • 관객을 대상으로 집단적 체험을 가능하게 한다.	
차이점	• 연극의 대본 • 시간·공간의 제한을 받는다. • 등장인물의 수에 제한을 받는다. • 막과 장으로 이루어진다. • 무대 상연으로 소멸 – 순간 예술	• 영화의 대본 • 시간·공간의 제한이 비교적 적다. • 등장인물의 수에 제한이 비교적 없다. • 시퀀스(sequence)와 장면(scene)으로 이루어진다. • 스크린으로 상영된 필름으로 보존 – 영구 예술

시나리오의 분류

• 시나리오: 처음부터 영화 촬영을 위해 창작한 대본

• 각색 시나리오: 소설이나 희곡 등을 기초로 영화 촬영이 가능하게 고친 시나리오

• 레제 시나리오: 독자들에게 읽히는 것을 목적으로 창작한 시나리오

주요 시나리오 용어

• S#(Scene Number): 장면 번호

• NAR.(Narration): 해설

• F.I.(Fade In): 화면이 차차 밝아짐. 용명

• F.O.(Fade Out): 화면이 차차 어두워짐. 용암

• O.L.(Over Lap): 앞 화면에 뒤의 화면이 포개어지는 것

• C.U.(Close Up): 어떤 대상이나 인물이 두드러지게 화면에 확대되는 것

• PAN.(Panning): 카메라를 상하 좌우로 이동하는 것

• D.E.(Double Exposure): 두 화면이 포개어지는 것

• M.(Music): 효과 음악

• E.(Effect): 효과음

• N.G.(No Good): 촬영 때 잘못되어 못 쓰게 된 필름

희곡 · 시나리오 문학사

1. 개화기~1910년대

개화기에는 탈춤을 비롯한 전통 가면극이 급격히 쇠퇴하였고, 판소리와 서양 연극이 결합된 창극이 공연되어 큰 인기를 얻게 된다. 하지만 일제의 창극 단체 강제 해산으로 공연이 중단되었다. 일본 신파극의 영향으로 원각사, 연흥사 등의 극장을 중심으로 본격적인 신극 운동이 전개되면서 '설중매', '은세계' 등이 공연되기도 하였다. 1910년대에는 창작 희곡이 공연되었다. 조중환의 '병자 삼인', 윤백남의 '운명' 등은 근대 희곡의 면모를 보여 주었다.

2. 1920년대

김우진을 중심으로 한 극예술 협회와 박승희를 중심으로 한 토월회에 의해 새로운 연극 운동이 일어났다. 유학생들이었던 이들은 신파극의 영향에서 벗어나 근대극을 확립하기 위해 노력하였다. 조명희의 '파사'와 김우진의 '산돼지'는 이런 노력으로 탄생한 희곡이다. 영화가 처음 제작된 것도 이때이다. 나운규의 '아리랑'과 심훈의 '먼동이 틀 때' 등의 영화는 당시 사람들에게 많은 인기를 얻었다.

3. 1930년대~광복 전

극예술 연구회를 중심으로 본격적인 현대극이 공연되었다. 사실주의 경향의 작품이 주를 이루었지만, 고전 문학 작품을 소재로 한 희곡도 창작되었다.

예 유치진의 '토막'과 '소', 함세덕의 '동승', 오영진의 '맹 진사 댁 경사'

4. 광복 후~1950년대

일제 강점기의 비극적인 삶과 항일 투쟁을 재구성한 연극과 6·25 전쟁으로 인한 동족상잔의 비극을 담은 연극이 공연되었다.

예 이광래의 '독립군', 유치진의 '조국', 차범석의 '불모지'

5. 1960년대 이후

다양한 형식과 내용의 희곡의 창작되었다. 현실 문제에 깊은 관심을 둔 사실주의 연극, 현실 문제를 풍자하고 비판하고 있지만 실험적인 형식을 띤 서사극과 부조리극, 전통극과 서양 연극의 결합한 극 등이 공연되었다.

예 이근삼의 '원고지', 차범석의 '산불', 천승세의 '만선', 이강백의 '파수꾼', 최인훈의 '옛날 옛적에 훠어이 훠이'

신파극
일제 강점기 일본에서 받아들여 토착화한 연극 양식. 20세기 초, 전통 판소리나 무용·음악·창극 등이 공연 예술의 주류를 이루고 있을 무렵 신파극은 일본에서 수용되어 점차 확대되어 갔으며, 1910년대 중반부터 공연물의 주류를 이루었다.

극예술 연구회
극예술 연구회는 1931년 조직된 연극 단체로 극예술에 대한 이해를 넓히고 진정한 의미의 신극을 수립하기 위해 결성됨. 홍해성, 유치진, 서항석, 김진섭 등을 중심으로 조직된 이 단체는 서구 사실주의를 도입하였고, 기관지 《극예술》을 발간했다.

부조리극
이치에 맞지 아니하는 극작품이라는 의미로, 1950년대 미국이나 유럽에서 일어난 일군의 극작가의 작품에 붙인 이름. 구성이나 성격 묘사가 불합리하고 기이하여 전통적인 기법을 거부하며 인간 실존의 환상과 몽상적 세계를 묘사했다.

01 현대인들의 삶의 고통

❶ 차범석, '불모지'

➡️ 작품 안으로 **주제:** 근대화에 적응하지 못한 최 노인 일가의 해체 과정

특징: 시대 변화에 적응하지 못한 최 노인 일가의 비극적 사건을 통해 근대화의 폐해와, 가족 해체의 문제, 변화된 가치관 등을 드러내고 있는 희곡이다. 1950년대 서울 종로를 배경으로 6·25 전쟁 이후의 현실에서 발생하는 모순과 세대 간의 갈등을 보여 준다. 고층 건물들과 대조되는 낡은 집, 서로 다른 가치관을 가지고 살아가는 아버지와 자식들, 부조리한 현실 앞에서 자식들이 보여 주는 선택을 통해 우리 사회의 문제를 드러내고 있다.

⬅️ 작품 밖으로 1957년 《문학예술》에 발표된 차범석의 장막극이다. 총 2막으로 되어 있으며, 큰아들의 수감과 장녀의 죽음으로 사건이 마무리된다는 점에서 비극에 해당한다. 구시대의 전통적 삶을 유지하려 하는 최 노인과 그런 삶을 벗어나려는 자식들 간의 갈등이 그려지며, 현대적 삶에 적응하지 못한 자식들의 실패가 잇따라 발생한다. 전쟁 직후 불모지가 되어 버린 현실의 모순적 상황을 상징적으로 드러내었다고 평가받는다.

내용 구조도

최 노인과 어머니의 대화

오십 년 사이에 고층 건물이 들어서며 불모의 땅이 되어 버린 낡은 집의 상황을 한탄함.

⬇️

경재와 경운의 대화

열심히 일하고도 노동의 대가를 제때 받지 못하는 경운과 집안의 상황을 웃음으로 넘기는 경재

⬇️

최 노인과 경재의 대화

변화한 세상에 맞추어 이사를 가자는 경재와 그것에 반대하는 최 노인

꼭 필요한 내용 연구

● '불모지'라는 제목

'불모지'란 식물이 자라지 못하는 거칠고 메마른 땅을 뜻하며, 이 작품에서는 최 노인의 집에 있는 화단이 '화초며 고추 모가 도무지 자라질 않는' 불모지로 설정되어 있다. 최 노인 집의 화단은 고층 건물들로 인해 충분한 햇볕을 받지 못하고 있기 때문이다. 불모지가 되어 버린 집에서 망가져 가는 일가족의 모습을 통해 1950년대 근대적 삶의 방식에 적응하지 못한 사람들의 애환을 드러내고 있다.

최 노인: 참 그 고약*은 다 붙였어? / **어머니:** 예. (허리를 가볍게 치며) 이제 훨씬 부드러워졌어요.

최 노인: 뭐니 뭐니 해도 그 강 약방의 처방이 제일이야! 내 청이라면 친형제 일보다 더 알심 있게 약을 써 주거든!

어머니: 하기야 이 동리에서 예부터 사귀어 온 집은 이제 그 강 약방하구 우리 집뿐인걸요.

최 노인: 그래, 우리가 (과거를 회상하며) 이 집에서 산 지가 꼭 사십칠 년이고 그 강 약방이 사십 년이 되니까……. 그러고 보면 나도 무던히 오래 살았어……. 이 종로 바닥에서 자라서 장가들어 자식 낳고 길러서 이제는 환갑을 맞게 되었으니…….

어머니: (마루 끝에 앉으며) 정말……. 근 오십 년 동안에 **이웃** 얼굴이 바뀌고 저렇게 집이 들어서는 걸 보면 세상 변해 가는 모양이 환하게 보이는 것 같아요. *제가 당신에게 시집왔을 때만 하더라도 어디 우리 이웃에 우리 집 담을 넘어서는 집이 있었던가요?

최 노인: 사실이야! 빌어먹을 것! (좌우의 높은 집들을 쏘아보며) 무슨 집들이 저따위가 있어! 게다가 저것들 등쌀에 우린 일 년 열두 달 햇볕 구경이라곤 못 하게 되었지! 당신도 알겠지만 옛날에 우리 집이 어디 이랬소?

경운: (웃으며) 아버지두……. 세상이 밤낮으로 변해 가는 시대인데요…….

최 노인: 변하는 것도 좋구 둔갑하는 것도 상관하지 않지만 글쎄 염치들이 있어야지 염치가!

경운: 왜요?

최 노인: 제깟 놈들이 돈을 벌었으면 벌었지 온 장안 사람들에게 내 보라는 듯이 저따위로 층층이 쌓아 올릴 줄만 알고 이웃이 어떻게 피해를 입고 있다는 걸 모르니 말이다!

경운: 피해라뇨?

최 노인: (화단 쪽을 가리키며) 저기 심어 놓은 화초며 고추 모가 도무지 자라질 않는단 말이야! 아까도 들여다보니까 고추 모에서 꽃이 핀 지는 벌써 오래전인데 열매가 열리지 않잖아! 이상하다 하고 생각을 해 봤더니 저 멋없는 것이 좌우로 탁 들어 막아서 햇볕을 가렸으니 어디 자라날 재간이 있어야지! *이러다간 땅에서 풀도 안 나는 세상이 될 게다. 말세야 말세!

이때 경재, 제복을 차려입고 책을 들고 나와서 신을 신다가 아버지의 얘기를 듣고는 깔깔대고 웃는다.

경재: 원 아버지두……. / **최 노인:** 이놈아 뭐가 우스워?

경재: 지금 세상에 남의 집 고추밭을 넘어다보며 집을 짓는 사람이 어디 있어요?

최 노인: 옛날엔 그렇지 않았어!

경재: 옛날 일이 오늘에 와서 무슨 소용이 있어요? 오늘은 오늘이지. (웅변 연사의 흉내를 내며)

어휘 풀이

*고약: 주로 헐거나 곪은 데에 붙이는 끈끈한 약.

*언사: 말이나 말씨.

*후생 주택: 주택난을 해소하기 위한 정책의 하나로 일반 서민들이 어렵지 아니하게 구입할 수 있도록 지은 주택.

구절 풀이

*제가 당신에게~ 집이 있었던가요?: 사십여 년 전에는 이 집이 상당히 담벼락도 높고 위세가 있는 집이었음을 드러내고 있다. 그러나 그러한 위세가 현대적 고층 건물들에 가려져 버렸음을 은연중에 드러내고 있다.

*이러다간 땅에서~ 말세야 말세: 화단에서 화초며, 고추 모가 자라지 않는 상황에 화가 난 최 노인의 말이다. 자신의 집이 어느덧 불모의 땅이 되어 버린 현실을 개탄하고 있다.

*우리 인쇄소에서도 ~ 엊그제야 받았지만……: 인쇄소의 기업주들이 노동의 대가를 제대로 지불하지 않는 현실의 상황을 경운의 말을 통해 드러내고 있다. 전쟁 직후의 암울한 시대 상황과 개인의 욕심만을 중시하는 사회적 분위기가 바탕에 깔려 있다.

역사는 강처럼 쉴 새 없이 흐르고 인생은 뜬구름처럼 변화무쌍하다는 이 엄연한 사실을, 이 역사적인 사실을 똑바로 볼 줄 아는 사람만이 자신의 운명을 개척할 수 있다는 사실을 최소한도로 아셔야 할 것입니다! 에헴!

경운: 호……. / 최 노인: 아니 저 자식이 아침부터 조밥을 먹었어! 웬 잔소리냐 잔소리가?

경재: (옷을 털고 일어서며) 잔소리가 아니라요 이건 웅변대회 때 써먹은 원고의 한 구절이에요! 하……. (경운에게 가서 손을 벌리며) 누나 약속 이행을 해야지!

경운: 아선 소리 하는 편이 더 권리가 당당하구나?

[A]
┌ 경재: 노동의 대가를 받는 것은 당연한 권리 행사죠!
│ 경운: 허지만 고용주가 돈이 없다고 잡아떼면 찍소리 못 하더라?
│ 경재: 누가? / 경운: *우리 인쇄소에서도 두 달 치나 밀린 월급을 엊그제야 받았지만…….
└ 경재: 그래도 우리 누나는 그런 악질 기업주는 아니신데 뭐……. (하며 언사*를 떤다.)

경운: 흠 위험한 비행기! (물 젖은 손을 뿌리며 지갑에서 돈을 꺼내 준다.) 일찍 돌아와! 골목마다 깡패들이 득실거린다던데…….

경재: ㉠내가 도리어 깡패들의 덕을 봐야 할 형편인걸! 없는 놈은 그런 걱정 없어!

어머니: 말두 말아라, 끼니 먹을 것은 없어도 도둑맞을 것은 있단다……. 조심해라!

경재: 염려 마세요. 다녀오겠습니다. (나가려다 말고) 아버지! / 최 노인: 왜?

경재: 절 보기 싫으면 중이 나가죠? / 최 노인: 그래……. 왜 그건 또 묻는 거냐?

경재: (좌우 고층 건물을 가리키며) 저게 뵈기 싫으니 우리가 떠나야죠! / 최 노인: 뭐, 뭐라구?

경재: 시외로 가면 후생 주택*이 얼마든지 있대요. 집값도 싸고 무엇보담도 터전이 넓어서 화초며 채소는 얼마든지 심어 낼 수가 있을 거예요. 공기 좋고 조용하고 집집마다 맑은 우물이 있고 아주 멋지게 살 수 있대요.

어머니: 참 창용이네도 지금 들어 있는 집을 팔고 그 후생 주택으로 옮긴답데.

최 노인: 그렇게 가고 싶걸랑 따라가 살구려! 난 이 집에서 낳았으니 이 집에서 죽을 테니까!

진단 체크

정답 1. 가게의 주인과 단골손님의 관계이다. 2. 20세기 중반 도시에서 이주하는 이웃에 관한 이야기. (하략)

1. 최 노인과 강 약방의 관계에 대해 간략하게 쓰시오.
2. 최 노인과 경재의 가치관 차이를 압축적으로 드러내는 장치가 무엇인지 쓰시오.

실력 다지기

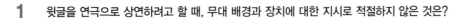

정답과 해설 57쪽

1 윗글을 연극으로 상연하려고 할 때, 무대 배경과 장치에 대한 지시로 적절하지 <u>않은</u> 것은?

⊙ 8450-0332

① 최 노인의 집은 해가 잘 들지 않으므로 어둡고 컴컴한 분위기를 내는 조명을 씁니다.

② 최 노인의 집의 담장은 주변에 있는 집과 비교할 때 상대적으로 높은 편이어야 합니다.

③ 최 노인의 집은 종로 한복판에 있으니 집 주변에서 도심지 분위기가 나는 것이 좋습니다.

④ 무대 배경에 높은 건물들이 빽빽하게 그려진 그림을 세워서 위압감이 느껴지도록 합니다.

⑤ 무대 한쪽 구석에 최 노인이 손으로 가리킬 수 있는 화단, 특히 화초나 고추 모 따위가 심어져 있는 화단을 준비합니다.

2 〈보기〉를 바탕으로 윗글에 제시된 상황을 이해한 내용으로 가장 적절한 것은?   ◯ 8450-0333

> ● 보기 ●
>
>   최 노인은 이미 신식 결혼 풍조로 한물간 전통 혼례용 혼구 대여 사업을 하고 있다. 취직이 되지 않아 실
> 의에 빠진 제대 군인 큰아들 경수, 영화배우가 되어 화려한 인생을 살고 싶어 하는 큰딸 경애, 인쇄소에서
> 일하며 가족을 부양하는 작은딸 경운, 고등학생인 막내아들 경재, 헌신적인 아내가 그의 가족 구성원이다.
> 대대로 이어진 혼구 대여 사업은 거의 문을 닫고 있으며, 출판사에서 식자공을 하는 경운이 벌어오는 수입
> 으로 근근이 살아가는 상황이다. 자신의 낡은 집과 지금까지 해 오던 일을 고집하는 최 노인의 모습은 빠르
> 게 변화하는 현대 사회에 어떠한 대안도 제시하지 못하는 무능력한 아버지의 한계를 드러낸다.

① 최 노인이 어머니에게 강 약방의 처방을 받아 고약을 붙여 준 것은 무능력한 아버지의 모습을 드러내는군.
② 어머니가 최 노인의 말에 맞장구를 쳐주는 것은 자식들을 위하는 최 노인의 진심에 공감하고 있기 때문이군.
③ 최 노인이 땅에서 풀도 안 나는 세상이라며 한탄하는 것은 그가 빠르게 변화하는 현대 사회에 적응하지 못하
   는 인물임을 보여 주는군.
④ 경재가 옛날 일이 오늘에 와서 무슨 소용이 있냐고 아버지에게 묻는 것은 취직이 되지 않아 실의에 빠진 형
   을 염두에 두고 한 말이군.
⑤ 경운이 경재에게 약속한 돈을 주면서 너스레를 떠는 것은 출판사에서 받은 월급으로 집안 경제를 책임지고
   있다는 자부심에서 비롯된 것이군.

3 [A] 부분을 통해 작가가 드러내고자 하는 내용으로 가장 적절한 것은?   ◯ 8450-0334

① 전후의 불안 의식과 위기의식을 드러내고자 하였다.
② 순수한 내면의 세계를 심미적으로 드러내고자 하였다.
③ 전쟁으로 인해 인간성이 상실되어 가는 과정을 드러내고자 하였다.
④ 정당한 권리를 보장 받지 못하는 현실의 상황을 드러내고자 하였다.
⑤ 가족을 떠나 도시로 온 밑바닥 인생들의 고달픔을 드러내고자 하였다.

1 현재의 '이웃'에 대한 '최 노인'의 생각을 구체적으로 서술하시오.   ◯ 8450-0335

2 ㉠의 의미와 표현상의 특징을 서술하시오.   ◯ 8450-0336

[1~2] 다음 글을 읽고 물음에 답하시오.

어머니: 아……. 하나님도 변덕스럽지! 하루만 앞서 소식을 주셨어도 아들 하나 살릴 텐데……. 죽은 다음에 의사를 보내면 무슨 소용이람! 아이구……. / 경수: 무슨 얘기예요?

경재: (마루 끝에 놓인 편지를 보이며) **취직 통지서**가 왔었어요……. 영등포에서…….

경수: (고랑이 채인 손으로 편지를 받아 보며) 고마운 친구야……. 그래도 그 친구만은 신의를 지켜 주었군……. (발작적으로 웃으며) 나에게 주는 송별 꽃다발치고는 최고군! 핫하……. (하며 대문 쪽으로 걸어간다. 땅에 떨어진 편지를 경재가 줍는다.)

　이때 대문이 열리며 경운이가 마치 유령처럼 들어온다. 뺨에는 눈물 자국이 남았다. 경운과 마주친 경수는 화석처럼 서서 경운을 응시한다.

경수: (속삭이듯 그러나 떨리는 목소리로) 경운아! 용서해라…….

경운: 왜 남의 이름을 불러요? 나는 아무 관계없는 사람이에요! (하며 외면을 한다.)

경수: (입술 가에 심한 경련을 일으키며) 알겠다……. 그렇지! 관계있을 리가 없지……. (뒤를 돌아보며) 어머니…… 경재야…… 아버님을……. (하며 휙 돌아서 나간다. 형사가 대문 밖으로 나가자 밖이 어수선해지면서 군중들의 웅성거리는 소리가 난다.)

형사: (소리만) 비켜! 저리 가라니까! 뭘 보겠다는 거야! 저리 가!

　이 말과 함께 군중들의 웅성대는 소리도 멀어지며 골목 안은 전처럼 조용해진다. 차도에서 들리는 기적 소리와 이웃 다방에서 울려 오는 애상적인 경음악의 부조화 음이 유난히도 자극적이다.

어머니: (대문을 쓸어안을 듯이) 경수야! 경수야!

　경운은 말없이 마루로 올라 방으로 들어간다. 최 노인은 마루 끝에 앉아 있고 경재는 땅만 내려다보고 있다. 침묵이 흐른다. 경운의 방에 불이 켜지며 발이 걸린 미닫이문 너머로 경운의 모습이 아련히 보인다.

경운: (무엇을 발견했는지 놀라 비명을 지르며) 앗!……. 경재야! 경재야!

경재: 누나! 왜 그래? / 경운: 언니가…… (누워 있는 경애를 흔들며) 언니! 언니! 정신 차려!

최 노인: 무슨 일이냐?

　경재는 급히 방으로 뛰어간다. 그러나 경운의 통곡 소리가 터지자 어머니가 불길한 예감에 사로잡히며 방 가까이 온다. 경재가 한 장의 종이를 손에 들고 나온다.

경재: 큰누나가 자살을 했어요……. / 최 노인: 경애가?

1 '경수'가 형사에게 잡혀가는 상황과 관련지어 '취직 통지서'의 서사적 기능에 대해 서술하시오.　🔾 8450-0337

2 '경수'와 '경애'의 사건을 통해 드러내고자 하는 바를 다음 말을 활용하여 서술하시오.　🔾 8450-0338

> 최 노인 일가, 몰락 / 젊은 세대, 좌절

❷ 이강백, '북어 대가리'

➡️ **작품 안으로** **주제**: 산업 사회에서 부속품처럼 살아가는 현대인의 모습과 불안감

특징: 자신이 하는 일에 대해 상반된 태도를 지닌 두 창고지기 자앙과 기임을 통해 분업화되고 획일화된 현대 사회의 문제점을 비판적으로 드러내는 희곡이다. 상자가 어디에 가는지도 모르고 상자를 정리하는 창고지기와 '북어 대가리'라는 상징적 소재를 통해 경직화된 현대인의 사고방식과 그들이 느끼는 불안감을 효과적으로 드러내고 있다.

⬅️ **작품 밖으로** 1993년에 발표된 이강백의 희곡 작품이다. 인간다운 삶을 고민하지 못하고 기계적인 삶을 반복하며 살아가는 자앙과 기임이라는 두 창고지기를 통해서 분업화되고 획일화된 현대 사회의 모습과 그 과정에서 야기되는 인간 소외 현상을 드러내고 있다. 창고 안에서 아무 불만 없이 자기 일만 성실하게 하며 살아가는 자앙과 창고를 벗어나 새로운 곳에서 살고자 하는 기임의 대비를 통해 어떠한 방식으로 살아갈 것인지를 돌아보게 만든다.

내용 구조도

자앙과 운전수의 대화

자신의 잘못에 대해 용서를 비는 편지를 보내려는 자앙과 의미 없는 행동이므로 그럴 필요가 없다고 말리는 운전수

⬇️

기임과 자앙의 선택

희망을 가지고 운전수의 딸 다링과 함께 창고 밖에서 살기로 한 기임과 그를 보내고 혼자 남기로 한 자앙

⬇️

'북어 대가리'와 마주한 자앙

딱딱하게 굳어 버린 '북어 대가리'처럼 자유로운 생각을 하지 못하고, 기계처럼 일상을 반복하며 사는 현대인의 모습

꼭 필요한 내용 연구

● **자앙과 기임의 성격**

자앙은 성실하고 책임감이 강하며 신념과 원칙을 중시하는 인물로, 창고지기 일에 아무런 불만을 품지 않고 현실에 순응하며 살아가는 인물이다. 그에 비해 기임은 자신이 하는 일에 불만을 가지고 대충 일하며 남은 시간을 즐기는 것을 중시하는 인물로, 창고지기 일에 싫증을 느끼고 창고를 떠나려 한다.

창고 밖으로 상자들을 옮기고 있던 자앙과 트럭 운전수 사이에 언쟁이 벌어진다. 자앙은 트럭 운전수에게 편지를 전달해 주도록 간청하고 운전수는 목청을 높여 가며 거절의 이유를 설명한다.

운전수: 그건 미친 짓이야! 일부러 잘못했다고 편지를 보낼 필요는 없어!

자앙: (편지를 운전수에게 내밀며) 제발 보내야 해요!

운전수: 여봐, 내가 상자들을 운반하고 다니니깐 상자 주인과 통할 수 있다고 생각한 모양인데, 그건 큰 착각이다. *난 말이야, 뭐가 뭔지도 모르고 그냥 싣고 왔다가 그냥 실어 가는 거라구. 실제로 내가 아는 건, 정거장에서 여러 트럭들이 상자를 나눠 받을 때 만나는 분배 반장 딸기코하고, 창고에 보관했다가 다시 나눠 싣고 정거장에 가서 만나는 접수 반장 외눈깔, 그 둘뿐이라고. 딸기코와 외눈깔은 내가 붙인 별명인데, 물론 진짜 이름이야 있겠지. 하지만 그들이 내 이름을 부르지 않고 노름꾼이라고 하듯이 나도 그들의 별명으로만 불러. 어쨌든 딸기코가 상자를 분배하는 곳은 정거장의 왼쪽이고, 외눈깔이 상자를 접수하는 곳은 정거장의 오른쪽이야. 그래서 그들은 같은 정거장에서 둘 다 상자를 취급하면서도 서로 얼굴 한번 볼 수조차 없어.

자앙: 별명이든 이름이든 상관없어요. (편지를 억지로 운전수 손에 쥐어 준다.) 상자를 싣고 가는 곳에 내 편지를 갖다주면서, 다음 사람에게 전달하라고 하면 되거든요.

운전수: 내가 자네 편지를 외눈깔에게 주면, 외눈깔은 그다음 사람에게 전달하고, 그다음 사람은 또 다음 사람에게…… 계속해서 운반되는 상자들을 따라가 맨 나중엔 주인에게 전달되기를 바라는 거지? / **자앙**: 네, 바로 그겁니다.

운전수: 그게 또 큰 착각이라구. *부속품이 든 상자들은 말야, 중간중간에서 여러 갈래로 수없이 나눠지거든요. / **자앙**: 부속품 상자들은 결국 한군데로 모아지는 것이 아닙니까?

운전수: 물론, 모아지는 곳도 있겠지. 상자들이 한군데에서 나와 여러 군데로 흩어지느냐, 여러 군데에서 나와 한군데로 모아지느냐……. 그건 그럴 수도 있구, 그렇지 않을 수도 있어. 어쨌든 중간에 있는 우리가 어떻다고 확실하게 알 수는 없지.

자앙: 그래도 상자 주인에게는 반드시 알려 줘야죠. 엉뚱하게 바뀐 상자 하나 때문에 뭔가 잘못 만들어지면 안 되잖아요.

[A]
┌ **운전수**: 잘못 만들어진다니……. 그게 뭔데?
│ **다링**: (멀리서 듣고 있다가 큰 소리로 외친다.) 어떤 굉장한 기계래요! 이 세상 모든 사람들을 즐겁고 기쁘게 해 주는 신기한 기계죠! / **운전수**: (다링에게 외친다.) 무슨 기계라구?
└ **다링**: (큰 소리로) 기계가 아니라 폭탄이래요! 이 세상 모든 사람들을 한꺼번에 죽여요!

● '창고'의 의미

이 작품에서 '창고'는 기임과 자양이 살아가는 단절된 공간이며, 산업 사회에서 각각의 개인들에게 주어진 한정된 공간을 의미한다. 거대한 현대 사회에서 부속품으로 살아가는 현대인들의 모습을 형상화하기 위해 창고를 벗어나지 않고 수십 년을 살아 온 인물로 기임과 자양을 설정한 것이다.

어휘 풀이

*호적: 호주(戶主)를 중심으로 하여 그 집에 속하는 사람의 본적지, 성명, 생년월일 따위의 신분에 관한 사항을 기록한 공문서. 2008년 호적법이 폐지되면서 '가족 관계 등록부'가 이를 대체하게 됨.
*굼벵이: 동작이 굼뜨고 느린 사물이나 사람을 비유적으로 이르는 말.

구절 풀이

*난 말이야, ~ 그냥 실어 가는 거라구: 자신이 하는 일이 어떠한 의미가 있는 일인지 모르고 부속품처럼 일을 해 나가는 현대인들의 모습을 운전수의 대사를 통해 드러내고 있다.
*부속품이 든 상자들은 ~ 수없이 나눠지거든요: 부속품처럼 살아가는 사람들이 파편화되어 살아가고 있는 상황을 은연중에 떠올리게 한다.
*서류가 완전하다고 믿는 건 바보들뿐이지: 대외적으로 현실을 규정하는 서류와 실제 현실이 다를 수 있음을 운전수의 말을 통해 드러내고 있다.
*그래, 나도 너처럼 ~ 남은 거야: 자양은 딱딱하게 굳어서 아무 생각이나 말도 못하고 그저 놓여 있는 북어 대가리처럼 자신의 삶도 아무런 생각 없이, 무엇도 표현하지 못하고 살아온 것에 불과하다는 것을 느끼고 있다.

운전수: 도대체 무슨 소리인지 모르겠네! (자양에게) 어쨌든 상자 속의 부속품으로 뭘 만드는지 알 수는 없어. 만약 폭탄을 만든다면 오히려 상자가 바뀐 것이 사람들의 목숨을 살릴 테니깐 잘된 일이잖아? (자양의 편지를 허공에 들고 두 조각으로 찢으며) 여봐, 자넨 너무 배짱이 약해. 이 조그만 창고 속에서 모든 걸 성실하게 잘했다는 것이, 창고 밖에서는 매우 큰 잘못이 된다고 생각해 봐. 그럼 상자 하나쯤 틀렸다고 안절부절못하진 않을 거야. (두 조각으로 찢은 편지를 자양의 바지 양쪽 호주머니에 쑤셔 넣는다.) 무슨 일이 생겨도 창고 밖으로 알릴 필요는 없어. 그게 잘한 일인지 못한 일인지 모를 바에야 그냥 덮어 두라구. 창고 속의 자네한테는, 그게 배짱 편한 거야.

자양: (손에 들고 있는 서류를 가리키며) 그렇다면 이런 서류들은 뭡니까? 누군가 이 서류들을 보면, 상자가 잘못된 것을 알 수 있을 텐데요?

운전수: *서류가 완전하다고 믿는 건 바보들뿐이지! 좋은 예가 있어. 내 아내는 옛날에 죽었는데 사망 신고를 안 했거든. 그래서 구청에서 호적*을 떼어 보면 버젓하게 살아 있는 것으로 나온다구. 자, 굼벵이* 양반, 꾸물대지 말고 어서 상자들이나 옮겨!

[중략 부분의 줄거리] 자양과 함께 지내던 기임은 운전수의 딸인 다링과 함께 떠나기로 한다. 떠나는 기임은 수십 년 간 함께했던 자양에게 북어 대가리를 선물로 준다.

창고 밖으로 떠나는 것이 즐겁다는 듯이 기임의 환호성이 들린다. 트럭 운전수와 다링의 웃음소리도 들린다. 잠시 후, 트럭이 경음기를 울리며 떠나는 소리가 들린다. 창고는 조용해진다. 자양, 식탁 앞에 힘없이 주저앉는다. 늙고 허약해진 모습이다. 그는 식탁 위에 놓여 있는 북어 대가리를 물끄러미 바라본다.

자양: *그래, 나도 너처럼 머리만 남았군. 그저 쓸쓸하고…… 허무한 생각으로 가득 찬 …… 머리만 덜렁…… 남은 거야. (두 손으로 북어 대가리를 집어서 얼굴 가까이 마주 바라보며) 말해 보렴, 네 눈엔 내가 어떻게 보이는지? 그토록 오랜 나날…… 나는 이 어둡고 조그만 창고 속에서 …… 행복했었다. 상자들을 옮겨 오고…… 내보내며……내가 맡고 있는 일을 성실하게 잘하고 있다는 뿌듯함…… 그게 내 삶을 지탱해 왔었는데……. 그러나 만약에…… 세상이 엉뚱하게 잘못되고 있는 것이라면…… 이 창고 속에서의 성실함이 …… 무슨 소용 있는 거지? (사이) 북어 대가리야, 왜 말이 없냐? 멀뚱멀뚱 바라만 볼 뿐 왜 대답이 없어? (북어 대가리를 식탁 위에 내려놓는다.) 아냐, 내 의심은 틀린 거야. 덜렁 남은 머릿속의 생각만으로 세상을 잘못되었다구 판단해선 안 돼. (손수레에 실린 상자를 서류와 대조하면서 혼자서 쌓기 시작한다.) 제자리에 상자들을 옮겨 놓아라! 정확하게 쌓아! 틀리면 안 돼! 단 하나의 착오도 없게 절대로 틀려서는 안 된다!

자양, 느릿느릿 정성을 다해 상자들을 쌓는다. 무대 조명, 서서히 자양에게 압축되면서 암전한다.

− 막

1 윗글에 대한 설명으로 적절하지 <u>않은</u> 것은?

○ 8450-0339

① 내적 갈등과 괴로움을 드러내기 위해 인물의 독백을 적극 활용하였군.
② 부속품이 된 인간의 모습을 드러내기 위해 등장인물의 직업을 설정하였군.
③ 현실의 부조리함을 극복할 수 있는 가능성을 상징적 소재를 통해 부각하였군.
④ 현대 사회의 익명성을 강조하기 위해 인물들을 직업이나 특징으로 제시하였군.
⑤ 인간이 선택할 수 있는 삶의 방식을 보여 주기 위해 인물들의 선택을 구분하였군.

2 〈보기〉를 바탕으로 '자앙'과 '운전수'의 심리를 이해한 내용으로 적절하지 <u>않은</u> 것은?

○ 8450-0340

● 보기 ●

자앙	운전수
• 편지를 보내야 한다고 생각함.	• 편지를 보낼 필요가 없다고 생각함.
• 절차를 따르면 상자 주인에게 전달할 수 있다고 믿음.	• 절차를 따라도 상자 주인과 연결될 수 없다고 판단함.
• '바뀐 상자'로 인한 결과를 걱정함.	• '바뀐 상자'에 대해 신경 쓰지 않음.
• 서류가 중요하다고 생각함.	• 서류가 중요하지 않다고 생각함.

① 자앙은 자기 일에 책임을 지려고 노력하는 반면, 운전수는 자신의 일에 책임지지 않으려고 한다.
② 자앙은 자신의 편지가 매우 중요한 것이라 믿지만, 운전수는 자앙의 편지가 아무 가치가 없다고 여긴다.
③ 자앙은 자신이 손에 들린 서류가 완전한 것이라 생각하지만, 운전수는 서류가 현실을 반영하지 못한다고 본다.
④ 자앙은 상자를 운송하는 일이 정해진 절차에 따라 진행된다고 판단하지만, 운전수는 정해진 절차가 있는 것은 아니라고 믿는다.
⑤ 자앙은 바뀐 상자가 잘못된 결과를 가져올 것이라 걱정하지만, 운전수는 바뀐 상자가 좋은 결과를 가져올 수도 있다고 주장한다.

3 [A]에 대한 설명으로 가장 적절한 것은?

○ 8450-0341

① '부속품이 든 상자'에 대한 자앙의 태도, 운전수의 태도 모두 적절하지 않음을 드러낸다.
② '부속품이 든 상자'가 잘못 전달되었을 때 우리가 겪게 될 비극적 상황에 대해 경고한다.
③ '부속품이 든 상자'가 우리의 삶을 더 낫게 만들 수도 있고, 망가뜨릴 수도 있음을 강조한다.
④ '부속품이 든 상자'가 무엇에 쓰이는지 모른 채 자신의 일에만 몰두하는 자앙의 상황을 부각한다.
⑤ '부속품이 든 상자'를 제대로 전달하는 것이 굉장히 중요한 일임을 자앙과 운전수에게 일깨워 준다.

서술형

1 '기임'이 창고를 떠나는 것을 몹시 바랐다는 것을 알 수 있는 구체적 행위를 찾아 쓰시오.

○ 8450-0342

2 마지막 장면에서 '자앙'의 늙고 허약해진 모습이 상징하는 내용을 서술하시오.

○ 8450-0343

[1~2] 다음 글을 읽고 물음에 답하시오.

　　자앙과 트럭 운전수, 손수레에 실은 상자들을 차고 밖으로 운반해 간다. 침대에 앉아 있던 기임이 일어나서 자신의 담요를 둘둘 말아 걷는다. 그리고 침대 밑의 낡은 짐 가방을 꺼내 물건을 주워 담는다. 다링, 기임의 곁으로 다가온다.

다링: 마침내 결정한 거예요?

기임: 그래, 함께 가서 살기로 했어.

다링: (살림 도구들이 있는 곳에서 접시, 그릇, 찻잔들을 가져와 낡은 짐 가방에 담으며) 무조건 다 가져가요.

기임: (다링이 담은 것들을 다시 꺼내 놓으며) 아냐, 반절만 내 것인걸!

다링: 둘이서 함께 쓰던 물건은 어쩌려구요? 반절로 나눌 수도 없잖아요.

　　자앙과 운전수, 손수레에 상자를 싣고 창고 안으로 들어온다.

운전수: 우린 트럭에 상자들을 다 옮겼어. 그런데 너희는 짐도 안 싸고 뭘 했지?

자앙: 짐이라니……? / 기임: 으음, 그렇게 됐어. 오늘 나는 이 창고 속을 떠난다구!

자앙: 정말 가는 거야? 이렇게 갑자기……?

기임: 미안해! 그런데 막상 떠나려니까 조금은 서운하군. (창고 안을 둘러보며) 너하고 여기서 얼마나 살았더라……? 몇십 년은 훨씬 더 될 거야, 아마…….

자앙: 그래……. 우린 철부지 시절부터 이 창고지기였어.

기임: 언제나 너는 나를 고맙게도 보살펴 줬지.

자앙: 날 **의붓어미**라고 미워했으면서 뭘…….

기임: 진짜로 미워한 건 아니잖아?

자앙: 나도 알아. (기임을 껴안는다.) 제발 가지 말아! 이 창고도, 나도, 전혀 달라진 게 없잖아?

기임: 그건 안 돼. 이 창고는 더 이상 내가 살 곳이 아냐.

운전수: 남자들끼리 헤어지면서 무슨 말이 그렇게 많아? (창고 밖으로 나가며) 시간 없어! 나 먼저 트럭에 가 서 있을 테니까 너희는 어서 짐 싸 들고 나와!

다링: (놋쇠 국자로 소리 나게 두드리며) 그만하고, 서로 자기 물건들이나 골라 봐요.

기임: (자앙의 포옹을 풀며) 나 내 물건을 잘 모르겠어. **굼벵아**, 네가 골라 줘.

자앙: 아냐, 쓸 만한 게 있거든 모두 네가 가져.

기임: 너는 이 창고 속에서 혼자 살 텐데…….

자앙: 내 걱정은 말고 어서 먼저 골라 봐. 그리고 내가 너한테 줄 게 있어. (침대 밑의 상자들 중에서 화려한 색깔의 스웨터를 찾아낸다.) 너의 생일날 주려고 두었던 건데, 헤어지는 날 선물이 됐군.

기임: (자앙에게서 스웨터를 받아 몸에 대본다.) 근사한데!

다링: (자앙의 침대 밑을 바라보며) 좋은 건 이 속에 다 있잖아요! 이걸 가져가도 돼요?

---

1 '의붓어미'와 '굼벵아'를 통해 드러내려는 '자앙'의 특징을 서술하시오.

◐ 8450-0344

2 '다링'을 통해 드러내려는 현대인들의 모습을 간략히 서술하시오.

◐ 8450-0345

02 인간애

❶ 이효석 원작, 안재훈 각색, '메밀꽃 필 무렵'

➜ 작품 안으로 **주제**: 장돌뱅이 삶의 애환과 혈육의 정

특징: 달빛을 맞으며 메밀꽃이 가득 핀 산길을 넘어, 다른 장터로 넘어가는 장돌뱅이의 삶과 그들의 모습을 통해 떠돌이의 애환과 그 속에서 염원하게 되는 혈육에 대한 애정을 효과적으로 드러내는 애니메이션이다. 장돌뱅이와 한 여인의 우연한 만남과 사랑, 자식을 생각하고 정착을 꿈꾸는 떠돌이들의 바람이 서정적으로 드러나 있다.

← 작품 밖으로 1936년 《조광(朝光)》에 발표한 이효석의 단편 소설을 작품화한 애니메이션이다. 강원도 장터를 배경으로, 장돌뱅이인 허 생원과 성 서방네 처녀 사이에 맺어진 하룻밤의 인연을 그려 낸 작품으로 소설이 이효석의 작품 세계를 잘 드러낸다. 특히 메밀꽃 핀 공간의 서정성을 효과적으로 드러내는 독특한 문체와 허 생원과 나귀를 연결하는 치밀한 구성을 잘 살려 제시하고 있다.

내용 구조도

S# 21.

메밀밭 사이의 큰길을 허생원, 동이, 조선달이 함께 걸어 감.

⬇

S# 23.

동이의 이야기를 들은 허생원이 동이가 자기 아들일지 모른다는 생각을 하다가 개울물에 빠짐.

⬇

S# 24.-(1)

허 생원이 자신의 나귀를 떠올리면서, 동이를 따라가 동이의 어머니를 만나볼 생각을 함.

⬇

S# 24.-(2)

허 생원이 동이가 자기처럼 왼손잡이라는 것을 알고서 동이가 자신의 아들일 것을 확신함.

꼭 필요한 내용 연구

● 허 생원과 나귀의 관계

이 작품에서 허 생원과 나귀는 서로 비슷한 처지에 있는 것으로 설정되어 있다. 나귀의 과거나 볼품없는 외모, 행동 등이 허 생원의 삶을 대변하는 것이다. 특히 작품 속 나귀는 읍내 강릉집 피마에게서 새끼를 얻는데, 이것은 허 생원이 성 서방네 처녀와의 인연으로 동이를 얻었으리라는 상상력을 자극한다. 이러한 관계 설정은 자

S# 21. 메밀밭 사이의 큰길 (밤)

동이가 "이랴!" 하며 나귀를 재촉해 앞으로 나서자, 세 사람은 횡대로 걷기 시작한다.

허 생원: 총각도 젊겠다. 지금이 한창 시절이렷다. 충줏집에서는 그만 실수를 해서 그 꼴이 되었으나 섧게 생각 말게.

동이: 천만에요. 되려 부끄러워요. (손 내리며) 계집이란 지금 웬 제격*인가요. (고개 돌리며) 자나 깨나 전 어머니 생각뿐인데요. (V.O. 조 선달과 허 생원의 모습 위로) *아비, 어미란 말에 가슴이 터지는 것도 같았으나 제겐 아버지가 없어요. 피붙이라고는 어머니 하나뿐인걸요.

허 생원: 〔M. 서정적인 음악이 흐르며〕 그래, 돌아가셨나?

동이: 당초부터 없어요.

조 선달: 에이, 그런 법이 세상에. 허허허.

허 생원: 그러게. 허허허

동이: (얼굴을 붉히며) 부끄러워서 말하지 않으려고 했으나 정말이에요. ㉠(V.O. 언덕길에 들어서는 세 사람의 모습 위로) 제천 촌에서 달도 차지 않은 아이를 낳고 어머니는 집을 쫓겨났죠. 우스운 이야기이나 그렇기 때문에 지금까지, (나귀에서 내리며) 아버지 얼굴도 본 적 없고 있는 고장도 모르고 지내 와요.

S# 23. 개울 (밤)

개울물에 들어선 동이와 허 생원이 물을 가르며 걷기 시작한다.

허 생원: 어이, 차거. 아유, 이거 밤이라 그런지 물이 뼈를 찌르는구먼. (동이를 향해) 그래, 대체 기르긴 누가 기르구?

동이: (허 생원을 이따금 돌아보며) 아, 어머니는 하는 수 없이 의부를 얻어 가서 술장사를 시작했죠. 술이 고주래서 의부*라고는 전 망나니예요. 철들어서 맞기 시작한 것이 하룬들 편할 날 있었을까. 어머니는 말리다가 차이고 맞고 칼부림 당하고 하니 집 꼴이 무어겠소. 열여덟 살 때 집을 뛰쳐나와서부터 이 짓이죠.

허 생원: 총각 낫세*론 무던하다고 생각했더니 듣고 보니 딱한 신세로군.

조 선달: (개울 건너편에 올라 뒤돌아보며 큰 소리로) 아, 빨리 와! 이 사람들아. / **동이**: 예!

허 생원: 어! (조 선달을 향해 대답한 뒤, 다시 동이를 보며) 모친의 친정은 원래부터 제천이던가?

동이: (뒤처진 허 생원에 보조를 맞춘다.) 웬걸요. *시원스레 말은 안 해 주나 봉평이라는 것만은 들었죠. / **허 생원**: 〔M. 서정적인 음악이 흐르며〕 봉평…… 그래, 그 아비 성은 무엇이구?

연과 인간의 합일이라는 표현
의도를 효과적으로 드러내는
장치가 된다.

어휘 풀이

*제격: 그 지닌 바의 정도나 신분
에 알맞은 격식.
*의부: 의붓아버지. 어머니가 재
혼함으로써 생긴 아버지.
*낫세: '나쎄'의 잘못. '나쎄'는 그
만한 나이를 속되게 이르는 말.
*피마: 다 자란 암말.
*갈무리: 물건 따위를 잘 정리하
거나 간수함. 또는 일을 처리하
여 마무리함.

구절 풀이

*아비, 어미란 말에 가슴이 터지
는 것도 같았으나 제겐 아버지
가 없어요.: 아버지가 없이 어머
니가 혼자 자신을 낳아 길렀음
을 밝히고 있다. 충줏집에서 허
생원이 한 말에 속이 상했음을
고백하는 부분이기도 하다.
*시원스레 말은 안 해주나 봉평
이라는 것만은 들었죠.: 봉평에
서 성 씨 처녀와의 인연을 가진
허 생원이 동이가 자신의 아들
일지도 모른다는 생각을 하게
된 직접적 계기가 된다.
*나귀야! 나귀. 나귀 생각하다 실
족을 했어.: 동이가 자신의 아들
일지도 모른다는 생각에 실수를
한 허 생원이, 강릉집 피마에게
서 새끼를 얻은 자신의 나귀를
떠올리며 그랬다고 실족을 한
까닭을 돌려 말하고 있다.
*동이의 얼굴에 성씨 처녀의 얼
굴이 겹친다.: 허 생원이 동이가
자신과 인연을 맺은 성씨 처녀
의 아들이라고 생각하게 되었음
을 시각적 효과를 통해 드러낸
부분이다.

동이: 알 수 있나요. 도무지 듣지를 못했으니까.

허 생원: (생각에 잠긴 표정으로) 그, 그렇겠지. (눈앞이 흐릿해진다. 손으로 눈을 비비다가 순간 균형
을 잃고 물속으로 고꾸라진다.) 어? 어? (물에 빠져 허우적거리며) 어푸어푸.

동이: (허 생원에게 급히 다가가며) 생원! 생원! 괜찮으세요? (허 생원을 부축하여 물속에서 끌어 올
린다.) 이리 저를 잡고 좀 서 보세요.

조 선달: (V.O. 개울 건너편에서) 아, 이보게 생원, 괜찮은가?

허 생원: (V.O. 멀리 조 선달이 있는 건너편 풍경 위로) 어이 추워! 아이구, 아휴…….

ⓛS# 24. 건너편 개울가 (밤)

개울을 건너 물 밖에 나온 두 사람. 동이의 등에서 내린 허 생원이 고맙다는 듯이 웃으며 동이의 등
을 토닥인다.

조 선달: 진종일 실수만 하니 어쩐 일이오. 생원,? 으하하.

[A]
허 생원: (물에 젖은 윗도리를 벗으며 조 선달의 놀림에 변명을 하다.) *나귀야! 나귀. 나귀 생각
하다 실족을 했어. 말 안 했던가? (V.O. 풀을 뜯는 나귀들) 저 꼴에 제법 새끼를 얻었단
말이지. 읍내 강릉집 피마*에게 말일세. 헤헤헤헤. ⓒ(E. 나귀 방울 소리, 울음소리)

허 생원: (옷을 비틀어 물기를 짜내며) 귀를 쫑긋 세우고 달랑달랑 뛰는 것이 나귀 새끼같이
귀여운 것이 있을까. (V.O. 바지를 터는 동이의 모습 위로) 그것 보러 나는 일부러 읍내
를 도는 때가 있다네. / 조 선달: 사람을 물에 빠트릴 젠 딴은 대단한 나귀 새끼군.

허 생원: (윗도리를 걸치고 몸을 추스르며) 주막까지 부지런히들 가세나. 뜰에 불을 피우고 훗훗이
쉬어. 나귀에겐 더운 물 끓여 주고. 내일 대화 장 보고는 제천이다.

조 선달: (입에 문 곰방대를 빼고 연기를 뿜으며) 후우. 아, 생원도 제천으로?

허 생원: (나귀에 실은 짐을 갈무리*하며) 오래간만에 가 보고 싶어. (고개 돌린 후) 동행하려나, 동이?

동이: (V.O. 나귀의 고삐를 잡고 서 있는 동이를 유심히 바라보는 허 생원의 얼굴에서) 네? 저야 가는
길이니까요.

동이의 왼손에 채찍이 들려 있는 것을 본 허 생원의 놀란 표정. (M. 서정적인 음악이 흐르며) 돌아
서는 *동이의 얼굴에 성씨 처녀의 얼굴이 겹친다.

허 생원: (V.O. 채찍을 든 자신의 왼손을 내려다보며) 동이, 자네…….

동이: (V.O. 허 생원의 얼굴에서) 네?

허 생원이 쳐다보면 저만치 언덕을 올라가던 동이가 멈춰 선 채 이쪽을 돌아본다. (E. 나귀 울음소리)

허 생원: 아, 아닐세.

나귀를 이끌고 동이가 서 있는 언덕길을 오르는 허 생원. 하얗게 흐드러진 메밀꽃이 바람에 흔들린
다. ⓔ(PAN. 메밀꽃들에서 멀리 메밀밭을 지나는 세 사람의 모습으로) ⓜF.O.

진단 체크 답 1. 장돌뱅이로 장터를 돌아다니며 물건을 팖. 2.(메밀꽃이 핀) 어느 산골의 메밀밭과 그 주변의 개울가.

1 허 생원, 조 선달, 동이가 하는 일은 무엇인지 쓰시오.

2 이 글의 공간적 배경을 쓰시오.

1 윗글의 인물에 대한 이해로 적절하지 <u>않은</u> 것은?   8450-0346

① 허 생원: 조 선달의 친구로서 동이의 과거와 출생에 대해 관심을 보이고 있다.
② 동이: 자나 깨나 어머니만 생각하는 효자로, 허 생원의 태도에 의구심을 가지고 있다.
③ 동이의 어머니: 원래 봉평 사람으로, 제천으로 옮겨 와 달도 채우지 못하고 동이를 낳아 길렀다.
④ 동이의 의부: 술에 빠져 동이와 그 어머니를 함부로 대하며 폭력을 행사하던 파렴치한 사람이다.
⑤ 조 선달: 사람들의 말이나 행동에 적극적으로 반응해 주면서 이야기를 이끌어 내고 있다.

2 윗글에 세 번 활용된 '(M. 서정적인 음악이 흐르며)'의 공통적 기능으로 가장 적절한 것은?   8450-0347

① 즐거웠던 분위기를 깨뜨리는 허 생원의 실수를 강조한다.
② 동이와 관련하여 허 생원의 정서적 반응이나 태도를 드러낸다.
③ 느리고 부드러운 곡조와 어우러져 동이의 친절한 마음씨를 부각한다.
④ 동이가 겪은 비극적 사건을 떠올리게 하여 애상적 분위기를 심화한다.
⑤ 메밀꽃이 가득 핀 공간적 배경을 상상하게 만들어 따뜻한 분위기를 더한다.

3 〈보기〉를 바탕으로 ㉠~㉤을 이해한 내용으로 적절하지 <u>않은</u> 것은?   8450-0348

> ● 보기 ●
>
> • S#(Scene Number): 촬영이나 편집을 위하여 각 장면(scene)에 붙이는 숫자. 장면이란 동일한 시간에 동
>   일한 장소에서 벌어지는 하나의 사건이나 상황을 뜻함.
> • V.O.(Voice Over): 소리를 내는 음원이 화면에 보이지 않는 상황에서 사용. 주로 인물의 목소리를 뜻함.
> • E.(Effect): 효과음. 장면에 들어가는 소리 중 일반적인 대사, 음악, 해설을 제외한 소리 또는 의도적으로
>   부가한 음향을 뜻함.
> • PAN.(Panning): 카메라를 상하좌우로 이동하는 것. 주로 동체(動體)의 속도나 진행 방향에 맞춰서 카메라
>   를 이동시키면서 촬영함.
> • F.O.(Fade Out): 화면이 점차 어두워지면서 장면이 바뀌는 것. 주로 시간의 경과나 상황의 종료를 나타낼
>   때 사용함.

① ㉠: 열심히 길을 가는 세 사람의 모습 위에, 동이의 목소리를 얹어 동이의 개인사를 전달하는 부분이군.
② ㉡: S# 23에서 연결되는 시간대이며, S# 23과 관련된 공간으로서, 기존 사건과 관련되어 새로운 화제가 제
   시되고 있군.
③ ㉢: 허 생원이 말한 내용이 자신의 나귀와 조 선달의 나귀 사이에 일어난 것임을 의도적 효과음을 통해 강조
   한 것이군.
④ ㉣: 메밀밭을 지나는 세 사람을 동체(動體)로 두고, 카메라를 이동하듯이 그들의 움직임을 효과적으로 드러
   낸 것이군.
⑤ ㉤: 화면이 점차 어두워지면서 상황이 종료된다는 점에서 허 생원과 동이의 첫 번째 동행이라는 사건이 마무
   리되고 있군.

1 [A]에서 '바지를 터는 동이의 모습'을 삽입한 이유를 '나귀 새끼'와 '동이'의 관련성을 중심으로 서술하시오.   8450-0349

2 S# 24에서 '동이의 왼손에 채찍이 들려 있는 것을 본 허 생원'이 크게 놀란 까닭을 추리하고, 독자가 그렇게 판단할 수 있
   는 근거를 장면과 관련지어 서술하시오.   8450-0350

[1~2] 다음 글을 읽고 물음에 답하시오.

S# 10. 산길 (밤)

메밀꽃이 흐드러지게 핀 산길을 지나는 허 생원 일행. 밝은 달빛에 사방이 온통 푸른 빛깔이다. (PAN. 달이 뜬 하늘에서 메밀밭으로)

허 생원: (V.O. 멀찌감치 메밀밭 사이를 걸어가는 일행 위로) 달밤이었으나 어떻게 해서 그리됐는지 지금 생각해도 도무지 알 수가 없어.

조 선달: 또 시작이구먼. (뒤따라오는 동이를 돌아보며) 저 얘긴 귀에 못이 박히게 들었지.

허 생원: (V.O. 나귀를 탄 동이의 모습에 이어 메밀밭 풍경 위로) 달밤에는 그런 얘기가 격에 맞거든. 장이 선……, 꼭 이런 밤이었네.

S# 11. 객줏집 (밤)

객줏집 토방에서 잠을 자던 젊은 허 생원, 더위에 몸을 뒤척이다가 일어나서 "어유, 더워." 하며 손부채질을 한다.

허 생원(NAR.): 객줏집 토방이란 무더워서 잠이 와야 말이지. 밤중은 돼서 혼자 일어나 개울가에 목욕이라도 해 볼 요량으로 나섰지.

허 생원이 더운 방 안에서 뛰쳐나간다.

S# 12. 개울가 (밤)

달이 밝아 주위가 온통 환하다. 개울 앞에 서서 상의를 벗으려다가 주저하는 허 생원. (E. 개울물 소리, 개구리 소리)

허 생원(NAR.): 봉평은 지금이나 그제나 마찬가지지. 보이는 곳마다 메밀밭이어서 개울가가 어디 없이 하얀 꽃이야.

옷을 벗을 곳을 찾아 두리번거리다가 물방앗간으로 걸어가는 허 생원.

S# 13. 물방앗간 (밤)

방앗간 옆에서 물레방아가 돌고 있다.

허 생원(NAR.): 달이 너무나 밝은 까닭에 옷을 벗으러 물방앗간으로 들어가지 않았나. 돌밭에 벗어도 좋을 것을.

방앗간에 들어선 허 생원. 어두컴컴해 내부가 잘 보이지 않는다. 옷을 벗으려다가 처녀의 울음소리에 놀라 넘어지며, "엇, 어어! 아이고!"

허 생원(NAR.): 이상한 일도 많지. 거기서 난데없이 성 서방네 처녀와 마주쳤단 말이네.

---

1 〈보기〉를 바탕으로 S# 10의 V.O.와 S# 11의 NAR.의 차이를 서술하시오.   ⊙ 8450-0351

> **보기**
>
> S# 10은 현재의 상황을 보여 주고 있으며, 말하고 있는 허 생원의 모습이 화면에 부각되지 않는다. 한편 S# 11은 과거의 상황을 보여 주고 있으며, 허 생원이 했던 행동이나 대사가 화면 안에 담겨 있다.

2 S# 12를 삽입하여 관객들에게 전달하고자 하는 내용과 그 효과를 서술하시오.   ⊙ 8450-0352

2 진모영, '님아, 그 강을 건너지 마오'

작품 안으로 **주제**: 산골 마을 노부부의 애틋한 사랑과 이별

특징: 산골 마을에서 단 둘이 살아가는 노부부의 애틋한 마음과 서로에 대한 사랑, 그리고 이별을 준비하는 상황을 다큐멘터리 형식으로 찍은 영화 작품이다. 따로 대본이 없는 다큐멘터리의 경우, 인물들의 행위를 편집한 연출가의 의도를 중심으로 작품을 이해해야 한다. 애틋함과 안타까움으로 할아버지를 떠나보내는 할머니의 모습을 통해 삶과 죽음의 본질을 돌아보게 된다.

작품 밖으로 2014년에 상영된 다큐멘터리 영화의 채록본이다. 개봉한 지 한달 만에 관객 수 200만 명을 넘어 '워낭소리'와 함께 최고의 흥행을 이룬 한국 다큐멘터리 영화가 되었다. 2015년 제6회 올해의 영화상, 제22회 LA 영화제에서는 다큐멘터리 부문 대상을 수상하였다. 76년간 부부로 살아온 노부부의 발자취를 쫓으며 그들의 삶과 이별을 드러낸 작품으로 '공무도하가'의 첫 구절을 제목으로 삼아, 헤어짐의 슬픔과 안타까움을 효과적으로 드러냈다.

내용 구조도

S# 산에서 나무하다.

땔감을 준비하면서 힘들어 하는 할아버지. 세월의 흐름에 따라 늙어가는 것을 느끼고 아쉬워함.

↓

S# 눈싸움.

눈을 치우다 말고 아이들처럼 천진난만하게 눈싸움을 하고, 눈사람을 만드는 할아버지와 할머니. 서로를 위해 눈을 먹이고, 손에 입김을 불어 주는 모습이 정다움.

↓

S# 할아버지의 옷을 태우다. ~ S# 방 안.

아픈 할아버지가 세상을 떠날지 모른다는 생각에 저승에서 입을 옷을 추려 태우는 할머니. 할아버지의 여윈 몸을 쓰다듬는 할머니의 애틋함이 드러남.

↓

S# 냇가. ~ S# 병원 2.

점점 몸이 아픈 할아버지. 수의를 준비하며 죽음을 대비하면서도 할아버지가 먼저 떠나지 못하도록 붙잡고 싶은 할머니의 속마음이 드러남.

S# 산에서 나무하다.

할머니와 할아버지는 나무를 한다. 할아버지, ㉠많은 땔감을 준비하며 좀 벅차 보이는 듯 숨을 몰아쉰다.

할아버지: 아이고 힘들다. 힘들어 앉아서 쉬었다 해. 아이고 힘들다.

할머니: 할아버지요. 할아버지 그전에는 기운이 좋았잖우. 기운이 좋아서 큰 것도 막 들고 그랬는데. 지금 기운이 없으니 마음이 어떻소?

할아버지: 마음이 뜨악하지* 뭐. 그전엔 기운이 좋던 게 기운이 없어 이젠.

할아버지, 나무 한 짐 해서 일어난다.

할머니: 내가 앞에서 갈게요, 응?

할아버지: 세월이 가면 사람도 그렇게 늙어 가지만, 할 수 없다고. *다섯 해만 지나면 백 살이야. 오래 살며 백 살까지 먹어.

할머니: 백 살까지 할아버지 산다고요?

할아버지: 응.

할머니: 그럼 밥은 누가 해 줘.

할아버지: 할머니가 해 줘야지.

할머니: 난 기운이 없어 못 해 줘요.

S# 눈싸움.

눈 내린다. 눈이 그치고 할머니와 할아버지, 눈을 치운다.

할머니: 아이고 할아버지 힘 시디야.

할머니: *할아버지, 이거 첫눈을 먹으면 귀가 밝아진다고 했잖아요. 할아버지도 귀 밝아지고 눈 밝아지게 **눈** 좀 잡숴 봐요. 내가 드릴게요. 이거 베어 잡숴. 많이 잡숴요.

할아버지, 할머니에게도 눈을 준다.

할아버지: 맛이 좋은데.

할머니: 시원하니 좋소.

할아버지: 많이 잡수어요.

할머니: 우리 눈 밝아지면 얼마나 좋겠소. 할아버지 눈 밝아지면.

할아버지: Ⓐ응, 나 저 산의 작은 소리도 다 들리는데.

　　할머니와 할아버지 크게 웃는다. / 두 사람은 ⓛ눈싸움을 한다.

할머니: 만세.

할아버지: 내가 이겼다.

할머니: 내가 이겼어, 내가.

　　할아버지와 할머니, 눈사람을 만든다.

할머니: 이거는 할아버지 입이야, 입. 똑 할아버지 같다야. 좀 이쁘게 해 주면 좋은데. 내가 더 이쁘게 만들었네.

　　ⓒ눈사람 두 개와 강아지 공순이가 함께 있다.

할머니: 할아버지, 나 손이 시리네.

　　할아버지, 할머니 손에 입김을 불어 준다.

할머니: 많이 해 줘요, 많이.

[중략 부분의 줄거리] 할아버지는 점점 건강이 안 좋아진다. 할아버지와 할머니가 아끼던 강아지 '꼬마'가 죽어 뒷산에 묻고 내려온 날, 할아버지의 기침이 심상치 않다. 병원에서는 연로한 할아버지에게 약이 더 이상 듣지 않을 것이라고 말하고, 가족들은 차례로 내려와 할아버지를 보고 **눈물**을 쏟는다.

S# 할아버지의 옷을 태우다.

　　장대비. 할머니, 이불과 할아버지 옷을 곱게 싸서 아궁이로 가지고 간다. ⓔ할머니의 맨발. 할머니는 할아버지의 옷을 곱게 태운다.

할머니: 불에 태워 줘야 입는대요, 죽은 사람이. 돌아가시면 깨끗한 것들 태워 드리고 이번에는 평소에 입는 것들을 정리하느라 그래요. 한꺼번에 태워 드리면 무거워서 어떡하오. 할어버지는 몰라, (울음 섞임.) 겨울옷인지 여름옷인지. 할아버지는 몰라요. *할아버지는 내가 다 챙겨 줘야 돼요. 내가 곧 갈게요. 할아버지 먼저 가서 정리하고 있어요. 내가 금방 못 가거든 할아버지가 데리러 와요. 데리러 오면 내가 할아버지 손목 잡고, 커플 옷으로 새파란 치마를 입고, 노란 저고리를 입고 손목 잡고 그래 갑시다.

S# 방 안.

할머니: 어디가 아파? 많이 아파? 많이 아프냐고?

　　할아버지 말을 못 하고 손짓만 한다. 할머니, 울면서 할아버지의 여윈 몸을 쓰다듬는다. 할아버지, 할머니를 올려다본다.

S# 냇가.

　　비가 오는 바깥. 할머니는 우산을 쓰고 하염없이 **냇가**의 다리에 서 있다.

*이웃 사람들도 ~ 얼마나 좋겠
소: 저 세상에 가서라도 할아버
지와 함께하고 싶은 할머니의
애달픈 마음이 잘 드러나 있다.

S# 병원 1.

병원. 할아버지, 침대에 실려 가면서 기침을 하고 할머니는 조용히 눈물을 삼키며 바라본다.

S# 수의*를 준비하다.

겨울 하늘. 할머니, 집으로 돌아온다. 할아버지의 한복들을 곱개 개서 보자기에 싸고, 할아버지의 신발을 그 위에 올려 둔다. 그리고 ⓜ수의를 빨아서 빨랫줄에 넌다. 그 사이로 할머니의 모습. **물을** 하염없이 바라보는 할머니.

S# 병원 2.

다시 병원. 할머니는 할아버지의 옆에 나란히 누워 팔로 할아버지를 안고 눈을 감는다.

할머니: 석 달만 더 살아요. 이렇게 석 달만 더 살면 내가 얼마나 반갑겠소. 나하고 같이 갑시다, 그러면 같이 가재, 내가. 할아버지 나하고 같이 가요, 같이 가요, 그러면 응, 같이 가자고. 그렇게 같이 가면 얼마나 좋겠소. 할아버지와 손을 마주 잡고, 다리 너머 재를 같이 넘어가면 얼마나 좋겠소. *이웃 사람들도 다 손 흔들어 줄 거고. 나도 잘 있으라고 손 흔들어 줄 거고. 이렇게 갔으면 얼마나 좋겠소.

진단 체크

답 1. 95세 2. 저승에 가서 잘 쓰게 입으려고. 3. 수의

1   할머니와 할아버지의 대화로 미루어 본 할아버지의 연세는?
2   할머니가 할아버지의 옷을 태우는 이유를 쓰시오.
3   할아버지의 죽음과 그에 대한 대비를 상징하는 소재를 쓰시오.

● 실력 다지기

정답과 해설 59쪽

1   다음 장면에 나타난 연출자의 편집 의도를 설명한 내용으로 적절하지 **않은** 것은?   ● 8450-0353

① S# 산에서 나무하다.: 할아버지와 할머니가 하루하루 지내는 모습과 나이가 들어감을 느끼는 상황을 대화를 통해 보여 준다.

② S# 눈싸움.: 할아버지와 할머니가 서로를 아끼고 사랑하는 마음이 가득함을 눈을 먹여 주는 장면과 입김을 불어 주는 장면으로 드러낸다.

③ S# 방 안.: 할아버지가 많이 여위고 아파하고 있음을 드러내면서 할아버지의 건강을 걱정하고 챙기는 할머니의 모습을 부각한다.

④ S# 수의를 준비하다.: 집에 돌아온 할머니가 할아버지의 한복과 신발을 챙겨 놓는 장면을 통해 할아버지의 죽음을 염두에 두고 있음을 드러낸다.

⑤ S# 병원 2.: 할머니가 할아버지를 안고 할아버지에게 속마음을 털어놓는 장면을 통해, 부부로 살면서 서로 조심해야 하는 것이 무엇인지를 생각해 볼 기회를 제공한다.

2 ⊙~⑩과 같은 소재나 상황을 부각하여 얻고자 하는 효과로 적절하지 <u>않은</u> 것은? ◐ 8450-0354

① ⊙: 할아버지가 많은 짐을 옮기는 것이 예전에 비해 힘들다는 것을 드러낸다.
② ⓒ: 할아버지와 할머니가 나이에 비해 순수하고 순진한 면이 있다는 것을 강조한다.
③ ⓒ: 할아버지와 할머니가 강아지와 함께 정답게 살고 있음을 서정적으로 드러낸다.
④ ⓔ: 자신은 돌보지 않고 할아버지의 옷 하나하나 챙기려 하는 할머니의 정성을 강조한다.
⑤ ⑩: 할머니가 죽어서도 할아버지와 함께하기를 바라는 마음을 상징적 행위로 드러낸다.

3 〈보기〉와 관련지어 윗글에 나타난 '물'의 이미지를 설명한 내용으로 가장 적절한 것은? ◐ 8450-0355

● 보기 ●

　물은 동서양을 막론하고 생명의 원천으로 인식되어 왔다. 또한 더러운 것을 정화하는 수단으로 활용되기도 했다. 불완전하거나 결핍된 것을 완전하게 하거나 충족시켜 주는 매개체로 등장하는 것이다. 물을 통해 새로운 모습으로 변모하는 것이다. 하지만 캄캄한 물, 깊고 어두운 물은 죽음을 가져온다. 게다가 이승을 떠난 사람들은 물을 건너 지하나 천국에 다다르게 된다. 따라서 물은 정신적, 육체적인 죽음을 상징할 수도 있다.

① 할아버지가 받아먹는 '눈'은 물의 또 다른 형태로, 생명의 원천과 순환을 의미하는군.
② 할아버지를 보고 흘린 가족들의 '눈물'은 더러운 것을 정화하는 수단이라 할 수 있군.
③ 할머니가 옷을 태울 때 내리는 '장대비'는 깊고 어두운 물로 죽음을 떠올리게 하는군.
④ 할머니가 우산을 쓰고 서 있던 '냇가'의 물은 결핍된 것을 충족시켜 주는 매개체이군.
⑤ 할머니가 수의를 널고 하염없이 바라보는 '물'은 할머니의 정신적 죽음을 상징하는군.

1 할아버지가 Ⓐ와 같이 대답한 까닭을 할머니를 염두에 두고 서술하시오. ◐ 8450-0356

2 'S# 병원 1'을 통해 알 수 있는 내용을 서술하시오. ◐ 8450-0357

[1~2] 다음 글을 읽고 물음에 답하시오.

S# 과거, 나들이.

어느 가을, 빨간 한복을 입고 나들이 나온 할머니와 할아버지.

할아버지: 꽃이고 나뭇잎이고 사람과 다 똑같아요. 저 나뭇잎도 봄이 되면 피어서 여름 내내 비 맞고 잘 살다가, 가을에 서리가 내리면 그만 떨어진단 말이야. 사람도 그것과 한가지래요. 처음에 어렸을 때는 꽃송이가 생겨서 핀단 말이에요. 이래 피면 피어서 그대로 있으면 좋은데, 그만 나이가 많으니 오그라져 떨어져요. 떨어지면 헛일이야. 떨어지면 그만이야.

S# 마당의 의자.

마당의 빈 의자. 많이 노쇠한 할아버지, 의자에 와서 앉아 신발을 다시 챙겨 신는다. 할아버지의 모습과 빈 의자(디졸브), 다시 빈 의자(페이드 아웃).
공순이의 모습. 마을 길을 나서는 할머니. 눈길이다.

S# 할아버지의 죽음.

할아버지의 입관. 할머니와 자식들. 할머니, 할아버지를 쓰다듬으면서 운다.
눈길, 선산으로 향하는 큰아들. 무덤가에서 불을 피운 할머니의 뒷모습. 할머니는 전에 시장에서 사 두었던, 어릴 때 죽은 자식들의 내복을 태운다. / 눈물 닦는 할머니, 무덤 위의 눈사람.

할머니: 아이들을 할아버지가 가서 만나거든, 아이들이 올 거예요. 오거든 옷 한 벌씩 입혀요. 그전에 나하고 약속했잖우.

할머니는 다시 할아버지의 옷을 태운다.

할머니: 할아버지, 가져가서 내년 봄 되면 입으셔요. 내년 봄날 따뜻해지면 입으셔요. 이건 할아버지 러닝셔츠야. 날 따시거든 입어. 내가 없더래도 잘해요. 깨끗이 낯도 닦고. 깨끗하게 하고 다녀요, 할아버지. 내가 없더래도 할아버지 보고 싶더래도 참아야 돼. 나도 할아버지 보고 싶더래도 참는 거야.

눈물 닦는 할머니, 무덤 위의 눈사람.

할머니: 할아버지요, 나는 집으로 가요. 나는 집으로 가니, 할아버지는 잘 계세요. 춥더라도 참고.

할머니는 걷다가 무덤을 다시 뒤돌아보고 흐느낀다. 흐느끼면서 겨우 발걸음을 옮기던 할머니, 무덤을 바라보면서 주저앉아 흐느낀다.

---

1 'S# 과거, 나들이'를 삽입하여 전달하고자 하는 내용에 대해 서술하시오.　　　　　◉ 8450-0358

2 〈보기〉를 참고하여 'S# 마당의 의자'에 '디졸브'와 '페이드아웃'을 활용한 이유를 서술하시오.　　　◉ 8450-0359

> ● 보기 ●
>
> 디졸브(dissolve): 한 화면이 사라짐과 동시에 다른 화면이 점차로 나타나는 연출 기법.
> 페이드아웃(fade out): 영상에서 화면을 점차 흐리게 하여 결국에는 소거하는 연출 기법.

03 소통과 공감

❶ 이정명 원작, 김영현·박상연 극본, '뿌리 깊은 나무'

➡ **작품 안으로** **주제**: 훈민정음 창제 및 반포 과정에서의 갈등과 소통을 위한 노력

특징: 세종 대왕의 훈민정음 창제 과정과 훈민정음을 반포하기 위한 노력을 부각하고 있으며, 당시 지배 계급인 양반들의 반대와 글자에 대한 백성들의 인식 수준을 상세히 드러내고 있는 드라마 대본이다. 지식 전달 수단으로서 문자를 독차지하기 위한 세력들의 논리와 저항을 형상화하여, 역으로 문자의 창조와 반포가 힘없는 백성들에게 매우 중차대한 일임을 보여 주고 있다.

⬅ **작품 밖으로** 2011년에 방영된 방송 드라마의 대본이다. 조선 세종 시대 훈민정음 반포를 준비하던 시기를 배경으로 집현적 학사들의 연쇄적인 죽음이라는 소재를 활용하였다. 역사적 사실에 허구를 적절히 가미한 팩션 드라마로 훈민정음 창제와 반포 과정에 대한 이해를 높여 준다는 점에서 좋은 반응을 얻었다.

내용 구조도

S# 13.

훈민정음의 창제와 반포가 유학을 버리는 일이라고 주장하는 혜강과, 훈민정음의 창제와 반포야말로 유학을 위한 일이라고 주장하는 이도(세종)

⬇

S# 14. ~ S# 16.

훈민정음 창제 및 반포에 반대하는 이들을 만나 하나하나 설득하기 시작하는 이도의 모습

⬇

S# 55.

이틀 만에 글자를 쓰기 시작한 개파이와 연두를 보고 놀라는 가리온과 한가 놈

꼭 필요한 내용 연구

● **훈민정음 반포를 반대하는 논리**
세종이 훈민정음을 백성들에게 반포하려 했을 때 최만리 등의 신하 등은 반대 상소를 올려 이를 막으려고 했다. 그들은 중국과 다른 문자를 만드는 것은 스스로 오랑캐가 되는 행위이며, 이미 설총의 이두가 있기 때문에 따로 글자가 필요하지 않다고 주장했다. 또한 그들은 글자가 백성들의 원통함을 푸는 데 별다른 도움이 되지 않는다고 주장하기도 했다.

S# 13. 광화문 앞 (낮)

혜강 맨 앞에 앉아 있고, 유생들 뒤에 앉아 "전하!"하며 시위하고 있는데, 순간, 광화문이 활짝 열리면서, 내시와 궁녀들이 의자와 괘도*등을 들고 와, 시위하는 유생들의 앞에 놓는다. 이게 뭔가 싶은데 이때 이도가 걸어 나와 혜강의 앞에 앉는다. 경비를 서고 있던 채윤도 그런 이도를 의아하게 본다.

혜강: (그런 이도를 보며) 전하! *어찌 성리학을 버리시고 스스로 이적*이 되려 하시옵니까?

이도: 좋소! 허면 글자를 만드는 일이 어찌 성리학을 버리는 일인지부터 논하도록 합시다. (하고는 유생들 모두에게) 누구든 나와 자유로이 얘기하라!

cut, 이도의 괘도에 크게 쓰여 있는 ㉠'武(무)'자. 앞엔 혜강이 있다.

혜강: *중국의 한자는 그냥 글자가 아니옵고…… 그 자체로 유학의 도이며, 개념이옵니다. (화면의 '무'자 보이며) 보시옵소서. '싸울 무' 자에는 '창'과 '그치다'라는 두 개의 글자가 들어 있사옵니다.

이도: (보고)

혜강: 즉 '싸울 무' 자 자체에 싸움을 그치게 하라는 의미와, 싸움을 하지 않기 위한 싸움이라는 '유학의 도'가 들어 있는 것이옵니다. 헌데…… 다른 이적의 글자에 이런 도가 있을 수 있사옵니까?

이도: …….

혜강: 전하의 글자는 이것을 표현할 수가 있사옵니까? / **채윤**: (보는데)

이도: 아니오, 없소.

혜강: (그럼 그렇지.) 헌데 어찌 유학을 버리는 것이 아니라 하시옵니까?

이도: 허면 말이오. (하며 괘도로 간다.)

cut. 괘도에 ㉡'作開言路 達四聰'이라고 써 있고, 앞엔 이도가 서 있다.

이도: 작개언로 달사총, 즉 언로*를 틔워 사방 만민의 소리를 들으라. 이것이 유학에서 임금에게 가장 강조하는 덕목이오.

혜강: 예, 전하. 백성의 소리를 들으시면 됩니다.

이도: (무시하고) 삼봉 정도전의 '경제문감'에 이르기를.

혜강: (멈칫)

모두: (멈칫)

이도: 요순 3대에는 간관*이라는 관리가 없었음에도 언로는 넓었으나 진나라 때 모든 비방을

• 훈민정음의 실용성
세종이 만든 훈민정음은 총 28
자의 자음과 모음으로 거의 모
든 음성을 표기할 수 있으며,
우리나라 말소리와 딱 맞아 떨
어진다는 장점이 있었다. 배우
기 쉽고 사용하기 쉬운 문자인
훈민정음은 민간에 널리 전파
되어, 백성들의 삶을 윤택하게
하는 데 지대한 공헌을 한다.

어휘 풀이
*괘도: 벽에 걸어 놓고 보는 학습
용 그림이나 지도.
*이적(夷狄): 오랑캐. 주로 중국
한족이 아닌 '이민족(언어 · 풍습
따위가 다른 민족)'을 낮잡아 이
르는 말.
*언로: 신하들이 임금에게 말을
올릴 수 있는 길. 여기서는 백성
들도 포함함.
*간관: 사간원과 사헌부에 속하여
임금의 잘못을 간(諫)하고 백관
(百官)의 비행을 규탄하던 벼슬
아치.
*교화: 가르치고 이끌어서 좋은
방향으로 나아가게 함.

구절 풀이
*어찌 성리학을 버리시고 스스로
이적이 되려 하시옵니까?: 훈민
정음을 창제하고 반포하는 일이
중국의 성리학을 버리고 스스로
오랑캐가 되는 일이라며 반대하
는 입장을 드러내고 있다.
*중국의 한자는 ~ 개념이옵니다:
표의 문자인 한자가 가진 특징
과 상징적 의미를 들어 성리학
의 이념을 드러내기 좋은 한자
의 장점을 강조하고 있다.
*이는 말이오 ~ 정확히 맞아떨
어지오: 한자를 아는 자가 생기
면서 언로가 막히기 시작한 상
황을 근거로, 한자 외에 다른 문
자가 필요하다는 사실을 강조하
고 있다.
*사람의 자질이 날 때부터 ~ 임
금의 책무로 말한단 말이냐?: 사
람의 자질이 날 때부터 정해져
있는 것이 아님을 강조하며, 문

금지한 뒤, 한나라에 이르러 언로를 터 주기 위해 간관을 만들었으나 간관이라는 관리가 생기면서 언로는 더욱 막히었다. 이런 말이 있지요?

채윤: (보는데)

혜강: ……

이도: *이는 말이오, 한자를 아는 자가 관료가 된 시기와 정확히 맞아떨어지오. (점점 강한 목소리로) 한자가 어렵기에, 백성들이 그들의 말을 임금께 올리려면 관료를 거칠 수밖에 없었고!

채윤: (보는데)

이도: 그 관료들은 백성의 소리를 왜곡, 편집하여 올린 것이오! 하여 언로가 막혔다 쓴 것이오! 삼봉은!

혜강: ……

이도: 난 유학에서 가장 중시하는 덕목, 언로를 틔워 주고 싶고, 하여 백성의 글자가 필요하다 판단하였고. 내가 어찌 유학을 버린 것이오? / 채윤: (보는 데서 cut.)

S# 14. 경복궁 일각 (낮, ㉮ S# 14.~16. 몽타주)
한곳에 관리들 모여 있고 이도가 그 앞에 서서,

장은성: 하오나 더 쉽다는 이유로 한자를 버리는 선비들이 늘면 어찌하옵니까? (cut.)

이도: 선비란 배우는 것이 직업이다. 더 쉬운 것이 있다 하여 한자를 배우지 않는다면 그것은 선비의 탓이지, 백성의 글자를 만든 내 탓도 백성의 탓도 아니다.(cut.)

S# 15. 성삼문 술 마신 곳 (낮)
돌아가려는 관리들을 붙잡고는

이순지: '삼강행실도'를 그림으로 그려 배포하여도 패륜의 죄를 저지르는 자는 있는 것이옵니다. 사람의 선악은 그 사람의 자질에 달려 있는 것이지……(cut.)

이도: (버럭) 네놈이 선비냐? 네놈이 유학자야? 유학의 근본은 끊임없는 수양으로 인간의 본성에 도달할 수 있다는 것이다! *사람의 자질이 날 때부터 이미 정해져 있는 것이라면, 유학에서 어찌 교화*를 임금의 책무로 말한단 말이냐? (cut.)

> S# 16.

〈중략〉

S# 55. 반촌 한구석 (낮)
한가 놈이 어느 쪽을 보면 옆의 가리온도 한가 놈을 보는 곳을 보는데 땅바닥에 쪼그리고 앉아 마주 보고 있는 개파이와 연두. 나뭇가지로 땅에 뭔가를 쓰며 놀고 있다. 개파이가 손바닥으로 흙을 지우더니, 새로 쓴다. "카르페이". 그 앞에 연두가 쓴 글자도 보인다. "나는 밥을 먹었다."
가리온, 놀라서 본다.

한가 놈: (자기도 믿기지 않아) 개파이는 자기 이름을 쓰고, 연두는 이 글자로 문장을 쓰고 있습
　　　　니다.

가리온: (쿵!)……!

한가 놈: 이틀 만입니다!

가리온: (쿵! 천천히 개파이에게 다가가 이름 쓴 걸 가리키며) 이게 뭐냐?

개파이: 내…… 이름이다.

가리온: 어떻게…… 읽는 것이냐?

개파이: (한 글자씩 짚으며) 카……르……페……이…….

가리온: 진정…… 이틀 사이에……?

　　하는데 연두, 옆에서 뭔가를 쓰고 있다. 가리온 고개 돌려, 연두가 쓴 것을 보는데, 바닥에 있는 글
자는 다음과 같다.
　　"진정 이틀 사이에" 한가 놈도 보고 놀란다.

1 S# 13에서 시위하는 '유생들'이 가장 강조하는 가치가 무엇인지 찾아 한 단어로 쓰시오.

2 S# 55에서 작가가 '이틀'을 강조한 까닭은 무엇인지 쓰시오.

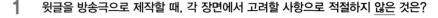

실력 다지기

정답과 해설 60쪽

1 윗글을 방송극으로 제작할 때, 각 장면에서 고려할 사항으로 적절하지 <u>않은</u> 것은?　　◑ 8450-0360

① S# 13.: 혜강과 시위하는 사람들은, 내시와 궁녀들이 괘도를 들고 오는 것을 보고 이도의 의도를 궁금해하는
　표정을 짓게 한다.

② S# 13.: 첫 번째 'cut' 이후에는 혜강이 이도를 설득하고, 두 번째 'cut' 이후에는 이도가 혜강을 설득하는 대
　비적 구도가 잘 드러나도록 한다.

③ S# 14.: 이도가 모여 있는 관리들을 청중으로 삼아 자신의 생각을 강변하는 듯한 모습으로 장면을 구성한다.

④ S# 15.: 이순지가 '삼강행실도'를 언급했다는 것에 대한 불만이 표출될 수 있도록 소품으로 준비한 책을 내던
　지는 장면을 삽입한다.

⑤ S# 55.: 연두가 "진정 이틀 사이에"라는 글자를 쓰고 있는 장면을 포착하여, 한글의 우수성을 보고 놀라는 인
　물들의 표정을 강조한다.

2 작중 인물이 ㉠과 ㉡을 활용하는 방식을 설명한 내용으로 적절하지 <u>않은</u> 것은? ● 8450-0361

① 혜강은 중국의 한자 자체가 유학의 도와 개념을 담아내고 있음을 강조하기 위해 ㉠을 제시하였다.

② 이도는 ㉡이 의미하는 바를 구체화하여 ㉠과 관련해 한자에 유학의 도가 담겨 있다는 혜강의 주장이 잘못된 것임을 밝히고 있다.

③ 혜강은 중국의 한자가 이도가 만든 글자와 달리, 특정한 의미를 표현할 수 있는 뜻글자임을 ㉠을 통해 드러내고 있다.

④ 이도는 자신이 글자를 만든 취지를 밝히기 위해 유학에서 강조하는 ㉡이 달성되지 않는 현실 상황을 언급하고 있다.

⑤ 혜강은 ㉠을 활용해 이도의 행위를 막으려 하고, 이도는 ㉡을 통해 자신의 행위가 정당함을 인정받으려고 하고 있다.

3 〈보기〉의 설명과 ㉗를 고려하여 S#16 에 들어갈 내용을 추론한 것으로 가장 적절한 것은? ● 8450-0362

● 보기 ●

'몽타주'는 프랑스어로 '조립하는 것'을 뜻한다. 즉 A라는 장면과 B라는 장면을 합쳐 C라는 해석이 가능한 장면을 만들어 내는 장면 구성 기법이다. 몽타주는 화면 방향, 연속성, 주제, 등장인물, 조명 등과 같은 요소에서 상호 연관성이 떨어지는 일련의 컷들로 구성된다. 그럼에도 이런 일련의 컷들이 하나의 주제, 즉 '열차가 계속해서 나아갔다.'라든가 '폭설로 인해 도시는 침묵의 거리로 돌변했다.'와 같은 단일한 주제나 분위기를 표현할 때 주로 사용한다.

① S# 16에는 연두와 개파이가 한글을 배우며 즐거워하는 장면이 구성되겠군.

② S# 16에는 가리온과 한가 놈이 혜강을 만나 의논을 하는 장면이 구성되겠군.

③ S# 16에는 채윤이 이도에게 글자를 만든 까닭을 물어보는 장면이 구성되겠군.

④ S# 16에는 이도가 다른 곳에서 새로운 사람을 만나 설득하는 장면이 구성되겠군.

⑤ S# 16에는 혜강이 이도를 찾아와 이도의 논리를 재반박하는 장면이 구성되겠군.

1 혜강, 장은성, 이순지의 공통점은 무엇인지 서술하시오. ● 8450-0363

2 S# 55에서 개파이와 연두를 통해 강조하고 있는 훈민정음의 특징을 서술하시오. ● 8450-0364

[1~2] 다음 글을 읽고 물음에 답하시오.

채윤: (기막혀하며 보며) 대의를 위해…… 목숨 따윈 아깝지 않다? 윗분들, 참 대단들 하십니다. 윗분들 싸움, 참
　　으로 재밌습니다! 한데 그거 아십니까? 윗분들이 글자를 주네 마네 하는 그 백성들 말입니다.

광평·소이: (보면)

채윤: (방 가리키며) 이런 방도, 양반이 읽어 주지 않으면, 내용도 파악 못 하는 그런 백성들! 정작 그들은 어디에
　　관심 있는 줄 아십니까? 전하께서 글자 만드는 거? 글자 포기하라는 겁박? 아닙니다! 그냥 대군마마가 납
　　거되셨다는 겁니다! / 광평: …….

채윤: 모두가 대군마마 걱정만 하지, 전하께서 글자 만드는 것엔 아무도! 상관 안 합니다! 단 한 명도! 글자 얘긴
　　안 한다고요! 윗분들은 글자 만드네 마네를 두고, 대군마마 목숨까지 걸고 싸우는데! 우리는! 우리 백성들
　　은 그딴 거에 관심도 없다 말입니다!(하는데)

광평: (자르며, 버럭) 전하께선 그것을 바로잡으시려는 것이다! 백성들에게, 우리의 싸움이, 윗것들의 싸움이! 자
　　신들의 삶에 어떻게 영향을 미치는지! 우리의 싸움이 백성들에게도 상관없는 일이 아님을! 알게 하시려는
　　것이란 말이다!

채윤: (비웃듯) 해서, 백성들이 글자를 알면, 우리가 그딴 걸 알게 됩니까? (한심하다는 듯) 아니, 그 전에, 그 글자
　　를 내놓으면, 정말로 백성들이 글을 알게 될 거라 생각하시는 겁니까? 양반님들이야 공부하는 게 일이니,
　　오 만 자도 넘는 한자들도 줄줄 외우겠죠. / 광평: (보고)

채윤: 예, 저도 뭐 한 천 자 정도는 압니다. 한데 그거 배우는 데 얼마나 힘들었는지 아십니까? 제가 머리가 나빠
　　서요? 아닙니다! 시간이 없어섭니다! 이게 바로 백성들의 삶입니다! 목숨 부지하고 살려면, 동트기 전부
　　터, 해 질 때까지 허리도 못 펴고 일만 해야 하는데! 언제 글자를 배운단 말입니까!

광평: 아직 해 보지도 않지 않았느냐! 할 수 있다!

채윤: (답답해) 오 만 자 중에 천 자 배우는 데도 오래 걸렸습니다. 헌데 배워요? 전하께서 만드신 글자는 몇 자나
　　되길래요? 오 천 자? 삼 천 자? 아님 천 자?(하는데)

광평: (오버랩으로, 낮게) 스물여덟 자다. / 채윤: (잠시 멈칫) 천스물여덟 자요?

광평: 아니. (의기양양한 표정으로, 또박또박) 그냥, 스물, 여덟 자.

채윤: (놀라 보다가 맞냐는 듯 소이 보는데) / 소이: (고개를 끄덕인다.)

채윤: (놀라서 멍하게 소이, 광평 번갈아 보다가) 그……게 말이 됩니까? 이 헛간 안에 있는 물건도 스물여덟 개가 넘
　　습니다! 글자는 세상을 다 담아야 하는 거 아닙니까? 헌데, 어찌 스물여덟 자로 만 가지, 이만 가지의 뜻을
　　담는단 말입니까?

광평: 만 가지, 이만 가지가 아니다. 십만 가지…… 백만 가지도…… 담을 수 있다.

　채윤, 경악. 도저히 믿기지 않는 얼굴인데, 갑자기 속치맛단을 찢더니 소매에서 작은 붓과 작은 벼루를 꺼내 뭔가 쓰기
시작하는 소이. 순식간에 자모음 스물여덟 자를 써 채윤 앞에 놓는다.

소이: 이거야……. 이것만 외우면 돼.

1 채윤이 백성들이 글자를 배우지 못하는 까닭으로 제시한 내용을 서술하시오.　　　◐ 8450-0365

2 '스물여덟 자'라는 광평의 대답에 채윤이 놀란 까닭을 구체적으로 서술하시오.　　　◐ 8450-0366

❷ 이해준, '김씨 표류기'

> 📌 **작품 안으로** **주제**: 도시의 삶에 적응하지 못한 남자와 은둔형 외톨이 여자의 소통과 희망
>
> **특징**: 비정한 현대적 삶에서 괴리된 남자와 사람들 간의 소통에 실패하고 은둔형 외톨이가 되어 버린 여자의 삶을 보여 주면서 그들 사이에 일어나는 소통과 공감을 보여 주는 시나리오이다. 서울 한강의 외딴 섬에 떨어져 홀로 살아가는 남자의 고군분투와 그것을 멀리서 바라보면서 응원하기 시작하는 여자의 소통과 변화를 통해 소통과 공감의 중요성을 나타내고 있다.
>
> 📌 **작품 밖으로** 이 작품은 2009년에 상영된 이해준 감독의 영화 '김씨 표류기'의 시나리오이다. 전체적으로 코미디의 요소가 강하지만, 소통이 단절된 사람들 간의 진지한 이야기를 담고 있어서 작품성과 예술성도 인정받는다. 바쁜 삶과 냉정한 사회에 차이며 살아가는 현대인들의 삶을 담아내기 위해 가장 흔한 성 씨인 '김 씨' 두 명을 주인공으로 삼았다. 남자 '김 씨'가 직접 만들어 먹는 짜장면은 고달픈 삶에 좌절했던 개인이 자신의 삶에 대한 희망과 의지를 담아 혼자 힘으로 만들어 낸 결과물이라는 점에서 의미가 깊다.

내용 구조도

S# 83. ~ S# 85.

여자가 보내 준 짜장면을 거절하는 남자. 짜장면을 직접 만들어 먹는 일이 그의 삶의 유일한 희망임을 알게 됨.

⬇

S# 98. ~ S# 99.

마침내 온전히 자신만의 힘으로 짜장면을 만들어 먹는 남자. 짜장면을 먹으며 북받치는 감정을 느끼는 남자와 그것을 지켜보며 진심으로 축하하는 여자

⬇

S# 100. ~ S# 101.

자신만의 세계였던 붙박이장이 점점 비좁게 느껴지는 여자. 붙박이장을 나와 방 안으로 나서는 달라진 모습을 보임.

⬇

S# 102.

오리 배 안에서 여자가 와인 병에 넣어 보낸 편지를 읽고 있는 남자. 영어로 축하한 상대방에게 영어로 질문하며 진심 어린 소통을 꿈꾸기 시작함.

꼭 필요한 내용 연구

● **한강 밤섬에 표류한 남자 김 씨**

현대적 삶에 적응하지 못하고 빚쟁이가 되어 모든 것을 잃어 버린 남자 김 씨는 한강에서 자살 시도를 하다가 물결에 휩

S# 83. 방 (오후)

여자의 망원 렌즈 시점.

짜장면을 들고 배달원 앞까지 걸어오는 남자. 짜장면을 내려놓는다. 배달원에게 '뭐라 뭐라' 하는 남자. 그러고는 돌아서 가 버린다. 황당한 배달원. 어쩔 수 없이 짜장면을 도로 철가방에 담는다.

카메라에서 눈을 떼는 여자. 놀라는 표정.

S# 84. 한강 한복판 (오후)

화를 내며 오리 배의 페달을 돌리고 있는 배달원.

배달원: (잔뜩 짜증 난 목소리로) 내가 진짜…… 아우, 진짜…….

S# 85. 현관 (오후)

딩동! 딩동! 딩동! 짜증 날 대로 난 배달원. 대답이 없자 현관 앞에 급기야 무작정 짜장면을 내려놓는다.

배달원: 아, 몰라, 몰라, 몰라! 직접 전해 주든지, 먹든지, 버리든지……. (울먹이며) 다리에 알 배었거든요!

배달원이 씩씩대며 돌아서 가는데, 철컥. 걸쇠에 걸린 현관문이 살짝 열린다.

여자: 저기요!

배달원, 극도의 짜증을 억지로 삼키며 천천히 돌아서는데, 여자가 안 보인다. 배달원, 천천히 현관을 향해 걸어가면 문 안쪽, 좁은 문틈으로 마치 공포 영화의 한 장면처럼 드러나는, 애써 얼굴을 돌리고 서 있는 긴 흑발의 여자. 놀라서 멈칫하며 주춤대는 배달원.

배달원: 왜들, 그러세요……. 들…….

여자: *그 남자……. 다른 말 없었어요? 뭐라고 하는 거 같던데…… 그죠? 뭐라고 그랬어요?

여자는 잠깐잠깐 배달원과 눈을 마주치지만 애써 시선을 피한다.

배달원: (잠시 본다.) 참, 두 분…… 서로 참, 관심 있으신가 봐요……. 막 애틋할라 그러네?

여자: ……. / **배달원**: 전해 달래요.

여자: (동그랗게 떠지는 두 눈)

배달원: (갑자기 정색하며) 자기한테 짜장면은……. 희망이래요.

여자: (듣는 표정) …….

쓸려 밤섬에 표류한다. 도심 속 외딴 섬에서 살게 된 남자는 구조대가 오지 않아 어쩔 수 없이 무인도 생활을 하게 되는데, 무인도의 삶에 적응할 무렵 누가 보냈는지 모르는 와인 병 편지를 받게 되면서 알 수 없는 희망을 품게 된다.

● **붙박이장 안에서 살아가는 여자 김 씨**
자신의 방 안, 비좁은 붙박이장 안에서 살고 있는 여자는, 대외적으로 누구와도 소통하지 않고 거짓된 존재로서 인터넷 상의 삶만 영위한다. 그녀는 자신의 유일한 취미인 망원 렌즈로 사진 찍기를 하다가 밤섬에 표류한 남자를 보게 되고 그에게 편지를 보내기 시작한다. 자폐아처럼 살아가던 여자에게 남자는 자신처럼 표류하고 있으면서도 꾸준히 삶을 향해 나아가는 존재이며, 그런 점에서 소통하고 싶은 존재이기도 하다.

어휘 풀이
*도배: 어떤 장소 따위를 특정 사물이나 게시물로 가득 채우는 것을 비유적으로 이르는 말.
*잡동사니: 잡다한 것이 한데 뒤섞인 것 또는 그런 물건.

구절 풀이
*그 남자…… 다른 말 없었어요? 뭐라고 하는 거 같던데…… 그죠? 뭐라고 그랬어요?: 여자가 남자가 짜장면을 거절한 이유에 대해 궁금해하고 있음을 알 수 있다. 평소와 달리 배달원에게 말을 거는 모습을 통해 여자가 남자에게 많은 관심을 가지고 있으며, 그를 이해하고 싶어 함을 알 수 있다.
*이제껏 흘려 본 적 없는 눈물. 말하자면 그것은 살아 있다는 증거 같은 눈물이다.: 자신이 직접 만든 짜장면을 먹으면서 삶에 대한 깨달음을 얻고 있는 순간이다. 삶이란 자신이 원하는 것에 도달하기 위해 한 발 한 발 나아가는 일에 불과하다는 것을 깨닫고 있다.

배달원: (정색한 표정 그대로) 그 남자, 가까이 하지 마세요. 그릇은…… 가지시고.

　배달원은 돌아서 간다. 이미 불어 터진, 남겨진 짜장면들을 바라보는 여자의 표정.

[중략 부분의 줄거리] 남자는 여자가 보낸 짜장면을 돌려보낸 뒤 더욱 열심히 농사를 짓는다. 결국 직접 기른 옥수수와 채소로 짜장면을 만든다.

S# 98. 짜장면 완성 (오후)

　모래사장. 김이 모락모락 나는 면을 그릇에 담는 남자. 양념 가루를 들어 조심스럽게 찢는다. 찢는 손길이 가볍게 떨린다. 툭 툭 툭 양념 가루의 마지막까지 남김없이 털어 낸다. 잘 익은 노란 면 위에 뿌려지는 검은 양념 가루. 나무젓가락을 꺼내 쓱 쓱 면과 양념 가루를 비비는 남자. 금세 시커멓게 변하는 면발. 마침내 어느 정도 비벼진 면을 잠시 바라보는 남자. 남자의 표정은 설명할 수 없는 감격으로 가득하다. 작게 벌린 입에서 흘러나오는 남자의 호흡이 가늘게 떨린다. 드디어 완성된 남자만의 짜장면을 한 젓가락 들어 입으로 가져간다. 후루룩 입속으로 빨려 들어가는 면발. 우걱우걱 씹는 남자의 감정이 어느 순간 북받친다. 감정을 누르고 다시 한 젓가락을 입속에 넣는다. 우걱우걱 씹을수록 점점 더 뜨거워지는 눈시울. 다시 북받치는 감정. 어느새 뚝뚝 떨어지는 굵은 눈물. 남자, 입가가 시커멓게 되도록 짜장면을 욱여넣어 보지만, 북받치는 감정을 참을 길 없다. 애써 웃어 보려 하는데 자꾸만 눈물이 흐른다. *이제껏 흘려 본 적 없는 눈물. 말하자면 그것은 살아 있다는 증거 같은 눈물이다. 그렇게 입 안 가득 짜장면을 물고 뜨거운 눈물을 흘리는 남자.

S# 99. 방 (오후)

　여자는 무언가를 바라보며 나지막히 말한다.

여자: (미소를 지으며) 콩그래츌레이션스…….

　남자의 사진들로 도배*된 벽면. 방금 인쇄한 남자의 사진을 붙이는 여자. 보면, 짜장면을 한가득 입에 물고 눈물을 흘리고 있는 남자의 얼굴. 바라보는 여자의 눈가도 투명하게 촉촉하다. *천천히 손을 뻗어 사진 속 남자의 눈물을 쓱 닦아 주는 여자. 여자의 눈에서 한 줄 눈물이 흐른다.

S# 100. 붙박이장 안 (밤)

　이리저리 몸을 뒤척이는 여자. 몸이 갑자기 커졌을 리도 없는데. 오늘따라 관같이 비좁게 느껴지는 붙박이장.

S# 101. 방 안 (오후)

　달빛이 드리운 한밤의 방 안. *드르륵 조용히 미닫이문을 열고 나오는 여자. 방 한복판 맨발로 선 여자. 쓰레기들을 한쪽으로 대충 밀치고 자리를 잡고는 천천히 몸을 눕힌다. 부드럽게 하늘거리는 커튼. 창가를 바라보던 여자. 시선이 어느새 평온하게 감긴다.

S# 102. 오리 배 안 (오후)

　그동안 받은 와인 병들이 줄지어 서 있는 오리 배 안. 여자의 편지. 'CONGRATULATIONS'를 보고 있는 남자. 바라보는 남자의 평온한 시선. 비록 짧은 단어지만 많은 감정을 읽을 수 있다. 한동안 보던 남자, 무슨 생각에선지 오리 배 안 구석, 잡동사니*가 쌓여 있는 곳에서 뭔가를 찾는다. 남자가 집어 드는 건 다름 아닌 휴대 전화. 목소리를 가다듬어 보는 남자. 폴더를 열고 잠시 후.

*천천히 손을 뻗어 사진 속 남자의 눈물을 쓱 닦아 주는 여자. 여자의 눈에서 한 줄 눈물이 흐른다.: 여자 또한 남자의 행위와 눈물의 의미를 이해하고 공감하였음을 보여 주고 있다.

*드르륵 조용히 미닫이문을 열고 나오는 여자.: 여자가 자신만의 공간에서 벗어나 더 넓은 세상으로 나오게 되었음을 상징적 행위로 드러내고 있다.

남자: 헬로?……. 하우 아 유?……. 파인 생큐, 앤 유? 파인 생큐! 음…… 웨얼 아 유 프롬?……. 코리안? 리얼리? 오 마이 갓! 미투! 미투! 아임 코리안! 프롬 도봉구……. 예…… 아…… 앤드, 아…….

할 얘기가 없다. 아니다, 하고 싶은 얘기는 애초 하나뿐이었다. 서서히 진지해지는 남자의 표정.

남자: 아이……. 아이…… 홉 투 씨 유……. 후 아 유?

진단 체크

답 1. 지영 자매가 짜장면을 먹자 자신이 살아 있음을 느끼고 싶어서. 2. 눈물

1 S# 83에서 남자가 짜장면을 거부한 까닭을 쓰시오.
2 남자의 행위에 대한 여자의 이해와 공감을 드러내는 소재를 한 단어로 쓰시오.

실력 다지기

정답과 해설 61쪽

1 〈보기〉는 윗글의 시놉시스 중 일부이다. 〈보기〉를 고려하여 다음 장면을 연출하려고 할 때, 각 장면의 주의 사항으로 적절하지 않은 것은?

◉ 8450-0367

● 보기 ●

회사에서 구조 조정을 당하고 연인과 헤어진 뒤 대출로 많은 빚을 진 남자는 한강에서 자살을 시도했다가 실패하고, 밤섬에 떨어져 혼자 살게 된다. 어렵사리 목숨을 부지하던 남자는 익명의 쪽지가 담긴 와인 병을 발견하고 모래사장에 쓴 'HELP'를 'HELLO'로 바꾼다. 한편 좁고 어두운 붙박이장만이 세상의 전부였던 여자는 유일한 취미인 달 사진 찍기에 열중하던 중, 한강의 밤섬에서 혼자 사는 낯선 남자를 망원 렌즈로 발견하고 와인 병 편지와 짜장면을 보낸다.

① S# 83.: 망원 렌즈 시점임을 고려할 때, 남자와 배달원의 대사는 들리지 않아야 한다. 짜장면을 거부하는 남자의 행동에 황당해하는 배달원과, 놀라는 여자를 부각하여 관객의 예상을 깨뜨리도록 한다.

② S# 84.: 배달원이 한강의 밤섬에 짜장면 배달을 다녀오는 장면으로 오리 배의 페달을 돌리는 힘겨움이 충분히 느껴질 수 있도록 연기를 지시한다. 짜장면은 어디든 배달이 된다는 관습적 인식을 활용해 관객의 웃음을 유발하도록 한다.

③ S# 98.: 따끈따끈한 면과 양념 가루를 비비는 장면과 남자의 얼굴을 클로즈업하여 정말 좋아하는 음식을 먹을 때의 행복감을 표정에서 읽어 낼 수 있도록 한다. 희망을 이룬 기쁨에 흘린 눈물임이 느껴지도록 연기를 지시한다.

④ S# 99.: S# 98의 상황과 이어지는 장면으로 마침내 짜장면을 만들어 먹는 남자를 보고 축하해 주는 마음이 느껴질 수 있도록 한다. 사진 속 남자의 눈물을 닦는 행위가 여자의 마음을 위로하는 행위임이 느껴질 수 있도록 연출한다.

⑤ S# 102.: 와인 병을 통해 받은 여자의 편지들이 휴대 전화와 함께 잡동사니처럼 쌓여 있는 상황을 부각하도록 한다. 휴대 전화를 켜서 전화번호를 찾는 듯한 행동을 함으로써 자신을 떠난 연인에 대한 그리움을 느낄 수 있도록 연기를 지시한다.

2 〈보기〉와 관련지어 남자와 여자의 행위가 지닌 의미를 추론한 내용으로 적절하지 <u>않은</u> 것은? ○ 8450-0368

┌─ ● 보기 ● ───┐
│ ┌─────────────────────────┐   ┌─────────────────────────┐ │
│ │   '서울'이라는 도시   │   =   │   '집'이라는 공간   │ │
│ │   한강의 밤섬 (남자)   │   │   붙박이장 (여자)   │ │
│ └─────────────────────────┘   └─────────────────────────┘ │
└──┘

① 남자가 여자가 보낸 짜장면을 거절한 것은 '한강의 밤섬'이라는 자신만의 공간에서 혼자 힘으로 짜장면을 직접 만들어 먹겠다는 희망을 이루기 위한 것이군.

② 여자가 '한강의 밤섬'이라는 공간에서 홀로 살아가는 남자에게 관심을 갖게 된 것은 '붙박이장'에서 홀로 지내는 자신과 비슷하다고 느꼈기 때문이겠군.

③ 남자가 자신이 직접 기른 작물로 만든 짜장면을 먹고 흘린 뜨거운 눈물은 삭막한 '도시'에서의 삶을 벗어나 농촌으로의 도피를 택해도 된다는 확신을 표현한 것이군.

④ 여자가 평소와 달리 '붙박이장'이라는 공간을 비좁게 느끼는 것은 '한강의 밤섬'이라는 공간에 있는 남자와 자기 나름의 방식으로 소통하면서 깨달은 결과이겠군.

⑤ 여자가 '붙박이장'의 미닫이문을 열고 방 한복판으로 나오는 행위를 남자의 상황과 관련지어 보면 남자 또한 언젠가 '한강의 밤섬'을 나와 도시로 돌아올 가능성이 있겠군.

3 S# 85에서 '배달원'을 활용해 드러내고자 하는 내용으로 가장 적절한 것은? ○ 8450-0369

① 배달원의 분노와 짜증을 통해 갑질 문화에 대한 비판적 태도를 드러낸다.

② 여자를 보고 놀라는 배달원의 모습을 통해 여자의 이중적 성격을 드러낸다.

③ 배달원의 시선을 피하는 여자를 통해 배달원에 대한 부정적 인식을 드러낸다.

④ 배달원이 여자에게 하는 말을 통해 남자의 행위가 가지고 있는 의미를 부각한다.

⑤ 여자를 염려하는 배달원의 표정과 대사를 통해 진솔한 태도의 중요성을 부각한다.

서술형

1 S# 83에서 '여자'가 '놀라는 표정'을 지은 까닭을 서술하시오. ○ 8450-0370

2 S# 102에서 '남자'가 '휴대 전화'를 꺼내 드는 행위의 상징적 의미를 서술하시오. ○ 8450-0371

[1~2] 다음 글을 읽고 물음에 답하시오.

S# 67. 답장 (낮)

숲을 뛰쳐나온 남자, 모래사장까지 달려 나온다. 모래사장 위, 남자가 몇 개월 전에 써 놓았던 'HELLO'란 글자. 남자, 전방을 바라본다. 수많은 아파트와 빌딩들…… . 누군가를 찾듯 먼 시선으로 살피지만 막막할 뿐이다.

S# 68. 밭 (낮)

밭에 쪼그리고 앉아 김매기를 하고 있는 남자. 허수아비를 향해

남자: 그렇잖아? 정황이 그렇잖아, 정황이…… . 그거 나한테 온 거라고 밖에 생각이 안 돼요. 야, 그럼 그게 거기 왜 있어? 그게? 아니, 헬로래잖아. 헬로, 헬로, 헬로 몰라? / 허수아비: …… .

남자: (허수아비를 바라보며) 그러니까 내말은 (허수아비에게 입힌 **바지**를 벗겨 자신이 입으며) 분명히 누군가가, 나를 쭉 지켜보고 있었다. / 남자: (허수아비가 자신에게 말했다는 듯 허수아비를 바라보며) 변태, 사이코?

S# 71. 경비실 (새벽)

띵! 엘리베이터 문이 열리면. 지익. 지익. 로봇 모양의 장난감이 걸어 나온다. 경비, 장난감을 들어 바라본다. 도대체 무슨 영문인지 알 수 없다는 표정이다.

경비: (갸우뚱) / 경비 뒤로 **헬멧**을 쓴 채 경보로 쏜살같이 지나가는 여자.

S# 72. 서강 대교 (새벽)

휙! 와인 병을 힘껏 던지는 여자. 밝은 달빛이 비친 강물이 잠시 흔들거린다. 남자에게 와인 병이 전해질 거라는 확신에 찬 여자. 그리고 곧 조금의 지체 없이 자리를 뜨는 여자.

S# 73. 나비 (새벽)

돌아오는 길. 다다다. 골목길을 빠른 속도로 지나가는 여자. 문득 무언가에 시선을 **빼앗기고**는 천천히 속도를 줄여 멈춰 선다. 잠시 망설이다가, 몸을 돌려 지나친 곳을 다시 되돌아가는데. 보면, 어느 집 담벼락. 가로 등불 아래 하얗게, 빨갛게 피어 있는 정체 모를 꽃나무. 그 꽃나무에 앉는 흰 나비 한 마리. 그리고 그 나비를 향해 날아오는 다른 흰 나비. 나비 두 마리는 서로 어울려 날아다닌다.

NA. 화면과 화면이 점차 점차 살아납니다. 레드, 썬.

S# 74. 숲 (낮)

숲속. 어딘가에 파묻혀 있는 와인 병. / 화면 안으로 남자의 손이 드러나며 와인 병을 집어 든다. 보면, 한참 동안 숲을 뒤진 듯 남자의 몰골이 말이 아니다. 헉헉헉…… . 마침내 발견한 와인 병에 뛸 듯이 기쁜 남자. 꼴딱. 마른 침을 삼키고, 급하게 뚜껑을 열어 병 안에 든 종이를 꺼낸다. 설레는 마음을 애써 진정하며 돌돌 말린 종이를 펴는 남자. 도저히 믿기지 않는다는 듯한 남자의 표정.

남자의 손에 들린 종이 클로즈업. 종이 위에는 인쇄된 글씨, 'FINE, THANK YOU AND YOU?'가 적혀 있다.

1 S# 68의 '바지'와 S# 71의 '헬멧'이 어떠한 의미를 가지는지, 대인 관계를 중심으로 서술하시오. ◑ 8450-0372

2 S# 72와 S# 74에서 벌어진 핵심 사건의 의미를 S# 73의 '나비'를 활용하여 서술하시오. ◑ 8450-0373

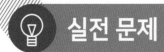
[1~3] 다음 글을 읽고 물음에 답하시오.

[앞부분 줄거리] 30대 중반의 정원은 불치의 병으로 시한부 인생을 사는 사진사이다. 죽음을 담담하게 받아들일 준비가 되어 있던 정원은 주차 위반 사진을 인화하러 온 주차 단속원 다림을 만나면서 그녀에게 서서히 끌리게 된다.

S# 79. 놀이 공원 – 롤러코스터 (낮)

롤러코스터를 타고 있는 정원과 다림. 정원과 다림의 아우성치는 모습.

정원의 시점으로 달리는 롤러코스터에서 보이는 풍경. ㉠심하게 흔들리며 빠르게 지나가는 풍경이 고속 촬영으로 흔들림과 속도가 서서히 줄어들며 화면도 어두워진다.

S# 80. 벤치 (낮)

정원과 다림은 하드를 먹으며 말없이 앉아 있다. 사이를 두고 앉은 둘의 모습은 어색해 보인다.

S# 81. 학교 운동장 (낮)

멀리 텅 빈 운동장을 가로질러 뛰어가는 정원과 다림의 모습이 보인다. 운동장을 달리고 있는 다림과 정원. 정원은 얼마를 못 가서 자리에 멈춰 서 가쁜 숨을 고르고 있다. 정원을 뒤에 두고 달리는 다림. 혼자서 운동장을 달리는 다림. 운동장 나무 그늘에 앉아 있는 정원. 다림, 정원 앞으로 숨을 헐떡이며 다가온다.

〈중략〉

S# 108. 찻집 (낮)

거리가 보이는 찻집. 정원, 창가에 앉아 창밖을 내다보고 있다. 유리창에 반사된 정원의 얼굴. 얼굴 너머로 멀리 분주하게 일하고 있는 다림이 보인다.

정원, 손가락을 가만히 유리창에 갖다 대 본다. ㉡다림이 움직이는 대로 따라 움직이는 손가락.

S# 109. 암실

현상액 속에 인화지를 넣는 정원.

㉢서서히 사진의 형체가 드러나면서 다림의 얼굴이 보인다. 전에 정원이 찍어 준 다림의 증명사진이다.

현상액 속에서 웃고 있는 다림의 얼굴.

S# 110. 정원 집 마당 (낮)

잎새가 다 떨어지고 가지만 남은 화초들이 화분에 담겨 마당에 놓여 있다.

카메라가 마루로 천천히 이동하면 정원이 바가지를 앞에 놓고 만년필을 만지고 있다. 만년필의 촉을 빼고 안을 분해하자 말라붙은 잉크가 덩어리져 있다. 잉크가 말라붙은 심을 물이 담긴 바가지에 넣자 투명한 물에 잉크가 풀어진다.

S# 111. 사진관 (낮)

정원은 테이블 위에 편지지를 놓고 편지를 쓰고 있다.

다 쓴 편지를 곱게 접어 봉투에 넣는 정원.

S# 112. 슈퍼마켓 앞 (해 질 녘)

파라솔 의자에 나란히 앉아 있는 철구와 정원. 지나가는 사람들을 본다.

철구: 그 주차 단속원 아가씨 너 입원하고 안 보이더라. 그만뒀대?

정원: …… 야, 벌써 가을이 다 갔네.

정원은 길가의 앙상한 가지들을 바라본다.

S# 113. 사진관 (밤)

정원은 선반 위에 있는 박스와 앨범을 꺼낸다. 자신이 학생 때 찍은 사진들 몇 장이 나온다. 몇 장을 보다가 박스를 밀어 넣고 앨범을 펼친다. ㉣한 장 한 장 앨범을 넘기면서 미소를 짓는다.

앨범을 넘기면서 정원의 미소는 점점 사라지고 눈시울이 뜨거워진다. 눈물을 글썽거리는 정원. 한 장의 사진이 앨범에 붙어 있다. ㉤자신이 찍어 준 다림의 증명사진이다.

정원, 앨범을 덮고 다림이 보낸 편지와 함께 다시 박스 속에 집어넣는다. 굳게 밀봉되는 박스.

S# 114. 촬영실 (밤)

정원, 벽에 걸린 손님용 양복을 입는다. 거울 앞에서 넥타이를 매는 정원.

카메라 앞에 놓인 의자 위에 앉는다. 정원, 다시 일어나 카메라를 보고 자신의 위치를 확인하고는 자리에 앉는다. 플래시가 터진다. 한 번, 두 번, 세 번, 활짝 웃는 정원의 얼굴이 화면에 가득 찬다.

그 사진은 그대로 정원의 영정 사진으로 디졸브*된다. 활짝 웃고 있는 정원의 영정 앞에는 향불이 연기를 피워 올리고 있다. 암전.

– 오승욱 · 허진호 · 신동환, '8월의 크리스마스'

*디졸브(dissolve): 한 화면이 사라짐과 동시에 다른 화면이 점차로 나타나게 하는 연출 기법.

---

1 윗글에 대한 설명으로 가장 적절한 것은?　　　　　　　　　　　　　　　　　　　　○ 8450-0377

① 잦은 장면 전환을 통해 내용상 거듭되는 극적 반전을 강조하고 있다.
② 음향 효과를 활용하여 점차 깊어지는 인물 간의 갈등을 암시하고 있다.
③ 상징적인 소품을 활용하여 인물의 성격이 변화하는 과정을 제시하고 있다.
④ 조명의 밝기 변화를 통해 인물이 심리적 갈등을 겪게 되는 상황을 부각하고 있다.
⑤ 대사보다는 지시문의 비중을 높임으로써 표정과 행동을 통해 인물의 심리를 표현하고 있다.

2 윗글의 각 장면에 대한 이해로 적절하지 <u>않은</u> 것은?　　　　　　　　　　　　　　○ 8450-0378

① S# 81에서 정원이 보이는 모습은 관객에게는 그의 건강 악화에 대한 정보로 작용하겠군.
② S# 108에서 찻집은 정원이 현재 겪는 사건과 다림의 과거 회상 장면이 겹쳐지는 장소이겠군.
③ S# 110에서 화초들의 모습은 정원이 처한 상황을 환기하는 기능을 할 수 있겠군.
④ S# 112에서 인물 간 대화는 관객이 다림에 대한 정원의 태도를 짐작할 수 있게 하겠군.
⑤ S# 114에서 사진을 통한 화면 전환은 시간 경과와 공간 변화를 동시에 드러내는 수단이 되겠군.

3 ㉠~㉤ 중 〈보기〉처럼 촬영하기에 적절하지 <u>않은</u> 것은?　　　　　　　　　　　　○ 8450-0379

> **● 보기 ●**
>
> 　영화에서는 카메라가 특정 인물의 시선을 대신할 때도 있다. 이 경우, 관객이 보는 화면은 그 인물의 시야에 들어온 시각 정보와 일치하는 것으로 간주된다.

① ㉠　　　　　② ㉡　　　　　③ ㉢　　　　　④ ㉣　　　　　⑤ ㉤

고등 문학 공부의 시작! 학교 시험대비의 끝!
"감상 ▶ 이해 ▶ 문제"로
이어지는 3단계 학습으로 문학 공부 완성!

올림포스

현대문학

정답과 해설

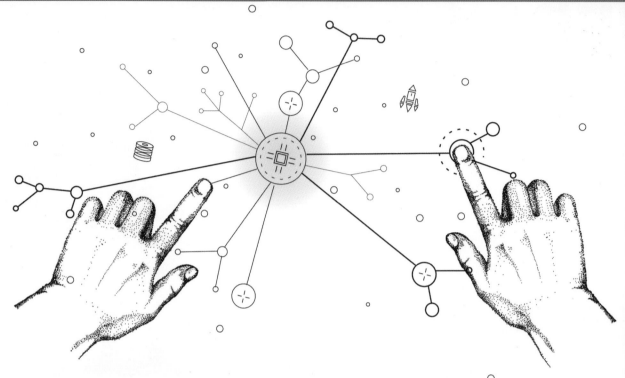

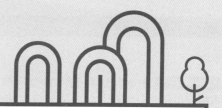

EBS 올림포스 현대문학

정답과 해설

I 현대시

01 사랑과 그리움

❶ 정지용, '향수'

> **🔘 실력 다지기**
> 본문 14~15쪽
>
> **1** ⑤   **2** ④   **3** ⑤
>
> **서술형 예시 답안** **1** '금빛 게으른 울음', '밤바람 소리 말을 달리고'. 두 부분 모두 청각적 심상을 시각적으로 표현하고 있다. 이러한 다양한 감각적 심상을 통해 고향의 아름다운 추억을 실감 나게 표현하는 효과를 드러낸다.

1 표현상 특징 파악

후렴구의 특징을 묻는 문항으로, 특정한 대상과 대화하는 형식을 가정하고 있다고 보기는 어렵다.
오답 피하기 | ①, ②, ③ '―그곳이 차마 꿈엔들 잊힐 리야.'를 반복적으로 사용하여 통일된 운율을 통해 리듬감을 형성하며, 전체 구조의 통일성과 안정감을 주고 연과 연을 구분하는 역할을 한다.
④ '~ 잊힐 리야'라는 설의적 표현을 사용하여 시의 주제인 고향에 대한 그리움을 강조하고 있다.

2 작품의 종합적 이해

4연에서 검은 머리카락이 풍성한 여동생의 모습과 일하는 아내의 모습은 그리운 사람들에 대한 화자의 정서를 드러내는 것이지 두 명을 대비시켰다고 보기 어려우며 아내에 대한 연민의 감정을 부각했다고 보기도 어렵다.
오답 피하기 | ① 들판을 위에서 아래로 멀리 바라보는 시선이 드러나도록 촬영하고, 황소의 긴 울음소리와 어울리는 배경음악을 넣어 고향의 이미지를 드러내는 것이 적절하다.
② '밤바람 소리 말을 달리고'는 겨울밤에 바람이 많이 부는 장면을 의미한다고 볼 수 있다. 그리고 그 후 늙은 아버지가 잠든 장면이 나오므로 이를 클로즈업하는 것이 적절하다.
③ '흙에서 자란 내 마음', '파아란 하늘빛' 등에서 화자가 유년기 추억을 회상한다고 볼 수 있다. 따라서 순수하고 생동감 있는 느낌이 적절하다.
⑤ '초라한 지붕'의 고향집이지만 그 안에서는 '도란도란거리는' 방 안의 그림자를 통해 가족들의 단란한 모습을 연출하는 것이 적절하다.

3 구절의 의미 파악

'성근 별'을 ⓕ를 참고하여 '드문드문 떠 있는 별' 정도로 이해한다면, 고향의 아름다운 이미지에 해당하는 것으로 보는 것이 적절하다. 특히 바로 뒤에 '알 수도 없는 모래성으로 발을 옮기고'와 더불어 동화적이고 신비로운 분위기를 형성하고 있는 부분이다. '성근 별' 자체가 화자의 외로움을 형상화한다고 보기는 어렵다.
오답 피하기 | ① '지줄대는'을 '지절대다'의 의미로 이해하여 오랜 역사와 여러 사연을 담고 있는 고향을 노래한 것으로 볼 수 있다.
② '해설피'를 '해가 설핏 기울어가다.'로 이해하여 평화로운 저녁노을의 이미지와 고향의 정경이 잘 조응하도록 표현한 것으로 볼 수 있다.
③ '질화로'와 '짚베개'는 토속적 정감을 담은 어휘에 해당하는 것으로, 정감 있는 고향의 이미지를 형상화한 것으로 볼 수 있다.
④ '함추름'을 '함초롬'의 의미로 이해하면 유년 시절 화자의 기억을 통해 아름답고 순수했던 고향의 추억을 떠올리고 있는 것으로 볼 수 있다.

❷ 서정주, '추천사 – 춘향의 말 1'

> **🔘 실력 다지기**
> 본문 16~17쪽
>
> **1** ③   **2** ③   **3** ④
>
> **서술형 예시 답안** **1** 자신이 발을 디디고 있는 지상의 한계(규범, 규율, 관습 등)로부터 완전히 자유로울 수는 없다는 인간의 숙명적인 한계를 인식하고 있기 때문이다.

1 소재의 기능 파악

㉠~㉢은 현실 세계에 존재하는 아름다운 것들로, 춘향은 현실 세계에서 벗어나 이상 세계로 나아가기 위해 향단에게 이것들로부터 '아주 내어 밀듯이' 밀어 달라고 요청한다. 따라서 ㉠~㉢은 공통적으로 벗어나려는 현실 세계에 존재하는 화자의 미련을 상징적으로 상징하는 소재로 볼 수 있다.
오답 피하기 | ① 잊었던 과거 시간의 추억이 드러난다고 보기는 어렵다.

② 화자는 ㉠~㉢으로부터 내어 밀어 달라고 요청하고 있으므로 화자의 욕망을 상징하는 소재로 보기는 어렵다.

④, ⑤ 영원한 자연성을 함축하거나 정의로운 가치에 대한 비유적 표현이라고 볼 수 없다. ㉠~㉢은 현실 세계에 존재하는 아름다운 것들을 의미한다.

2 외적 준거에 따른 작품 감상

'서으로 가는 달'이 ㉯의 과정에는 부재하지만 ㉮의 과정에는 존재한다고 보기도 어렵고, 춘향이 현실 세계를 재인식하는 계기를 제공한다고 보기도 어렵다. '서으로 가는 달'은 이상 세계를 향한 자유로운 이동에 해당하는 것으로 보는 것이 적절하다.

오답 피하기 | ① 이상 세계를 향한 '밀어라'–'내어 밀듯이'–'밀어 올려다오'의 변주는 춘향이 그네를 뛰는 역동적인 모습을 형상화하고 있다.

② 이상 세계를 갈망하는 '이 울렁이는 가슴을 밀어 올려다오!'의 영탄적 표현은 춘향의 바람이 최고조에 달한 부분이라고 볼 수 있다.

④ 지상에 매어 있는 그네의 존재 자체에 해당하는 한계는 춘향의 체념적 어조와 어울려 인간의 운명적 한계를 인식하고 있음을 드러낸다.

⑤ 한계를 인식하면서도 이상향을 갈망하는 춘향의 태도는 인간의 숙명을 벗어나려는 의지를 형상화한다고 볼 수 있다.

3 작품의 종합적 감상

춘향을 화자로 설정하고 직접 발화하는 방식을 사용하며, '향단'을 시의 구체적인 청자로 설정하여 춘향의 열망과 현실 인식을 잘 드러내고 있다.

오답 피하기 | ① '머언 바다'가 앞으로 닥칠 시련이나 사랑과 이별의 고통을 드러낸다고 보기는 어렵다.

② '춘향전'에 등장하는 다른 인물들은 배제하는 방식을 사용하고 있지만, 이것이 춘향의 인식이 비현실적임을 드러내는 것은 아니다.

③ 지조와 절개를 중시하는 춘향의 특성이 그네의 속성에 비유되었다고 보기는 어렵다.

⑤ '춘향전'의 갈등 구조의 축이 신분을 초월한 사랑이라고 본다면 자신의 한계를 인식하는 춘향의 태도가 변형되거나 이별 상황에 대처하는 방식이 변형되었다고 보기는 어렵다.

❸ 박재삼, '흥부 부부상'

● **실력 다지기** 본문 18~19쪽

1 ③   **2** ③   **3** ②

서술형 예시 답안 1 가난하지만 진실하고 순수한 사랑의 가치와 그것을 지키려는 자세가 가장 중요하다는 의미이다.

1 표현상 특징 파악

'~ 보라.', '문제다.' 등의 단정적 어조를 드러내고 있으며 이를 통해 삶에서 행복을 추구하는 데 소박하게 서로를 아끼는 마음이 중요하다는 주제를 효과적으로 드러낸다고 볼 수 있다.

오답 피하기 | ① 반어적 표현을 사용하고 있다고 보기 어려우며 시적 분위기가 전환되고 있지 않다.

② 계절감을 드러내는 시어를 찾아보기 어렵고 전체적으로 애상감이 드러나지 않는다.

④ 시간의 흐름에 따른 소재 변화가 드러난다고 보기 어렵다.

⑤ '흥부전'에서 차용한 소재를 통해 부정적 현실을 반영했다고 보기 어렵고, 화자의 태도를 체념적이라고 보기 어렵다.

2 외적 준거에 따른 작품 감상

'없는 떡방아 소리도 / 있는 듯이 들어내'는 것은 물질적으로 가난하고 궁핍한 상황이 행복이나 사랑을 가로막을 수 없다는 의미를 내포한 것이지, 시대의 변화에 따라 과거에 중시했던 가치를 현대에 중시하지 않게 되었다는 의미라고 보기는 어렵다.

오답 피하기 | ① '박 덩이를 사이하고 / 가르기 전에 건넨 웃음살'은 '흥부전'에서 박타는 장면에서 느껴지는 흥부 부부의 사랑을 시의 중심 소재와 주제로 계승한 것이라고 볼 수 있다.

② '금'과 '황금 벼 이삭'은 물질적 가치를 의미하는 것으로 이러한 것들이 문제가 되지 않는다고 하는 것은 곧 물질적 가치가 행복한 삶에 중요한 요소가 아님을 드러내는 것으로 볼 수 있다.

④ '본웃음 물살'은 상대방을 향한 진정한 사랑의 태도를 의미하는 것으로 '확실히 문제다.'라는 단언을 통해 시의 주제를 강조하고 있다.

⑤ '흥부전'에서 흥부에게 탐욕을 부리던 놀부와 관련한 요소는 이 시에서는 직접적으로 나타나지 않는다. 하지만 물질적인 탐욕이 부정적인 의미로 전제되어 의미를 형상화한다고 볼 수 있다.

3 소재의 기능 파악

'구슬'은 눈물을 의미하는 것으로, 특히 흥부 부부가 상대방에게 느끼는 연민과 애정을 드러내는 소재라고 볼 수 있다.

오답 피하기 | ① 비참한 현실에 대한 슬픔이 다소 담겨 있다고 볼 수 있으나 비애감이 주된 정서는 아니다.

③ 새로운 고난이라고 보기 어려우며 두려움이나 놀라움의 정서는 아니다.

④ 가난을 어쩔 수 없는 상황이라고 볼 수는 있으나 수용이나 체념의 정서를 담고 있는 소재로 보는 것은 적절하지 않다.

⑤ 현실의 문제가 해결되었다고 보기는 어려우며 성취감이 느껴지는 것도 아니다.

❹ 황동규, '즐거운 편지'

▶ 실력 다지기
본문 20~21쪽

1 ④   **2** ④   **3** ⑤

서술형 예시 답안 **1** 언젠가 눈이 그치듯 사랑도 끝나겠지만 그때까지도 기다림의 마음은 변치 않겠다고 한 것이다. 즉 그대에 대한 영원한 사랑의 의지를 드러낸 것이다.

1 표현상 특징 파악

산문적 문체를 사용하여 상대방에 대한 화자의 그리움과 사랑을 효과적으로 드러내고 있다.

오답 피하기 | ① 공간의 대조가 드러난다고 보기 어렵고 이상과 현실의 괴리를 부각하고 있지 않다.

②, ③ 상승적 이미지가 활용되었다거나 사물을 의인화하여 의지를 지닌 존재로 나타냈다고 보기 어렵다.

⑤ 미래의 상황에 대한 가정이 드러난다고 볼 수 있으나 이것이 부정적인 시대 현실에 대한 독자의 공감을 유발한다고 보기는 어렵다.

2 작품의 종합적 감상

'기다림으로 바꾸어 버린' 것은 현재의 이루어지지 않은 사랑을 기다림으로 승화하겠다는 의지를 드러낸 것이며, '눈이 그치고' 다시 '눈이 퍼붓고' 하는 시간의 변화는 자연의 순환을 드러낸 것으로 볼 수 있다.

오답 피하기 | ① '즐거운 편지'라는 제목은 상대방을 향한 기다림을 영원한 사랑으로 승화하겠다는 반어적인 표현이다.

② '해가 지고 바람이 부는 일'은 '그대'의 삶에 배경이 되는 사소하면서도 소중한 일상을 의미한다고 볼 수 있다

③ '진실로 진실로'라는 시어의 반복은 어느 순간이 오더라도 변하지 않겠다는 화자의 사랑을 강조한다고 볼 수 있다.

⑤ '내 사랑도 어디쯤에서 반드시 그칠 것을 믿는다'는 것은 상대방을 향한 '나'의 사랑이 끝날 것이라는 의미라기보다는 끊임없이 순환하는 자연처럼 영원할 것이라고 보는 것이 적절하다.

3 외적 준거에 따른 작품 감상

〈보기〉는 '나무 계단을 밟는 소리'를 통해 화자의 간절한 기다림을 형상화하고 있는 작품이다. 어떤 순간에도 그 소리를 놓치지 않고 들을 수 있다는 것은 그만큼 화자가 상대방을 간절히 기다리고 있음을 드러낸 것이다. 따라서 〈보기〉의 화자는 이 시의 화자에게 변치 않는 기다림의 태도가 사랑의 간절함을 보여 주는 것이라고 말할 수 있을 것이다.

오답 피하기 | ① 사랑했던 상대방에게 무엇인가를 주었다는 사실에 대해 미련을 갖는 것은 아니다.

② 사랑하는 사람을 수동적으로만 기다리는 것이라고 보기는 어려우며 적극적인 행동을 통해 상황을 변화시켜 나가겠다는 의지를 드러내는 것도 아니다.

③ 운명의 굴레를 벗어나 자유로운 삶을 선택해야겠다는 것은 적절하지 않다.

④ 이 시와 〈보기〉 모두 사랑하는 사람과 함께 지낸 추억을 회상하고 있는 부분은 드러나지 않는다.

❺ 장석남, '배를 밀며'

▶ 실력 다지기
본문 22~23쪽

1 ②   **2** ③   **3** ③

서술형 예시 답안 **1** 5연. 1~4연은 이별의 과정과 그 상처에 대한 의미를 형상화하고 있는데, 5연에서 '그런데 오,'로 시상이 전환된다. 이별 후에 떠난 상대방에 대한 그리움과 사랑의 감정이 갑작스럽게 되살아남을 표현하고 있다.

1 표현상 특징 파악

ㄱ. '그런데 오,'와 같은 영탄적 표현을 통해 화자의 정서를 표현하고 있다.

ㄹ. '배를 민다 – 배를 밀어 보는 것 – 배를 한껏 세게 밀어내듯이', '내 안으로 들어오는 배 – 아무 소리 없이 밀려 들어오는 배' 등의 유사한 시구를 반복적으로 변주하여 주제를 효과적으로 드러내고 있다.

오답 피하기 | ㄴ. '희번덕이는', '환해진' 등에서 색채 이미지가 일부 드러난다고도 볼 수 있으나, 이를 통해 사물의 역동성을 드러내고 있지 않다.

ㄷ. 시대 현실을 반영한 소재는 찾아보기 어렵다.

2 외적 준거에 따른 작품 감상

배에서 떨어진 손이 '순간 환해진'다는 것은 상대방의 부재를 인식한 순간을 의미하는 것으로, 그 상황을 긍정적으로 인식한다는 것은 적절하지 않다.

오답 피하기 | ① '배를 민다'는 첫 구절은 화자가 처한 상황을 드러내는 것으로, 사랑의 감정을 밀어내는 이별의 상황을 의미한다.

② '온몸이 아주 추락하지 않을 순간'은 온몸의 힘을 다해 배를 밀어내고 있음을 드러내는 구절로, 마음에서 상대를 떠나보내는 것의 힘겨움을 보여 준다.

④ '슬픔도 / 그렇게 밀어내는 것'은 화자가 슬픔을 참아 내고 견디고 있음을 의미한다.

⑤ '배가 나가고 남은 빈 물 위의 흉터'는 사랑하는 사람과 이별한 후에 생기는 내면의 상처를 의미하는 것으로, 시간이 지나면 '가라앉'으리라 생각하는 것이라고 볼 수 있다.

3 작품의 종합적 이해

'내 안으로 들어오는 배'는 이별했다고 생각한 후에도 그 사람에 대한 감정과 그리움이 남아 있음을 의미한다고 볼 수 있다. 이것을 화자가 이별의 원인이 자신에게 있다는 것을 후회하는 회한의 태도로 보기는 어렵다.

오답 피하기 | ①, ⑤ 화자는 앞부분에서 '배를 한껏 세게 밀어내듯' 사랑의 감정을 떨치려고 노력했지만, '그런데' 이후 시상이 전환되며 '밀려 들어오는'을 통해 여전히 사랑의 감정이 남아 있음을 드러내고 있다.

②, ④ '그런데 오,'와 '아무 소리 없이'를 통해 화자가 갑작스럽게 되살아난 그리움과 사랑의 감정에 대해 당혹해하고 있음을 표현하고 있다.

02 삶과 죽음

❶ 김현승, '눈물'

▶ 실력 다지기

본문 24~25쪽

1 ④   **2** ②   **3** ⑤

서술형 예시 답안 1 이 시에 제시된 '당신'은 꽃이 지고 열매를 맺게 하는 자연의 섭리를 주관하고 웃음 뒤에 눈물을 짓도록 하는 존재이다. 또 화자가 자신의 가장 소중한 것을 내어 놓는 대상이므로 이 시의 '당신'은 종교적 절대자인 신으로 볼 수 있다.

1 표현상 특징 파악

이 시는 시간의 흐름에 따라 시상이 전개되고 있지 않으며 화자의 심리가 변화하는 양상도 찾아볼 수 없다.

오답 피하기 | ① 1연에서 말줄임표를 사용하여 시적 여운을 드러내고 있음을 확인할 수 있다.

② 3, 4, 5연에서 높임 표현을 사용하여 경건한 시적 분위기를 형성하고 있음을 확인할 수 있다.

③ 2, 3연에서 은유적 표현을 통해 중심 소재인 '눈물'의 속성을 드러내고 있다.

⑤ 4연에서 '꽃'과 '열매', 5연에서 '웃음'과 '눈물'이라는 대립적 대상을 활용해 '열매', 눈물'의 의미를 드러내고 있다.

2 작품의 종합적 이해

2연에 따르면, 화자는 '눈물'을 '흠도 티도 / 금 가지 않은 / 나의 전체는 오직 이뿐'이라고 언급하고 있다. 또 〈보기〉에 따르면 '이 지상에서 오직 썩지 않는 것은 신 앞에서 흘리는 눈물뿐'이라고 언급하고 있다. 그러므로 눈물은 신 앞에 드러낼 수 있는 시인의 가장 순수한 감정이라고 볼 수 있다.

오답 피하기 | ① 1연에서 화자는 '눈물'이 때로는 옥토에 떨어지는 작은 생명이기를 바란다는 것을 알 수 있다. 그러나 이러한 구절의 의미가 죽은 아들의 부활을 의미하는 것은 아니다.

③ 3연에서 신에게 드릴 수 있는 가장 값진 것이 '눈물'이라고 했을 뿐 아들의 죽음으로 인한 상처를 믿음으로 달래는 것의 어려움에 대한 내용은 찾아볼 수 없다.

④ 4연에서 꽃이 시든 후 열매를 맺는 자연의 섭리가 제시되어 있지만 이를 인간의 세계와 대비한 부분은 찾아볼 수 없다.

⑤ 5연에서는 당신이 웃음을 만든 후에 눈물을 만드셨다는 내용이 언급되어 있을 뿐 아들의 죽음으로 인해 흘린 눈물이 화

자의 타고난 기질 때문이라고 밝힌 부분을 찾아볼 수 없다.

3 구절의 의미 파악

[A]에 제시된 '꽃'과 '열매'의 관계는 '웃음'과 '눈물'의 관계와 유사하다고 볼 수 있다(ㄱ). 또 '당신'이 '꽃'이 시들고 '열매'를 맺게 하였으며, '웃음'을 만드신 후에 '눈물'을 지어 주셨다고 하였으므로, '꽃'과 '웃음'은 각각 '열매'와 '눈물'에 선행하는 것이라고 볼 수 있다(ㄴ). 마지막으로 '꽃'과 '웃음'이 일시적이라면, '열매'와 '눈물'은 더욱 본질적이고 값진 것이라는 의미를 지니고 있다(ㄹ).

오답 피하기 | 4연에 따르면 '꽃'과 '열매'의 관계 역시 '당신', 즉 신의 섭리가 적용된 것으로 볼 수 있다(ㄷ).

❷ 박남수, '할머니 꽃씨를 받으시다'

본문 26~27쪽

> ### 실력 다지기
>
> **1** ④　　**2** ④　　**3** ②
>
> **서술형 예시 답안** **1** '꽃씨'는 봄에 새롭게 싹을 틔우는 존재로 추운 겨울을 지나 새로운 생명을 시작하게 하는 존재이기 때문에 희망의 의미를 갖는다고 볼 수 있다.
> **2** 전쟁의 참혹한 상황에서 희망을 잃지 말아야 한다는 주제 의식을 강조하기 위해 유사한 구절을 반복한 것으로 볼 수 있다.

1 표현상 특징 파악

이 시는 방공호 밖에서 꽃씨를 받고 있는 할머니의 행위에 초점을 맞추어 시상을 전개하고 있다.

오답 피하기 | ① 이 시에서 의지적 어조가 드러난 부분을 찾아볼 수 없다.
② 이 시에서 명사형 종결이 이루어진 부분을 찾아볼 수 없다.
③ 이 시에서는 대상에 인격을 부여하는 의인법을 활용하여 역동적 이미지를 표현한 부분을 찾아볼 수 없다.
⑤ 이 시에서는 감각적 이미지의 사용이 두드러지지 않을 뿐 아니라 이를 통해 특정 소재의 의미를 부각한 부분도 찾아볼 수 없다.

2 작품의 종합적 감상

〈보기〉에서 전쟁을 경험하고 살아남은 사람들은 죽음에 버금가는 고통을 경험하게 되었음을 알 수 있다. 그러므로 할머니가 죽은 사람과 달리 행복한 삶을 유지하는 것에 대해 죄책

감을 느꼈다는 서술은 적절하지 않다.

오답 피하기 | ① '방공호'는 폭탄이나 포탄의 위협으로부터 삶을 보호할 수 있는 공간이다. 그러나 할머니는 이러한 방공호에 들어가지 않으시는데, 이는 참혹한 전쟁의 경험 속에서 삶에 연연하지 않을 만큼 삶에 대한 회의가 들었기 때문이라고 볼 수 있다.
② 3연에서 할머니는 진작 죽었더라면 전쟁의 처참한 경험을 하지 않았을 것이라는 내용을 확인할 수 있다.
③ 2연과 4연에서 할머니가 '말이 수째 적어지'셨다고 하였는데, 이것은 전쟁을 경험하면서 나타난 현상이라고 볼 수 있다.
⑤ '꽃씨'는 새로운 생명을 싹 틔우는 존재로 '희망'의 의미를 담고 있다. 그러므로 이처럼 '꽃씨'를 터는 행위는 참혹한 전쟁의 상황에서 벗어나고자 하는 태도를 드러낸 것으로 볼 수 있다.

3 작품 간의 공통점, 차이점 파악

이 시와 〈보기〉는 모두 전쟁이라는 참혹한 현실을 배경으로 창작된 작품으로 볼 수 있다. 이 시에서는 전쟁 중에 꽃씨를 받는 할머니의 모습을 통해, 〈보기〉는 화자가 '잿더미' 속에서 발견하는 '개나리'와 천진한 '소녀의 미소'를 통해 희망의 의미를 전달하고 있다.

오답 피하기 | ① 이 시와 〈보기〉 모두에서 전쟁의 모습을 일부 확인할 수는 있으나 현실의 참혹한 상황이 사실적으로 묘사되어 있지는 않다.
③ 이 시와 〈보기〉 모두에서 화자가 지향하는 구체적 이상향이 드러난 부분을 찾아볼 수 없다.
④ 이 시와 〈보기〉 모두에서 화자가 자신의 삶을 성찰하는 모습은 확인할 수 없다.
⑤ 이 시와 〈보기〉 모두 부정적 현실 인식이 강화되고 있지 않다. 특히 〈보기〉에서는 화자가 '개나리'와 '소녀의 미소'를 본 후 부정적 현실 인식이 전환되는 것을 확인할 수 있다.

❸ 최승자, '올여름의 인생 공부'

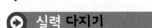

본문 28~29쪽

> ### 실력 다지기
>
> **1** ⑤　　**2** ④　　**3** ④
>
> **서술형 예시 답안** **1** 화자는 과거의 삶에 안주하지 않고 그것에서 벗어나 삶의 욕망을 가지고 새로운 것을 추구하고 도전하는 삶의 방법을 깨닫게 되었다.

1 표현상 특징 파악

이 시에서는 화자의 공간 이동을 확인할 수 있는 부분을 찾아볼 수 없다.

오답 피하기 | ① 3연에서 '법', '것' 등의 시어를 반복하여 운율을 형성하고 있음을 확인할 수 있다.

② 1연에서 화자는 '나는 묘비처럼 외로웠다.'라는 표현을 통해 자신의 처지를 비유적으로 드러내고 있다.

③ 이 시의 2연에는 화자가 부정적으로 인식하고 있는 '앨튼 존', '돈 맥글린', '송×식', '서××'의 이름이 구체적으로 열거되어 있다.

④ 1연에서 '낮잠', '시간'과 같은 관념적 대상을 구체적 실체를 가진 대상으로 표현한 부분을 확인할 수 있다.

2 구절의 의미 파악

이 시에서 '썩는다는 것'은 곧 삶의 변화에 적절히 대응하지 못해 쇠퇴하고 타락하는 것을 의미한다. 따라서 ②의 '썩지 않으려면'이라는 표현은 곧 새로운 삶의 방법을 찾아야만 하는 이유로 볼 수 있다.

오답 피하기 | ① ㉠은 화자가 삶의 새로운 방법에 대해 고민하게 되는 계기가 된 시간적·공간적 상황을 설명하기 위해 제시한 것으로 사람들이 지향하는 삶의 장소를 나타내는 것은 아니다.

② ㉡의 앞뒤에 있는 시행에 따르면, 잠 속에 떨어진 것은 곧 시간이며, 시간이 흘러가지 않았다고 하였으므로 ㉡은 '빠르게 흘러가는 시간의 속성'을 의미한다고 볼 수 없다.

③ ㉢은 삶의 변화에 적절히 대응하지 못하고 타락하는 모습을 표현한 것으로, 삶의 방법을 찾기 위한 숭고한 노력을 의미하는 것은 아니다.

⑤ ㉤은 어떤 대상을 열정적으로 심도 있게 탐구하는 것을 의미하는 것으로 '과거'에 대한 반성을 의미한다고 볼 수 없다.

3 외적 준거에 따른 작품 감상

3연에서 '절대로'라는 표현을 이용해 하지 말아야 할 것으로 제시한 행위는 '달관하기와 도통하기'이다. 그런데 이러한 행위들은 과거에 화자가 했던 행위로 볼 수도 있지만 화자가 이러한 행위에 대해 후회하지 말아야 한다는 생각을 밝히고 있지는 않다.

오답 피하기 | ① 2연에서 화자는 '앨튼 존'과 '돈 맥글린'이 쇠퇴하고 타락했다고 언급하고 있다. 따라서 이들은 새로운 삶의 방식을 실천하지 못하고 삶의 변화에 적절히 대응하지 못한 대상으로 이해할 수 있다.

② 2연에서 '무르익은 참외'는 썩어 가는 대상으로 표현되어 있다. 그러므로 '무르익은 참외'는 원숙한 과거의 삶을 의미하지만 곧 쇠퇴하게 될 것이라고 볼 수 있다.

③ 3연에서 화자가 '다르게'라고 표현한 것은 지나온 삶의 방법과는 다른 새로운 삶의 방법을 실천해야 한다는 것을 강조한 것이라고 볼 수 있다.

⑤ 3연에 제시된 '아이'는 자신의 본능적 욕망을 채우기 위해 보채고 우는 존재라고 볼 수 있다. 그러므로 '아이처럼'이라는 표현은 본능적 욕망을 채우기 위해 끊임없이 도전하는 아이를 닮아가야 한다는 의미로 이해할 수 있다.

❹ 문정희, '율포의 기억'

▶ 실력 다지기

본문 30~31쪽

1 ③   **2** ③   **3** ③

서술형 예시 답안 **1** 척박한 환경에 맞서 투쟁하고 끊임없이 힘든 노동을 계속해야 한다.

2 화자는 뻘밭의 체험을 통해 생명을 유지하기 위해서는 고된 노동과 투쟁이 끊임없이 지속되어야 하며, 이러한 노력은 근원적이고 숭고한 가치를 지닌 것이라는 점을 깨닫게 되었다.

1 시상 전개 방식에 대한 이해

이 시는 화자의 어린 시절 경험인 뻘밭의 체험을 바탕으로 '강인하고 건강한 삶에 대한 깨달음'이라는 주제 의식을 도출하고 있는 작품이다.

오답 피하기 | ① 이 시에서 화자의 특정한 의지가 드러난 부분은 찾아볼 수 없다.

② 이 시에서는 역설적 표현이 사용되고 있기는 하지만 이를 통해 시적 상황을 풍자적으로 비판하고 있지는 않다.

④ 이 시에서 시간의 순차적인 흐름에 따른 시상 전개를 확인할 수 없다.

⑤ 이 시에서는 구체적인 청자가 제시된 부분을 확인할 수 없다.

2 구절의 의미 파악

㉢은 삶의 척박한 환경에 대한 무기력한 대응이 아니라 삶을 지속하기 위해 척박한 환경에 맞서 고된 노동을 하고 있는 인간의 억척스러운 모습을 표현한 것이라고 볼 수 있다.

오답 피하기 | ① 어머니는 화자에게 삶을 위한 치열한 투쟁과 노동의 가치를 보여 주기 위해 화자를 바다에 데려간 것이다.

② '바다가 뿌리 뽑혀 밀려 나간'이라는 표현은 생명의 근원인 물이 썰물로 인해 모두 빠져나가 버린 척박한 뻘밭의 환경을 표현하기 위한 것이라고 볼 수 있다.

④ '물 위에 집을 짓는 새'에서 '물 위'는 일반적으로 집을 지을 수 없는 부적절하고 불안정한 곳을 의미한다. 그럼에도 불구하고 '새'는 생존을 위해 '물 위'에 집을 지으려 하는 것이다. 따라서 ㉣은 생존을 위해 노력하는 생명의 모습을 표현한 것이라고 볼 수 있다.

⑤ '슬프고 경건한 손'에서 '슬프고'는 삶을 유지하기 위한 노동과 투쟁의 고단함을 표현한 것이고, '경건한'은 삶을 유지하기 위한 노동과 투쟁이 지닌 숭고한 가치를 표현한 것이라고 볼 수 있다.

3 외적 준거에 따른 작품 감상

'쓸쓸한 맨살'은 척박한 환경에 놓인 생명의 연약함을 드러내는 것으로, 순수한 생명의 본래적 이미지를 의미하는 표현으로 보기는 어렵다.

오답 피하기 | ① '소금기'와 '푸름'은 자연 공간으로서의 바다가 가진 일반적 특성을 환기하는 감각적 이미지로 볼 수 있다.

② '검은 뻘밭'의 '검은'은 어두운 이미지를 가진 것으로, 생명이 살아가는 환경의 척박함을 환기하는 역할을 하고 있다.

④ '무위한'이라는 표현은 어떤 특정한 목적이나 의미가 없음을 뜻하는 것이므로 '무위한 해조음'은 단순히 자연의 세계를 표현한 것으로 볼 수 있다.

⑤ '각혈하듯 노을을 내뿜는'은 노을의 모습을 강렬한 시각적 이미지로 표현한 것으로, 고된 노동과 투쟁의 현장에서 나타나는 치열하고 처절한 분위기를 효과적으로 드러낸 것이라고 볼 수 있다.

❺ 함민복, '사과를 먹으며'

> **실력 다지기**
>
> 본문 32~33쪽
>
> **1** ②　　　　**2** ③　　　　**3** ⑤
>
> **서술형 예시 답안** **1** 이 시는 사과를 먹는 행위를 통해 생명 순환의 원리라는 주제 의식을 드러내고 있다.
> **2** 생명은 곧 흙에서 시작되어 흙으로 소멸된다는 생명 순환의 핵심적 원리를 효과적으로 드러내기 위해서이다.

1 표현상 특징 파악

이 시는 거의 모든 시행을 '먹는다'라는 시어의 반복을 통해 종결함으로써 운율을 형성하고 있다.

오답 피하기 | ① 이 시에는 묻고 답하는 방식을 활용하여 시상을 전개한 부분이 제시되어 있지 않다.

③ 이 시에서는 일부 비유적 표현이 사용되고 있기는 하지만 화자의 행위가 역동적으로 드러나 있지는 않다.

④ 이 시에서는 감각적 이미지가 일부 사용되고 있기는 하지만 대상의 부정적 속성이 부각된 부분은 찾아볼 수 없다.

⑤ 이 시에서는 시간의 흐름에 따라 화자의 심리가 변화하는 과정이 제시되어 있지 않다.

2 구절의 의미 파악

㉢의 '사과나무 집 딸이 바라보던 하늘을 먹는다'라는 표현은 사과라는 생명이 다른 생명과 맺고 있는 관계와 의미를 드러내는 구절일 뿐 인간과의 소통을 통해 생명력이 유지된다는 것을 드러내는 구절은 아니다.

오답 피하기 | ① 이 시에서 '사과를 먹는' 경험은 화자에게 깊은 사색을 촉발하는 기능을 하고 있다.

② ㉡에서 '사과'는 홀로 존재하는 것이 아니라 '소슬바람'이라는 다른 대상과의 교감과 관계 속에서 존재하는 것임을 알 수 있다.

④ ㉣을 통해 사과나무의 존재가 곧 우주적 현상이며 우주의 원리에 따른 것이라는 인식이 드러나 있음을 확인할 수 있다.

⑤ '내가 사과를 먹는다'는 상황이 '사과가 나를 먹는다'는 상황으로 사고가 확장되어 있으므로 화자가 '사과'와 '나'와 같은 생명이 서로 순환하는 것이라는 인식을 가지고 있음을 확인할 수 있다.

3 감상의 적절성 평가

이 시에 따르면 '나'는 사과라는 생명을 먹고 소멸되어 흙이 되며, 이러한 흙은 다시 사과라는 생명을 존재하게 하는 모태가 된다. 따라서 '흙'은 생명이 소멸되어 돌아가는 곳이지만 동시에 또 다른 생명이 시작되는 기반이 되는 곳임을 알 수 있다.

오답 피하기 | ①, ②, ③ 이 시에서 '흙'은 생명의 소멸, 시작과 모두 관계되는 것으로 어떤 한 가지에만 관련된 것은 아니다.

④ '흙'은 생명의 소멸과 관련은 있지만 이를 통해 존재의 가치를 부정하는 존재는 아니다.

03 자연과 서정

① 김소월, '산유화'

> **실력 다지기**
> 본문 34~35쪽

1 ③   2 ⑤   3 ①

서술형 예시 답안 1 '산유화(山有花)'는 말 그대로 산에서 피고 지는 꽃이다. 이를 통해 화자는 인간의 존재론적이고 근원적인 고독을 드러내고 있다.

1 표현상 특징 파악

시어의 반복이 있지만 대상을 반복적으로 호명한다고 보기 어려우며, 전통적인 정서로서의 비애감을 드러내는 작품이라고 보기 어렵다.

오답 피하기 | ①, ② 1연과 4연에서 수미상관을 이루며 '피네', '지네'의 변주로 구성하여 형태적 안정감을 주고 있으며, '-네'를 반복 사용하여 차분한 느낌을 주고 있다.

④, ⑤ 3음보를 기본 율격으로 하면서도 정형률에서 벗어나 행의 배열에 따라 다양하게 표현하여 리듬감과 대칭의 묘미를 살리고 있다.

2 외적 준거에 따른 작품 감상

'꽃이 좋아'는 '새'의 의지를 드러내는 것으로, 자연의 아름다움에 대한 예찬적 태도라고 보기는 어렵다. 또한 아름다움에 대한 인간의 근본적인 갈망으로 해석하는 것은 무리가 있다.

오답 피하기 | ① 꽃이 피고 지는 것은 자연의 섭리에 해당하는 것으로, '갈 봄 여름 없이'는 여러 계절에 꽃이 피고 지는 자연의 순환과 원리를 드러낸다고 볼 수 있다.

② '산에 / 산에 / 피는'에서 '산에'를 두 번 강조하여 표현한 것은 인간이 있는 속세와 거리가 멀다는 의미를 내포한 것으로 볼 수 있고, 이러한 자연에 대한 근원적인 그리움을 담고 있다고 볼 수 있다.

③ 화자가 꽃의 바깥에 위치한다고 볼 때 '저만치'는 인간이 자연을 끊임없이 동경하지만 결코 닿을 수는 없는 숙명적 거리를 의미하는 것으로 볼 수 있다.

④ 화자와 꽃을 동일시하여 파악한다면 '혼자서'는 인간이 지닌 근원적인 고독을 의미하는 것으로 볼 수 있으며 초연한 태도를 견지한다고 볼 수 있다.

3 소재의 기능 파악

⊙'꽃'은 자연의 순환적 원리를 보여 주고 있고, ⓒ'새'는 꽃이 좋아 산에 사는 존재로 '꽃'을 동경한다고 볼 수 있다.

오답 피하기 | ② ⊙을 자연의 자족적 원리라고 하기도 어렵고, ⓒ이 ⊙을 경원시한다고 보기도 어렵다.

③ ⊙은 이상향으로서 자연의 모습을 형상화한다고 보기는 어렵다. 자연 그대로의 존재를 드러내는 것이다.

④, ⑤ 고독한 존재를 형상화한 ⓒ은 화자의 감정이 이입된 대상으로 볼 수 있으나 ⊙이 자연의 순환적 원리를 보여 준다는 점에서 ⊙이 ⓒ의 행위의 원인을 제공하거나 ⓒ의 변화를 이끌어 내고 있다고 보기 어렵다.

② 조지훈, '낙화'

> **실력 다지기**
> 본문 36~37쪽

1 ⑤   2 ②   3 ④

서술형 예시 답안 1 꽃이 지는 것은 자연스러운 생명의 생성과 소멸 과정에 해당하는 것으로 바람을 탓할 수 없다는 설의적 표현이다.

1 표현상 특징 파악

낙화의 정경을 먼저 제시한 후에 비애감의 정서를 드러내는 선경후정의 방식으로 시상을 전개하고 있다.

오답 피하기 | ① '하이얀'과 '붉어라'에서 색채어가 드러나긴 하지만 새롭게 나타난 대상의 가치를 강조하고 있지는 않다.

② 원경에서 근경으로 시선이 이동하는 것으로 볼 수 있다.

③ 대립적 이미지의 시어를 제시하고 있다고 보기 어려우며, 이를 통해 화자의 현실 인식이 부각되지 않는다.

④ 상승적 이미지가 활용되고 있다고 보기 어렵다.

2 감상의 적절성 평가

종결 어미 '-어라'를 반복적으로 사용하고 있으나 이것을 우리 문학의 전통적인 이별의 정서에 조응시키고 있다고 보기는 어렵다.

오답 피하기 | ① 4음보의 율격을 보이다가 3음보의 율격으로 교차되면서 변주되어 리듬감을 형성하고 있다.

③ '-하랴', '우련', '저어하다' 같은 고풍스러운 어휘는 예스런 느낌을 주며 동양화적인 분위기를 보여 주는 데 효과적이다.

④ '묻혀서 사는 이'는 현실과 단절된 화자의 은둔적 경향을 드러낸 것으로 볼 수 있다.
⑤ '울고 싶어라.'는 낙화로 인한 화자의 비애감과 슬픔을 직접적으로 드러낸 것으로 볼 수 있다.

3 작품 간의 공통점, 차이점 파악

이 시의 화자는 낙화에 대한 비애감을 드러내고 있다. 〈보기〉의 화자는 '낙화'가 성숙을 위한 과정이라는 점을 강조하고 있으므로, 낙화는 '무성한 녹음'과 '열매 맺는 / 가을'을 맞이하기 위한 과정이라고 볼 수 있다. 따라서 마냥 슬퍼할 필요는 없다고 위로를 건넬 수 있을 것이다.

오답 피하기 | ① '가야 할 때가 언제인가를 / 분명히 알고' 있다는 것이 계획적인 인생을 다짐하는 것이라고 보기는 어렵다.
② '봄 한철 / 격정을 인내'하느라 너무 많은 것을 잃고 희생한 것에 대해 후회를 한다고 보기는 어렵다.
③ '결별이 이룩하는 축복'을 새로운 사랑에 대한 희망이나 기대감이라고 보기는 어렵다.
⑤ 이 시의 화자의 태도가 미련을 두고 있다고 보기 어려우며, 〈보기〉의 화자가 '헤어지자'는 말에 대해 비정하다는 의미를 부여한다고 보기에는 적절하지 않다.

❸ 박용래, '월훈'

> **실력 다지기**   본문 38~39쪽
>
> **1** ④   **2** ④   **3** ②
>
> **서술형 예시 답안** **1** 원경에서 근경으로 화자의 시선 이동에 따라 시상을 전개하고 있다. 이를 통해 독자가 노인이 느끼는 외로운 정서에 집중하도록 한다.

1 표현상 특징 파악

이 시에는 의문형 표현으로 말하고자 하는 바를 강조하는 설의법이 쓰이지 않았다.

오답 피하기 | ① '콩깍지', '외딴집'과 같은 시어를 반복하고 연쇄하여 리듬감을 형성하고 있다.
② '월훈'이라는 명사로 시상을 마무리하여 독자에게 시적 여운을 느끼게 하고 있다.

③ '봉당', '콩깍지', '짚단'과 같은 향토어를 사용하여 토속적 정감을 불러일으키고 있다.
⑤ 마을과 외딴집, 방의 풍경을 묘사할 때 쉼표와 의태어를 사용하여 공간이 외부로부터 고립되어 있음을 표현하고 있다.

2 외적 준거에 따른 감상

4연에서 노인의 밭은기침 소리가 사라졌다는 것은 노인이 잠이 들었음을 의미하는 것으로 방 안의 적막감과 노인의 외로움을 고조하는 기능을 한다.

오답 피하기 | ① 노인이 사는 마을은 첩첩산중에도 없을 정도로 잘 보이지 않고, 겨우 함정을 걷어내야만 보이는 곳이다. 이런 공간적 배경 설정을 통해 노인이 세상으로부터 고립되어 살고 있음을 드러내고 있다.
② 노인은 외딴집에 살고 있고, 그 외딴집에 밤이 온다. 이런 설정은 노인이 외로울 수밖에 없는 처지임을 나타내는 데 효과적이다.
③ 노인이 바람도 없는데도 조금씩 풀리는 짚단 소리를 설레는 마음으로 듣는다는 것은, 노인이 외부의 작은 소리에도 민감하게 반응할 정도로 누군가를 간절하게 그리워하고 있음을 간접적으로 드러낸 것이다.
⑤ 외로운 노인의 방에 달그림자만 비치는 장면 설정을 통해 고독한 노인의 처지를 애상적이면서도 서정적으로 형상화하고 있다.

3 시어의 이해

노인의 밭은기침 소리가 없어진 방 안에서 귀뚜라미가 떼를 지어 벽이 무너져라 크게 운다고 했는데, 이는 노인이 느끼는 외로움과 고독감의 깊이를 청각적 이미지로 표현한 것이다. 이런 점으로 볼 때, 겨울 귀뚜라미는 외로운 노인의 감정이 이입된 대상으로 볼 수 있다.

오답 피하기 | ① 귀뚜라미는 노인의 외로움을 부각할 뿐으로, 노인이 소망하는 화목한 대가족의 모습을 상징한다고는 볼 수 없다.
③ 이 시에는 노인이 과거에 어떻게 살았는지 드러나 있지 않다. 따라서 귀뚜라미를 과거 회상의 매개체라 할 수 없다.
④ 이 시에는 세상과 고립되어 사는 노인이 등장하기는 하지만 귀뚜라미가 복잡한 도시와 대비되는 자연을 의미한다고 볼 수 없다.
⑤ 이 시에는 노인의 외로움만 드러날 뿐, 그가 자연과 합일된

삶을 지향하는지는 알 수 없다.

❹ 김명인, '그 나무'

1 ④   **2** ④   **3** ③

서술형 예시 답안 **1** 늦된 그 나무 곁에서 남들의 속도를 따라가지 못했던 자신의 삶을 성찰하고 깨달음을 얻게 되었기 때문이다.
2 나무는 지금 아직 꽃 피우지 못한 '멍울'을 매달고 있으므로, 그 멍울에서 꽃이 다 피어난 이후의 모습을 의미하는 것이다.

1 표현상 특징 파악

'-지요', '-ㄹ까요' 등의 동일한 종결 어미를 반복하여 차분하게 시적 청자에게 말을 건네는 것 같은 어조를 형성하고 있다.
오답 피하기 | ① 공간의 대비가 드러난다고 보기는 어렵다.
② 자신의 젊은 시절을 떠올리고 있으나, 이러한 회상의 방식을 통해 대상의 변화 과정을 드러낸다고 보기는 어렵다.
③ 영탄적 표현이 드러난다고 보기 어렵고 화자의 정서가 고조되어 부각된다고 보기 어렵다.
⑤ 반어법을 활용하고 있는 부분을 찾아보기 어려우며 화자의 비판적 의도가 드러난 작품도 아니다.

2 외적 준거에 따른 작품 감상

'늦된 나무가 비로소 밝혀드는 꽃불 성화 / 환하게 타오를 것이므로'는 다소 늦더라도 꽃을 만개할 나무에 대한 기대감과 희망을 드러내는 것이다. 이를 모든 것은 소멸한다는 자연의 원리로 연결하기 어렵다.
오답 피하기 | ① '미처 제 꽃 한 송이 펼쳐 들지 못하고 멈칫거리는'은 다른 나무들과 달리 제때 꽃 피우지 못한 '그 나무'를 의미하며, 이에 대한 화자의 연민과 안타까운 시선이 담겨 있다.
② '시멘트 개울 한구석으로 비틀린 뿌리', '앞줄 아름드리 그늘 속'은 '그 나무'가 다른 것들과 달리 소외된 처지에 놓여 있기 때문에 꽃을 피우는 일이 늦어졌음을 암시한 것이다.
③ '그래도', '가지 가득 매달고 있는 멍울'은 꽃을 피우기 위해 다소 느리더라도 노력하고 있는 '그 나무'의 모습을 드러내며,

'어딘가 안쓰러웠지요'에서 화자의 연민이 담겨 있음을 찾아볼 수 있다.
⑤ '늦깎이 깨달음'은 '그 나무'와 화자 자신을 동일시하여 자신이 방황했던 시절을 떠올리며 삶에 대해 성찰하고 있음을 드러내는 것이다.

3 시구의 의미

'늦된 그 나무'가 봄에 '푸릇한 잎새'를 매달고 여름에는 '무거운 청록'으로 지내고 난 후, 가을에는 '불타는 소신공양'을 하는 '소지'처럼 붉게 단풍이 들기를 바라는 마음을 드러내고 있다. 이를 통해 나무가 잘 살아 내길 기대하고 있는 것으로 이해할 수 있다.
오답 피하기 | ① '여름도 지치고 말면'은 여름의 무더위가 다 지나고 나면 가을이 온다는 의미를 드러낸 것이지 여름의 무더위의 고통을 이겨 내기 어렵다는 의미와는 거리가 멀다.
② 봄, 여름, 가을을 거치는 나무의 변화 과정이 인간 삶의 희로애락에 담긴 의미라고 단정하기 어렵다.
④, ⑤ '가난한 소지'는 작고 보잘 것 없더라도 자신의 것을 모두 다 불태우는 삶의 태도를 상징적으로 드러낸다고 볼 수 있다. 따라서 인간의 이기적인 삶에 대한 반성을 촉구한다고 보기는 어려우며, 타인에 대한 배려의 중요성을 떠올리는 것도 적절하지 않다.

04 성찰과 의지

❶ 윤동주, '별 헤는 밤'

1 ①   **2** ⑤   **3** ⑤

서술형 예시 답안 **1** 10연. 겨울은 현재의 고난과 시련을 의미하고 봄은 미래에 도래할 조국의 광복에 대한 기대감을 표현한다고 볼 수 있다. 따라서 자신은 비록 사라지더라도 파란 잔디가 자랑처럼 무성히 피어날 봄날이 반드시 오리라는 신념과 희망을 드러내고 있다.

1 시상 전개 방식 파악

[A]는 다른 연과 달리 시적 대상을 구체적으로 열거하는 방식으로 리듬을 변주하고 있다. 이를 통해 화자의 간절한 그리움을 구체적으로 형상화하고 있다고 볼 수 있다.

오답 피하기 | ② 이별의 고통을 드러내고 있다고 보기 어렵고 삶의 희망을 상실한 정서가 아닌 그리움을 표현하고 있다. ③ 첫 연에서 '가을'이 명시적으로 드러나 있지만 [A]에서 계절적 배경을 부각한다고 보기 어렵고, 대상의 아름다움에 대한 화자의 경탄이 드러난다고 보기 어렵다. ④ 어순의 도치를 찾아보기 어렵고, 상황의 긴박감도 드러나지 않는다. ⑤ 열거의 방식이 드러날 뿐, 유사한 시구를 활용한 대구법이 사용되었다고 보기 어렵고 과거로 회귀하고자 하는 화자의 의지가 드러나지 않는다.

2 외적 준거에 따른 작품 감상

10연에서는 조국의 미래에 대한 희망을 암시하고 있으므로 낙관적인 전망을 제시하고 있다고 볼 수 있다. 그러나 이를 통해 현재의 고단한 삶을 보상받을 수 있으리라는 희망을 드러낸다고 보기는 어렵다.

오답 피하기 | ① 화자는 가을밤 하늘의 별을 바라보며 이를 매개로 과거의 추억과 그리운 사람들을 떠올리고 있다. ② 4연에서 화자는 별 하나하나마다 자신이 소중하다고 생각하는 가치를 연결하고 있는데, 동일한 구절을 반복하며 헤아리는 것은 '쓸쓸함' 같은 가치도 나름의 의미를 지니고 있다는 생각을 내포하고 있는 것으로 볼 수 있다. ③ 5연에서는 자신이 사랑하는 사람들과 자연물의 이름을 구체적으로 부르고 있으며 그것이 별처럼 화자에게는 가장 아름다운 인연이라는 의미이다. ④ 6연과 7연에서 소중한 사람들과 그리운 어머님이 멀리 있음이 드러난다. 닿을 수 없는 곳에 있는 별의 속성과 연결되어 그리움의 정서를 환기한다고 볼 수 있다.

3 시구의 이해

'슬퍼하는'의 감정을 '벌레'가 우는 이유로 본다면 그것은 '부끄러운 이름'에 대한 비애감 때문으로 볼 수 있으므로, 사랑하는 사람을 잃은 화자의 상실감과는 거리가 멀다.

오답 피하기 | '밤을 새워 우는 벌레'는 화자의 감정이 이입된 대상으로, 시인의 삶과 연결 지을 수 있다(③). '부끄러운 이름'은 화자가 느끼는 자괴감을 드러내며(④), 이를 슬퍼하며 밤을 새워 우는 것은 스스로의 삶에 대한 자아성찰이 지속적으로 이루어졌음을 보여 주는 것이다(②).

② 백석, '남신의주유동박시봉방'

➡ 실력 다지기

본문 45~47쪽

1 ⑤   **2** ②   **3** ⑤

서술형 예시 답안 **1** 갈매나무는 마른 잎새를 달고 어두워 오는데 묵묵히 싸락눈을 맞고 서 있는 존재이며, 굳고 정갈한 정신력을 지닌 존재이다. 따라서 화자의 삶의 의지를 표상적으로 드러내고 있다.

2 내 가슴이, 느끼는 것이었다.(16~19행)

1 외적 준거에 따른 작품 감상

'습내 나는 춥고, 누긋한 방'은 화자가 타향에서 느끼는 고단한 삶을 보여 주는 것으로 외롭고 소외된 처지를 반영한다고 볼 수 있다. 각박한 인심이라고 보기 어려우며, 이것이 화자의 내면의 분노를 유발한다고 보기는 어렵다.

오답 피하기 | ① '어느 사이에'는 화자가 가족과 고향을 떠나 유랑의 삶을 살고 있는 현실 상황이 계획한 것이거나 의지대로 이루어진 것이 아님을 내포하고 있다고 볼 수 있다. ② '멀리 떨어져서'는 사랑하는 사람들인 가족과 공간적으로나 물리적으로 떨어져 있음을 의미하고 이것이 홀로 남겨진 화자의 쓸쓸한 처지를 드러낸다고 볼 수 있다. ③ '거리 끝에 헤매이'고 있는 화자의 모습은 삶의 목표를 이루지 못하고 객지에서 방랑하며 상실감에 젖어 있는 스스로에 대한 인식과 연결할 수 있다. ④ '쉰을 붙이었다'는 것은 '목수네 집'에 세를 들어 있는 시적 상황을 알 수 있는 것으로, 시인이 체험한 억압된 현실과 연결할 수 있다.

2 소재의 기능 파악

'북덕불'은 겨울에 방 안의 난방 도구를 의미하는 것이지 이

를 통해 화자가 자신의 과거를 돌아보며 스스로를 위로한다고
보기는 어렵다.
오답 피하기 | ① '한 방'은 온기가 없는 차디찬 방으로 화자가 고
단하고 외로운 처지를 인식하는 공간이다.
③ '높은 천장'은 자리에 누워 있던 화자의 시선이 상승하여 머
무는 지점으로, 내면이 변화하고 상승하여 시상이 전환하는
계기로 작용한다.
④ '문창'은 화자가 있는 공간을 안과 밖으로 구별하는 경계로,
화자의 인식이 이를 통해 '먼 산 뒷옆에 바우섶'까지 확장된다
고 볼 수 있다.
⑤ '먼 산'은 '갈매나무'가 있는 공간으로, '겨울'이라는 계절적
배경과 '어두워 오는' 시간적 배경이 함께 주제를 형상화한다
고 볼 수 있다.

3 화자의 정서, 태도

'갈매나무'는 앞으로 살아갈 자신의 삶에 대한 화자의 의지
적 태도를 상징적으로 드러내는 소재로 볼 수 있다.
오답 피하기 | ①, ②, ③ '눈'은 고단한 현실을 의미하는 것으로,
현실과 대비되는 문학의 순수한 가치를 암시하거나 고향에 대
한 추억을 환기하는 매개체라고 할 수 없다. 또한 현실의 고뇌
를 망각하고 살아온 삶에 대한 회한을 드러낸다고 보기 어렵다.
④ '갈매나무'는 아름다운 자연에 대한 경탄의 대상이 아닌, 화
자의 지향점이자 의지적 태도를 드러내는 상징적 소재이다.

③ 신동엽, '껍데기는 가라'

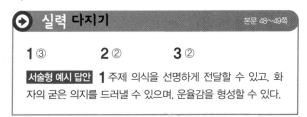
실력 다지기   본문 48~49쪽

1 ③   **2** ②   **3** ②

서술형 예시 답안 **1** 주제 의식을 선명하게 전달할 수 있고, 화
자의 굳은 의지를 드러낼 수 있으며, 운율감을 형성할 수 있다.

1 표현상 특징 파악

이 시에는 '가라'라는 명령적 표현을 반복하여 부정적 현실
을 극복하려는 화자의 강한 의지를 드러내고 있다.
오답 피하기 | ① '모오든'은 시적 허용에 따른 표현이지만, 이를

통해 화자의 만족감을 표출한 것은 아니다.
② 실제와 반대로 말하는 반어적 표현이 쓰이지 않았다.
④ 이 시에는 의문형 표현으로 의미를 강조하는 설의적 표현
이 쓰이지 않았다.
⑤ '동학년 곰나루의, 그 아우성'은 청각적 이미지를 활용하여
동학 혁명의 순수성과 열정을 드러낸 것이다.

2 외적 준거에 따른 감상

'동학년 곰나루'의 '아우성'은 동학 혁명을 일으킨 민중들의
순수한 개혁 의지를 의미하는 것으로, '아우성만 살'라고 한 것
에는 동학 혁명 당시의 충만했던 민중이 개혁 의지가 현재 민
중에게도 이어지기를 바라는 작가의 생각이 반영되어 있다.
오답 피하기 | ① '사월'은 4·19 혁명을 의미하는 것이고, '알맹
이'는 혁명의 순수한 정신을 의미한다. 따라서 '사월도 알맹이
만 남'으로고 한 것에는 훼손된 4·19 혁명의 순수한 정신이 되
살아나기를 바라는 마음이 담겨 있다.
③ '아사달 아사녀'는 남과 북을 상징하는 인물로, 이들이 '두
가슴과 그곳까지 내논'다는 것은 남과 북이 통일을 위해 지녀
야 할 가식과 허위가 없는 태도를 의미한다.
④ '중립의 초례청'은 남과 북이 만나는 공간으로, 이곳에서 맞
절을 한다는 것은 분단된 우리 민족이 하나가 되는 상황을 표
현한 것이다.
⑤ '쇠붙이'는 우리 순수성을 훼손하는 일체의 부정적 존재들
로, 민족 통일을 위해 반드시 배척해야 할 대상을 의미한다.

3 시어의 이해

'이곳'은 '중립의 초례청'으로, 부조리하고 불합리한 현실 공
간이 아니라 우리 민족이 화합하고 화해하는 마당을 의미한다.
오답 피하기 | ① '껍데기'는 화자가 부정적으로 인식하여 배척
하려는 모든 부정적 존재를 의미한다.
③ '부끄럼'은 순수한 상태의 존재만이 느낄 수 있는 인간 본연
의 자연스러운 감정이다.
④ '한라에서 백두까지'는 한반도 전체, 우리 민족 모두를 대유
적으로 표현한 것이다.
⑤ '향그러운 흙가슴'은 땅을 바탕으로 살아가는 우리 민족의
순수한 마음을 의미한다.

❹ 김수영, '어느 날 고궁을 나오면서'

본문 50~51쪽

실력 다지기

1 ④　　　**2** ③　　　**3** ②

서술형 예시 답안 **1** 자조적 심정(부끄러움). 사소하고 비본질적인 것에 분개하고 정작 중요하고 본질적인 것에 분노하지 못하는 자신이 부끄럽기 때문이다.

1 표현상 특징 파악

이 시에는 시각적 심상의 시어가 쓰이고는 있지만 색채가 대비되는 시어를 사용하지는 않았고, 또한 현대 문명에 대한 비판적 태도가 드러나 있지 않다.

오답 피하기 | ① 분노하는 경우와 분노하지 못하는 경우를 대조하여 부정적 현실에 대해 저항하지 못하는 화자 자신에 대한 부끄러움을 강조하고 있다.

② '50원짜리 갈비', '20원', '스펀지', '거즈', '애놈의 투정' 등 일상적 시어를 사용하여 일상의 실제적 삶을 사실적이고 구체적으로 보여 주고 있다.

③ '왜 나는 조그마한 일에만 분개하는가'처럼 자신에게 질문하는 방식으로 자기반성적 태도를 드러내고 있다.

⑤ '부산의 포로수용소'의 경험을 통해 자신의 옹졸함이 오래전부터 지속되어 온 것임을 밝히고 있다.

2 외적 준거에 따른 감상

'개의 울음소리'와 '애놈의 투정'에 진다는 것은 사소한 것에만 연민을 느끼는 자신의 부조리한 모습을 비판한 것이 아니라, 작고 사소한 것에도 지는 왜소하고 무기력한 자신의 부정적 모습을 형상화한 것이다.

오답 피하기 | ① 사소한 존재인 설렁탕집 주인에게 '돼지 같은 주인 년'이라는 비속어까지 사용하여 비난하는 화자의 모습을 직접 드러낸 것은 화자 자신이 지닌 속물적 태도를 폭로하기 위한 의도가 담겨 있다.

② 언론의 자유를 요구하고 월남 파병에 반대하는 '자유를 이행하지 못하'는 자신을 '옹졸하다고 비판한 것은 자신의 부정적 행위를 정직한 자세로 평가한 결과로 볼 수 있다.

④ '절정 위'는 부정적 대상과 당당하게 맞서는 곳을 의미하는데, 그곳에서 '옆으로 비켜서 있다'는 것은 부정적 현실에 저항하지 못하는 현재 자신의 태도를 표현한 것이다.

⑤ 작은 존재인 '모래'와 '먼지'에게 자신이 '얼만큼 작으냐'고 묻는 것에는 지극히 작은 자신을 부끄럽게 여기는 마음을 드러낸 것이다.

3 시어의 이해

'야경꾼'은 힘없는 존재로, 화자가 이들을 증오하면서도 이런 자신의 태도가 옹졸한 것이라고 반성하고 있다.

오답 피하기 | ① '왕궁의 음탕'은 화자가 아니라 권력자들이 했던 부도덕한 행위를 의미한다.

③ '스펀지 만들기'는 과거에 화자가 했던 사소한 일로, 현재 화자는 이를 부끄러워한다.

④ '은행나무 잎'은 화자 스스로 왜소하다고 느끼는 계기가 되는 소재이다.

⑤ '동회 직원'은 화자가 함부로 적극적으로 저항하지 못하는 인물이다.

❺ 고재종, '세한도'

본문 52~53쪽

실력 다지기

1 ①　　　**2** ②　　　**3** ①

서술형 예시 답안 **1** 난장 난 비닐하우스를 일으키는 농민들로, 고단한 농촌 현실을 견디며 살아가는 사람들을 의미한다. 그들이 청솔을 바라보는 것은 고달픈 농촌 현실에서도 희망을 잃지 않고 시련을 극복해 내려는 모습을 그린 것이라고 볼 수 있다.
2 단정적인 어조를 형성하여 의지적인 태도를 부각하여 드러내고 있다.

1 표현상 특징 파악

'푸른 눈 더욱 못 감는다.', '푸른 숨결을 풀어내는 청솔 보아라.' 등의 표현을 통해 청솔을 의인화하고 있음을 확인할 수 있다.

오답 피하기 | ② 이 시에는 첫 연과 마지막 연을 반복하여 주제를 강조하는 수미상관 기법은 드러나지 않는다.

③ 어조의 전환이 드러난다고 보기 어렵고 화자의 현실 순응적 태도가 드러난다고 보기 어렵다.

④ 시적 공간은 농촌 마을과 청솔이 서 있는 곳으로, 공간의 이동에 따른 소재의 변화가 드러난다고 보기는 어렵다.

⑤ 현재 시제를 나타내는 어미를 사용하고 있지만 전체적으로 역동적인 분위기를 형성하고 있다고 보기 어렵다.

2 외적 준거에 따른 작품 감상

〈보기〉에서 '날씨가 추워진 뒤'가 권력을 잃은 추사의 처지를 비유한 것이라면, 이 시에서는 과거에 번성했던 농촌 마을의 모습과 달리 '생산도 새마을도 다 끊긴 궁벽'한 현재의 모습과 연결된다고 볼 수 있다.

오답 피하기 | ① '들창 거덜 내는 댓바람'은 고단한 농촌의 현실을 의미하는 것으로 볼 수 있다. 이장과 마을 사람들과의 갈등은 적절하지 않다.

③ '삭바람마저 빗질'하는 것은 고단하고 힘겨운 시절을 이겨 내는 청솔의 태도로 보는 것이 적절하다. 화자의 태도로 보기는 어렵다.

④ '난장 난 비닐하우스'는 농촌이 처한 어려운 상황을 의미하는 것으로, 이러한 농촌의 현실을 '청솔'이 지켜온 것으로 볼 수 있다.

⑤ '나는 희망의 노예는 아니거니와'는 무턱대고 미래는 희망적일 것이라고 노래하는 것은 아니라는 의미이다. 추사의 태도와 화자의 태도가 대비를 이룬다고 보기는 어렵다.

3 소재의 기능 파악

㉠은 '집집의 생앙쥐까지 깨우던' 과거에 사람들이 많고 번성했던 농촌 마을을 상징하는 소재로, ㉡은 술만 취하면 '천둥산 박달재를 울고 넘는'을 부르는 이장의 모습을 통해 퇴락한 농촌에 남은 사람들의 고단함과 슬픔을 드러내는 소재로 쓰이고 있다.

05 역사와 현실

❶ 한용운, '수의 비밀'

➡ 실력 다지기
본문 54~55쪽

1 ④　　　**2** ③　　　**3** ⑤

서술형 예시 답안 1 임에 대한 화자의 사랑을 표현하는 행위로 볼 수 있다.

2 화자는 아직 주머니에 담을 보물이 없어 주머니를 완성하지 않는다. 그래서 주머니에 수를 놓는 행위를 하다가 그만두는 것이다. 또 수를 놓는 행위를 통해 임에 대한 사랑을 실천하는 행위를 지속할 수 있기 때문에 수를 놓는 것을 완성하지 않는 것이다.

1 시상 전개 방식에 대한 이해

이 시에는 일부 감각적인 표현이 사용되어 있지만 이를 통해 특정 대상을 사실적으로 형상화한 부분은 찾아볼 수 없다.

오답 피하기 | ① 이 시에는 '나'라는 화자가 작품 전면에 등장하여 시상을 전개하고 있다.

② 이 시에는 '당신', '주머니', '보물' 등의 상징적 어휘를 사용하여 주제 의식을 전달하고 있다.

③ 이 시에는 경어체의 문장 종결이 사용되고 있으며, 이러한 종결은 시의 분위기를 형성하는 데 기여하고 있다.

⑤ 이 시에서는 화자가 수를 놓는 반복적 행위를 제시하여 임에 대한 사랑과 기다림이라는 화자의 심리를 전달하고 있다.

2 외적 준거에 따른 작품 감상

화자가 주머니를 짓다가 놓아둔 이유를 '비밀'이라고 한 것은 화자의 생각을 다른 사람들이 잘 알지 못하기 때문이다. 그러므로 일제의 탄압이 극심했기 때문에 화자가 '비밀'이라고 표현했다는 진술은 적절하지 않다.

오답 피하기 | ① 〈보기〉에서 작가 한용운이 이 시를 통해 일제에 대한 저항 의지와 조국과 민족에 대한 사랑을 표현하였다고 하였다. 이 시에서 화자는 옷을 지으며 '당신'이 올 것을 기다리고 있으므로 '당신'은 화자가 사랑했던 '조국'이나 '민족'을 상징하는 것으로 볼 수 있다.

② 이 시에서 수를 놓아 주머니를 짓는 화자의 행위는 곧 조국의 광복을 기다리고 준비하는 행위로 볼 수 있다. 그러므로 지속적으로 수를 놓는 행위는 조국과 민족에 대한 변함없는 사랑을 의미한다고 볼 수 있다.

④ 화자가 '마음이 아프고 쓰린' 것은 곧 당신이 부재하여 느끼는 고통이다. 따라서 이러한 고통은 일제 강점의 부조리한 현실로 인해 기인한 것으로 볼 수 있다.

⑤ '보물'은 일반적으로 매우 값지고 귀한 것을 의미한다. 화자는 이러한 보물이 없기 때문에 주머니를 완성하지 않는다고 말하고 있다. 〈보기〉에서 이 작품이 창작되던 시기를 광복이 도래하지 못한 1920년대라고 하였으므로 '보물'이 없다는 표현은 조국과 민족이 해방에 이르지 못했음을 의미하는 것이라고 볼 수 있다.

3 외적 준거에 따른 작품 감상

〈보기〉에는 현대시의 대표적 표현 기법 중 하나인 '역설'에 대한 설명이 제시되어 있다. 역설은 표면적으로는 모순이지만 삶의 진실을 담고 있는 표현법을 말한다. 이와 관련하여 '짓고 싶어서 다 짓지 않는 것입니다.'라는 구절에서 짓고 싶은데 짓지 않는다는 모순적 표현을 통해 화자가 전달하려는 삶의 진실이 전달되고 있음을 확인할 수 있다.

오답 피하기 | ㉠, ㉡, ㉢, ㉣은 모두 표면적으로 모순 관계를 확인할 수 없으므로 역설적 표현으로 볼 수 없다.

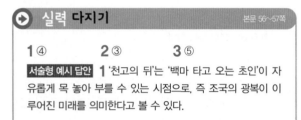

❷ 이육사, '광야'

▶ 실력 다지기
본문 56~57쪽

1 ④   **2** ③   **3** ⑤

서술형 예시 답안 **1** '천고의 뒤'는 '백마 타고 오는 초인'이 자유롭게 목 놓아 부를 수 있는 시점으로, 즉 조국의 광복이 이루어진 미래를 의미한다고 볼 수 있다.

1 표현상 특징 파악

2연에서 역동적 이미지가 사용되기는 하였으나 이를 통해 공간의 이동을 드러내고 있지는 않다.

오답 피하기 | ① 3연에서 관념적 대상인 시간을 의미하는 '광음'이 '피어선 지고'라고 표현된 부분을 확인할 수 있다.
② 이 시에서는 '강물', '눈', '매화', '초인', '광야' 등의 상징적 시어를 통해 주제를 형상화화고 있다.
③ '-리라', '-라'와 같은 종결 어미의 반복을 통해 각운적 효과를 얻고 있다.
⑤ 4연에서 '눈'과 '매화'라는 대립적 의미를 지닌 시어를 통해 암울한 현실에 놓여 있는 화자의 처지를 확인할 수 있다.

2 외적 준거에 따른 작품 감상

3연에 제시된 '강물'은 '역사' 혹은 '왕조'의 의미를 지닌 상징적 어휘로 우리 조국을 의미하는 광야에 문명과 역사가 시작되었음을 표현하기 위해 사용된 시어이다. 따라서 ㉢을 통해 우리 민족의 역사와 문명이 지닌 우월성을 드러내고 일제 강점의 부당함을 표현하고자 한 것은 아니다.

오답 피하기 | ① 1연에서 '까마득한 날'은 태초, 즉 광야가 처음 천지개벽을 통해 탄생하던 시점을 드러낸 것으로 광야의 원시성을 나타내는 것으로 볼 수 있다.
② 2연의 ㉡은 우리 민족의 삶의 터전인 광야를 아무도 감히 범하지 못했음을 의미하는 것으로 광야의 신성성을 드러내는 것으로 볼 수 있다.
④ 4연의 '눈'은 차가운 속성을 가진 존재로 일제 강점의 현실에 대한 화자의 부정적 시대 인식을 드러낸 것으로 볼 수 있다.
⑤ 5연의 '초인'은 조국 광복과 함께 광야에 돌아온 사람으로 일제 강점의 현실을 견뎌 온 민족의 지도자나 영도자이면서, 해방된 조국을 이끌어 갈 선각자로 이해할 수 있다.

3 반응의 적절성 평가

'뿌려라'는 명령형 어미로 이러한 어미의 사용은 화자의 굳은 의지와 신념을 드러내는 효과가 있다.

오답 피하기 | ① 화자가 직접 씨를 뿌리는 행위는 곧 새로운 희망의 세상을 위한 화자의 자기희생적 행위로 볼 수 있다.
② '씨'는 봄에 새로운 생명을 싹 틔우는 존재이다. 그러므로 '씨'는 조국 광복의 새로운 세상에 대한 화자의 기대와 희망이라고 볼 수 있다.
③ '가난한'은 어렵고 고된 이미지를 가진 것으로 일제 강점의 시대 현실과 밀접한 관련이 있다.
④ '여기'는 '눈'이 내리는 곳이므로 암담한 시련의 공간으로 볼 수 있다.

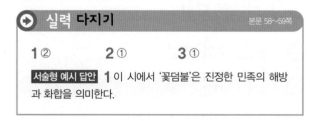

❸ 신석정, '꽃덤불'

▶ 실력 다지기
본문 58~59쪽

1 ②   **2** ①   **3** ①

서술형 예시 답안 **1** 이 시에서 '꽃덤불'은 진정한 민족의 해방과 화합을 의미한다.

1 시상 전개 방식 파악

이 시에는 물음의 형식이 사용되고 있지만 이를 통해 화자의 뉘우침이나 한탄을 드러내고 있지는 않다.

오답 피하기 | ① 1연과 2연, 3연은 과거인 일제 강점기를, 4연은 광복의 시점, 5연은 미래의 시점이라고 볼 수 있다. 그러므로 이 시는 시간의 순차적인 흐름에 따라 시상을 전개하고 있

다고 볼 수 있다.

③ 2연, 5연에는 비유적 표현이 사용되고 있으며 모두 화자의 정서를 드러내고 있다.

④ 3연에서는 유사한 문장이 반복되며 운율이 형성되고 있다.

⑤ 5연의 '겨울밤 달이 아직도 차거니'는 시각적 이미지의 대상인 '달'을 촉각적 이미지로 전이하여 진정한 광복과 해방에 이르지 못한 부정적 현실을 드러낸 것으로 볼 수 있다.

2 소재의 기능 파악

이 시에는 '어둠'과 '밝음'의 이미지를 가진 시어들이 각각 사용되고 있다. '어둠'을 의미하는 시어들은 일제 강점기나 광복 직후의 혼란기에 나타나는 암울한 현실을 상징하며, '밝음'을 의미하는 시어들은 암울한 현실이 해소되는 새롭고 희망찬 미래를 상징한다. 이 시에서 '어둠'의 이미지를 가진 시어나 시구로는 '태양을 등진 곳', '밤', '겨울밤' 등을 들 수 있고, '밝음'의 이미지를 가진 시어로는 '태양', '봄', '꽃덤불' 등을 들 수 있다.

3 외적 준거에 따른 작품 감상

〈보기〉를 참고하여 이 시를 분석해 보면 '태양'은 일제 강점기에 우리 민족이 염원하던 해방이라고 볼 수 있다. 하지만 〈보기〉에 따르면 해방 직후 이념 대립으로 인해 민족이 분열되는 상황을 맞이하였으며, 이 시가 창작된 것도 이러한 배경 때문이라고 볼 수 있다. 그러므로 1연의 '태양'이 좌우익의 이념 대립으로 인한 갈등이 모두 해소된 세상을 의미하는 것은 아니다.

오답 피하기 | ② 2연의 '헐어진 성터'는 일제 강점기에 화자를 비롯한 사람들이 방황하던 곳을 의미한다. 이때 '성터'는 왕궁이나 도성을 의미하는 경우가 많고 그것이 허물어졌다고 하였으므로 '헐어진 성터'는 일제에게 나라를 빼앗긴 우리 민족이나 조국을 의미한다고 볼 수 있다.

③ 3연에 제시된 벗은 모두 일제 강점기에 부정적 상태로 변해 버린 사람들이다. 그중 '멀리 떠나 버린 벗'은 일제 강점하의 조국을 떠나 다른 곳으로 간 사람을 의미하므로, 일제의 탄압으로 인해 조국을 떠나 유랑했던 사람들이라고 볼 수 있다.

④ 5연의 '겨울밤 달'은 광복 이후에 마주하는 것으로 일제 강점은 종식되었지만 조국과 민족의 새로운 시련과 암울한 현실을 만들어 낸 이념 간의 대립을 의미하는 것이라고 볼 수 있다.

⑤ 5연의 '봄'은 이념의 대립이 해결된 시간을 의미한다. 따라

서 이 시간은 진정한 민족의 해방과 화합이 이루어진 때를 의미한다고 볼 수 있다.

❹ 신경림, '농무'

> ### 실력 다지기
> 본문 60~61쪽
>
> 1 ②　　　　2 ⑤　　　　3 ⑤
>
> **서술형 예시 답안** 1 농민들이 추는 농무는 원래 농민들이 노동의 고통을 위로하고 삶의 활력을 위해 추는 즐거운 춤이지만 이 시에서는 몰락한 농촌 현실에서 농민들의 울분과 한을 드러내는 수단으로 제시되고 있다.

1 표현상 특징 파악

이 시는 농무를 춘 농민들이 공간을 이동하며 느끼는 정서를 표현하고 있다. 특히 이 시에서는 쓸쓸함, 원통함, 울분, 한과 신명 등과 같은 농민들의 정서가 공간을 이동하며 더욱 고조되고 있음을 확인할 수 있다.

오답 피하기 | ① 이 시에서는 단정적 어조가 사용된 부분을 찾아볼 수 없다.

③ 이 시에서는 자연과 인간을 대비한 부분을 찾아볼 수 없다.

④ 이 시에서는 절제된 표현보다는 농민들의 울분과 한의 정서를 직설적인 어휘와 표현을 통해 드러내고 있다.

⑤ 이 시에서는 청자에게 말을 건네는 방식을 통해 시상이 전개되는 부분을 찾아볼 수 없다.

2 작품의 내용 파악

'도수장'에서는 농민들의 한의 정서가 승화되어 신명으로 발전하고 있다. 그러므로 ㉲에서 농민들의 한과 울분이 가라앉고 있다는 진술은 적절하지 않다.

오답 피하기 | ① '텅 빈 운동장'은 구경꾼이 돌아간 공간이면서 소외된 농촌의 모습을 보여 주는 것으로 쓸쓸함을 느끼게 한다고 볼 수 있다.

② '학교 앞 소줏집'에서는 농무를 마친 농민들이 답답하고 고달프게 사는 것에 대한 원통함을 느끼며 술을 마시는 것으로 표현되어 있다.

③ '장거리'에서 관심을 갖는 것은 '쪼무래기들'뿐이라고 하였으므로 농무에 대한 반응이 이전과 달라졌다는 것을 알 수 있다.
④ '쇠전'에서는 농무가 지속되며, '도수장'에서는 신명에 이르고 있으므로 농민들이 농무를 추는 것을 지속하고 있다고 볼 수 있다.

3 외적 준거에 따른 작품 감상

농민들이 '날나리를 불'고, '어깨를 흔드는 것은 한의 정서가 신명으로 승화된 모습이라고 볼 수 있으므로 이를 통해 농촌의 현실을 이겨 내려는 농민들의 낙천적 의식을 확인할 수 있다는 진술은 적절하지 않다.

오답 피하기 | ① '가설무대', '텅 빈 운동장'은 모두 쓸쓸함을 느끼게 하는 공간으로 〈보기〉에 제시된 바와 같이 몰락한 농촌의 현실을 엿보게 하는 장소로 볼 수 있다.
② '꺽정이'는 조선 시대 의적으로 알려져 있는 '임꺽정'을 나타내는 것으로 그는 가난한 농민을 위해 지배 계층에 항거했던 인물이다. 그러므로 '꺽정이처럼 울부짖고'에서는 농촌 현실에 대한 저항 의식이 담겨 있는 것으로 이해할 수 있다.
③ '비료값도 안 나오는 농사'는 〈보기〉에서 제시한 것과 같이 정부의 저곡가 정책으로 인해 농민들이 노동의 대가를 제대로 보상받지 못하는 현실을 보여 주는 것이라고 할 수 있다.
④ 이 시에서 농민들은 농무를 마치고 울분과 슬픔을 느끼며 한의 정서에 빠져 있다가 농무를 통해 이러한 정서를 '신명'으로 승화시키고 있음을 확인할 수 있다.

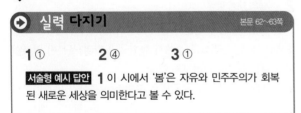

⑤ 이성부, '봄'

실력 다지기
본문 62~63쪽

1 ①　　**2** ④　　**3** ①

서술형 예시 답안 | 1 이 시에서 '봄'은 자유와 민주주의가 회복된 새로운 세상을 의미한다고 볼 수 있다.

1 표현상 특징 파악

이 시는 표현상 특징으로 중심 소재인 '봄'의 의인화가 두드러지는 작품이다.

오답 피하기 | ② 이 시에서는 동일한 어구가 반복된 부분을 찾아볼 수 없다.
③ 이 시에서는 '봄'을 의인화한 후 일부 움직임을 나타내는 표현을 사용하기는 하였지만 감각적 이미지를 활용해 대상의 외양을 묘사한 부분은 찾아볼 수 없다.
④ 이 시는 '봄'이 올 것이라는 믿음과 확신, '봄'을 맞이하는 기쁨과 감격 등이 제시되어 있어 냉소적 어조의 사용을 확인할 수 없다.
⑤ 이 시에서는 자연의 섭리인 계절의 순환 원리를 기반으로 하고 있을 뿐 유한한 인간과 영원한 자연 세계를 대비하고 있지는 않다.

2 외적 준거에 따른 작품 감상

②은 새로운 희망의 시대를 의미하는 '봄'이 특별한 예고 없이 찾아올 것이라는 것을 의미하고 있다. 그러므로 ②을 통해 생각하고 소통하는 자유가 억압된 현실이 드러난다는 진술은 적절하지 않다.

오답 피하기 | ① 〈보기〉의 내용을 참고할 때 ③은 군부 독재에 이어 유신 헌법으로 인해 독재가 장기화되면서 자유가 억압되고 민주주의가 훼손되어, 희망과 기다림마저 사라진 절망적인 시대 현실을 표현한 것으로 볼 수 있다.
② '올 것이 온다'라는 표현 속에는 거부할 수 없는 흐름이라는 의미가 담겨 있으며, 이는 겨울이 지나면 봄이 돌아온다는 계절 순환의 원리를 표현한 것으로 볼 수 있다.
③, ⑤ 〈보기〉를 참고할 때, 이 시에서 '봄'은 군부 독재와 유신 헌법으로 인한 암울한 현실의 종식과 자유와 민주주의가 회복된 새로운 세상을 의미한다. 그러므로 ⓒ은 '봄'에 대한 민중의 기대와 갈망을 드러낸 것으로 볼 수 있다. 또 ⓑ은 회복된 자유와 민주주의를 의미하는 것으로 볼 수 있다.

3 작품 간의 공통점, 차이점 파악

〈보기〉에서 '해'는 화자가 고대하고 있는 대상으로서, 자연의 섭리에 따라 밤을 보내면 반드시 솟아오르는 속성을 가지고 있다. 이 시의 화자가 기다리는 '봄' 역시 자연의 섭리에 따라 겨울을 지내면 반드시 돌아온다는 속성을 지니고 있다. 또 〈보기〉의 '해'와 이 시의 '봄'은 모두 의인화되어 있다는 점에서 공통적이다.

오답 피하기 | ② '달밤'은 '어둠'과 함께 화자가 부정적으로 인식

하고 있는 대상이다.

③ '청산'은 화자가 소망하는 세계를 나타내는 것으로 화자의 긍정적 인식이 드러나는 대상이다. 하지만 '해'나 '봄'과 같이 순환적 속성을 가진 대상은 아니다.

④ '칡범'은 약자로 상징되는 '사슴'과 대조적인 속성을 지닌 대상으로, 〈보기〉의 화자가 소망하는 화합된 공간에서 공존하게 될 생명체일 뿐 '봄'과 같은 속성을 지닌 대상은 아니다.

⑤ '꿈'은 화자가 지향하는 가공의 세계를 의미한다. 하지만 '해'나 '봄'과 같이 순환적 속성을 가진 대상은 아니다.

1 ③   **2** ⑤   **3** ③

[1~3]

⑦ 이용악, '풀벌레 소리 가득 차 있었다'

해제 | 이 시는 이국땅에서 맞이한 아버지의 쓸쓸한 죽음과, 그로 인한 가족들의 비통한 정서를 형상화한 작품이다. 아버지는 러시아 땅을 다니면서 갖은 고생을 해 자식들을 기른, 일제 강점기 유민(流民)의 전형으로, 침상조차 없는 누추한 곳에서 유언도 하지 못한 채 갑작스럽게 숨을 거둔다. 이 시는 이로 인한 슬픔을 격정적이고 직접적으로 표출하지 않고 절제된 어조를 통해 담담한 듯이 그리고 있는데, 이를 통해 오히려 상황의 비극성과 애상적 정서를 강조하는 효과를 거두고 있다.

주제 | 일제 강점기 유민의 슬픔과 아버지의 쓸쓸한 죽음

구성 |
• 1연: 아버지의 비참한 죽음
• 2연: 갑작스럽게 객사한 아버지
• 3연: 죽은 아버지의 모습
• 4연: 아버지의 죽음에 대한 슬픔

ⓝ 박목월, '하관'

해제 | 이 시는 동생과 사별한 슬픔과, 동생에 대한 간절한 그리움을 노래한 작품으로, 동생의 장례를 치르던 때 느낀 슬픔과 동생의 명복에 대한 기원, 시간이 지난 후에 꿈속에서 만난 동생에 대한 반가움 등을 다루고 있다. 시인은 하강적 이미지의 반복적 사용과 중의적 표현, 평이한 시어와 절제된 어조 등을 통해 주제를 형상화하고 있다.

주제 | 죽은 동생에 대한 애틋한 그리움

구성 |
• 1연: 장례식의 무거운 슬픔
• 2연: 꿈에서 동생을 만난 경험
• 3연: 이승과 저승의 단절감과 막막한 슬픔

1 외적 준거에 따른 작품 감상

문맥상 아버지의 눈에 '피지 못한 꿈의 꽃봉오리'가 가라앉았다는 것은 이루지 못한 꿈이나 떠나온 고향에 대한 그리움을 간직한 채 아버지가 숨을 거두셨다는 의미의 표현이다. 따라서 '피지 못한 꿈의 꽃봉오리'는 억압과 수탈로 인해 화자가 품게 된 분노와 원한을 가리키는 표현이 아니다.

오답 피하기 | ① 아버지가 이국땅, 그것도 침상도 제대로 갖추지 못한 누추한 곳에서 돌아가신 것이므로 초라하고 비참한 죽음을 맞이한 사실을 표현한 것이다.

② 〈보기〉의 설명을 준거로 할 때, 러시아 땅을 다니면서까지

힘겹게 자식들을 기른 아버지의 모습은 당시 유민들의 삶이 지닌 보편성으로서의 고통스러움을 대변하는 것이라고 해석할 수 있다.
④ '입술은 심장의 영원한 정지를 가리켰다'라는 시적 진술은 아버지가 완전히 숨을 거두신 상황을 객관적으로 서술한 것이므로 〈보기〉에 의하면 오히려 슬픔을 강조하는 효과로 이어진다고 할 수 있다.
⑤ 돌아가신 아버지의 머리맡에 엎드려서 가족들이 '있는 대로의 울음'을 다 울었다는 것은 아버지의 죽음을 맞은 가족의 비통한 심정이 드러난 것이다.

2 표현상 특징 파악

동생이 화자를 부르는 목소리는 들리는데 자신이 대답하는 소리는 동생에게 미치지 못한다는 것은 화자가 있는 이승과 동생이 있는 저승 간의 아득한 거리감과 단절감을 지시하는 표현이다. 따라서 이승과 저승의 공간적 유사성을 제시한 것으로 볼 수 없으며, 이 구절에 동생과 재회하고 싶은 소망이 직접 드러나 있는 것도 아니다.
오답 피하기 | ① 실제로 관이 내려가는 곳은 땅속이지만, 화자는 마치 자신의 '깊은 가슴 안에 밧줄로 달아 내리듯' 관을 내린다고 하였다. 이는 직유를 활용하여 동생을 땅이 아닌 가슴에 묻는 듯하다는 의미를 전달함으로써 자신이 느끼는 심리적 고통을 강조한 것이다. 참고로, 이 시에서는 ㉠ 외에도 내리는 눈과 비, 떨어지는 열매 등을 통해 하강적 이미지를 반복함으로써 죽음이라는 소재를 효과적으로 환기하고 있다.
② '옷자락에 흙을 받아 / 좌르르 하직'하는 것은 하관 후에 흙을 덮기 시작하는 장례의 한 과정이다. 그런데 여기서 '하직'을 한다는 것은 한자 그대로는 흙을 곧게 떨어뜨린다는 정도의 의미로 이해할 수 있으면서도, 그와 동시에 작별 인사를 한다는 뜻의 '하직하다'를 떠올리게 한다. 이는 중의적인 표현을 사용한 것이다. 또 '좌르르'라는 음성 상징어는 흙이 아래로 쏟아지는 모양이나 소리를 표현한 것으로, 동생의 죽음에 무너져 내리는 화자의 마음 상태를 환기하는 효과로도 이어진다. 그러므로 ㉡에서 음성 상징어('좌르르')와 중의적 표현('하직했다')을 통해 동생의 장례를 치르는 슬픔을 강조하고 있다.
③ 장례를 치르고 난 후 어느 정도의 시간이 흐른 다음에 꿈속에서 동생을 만났다는 진술이므로, 동생에 대한 간절한 그리

움이 지속되고 있는 상황임을 알 수 있다.
④ ㉢은 간절히 그리워하던 동생을 꿈에서 만난 화자가 동생의 부름에 답했다는 진술이다. 여기서 '오오냐'라는 감탄사를 사용하고 '전신으로 대답'했다는 진술을 한 것은 죽은 동생을 꿈에서라도 본 것이 얼마나 반가운 일이었는지를 느낄 수 있게 한다.

3 소재의 기능 파악

ⓐ는 아버지의 '최후의 밤'에 주변을 가득 채운 소리로, 애통한 화자와 가족의 심정이 투영되어 있는 청각적 심상임과 동시에, 고요한 밤의 분위기를 제시하여 그와 대조되는 비극적 상황을 부각하는 역할을 하기도 한다. ⓑ는 더 이상 동생이 존재하지 않는 이승의 적막감을 강조하는 청각적 심상으로, 동생의 죽음이라는 비극적 상황과 그로 인한 화자의 슬픔을 부각하는 기능을 한다. 따라서 ⓐ와 ⓑ는 공통적으로 화자의 애상감이 투영되어 있는 심상이라고 할 수 있으며, 혈육의 죽음으로 인한 상황의 비극성을 부각하는 역할을 한다고 말할 수 있다.
오답 피하기 | ① ⓐ와 ⓑ 모두 청각적 심상일 뿐 시각을 청각화한 공감각적 심상이 아니다.
② 둘 다 계절적 배경과 연관이 있는 소리라고 할 수는 있으나, 자연 친화적인 분위기를 강조하고 있는 것은 아니다.
④ ⓐ와 ⓑ 모두 화자의 환각에 해당하지 않는다.
⑤ 둘 다 화자의 추억에 결부되어 있는 소리라고 해석할 근거가 없다.

본문 66~71쪽

| 1 ③ | 2 ⑤ | 3 ⑤ | 4 ⑤ |
| 5 ⑤ | 6 ③ | | |

[1~3]

가 유치환, '거제도 둔덕골'

해제 | 이 시는 고향 땅인 거제도 둔덕골에서 순리에 따르며 살아가고 싶다는 의지를 표현한 작품이다. 화자의 집안이 조상 대대로 살아온 둔덕골은 '조약돌 박토'이며 '외로운 앉음새'를 지닌 땅이라서, '사시장천 벗고 섰는 뒷산 산비탈'처럼 '행복된 바람'이 한 번도 불어온 적 없을 만큼 물질적 풍요와는 거리가 먼 가난한 마을이다. 그곳에 사는 일가친척 중에는 '큰집 젊은 종손'처럼 가난을 견디다 못해 뿌리치고 나섰던 이도 있고, '왕고못댁 왕고모부'처럼 '호연한 기풍 속에 새끼 꼬며 / 시서와 천하를 논하는' 이도 있지만, 그들 모두는 한결같이 고단하고 누추한 삶을 살다가, 자신의 조상들처럼 바로 그 땅에 묻히는 것이다. 불혹, 즉 마흔 살이 가까운 화자는 자신도 고향 땅에 돌아와서 해 뜨면 나가서 밭을 가는, 자연의 순리에 따르는 소박한 삶을 살고 싶다는 의지를 드러내고 있다.

주제 | 고향인 둔덕골에서 가난하지만 어질게 살고자 하는 의지

구성 |
• 1연: 둔덕골에서 여러 대에 걸쳐 지속되어 온 가난한 삶
• 2연: 미래에도 계속될 둔덕골에서의 삶
• 3연: 둔덕골에서 순리를 따라 살겠다는 의지

나 송수권, '까치밥'

해제 | 이 시는 까치밥을 소재로 우리의 전통 문화가 가지고 있던 따뜻한 인정과 타인에 대한 배려를 부각한 작품이다. 고향의 참된 의미도 모르는 철없는 서울 조카아이들이 긴 장대를 휘둘러 감나무의 까치밥을 따 버리려는 것을 만류하면서, 화자는 그 까치밥 속에 깃들어 있는 공존의 태도와 넉넉한 마음씨를 설명한다. 또 남이 신을 짚신을 만들어 사랑방에 걸어 놓고 세상을 떠난 할아버지의 행동에 담긴 배려의 마음도 설명한다. 그리고 결국 그런 마음씨가 담긴 까치밥이 앞으로 먼 길을 가야 하는 후손들에게 따뜻한 등불이 되어 줄 것이라는 점을 강조하며 시상을 마무리하고 있다.

주제 | 전통적인 우리 문화 속에 깃들어 있는 인정과 배려

구성 |
• 1~10행: 날짐승에게까지 베푼 인정으로서의 까치밥
• 11~17행: 할아버지께서 타인에 대한 배려로 남기신 짚신
• 18~23행: 머나먼 길의 서러움을 달래 줄 등불 같은 까치밥

1 작품 간의 공통점, 차이점 파악

(가)에서 '장기처럼', '마지막 누에가 고치 되듯' 등은 직유법을 통해 대상의 속성을 표현한 것이지만, (나)에서는 직유법이 사용된 곳을 찾을 수 없다.

오답 피하기 | ① (가)의 마지막 연에는 '아아'라는 감탄사가 사용되어 고조된 정서를 표현하고 있지만, (나)에는 감탄사가 사용되지 않았다.

② (가)에서는 '두고두고 행복된 바람이 한 번이나 불어왔던가'라는 설의적 표현을 통해 힘겨운 삶이 지속되는 고향 마을의 상황을 표현하였고, (나)에서는 '우리 마음 얼마나 허전할까', '할아버지는 무덤 속을 걸어가시지 않았느냐', '이렇게 등 따습게 비춰 주고 있지 않으냐' 등의 설의적 표현을 통해 배려나 인정 같은 공동체적 가치의 소중함을 강조하고 있다. 따라서 (가)와 (나) 모두 설의적 표현을 활용하여 시적 의미를 강조하고 있다.

④ (가)와 (나) 모두 수미상관의 형식을 띠고 있지 않다.

⑤ (나)에서는 '~지 말라(말아라)'를 통해 단호한 태도를 드러냈지만, (가)에는 명령문이 사용되지 않았다.

2 작품의 내용 파악

'외로운 앉음새'를 한 거제도 둔덕골은 '몇백 두락 조약돌 박토'로 된 마을이고 '사시장천 벗고 섰는 뒷산'이 있는 공간이라서 대대로 가난한 농민의 삶이 지속되고 있다. 따라서 비옥한 토지와 천혜의 환경이 역사적 비극 때문에 훼손된 공간이라고 할 수 없다.

오답 피하기 | ① '할아버지 살던 집에 손주가 살고 / 아버지 갈던 밭을 아들네 갈고' 살다가 '살아 생전 날세고 다니던 밭머리'에 '부조처럼 한결같이' 묻히는 마을이므로 동일한 삶의 방식이 지속되는 공간이라고 할 수 있다.

② '두고두고 행복된 바람이 한 번이나 불어왔던가'라고 할 만큼 '바가지에 밥 먹고' '톡톡 털며 사는' 사람들이 '가난뱅이 살림살이'에 견디다 못해 외지로 나갔다가도 별 수 없이 되돌아와 '손발이 장기처럼 닳도록' 고생하면서 살아가는 곳이므로, 가난한 삶이 지속되는 공간이라고 할 수 있다.

③ '세상은 / 허구한 세월과 세대가 바뀌고 흘러갔건만' 이 거제도 둔덕골은 '시방도 신농 적 베틀에 질쌈'을 하는 곳이고 아직도 '시서와 천하를 논하는 왕고못댁 왕고모부' 같은 분도

사는 곳이다. 따라서 세상의 변화와 다소 동떨어져 있는 공간이라고 할 수 있다.
④ 마지막 연에서, 어느덧 불혹에 가까운 나이가 된 화자는 '이 골짜기 부조의 하늘로 돌아와 / 일출이경하고 어질게 살다 죽으리'라는 다짐을 드러내고 있다. 따라서 거제도 둔덕골은 화자가 순박한 삶의 지향을 실현하고자 하는 고향이라고 할 수 있다.

3 작가의 세계관, 주제 의식 파악

'서울 조카아이들'이 '고향이 고향인 줄도 모르면서', 즉 공동체적 가치에 대한 이해 없이 ㉠을 마구 따기에 화자는 그 행동을 멈추라고 말하고 있지만, 그렇다고 해서 '서울 조카아이들'이 ㉾에서 제외되는 것은 아니다. 시인은 이 시를 통해 ㉠에 담긴 배려와 인정의 마음이 '서울 조카아이들'에게 따뜻한 등불이 되어 줄 수 있다는 점을 말하고 싶었던 것이기 때문이다.
오답 피하기 | ① ㉠은 전통적으로 우리가 ㉡에게 양보하기 위해 일부러 따지 않고 두었던 것이다. 화자는 그걸 따 버리면 남도의 빈 겨울 하늘만 남을 테고 그렇게 되면 마음이 얼마나 허전하겠느냐고 묻고 있다.
② 할아버지는 ㉣ 몇 죽을 사랑방에 걸어 놓고 돌아가신 데는 외로운 ㉤의 길보시가 되게 하려는 배려의 마음도 있었다.
③, ④ ㉠은 ㉡에게 먹을 것을 양보함으로써 '길을 내어 주는' 등불이었다고 했다. 그리고 ㉣은 ㉤에게 '길보시가 되어' 주었다고 하였다. 이는 공히 다른 존재를 위한 배려의 마음이자 인정의 소산으로, 누군가의 앞길을 비춰 주는 따스한 ㉷으로 인식할 수 있는 것이며, 그렇기 때문에 수많은 기다림의 세월을 앞두고 있는 ㉾에게도 역시 ㉷이 되어 줄 수 있는 것이다.

[4~6]

㉮ 정희성, '물구나무서기'

해제 | 이 시는 노동자와 농민으로 대표되는 민중들의 삶이 고통스럽게 지속되고 있는 사회 현실을 비판한 작품이다. 고된 노동에도 불구하고 기본적인 생활상의 여유조차 보장받지 못하는 노동자와 농민의 삶을 뿌리가 뽑혀 거꾸로 서 있는 상황으로 표현하고, 관용구를 비틀거나 구체적 현실을 반어적으로 뒤집어 진술함으로써 모순된 사회상을 냉소적으로 풍자하고 있다.
주제 | 민중의 삶이 뿌리 뽑힌 현실에 대한 비판
구성 |
• 1행~3행: 세상의 부조리한 모습
• 4행~16행: 인간다운 삶을 보장받지 못하는 노동자들의 고된 삶
• 17행~20행: 피폐한 농촌 현실로 인한 농민들의 비참한 삶

㉯ 김기택, '사무원'

해제 | 이 시는 현대 사회에서 사무직 노동자들이 겪게 되는 노동 소외 현상을 풍자적으로 다룬 작품이다. 시인은 '~다고 한다'라는 형식의 인용투를 활용하여 한 사무원의 일상을 전달하듯 묘사하면서 사무직 노동자의 일상적 업무와 행동이 마치 승려의 고행인 것처럼 숭고하게 그리고 있다. 이는 성스러운 가치와 세속적 가치의 자리를 뒤바꿔 낯설게 표현함으로써 일상의 비루함을 한층 강조하는 효과를 내고 있다. 이 시의 주인공 격인 사무원은 특정한 누군가가 아니라 현대인 모두라고 말할 수 있는데, 화자는 사무원을 향해서는 연민의 태도를, 그리고 인간을 자신의 노동으로부터 소외시키는 사회 체제에 대해서는 날카로운 풍자의 태도를 보이고 있다.
주제 | 사무원의 소외된 노동과 삶
구성 |
• 1~9행: 끊임없이 의자 고행을 하는 사무원
• 10~25행: 고행이 이미 습관이 되어버린 사무원
• 26~36행: 생계의 노예가 되어 고행을 계속하는 사무원

4 작품 간의 공통점, 차이점 파악

(가)는 '~(었)더라'로 종결되는 문장을 반복하여, (나)는 '~(았/었)다고 한다'로 종결되는 문장을 반복하여 어조의 일관성을 유지하고 있다.
오답 피하기 | ① (가)에는 '듣거라'에서 명령형 어미를 찾을 수 있으며 이는 단호한 태도를 드러내는 데 기여하고 있다고 할 수 있다. 그러나 (나)에서는 명령형 어미가 사용된 부분을 찾을 수 없다.
② (가)와 (나) 모두 어둠과 밝음의 대조를 보이지 않는다. (가)의 2행에 나오는 '낮'과 '밤'은 어둠과 밝음의 대조에 해당하는 것이기는 하지만, 그 대조가 현실의 암울한 조건을

암시하는 것은 아니다. 해당 부분은 익숙한 속담을 일부러 비틀어 버림으로써 모순된 현실의 양상을 부각하기 위한 것이다.

③ (가)와 (나) 모두 화자가 작품의 표면에 드러나고 있지 않다.

④ (가)에는 '세상에 원'이라는 영탄적 표현이 반복되어 있는데, 이는 모순된 현실에 대한 화자의 부정적 반응이 직접적으로 드러난 것이다. 그러나 (나)의 화자는 '그'의 상황을 객관적으로 전달하는 형식의 진술만을 계속하고 있을 뿐 자신의 느낌을 직접적으로 드러낸 부분이 없다.

5 외적 준거에 따른 작품 감상

(나)에서 '어느 둘이 그의 다리였는지는 알 수 없었다'는 것은 매일 오랜 시간 의자에 앉아 사무를 반복하고 지속하는 노동자의 기계적인 삶을 과장하여 표현한 것이다. 따라서 이는 판단 기준에 대한 의문 제기가 아니며, 현대 사회가 보이는 가치관의 혼란상과도 직접적인 관련성이 없다.

오답 피하기 | ① 뿌리는 땅을 향하고 가지가 하늘로 뻗은 것이 나무의 모습인데, (가)에서는 이를 뒤집어 놓은 이미지를 제시함으로써 대상을 낯설게 바라보도록 하고 있다. 이는 이 시의 제목인 '물구나무서기'와도 관련된 이미지로, 왜곡되고 모순된 현실의 부정적인 모습을 상징적으로 보여 주는 것이다.

② (가)에서 '입이 열이라서 할 말이 많다'고 한 것은 '입이 열 개라도 할 말이 없다.'라는 관용적 표현을 비틀어 놓은 것으로, 현실 자체가 모순과 부조리로 가득 차 있어서 비판이나 풍자의 말을 할 여지가 많다는 의미라고 이해할 수 있다.

③ '인간은 빵만으로 살 수 없다.'라는 표현은 의식주 같은 기본적 차원의 욕망 외에도 인간에게 고차원적인 욕망이 존재함을 말할 때 통용되는 것이다. 그런데 (가)에서는 이를 부분적으로 변형하여, 쌀을 훔칠 수밖에 없는 이유에 해당하는 진술로 만들었다. 이는 고된 노동을 해도 의식주 문제가 원활히 해결될 수 있을 만큼의 대가가 돌아오지 않는 현실을 풍자한 것이다.

④ (나)는 전체적으로 사무원의 일상이라는 속(俗)의 항목들을 승려의 종교적 구도 행위라는 성(聖)의 항목들에 빗대는 전략을 구사하고 있다. 사무직 노동을 '오랜 음지의 수행'으로 빗대

는 것 역시 사무원의 노동을 구도 행위라는 이질적 맥락 속에 배치한 것이며, 이를 통해 끝없이 노동에 시달려야 하는 현대인들의 삶의 모습을 풍자한 것이다.

6 구절의 의미 파악

ⓒ에 '허옇게'라는 색채어가 사용된 것은 맞지만, 이 시구는 민중의 삶을 억압하는 주체에 대한 반감이 표현된 것이 아니다. ⓒ은 '못 살고 떠나온 논바닥에' 아버지가 '한평생 허공에 매달려' 있는 모습에 대한 언급으로, 평생 힘겹게 농사일을 해 왔지만 여전히 고통스러운 현실 속에서 노년을 맞이했다는 것을 가리키는 표현이라고 할 수 있다.

오답 피하기 | ① 아침이 되어 날이 밝았는데 눈앞이 캄캄하다는 진술은 그 자체로는 논리적 모순이므로 역설로 볼 수 있으며, 이 시의 맥락으로 볼 때 이와 같은 표현은 풍자성을 강화하는 데 기여한다. 속에 담긴 의미로 볼 때 이 시구는 '누이'가 '철야작업'을 한 뒤에 느끼는 고통과 피로를 표현한 것이다.

② 밤새 노동에 시달리고 쌀을 훔쳐만 하는 노동자는 굶주림에 시달리는 상황임을 짐작할 수 있기에 ⓛ과 같은 표현은 반어에 해당하는 것임을 알 수 있다.

④ 전화로 업무상 대화를 나누는 것을 수도승이 염불을 외는 것처럼 표현한 시구로, 이는 청아한 염불 소리라는 청각적 이미지를 구사한 것이다.

⑤ 오랜 노동에 지쳐 건강이 악화되고 노화가 진행된 사무직 노동자의 모습을 묘사한 부분이다.

01 억압과 자유

❶ 염상섭, '만세전'

▶ 실력 다지기
본문 80~82쪽

1 ⑤   **2** ④   **3** ①

서술형 예시 답안 **1** 구더기가 끓는 무덤. 구더기란 일제 식민지 치하를 살아가는 조선의 민족을 의미하고, 무덤은 일제 식민지 치하의 암울한 조선의 현실을 의미한다.

1 작품의 내용 파악

'천대를 받아도 얻어맞는 것보다는 낫다!'라는 것은 '갓 장수'의 생각이고, 이에 대해 '나'는 '어떻든지 저편의 호감을 사고 저편을 웃기기만 하면 목전에 닥쳐오는 핍박은 면할 것이다. 속으로는 요놈 하면서라도 얼굴에만 웃는 빛을 띠면 당장의 급한 욕은 면할 것이다. 고식, 미봉, 가식, 굴복, 도회, 비겁 …… 이러한 모든 것에 만족하는 것이 조선 사람의 가장 유리한 생활 방도요, 현명한 처세술이다.'라고 생각하고 있지만 이는 조선 사람들의 처세술에 대한 '나'의 비판적인 시각을 드러낸 것이다. '현명한 처세술'을 '나'가 본받아야 한다고 생각하는 부분은 이 글에 제시되지 않았으므로 적절하지 않다.

오답 피하기 | ① "갓이오? 그래 요새두 갓이 잘 팔리나요?", "그러나 당노형부터 왜 머리는 안 깎으슈? 세상이 바뀌었을 뿐 아니라 귀찮고 돈도 더 들지 않소?"라고 말하는 '나'의 모습에서 확인할 수 있으므로 적절하다.

② "그렇지만 같은 조선 사람끼리라도 양복을 입으면 대접이 다른 것같이, 역시 머리라도 깎는 것이 저 사람들에게 덜 천대를 받지 않소. 언제까지든지 함부로 훌뿌리는 대로 꿉적꿉적하고 요보 소리만 들으려우?"라는 '나'의 말에서 확인할 수 있으므로 적절하다.

③ "촌에서 머리를 깎으려면 더 폐롭고 실상 돈도 더 들죠.", "이렇게 망건을 쓰고 있으면 요보라고 해서 좀 잘못하는 게 있어도 웬만한 것은 용서를 해 주니까, 그것만 해도 깎을 필요가 없지 않아요."라는 '갓 장수'의 말에서 확인할 수 있으므로 적절하다.

④ "게다가 머리를 깎으면 형장네들 모양으로 '내지어'도 할 줄 알고 시체학문도 있어야죠. 머리만 깎고 내지 사람을 만나도 말대답 하나 똑똑히 못하면 관청에 가서든지 순사를 만나서든지 더 귀찮을 때가 많지요. 이렇게 망건을 쓰고 있으면 요보라

고 해서 좀 잘못하는 게 있어도 웬만한 것은 용서를 해 주니까, 그것만 해도 깎을 필요가 없지 않아요.", "훌뿌리거나 요보라고 하거나 천대는 받을 때뿐이지요만, 머리나 깎고 모자를 쓰고 개화장이나 짚고 다녀 보슈. 가는 데마다 시달리고 조금만 하면 뺨따귀나 얻어맞고, 유치장 구경을 한 달에 한 번쯤은 할 테니!"라는 '갓 장수'의 말에서 확인할 수 있으므로 적절하다.

2 인물의 심리 파악

'나는 깜짝 놀랐다. 그중에는 머리를 파발을 하고 땟덩이가 된 치마저고리의 매무시까지 흘러내린 젊은 여편네도 역시 결박을 지어서 앉아 있다. ~ 등 뒤에는 쌕쌕 자는 아이가 매달렸다. 나는 가슴이 선뜩하고 다리가 떨렸다.'에서 '나'는 결박당한 젊은 여인과 그녀의 등 뒤에 매달린 아이의 모습에 충격을 받고 있음을 알 수 있으므로 적절하다.

오답 피하기 | ① '그 청년들의 어설프게 웃는 미소와 입술이 경련적으로 위로 뒤틀린 것은 공포 그 자체 같았다.'에서 알 수 있듯이 '나'는 일본 헌병을 두려워하는 듯한 두 청년의 모습을 보고 있을 뿐, '나'가 두 청년들을 비웃는 것은 아니므로 적절하지 않다.

② '얼굴이 해끄무레한 두 청년이 검정 방한모에 소매통이 좁은 옥색 두루마기를 입고, 누런 복장을 입은 헌병과 마주 서서 웃으며 이야기를 하는 것이 환히 보였다.', '나는 수상히 여겨서 창 밑으로 가까이 가 보니까'에서 '나'는 옥색 두루마기를 입은 형제 같아 보이는 두 청년과 누런 복장을 입은 일본 헌병이 웃으며 이야기를 하는 것을 보며 수상하게 여기는 것이지, 불쾌해하는 것은 아니므로 적절하지 않다.

③ '아무것도 막지 않고 좌우편으로 눈발이 쳐들어오는 휑뎅그레한 속에는 한가운데에 난로랍시고 놓고 그 가에 옹기옹기 사람들이 모여 섰다. / 대합실도 없이 이런 벌판에 세워둘 지경이면 어서 찻간으로 들여보냈으면 작히나 좋을까!' / 나는 이런 생각을 하고 난로 옆을 흘끗 보려니까'에서 알 수 있듯이 '나'는 대합실도 없는 곳에 기차를 정차시킨 것에 대해 불만을 갖고 있었을 뿐 난로를 쬐고 있는 사람들을 보며 분노하고 있지 않으므로 적절하지 않다.

⑤ '정거장 문밖으로 ~ 구내로 들어왔다.'에서 칠 년 전과 달라진 시가의 모습을 인식하는 '나'의 모습이 나타날 뿐, 근대화된 조선의 모습에 감탄을 하고 있는 '나'의 심리는 나타나지 않으므로 적절하지 않다.

3 외적 준거에 따른 새로운 가치 발견

길을 떠난 주인공이 기차 안과 밖에서 만나는 사람들의 모습을 보며 조선이 처한 비참한 현실을 인식하게 될 뿐만 아니라, 감시가 심하고 조선인들을 천시하는 당시의 일본인들의 모습을 있는 그대로 보여 주고 있으므로 적절하다.

오답 피하기 | ② 주인공인 '나'가 지향하는 가치가 무엇인지 이 글에서 확인할 수 없으므로 적절하지 않다.

③ '갓 장수'와 '나'의 생각의 차이가 드러나긴 하지만, 이를 통해 상호 존중이 필요함을 보여 주려는 것은 아니므로 적절하지 않다.

④ 〈보기〉에서 '다시 동경으로 돌아가는 원점 회귀의 구조는 주인공이 현실의 문제를 해결하는 데까지 나아가지 못하는 한계를 드러내기도 한다.'라고 하였으므로 적절하지 않다.

⑤ 일제 식민지 치하에서 핍박받는 조선인들의 모습을 객관적으로 보여 주고 있지만, 이를 통해 어려운 이웃에 대한 연민의 시선이 필요함을 보여 주려는 것은 아니므로 적절하지 않다.

➕ 더해 읽기 ──────── 본문 83쪽

서술형 예시 답안 **1** '내지의 각 회사와 연락해 가지고, 요보들을 붙들어 오는 것', '그 가련한 조선 노동자들이 속아서, 지상의 지옥 같은 일본 각지의 공장으로 몸이 팔려가는 것'에서 알 수 있듯이, '훌륭한 직업'은 조선인들을 모집해 일본 각지의 공장으로 파는 것을 말한다. 작가는 이것을 통해 일제 식민지 치하에서 조선 농민들이 어떤 핍박을 받고, 수탈을 당했는지를 고발하고 있는 것이다.

2 '그 자'에 대한 '나'의 적개심과 분노가 나타나 있다.

❷ 현진건, '고향'

▶ 실력 다지기 ──────── 본문 84~86쪽

1 ④   **2** ③   **3** ⑤

서술형 예시 답안 **1** [A]에는 고향의 변화된 모습에 대한 부정적 인식이 나타나 있는데, 이를 통해 식민지 조선의 비참한 현실을 드러내고 있다.

1 서술상 특징 파악

'나'와 '그'가 대화를 나누는 '외부 이야기' 속에 '그'의 삶의 내력과 '그'와 '그 여자'의 이야기가 중심이 되는 '내부 이야기'가 삽입되어 있으므로 적절하다.

오답 피하기 | ① '그'의 삶의 내력을 대화와 요약적 제시를 통해 드러내고 있는 것이지, 의식의 흐름 기법으로 표현하고 있는 것은 아니므로 적절하지 않다.

② 서술자는 '나'로, 전지적 시점이 아닌 1인칭 시점으로 서술되고 있으므로 적절하지 않다.

③ 일관되게 1인칭 시점으로 서술되고 있으므로 장면에 따라 시점에 변화를 주었다는 진술은 적절하지 않다.

⑤ 동일한 시간에 서로 다른 장소에서 펼쳐진 사건을 병렬하고 있지 않을 뿐만 아니라 '그'의 삶의 내력에 대한 이야기가 중심이며, 인물 간의 갈등이 부각되는 것은 아니므로 적절하지 않다.

2 작품의 내용 파악

'이태 동안을 사는 것이 ~ 그의 어머니 또한 죽고 말았다.'에서 알 수 있듯이 그의 아버지는 우연히 병을 얻어 돌아가시고, 어머니는 영양실조와 심한 노동으로 인해 지쳐서 돌아가셨으므로, 현지인들의 핍박으로 부모님이 돌아가셨다는 진술은 적절하지 않다.

오답 피하기 | ① '한 백 호 남짓한 그곳 주민은 전부가 역둔토를 파 먹고살았는데 ~ 넉넉지는 못할망정 평화로운 농촌으로 남부럽지 않게 지낼 수 있었다.'와 '그러나 세상이 뒤바뀌자 그 땅은 전부 동양 척식 회사의 소유에 들어가고 말았다.', '그 후로 '죽겠다' '못살겠다' 하는 소리는 중이 염불하듯 그들의 입길에서 오르내리게 되었다. 남부여대하고 타처로 유리하는 사람만 늘고 동리는 점점 쇠진해 갔다.'에서 확인할 수 있다.

② '지금으로부터 구 년 전 그가 열일곱 살 되던 해 봄에(그의 나이는 실상 스물여섯이었다. 가난과 고생이 얼마나 사람을 늙히는가.) 그의 집안은 살기 좋다는 바람에 서간도로 이사를 갔다.'에서 확인할 수 있다.

④ '그는 부모 잃은 땅에 오래 머물기 싫었다. 신의주로 안동현으로 품을 팔다가 일본으로 또 벌이를 찾아가게 되었다.'와 '벌이는 조금 나았으나 외롭고 젊은 몸은 자연히 방탕해졌다.'에서 확인할 수 있다.

⑤ '화도 나고 고국산천이 그립기도 하여서 훌쩍 뛰어나왔다

가 오래간만에 고향을 둘러보고 벌이를 구할 겸 구경도 할 겸 서울로 올라가는 길이라 한다.'에서 확인할 수 있다.

3 외적 준거에 따른 작품 감상

처녀 가족이 멀리 이사를 가게 된 것은 그 아비가 자신의 딸을 대구 유곽에 팔았다는 소문이 동리에 퍼졌기 때문이므로, 이를 일제 식민지에서 핍박당하는 개인의 모습으로 이해하는 것은 적절하지 않다.

오답 피하기 | ① 〈보기〉에서 이 작품은 토지 조사 사업 과정에서 빼앗은 토지를 동양 척식 주식회사를 통해 관리하면서 조선의 토지를 수탈했다고 하였는데, 역둔토가 전부 '동양 척식 회사의 소유에 들어가'고 농민들이 '동척'과 '중간 소작인'에게 소작료를 내는 것에서 일제의 수탈의 구체적인 모습을 확인할 수 있으므로 적절하다.

② 〈보기〉에서 이 작품은 일제의 수탈로 농토와 고향을 잃은 사람들의 참담한 삶을 형상화하여 보여 주고 있다고 하였는데, '실작인의 손에는 소출의 삼 할도 떨어지지 않아 '남부여 대하고 타처로 유리하는 사람'이 늘어난 것에서 참담한 농민의 삶을 확인할 수 있으므로 적절하다.

③ 〈보기〉에서 토지를 잃은 농민들이 뿌리를 잃고 간도 등지로 이주하게 되지만 그곳에서도 참담한 삶을 이어 가게 된다고 설명하고 있다. '남의 밑천을 얻어서 농사를 짓고 보니 가을이 되어 얻는 것은 빈주먹뿐이'라는 것에서 간도 이주민의 참담한 상황을 확인할 수 있으므로 적절하다.

④ 〈보기〉에서 이 작품은 황폐해진 농촌을 배경으로 하고 있다고 하였는데, '썩어 넘어진 서까래, 뚤뚤 구르는 주추는! 꼭 무덤을 파서 해골을 헐어 젖혀 놓은 것 같더마.'에서 황폐해진 농촌의 모습을 확인할 수 있으므로 적절하다.

➕ 더해 읽기

본문 87쪽

서술형 예시 답안 | 1 ㉠과 ㉡에는 공통적으로 인물의 외양 묘사가 나타난다. 이를 통해 '그'가 살아온 삶의 내력을 짐작하게 함으로써 인물의 성격을 효과적으로 드러내고 있다.

2 '나'가 '그'에게 ⓐ와 같은 심리를 가지게 된 이유는 '그'가 동양 삼국의 옷을 한 몸에 두르고 있었기 때문이다. 그런데 '그'가 일본인과 중국인에게 각각 말을 걸며 주책없이 아는 체하며 자꾸 떠드는 모습이 어쭙잖고 밉살스러워 ⓑ의 심리를 갖게 된 것이다.

❸ 윤흥길, '완장'

➔ 실력 다지기

본문 88~90쪽

1 ②   **2** ③   **3** ①

서술형 예시 답안 1 완장을 차고 권력을 행사하는 사람들 때문에 모진 시련을 겪었던 '종술'은 완장을 찬 사람들만 보면 한스러워하면서도, 결국에는 완장을 찬 사람들을 선망하게 되었다.

1 서술상 특징 파악

[A]에는 외양 묘사가 나타나지 않으므로 적절하지 않다.

오답 피하기 | ① [A]에는 종술의 삶의 내력이 요약적으로 제시되어 있으므로 적절하다.

③ [B]는 인물들의 대화를 중심으로 이야기가 진행되는데, 사투리를 사용해 현장감을 살리고 있으므로 적절하다

④ [B]는 대화를 중심으로 사건이 진행되고 있으므로 적절하다.

⑤ [A]의 '제각각 색깔 다르고 글씨도 다른 그 숱한 완장들에 그간 얼마나 많은 한을 품어 왔던가. 그리고 다른 한편으로는 그 완장들을 얼마나 또 많이 선망해 왔던가. / 완장이란 말 한마디에 허망하게 무너지는 자신을 종술은 속수무책으로 방관만 하고 있었다.'에서, [B]의 '처음 맛본 기쁨이 마을 회관 옆 공동 수도 분수에 지나지 않는 것이라면 나중에 느낀 놀라움은 널금 저수지하고도 맞먹을 정도로 그 규모가 대단한 것이었다.'에서 인물의 심리를 직접적으로 드러내고 있으므로 적절하다.

2 인물의 성격, 태도 파악

망나니처럼 세월을 보냈던 종술은 완장을 찰 수 있다는 말에 저수지 감시원을 수락한다. 하지만 펀둥펀둥 놀고 먹는 '먹고 대학생'처럼 지냈던 자신의 처지를 부끄러워하는 장면은 이 글에 제시되어 있지 않으므로 적절하지 않다.

오답 피하기 | ① "너 그것 안 둘르고 감시원 헐 수는 없겄냐?"라는 운암 댁의 부탁에 "에이 참, 엄니도! 엄니는 동네서 사람 대접 조깨 받고 살라고 그러는 아들이 그렇게도 여엉 못마땅허요?", "그 완장허고 이 완장은 엄연히 승질부터가 달르단 말이요!"라고 대답하는 종술의 모습과, '홧김에 종술은 그예 또 몽니를 부리고 말았다.'에서 화를 내며 심술을 부리는 종술의 모습을 확인할 수 있으므로 적절하다.

② '사대육신 나무랄 데 없는 장정이 반거충이로 펀둥펀둥 '먹고 대학' 다니면서 사시장청 말썽이나 질러 쌓는 통에 ~ 지지리도 홀어머니의 속을 썩여 온 자식이 아니던가.'에서 확인할 수 있으므로 적절하다.

④ '본래 잽싼 데가 있는 최 사장이었다. 그는 우연히 튀어나온 완장이란 말에 놀랍게도 민감한 반응을 보이는 종술의 허점을 간파하고는 쥐란 놈이 곳간 벽에 구멍을 뚫듯 거기를 집중적으로 공격하기로 마음먹었다.'와 '완장이란 말 한마디에 허망하게 무너지는 자신을 종술은 속수무책으로 방관만 하고 있었다.'에서 확인할 수 있으므로 적절하다.

⑤ '어머니가 느끼는 기쁨이 여간만 큰 것이 아닌 줄 익히 아는지라 종술은 그 기쁨을 더욱 배가시킬 요량으로 대수롭지 않은 척 무심히 지껄임으로써 극적인 효과를 노렸다.'에서 확인할 수 있으므로 적절하다.

3 인물의 심리 파악

종술의 취직 이야기를 들은 운암 댁은 삼 년 묵은 체증이 내려앉는 듯한 상쾌함을 맛보았지만, 완장을 차게 되었다는 종술의 말을 들은 후 매우 놀라고 있다. 그 놀라움은 '널금 저수지하고도 맞먹을 정도로 그 규모가 대단한 것이었'는데, 이는 〈보기〉의 '남편은 일제 시대 때 당했던 분한 일을 복수하겠다며 찬 좌익 완장 때문에 결국 행방불명되었고, 운암 댁은 남편이 완장 때문에 죽었다고 여긴다.'와 관련하여 그 이유를 추론할 수 있다. 즉 운암 댁은 완장으로 인해 남편을 잃었듯이, 완장으로 인해 종술에게 좋지 않은 일이 생길까 두려워하여 놀라고 있는 것이다.

오답 피하기 | ② 종술이 일을 열심히 하지 않을까 봐 걱정하는 운암 댁의 모습은 이 글에서도, 〈보기〉에서도 확인할 수 없으므로 적절하지 않다.

③ 운암 댁은 저수지 감시원을 하는 것을 못마땅해하는 것이 아니라, 완장을 차고 일을 하는 것을 두려워하는 것이므로 적절하지 않다.

④ 완장을 차는 것과 남들에게 무시당하고 사는 것의 연관성은 이 글에서도, 〈보기〉에서도 확인할 수 없으므로 적절하지 않다.

⑤ 종술은 완장을 선망하고 있는데 이는 허황된 권력과 명예를 좇는 모습에 해당하므로, 명예보다 돈을 추구하는 자식의 모습이 안타까워서 운암 댁이 놀라고 있다는 추론은 적절하지 않다.

➕ **더해 읽기**

본문 91쪽

서술형 예시 답안 1 허황된 권력을 쫓는 사람들을 비판하면서도 완장을 찬 하수인들의 뒤에 숨어 큰 권력을 행사하는 상층 권력자들의 횡포를 비판하고 있다.

2 '종술'은 완장을 법적 근거가 있는 권력으로 보았지만, '부월'은 완장을 아무 실속이 없는 권력으로 보았다.

❹ 김애란, '도도한 생활'

➡️ **실력 다지기**

본문 92~94쪽

1 ③   **2** ②   **3** ④

서술형 예시 답안 1 반지하방에서 아르바이트를 하며 힘들게 살고 있는 주인공의 상황에서, 폭우가 내리는 것은 주인공이 처한 상황의 비극성을 더욱 심화시키는 역할을 한다.

1 서술상 특징 파악

'방 안은 눅눅했다. 자판을 치다 주위를 둘러보면, 습기 때문에 자글자글 운 공기가 미역처럼 나풀대며 날아다니는 것 같았다. 벽지 위론 하나둘 곰팡이 꽃이 피었다. 피아노 뒤에 벽은 상태가 더 심했다. 건반 하나라도 누르면 꼭 그 음의 파동만큼 날아올라, 곳곳에 포자를 흩날릴 것 같은 모양이었다.'에서 구체적인 배경 묘사를 통해 인물이 처한 상황을 드러내고 있으므로 적절하다.

오답 피하기 | ① 역순행적 구성이란 시간의 흐름이 자연적인 시간의 흐름과 달리 현재에서 과거로 거슬러 가는 구성 방식을 의미하는데, 시간의 순서에 따른 구성을 보이고 있으므로 적절하지 않다.

② 서술자는 '나'로, 서술자가 이야기 밖에 위치하였다는 진술은 적절하지 않다.

④ 어느 날 '언니'가 볼펜을 집어던지며 소리치는 장면이 있긴 하지만, 이를 인물의 과장된 행동으로 볼 수 없으며 비극적 분위기에 반전을 꾀하고 있지도 않으므로 적절하지 않다.

⑤ 시간의 흐름에 따른 구성 방식을 보이고 있지, 과거와 현재를 반복적으로 교차시키고 있지 않으므로 적절하지 않다.

2 외적 준거에 따른 작품 감상

'진보적인 기계 앞에서' '나'의 '등'이 '네안데르탈인처럼 점점 굽어' 가는 것은 목을 길게 뺀 채 모니터 앞에서 아르바이트를 오랜 시간 동안 했기 때문이다. 이것은 과도한 노동에 따른 결과로, 이것을 기계화로 인한 청년 실업의 암울한 시대 상황을 드러낸 것으로 이해하는 것은 적절하지 않다.

오답 피하기 | ① 〈보기〉의 '척박한 노동 현실을 사실적이고 구체적으로 그려 냄으로써 당시의 사회를 고발하고 있다.'와 관련지어 감상해 보면, '인쇄소'에서 '정해진 시간에 결코 소화할 수 없는 양의 일을 주며 '삼 일 안에 해 달라고' 하는 것은 사회적 약자에게 가해진 척박한 노동 현실이라고 이해할 수 있으므로 적절하다.

③ 〈보기〉의 '사회적 약자들이 더 나은 미래를 향해 고군분투하는 모습을 담아내고 있다.'와 관련지어 감상해 보면, '반지하에'서 '내가 미친 듯이 타이핑'을 하'며 내는 '타자 소리'와 '피아노 위에 문법책을 펼쳐 놓고 외국어를 웅얼'거'리는 '언니'의 '영어 단어 외우는 소리가 끊이지 않'은 것은 더 나은 미래를 위해 고군분투하는 젊은이들의 모습을 형상화한 것으로 이해할 수 있으므로 적절하다.

④ 〈보기〉의 '궁핍하고 누추한 일상의 공간인 '방'을 배경으로'와 관련지어 감상해 보면, '벽지' 위에 '곰팡이 꽃'이 핀 지하의 '방'은 '나'와 '언니'가 살고 있는 곳으로, 젊은이들의 궁핍하고 누추한 일상의 공간으로 이해할 수 있으므로 적절하다.

⑤ '나'가 곰팡이 이야기를 꺼내자 "지하는 원래 그렇다."라고 말하는 '주인 남자'의 태도에서 지하 방에 살면 그런 것쯤은 감수하고 살아야 한다는 '주인 남자'의 생각을 엿볼 수 있다. 이를 〈보기〉의 '가진 자들의 횡포를 겪는 사회적 약자들의 어려운 현실'과 관련지어 감상해 보면, '주인 남자'의 태도는 사회적 약자들을 핍박하는 가진 자의 모습을 형상화한 것으로 이해할 수 있으므로 적절하다.

3 소재의 기능 파악

〈보기〉의 내용을 살펴보면, 엄마는 집이 망해도 피아노만큼은 팔지 않고 서울 반지하방에 피아노를 옮겨 놓음으로써 위안을 얻고 있다. '나' 또한 서울의 반지하방에서 피아노가 습기 때문에 썩지 않을까 걱정하며 마른걸레로 닦는 등의 노력을 기울인다. 피아노를 대하는 엄마와 '나'의 태도에서 피아노는 엄마와 '나'의 마지막 남은 자존심을 지키려는 태도가 반영된 소재임을 짐작할 수 있다.

오답 피하기 | ① 피아노가 타인에게 희망과 위로를 주는 대상이라는 것은 〈보기〉와 이 글에서 알 수 없으므로 적절하지 않다.

② 피아노는 '삶의 질이 한 뼘쯤 세련돼진 것 같'은 느낌을 선사하는 물건이지, 이웃과의 소통을 가능하게 하는 매개체는 아니므로 적절하지 않다

③ 피아노는 '보통의 기준들을 따라가기 위해' 엄마가 '나'에게 사준 것으로, 남보다 우월한 삶을 가능하게 하는 수단은 아니므로 적절하지 않다.

⑤ 피아노는 '배움이 짧았고, 자신의 교육적 선택에 늘 자신감을 갖지 못했'던 엄마가 '나'에게 사준 물건으로 자식에 대한 엄마의 사랑이 담긴 소재라 할 수 있지만, 피아노가 엄마의 왜곡된 사랑에 대한 자식의 저항을 드러내는 것으로 이해할 수 없으므로 적절하지 않다.

➕ 더해 읽기

서술형 예시 답안 **1** 엄마가 빚은 만두를 먹을 때마다 가족의 생계를 책임지기 위해 노력했던 엄마의 희생이 떠올랐기 때문이다.

2 밉지 않을 만큼 당당해 쉽게 범접하기 어려운 생활이라는 의미의 '도도한 생활'은 보증을 잘못 선 아빠로 인해 가정 형편이 어려워지고, 서울의 반지하방에 살면서 아르바이트를 하는 등 '나'의 곤궁한 삶과는 거리가 멀다는 점에서 반어적이라고 할 수 있다.

02 전쟁과 평화

❶ 이호철, '나상'

➡ 실력 다지기

1 ②   **2** ③   **3** ③

서술형 예시 답안 **1** 아버지는 상황에 어울리지 않는 행동을 하는 형에게 화를 내기도 하고, 원래 그런 녀석이라 생각하며 단념하기도 한다. 어머니는 그런 형을 불쌍하게 여기며 슬퍼한다.

1 서술상 특징 파악

'바깥은 바람이 세었다. 거적문이 습기 어린 소리를 내며 열리고 닫히곤 하였다. 문이 열릴 때마다 눈 덮인 초라한 들판이 부유스름하게 아득히 뻗었다. / 동생의 눈에선 또 눈물이 비어져 나왔다.'에서 알 수 있듯이 배경 묘사를 통해 인물이 처한 상황을 환기하고 있으므로 '아니요'라는 학생의 응답은 적절하지 않다.

EBS 올림포스 현대문학

오답 피하기 | ① 형의 "야하. 이기 바루 그 삼팔선이구나이 야하."에서 상황 파악을 제대로 못하는 형의 성격을 알 수 있고, "너 무슨 일이 생게두 날 형이라구 글지 마라, 어잉……?"에서는 동생을 위하는 형의 모습을 엿볼 수 있으므로, '예'라는 학생의 응답은 적절하다.

③ 서술자의 논평이란 이야기 밖 서술자가 자신의 생각을 이야기 안에 직접 드러내는 것을 말한다. 비슷하게 쓰이는 개념으로 편집자적 논평이 있다. 이 글에 '어머니는 형에 대한 아버지의 단념이나 동생의 이런 투가 더 서러웠는지도 몰랐다.'라는 인물의 심리에 대한 서술자의 추측이 나타나 있긴 하지만, 이를 통해 인물의 성격 변화 양상을 드러낸 것은 아니므로 '아니요'라는 학생의 응답은 적절하다.

④ '철'과 '나'의 외부 이야기와, 형과 동생의 이야기인 내부 이야기로 구성되어 있으므로, '예'라는 학생의 응답은 적절하다.

⑤ 내부 이야기에서는 시간의 흐름에 따라 사건이 진행되고 있으므로, 동일한 시간에 서로 다른 장소에서 펼쳐진 사건을 병렬적으로 제시하고 있지 않다. 따라서 '아니요'라는 학생의 응답은 적절하다.

2 외적 준거에 따른 작품 감상

"무슨 일이 생게두 날 형이라구 글지 마라."라고 당부하는 형의 모습은 동생을 위하는 마음으로 이해할 수 있지, 구성원을 획일화하는 사회에 대한 형의 비판적인 태도로 이해할 수는 없으므로 적절하지 않다.

오답 피하기 | ① 〈보기〉에서 ''나상'은 벌거벗은 모습이라는 뜻으로, 순수한 인간 본연의 모습을 간직한 상태'라고 하였다. 이 글에서 '좀 둔감했고 위태위태하도록 솔직했고, 결국 좀 모자란 축'인 형은 전쟁이라는 외부의 폭력에 놓인 '나상'을 형상화한 인물로 이해할 수 있으므로 적절하다.

② 〈보기〉의 '개인의 자유를 억압하는 외부의 감시와 전쟁의 폭력성으로 인해 희생되는 개인의 모습'과 관련지어 감상해 보면, '둘레를 두리번거리며 경비병들의 눈치를 흘끔거리기만'하는 형의 모습은 자유를 상실한 형의 모습으로 이해할 수 있으므로 적절하다.

④ 〈보기〉의 '전쟁의 폭력성으로 인해 희생되는 개인의 모습'과 관련지어 감상해 보면, '따발총'에 맞아 '앉은 채, 움쑥 앞으로 고꾸라'진 형의 모습에서 개인에게 가해진 전쟁의 폭력성을 엿볼 수 있으므로 적절하다.

⑤ 〈보기〉의 '인간성을 상실한 비정한 전쟁 상황'과 관련지어 감상해 보면, '따발총'을 쏜 후, "며칠을 더 살겠다구 뼈득대?

뼈득대길……."이라고 말하는 감시병의 모습은 인간성을 상실한 비정한 적군의 모습으로 이해할 수 있으므로 적절하다.

3 원작의 일부 각색, 재구성

형은 동생에게 "너 집에 가거든 말이다, 집에 가거든……."이라고 적적하게 웃으며 말하다, "네가 집에 갈 땐 나두 갈 텐데 앙 그러니?"라고 말하며 벌쭉 웃고 있다. 쓸쓸한 표정을 짓고 있던 형은 동생과 같이 집에 갈 거라는 생각을 하자 벌쭉 웃고 있으므로, 이를 냉정한 동생의 태도에 무안함을 느끼는 형의 모습으로 이해하는 것은 적절하지 않다.

오답 피하기 | ① [A]에서 확인할 수 있듯이, 상황 판단을 잘 못하는 형은 상황에 맞지 않게 큰 소리로 말했음을 알 수 있다. "야하, 이기 바루 그 삼팔선이구나이 야하."라는 형의 말은 삼팔선을 처음 본 신기함을 표현한 것으로 이해할 수 있으므로 적절하다.

② '동생도 한순간은 좀 흠칫했으나, 형이 울음을 터뜨리자 난처한 듯 고이 외면을 했다.'에서 동생이 형과 마주치기를 꺼려 슬그머니 얼굴을 돌리는 태도를 취하고 있음을 알 수 있으므로 적절하다.

④ '왜 우느냐고 화를 내지도 않고 울음을 터뜨리지도 않'는 형은 평소와 다른 모습이므로, 변해 가는 형의 모습을 통해 동생은 불안함에 눈물을 흘리고 있다고 이해할 수 있으므로 적절하다.

⑤ 무슨 일이 생겨도 자신을 모른 척 하라는 형의 말과 '꾹 하니 굳은 표정'을 짓고 있는 형의 모습에, 동생은 불길한 예감이 들었을 것이고, 동생은 그런 형이 안타까워 눈물을 흘리고 있다고 이해할 수 있으므로 적절하다.

➕ **더해 읽기** 본문 99쪽

서술형 예시 답안 **1** 밥을 못 먹었을 동생을 위해 자신이 얻은 밥을 주고 있으므로, '밥 한 덩이'는 동생에 대한 형의 사랑을 상징한다고 할 수 있다.

2 모자란 형을 남부끄럽다고 생각하고, 창피하게 여겨 오연한 태도를 보였다.

❷ 황순원, '너와 나만의 시간'

▶ 실력 다지기

본문 100~103쪽

1 ②   **2** ③   **3** ③

서술형 예시 답안 **1** 현 중위의 시체를 쪼고 있는 까마귀들을 쫓기 위해서이다.
2 권총으로 진작 자결을 했었더라면 모든 문제는 해결됐을 것이다.

1 작품의 내용 파악

'혹시 주 대위가 죽음을 앞두고 허깨비 소리를 듣고 그러는 게 아닐까. ~ 어제저녁부터 혼자 업고 오느라고 갖은 고역을 다 겪으면서도 느끼지 못했던 원망이 주 대위를 향해 거듭 복받쳐 오름을 어찌할 수가 없었다.'에서 김 일등병은 주 대위의 행위를 자신을 살리기 위한 노력으로 이해하고 있지 않을 뿐만 아니라, 김 일등병은 자신을 권총으로 위협하는 주 대위를 원망하고 있으므로 자신을 살리기 위한 주 대위의 노력에 감동하고 있다는 진술은 적절하지 않다.
오답 피하기 | ① '주 대위는 김 일등병에게 무엇인가 주고 싶었다.'에서 확인할 수 있으므로 적절하다.
③ '어제저녁 두 사람을 버리고 떠났을 때와 똑같이 위는 셔츠 바람이요, 아래는 군복 바지에 군화를 신고 있었다.'와 '첫째, 현 중위가 밤길을 서두르다가 벼랑에 떨어져 죽지 않았는지 모른다.'에서 알 수 있다.
④ '김 일등병은 전에 치열한 싸움터에서는 오히려 잊게 마련이었던 죽음이란 것을 몸 가까이 느꼈다.'에서 현 중위의 시체를 본 후 죽음에 대한 공포를 가까이 느끼고 있음을 알 수 있다.
⑤ '죽을 자기가 진작 자결을 했던들 모든 문제는 해결됐을 게 아닌가. 첫째, 현 중위가 밤길을 서두르다가 벼랑에 떨어져 죽지 않았는지 모른다.'에서 알 수 있다.

2 소재의 기능 파악

㉠은 아군의 '폿소리'로 김 일등병에게 잠시나마 살 수 있다는 희망을 안겨 준다. 하지만 아군의 폿소리는 너무 먼 곳에서 들리기 때문에 오히려 김 일등병에게 더욱 큰 절망을 준다고 할 수 있다. 따라서 ㉠이 김 일등병의 심리를 희망에서 절망으로 전환시킨다고 할 수 있다. ㉡은 주변에 인가가 있다는 것을 알려 주는 소리로, 죽을 것을 예감한 주 대위의 귀에 들리는 소리이다. 이 소리를 들은 주 대위는 살 수 있을지 모른다는 희망을 갖게 되고, 그 희망을 김 일등병에게 주고 싶어 한다. 따라서 ㉡은 주 대위의 심리를 절망에서 희망으로 전환시키고 있다고 할 수 있다.
오답 피하기 | ① ㉠은 김 일등병의 귀에도 들리는 소리이므로, 김 일등병의 현실 속에 존재하는 소리라고 할 수 있다. ㉡은 주 대위의 귀에 들리는 소리이므로, 주 대위의 현실 속에 존재한다고 할 수 있다.
② ㉠이 너무 먼 곳에서 들리기 때문에 주 대위는 살기 어렵다는 현실을 자각하게 한다고 볼 수 있다. 하지만 ㉡은 현실에 존재하는 소리로, 주 대위가 꿈꾸는 이상 세계를 보여 준다고 할 수 없다.
④ ㉡으로 인해 주 대위는 김 일등병을 권총으로 위협하면서 자신을 업게 한 후 개 짖는 소리가 들리는 쪽으로 걷게 한다. 이런 주 대위를 김 일등병은 원망하고 있다는 점에서 ㉡이 주 대위와 김 일등병의 갈등을 유발한다고 볼 수 있다. 하지만 ㉠이 들리기 전에 주 대위와 김 일등병의 갈등은 존재하지 않았으므로 적절하지 않다.
⑤ ㉠은 김 일등병에게 절망감을 안겨 주는 것일 뿐, 앞으로 해야 할 일을 떠올리게 하는 것은 아니다. ㉡이 주 대위의 과거의 삶의 내력을 떠올리게 하는 것은 아니므로 적절하지 않다.

3 작품 간의 공통점, 차이점 파악

〈보기〉에서 '똑바로 걸어가시오. 남쪽으로 내닿은 길이오. 그처럼 가고 싶어 하던 길이니 유감 없을 거요.'는 '그'가 총살장에 가면서 들은 말이다. 남쪽으로 내닿은 둑길을 걷게 되면, 총을 맞아 죽게 될 것이라는 것을 '그'는 예상하고 있으므로, '그'가 '남쪽으로 내닿은 길'을 가게 되며 삶의 희망을 발견하게 된다는 진술은 적절하지 않다.
오답 피하기 | ① 이 글의 '포'와 〈보기〉의 '총탄 재는 소리' 등을 통해 이 글과 〈보기〉 모두 전쟁이라는 비극적인 상황을 배경으로 하고 있음을 알 수 있다.
② 이 글의 '권총 소리'는 주 대위가 김 일등병을 위협하는 수단이지만, 궁극적으로는 김 일등병을 살리는 역할을 한다. 하지만 〈보기〉의 '총탄 재는 소리'는 '그'를 죽음에 이르게 한다.
④ 이 글의 '까마귀'는 사람의 시체를 쪼고 있는 대상으로, '까욱까욱' 울면서 불길한 분위기를 조성하고 있다. 〈보기〉의 '눈 앞엔 흰 눈뿐, 아무것도 없다.', '흰 눈, 그 속을 걷고 있다. 흰

칠히 트인 벌판 너머로, 마주 선 언덕, 흰 눈이다.'에서 차가운 '흰 눈'의 속성은 죽음에 처한 '그'의 상황을 효과적으로 드러내고 있다.

⑤ 이 글의 '주 대위는 김 일등병에게 무엇인가 주고 싶었다. 그리고 그것을 자기 자신도 받고 싶었다.'에서 주 대위는 생에 대한 의지를 보인다. 〈보기〉의 '끝나는 그 순간까지 정확히 끝을 맺어야 한다. 끝나는 일 초, 일각까지 나를, 자기를 잊어서는 안 된다.'에서 '그'는 죽음에 직면하면서도 자신을 잊지 않으려는 의지를 드러내고 있다.

본문 104쪽

더해 읽기

서술형 예시 답안 **1** [A]는 현 중위가 꾼 꿈의 내용으로, 개미 떼는 전쟁이라는 비극적인 상황 속에서 무의미하고 하찮게 죽어 가야 하는 나약한 개인, 즉 현 중위 자신을 상징한다고 할 수 있다.
2 죽음 앞에 선 현 중위의 공포감이 나타나 있다.

❸ 최인훈, '광장'

실력 다지기

본문 105~107쪽

1 ①　　　　**2** ①　　　　**3** ①

서술형 예시 답안 **1** 은혜의 죽음

1 대화의 특징 파악

[A]에서는 중립국 또한 자본주의 나라로, '굶주림과 범죄가 우글대는 낯선 곳'이라며 중립국의 실상을 제시하고 있을 뿐, 상대방의 입장을 존중하는 모습은 나타나있지 않으므로 적절하지 않다.

오답 피하기 | ② 장교는 '명준'에게 인민 공화국에 가면 누구보다도 먼저 일터를 가지게 되고, 인민들의 환대를 받게 되는 등 인민 공화국을 선택하게 되었을 때 기대되는 결과들을 언급하고 있으므로 적절하다.
③ 처음에 말하던 장교는 '명준'에게 오랜 포로 생활에서 제국주의자들의 유혹에 넘어갔던 잘못을 탓하지 않고 조국과 인민에게 바친 충성을 더 높이 평가해 보복 행위를 하지 않겠다는

약속을 하고 있으므로 적절하다.
④ "당신이 지금 가슴에 품은 울분은 나도 압니다."에서 상대방의 마음에 공감을 하고 있고, "그러나 대한민국엔 자유가 있습니다. 인간은 무엇보다도 자유가 소중한 것입니다."에서 인간에게 소중한 가치를 언급하며 설득하고 있으므로 적절하다.
⑤ "나는 당신을 처음 보았을 때, 대단히 인상이 마음에 들었습니다."에서 상대방에 대한 호의를 드러내고 있고, "만일 남한에 오는 경우에, 개인적인 조력을 제공할 용의가 있습니다. 어떻습니까?"에서 도움을 주겠다는 제안을 하고 있으므로 적절하다.

2 외적 준거에 따른 작품 감상

'바다'는 '준다는 것도 허황하고 가지거니 함도 철없는' 것으로서 명준이 꿈꾸었던 이상적인 이데올로기를 가진 사회를 의미하는 것이므로 적절하지 않다.

오답 피하기 | ② '준다는 것도 허황하고 가지거니 함도 철없는 것'인 '바다'와 달리, '한 사발의 물'은 사람들이 마시는 것으로서 사람들이 경험하게 되는 현실을 의미한다고 할 수 있다.
③ '마술'은 '세상에서 뒤진 가난한 땅에 자란 지식 노동자의 슬픈 환상'으로 이상적인 이데올로기를 가진 사회가 있다고 믿는 노동자의 환상을 의미한다고 할 수 있다.
④ '마술사'는 '바다를 한 잔의 영생수로 바꿔 준다'며 '권력이라는 약을 팔려고' 군중들을 꼬임에 빠지게 하는 존재로 이데올로기적 환상을 통해 군중을 속이고 권력을 잡은 사람들을 의미한다고 할 수 있다.
⑤ '바다의 난파자들'은 '어리석게 신비한 술잔을 찾아 나섰다가, 낌새를 차리고 항구를 돌아보'며 항구로 돌아오는 존재로, 이상과 현실의 괴리를 깨달은 군중으로 이해할 수 있다.

3 인물의 성격, 태도 파악

'은혜의 죽음을 당했을 때, 이명준 배에서는 마지막 돛대가 부러진 셈이다. 이제 이루어 놓은 것에 눈을 돌리면서 살 수 있는 힘이 남아 있지 않다.'에서 삶에 대한 희망을 상실하였기 때문에 명준이 중립국을 선택했음을 확인할 수 있다(ㄱ). 남한과 북한의 선택의 상황에서 명준이 중립국을 선택하는 것은, 자유주의나 공산주의 같은 이념의 강요가 없는 세계를 지향한

것으로 이해할 수 있다. '대일 언덕 없는 난파꾼은 항구를 잊어버리기로 하고 물결 따라 나선다. 환상의 술에 취해 보지 못한 섬에 닿기를 바라며.'에서 '환상의 술에 취해 보지 못한 섬'은 중립국을 의미하는 것으로, 이념의 갈등이나 강요가 없는 공간이라고 생각해 명준이 중립국을 선택했음을 짐작할 수 있다(ㄴ).

오답 피하기 | ㄷ. '이제 이루어 놓은 것에 눈을 돌리면서 살 수 있는 힘이 남아 있지 않다.'와 '자연의 수명을 다하기를 기다리면서 쉬기 위해서. 그렇게 해서 결정한, 중립국 행이었다.'에서 알 수 있듯이 명준은 자연의 수명을 다하기 위해 중립국을 선택했을 뿐, 그곳에서 잃었던 자존감을 회복하려 한 것은 아니므로 적절하지 않다.

ㄹ. 남한과 북한 어디에서도 명준이 찾는 이상적 세계는 존재하지 않았고 어쩔 수 없이 선택하게 된 소극적 공간이 중립국이다. 따라서 중립국이 현실의 문제를 적극적으로 해결할 수 있는 공간이기 때문에 명준이 중립국을 선택했다는 이해는 적절하지 않다.

➕ 더해 읽기

본문 108~109쪽

서술형 예시 답안 **1** '사북자리'는 명준이 삶의 자리를 잃어버린 상태를 의미한다.

2 큰 새는 '은혜'를, 꼬마 새는 '은혜의 뱃속에 있는 딸'을 상징한다고 할 수 있다.

❹ 이청준, '병신과 머저리'

▶ 실력 다지기

본문 110~112쪽

1 ①   **2** ⑤   **3** ③

서술형 예시 답안 **1** 소설 속에서 자신이 죽인 관모가 현실에 살아 있는 것을 보면서, 소설 쓰기가 자신의 아픔을 완전히 치유할 수 없다는 사실을 깨달았기 때문에 소설을 불태우는 것이다.

2 관념의 공간으로, 현실에서 도피하기 위한 동생의 도피처이다.

1 서술상 특징 파악

이 글은 1인칭 주인공 시점으로서 작품 속의 서술자인 '나'가 자신의 내면 심리를 서술하고 있으므로 적절하다.

오답 피하기 | ② 1인칭 주인공 시점으로, 서술자의 교체가 나타나지 않는다.

③ 1인칭 주인공 시점으로, 전지적 시점으로 전달하고 있지 않다.

④ 1인칭 주인공 시점으로, 서술자는 이야기 안에 존재하고 있다.

⑤ 과거와 현재의 반복적 교차가 나타나지 않는다.

2 작품의 내용 파악

"그런데 너도 읽었겠지만, 거 내가 죽인 관모놈 있지 않아, 오늘 밤 나 그놈을 만났단 말야."와 "그래 이건 쓸데없는 게 되어 버렸지…… 이 머저리 새끼야!"에서 확인할 수 있으므로 적절하다.

오답 피하기 | ① '나'는 소설을 불태우는 형의 모습을 바라보고 있을 뿐, '형'을 말리고 있지 않으므로 적절하지 않다.

② "그 아가씨가 널 싫어한 건 너무 당연했어."라고 형이 말하고 있으므로, '형'은 '혜인'이 '나'를 싫어할 이유가 없다고 생각한다는 진술은 적절하지 않다.

③ '아픔이 오는 곳이 없으면 아픔도 없어야 할 것처럼 말했'다는 혜인의 말을 떠올리며 '나는 엄살을 부리고 있다는 것인가?'라고 생각하고 있지만, 혜인을 비난하고 있지는 않으므로 적절하지 않다.

④ '아주머니는 여전히 형과 나의 얼굴을 무표정하게 번갈아 보고만 서 있었다.'에서 알 수 있듯이 '아주머니'는 '형'과 '나'가 갈등하는 모습을 바라보며 별다른 반응을 보이고 있지 않으므로 적절하지 않다.

3 외적 준거에 따른 작품 감상

'그는 그 아픔이 오는 곳을 알고 있는 것이다.'와 '형은 자기가 솔직하게 시인할 용기를 가지고, 마지막에는 관모의 출현이 착각이든 아니든, 사실로서 오는 것에 보다 순종하여, 관념을 파괴해 버릴 수 있는 힘이 있었다. 무엇보다도 형은 그 아픈 곳을 알고 있었으니까.'에서 형은 아픔의 근원을 이미 찾았음을 짐작할 수 있으므로 아픔의 근원을 찾기 위해 끊임없이 고뇌할 것이라는 진술은 적절하지 않다.

오답 피하기ㅣ ① 〈보기〉에서 형은 '구체적인 경험에 기반한 생생한 아픔을 지니고 있는' 존재로 제시되어 있는데, '6·25 전상자'인 형이 관모와 김 일병으로부터 자유롭지 못한 채 소설을 쓰는 것은 6·25 전쟁이라는 구체적인 경험에 기반한 생생한 아픔을 지닌 것에서 비롯된 것으로 이해할 수 있으므로 적절하다.

② 〈보기〉에서 동생은 김 일병을 죽여 그의 고통을 줄여 주는 것으로 소설의 결말을 썼다고 제시되어 있다. 그런데 그런 '나'를 '기껏해야 김 일병이나 죽인 주제'라며 형이 비난하고 있는데, 이는 학대를 하는 오관모 대신 불쌍한 김 일병을 죽이는 것으로서 상황을 마무리하려는 동생의 소극적인 대응 방식을 탓하는 것으로 이해할 수 있으므로 적절하다.

④ 〈보기〉에서 동생은 '뚜렷한 실체도 없이 무기력하게 자신을 포기하며 관념적인 아픔만을 가지고 있는' 존재로 제시되어 있는데, '아픔만이 있고 그 아픔이 오는 곳이 없는 나의 환부'에서 이를 확인할 수 있으므로 적절하다.

⑤ 〈보기〉에서 동생은 '그림 그리기를 통해 아픔을 치유'하고자 했지만, '소극적인 태도로 인해 여전히 아픔의 근원을 찾지 못'했다고 제시되어 있다. '깨어진 거울처럼 산산조각이 나 있는' '나의 화폭'은 '그림 그리기를 통해 아픔을 치유'하려던 동생의 노력이 실패했음을 상징적으로 보여 주는 것이므로 적절하다.

➕ 더해 읽기

서술형 예시 답안ㅣ **1** ⓐ 6·25 전쟁의 전상자. ⓑ 자기를 주장해 왔고, 자기의 여자를 위해서 뭔가 싸워 옴. 즉 적극적으로 대응함.

⑤ 박완서, '겨울 나들이'

▶ 실력 다지기
본문 114~116쪽

1 ③　　　**2** ④　　　**3** ③

서술형 예시 답안ㅣ **1** 치매를 앓으며 허구한 날 도리질을 하는 노파를 정성껏 봉양하는 것을 의미한다.

1 인물의 심리 파악

'나는 그런 기묘한 방법으로 외아들의 신상에 대한 크나큰 근심을 달래려 들었던 이 과부 아주머니에 대한 연민으로 가슴이 찐했다. 내가 점괘가 됐다는 게 조금도 언짢지 않았다.'에서 알 수 있듯이 '나'는 자신이 '아주머니'가 만든 미신의 점괘가 된 것에 대해 조금도 언짢아하지 않으므로 적절하지 않다.

오답 피하기ㅣ ① '정말 대사업을 힘껏 보필하는 이의 사명감과 긍지로 아주머니의 얼굴이 은은히 빛나 보이기까지 했다. 나는 어쩌면 이 아주머니야말로 대사업을 하고 있는 게 아닌가 하는 생각이 들면서 등골에 전율이 지나갔다.'에서 '나'는 시어머니를 보필하는 '아주머니'의 모습을 보며 경외감을 느끼고 있으므로 적절하다.

② '점심값과 방값이 도합 팔백 원이라고 했다. 나는 천 원을 내주면서 그냥 넣어 두세요 했다. 아주머니는 내가 불쾌할 만큼 굽실굽실 고마워했다.'에서 확인할 수 있으므로 적절하다.

④ '나도 오늘 안으로 서울로 가리라는 결정을 나는 순식간에 내렸고, 그러자 마음이 그렇게 편안해질 수가 없었다.'에서 확인할 수 있으므로 적절하다.

⑤ '"너는 결코 헛살지만은 않았어, 암, 헛살지 않았고 말고." 하는 것처럼 느꼈다.'에서 '나'가 노파의 도리질을 보며 위안을 느끼고 있음을 엿볼 수 있으므로 적절하다.

2 감상의 적절성 평가

"이젠 고쳐 드려야겠다는 생각보단 도와 드려야겠다는 생각뿐이에요."와 "당신 임의로는 못 하시는 일이고, 얼마나 힘이 드시겠어요. 삼시 잡숫는 거라도 정성껏 잡숫게 해드리고 몸 편케 보살펴 드리고, 뭐, 그런 거죠. 대사업을 완수하시고 돌아가시는 날까지 그거야 못 해 드리겠어요."에서 알 수 있듯이 '아주머니'는 노파의 병을 고쳐 드리겠다는 일념으로 백방으로 좋은 약을 구하기 위해 애쓰고 있는 것이 아니라, 정성껏 보살펴 드리겠다는 다짐을 하고 있으므로 적절하지 않다.

오답 피하기ㅣ ① '"몰라요, 몰라요. 정말 난 모른단 말예요." / 소름이 쪽 끼치고 간담이 서늘해지는 처참한 비명이었다.'에서 확인할 수 있으므로 적절하다.

② '그녀도 뛰어나가고 그녀의 남편까지도 엉겁결에 뛰어나갔다. 잠깐 아무도 분별력이 없었다.'와 '패잔병 중 한 사람의 눈

에 살기가 번뜩이는가 하는 순간 총이 그녀의 남편을 향해 난사됐다.'에서 알 수 있으므로 적절하다.

③ '그 후 거의 실성하다시피 한 시어머니를 오랫동안 극진히 봉양한 끝에 어느 만큼 회복은 됐지만 그때 뒷간 모퉁이에서 죽길 기를 쓰고 흔들어 대던 도리질만은 그때 같은 박력만 가셨다뿐 멈출 줄 모르는 고질병이 되고 말았다.'에서 아들의 죽음 후 실성을 했고, 도리질이 고질병이 되었음을 알 수 있다. 또한 이 고질병은 아들의 죽음으로 인한 충격에 연유한 것이라고 추론할 수 있으므로 적절하다.

⑤ '선생님의 설명' 중 ''나'의 남편은 전쟁 중 이북에 노부모와 아내를 남겨 두고 어린 딸 하나만 업고 내려 온 빈털터리였지요. 무명 화가였던 남편과 결혼한 '나'는 평생을 남편과 의붓딸을 상처를 보듬으며 살아갑니다.'에서 전쟁으로 인한 '나'의 '남편'의 상처를 엿볼 수 있다. 또한 '가족의 아픔을 이해하고 자신이 헌신하면서 그 아픔을 치유하는 과정을 보여 주고 있'다고 하였으므로 '나'가 '노파'와 '아주머니'의 이야기를 통해 전쟁으로 인해 이북에 아내를 두고 월남할 수밖에 없었던 남편의 상처를 이해하게 되었다고 추론할 수 있으므로 적절하다.

3 구절의 의미 파악

'나는 그런 기묘한 방법으로 외아들의 신상에 대한 크나큰 근심을 달래려 들었던 이 과부 아주머니'에서 미신은 자식이 별일 없길 바라는 마음으로 아주머니가 만든 것으로 이해할 수 있으므로 적절하다.

오답 피하기 | ① 아주머니는 노파를 정성껏 보살피고는 있지만, 노파의 건강을 염원하기 위해 미신을 만든 것은 아니므로 적절하지 않다.

② 아주머니는 자식에게 무슨 일이 생긴 것은 아닌지 걱정하며 이를 해소하기 위해 미신을 만들어 의지하고 있는 것이지, 자식의 성공을 기원하기 위해 미신을 만든 것은 아니므로 적절하지 않다.

④ 편지로 인해 아주머니는 서울로 가려고 한다. 하지만 서울에 다녀갈 핑계를 만들기 위해서 미신을 만든 것은 아니므로 적절하지 않다.

⑤ '나'가 지불한 돈으로 아주머니는 노자를 해서 서울에 가려고 한다. 손님을 많이 받아 자식의 학비를 벌기 위해서 미신을 만든 것은 아니므로 적절하지 않다.

본문 117쪽

서술형 예시 답안 **1** 남편이 출가한 딸을 모델로 그림을 그리는 것을 본 후, 남편이 북에 두고 온 아내를 그리워한다고 생각했고, 그동안 남편과 의붓딸을 위해 헌신하며 살아왔던 자신의 삶이 허탈하게 느껴졌기 때문이다.

2 남편을 만난 이후 '나'가 지금까지 살아온 삶의 내력을 요약적으로 제시하고 있을 뿐만 아니라, '나'가 여행을 떠나게 된 이유를 제시하고 있다.

6 김훈, '남한산성'

실력 다지기

본문 118~120쪽

1 ③ **2** ⑤ **3** ③

서술형 예시 답안 **1** 명을 섬겨 온 예의와 명분을 수호하기 위해서이다.

1 서사 구조에 대한 이해

"전하, 죽음은 가볍지 않사옵니다. 만백성과 더불어 죽음을 각오하지 마소서. 죽음으로써 삶을 지탱하지는 못할 것이옵니다."라는 최명길의 말에서 만백성의 목숨은 소중하므로 죽음과 바꿀 수 없다는 근거를 통해 화친을 주장하는 최명길의 생각을 엿볼 수 있다. "전하, 죽음이 가볍지 어찌 삶이 가볍겠습니까. 명길이 말하는 생이란 곧 죽음입니다. 명길은 삶과 죽음을 구분하지 못하고, 삶을 죽음과 뒤섞어 삶을 욕되게 하는 자이옵니다. 신은 가벼운 죽음으로 무거운 삶을 지탱하려 하옵니다."라는 김상헌의 말에서 치욕스러운 삶을 사느니 차라리 죽음을 선택하겠다는 김상헌의 생각을 엿볼 수 있다.

오답 피하기 | ① "전이 화를 이끌어 내는 것이지"라는 김상헌의 말에서 전투가 화친을 이끌어 낼 것이므로 싸우자는 김상헌의 생각을 엿볼 수 있다. 하지만 최명길은 화친을 통해 전투를 이끌어 낼 수 있다는 말을 하고 있지 않으므로 적절하지 않다.

② 대의, 즉 조정의 공론은 적과 싸우자는 것이다. 따라서 ⓑ에 들어갈 말이 대의를 따라야 한다는 것이고, ⓓ에 들어갈 말이 조정의 공론보다는 일이 되어 가는 형세를 고려해야 한다는 것이므로 적절하지 않다.

④ 화친은 조선에 내실이 있을 때 가능한 것이므로 화친을 하자고 주장한 것은 최명길이다. 또한 화해를 하는 것은 화친이

아니라 투항이므로 싸우자고 주장한 것은 김상헌이므로 적절하지 않다.

⑤ 적병이 성을 둘러싸고 있을 뿐 아직 쳐들어 오지 않았으니 적 또한 화친할 생각이 있을 것이라 생각한 것은 최명길이고, 화친이란 국경을 두고 논할 수 있는 것인데, 적이 여기까지 왔으니 빈손으로 돌아갈 리가 없다고 생각한 것은 김상헌이므로 적절하지 않다.

2 인물의 성격, 태도 파악

'임금이 주먹으로 서안을 내리치며 소리 질렀다. / "어허, 그만들 하라. 그만들 해."'에서 짐작할 수 있듯이 임금은 최명길과 김상헌의 이야기를 들으면서도 마땅한 대안이나 결정을 내리지 못하고 소리만 지르고 있다. 따라서 양쪽의 의견을 듣느라 결단을 내리지 못하고 있다는 임금에 대한 평가는 적절하다.

오답 피하기 | ① "어허, 그만들 하라. 그만들 해."에서 임금이 최명길과 김상헌보다 신분이 높다는 것을 알 수 있지만, 이것을 자신의 세력을 과시하는 것으로 볼 수는 없으므로 적절하지 않다.

② 임금이 결단을 내리지 못하는 모습이 나와 있을 뿐, 옳고 그름을 가리는 모습은 나와 있지 않으므로 적절하지 않다.

③ 융통성이란 '형세에 따라 일을 처리하는 재주'를, 원칙이란 '기본이 되는 규칙이나 법칙'을 말하는데, 이 글에서는 임금이 고수하는 원칙을 알 수 없으므로 적절하지 않다.

④ 문제 상황을 해결하기 위해 신하들과 모여 신하들의 중론을 듣고 있음을 확인할 수 있지만, 임금이 백방으로 문제를 해결하려는 노력이 이 글에서는 나타나지 않으므로 적절하지 않다.

3 대화의 특징 파악

[B]에서는 고사를 활용하고 있지 않으므로 적절하지 않다. '호구'는 매우 위태로운 처지나 형편을 이르는 말이다.

오답 피하기 | ① '신의 뜻을 따라 주시옵소서.'에서 직설적인 표현을 사용하여 임금의 결단을 촉구하고 있으므로 적절하다.

② '장마가 지면 물이 한 골로 모이듯'에서 비유적 표현을 활용하고 있다. 이를 통해 묘당의 말도 대의로 쏠려 사세를 돌보지 않아 목숨이 위태롭다고 하고 있으므로 적절하다.

④ "명길이 저토록 조정의 의로운 공론을 업신여기고 종사를 호구 던지려 하니"에서 다른 인물의 잘못된 행동을 지적하며 상대방에게 명길이 잘못되었음을 호소하고 있으므로 적절하다.

⑤ [A]의 "사세가 말과 맞지 않으면 산목숨이 어느 쪽을 좇아야 하겠습니까."와 [B]의 "명길이 과연 전하의 신하이옵니까?"에서 질문의 방식을 사용하여 상대방의 생각을 한쪽으로 유도하고 있으므로 적절하다.

➕ 더해 읽기   본문 121쪽

서술형 예시 답안 1 역사적으로 굴욕적이었던 병자호란을 객관적으로 마주하면서 그것을 딛고 다시는 그때와 같은 실수를 반복하지 않도록 진일보해야 한다.

03 산업화와 소외

❶ 양귀자, '비 오는 날이면 가리봉동에 가야 한다'

➡ 실력 다지기   본문 122~124쪽

1 ⑤   2 ①   3 ⑤

서술형 예시 답안 1 막노동을 하는 임 씨는 비가 오면 일을 할 수 없기 때문에, 비 오는 날에는 스웨터 공장 사장에게 떼인 팔십만 원의 돈을 받으려고 가리봉동에 간다.

2 빤질빤질한 상판에 배는 툭 불거져 나왔겠지. 스웨터 공장 사장은 가난한 임 씨의 돈을 떼어 먹은 자로 '빤질빤질한 상판에 배는 툭 불거져 나왔'을 것이라는 '그'의 추측을 통해 탐욕스러운 스웨터 공장 사장의 성격을 엿볼 수 있다.

1 인물의 성격, 태도 파악

처음에는 파이프가 어디서 새는지 몰라 전체를 뜯을 생각으로 십팔만 원의 견적을 냈지만, 일을 막상 다 하고 나니 일이 썩 간단하게 되었다며 칠만 원만 요구하고 있다. 여기에서 받아야 할 비용에 대해서만 정직하게 청구하려는 임 씨의 모습을 엿볼 수 있으므로 적절하다.

오답 피하기 | ① 희생이란 어떤 사물·사람을 위해서 자기 몸을 돌보지 않는 것을 말하는데, [A]에는 타인을 위해 자신을 희생

하는 모습이 나타나지 않으므로 적절하지 않다.

② 자부심이란 자기나 자기와 관련된 일에 대하여 스스로의 가치나 능력을 믿고 자랑으로 여기는 마음을 말하는데, [A]에는 막노동에 대한 자부심이 강한 모습이 나타나지 않으므로 적절하지 않다.

③ 책임감이란 도맡아 해야 할 임무나 의무를 중하게 여기는 마음이다. [A]에는 정직하게 받아야 할 비용에 대해서만 청구하는 등 자신의 일과 관련하여 책임감 있는 임 씨의 모습을 엿볼 수 있지만, 정해진 시간에 구애받지 않고 일을 하는 모습이 나타나지 않으므로 적절하지 않다.

④ 솔선수범이란 남보다 앞장서 행하여 다른 사람의 본보기가 되는 것인데, [A]에는 솔선수범하는 모습이 나타나지 않으므로 적절하지 않다.

2 감상의 적절성 평가

'임 씨의 머릿속에서 굴러다니고 있을 숫자들에 잔뜩 애를 태우고 있는 스스로가 정말이지 역겨웠다.'에서 공사비에 대해 애를 태웠다는 것은 알 수 있지만, 터무니없는 금액을 제시하면 깎아야겠다고 다짐하는 부분은 확인할 수 없으므로 적절하지 않다.

오답 피하기 | ② '임 씨가 볼펜심으로 쿡쿡 찔러 가며 조목조목 남는 것들을 설명해 갔지만 그의 귀에는 제대로 들리지 않았다. 뭔가 단단히 잘못되었다는 기분, 이게 아닌데, 하는 느낌이 어깨의 뻐근함과 함께 그를 짓누르고 있을 뿐이었다.'에서 확인할 수 있으므로 적절하다.

③ '아내가 이번에는 호소하는 눈빛으로 그를 쳐다보았다. 할 수 없이 그가 끼어들었다.'에서 확인할 수 있으므로 적절하다.

④ '시원한 밤공기가 현관 앞을 나서는 두 사람을 감쌌고 그는 무슨 말로 이 사내를 배웅할 것인가를 궁리해 보았다. 수고했다라는 말도, 고맙다는 말도 이 사내의 그 '써비스'에 대면 너무 초라하지 않을까.'에서 확인할 수 있으므로 적절하다.

⑤ '그는 임 씨의 핏발 선 눈을 마주 보지 못하였다. 엉터리 견적으로 주인 속이는 일꾼이라고 종일토록 의심하며 손해볼까 두려워 궁리를 거듭하던 꼴을 눈치채이지는 않았는지'에서 확인할 수 있으므로 적절하다.

3 외적 준거에 따른 작품 감상

'나중에는 임 씨 역시 맨션아파트에 살게 되고 달걀 프라이쯤은 역겨워서, 곰국은 물배만 채우니 싫어서 갖은 음식 타박

에 비 오는 날에는 양주나 찔끔거리며 사는 인생이 될 것이다, 라고 말할 수는 없었다. 천 번 만 번 참는다고 해서 이 두터운 벽이, 오를 수 없는 저 꼭대기가 발밑으로 걸어와 주는 게 아님을 모르는 사람이 그 누구인가.'는 세속적이고 탐욕스러운 현대인의 모습을 보여 주는 것이 아니라, 계층의 이동이 불가능한 당시의 사회 현실을 나타내는 것이므로 적절하지 않다.

오답 피하기 | ① "자그마치 팔십만 원이오, 팔십만 원. 제기랄. 쉐타 공장 하던 놈한테 일 년 내 연탄을 대 줬더니 이놈이 연탄값 떼어먹고 야반도주했어요."에서 확인할 수 있듯이 일년 내내 연탄을 대 주고도 연탄값 팔십만 원을 떼인 임 씨의 상황은 도시 변두리 주민의 삶을 형상화한 것으로 볼 수 있으므로 적절하다.

② "난 말요. 이 토끼띠 사내는 말요, 보증금 백오십만 원에 월세 삼만 원짜리 지하실 방에서 여섯 식구가 살고 있소."에서 확인할 수 있듯이 월세 삼만 원짜리 지하실 방에서 여섯 식구와 살고 있는 임 씨의 상황은 도시 변두리 주민의 삶을 형상화한 것으로 볼 수 있으므로 적절하다.

③ "돈 받으러 갈 시간도 없다구. 마누라는 마누라대로 벽돌 찍는 공장에 나댕기지, 나는 나대로 이 짓해서 벌어야지. 그래도 달걀 후라이 한 개 마음놓고 못 먹는 세상!"에서 확인할 수 있듯이 돈 받으러 갈 시간도 없이 일을 해도 달걀 프라이조차 맘 편히 못 먹는 임 씨의 상황은 도시 변두리 주민의 삶을 형상화한 것으로 볼 수 있으므로 적절하다.

④ "누군 받기 싫어 못 받수. 줘야 받지. 형씨, 돈 있는 놈은 죄다 도둑놈이오. 쫓아가면 지가 먼저 울상이네. 여공들 노임도 밀렸다, 부도가 나서 그거 메우느라 마누라 목걸이까지 팔았다고 지가 먼저 성깔 내."와 "가리봉동 그 새끼는 곧 죽어도 맨션아파트요, 맨션아파트!"에서 확인할 수 있듯이 줄 돈이 없다며 신세타령을 하면서도 맨션아파트에 사는 사장의 모습은 세속적이고 탐욕스러운 현대인의 모습을 형상화한 것으로 볼 수 있으므로 적절하다.

➕ 더해 읽기
본문 125쪽

서술형 예시 답안 1 서울에서 살고 싶다는 미련으로 인해, 자신이 살고 있는 원미동에 만족하지 못하는 것을 의미한다.

2 임 씨에게 잔뜩 당했다고 믿는 아내는 인부들과 자신의 남편을 겸상하게 할 수 없다고 생각해서 남편 몫의 식사를 함께 준비하지 않았을 것이다.

❷ 임철우, '사평역'

실력 다지기

본문 126~128쪽

1 ②   **2** ④   **3** ③

서술형 예시 답안 1 작은 산골 간이역에는 제시간에 정확히 도착하는 완행열차를 보기가 쉽지 않을 뿐만 아니라, 눈까지 내리고 있기 때문에 막차가 예정된 시간보다 늦게 온다고 할 수 있다.

1 서술상 특징 파악

'건널목 옆 외눈박이 수은등이 껑충하게 서서 홀로 눈을 맞으며 희뿌연 얼굴로 땅바닥을 내려다보고 있다. 송이눈이다. 갓난아이의 주먹만 한 눈송이들은 어둠 저편에 까맣게 숨어 있다가 느닷없이 수은등의 불빛 속에 뛰어들어 오면서 뚱그렇게 놀란 표정을 미처 지우지 못한 채 땅바닥으로 곤두박질치고 있다.'와 같이 풍경을 비유적으로 묘사하면서 눈송이를 생생하게 묘사하고 있다.

오답 피하기 | ① [A]에는 공간의 이동이 나타나지 않으므로 적절하지 않다.

③ [A]에는 요약적 제시가 나타나지 않으며, 인물이 살아온 내력을 서술하고 있지 않으므로 적절하지 않다.

④ [A]에는 이야기 안의 서술자가 아닌, 이야기 밖의 서술자가 사건을 서술하고 있으므로 적절하지 않다.

⑤ [A]에는 인물을 해학적으로 형상화하고 있지 않으므로 적절하지 않다.

2 인물의 심리 파악

'그는 아까부터 줄곧 ~ 역장에겐 낯익은 인물들이다.'에서 역장은 병든 노인과 그의 등을 떠받치고 있는 아들을 바라보고 있을 뿐, 효심이 지극한 아들을 둔 노인을 부러워하고 있는지는 알 수 없으므로 적절하지 않다.

오답 피하기 | ① '늙은 역장은 조금은 근심스러운 기색으로 유리창에 얼굴을 바짝 대어 본다. 하지만 콧김이 먼저 재빠르게 유리창에 달라붙어 뿌연 물방울을 만들었기 때문에 소매로 훔쳐 내야 했다. 철길은 아직까지는 이상이 없었다.'에서 확인할 수 있으므로 적절하다.

② '그 저편은 칠흑 같은 어둠이다. 어둠에 삼켜져 버린 철길의 끝이 오늘 밤은 까닭 없이 늙은 역장의 가슴 한구석을 썰렁하게 만든다.'에서 확인할 수 있으므로 적절하다.

③ '마흔은 넘었을까 싶은 사내는 싸구려 털실 모자에 때 묻은 구식 오바를 걸쳐 입었는데 첫눈에도 무척 음울해 뵈는 표정을 지니고 있다. 길게 자란 턱수염이며, 가무잡잡한 얼굴 그리고 유난히 번뜩이는 눈빛이 왠지 섬뜩하다.'에서 확인할 수 있으므로 적절하다.

⑤ '난로의 허리께에 톱날 모양으로 촘촘히 뚫린 구멍 새로는 톱밥이 타들어 가면서 내는 빨간 불빛이 내비치고 있다. 하지만 형편없이 낡아 빠진 그 난로 하나로 겨울밤의 찬 공기를 덥히기에는 어림도 없을 듯싶다.'에서 역장은 난로 하나로 겨울밤의 찬 공기를 덥히기에는 역부족이라고 생각하고 있으므로 적절하다.

3 작품 간의 공통점, 차이점 파악

이 글과 〈보기〉에서는 대합실 안의 사람들이 과거를 회상하고 있지도 않고 지난날의 삶을 성찰하고 있지 않으므로 적절하지 않다.

오답 피하기 | ① 〈보기〉의 '막차는 좀처럼 오지 않았다.'에서 사람들이 막차를 기다리고 있는 상황임을 알 수 있으므로 적절하다.

② 〈보기〉의 '막차는 좀처럼 오지 않았다. / 대합실 밖에는 밤새 송이눈이 쌓이고 / 흰 보라 수수꽃 눈시린 유리창마다 / 톱밥 난로가 지펴지고 있었다.'에서 이 글과 유사한 배경을 확인할 수 있으므로 적절하다.

④ 〈보기〉에는 대합실 안의 사람들의 외양을 묘사한 부분이 제시되어 있지 않다. 이 글에서는 '마흔은 넘었을까 싶은 사내는 싸구려 털실 모자에 때 묻은 구식 오바를 걸쳐 입었는데 첫눈에도 무척 음울해 뵈는 표정을 지니고 있다. 길게 자란 턱수염이며, 가무잡잡한 얼굴 그리고 유난히 번뜩이는 눈빛이 왠지 섬뜩하다.'에서 확인할 수 있으므로 적절하다.

⑤ 이 글은 역장의 시선에 초점을 맞춰 서술하고 있고, 〈보기〉는 '나'의 시선으로 시상을 전개하고 있으므로 적절하다.

더해 읽기

본문 129쪽

서술형 예시 답안 1 벽돌담 같은 것. 흙과 일. 등뼈가 휘도록 일하고 근심하다가 끝내는 늙고 병들어 죽는 것. 돈. 청승맞은 유행가 가락이나 술 취해 두들기는 젓가락 장단. 이 세상과 구별할 수 없는 그 무엇
2 대학생의 신념이 흔들리게 된 이유는 유치장에서 보낸 한 달 남짓한 기억과 퇴학. 끓어오르는 자신의 신념과는 아랑곳없이 이루어지고 있는 강의실 밖의 질서 때문이다.

정답과 해설 **37**

❸ 공선옥, '명랑한 밤길'

🟢 실력 다지기

본문 130~132쪽

1 ①   **2** ④   **3** ②

서술형 예시 답안 **1** 깐쭈가 부른 노래는 '나'의 공감을 얻게 되고, 노래를 따라 부르는 '나'의 행위로 이어진다. 따라서 노래는 '나'의 공감을 이끌어 내는 매개물이라 할 수 있다. 또한 '나'가 부르는 노래 가사는 '나'가 처한 상황과 심리를 드러낸다고 할 수 있다.

1 서술상 특징 파악

'나'와 '그'의 대화를 통해 인물 사이의 갈등이 고조되고 있으므로 적절하다.

오답 피하기 | ② 삽화 형식의 이야기가 병렬적으로 제시된 것은 아니므로 적절하지 않다.

③ 시간의 흐름에 따라 사건이 전개되고 있으므로 역순행적 구성을 통해 인물이 살아온 내력을 밝히고 있다는 진술은 적절하지 않다.

④ '나'라는 1인칭 서술자가 등장하므로 전지적 시점이라는 진술은 적절하지 않다.

⑤ 시간의 흐름에 따라 사건이 전개되고 있으므로 과거와 현재를 반복적으로 교차시킨다는 진술은 적절하지 않다.

2 작품의 내용 파악

"여동생이 한국 사람과 결혼했어. 시골이야. 동생이 남편한테 맞았어. 동생 많이 슬퍼. 형이 한국 여자랑 결혼했어. 형 여자 도망갔어. 조카 있어. 형이랑 조카 많이 슬퍼. 부모님 돌아가셨어. 우리나라, 방글라데시 가도 나는 아무도 없어. 한국에 다 있어. 난 갈 수 없어. 형 다쳤어. 손가락 잘렸어. 조카 살려야 해."에서 싸부딘은 자신의 고향이 아닌 한국에 가족이 다 있어 고향에 갈 수 없다고 하고 있으므로 적절하지 않다.

오답 피하기 | ① '"그건 장치한다고 하지 않고 설정한다고 하는 거야. 것도 모르니?"/ 남자는 조소했다.'에서 확인할 수 있으므로 적절하다.

② "나는 당신에게 이 채소들을 갖다 주기 위해 지난 봄 내내 마당을 일구어 텃밭으로 만들었어요. 텃밭을 일구는 동안 손에서 피가 나기도 했죠."에서 확인할 수 있다.

③ "난 사장 죽도록 미웠어. 깐쭈, 너 때문에 오늘 일 다 망친 거야."와 "난 사장님, 돈 줘 소리 못 하겠어. 사장 돈 없어. 몸

아파, 어머니 아파, 사장 슬퍼."에서 확인할 수 있다.

⑤ "깐쭈, 언제 떠나?"와 "모레, 오늘 밤, 내일 밤 자고 모레. 내일은 시내 가서 음악 시디하고 고무장갑하고 소주하고 옷하고 신발하고 여러 가지를 살 거야."에서 확인할 수 있다.

3 작품의 종합적 이해

'그'가 '여전히 나를 집에 들이지 않'는 상황에서 '위태롭게 반짝거리던 몇 낱의 별들은 어느 사이 다시 두꺼운 구름 너머로 사라'진다. 이는 '그'와의 관계 개선을 바랐던 '나'의 소망이 이루어지지 않은 것을 배경을 통해 드러낸 것으로, '그'와 '나'의 관계가 회복될 수 없음을 암시하는 것으로 이해할 수 있으므로 적절하지 않다.

오답 피하기 | ① '비가 그친 저녁 하늘 한귀퉁이에 오랜만에 별이 보'이고, 그 별은 '위태롭게 빛나고 있'는 상황에서 '나'는 '무서울 때도 있었'던 '밤길'을 '지금은' 무서워하지 않으며 '애써 가꾼, 무공해로 가꾼 고추와 상추와 치커리와 가지'를 들고 '남자'에게 가고 있다. 이는 '그'와의 관계가 개선되길 바라는 '나'의 희망을 배경을 통해 상징적으로 표현한 것으로 이해할 수 있으므로 적절하다.

③ '그'와 다툰 후 집으로 돌아오는 길에 '나'가 '비에 젖'어 걷는 것은 '그'에게 버림받은 '나'의 슬픔을 상징적으로 드러낸 것으로 이해할 수 있으므로 적절하다.

④ '나'가 집으로 돌아오는 길이 '칠흑 같은 밤'으로, '나에게 융단 폭격 같은 말 폭격을 퍼부어 대던 남자가 무섭고 칠흑 같은 밤이 무섭고 내 뒤에 오는 누군가가 무서웠다.'에서 알 수 있듯이 '나'는 무서움을 느낀다. 이는 '그'와의 이별로 인한 '나'의 절망감을 부각하는 배경으로 이해할 수 있으므로 적절하다.

⑤ '나'는 정미소를 나서며 노래를 부른다. 그리고 '달을 향해 나아'간다. 비를 맞으면서도 '천천히, 뚜벅뚜벅, 명랑하게' 나아가는 것은, 상처를 극복하려는 '나'의 의지를 드러낸 것으로 이해할 수 있으므로 적절하다.

➕ 더해 읽기

본문 133쪽

서술형 예시 답안 **1** 도시로 나가 살고 싶은 열망 하나로 간호 학원을 다녔지만, 엄마의 치매로 인해 당분간 엄마를 떠나 먼 곳으로 갈 수 없게 되었다.

2 생에 대한 아득한 절망감이 엄습해 온다.

04 돈과 욕망

❶ 채만식, '논 이야기'

➡ 실력 다지기
본문 134~136쪽

1 ④   **2** ③   **3** ⑤

서술형 예시 답안 **1** 일제 때 일본인에게 땅을 팔았지만, 해방으로 일본인이 모두 물러갔으므로 땅을 옛 주인에게 돌려주어야 한다.
2 해방 직후 정부가 적절한 토지 정책을 마련하지 못해 혼란이 가중되고, 그 이후 불합리한 토지 정책이 시행됨으로써 일제 강점기에 재산을 축적했던 사람들이 다시 토지를 소유하도록 하는 불합리한 결과가 나타났기 때문이다.

1   작품의 내용 파악

이 글에 따르면, 길천 농장의 멧갓이 자신의 소유라고 주장하는 한덕문에 대해 영남이 자신의 소유권을 주장하며 한덕문에게 대거리를 하고 위협하고 있다.

오답 피하기 | ① 한덕문은 영남에게 조선이 독립되어 자신의 멧갓을 산 일본인이 쫓겨났기 때문에 결국 그 땅은 자신의 것이 되었다는 논리를 펴고 있다.
② 한덕문은 길천 농장의 멧갓이 자신의 것이기 때문에 그곳에서 벌목을 하고 있다는 소식에 분노하고 있다.
③ 영남이 길천 농장의 산림 관리인인 강태식으로부터 이천 환을 주고 땅을 샀다고 말하는 부분을 확인할 수 있다.
⑤ 길천은 한덕문으로부터 땅을 산 뒤 그곳에 낙엽송을 심었으며, 영남은 그 낙엽송을 벌목하고 있다는 내용을 확인할 수 있다.

2   서술상 특징 파악

이 글에서는 한덕문과 영남이 땅의 소유권을 둘러싸고 갈등을 빚고 있으며, 그러한 과정이 두 인물의 대화를 통해 제시되어 있다.

오답 피하기 | ① 이 글에는 동시에 일어나는 여러 가지 사건들이 나열되어 있지 않다.
② 이 글에는 서술자가 인물의 행동에 대해 논평한 부분이 제시되어 있지 않다.
④ 이 글에서는 감각적인 묘사를 통해 공간적 배경을 환상적으로 표현한 부분은 찾아볼 수 없다.
⑤ 이 글에서는 일부 장면의 전환이 나타나고 있지만 이를 통해 갈등이 고조되고 이완되는 과정을 제시하고 있지는 않다.

3   외적 준거에 따른 작품 감상

이 글의 마지막 부분에서 서술자는 앞서 제시한 '산판'의 소유권 문제가 해방 직후 토지와 관련해 새로운 영이 서기 전 혼란한 틈에 발생한 문제라고 밝히고 있다. 또 〈보기〉에서도 친일 세력들이 축적한 재산을 이용해 땅을 차지하게 되는 문제가 발생했다고 언급하고 있다.

오답 피하기 | ① 〈보기〉에서 '땅'은 농민에게 유일한 생산 수단이자 삶 자체였다고 언급하고 있다. 또 땅을 상실한 '한덕문'이 소작농이 되었지만 불합리한 소작 제도로 인해 삶의 위협을 느끼게 되었음을 알 수 있다. 따라서 농민인 한덕문의 삶에 땅이 미치는 영향력이 지대하며 이러한 이유로 한덕문이 영남과 싸움까지 벌이게 되었음을 알 수 있다.
②, ③, ④ 이 글의 마지막 부분에서 해방 직후 토지와 관련해 많은 문제가 발생하였음을 알 수 있다. 그리고 〈보기〉를 통해 해방 직후, 일제 강점기에 재산을 축적했던 친일 세력들이 다시 토지를 소유하게 되는 문제가 발생했다고 언급되어 있다. 또한 〈보기〉에서 해방 직후 친일 세력이 땅에 대한 소유권을 갖게 되면서 '한덕문'과 같은 농민의 삶은 해방 이전의 세계와 달라지지 않았다고 언급한 부분을 확인할 수 있다.

➕ 더해 읽기
본문 137쪽

서술형 예시 답안 **1** 해방이 되었다고는 하지만 한덕문과 같은 농민이나 민중들의 삶은 해방 이전이나 이후나 달라진 것이 없었으며, 친일 세력이 자신의 기득권을 유지하는 불합리한 상황이 계속되었다. 그러므로 한덕문에게는 해방이나 독립은 별 의미 없는 것에 불과했다.
2 한덕문은 조국의 독립이 지닌 국가적, 정치적, 역사적 의미에는 관심이 없다. 오로지 개인적 이익을 기준으로 독립의 가치를 평가하고 있다는 점에서 그의 태도를 비판할 수 있다.

❷ 염상섭, '두 파산'

➡ 실력 다지기
본문 138~140쪽

1 ④   **2** ④   **3** ②

서술형 예시 답안 **1** 이 작품의 제목이 '두 파산'인 이유는 경제적 파산에 도달한 '정례 모친'과 정신적 파산에 도달한 '옥임'의 이야기를 다루고 있기 때문이다.
2 정례 모친에게는 젊고 신수가 멀쩡한 남편과 공부를 시킨 장성한 자식들이 있었기 때문이다.

1 작품의 내용 파악

　옥임과 정례 모친과의 관계에 대한 어떤 서술에서도 옥임이 정례 모친으로부터 수모를 당한 경험이 있다는 내용은 찾아볼 수 없다.

오답 피하기 | ① 옥임의 정례 모친에 대한 생각을 담은 서술에 따르면 옥임은 오랜 동무에게 이렇다 할 감정이 있을 까닭이 없었다고 언급한 부분을 확인할 수 있다.

② 이 글에서 정례 모친이 자식들을 공부시키느라 어려운 살림에 얽매이고 고생했다는 내용을 확인할 수 있다.

③ 옥임이 정례 모친의 젊은 남편과 공과 대학을 졸업하는 아들, 어머니보다 키가 큰 둘째 아들, 장성한 딸을 부러워하는 내용을 확인할 수 있다.

⑤ 옥임은 일제 강점기였던 젊은 시절에 도지사 대감의 후실이 되어 화려한 유한마담 생활을 했다는 내용을 확인할 수 있다.

2 서술상 특징 파악

　이 글은 전지적 작가 시점의 소설로, 작품 외부의 전지적 서술자가 인물의 내면 심리와 그들이 살아왔던 과거를 요약적으로 전달하고 있음을 알 수 있다.

오답 피하기 | ① 이 글의 서술자는 1인칭 주인공이 아니라 작품 밖의 전지적 서술자이다.

② 이 글에서는 정례 모친이 길거리에서 모욕을 당하는 장면이 제시되어 있기는 하지만 이러한 공간적 배경을 활용해 주제를 암시적으로 나타내고 있지는 않다.

③ 이 글은 전지적 작가 시점의 소설이기는 하지만 서술자의 논평을 통해 인물의 성격 변화 양상을 드러낸 부분은 찾아볼 수 없다.

⑤ 이 글에서는 인물의 과거가 요약적으로 제시되어 있기는 하지만 이를 통해 앞으로 전개될 사건이 암시되고 있지는 않다.

3 외적 준거에 따른 작품 감상

　이 글에서 정례 모친은 경제적 파산에 이른 인물로, 남편을 뒷바라지하고 아이를 키우는 데 힘들어했다는 내용을 확인할 수 있다. 그러나 이 글에서 정례 모친이 옥임과 같이 정신적 파산에 도달했다는 내용은 찾아볼 수 없다.

오답 피하기 | ① 이 글에서 정례 모친은 옥임으로부터 빌린 돈을 갚지 못하고 경제적 파산에 도달했음을 확인할 수 있다.

③ 이 글에서 옥임은 비록 경제적으로 파산했지만, 남편을 뒷바라지하고 자식들을 교육시키고 키워 온 정례 모친을 부러워하고 있음을 확인할 수 있다.

④ 이 글의 내용을 통해 옥임이 반민자의 아내라는 사실을 부끄러워하지 않고 오히려 이를 통해 경제적 이익을 추구하는 모습을 보이고 있음을 알 수 있다. 그리고 그녀의 이러한 행동은 곧 역사적, 윤리적 의식이 마비된 정신적 파산에 도달했음을 의미하는 것이라고 볼 수 있다.

⑤ 〈보기〉에서 옥임과 정례 모친은 모두 현실적이고 실제적인 인물로 당대의 사회적 분위기가 만들어 낸 피해자라고 언급하고 있다. 그런 맥락에서 경제적 파산에 도달한 정례 모친은 물질 만능주의 사회에 적응하지 못했다고 볼 수 있으며, 옥임은 정신적 파산에 도달한 채 오로지 물질에만 매달리게 되었다고 볼 수 있다. 따라서 이 두 인물의 파산에는 당대의 물질 만능주의적 사회 분위기가 영향을 미친 것으로 이해할 수 있다.

본문 141쪽

➕ **더해 읽기**

서술형 예시 답안 **1** 옥임은 경제적으로 어려운 지경에 도달한 친구를 돕기는커녕 금전적 이익만을 추구하여 대리인을 세워 친구로부터 경제적 이익을 취하는 비인간적이고 이기주의적인 행위를 하고 있다는 점에서 비판할 수 있다.

2 '정례 부친'은 자동차 사기라는 부당한 방법을 통해 옥임으로부터 재산을 되찾고자 한다는 점에서 속물적 근성을 가진 사람이라고 볼 수 있다.

❸ 이태준, '복덕방'

➡ **실력 다지기**

본문 142~144쪽

1 ①　　　**2** ③　　　**3** ④

서술형 예시 답안 **1** 정당한 노력과 경쟁을 통해 건전하게 돈을 벌고자 하는 것이 아니라 부동산 투기를 통해 일확천금을 노리는 부도덕하고 허황된 방법을 사용하고자 한다는 점에서 문제가 있다.

1 서술상 특징 파악

　이 글은 전지적 시점의 소설로 작품 밖의 전지적 서술자가 안 초시와 딸의 내면 심리를 서술하고 있다.

오답 피하기 | ② 이 글은 전지적 작가 시점의 소설로, 작품의 등장인물이 사건을 객관적으로 전달하고 있지는 않다.

③ 이 글에는 동시에 일어나는 두 개의 사건이 제시되고 있지는 않다.

④ 이 글은 전지적 작가 시점으로 안 초시가 개발 정보를 듣고 투자를 하게 되는 과정이 제시되어 있을 뿐 다른 사람에게 들을 이야기를 재구성하여 전달하는 형식은 사용되고 있지 않다.
⑤ 이 글에는 배경을 묘사하는 내용이 서술되어 있지 않다.

2 외적 준거에 따른 작품 감상

딸은 아버지 안 초시의 이야기를 듣고 즉시 가부를 말하지 않았으며 관련 내용을 시시콜콜히 캐어물었음을 알 수 있다. 그리고 수익이 높다는 말에 신탁 회사에서 돈을 빌려 투자하기로 결심했음을 확인할 수 있다. 그러므로 딸은 아버지의 좌절감을 치유하기 위해 투자를 한 것이 아니라 수익을 올리기 위해 투자한 것임을 알 수 있다.

오답 피하기 | ①, ② 안 초시는 돈이 없음을 한탄하며, 고층 건축, 문화 주택, 자동차를 동경하고 자기 손에서 돈이 떨어지면서 이러한 것들과 인연이 끊겼다고 생각하고 있다. 또 자신을 '송장'이나 다름없다고 생각하고 있음을 알 수 있다.
④ 안 초시에게 전달한 박희완 영감의 말은 근대화의 개발 과정에서 일확천금을 꿈꾸게 하는 정보로 사람들의 관심을 끄는 것이지만 불확실한 정보라고 할 수 있다.
⑤ 안 초시는 '그루터기'만 있으면 돈을 벌 수 있다는 자신을 가지고 있었으며, 이를 통해 근대화 과정 속에서 '송장'처럼 살아가고 있는 자신의 삶이 변화할 수 있다고 믿고 있었음을 확인할 수 있다.

3 어휘의 문맥적 의미 파악

㉠의 전후 문맥을 살펴보면, 박희완 영감이 아직 땅값이 많이 오르지 않아 투자해 볼 가치가 있으나 우리 처지에 그러한 사실을 알아도 투자할 여력이 없어 소용이 없다는 말을 하고 있음을 알 수 있다. 그러므로 ㉠에는 '그림의 떡'을 의미하는 '화중지병(畫中之餠)'이 들어가는 것이 적절하다.

오답 피하기 | ① '경천동지(驚天動地)'는 '하늘을 놀라게 하고 땅을 뒤흔든다.'는 뜻으로 세상을 몹시 놀라게 함을 비유적으로 이르는 말이다.
② '사필귀정(事必歸正)'은 '모든 일은 반드시 바른길로 돌아감.'이라는 의미를 가진 말이다.
③ '정저지와(井底之蛙)'는 '우물 안 개구리'라는 뜻으로, 넓은 세상의 형편을 알지 못하는 사람을 이르는 말이다.
⑤ '호사다마(好事多魔)'는 '좋은 일에는 흔히 방해되는 일이 많음. 또는 그런 일이 많이 생김.'이라는 의미를 지닌 말이다.

➕ **더해 읽기**

서술형 예시 답안 **1** 안 초시는 근대화 과정에서 소외된 채 가난한 삶을 지속하고 있었으며, 이를 타개하기 위한 시도마저 실패하게 되자 극심한 절망감과 좌절감으로 죽음을 선택하게 되었다고 볼 수 있다.
2 '안경화'는 자신의 아버지가 자살한 것으로 인해 자신의 명예와 평판이 훼손되지 않을까 염려하여 관청에 알리는 것을 만류하였다. 이러한 '안경화'의 행동은 불행한 아버지의 삶에 대한 책임감이나 불효에 대한 반성 없이 오로지 자신의 안위와 이익만을 생각하는 이기적이고 패륜적인 행동으로 비판받아 마땅하다.

④ 이문구, '유자소전'

▶ **실력 다지기**

1 ⑤   **2** ②   **3** ②

서술형 예시 답안 **1** 이 글은 우스꽝스러운 상황의 제시, 유자의 재치 있는 입담과 방언의 사용, 언어유희 등을 통해 웃음을 유발하고 있다.

1 서술상 특징 파악

이 글은 1인칭 관찰자 시점의 소설로 작품 속의 서술자가 주인공인 유자에 대한 내용을 서술하고 있다.

오답 피하기 | ① 이 글에서는 서술자와 주인공 유자가 비단잉어의 죽음과 관련된 사건에 대해 대화하는 장면을 제시하고 있으며, 이를 통해 유자의 성격을 드러내고 있다.
② 이 글에서는 비단잉어를 둘러싼 유자와 총수의 갈등이 제시되어 있다.
③, ④ 이 글은 작품 속의 '나'가 주인공 유자가 과거에 경험했던 일에 대해 서술하고 있다.

2 대화의 특징 파악

이 글에 제시된 대화에서 유자가 화제를 빈번하게 전환하여 자신의 책임을 회피한 부분은 찾아볼 수 없다.

오답 피하기 | ① 비단잉어의 죽음과 관련한 총수의 물음에 대해 유자가 웃음을 유발하는 재치 있는 답변으로 총수의 화를 돋우고 있음을 알 수 있다.

③ 이 글에서 유자는 토속적인 충청도 방언을 사용하여 비단잉어와 관련한 총수와의 갈등을 현장감 있게 전달하고 있다.
④ '뺄어낸벤또(베토벤)', '차에코풀구싶어(차이콥스키)'와 같은 표현을 통해 비단잉어와 총수에 대한 유자의 비판적 태도를 확인할 수 있다.
⑤ 유자는 총수와의 대화에서 비단잉어가 죽은 이유에 대해 사리에 맞지 않는 말을 함으로써 총수가 흥분하도록 유도하고 있다.

3 외적 준거에 따른 작품 감상

이 글에 제시된 유자와 총수의 대화를 살펴보면, 물질 만능주의에 빠져 있는 총수에 대해 유자는 직설적이 아닌 우회적인 비판의 태도를 드러내고 있음을 확인할 수 있다. 또한 이 글을 통해 물질 만능주의를 강요하는 세태를 확인할 수는 없다.
오답 피하기 | ① 유자는 근로자 월급의 몇 십 배에 달하는 비단잉어를 흘기눈으로 바라봄으로써, 이에 대한 부정적이고 비판적인 태도를 드러내고 있다.
③ 총수의 '잔인무도한 것들 같으니'라는 표현에는 정작 근로자에게는 그 노동의 대가를 제대로 지불하지 않으면서도 사치스러운 생활을 하고 있는 총수의 모순적인 태도를 비판하려는 의도가 담겨 있다.
④ 비단잉어는 근로자 월급의 몇 십 배에 달하는 것으로 총수가 이를 매우 애지중지하는 것을 알 수 있다. 따라서 비단잉어는 총수의 과시욕과 물질에 대한 애착을 보여 주는 소재로 볼 수 있다.
⑤ 총수의 운전 기사였던 유자는 그가 하는 일에 걸맞지 않게 유자라고 불리고 있음을 알 수 있다. 그리고 이러한 호칭에는 물질 만능의 세태에 물들지 않고 자신의 신념과 비판적 안목을 견고하게 유지한 채 지혜롭게 살아온 유자에 대한 존경의 뜻이 담겨 있다고 볼 수 있다.

➕ 더해 읽기

본문 149쪽

서술형 예시 답안 **1** 유자는 사리를 분별하는 능력이 뛰어나고 어려운 사람의 처지를 헤아리고 도움을 주는 심성이 착한 사람이라고 볼 수 있다.
2 물질 만능주의로 점철된 현대 사회에서 '유자'와 같이 타인을 배려하고 인간적이며 지혜로운 사람의 본보기를 제시함으로써, 우리의 삶을 반성하고 다른 사람과 더불어 사는 인간적인 사회를 만들어야 한다는 주제 의식을 전달하기 위해 이 작품을 쓴 것이다.

05 세대와 가치

❶ 최은영, '씬짜오, 씬짜오'

➡ 실력 다지기

본문 150~152쪽

1 ④   **2** ⑤   **3** ⑤

서술형 예시 답안 **1** 응웬 아줌마는 학살이라 생각하는 반면, 아빠는 전쟁의 일부라고 생각하고 있다.
2 한국 사람인 '나'의 아빠는 어차피 베트남인들의 슬픔을 이해하지 못할 것이라 생각했기 때문이다.

1 서술상 특징 파악

이 글은 한국군의 베트남 민간인 학살이라는 사건에 대한 한국 국민과 베트남 국민이 지닌 시각의 차이를 두 가족의 대화를 통해 드러내고 있다.
오답 피하기 | ① 인물의 외양 변화를 통해 신념을 드러내는 부분은 보이지 않는다.
② 특정 인물의 행위가 지닌 상징적 의미를 부각하는 부분은 보이지 않는다. 과거가 언급되고 있지만, 회상 형식으로 제시되는 것은 아니다.
③ 서술자가 인물들의 가치관 변화에 대해서 요약적으로 설명해 주는 부분은 나타나지 않는다.
⑤ 투이네 가족에 대한 '나'의 심리가 지속적으로 묘사되고 있지만, 인물의 성격이 변화하는 양상은 나타나지 않고 있다.

2 외적 준거에 따른 작품 감상

엄마와 이야기하는 내용을 볼 때 아빠도 한국군의 잘못을 일부 인정하고 있으며, 엄마의 말에 고민을 하고 있다. 다만 이미 끝난 일이고, 한국도 피해자라고 생각하고 있어서, 상대방의 아픔에 공감하는 태도를 드러내지 못하고 있다.
오답 피하기 | ① 투이가 응웬 아줌마의 경험과 '한국군 증오비'에 대해 말하자 상황을 제대로 알지 못하는 '나'는 그런 투이의 말투가 '나'를 힐난하는 것이라 생각한다.
② '나'는 역사적 사실을 정확히 알지 못하고 있었기 때문에 투이가 하는 말이 무엇인지 이해하지 못하고 있었다.
③ 응웬 아줌마와 호 아저씨는 학살을 직접 경험했다고 밝히고 있다. 그런 와중에 독일에서 만난 한국인 가족('나'의 식구들)에게 친절한 태도를 보였던 것이다.

④ 엄마는 응웬 아줌마가 겪었던 일에 대하여 '죄송하다고 말씀드리고 싶어요.'라며 대신 사과하고 있다.

3 인물의 성격, 태도 파악

서로의 입장 차이가 너무 커서 어차피 서로 이해하지 못하는 상황에서 상처를 키우고 싶지 않았기에 만나지 않은 것이다. 서로를 미워하는 마음이 너무 커서 다시는 만나지 않기로 한 것은 아니다

오답 피하기 | ① '나'는 응웬 아줌마의 심각한 표정을 보고 투이의 말이 진실이라는 것을 저절로 알아차리게 된다. 응웬 아줌마의 슬픈 표정이 거짓일 수 없다는 것을 눈치챈 것이다.
② '나'는 베트남어를 몰랐지만, 두 사람의 말투나 표정이나 태도를 보고 서로의 마음을 위로하고 있음을 알아차린다.
③ '나'는 응웬 아줌마를 위로하는 마음을 표현하고 싶었지만, 상황에 놀라고 겁에 질려서 응웬 아줌마를 차마 따라 들어가지는 못하고 망설이고 있다.
④ '나'는 아줌마가 했던 말을 생각해 보며, 아줌마가 얼마나 힘들었을지를 헤아려 보고 있다.

➕ 더해 읽기
본문 153쪽

서술형 예시 답안 | 1 선생님은 제2차 대전 이후 대규모의 살상이 일어난 전쟁이 없었다고 설명하고 있지만, 베트남 전쟁과 같이 수백만 명의 민간인이 죽음을 맞이한 전쟁이 실제로 발발했으므로, 선생님의 설명은 잘못된 것이다.
2 전쟁을 직접 겪지 않은 사람들이 참담하고 비극적인 사건을 단순한 역사적 사건이나 기록으로 다루는 태도나 방식을 의미한다. / 전쟁을 경험해 보지 못한 사람들이 전쟁의 상처를 안고 사는 사람들에 대한 연민이나 공감 없이, 함부로 말하는 태도나 방식을 뜻한다.

❷ 성석제, '처삼촌 묘 벌초하기'

➡ 실력 다지기
본문 154~156쪽

1 ⑤   **2** ③   **3** ③

서술형 예시 답안 | 1 처갓집 문중의 신임을 받고 있던 동순의 처남 대수가 실직한 동순에게 처갓집 땅을 사용할 수 있도록 주선해 주었기 때문이다.
2 동순은 하루 종일 애를 쓰고 고생해서 선산의 벌초를 마쳤는데, 동순이 고생할까 봐 다음에 온다는 말은 동순을 진정으로 위한 것이 아니기 때문이다. / 예상치 못한 상황이 진행되면서 동순이 열심히 일한 것이 허사로 돌아가고 있기 때문이다.

1 인물의 성격, 태도 파악

동순은 선산 출입로에 어린 아카시아가 숲을 이루고 있다는 것을 알고 있었고, 그래서 미리 체인 톱을 준비해 왔다. 따라서 ⑩을 만만하게 보았다가 난처한 상황에 처한 것은 아니다.

오답 피하기 | ① 사무실에서 손가락을 놀리며 살아왔던 동순은 과수원 농사를 잘 지을 수가 없어서 과수업자에게 밭을 맡기고 대신 임대료를 받았다. ㉠은 동순이 과수원 농사에 익숙하지 않다는 것을 드러낸다.
② 동순은 처갓집의 경제적 도움을 받아 생활을 하고 있다. 따라서 ㉡이 오면 더 좋은 인상을 심어 주고 싶어서 벌초를 제대로 하려고 하였던 것이다.
③ 동순은 ㉢이 한가하다고 생각했는데, 막상 연락을 해 보니 일이 많고 바빠서 벌초 일을 하지 않는다는 것을 알게 되었다. 또한 애걸을 해도 일을 거절해서 오기가 생기게 만든다.
④ 동순은 ㉣과 같은 '예초기'를 자주 사용해 보지 않아서 낯설어하고 있으며, 위험하다는 말에 중무장을 하고 벌초를 하러 갔다.

2 외적 준거에 따른 작품 감상

서술자는 동순을 주인공으로 삼아서 작품 바깥에서 동순의 대사와 행동, 내면 심리 등을 서술하고 있다. 그러나 동순의 현실에 대해 직접적으로 논평하고는 있지 않다. 이 글에는 서술자의 직접적 개입이나 편집자적 논평이 나타나지 않는다.

오답 피하기 | ① 이 글은 전지적 작가 시점에 해당한다. 서술자는 이야기 속에 존재하지 않는다.
② 전지적 서술자는 동순과 관련된 사건 전체를 개괄하고 있으며, 필요에 따라 사건을 요약적으로 제시하기도 한다.
④ 전지적 서술자는 동순이의 속마음이나 동순이 지닌 태도, 그러한 태도를 가진 이유를 자세하게 기술할 수 있다는 장점이 있다.
⑤ 이 글의 서술자는 전지적 작가이기는 하지만 동순의 관점에서 사건을 서술하고 있다. 따라서 처갓집 식구들의 심리나 상황에 대해서는 따로 언급하지 않고 제한적으로 서술하고 있다.

3 작가의 세계관, 주제 의식 파악

마지막 부분을 보면 하루 종일 고생하며 처갓집 산소를 벌초한 동순과 말만 꺼내 놓고 내려오지도 않은 처갓집 식구들의 모습이 대비적으로 드러난다. 제목과 달리 처갓집 벌초를 열심히 했던 동순을 부각하여 막상 자기 선산의 벌초조차 성실하게 하지 않는 세태를 풍자하는 것이다.

오답 피하기 | ① 동순의 처갓집 산소의 벌초에 최선을 다했으므로 배은망덕한 사람이 아니다.

② 장자 위주의 상속 체제가 강해졌다면 동순에게 처갓집 산소의 땅을 맡기거나 빌려주지는 않았을 것이다.

④ 동순이 처갓집 산소를 열심히 벌초한 것은 맞지만, 그것이 자신의 조상에게 받은 은덕을 갚기 위한 행동은 아니었다.

⑤ 동순을 통해 사위들의 모습을 풍자하는 것이 아니며, 전통을 지키자는 주제 의식을 강조하지도 않는다.

➕ 더해 읽기

서술형 예시 답안 **1** 동순은 존댓말을 써서 상대를 높이고, 손위 처남은 상대를 낮추어 말하고 있다. / 사투리(지역 방언)를 사용하여 향토색과 친밀감을 드러내고 있다.

2 동순은 처갓집 '어르신들 산소'를 '지(자기) 산소처럼 돌보고 있다'고 말하고 있다. 자기 집(조상) 산소처럼 소중하게 생각하며 열심히 벌초하고 있음을 강조하기 위해 '지 산소처럼'이라고 말한 것이다.

❸ 서유미, '스노우맨'

➡️ 실력 다지기

본문 158~160쪽

1 ④ **2** ⑤ **3** ⑤

서술형 예시 답안 **1** 과장이나 부장과 달리 아내는 남자를 걱정하는 말을 건넸을 것이다. 그러나 회사에 가기로 작정한 상황에서 아내의 걱정이나 만류에 '괜찮다.'라고 대답하는 것이 자신을 속이는 것 같아서 전화를 받지 않았을 것이다.

2 유 대리는 기록적인 폭설이 내린 상황에서도 어떻게든 회사에 가려고 길을 나섰다가 지쳐서 쓰러졌고, 이후에 눈이 더 내려서 눈 속에 파묻히게 된 것이다.

1 서사 구조에 대한 이해

ⓒ에서 남자는 회사에 가려고 눈길을 파헤치다가, 휴대 전화의 벨 소리를 듣고 유 대리를 발견하고 있다. 남자가 갈 곳이 없어 망설이던 중 불행한 사건에 휘말린 것은 아니므로 적절하지 않다.

오답 피하기 | ① "눈이 와도 먹고는 살아야죠."라는 말에서 먹고 살기 위해 어디든지 배달을 가고 있는 배달원의 상황을 확인할 수 있다.

② 남자는 짜장면을 먹고 나서 다시 힘을 내어 회사로 가는 길을 만들어 내고 있다.

③ 눈사람을 보며 의미 없는 미소를 따라하다가 입술이 터지는 남자의 모습이 나타나 있다. 이때 남자의 미소에는 일상이 무너진 상황에 대한 조소가 포함되어 있다고 볼 수 있다.

⑤ 유 대리를 구하려고 하지만 말조차 나오지 않는 상황, 졸음이 밀려오고 시야가 뭉개지면서 그 옆에 주저앉는 남자의 상황이 드러나 있다.

2 외적 준거에 따른 작품 감상

남자는 유 대리를 보고 전화기를 주워 무언가 말하려고 했지만 아무 말도 하지 못한다. 이는 남자의 이기심 때문이 아니라, 너무 지쳐 몸이 굳어 버렸기 때문이다. 마지막 부분에서 남자는 유 대리 옆에 쪼그리고 앉아 숨을 고르고 있는데, 이는 남자 또한 유 대리와 비슷한 처지가 될 것임을 암시하는 것이다.

오답 피하기 | ① 남자는 회사에 가기 위해 하루 종일 눈을 파내며 길을 만들고 있다. 어떠한 상황에서도 출근을 해야 한다고 생각하는 현대인들의 불안감과 생존 경쟁 의식을 떠올리게 한다.

② 남자는 주위에 사람이 하나도 없는 상황에서 혼자 출근을 하고 있다. 이를 통해 진심어린 교류를 하지 못하고 외톨이로 살아가는 현대인들의 상황을 상징적으로 드러낸다.

③ 남자는 과장의 문자와 부장의 전화를 일부러 받지 않는다. 그들이 남자에게 할 말이 오직 출근을 재촉하는 말일 것이라고 생각하기 때문이다.

④ 눈 속에서 얼어 버린 유 대리의 모습은 경쟁하는 삶에 실패하고 좌절하여 위기에 처한 현대인들의 모습을 상징하고 있다.

3 소재의 기능 파악

남자는 '몰래 카메라'를 언급하면서 자신의 행동이 외부의 시선으로 볼 때 굉장히 우스꽝스러운 행동임을 밝히고 있다. 또한 '불 꺼진 편의점'을 언급하면서 일상이 파묻혀 버린 자신의 상황, 즉 일상적 삶이 불가능한 상황을 드러내고 있다.

오답 피하기 | ① ⓛ에서 무언가를 할 수 없는 상황이 남자의 보잘것없음을 드러내는 것은 아니다.

② ㉠과 관련하여 남자는 어떠한 욕망도 언급하고 있지 않다.

③ ㉠에서 누군가의 의도가 있는 것은 아닌지 떠올려 본다고 할 수 있지만, ⓛ을 통해 세상에 기대고 싶은 마음을 드러내는 것은 아니다.

44 EBS 올림포스 현대문학

④ ㉠이 외부의 시선을 떠올린 것은 맞지만 남자에 대한 외부의 평가를 의미하는 것은 아니며, ㉡을 통해 남자의 삶에 대해 평가하는 것도 아니다.

⊕ 더해 읽기

서술형 예시 답안 **1** 눈을 파내서 길을 만들어야 겨우 직장에 갈 수 있는 '나'는 '빨리 올 것'을 재촉하는 과장으로 인해 긴장감이나 불안감을 함께 느꼈을 것이다. / 자신에 대한 직장에서의 평가가 나빠질 수 있다는 걱정(근심)이 생겼을 것이다.

2 ㉮는 추상적 관념이라 할 수 있는 '시간'을 어깨에 쌓일 수 있는, 무게를 가진 물건으로 물질화하여 드러낸 표현으로, 시간이 흘러갈수록 짜장면을 기다리기 힘들어지는 '나'의 심리를 효과적으로 드러내고 있다.

❹ 이기호, '우리에겐 일 년 누군가에겐 칠 년'

➡ 실력 다지기

본문 162~164쪽

1 ⑤   **2** ④   **3** ④

서술형 예시 답안 **1** 퇴근 후 많이 지쳐 집에서 쉬고 싶은 마음이 들어 어머니의 요청에 응하고 싶지 않다는 심리가 있었다.

2 어머니가 봉순이를 많이 아꼈다는 것을 알고 있었기 때문이었다. / 어머니의 단호한 태도가 바뀌지 않으리라는 것을 알았기 때문이다.

1 작품 배경의 의미, 역할 파악

'외곽 순환 도로'는 꽉 막혀 있다는 점에서 먼 거리를 이동해야 하는 '나'의 괴로움과 불만을 효과적으로 전달하고 있다. 그러나 이 글의 마지막까지 어머니와 '나'의 갈등이 답답한 상태로 남아 해결될 가능성이 없는 것은 아니므로 적절하지 않다.

오답 피하기 | ① '언 땅'은 봉순이를 묻기 위해 삽질을 하는 '나'를 더욱 힘들게 만들어, '나'의 괴로운 상황을 효과적으로 드러내고 있다.

② '부천'까지 한 시간 반, 가평까지 다시 두 시간을 운전해야 하는 '나'의 입장에서 '부천'과 '가평'은 나를 괴롭히는 공간이다.

③ '선산'은 '조상이 묻혀 있는 공간'이므로, 여기에 봉순이를 묻고 싶다는 어머니의 결정을 통해 어머니가 봉순이를 가족처럼 생각했음을 확인할 수 있다.

④ '주차장'에서 '나'는 끙 소리를 내며 신경질적으로 핸들을 돌린다. 이는 '나'가 어머니의 요청이 무리하다고 생각하고 있음을 드러낸다.

2 서사 구조에 대한 이해

'어머니의 목소리'는 봉순이와 관련된 일화를 '나'에게 전달하고 있다. 어머니에 대한 봉순이의 사랑과 정성을 드러내는 이 일화는 어머니에 대한 '나'의 태도나, 봉순이에 대한 '나'의 태도를 돌아보게 만든다. 이 과정에서 '나'는 편리함만을 앞세웠던 자신의 가치관이 잘못된 것임을 생각해 보게 된다.

오답 피하기 | ① 봉순이에 대한 일화를 소개하는 부분으로 속도감을 높이는 것은 아니다.

② 사건의 흐름과 관련된 발화이며, 어머니의 속마음을 '나'에게 알려 주기 위한 것이지, 외적 갈등을 회피하기 위한 장치는 아니다.

③ 특정 인물의 문제나 잘못을 구체적으로 지적하는 내용은 아니다.

⑤ '나'가 느끼는 내적 갈등과 무관한 내용이며, 특히 인물 간의 외적 갈등이 벌어지게 된 이유를 설명한 것은 아니다.

3 외적 준거에 따른 새로운 가치 발견

'양말 두 짝'을 통해 어머니에 대한 봉순이의 정성과 사랑을 보여 줄 수 있는 것은 맞지만, 봉순이에 대한 '나'의 고마움을 직접적으로 드러낼 수는 없다.

오답 피하기 | ① '삽질'이라는 말이 헛된 일을 하는 것을 속되게 이를 때 사용된다는 점에서 봉순이를 선산에 묻는 것을 번거롭고 귀찮은 일로 생각하는 '나'의 불편한 심리를 드러내는 장치가 될 수 있다.

② 어머니의 모습을 '오래된 비석'으로 표현하고 있다. 나이가 부쩍 드신 어머니의 모습과 반려견을 떠나보내는 안타까움을 드러내기 위해 언급한 소재라 할 수 있다.

③ 봉순이를 쓰레기 종량제 봉투에 버릴 수도 있다고 '나'가 생각하였음을 드러낸다. 편리함을 먼저 생각하는 인간의 이기심과 매정함이 엿보이는 소재이다.

⑤ '나'는 '어두운 구덩이'를 통해 한없이 답답하고 괴로운 자신의 내면 심리를 드러내고 있다. 봉순이가 어머니에게 보여 준 사랑을 떠올리며, 어머니의 마음을 헤아리지 못했던 자신의 부족함을 떠올리는 것이다.

정답과 해설 **45**

1 ④	2 ⑤	3 ⑤	4 ④
5 ③	6 ②		

[1~3] 김유정, '만무방'

해제 | 이 소설은 부조리한 사회의 문제로 인해 가혹한 상황에 처하게 되는 응칠, 응오 형제를 통해 1930년대 조선 농촌의 실상을 고발한 작품이다. 이 작품에서는 김유정 특유의 해학성이 다소 절제된 대신에 식민지 농촌의 착취 구조가 지닌 모순을 비판적 시각으로 다루고 있는데, 아무리 열심히 일해도 빚만 늘어가는 까닭에 만무방이 되고 마는 응칠, 자기 논의 벼를 자기가 훔쳐다 먹을 수밖에 없는 응오의 처지를 아이러니한 상황 설정을 통해 보여 줌으로써 주제 의식을 효과적으로 부각하고 있다.

주제 | 일제 강점기 조선의 농촌 사회에서 농민들이 겪는 가혹한 현실

전체 줄거리 | 형인 응칠은 원래 부지런한 농사꾼이었으나 부채 때문에 파산을 선언하고 야반도주한 후에 도박과 절도로 전전하다가 아우인 응오의 동네로 와서 무위도식하는 인물이다. 동생인 응오는 순박하고 성실한 농사꾼이지만, 가혹한 지주의 착취로 인해 아무것도 건질 수 없는 처지가 되자 추수를 거부한다. 이러한 상황에서 응칠은 누군가가 응오 논의 벼를 도둑질하고 있다는 사실을 알게 된다. 응칠은 마을 사람들이 전과자인 자신을 범인으로 지목할 것이 뻔하기 때문에 그 누명에서 벗어나기 위해 범인을 잡기로 하고 논 가까이에 숨어서 밤을 새운다. 그런데 깊은 밤중에 격투 끝에 도둑을 잡고 보니 범인은 바로 그 논에서 농사를 지은 응오였다.

1 서술상 특징 파악

이 글에는 '응오는 진실한 농군이었다.', '그는 여러 곳 물을 마신 이만치 어지간히 속이 튄 건달이었다.'처럼 서술자가 인물의 됨됨이에 대해 주관적 평가를 노출하는 부분이 등장한다.

오답 피하기 | ① 서술자가 자신의 경험을 직접 서술한 부분을 찾을 수 없다.

② 이 글에서 서술자는 이야기 외부에 있는 존재로 전지적 시점에서 인물의 생각이나 심리까지 서술하고 있다. 따라서 작중 인물이 관찰자의 입장에서 다른 인물을 객관적으로 묘사하고 있다는 진술은 적절한 설명이 아니다.

③ 이 글에서 서술자가 이야기 속에 등장하는 인물이었다가 이야기 밖의 존재로 변화하는 것은 아니다.

⑤ 공간적 배경에 따라 서술자가 달라지지 않는다.

2 감상의 적절성 평가

'견문발검'은 모기를 보고 칼을 뺀다는 뜻으로, 사소한 일에 크게 성내어 덤빔을 이르는 말이다. 그러므로 지주의 입장에서 볼 때 응오가 벼를 베지 않고 버티는 것은 '견문발검'과 아무런 관련이 없다.

오답 피하기 | ①, ③ '시종일관'은 일 따위를 처음부터 끝까지 한결같이 함을 뜻하는 말인데, 지주나 김 참판이 재촉할 때마다 응오는 "계집이 죽게 됐는데 벼는 다 뭐지유—."라는 한결같은 대답만 하고 있다. 벼를 베어도 아무 소용이 없다는 뜻에서 하는 말이다. 이런 대답만 하고 벼를 베지 않는 응오의 모습은 지주나 김 참판 같은 빚쟁이들의 눈에 자포자기한 모습으로 비칠 수 있을 것이다. '자포자기'란 절망에 빠져 자신을 스스로 포기하고 돌아보지 않는다는 말이다.

② '설상가상'은 눈 위에 서리가 덮인다는 뜻으로, 난처한 일이나 불행한 일이 잇따라 일어남을 이르는 말이다. 응오 같은 농민들 입장에서 보면 안 그래도 남는 게 없는 농사가 흉작이기까지 한 상황이므로 설상가상이라고 할 수 있다.

④ '명약관화'란 불을 보듯 분명하고 뻔함을 뜻하는 말이다. 응오가 벼를 베지 않는 이유는 벼를 베면 빚쟁이들이 몰려들 것이 뻔하고 그렇게 되면 자기에겐 아무것도 남는 게 없을 것이 뻔하기 때문이다.

3 외적 준거에 따른 작품 감상

이 작품에서 상황에 의한 반어는 응오의 논에서 벼를 훔친 도둑이 알고 보니 바로 응오 자신이었다는 설정이다. 이는 사건이 예상하거나 기대하고 있던 것과는 정반대로 전개됨으로써 드러난 것과 숨겨진 것의 괴리를 보여 주고, 이를 통해 농민들이 가혹한 수탈에 시달려야 했던 부조리한 당시 사회상을 효과적으로 부각하는 효과를 유발하기 때문이다.

오답 피하기 | ① 응칠이는 동생 응오가 그리워 찾아온 것이긴 하지만, 응오의 작은 실수도 참지 못하여 갈등을 겪거나 주먹다짐을 하게 된 것은 아니다.

② 응칠이가 응오를 대신해 지주에게 사정을 얘기하러 갔다가 뺨을 때린 것은 사실이지만, 이는 응칠이의 성격이 급하고 과격함을 드러내는 것일 뿐이다. 갈등의 원인을 응칠이가 제공한 것도 아니다.

③ 전과자로 주재소의 감시를 받는다는 것도, 성실히 일을 하려 하지 않는다는 것도 만무방인 응칠이의 성격을 드러내 주는 것일 뿐 예상하지 못했던 방향으로 상황이 전개되는 것이 아니다.

④ 응칠이가 응오의 논에서 벼를 훔친 것으로 의심을 받는다는 사실과 범인을 잡으려 한다는 사실은 예상과 반대로 이야기가 전개되는 것이 아니라 오히려 인과적으로 연결되는 설정이다. 애초에 응칠이가 자기 손으로 범인을 잡으려 한 이유가 바로 자기가 받고 있는 의심을 씻기 위한 것이었기 때문이다.

[4~6] 김동리, '역마'

해제 | 이 작품은 역마살(한곳에 정착하지 못하고 끊임없이 떠돌아다녀야 하는 액운)이 든 아들 성기와 아들의 역마살을 풀어 주려 노력하는 어머니 옥화의 이야기를 통해 운명의 문제를 형상화한 소설이다. 작가는 운명에 저항해 보려는 노력이 수포로 돌아간 후 운명에 순응하고 이를 받아들이는 것도 또 다른 구원의 방법일 수 있다는 점을 보여 줌으로써 한국인의 의식 세계에 깃든 전통적인 운명관을 그리고 있다.

주제 | 한국적 운명관에 순응하는 삶과 인간 구원의 문제

전체 줄거리 | 화개 장터에서 주막을 운영하는 옥화는 아들인 성기의 역마살을 없애기 위해 쌍계사에서 생활하도록 시키고 장날에만 내려와 장터에서 책을 팔게 한다. 어느 날 체 장수 영감이 잠시 맡기고 간 계연을 성기와 결혼시켜 역마살을 막아 보려 하지만 계연의 귓바퀴에 난 사마귀를 보고 그녀가 자신의 이복동생일지 모른다고 생각한다. 서로 맺어질 수 없는 운명임을 알게 된 옥화는 둘의 사이를 갈라놓는다. 그 후 성기는 중병을 앓게 되고 병이 낫자 운명에 순응하며 엿판을 꾸려 집을 떠난다.

4 서술상 특징 파악

'서른여섯 해 전에 꼭 하룻밤 놀다 갔다는 ~ 책전을 내어 주기로 했던 것이었다.'는 오랜 기간의 일을 요약적으로 서술하여 과거 사건에 대한 독자의 이해를 돕고 있는 것이라고 할 수 있다.

오답 피하기 | ① 액자 구조는 바깥 이야기와 안 이야기로 나눌 수 있는 구조를 말하는데, 이 글은 그런 구조를 띠고 있지 않다.

② 인물 간의 대화는 나타나지만 이것이 인물의 분열된 의식을 표현하고 있는 것은 아니다.

③ 장면 교체가 빈번하다고 볼 수 없기 때문에 이를 통해 상황의 긴박감을 극대화하고 있다는 설명도 적절하지 않다.

⑤ 이 글은 성기의 운명에 관한 일관된 사건을 다룰 뿐 동시에 벌어지는 사건들을 나란히 배치하고 있지는 않다.

5 외적 준거에 따른 작품 감상

옥화가 죽어 가는 아들 성기에게 지난 일에 대해 통정하는 것은 '이왕 죽고 말 것이라면, 어미의 맘속이나 알고 가라고' 하는 의도이고, '부디 어미 야속타고나 생각지 말라고' 하는 의도이다. 주어진 운명에 대항해 보려는 안간힘은 이 통정이 아니라, '성기에게 중질을 시켜서 살을 떼려고도 서둘러 보았던 것'이나 '책 장사라도 시켜서 풀어 보려는' 일 같은 것에 해당한다.

오답 피하기 | ① 뜨내기 젊은 남사당에게서 옥화를 얻게 된 할머니, 떠돌아다니는 중과 인연을 맺어 성기를 얻게 된 어머니

옥화, 그리고 역마살이 든 성기는 모두 화개 장터 주막에서 살아가는 인물들이다. 따라서 이 인물들의 유사한 운명이 대를 이어 반복되는 공간적 배경이 화개 장터라고 할 수 있다.

② 성기가 마주한 세 갈래 길 중에서 화갯골 쪽은 자기가 살던 곳이고 구례로 가는 길은 체 장수 영감과 그 딸 계연이 간 쪽이므로, 이 둘 중 어느 한 길을 택한다면 역마살이 낀 자기의 운명을 거스르는 게 된다. 그래서 성기는 하동 쪽을 향해 발길을 옮기는 것이기 때문에 이는 떠돌이의 삶이라는 자기 운명을 수용하려는 태도와 관련되는 것이다.

④ 성기는 어머니의 말을 듣고 자리에 누워 있던 달포 동안 어머니의 배 다른 동생인 계연을 사랑하는 마음과, 자신의 가혹한 운명 사이의 갈등으로 인해 심리적 고통을 겪었을 것이며, 그 결과 운명을 수용하고 방랑의 길을 택하기로 하여 엿판을 맞추고 떠나게 되었음을 알 수 있다.

⑤ 아들의 역마살을 막아 보려던 어머니 옥화도 결국 아들의 운명을 인정하고 떠나보내고 마는 것은 〈보기〉에서 설명한 대로 운명을 수용하게 되는 과정을 통해 우리 민족의 전통적 운명관을 보여 주는 것이라고 할 수 있다.

6 인물의 심리 파악

ⓒ에서 옥화는 아들의 허락도 없이 낯선 사람을 집에 들인 일 때문에 위축되어 있는 태도를 보이는 게 아니라, 아들 성기가 계연을 마음에 들어 하는지를 알아채려고 하는 것이다. 계연이 자신의 이복동생임을 알기 전인 이 시점에는 옥화가 성기를 계연과 결혼시켜 떠돌이의 삶을 살지 못하게 하려는 생각을 가지고 있었다.

오답 피하기 | ① ㉠에서, 집에 들어선 성기는 낯선 여인을 보고 '가슴이 찌르르'하게 되고 '갑자기 생기 띤 눈'이 된다. 이는 '갸름한 얼굴에, 흰자위 검은자위가 꽃같이 선연한 두 눈'을 지닌 계연의 모습을 보고 첫눈에 반한 것임을 알 수 있다.

③ ⓒ은 계연에 대한 그리움으로 몸져 누워 있던 성기가 어머니 옥화로부터 새로운 사실, 즉 옥화와 계연이 이복자매라는 사실을 전해 듣고 놀라는 부분이다.

④ ㉣의 옥화는 오랫동안 자리에 누워 다 죽어가던 아들 성기가 느닷없이 엿판을 맞춰 달라는 요구를 하는 것을 듣고 놀라고 있다. 이는 예상치 못했던 아들의 결정이 떠돌이로서의 삶을 살겠다는 통보이기 때문에 놀라움을 금치 못하는 것이라고 할 수 있다.

⑤ 오랜 고민 끝에 길을 떠난 성기는 ㉤에서 '제법 콧노래까지 흥얼거리며' 가고 있다. 이는 역마살이 낀 자기의 운명을 수용함으로써 점차 마음이 홀가분해졌기 때문이라고 짐작할 수 있다.

1 ②	2 ④	3 ③	4 ③
5 ⑤	6 ④		

[1~3] 황석영, '삼포 가는 길'

해제 | 이 소설은 뿌리 뽑힌 삶을 사는 세 인물의 우연한 동행의 여정을 통해 1970년대 산업화 시대에 고향을 잃고 떠돌아야 했던 민중들의 고통스러운 삶과, 그들 사이에 형성되는 비애에 찬 유대감을 그린 작품이다. 영달과 정 씨가 찾아가는 정 씨의 고향 '삼포'는 삶의 고달픔을 달래 줄 수 있는 위안의 공간이어야 했지만, 급속한 산업화의 물결 속에 그 기대는 무산되고 만다. 작가는 이를 통해 산업화 시대에 소외된 민중이 겪어야 했던 삶의 신산함을 이야기하고 있다.

주제 | 산업화 과정에서 소외된 민중들의 고달픈 삶과 연대 의식

전체 줄거리 | 공사판에서 밥값을 떼어먹고 도망친 뜨내기 노동자 영달은 고향 삼포로 돌아가는 중인 정 씨를 우연히 만나 동행한다. 이들은 국밥집에서 도망친 백화를 잡아 달라는 부탁을 받지만, 오히려 우연히 만난 백화와 동행하게 된다. 추위를 피해 들어간 폐가에서 백화가 자신의 과거를 들려준 뒤로부터 이들은 서로를 이해하게 되고 동병상련의 정을 느끼게 된다. 기차역에 도착한 백화는 영달에게 자신의 고향으로 같이 가자고 제안해 보지만 어딘가에 정착할 능력과 자신이 없는 영달은 기차표와 먹을거리를 사서 백화에게 주고 그녀를 떠나보낸다. 영달과 정 씨는 옆에 앉아 있던 어떤 노인으로부터 삼포가 어지러운 공사판으로 변했다는 이야기를 전해 듣게 된다.

1 인물의 심리 파악

역사에 도착한 백화는 고향으로 같이 가자는 자신의 제안에 관하여 정 씨와 영달이 상의하는 모습을 조금 떨어져서 '불안한 듯이 지켜보고' 있는데, 이는 영달이 자기의 제안을 받아들여 주었으면 하는 간절한 마음에 혹시나 거절을 당하게 될까 봐 초조함을 느끼는 것으로 볼 수 있다.

오답 피하기 | ① 정 씨가 삼포로 같이 가자고 영달에게 제안한 것은 그를 돈벌이에 이용하려는 의도가 있어서가 아니라, 백화와의 동행을 포기하고 마는 영달이 딱히 갈 곳 없는 뜨내기 노동자 신세임을 알고 있기 때문이다.

③ 고향까지 전라선을 타고 간다는 백화의 말을 듣고 영달은 여비가 있느냐고 묻는다. 이에 대해 백화는 군용차를 사정해서 타고 가면 된다고 대답한다. 그러므로 백화가 여비를 정 씨와 영달에게서 빌렸다는 이해는 적절하지 않다.

④ 백화가 고향으로 떠난 뒤 영달이 "쳇, 며칠이나 견디나⋯⋯.", "아뇨, 백화란 여자 말요. 저런 애들⋯⋯ 한 사날두 시골 생활 못 배겨나요."와 같은 말을 한 것은 백화가 자신을 두고 혼자 떠난 것이 원망스러워서 그녀를 험담한 것이 아니다. 자기가 '능력'이 없어서 백화의 고향에 정착하지 못할 것

이라는 현실적 조건 때문에 그녀를 혼자 떠나보내야 했던 아쉬움을 떨쳐 버리기 위해 짐짓 해 보는 말인 것이다.

⑤ 영달이 백화를 따라가라는 정 씨의 말을 듣고 '신발끈을 내려다보며 아무 말이 없었'던 것은 정 씨의 말에 자존심이 상해서가 아니다. 영달은 호감을 느끼고 있는 백화를 따라 그녀의 고향으로 가서 정착하고 싶은 마음과, 그렇게 할 능력이나 자신감이 없다는 현실적 조건 사이에서 심리적 갈등을 겪고 있는 것이라고 할 수 있다.

2 감상의 적절성 평가

삼포에서 일하고 있다는 아들 얘기를 하던 노인이 정 씨를 향해 '그렇겠다며 고개를 끄덕'이는 것은 정 씨의 상처를 이해하게 됐기 때문에 한 행동이 아니라, 정 씨가 십 년 만에 고향에 간다는 말을 듣고서 그렇다면 삼포의 달라진 모습에 대해 전혀 알지 못할 법도 하다는 의미로 한 행동이다.

오답 피하기 | ① 이 글에서 세 사람은 눈 덮인 길을 걸어 '감천 읍내'를 지나고 역 '대합실'에 도착한다. 이는 〈보기〉에서 설명한 대로 세 사람이 동행하는 여로에 해당한다.

② 백화는 다친 자신을 업고 눈길을 걸어와 준 영달에게 자기 몫의 '팥시루떡'을 떼어 주고, 혼자 떠나기 직전 다시 돌아와 두 사람에게 자기 본명을 알려 준다. 이는 자기처럼 뜨내기의 삶을 사는 영달과 정 씨의 처지에 공감하고 호감과 유대감을 느끼게 되었기에 한 행동이라고 할 수 있다.

③ 정 씨는 영달에게 백화를 따라가라고 권하며 '말뚝 박구 살게 될지' 또 모르는 일이라면서 '아주 뜨내기 신셀 청산'하라고 말한다. 그러나 영달은 백화를 따라가지 못한다. 그러므로 뜨내기 노동자의 삶을 살아갈 수밖에 없는 영달은 민중들의 뿌리 뽑힌 삶을 전형적으로 보여 주는 인물이라고 할 수 있다.

⑤ 노인의 말로 알게 된 삼포의 급격한 변화상에 의하면 정 씨는 고향을 잃어버린 것이나 마찬가지이고, 이는 '영달이와 똑같은 입장'이 되고 만 것이다. 정 씨도 영달도 고향을 잃어버린 채 뜨내기 노동자로서의 삶을 영위해야 한다는 암울한 미래의 상황에 대해 작가는 '기차는 눈발이 날리는 어두운 들판을 향해서 달려갔다.'라는 문장을 통해 냉철한 전망을 암시적으로 형상화한 것이다.

3 원작의 일부 각색, 재구성

[A]에서와 〈보기〉에서 삼포의 변화상에 대한 영달의 태도는 별로 다르지 않음을 알 수 있다. 졸지에 고향을 잃어버리게 된 정 씨의 입장과 달리, 영달에게는 달라진 삼포가 새로운 일자리가 기다리는 공간쯤으로 다가오기 때문이다.

오답 피하기 | ① 〈보기〉를 보면 [A]에는 없던 새로운 인물인 버스 차장이 등장하고 있는데, 이 인물과의 격앙된 대화를 통해

고향 삼포의 변화상에 대한 정 씨의 충격이 드러나고 있다.

② [A]에서는 충격을 받았을 정 씨가 보이는 반응이 구체적으로 드러나 있지 않다. 그러나 〈보기〉에서는 놀라거나 쉬이 인정하지 않으려는 듯한 말, 망연하게 얼이 빠진 표정 등을 통해 정 씨의 황망한 심정을 부각하고 있다.

④ [A]에서 대화가 이루어지는 장소는 삼포로 가기 전의 역 대합실이다. 그러나 〈보기〉에서 대화가 이루어지는 장소는 몰라보게 달라진 삼포이다. 그러므로 〈보기〉는 [A]와 달리, '그 눈에 보이는 바다 위의 대교. 언덕 위엔 호텔이 섰고 사방에 벌어져 있는 공사판.'과 같이 노인이 설명하는 삼포의 변화를 시각적으로 직접 제시하고 있다.

⑤ [A]에서는 노인이 '사람이 많아지니 변고'라면서 '사람이 많아지면 하늘을 잊는 법'이라고 말하여 삼포의 변화에 대해 부정적인 평가를 하고 있다. 그러나 〈보기〉에서는 노인은 삼포의 객관적 변화상을 설명하는 역할만 하고 있다.

[4~6] 문순태, '징 소리'

해제 | 이 소설은 장성 댐 축조 때문에 수몰 지구가 된 방울재라는 마을을 배경으로 한 작품으로, 칠복이라는 인물의 불우한 삶을 통해 산업화와 경제적 성장의 그늘에서 소외되는 민중의 고통과 농촌 공동체의 붕괴를 보여 주고 있다. 작품의 제목이기도 한 '징 소리'는 칠복의 고통과 한이 응축된 소리이자, 상실한 고향에 대한 간절한 그리움이 담긴 소리이며, 눈물을 머금고 칠복을 쫓아낼 수밖에 없었던 마을 사람들의 마음속에 울려 퍼지는 가책의 소리라고 할 수 있다.

주제 | 산업화 과정에서 소외된 농촌과 민중들의 고된 삶
전체 줄거리 | 방울재에 사는 허칠복은 가난하지만 열심히 농사를 지으며 살아가던 인물이었다. 그는 도시물을 먹은 순덕과 결혼하는데, 순덕은 도시로 나가자고 조르고, 그들은 결국 광주시로 나가 살게 된다. 농사일 외엔 아무것도 할 줄 모르는 칠복은 아내의 수입에 기대어 살다가 인근 장성읍에 나가 농사 품을 팔며 돈을 번다. 어느 날, 순덕은 다른 남자와 도망을 가 버린다. 칠복은 어쩔 수 없이 어린 딸을 데리고 방울재로 돌아오지만 고향은 이미 댐 건설로 인해 물에 잠겨 있다. 칠복이 자꾸 징을 울려 낚시꾼들을 방해하자, 낚시꾼과 관광객을 상대로 생계를 이어 가는 마을 사람들은 칠복 부녀를 억지로 쫓아낸다. 칠복이 떠나고 난 뒤에 봉구와 마을 사람들의 귀에는 칠복이 울리던 징 소리 같은 소리가 끊이지 않고 들려온다.

4 작품의 내용 파악

칠복은 오갈 데 없는 자기와 딸의 신세를 고려해서 내쫓지만 말아 달라고 강촌 영감과 친구들에게 애원하고 있다. 따라서 칠복이 약간의 시간적인 여유만 주면 떠날 채비를 하겠다고 강촌 영감에게 약속했다는 것은 이 글의 내용과 다르다.

오답 피하기 | ① 봉구는 칠복의 딸아이가 기침을 하는 것을 보고 잠바를 벗어서 씌워 주고, 칠복의 호주머니에 천 원짜리 두 장을 쑤셔 넣어 주면서 울먹인다. 이로 볼 때, 봉구는 쫓겨나는 칠복이 부녀에게 연민의 감정을 느끼고 있었다고 할 수 있다.
② 봉구는 고향을 삼킨 댐이 원망스럽겠다는 빨간 모자 낚시꾼의 말에 "워디가유. 아무리 배우지 못혔어도 ~ 가뭄 모르고 농사 잘 짓는 거이 을매나 잘헌 일인가유? 우리도 그 정도는 압니다유."라고 대답한다. 이는 방울재 사람들이 댐 건설의 필요성에 대해서는 공감했음을 알 수 있게 해 준다.
④ 강촌 영감은 본심과는 다르게 칠복에게 모진 말들을 해서 그를 내쫓고 있는데, 이는 징을 쳐서 낚시터를 난장판으로 만드는 칠복으로 인해 생계가 위협받는 방울재 사람들의 곤란한 입장을 대변한 것이라고 할 수 있다.
⑤ 보상금이 늦게 지급되는 바람에 그새 값이 몇 배로 뛰어오른 농토를 살 수도 없었고 도회지에 나가서도 변변히 장사도 할 수 없었던 마을 사람들의 처지에 대한 설명이 제시되어 있다.

5 서술상 특징 파악

㉠~㉣은 모두 서술자 자신의 눈으로 본 인물들의 말이나 행동에 대한 진술이다. 그러나 ㉤은 칠복을 서둘러 버스에 밀어 넣는 인물들의 시각에서 인식된 바를 서술한 것이다.

6 소재의 기능 파악

ⓑ는 칠복이와 어린 딸을 모질게 내쫓을 수밖에 없었던 마을 사람들, 그중에서도 특히 봉구의 귓가에 들려오는 소리로, 칠복에 대한 미안함과 죄의식 때문에 듣게 되는 환청이라고 볼 수 있다. 만약 칠복이 밤에 다시 돌아와 고향 사람들에게 용서를 구하려 했다고 하더라도 자신이 내쫓긴 원인이 되었던 징치는 행위를 용서를 구하는 수단으로 사용할 리는 만무하다.

오답 피하기 | '칠복이 자신이 참 알 수 없는 일'이라고 한, 방울재와 방울재 사람들의 옛 모습이 너무도 선명하게 보이는 환각에 정신을 가눌 수 없게 되면서 어깨가 들썩거려 경중경중 춤을 추고 싶어 징을 찾아 들고 나서곤 하는 일로 보아, ⓐ는 칠복에게 고향의 옛 모습과 결부된, 그 모습을 기억할 수 있게 해 주는 소재(②)이자, 자신이 이해할 수도 없고 주체할 수도 없는 어떤 신명을 표출하는 데 사용하는 수단이라고 할 수 있다(③). 그러나 칠복이 징을 마구 쳐 댐으로써 낚시터를 어지럽히고 마을 사람들의 생계가 위협받게 되자 갈등이 발생한다(①). 그래서 강촌 영감을 필두로 한 마을 사람들은 칠복을 고향에서 내쫓게 되고 봉구의 귀에는 ⓑ가 들리게 된다. 이 소리는 봉구로 하여금 친구인 칠복을 내쫓은 죄의식을 느끼게 하는 소리라고 할 수 있다(⑤).

Ⅲ 현대 수필

01 지식인의 삶

❶ 이상, '산촌 여정'

▶ 실력 다지기
본문 182~184쪽

1 ⑤   **2** ⑤   **3** ②

서술형 예시 답안 **1** 글쓴이는 차가운 냉수라는 촉각적 심상을 곡선이라는 시각적 심상과 결합하여 '싸늘한 곡선'과 같은 공감각적 심상으로 드러내고 있다.

2 글쓴이는 도회에 남겨 두고 온 가난한 식구들에 대한 걱정으로 하루하루를 보내는 것이 옳지 못하다고 생각하고, 그러한 근심을 씻어 내기 위해서 상처를 소독하듯이 근심을 지워 버리고 싶다고 말하고 있다.

1 서술상 특징 파악

중간 부분의 '정 형!'을 보면 이 글이 편지 형식임을 알 수 있다. 이 글은 낯선 농촌 마을에서 지내는 자신의 체험을 도회적 이미지로 표출하여 '정 형'에게 전하는 편지 형식의 수필에 해당한다.

오답 피하기 | ① 현실에 대한 글쓴이의 역설적 인식이나 그러한 인식을 바탕으로 현실의 문제를 드러내고 있지 않다.

② 자연에 대한 체험과 그에 대한 감상이 드러나지만, 자연으로부터 삶의 교훈을 이끌어 내고 있지는 않다.

③ 글쓴이는 산촌 마을인 성천에서의 체험을 전달하고 있지만, 이러한 체험을 앞으로의 삶과 연결하여 새로운 계획을 세우는 것은 아니다.

④ 스스로 질문하고 스스로 답하는 구성이나 형식은 보이지 않으며, 문제 상황을 해결하기 위해 고민하는 부분도 보이지 않는다.

2 작품의 내용 파악

글쓴이가 싸늘한 기운을 느끼는 것은 '심해처럼 가라앉은 냉수'를 자릿물로 마셨기 때문이다. '벌레 소리가 요란합니다. 가을이 이런 시간에 엽서 한 장에 적을 만큼씩 오는 까닭입니다.'를 통해 이 글의 계절적 배경이 가을임을 알 수 있다.

오답 피하기 | ① 세 번째 문단에서 글쓴이가 누가복음을 읽는 것을 좋아하고 있음을 확인할 수 있다.

② 첫 번째 문단의 엠제비(MJB) 커피를 그리워하는 모습과 글쓴이가 도회에 남기고 온 일을 걱정하는 모습 등에서 글쓴이가 도회를 떠나 이곳 산촌에서 지내게 되었음을 확인할 수 있다.

③, ④ 꿈을 꾸다 잠을 깨는 후반부의 내용에서 확인할 수 있다. 특히 글쓴이는 '도회에 남겨 두고 온 가난한 식구들'을 꿈에서 만나게 되는데, 그들에 대한 걱정으로 꿈자리가 뒤숭숭하며 잠을 못 이룬다고 고백하고 있다.

3 외적 준거에 따른 작품 감상

이 글은 도회지가 고향인 글쓴이가 산촌 마을에서 지낸 체험을 드러내고 있는 수필이다. 도회지에서 온 지식인에 해당하는 글쓴이는 산촌에서 경험하는 사물이나 소재들을 도회지의 이미지와 관련지어 근대적 이미지, 이국적 이미지, 지적인 느낌으로 표현하고 있다.

오답 피하기 | ① 자연에서 만나는 '노루, 멧돼지, 곰'을 보고, '동물원에 있던 짐승들'을 떠올리고 있으므로 생물을 무생물에 빗댄 것은 아니다.

③ 글쓴이는 타향에서 만난 물건이나 동물들을 고향의 것에 빗대고 있지만, 고향을 떠올리게 하는 소재들과 대비하여 장단점을 드러내고 있는 것은 아니다.

④ 제시된 원관념들은 특정 지역에서만 볼 수 있는 물건이나 동물들이 아니며, 해당 지역의 희소성을 떨어뜨리려고 한 것도 아니다.

⑤ '그윽한 냄새'와 같이 부드러운 느낌의 보조 관념을 사용하고 있으므로, 인공적이거나 딱딱한 이미지를 부여하려고 한 것은 아니다.

➕ 더해 읽기
본문 185쪽

서술형 예시 답안 **1** 소박하면서도 대담한 호박꽃에 앉아 있는 스파르타식 꿀벌이 내는 날갯소리.

2 세상을 떠난 이를 기리기 위해 세우는 '송덕비'나 '영세불망비'를 살아 있는 이를 기념하며 세웠다는 모순을 발견했기 때문이다. / 살아 있는 이들에게 아첨하기 위해 '송덕비'나 '영세불망비'를 세운 것이 아닌지 그 의도를 의심하였기 때문이다.

❷ 이희승, '뒤지가 진적'

본문 186~188쪽

실력 다지기

1 ②　　　　**2** ③　　　　**3** ⑤

서술형 예시 답안 **1** 주로 경찰 행정에 필요한 지식이나 참고 사항을 재료로 하여 편집한 것
2 책이나 글을 읽기 힘든 상황에서 어떻게든 글자를 찾아 읽고자 하는 지식인의 욕망

1 작가의 세계관, 주제 의식 파악

이 글의 제목은 뒤지를 진적처럼 대하던 조선어 학회 사람들의 태도를 드러내고 있다. 감옥에 갇혀서도 뒤지에 쓰인 글자 하나하나까지 소중하게 읽으려 했던 글쓴이와 동지(당대 지식인)들의 상황을 효과적으로 형상화하고 있다.
오답 피하기 | ① 종이가 부족했다는 내용은 나오지만, 진적까지 뒤지로 사용했다는 내용은 나오지 않는다.
③ 글의 내용에 상관없이 읽는 사람의 마음가짐이 가장 중요하다고 강조하는 수필은 아니다.
④ 뒤지를 진귀한 것으로 대한 것은 맞지만, 감옥이라는 특수한 상황 때문임을 생각할 때 그러한 행동을 위선이라고 말할 수는 없다.
⑤ 뒤지의 진정한 가치에 대해 다시 생각해 보자는 취지로 쓴 글은 아니다.

2 작품의 내용 파악

ⓒ은 감옥에서 죄수들에게 주로 제공한 뒤지가 어디에서 왔는지를 설명하고 있다. '경무휘보' 자체가 감옥 생활의 고달픔을 강조하고 있지는 않다.
오답 피하기 | ① ㉠을 통해 비좁은 감방 안에서 많은 사람들이 모여 살면서 괴로움을 겪었음을 알 수 있다.
② ㉡을 통해 바깥세상의 소식조차 알기 힘든 수감자들의 처지를 알 수 있다.
④ ㉣을 통해 문초를 받고 나면 할 일이 없어 너무나 괴로운 수감자들의 처지를 알 수 있다.
⑤ ㉤을 통해 큰 잘못이 아닌데도 인간적인 대우를 받지 못하는 수감자들의 상황을 알 수 있다.

3 외적 준거에 따른 작품 감상

이 글의 시간적 배경은 민족 문화 말살 정책이 진행되던 시기로, 일제의 감옥에서 제공받은 뒤지는 대체로 일본어로 된 잡지였다. 따라서 글쓴이와 동지들이 뒤지를 진적으로 여겼던 것은 글을 읽는 것 자체에 대한 본질적 욕구로 보아야지, 조선어에 대한 변함없는 사랑으로 보기는 어렵다.
오답 피하기 | ① 〈보기〉를 통해 글쓴이가 감옥 생활을 한 시기가 제2차 세계 대전이 끝나기 마지막 3년 즈음이었음을 확인할 수 있다. 또한 이 전쟁으로 인해 일본이 경제적 파탄에 이르렀음을 이 글에서 짐작할 수 있다.
② 경찰서나 형무소에서는 수감자들이 신문지를 통해 바깥세상의 소식을 접하는 것을 꺼려 하였다는 점과 글쓴이와 같은 사람들이 신문지를 얻는 것을 '천재일우의 좋은 기회'라고 생각하였다는 점에서 확인할 수 있다.
③ 학술 단체에서 활동하다가 감옥에 갇힌 이들은 대개 평생을 글 또는 책과 함께 살아온 사람들이다. 이 글에서 글쓴이와 같은 사람들이 글자를 읽고자 하는 욕망을 감옥에서도 숨기지 못했음을 확인할 수 있다.
④ 글쓴이와 동지들은 조선어 학회 활동을 하다가 감옥에 왔으므로, 그와 관련된 문초를 받았을 것이라 상상할 수 있다.

02 관용과 이해

❶ 박태원, '여백을 위한 잡담'

본문 189~191쪽

실력 다지기

1 ④　　　　**2** ③　　　　**3** ②

서술형 예시 답안 **1** 글쓴이는 자신이 글 쓰는 사람으로 다소라도 이름을 알려진 바가 있는데, 그것이 자신의 이상한 머리 모양 때문이 아니라 자신의 문학 활동(행동)의 결과임을 강조하려고 한다.
2 글쓴이는 자신의 악취미(머리 모양)를 슬프게 생각하고 있는 이들에게, '나의 머리에 대해 석명을 시험해 보'기 위해서 이 글을 썼다고 밝히고 있다.

1 작품의 내용 파악

글쓴이는 '나의 작품을 사랑하면서 나의 머리를 함께 사랑하지 못하는 이들이 많다'는 것을 인정하고, 그들의 그런 마음

을 이해한다고 밝히고 있다. 글쓴이는 자신의 머리 모양이 이상한 까닭을 설명하고 있을 뿐, 자신의 머리 모양에 대한 사람들의 반응에 괴로워하고 있지는 않다.

오답 피하기 | ① 글쓴이는 자신의 머리 모양과 비슷한 사람을 조선에서 찾아보려고 해도 찾을 수 없어 일본 사람을 사례로 들어 설명하고 있다.

② 글쓴이는 그 누구나 모두가 자신의 머리에 호감을 가져 주지 못하는 상황을 인정하고 받아들이고 있다.

③ 글쓴이는 네 번째 문단에서 자신이 남다른 머리 모양을 한 것을 자가선전을 위한 행동으로 생각하는 것은 오해라고 밝히고 있다.

⑤ 글쓴이는 취침 전에 머리에 기름을 바르고 빗질을 하고, 수건을 씌워 머리를 졸라매고 자면 머리가 조금 정돈된다는 사실을 인정하고 있다.

2 소재의 기능 파악

글쓴이는 '약간 양의 포마드쯤이 능히 나의 흥분할 대로 흥분할 머리털을 위무할 도리는 없'다고 밝히고 있다. 글쓴이의 머리카락이 매우 거칠고 세서 포마드만으로는 정리가 되지 않는다는 것을 드러내기 위한 소재로서 '약간 양의 포마드'를 활용하고 있다.

오답 피하기 | ① 글쓴이는 일본의 인물을 예로 들어 자신의 머리 모양을 설명하고 있다. 글쓴이가 이러한 인물들을 언급할 수 있는 것은 일본의 인물이나 문화에 대한 이해도가 높기 때문이다.

② 글쓴이는 자신의 머리 모양을 홍문연의 번쾌 장군에 빗대고 있다. 홍문연의 번쾌 장군은 날리는 머리카락을 효과적으로 형상화하기 위해 빌려 온 고사 속 인물이다.

④ 글쓴이는 스스로 모자나 양복에 솔질을 하거나 구두에 약칠을 제대로 해 본 적이 없다고 밝히고 있다. 멋을 내기 위해 솔질이나 약칠 따위를 챙기지 않는 자신의 게으름을 솔직하게 인정하는 것이다.

⑤ 글쓴이는 처조부모를 위해서 머리 모양을 바꾼 적이 있다는 사실을 언급하고 있다. 처가 식구들의 마음에 들기 위해서 그러한 행동을 하였음을 마지막 부분에서 확인할 수 있다.

3 외적 준거에 따른 새로운 가치 발견

이 글의 글쓴이는 글을 쓰는 사람으로서 글에 대한 자신의 태도를 간간이 드러내고 있다. 특히 ⓒ과 같이 '잡문의 재료에 그처럼 궁한 까닭이 아니다.'라고 말한 것은 이 글을 쓰게 된

이유를 밝히는 부분으로, 자신이 쓰는 글에 대해 구체적으로 설명한 것으로 볼 수 있다.

오답 피하기 | ① 자신의 머리 모양을 여러 사람들이 싫어하고 있음(호감을 갖지 못함)을 인정하고 있다. 화제에 대한 주변의 반응을 드러내고 있는 부분일 뿐, 자신이 쓴 글에 대해 이야기하는 것은 아니다.

③ 머리에 대한 자신의 악취미가 어디에서 오는지 그 이유를 설명하는 과정에서 말을 덧붙이고 있다. 악취미가 아니라 어쩔 수 없는 상황이 있음을 밝히는 부분이다.

④ 자신이 까까머리를 하지 못하는 이유를 자신의 취미(성향)과 관련지어 밝히고 있을 뿐, 자신의 글에 대해 언급하고 있지 않다.

⑤ 자신의 머리가 자신의 성미만큼 고약하다고 스스로를 평가하고 그에 대한 감회를 언급하고 있으나, 메타언어로서 자신이 쓴 글에 대해 구체적으로 설명하는 것은 아니다.

❷ 신영복, '관용은 자기와 다른 것, 자기에게 없는 것에 대한 애정입니다'

> **▶ 실력 다지기**
> 본문 192~194쪽
>
> **1** ⑤   **2** ④   **3** ②
>
> **서술형 예시 답안 1** 직경 32m의 거대한 돔을 지상 56m의 높이에 그것을 받치는 단 한 개의 기둥도 없이 올려놓는 대단한 기술을 선보였기 때문이다.
> **2** 기독교와 이슬람교가 공존하는 모습으로 인식하고 있다.

1 작품의 종합적 이해

세계사 교과서의 구절인 '한 손에 코란, 한 손에 칼'을 인용한 것은 맞지만, 감춰진 의미를 풀이하지 않고 교과서의 내용을 반박하면서 '한 손에 코란, 한 손에 세금'이라고 새롭게 정의하고 있다.

오답 피하기 | ① 이 글은 이스탄불의 소피아 성당, 블루 모스크 등을 보고 느낀 점을 풀어 놓은 기행 수필에 해당한다.

② 〈중략〉 이후 부분을 보면 '당신'을 청자로 삼아 말을 건네는 대화체 문장을 사용하고 있다.

③ 메메트 2세와 관련된 일화를 자세히 설명한 뒤, 그 속에서 찾을 수 있는 '관용'에 높은 가치를 부여하고 있다.

④ 1935년과 같은 구체적 연도, 직경 32m의 돔, 지상 56m의 높이와 같은 구체적 수치, 이스탄불과 같은 지명 등을 밝혀 내용을 사실적으로 전달하고 있다.

2 구절의 의미 파악

〈중략〉 이하 부분에서 글쓴이는 세계화라는 강자의 논리를 역조명할 수 있는 귀중한 시각을 얻었다고 밝히고 있다. 글쓴이는 강자의 힘에 의해 진행되는 세계화가 위험하다고 여기고 있으므로, 세계화 자체를 장벽을 여는 기회나 방법으로 생각하지는 않는다.

오답 피하기 | ① 첫 번째 문단을 보면 두 개의 장벽을 넘어 이스탄불에 도착했음을 밝히고 있다. 이쪽과 저쪽을 구분하는 경계로서 두 개의 장벽이 존재하고 있음을 드러낸 것이다.
② 마지막 문단의 '우리의 의식 속에 얼마나 많은 장벽을 쌓아 놓고 있는가'에서 두 개의 장벽이 심리적 장벽을 뜻하는 것임을 드러내고 있다.
③ 마지막 문단에서 장벽에 대해 '건너편을 보지 못하게 할 뿐', '스스로를 한없이 왜소하게 만드는 굴레'라고 하여, 장벽이 우리들의 활동 영역을 좁아지게 만든다는 것을 밝히고 있다.
⑤ 마지막 문단에서 '그것을 열어 가는 멀고 먼 여정'이라고 하여, 장벽을 열어 가는 일이 쉽지 않다는 것을 드러내었다.

3 외적 준거에 따른 새로운 가치 발견

이 글의 글쓴이는 메메트 2세의 태도 중에 관용, 그리고 공존과 대화의 자세를 강조하고 있다. ②는 이 글의 글쓴이도 동의할 만한 것으로 이 글의 주장을 반박하는 내용이 아니다.

오답 피하기 | ① 메메트 2세가 성당의 제단을 파괴했다면 그것은 소피아 성당을 그 모습 그대로 보호하려고 한 것은 아님을 드러낸다. 성당 건물이 남아 있다고 해서 소피아 성당을 보호하려고 했다고 해석하는 것은 무리가 있다.
③ 메메트 2세가 정복한 도시를 사흘 동안 약탈하는 관례를 허용하는 사람이라면, 글쓴이의 생각과 달리 진정한 관용을 가진 사람이라고 볼 수 없을 것이다.
④ 유럽 문명의 정화를 그대로 계승하려면 콘스탄티노플을 그대로 인정하는 방법이 있는데, 메메트 2세가 그러지 않았다는 점에서 유럽 문명의 정화를 그대로 계승할 생각은 없었다고 평가할 수도 있을 것이다.
⑤ 메메트 2세가 기독교 교회의 보호자임을 자임한 것이 자신의 자리를 보호하거나 비잔틴 황제의 계승자라는 명분을 차지하기 위한 것이라면, 진정한 관용이나 상대방에 대한 존중 때문에 한 일이 아니라고도 평가할 수 있을 것이다.

➕ 더해 읽기

서술형 예시 답안 **1** 머릿속에 완강히 버티는 두 개의 장벽(중국의 벽과 유럽의 벽)이 있었기 때문에
2 우리들은 저마다 자기의 내면 깊숙한 곳에 자기에게 없는 것, 자기와 다른 것들에 대한 애정을 간직하고 있다는 것을 깨닫게 되었다.

03 문학 활동의 생활화

❶ 정재찬, '총, 꽃, 시'

➡ 실력 다지기

1 ⑤   **2** ③   **3** ⑤

서술형 예시 답안 **1** 앙겔과 브랑동의 대화를 통해서 잔혹한 폭력을 극복할 수 있는 가능성을 찾을 수 있다고 보았기 때문이다.
2 작은 것이 큰 것을 고치고, 부드러운 것이 강한 것을 이긴다.

1 서술상 특징 파악

사진과 같은 현실의 장면, 카툰 같은 상상의 장면을 구성하여 현실의 폭력성을 극복할 수 있는 가능성을 드러내고 있지만, 각각의 장면을 대조적인 내용으로 구성한 것은 아니다.

오답 피하기 | ① 파리 테러 사건과 같은 역사적 사건의 비극적 측면을 구체적으로 드러내며 글을 시작하고 있다.
② 동영상, 시, 동요, 사진, 카툰 등 다양한 매체의 자료들을 언급하며 이야기를 풀어 나가고 있다.
③ 동영상에 나오는 아버지와 아들의 대화를 그대로 제시하여 '꽃'과 '총'의 관계에 대해 생각해 보도록 만들고 있다.
④ 피란 중에 창작된 동요 가사를 제시한 후, 꽃밭을 일구는 아버지의 모습을 전쟁의 상황과 대비적으로 드러내어 가사의 의미에 대해 생각해 보게 만들고 있다.

2 구절의 의미 파악

'엄청난 비약'이란 아들 브랑동이 꽃이 총의 위협에서 우리를 지켜 준다는 아버지 앙겔의 말에 담긴 의미를 한순간에 믿고 안심하는 것을 의미한다.

오답 피하기 | ① 촛불이 떠난 사람을 잊지 않기 위한 것이라는 설명은 직접적으로 행위의 의미를 설명하는 단순한 내용이므

로 비약을 통해 이해하는 것이 아니다.
② 어린아이이기에 더 큰 순진함과 현명함을 지니고 있다는 것은 글쓴이의 생각일 뿐이므로, 브랑동이 보여 준 비약이 아니다.
④ 꽃을 바치는 사람들의 마음이 결국 우리를 보호한다고 아버지는 설명하고 있다. 그러나 그들의 당당함에 대해 브랑동이 비약적 깨달음을 얻은 것은 아니다.
⑤ 꽃을 심는 일이 결국 시와 노래를 즐기며 살아가는 일이라는 것은 브랑동의 아버지가 한 말이 아니다.

3 작가의 세계관, 주제 의식 파악

시는 지배 언어의 자기도취를 일깨우는 변방의 언어로, 강자들의 자기도취를 일깨워 스스로를 반성하게 만든다. 이때 자기도취의 주체는 ㉮이며, 글쓴이는 이러한 자기도취를 경계하고 있다. 따라서 ⑤는 적절하지 않다.
오답 피하기 | 마지막 문단에서 ㉮에 포함된 부류가 크고 강한 존재이며, 사회적으로 횡포를 부리는 자들임을 확인할 수 있다. 따라서 ㉮는 총을 지닌 자들과 비견된다. 한편 ㉯는 아픔을 겪어 본 자들을 표상하며 상대의 아픔에 공감할 수 있는 사람들이다. 이들은 꽃을 쥐고 세상에 나서는 작고 부드러운 존재들을 표상한다.

➕ **더해 읽기**   본문 199쪽

서술형 예시 답안 **1** 이념으로 현실을 채색하지 말고, 정직하게(있는 그대로) 현실을 바라보아야 한다.
2 꽃과 시와 노래가 가진 힘으로 야만(폭력)의 시대를 견뎌 낼 수 있다. / 너희들이 가진 (희망의) 힘으로 야만의 시대를 견뎌 낼 수 있다.

📍 **2 정혜윤, '사랑하는 자의 모습으로'**

▶ **실력 다지기**   본문 200~202쪽

1 ④   **2** ④   **3** ④

서술형 예시 답안 **1** 첫째, 사람은 자신이 중요하다고 생각하는 방식으로 사랑을 표현한다.
둘째, 사람이 무언가를 아주 좋아하면 세상만사를 오직 그것으로 설명할 수 있다.
2 우리가 가치를 두는 것을 더 잘 사랑하기 위해서 조금씩 나를 바꾸며 나아가야 한다.

1 서술상 특징 파악

'한 남자의 편지'를 사례로 들어, 사랑에 있어서 디테일이 중요하다는 사실을 밝히고 있다. 그러나 이것이 '연인 사이의 문제나 갈등을 해결하는 방법'으로 제시되고 있는 것은 아니다.
오답 피하기 | ① 첫 번째 문단에서 '삶'에 대해 자문자답하면서 세상을 잘 알기 위해 책이 중요하다는 사실을 일깨우고 있다.
② 첫 번째 문단의 마지막 부분에서 책을 '크리스마스 캐럴'에서 스크루지 영감이 만난 세 유령에게 빗대어, 인간의 변화에 개입하고 싶어 하는 속성을 드러내고 있다.
③ 두 번째 문단에서 만화 '뽀빠이'의 장면과 대사를 언급하여, 무언가를 좋아하는 사람은 세상 만사를 그것으로 설명하게 된다는 글쓴이의 깨달음을 전달하고 있다.
⑤ 다섯 번째 문단에서 '사랑'의 가치와 의미를 밝히고 있다. 사랑이 삶을 수수방관하게 하지 않는 것처럼 우리의 삶을 수수방관하고 살아가서는 안 된다는 것을 드러내고 있다.

2 작품의 내용 파악

글쓴이는 책을 두고 함부로 거래할 수 없는 것이라 설명하지는 않았다. 글쓴이가 유일하게 거래할 수 없는 것이라고 밝힌 것은 '사랑'이다.
오답 피하기 | ①, ② 첫 번째 문단에서 '책'이 '어떻게 살아갈까?'를 고민하는 사람에게 중요한 대화 상대가 되어 주고, 내가 겪는 일을 다른 사람이 어떻게 헤쳐 가는지를 보여 준다고 밝히고 있다.
③ 다섯 번째 문단에서 글쓴이는 '책을 읽고 한 발짝씩 나가며 거기서 배운 디테일들로 사람과 세상을 사랑하고 싶었'다고 밝히고 있다. 이를 통해 책이 사람과 세상을 사랑하는 방법을 가르쳐 주는 존재가 될 수 있음을 인정한 것이다.
⑤ 다섯 번째 문단 앞부분에서 '책을 왜 읽어요?'라는 질문을 던진 글쓴이는 책이야말로 우리의 충동, 능력, 게으름, 타성, 우정, 불안 등 모든 것을 디테일하게 다루고 있음을 강조하고 있다.

3 소재의 기능, 구절의 의미 파악

"눈에 대한 백과사전"에 나오는 한 남자의 편지에 따르면 '사랑'이 추상적 개념이라면, '지평선에 뜬 작은 무지개를 보여 주러 당신을 앨버타주로 데려가'는 행위는 그러한 사랑을 구체적 행위이자 디테일로 표현한 것이다. 즉 해당 관념을 구체적이고 일반적인 행위로 드러낼 수 있을 때 디테일이라고 말할 수 있다. 그런데 텔레비전에서 방영하는 영화를 보다가 그

것이 이미 봤던 영화임을 알게 된다면, 그것은 '상상력'이 아니라 '기억' 또는 '추억'에 해당하는 행위라고 말할 수 있다. 따라서 ④의 행위를 '상상력'의 디테일이라고 말할 수는 없다.

오답 피하기 | ① 해가 중천에 뜨도록 세수도 양치도 하지 않고 방 안을 뒹구는 모습은 게으른 사람이 보여 주는 구체적인 행위에 해당한다.

② 이미 배가 부름에도 친구를 위해 아무 말 없이 밥 한 끼를 더 먹는 것은 우정을 지녔을 때 할 수 있는 행동이다.

③ 무심코 책장을 넘기다 종이에 손끝을 베이면 엄청난 고통이 잇따른다. 직접 경험한 고통의 경험으로 '고통'의 디테일을 채울 수 있다.

⑤ 발가락을 부딪친 친구를 보고 괜히 얼굴이 찡그려지며 탄식을 내뱉는 것은 친구의 아픔에 공감했기 때문이다.

실전 문제 01
본문 203~204쪽

1 ④　　　**2** ⑤

[1~2] 이양하, '나무'

해제 | 이 글은 나무에 대한 깊이 있는 관찰과 사색을 담담하고 관조적인 어투에 담아낸 수필이다. 글쓴이는 주어진 분수에 만족할 줄 알고, 고독을 이겨 내고 즐기며, 좋은 친구와 믿지 못할 친구를 차별 없이 포용하고, 천명을 다하면 흙과 물로 되돌아갈 줄 아는 나무의 덕성을 예찬하면서, 자신도 죽으면 나무가 되고 싶다고 밝히고 있다. 글쓴이는 나무를 의인화하여 궁극적으로는 바람직한 인생의 자세에 대한 생각을 드러내려 한 것이라고 볼 수 있다.

주제 | 나무의 덕과 바람직한 삶의 자세

1 갈래별 특징, 성격

이 글에서 글쓴이가 나무를 예찬하고 있긴 하지만, 전체적으로 차분한 태도로 나무가 지닌 덕목들을 제시하고 있다. 따라서 글쓴이의 태도가 격정적이라고까지 말하기는 어려우며, 감탄사가 사용된 부분도 찾을 수 없다.

오답 피하기 | ① 이 글의 중심 소재는 나무이며 달, 바람, 새 등도 나무의 친구들로 언급되는데, 이것들은 모두 누구나 쉽게 접할 수 있는 자연물에 해당한다.

② 이 글은 나무를 의인화하고 있다. 그럼으로써 안분지족의 덕을 지녔다거나 고독을 알고 즐긴다는 식으로 추상적 관념과의 연관성이 제시될 수 있었다.

③ 나무가 지닌 덕목들은 대체로 자신의 처지에 만족할 줄 아는 안분지족, 고독을 이기는 인내력, 믿지 못할 친구들도 그대로 받아들여 주는 포용력 같은 것들이다. 이는 글쓴이가 의인화된 나무에 대한 예찬을 통해 삶의 바람직한 자세에 관한 견해를 드러낸 것이라고 할 수 있다.

⑤ 이 글은 대체로 짧은 문장들로 이루어져 있다. 그리고 문장이 길어질 때는 쉼표를 사용하여 적절하게 문장을 끊어 줌으로써, 전체적으로 내용이 속도감 있게 전개되는 느낌을 주고 있다.

2 작품의 종합적 이해

이 글에서 나무에게 바람이 '믿지 못할 친구'인 것은 맞다. 그러나 〈보기〉의 〈제3수〉의 화자에게 '그리던 님'은 '먼 뫼'를 마주한 화자의 반가움이 얼마나 큰지 강조하기 위해 비교의 대상으로 언급된 것일 뿐 화자에게 상실감을 느끼게 하는 존재는 아니다.

오답 피하기 | ① 이 글의 첫 번째 문단에서 나무는 주어진 분수에 만족할 줄 아는, 즉 안분지족의 덕을 지닌 존재로 그려져 있다. 이는 〈보기〉의 〈제2수〉에서 화자가 '보리밥 픗ᄂᆞ믈'을 먹고 '물ᄀᆞ의 슬ᄏ지 노니'는 것 이외의 '그나믄 녀나믄 일', 즉 세속의 부귀나 공명을 얻는 세속적인 일 따위에는 욕심을 내지 않는 모습과 닮아 있다고 할 수 있다.

② 이 글의 두 번째 문단에서 나무는 고독한 존재로 그려져 있는데, 〈보기〉의 〈제3수〉에서 화자도 '잔 들고 혼자 안자' 있는 상황이다.

③ 이 글의 두 번째 문단에서 나무는 그저 고독한 것만이 아니라 그 고독을 견디고 이겨 내고 심지어 즐기기까지 하는 존재로 그려져 있다. 〈보기〉의 〈제3수〉에서 화자 역시 혼자 앉아서 먼 산을 보며 술을 마시고 있지만 외로움에 의한 비감을 토로하는 것이 아니라 '몬내 됴하ᄒ노라'라면서 큰 만족감을 드러내고 있다.

④ 이 글의 세 번째 문단에서 나무에게 달은 웃을 뿐 말이 없어도 이심전심으로 마음이 잘 통하는 친구로 그려져 있다. 〈보기〉의 〈제3수〉에서 먼 산을 마주한 화자도 '말ᄊ도 우움도 아녀도' 좋다면서 반가움을 드러내고 있다.

1 ⑤   2 ⑤   3 ④

[1~3] 법정, '토끼풀을 뽑아 든 아이'

해제 | 이 글은 여자 친구에게 줄 토끼풀을 뽑아 들고 있다가 글쓴이에게도 꽃을 선뜻 건넨 사내아이와의 일화를 통해 나눔의 참된 의미에 대한 생각을 전개해 나간 수필이다. 글쓴이는 노자의 말, 결식 이웃을 돕는 봉사자의 편지, 비노바 바베의 이야기 등을 활용하여, 생색을 내지 않고 모든 것을 베풀 뿐인 자연을 본받아 조건과 제약이 없는 나눔을 실천함으로써 마음의 복과 덕을 쌓는 것이 인간의 도리임을 제시하고 있다.

주제 | 어린아이가 나누어 준 토끼풀을 통해 깨달은 진정한 나눔의 의미

1 서술상 특징 파악

이 글에는 나눔에 대한 인식으로 인해 글쓴이의 삶이 어떻게 변화되었는지 드러나 있지 않으며, 이를 위해 과거와 현재가 대조되고 있는 것도 아니다.

오답 피하기 | ① '끼어들려는 차에 선뜻 차로를 양보하는 일, 엘리베이터 단추를 눌러 뒤에 오는 사람이 탈 수 있도록 마음 쓰는 일, 또 뒤따라오는 사람을 위해 열린 문을 붙잡아 주는 일, 그리고 마주치는 사람에게 밝은 표정으로 미소 짓는 일' 등을 열거하여 일상에서 나눔을 실천하는 행위들을 구체적으로 예시하고 있다.
② 이 글의 끝부분에 제시된 '그는 생명의 한 뿌리에서 나누어진 가지이다.'는 비유적 표현을 통해 자아와 타인의 관계에 대한 깨달음이 드러난 부분이다.
③ 노자의 말을 인용한 부분에는 모든 것을 나누어 주는 자연을 인간이 본받아야 한다는 내용이 제시되어 있다.
④ '나눌 때 내 몫이 줄어드는가? 물론 아니다. 뿌듯하고 흐뭇한 그 마음이 복과 덕을 쌓는다.'라는 부분은 스스로 물음을 던지고 그에 대한 답을 제시하여 나눔의 진정한 의미와 가치를 제시한 것이다.

2 소재의 기능 파악

[A]에서, 체격이 건장한 거지는 도움을 받을 자격이 없다는 비노바 바베의 말에 대해 그의 어머니는 도움을 받을 자격이 있는지 여부는 우리가 판단할 영역이 아니라는 깨우침을 준다. 이는 우리가 나눔을 행할 때 대상에 대해 선입견을 갖는 일이 옳지 않다는 것을 말하는 것이다. 따라서 글쓴이는 모든

것을 베푸는 자연을 닮아 자신의 건강과 재능을 이웃과 나누면서 복과 덕을 쌓는 이들에 대한 이야기에 이어 [A]를 제시함으로써, '무연한 타인이 아니라 또 다른 나 자신'인 이웃을 위해 나눔을 행하는 것이 올바른 나눔의 자세임을 강조한 것이다.

오답 피하기 | ① 맥락으로 볼 때 [A]는 베풂의 당위성을 강조하기 위한 것이지 나눔에 대한 교육이 누구에 의해서든 이루어져야 함을 부각하기 위한 것이 아니다.
②, ③ [A]에 제시된 일화는 유대와 연민의 감정이 경제적 가치로 환산될 수 있는지 여부, 혹은 대자연과 대비되는 인간의 왜소함과는 관련이 없다.
④ [A]에서 비노바 바베의 어머니는 도움이 필요한 사람에 대해 우리가 판단할 자격이나 필요가 없음을 말한 것이지 도움 받는 사람의 입장에서 생각해 보라고 말한 것이 아니다. 또 이러한 역지사지의 태도는 이 글의 주제와도 직접적인 관련이 없다.

3 감상의 적절성 평가

ⓔ은 자신의 삶을 돌아볼 때 이웃들로부터 은혜를 많이 입었다는 것을 깨닫게 된다는 진술이며, 그 은혜를 갚기 위해 자신을 필요로 하는 자리라면 참석하고자 애쓰고 있다는 내용으로 이어진다. 따라서 자신과의 약속을 지키지 못한 것이 아니고, 회한의 감정, 즉 뉘우치고 한탄하는 마음이 드러나 있는 것도 아니다.

오답 피하기 | ① 이 글은 여자 친구에게 주려고 토끼풀을 뽑아 들고 있는 사내아이와의 일화를 도입하여 나눔의 가치에 대한 주제를 이끌어 내고 있다. 따라서 ㉠은 그 사내아이와 대화를 나누게 된 동기가 드러나 있는 부분이라고 할 수 있다.
② 이런 아이들이 세상의 물결에 휩쓸리지 않고 곱게 자란다면 이 땅의 미래가 밝겠다고 생각했다는 말의 밑바탕에는 밝은 미래를 이끌 수 있도록 아이들이 곱게 자라지 못하게 하는 '세상의 물결', 즉 이타심이 부족한 세태에 대한 글쓴이의 비판적 인식이 깔려 있는 것이라고 볼 수 있다.
③ ㉢에서 글쓴이는 인간 중심의 사고를 뒤집는 발상의 전환을 통해 자연이 베푸는 것들에 대한 심화된 사고를 유도하고 있다.
⑤ ㉣에서 글쓴이는 우리가 마땅히 자연의 은혜와 보살핌에 보답해야 하며, 그 수단은 '나누는 일'이라는 견해를 드러내고 있다.

IV 희곡·시나리오

01 현대인들의 삶의 고통

❶ 차범석, '불모지'

➡ 실력 다지기
본문 212~214쪽

1 ② **2** ③ **3** ④

서술형 예시 답안 **1** 최 노인은 '좌우의 높은 집'을 짓고 사는 현재의 '이웃'들로 인해 화단의 화초가 잘 자라지 못한다며 화를 내고 있다. 또한 그런 집을 짓는 사람들은 이웃을 배려하지 않는 염치없는 사람들이라고 평가하고 있다.
2 경재는 자신이 가난하기 때문에 깡패들을 만나도 빼앗길 것이 없다며 ㉠과 같이 과장하여 말하고 있다.

1 갈래별 특징, 성격

최 노인의 집은 처음 만들 때에는 주변의 다른 집보다 담장이 높았었지만, 현재는 그렇지 않다. ②는 과거의 상황에 대한 언급이므로 무대 배경으로는 적절하지 않다.
오답 피하기 | ①, ④ 최 노인의 집은 고층 건물들 사이에 있어 해가 잘 비치지 않는 공간으로 묘사되고 있으므로, 조명의 밝기도 낮추는 것이 좋다.
③ 최 노인의 대사에서 최 노인의 집이 종로 한복판임을 확인할 수 있다. 집 주변이 도심지임이 느껴지도록 무대를 설정하는 것이 좋다.
⑤ 최 노인이 화단의 화초나 모종이 잘 자라지 않는 것에 대해 화를 내고 있으므로, 무대 공간 한 쪽에 실제 화단이나 화단 모형을 준비해야 한다.

2 인물의 성격, 태도 파악

최 노인의 집은 주변의 변화(고층 건물)와 동떨어져 있으며, 화초조차 잘 자라지 않는 불모의 공간으로 그려지고 있다. 이러한 상황 설정을 통해 최 노인이 빠르게 변해 가는 현대 사회에 적응하지 못하는 인물임을 드러내고 있다.
오답 피하기 | ① 최 노인이 강 약방의 처방을 받은 것은 강 약방과 친분이 깊고, 그가 실력이 뛰어나다고 믿기 때문이다.
② 어머니는 최 노인의 말에 맞장구를 치며 인식을 같이 하고 있지만, 최 노인이 자식들을 위하는 마음을 드러내지 않고 있으므로 적절하지 않다.
④ 경재는 옛날 일이 오늘에 와서 무슨 소용이 있냐고 물음으로써 아버지의 생각이 구시대적인 것임을 드러내고 있다. 그

러나 이러한 발언이 '취직이 되지 않아 실의에 빠진 형'을 대상으로 한 것은 아니다.
⑤ 경운은 경재에게 약속한 돈을 주면서 월급을 제때 받지 못한 자신의 처지를 한탄하고 있다. 경운은 집안 경제를 책임지고 있다는 자부심을 적극적으로 표현하는 인물이 아니다.

3 서사 구조에 대한 이해

[A] 부분은 경재와 경운의 대화를 통해 노동의 대가를 받는 당연한 일이 쉽게 지켜지지 않는 현대 사회의 모순적 측면을 드러내고 있다. 악질 기업주의 이기심으로 인해 정당한 권리를 보장받지 못하는 노동자들의 현실을 경운을 활용해 드러낸 부분이라고도 볼 수 있다.
오답 피하기 | ① [A] 부분만 가지고 전쟁 후의 시대를 시대적 배경으로 하였음을 확인할 수 없다.
②, ③ [A] 부분은 경운의 내면세계를 드러내거나, 인간성이 상실되어 불화를 일으키는 장면이 아니다.
⑤ 최 노인의 가족은 도심에서 오십 년 가까이 살고 있다.

➕ 더해 읽기
본문 215쪽

서술형 예시 답안 **1** 어머니의 대사로 미루어 볼 때 '취직 통지서'가 하루만 일찍 도착했어도 경수가 범죄를 저질러 형사에게 잡혀가는 일은 없었을 것이다. '취직 통지서'는 경수의 삶이 달라질 수 있었다는 것을 보여 줌으로써 최 노인 가족이 겪는 사건의 비극성을 더하는 장치가 된다.
2 형사에게 체포되는 경수와 스스로 목숨을 끊은 경애를 통해 현대적 삶에 적응하지 못한 최 노인 일가의 몰락과 젊은 세대의 좌절을 보여 주고 있다.

❷ 이강백, '북어 대가리'

➡ 실력 다지기
본문 216~218쪽

1 ③ **2** ④ **3** ④

서술형 예시 답안 **1** 창고 밖으로 떠나는 것이 즐겁다는 듯이 기임의 환호성이 들린다.
2 자신의 선택이나 자신의 일이 어떠한 의미나 가치가 있는지 모르고 살고 있는 현대인의 좌절감과 갈등을 드러내고 있다.

1 서술상 특징 파악

이 희곡은 상징적 소재로 '부속품 상자', '서류', '북어 대가

리' 등을 제시하고 있다. 하지만 이 중 어떠한 소재도 현대 사회의 부조리함을 극복할 수 있는 가능성을 드러내는 것은 아니다.

오답 피하기 | ① 자앙의 독백인 마지막 대사에는 자앙이 느끼는 내적 갈등과 삶의 괴로움이 잘 나타나 있다.

② 부속품 상자를 옮기는 일로 평생을 살아 온 자앙과 기임, 그리고 운전수 등을 등장시켜 부속품이 되어 버린 인간의 모습을 상징적으로 보여 주고 있다.

④ 개인의 특징이나 가치가 중요시되지 않는 현대 사회의 익명성을 드러내기 위해, 등장인물의 이름을 따로 정하지 않고 성씨를 활용하여 '자앙(장)', '기임(김)'으로 칭하거나, 혹은 직업이나 인물의 특징을 고려하여 '운전수', '다링(연인)', '딸기코' 등으로 칭하고 있다.

⑤ 부속품 상자를 옮기는 일을 하던 자앙과 기임은 서로 다른 성격을 지니고 있으며, 그로 인해 창고에 남는 자와 창고를 떠나는 자로 구분된다. 이를 통해 현대 사회를 살아가는 인물들의 서로 다른 선택을 부각하고 있다.

2 인물의 성격, 태도 파악

자앙과 운전수 모두 정해진 절차에 따라 일이 진행된다는 사실을 인정하고 있다. 다만, 운전수는 '부속품이 든 상자'가 여러 갈래로 나누어지기 때문에 누구에게 어떻게 전달되는지 정확하게 알 수는 없다고 말하고 있다.

오답 피하기 | ① 자앙과 달리 운전수는 자신이 하는 일이 가져오는 결과에 대해 관심을 가지고 있지 않다. 또한 자신이 일을 잘못 처리해도 크게 상관없다고 생각한다.

② 자앙은 편지를 꼭 전달해야 한다고 말하지만, 운전수는 그 편지가 아무런 가치가 없다고 생각하기 때문에 찢어 버린다.

③ 자앙은 서류에 적힌 대로 일을 해야 한다고 생각하고 그렇게 행동하지만, 운전수는 그러한 서류가 현실을 제대로 반영하지 못하므로 중요하지 않다고 주장한다.

⑤ 자앙은 바뀐 상자가 잘못된 결과를 가져올 것이라고 걱정하며 사과를 하려고 하지만, 운전수는 바뀐 상자가 오히려 잘된 것일 수도 있다고 이야기한다.

3 소재의 기능 파악

작가는 [A]를 통해 '부속품이 든 상자'를 옮기지만, 그것이 무엇에 쓰이는지 모르는 자앙의 모습을 부각하고 있다. 이를 통해 사회의 구성원으로서 기계 부품처럼 열심히 살아가고 있지만, 그 사회가 굴러가는 방향에 대해 알지 못하는 현대인들

의 한계를 상징적으로 드러내고 있다.

오답 피하기 | ①, ③, ⑤ 다링은 부속품이 든 상자가 제대로 전달되었을 때 생길 수 있는 좋은 결과와 나쁜 결과를 모두 언급하고 있는데, 어느 것이 사실인지는 알 수가 없다. 따라서 자앙과 운전수 중 어느 한쪽의 편을 드는 것은 아니며, 그것을 제대로 전달하는 것이 중요하다는 것을 강조하는 것도 아니다.

② 부속품이 든 상자가 잘못 전달된 상황이 아니라, 제대로 전달되었을 때 일어날 수 있는 상황을 이야기하고 있다.

본문 219쪽

➕ **더해 읽기**

서술형 예시 답안 | 1 '의붓어미'는 자앙이 기임의 행동에 사사건건 간섭하려 들고 충고하였음을 의미한다면, '굼벵이'는 그러한 자앙의 행동이 약삭빠르거나 재빠르지 못했음을 의미한다.

2 다링은 오랜 세월을 함께 살아온 기임과 자앙이 이별하는 상황에서 기임이 가져갈 물건이 무엇인지에만 관심이 있고, 하나라도 더 가져가려고 챙기고 있다. 이를 통해 정서적 교류보다 개인의 이기심을 중시하며, 물질에만 매몰된 현대인들의 모습을 드러내고 있다.

02 인간애

❶ 이효석 원작, 안재훈 각색, '메밀꽃 필 무렵'

▶ **실력 다지기**

본문 220~222쪽

1 ②   **2** ②   **3** ③

서술형 예시 답안 | 1 허 생원이 '나귀' 이야기를 하면서(V.O.) '동이'를 바라보고 있음을 드러냄으로써, 허 생원의 나귀가 새끼를 얻은 것처럼, 자신도 자식(동이)을 얻었을 수 있다고 생각함을 드러낸다.

2 허 생원은 동이가 자신의 아들일지도 모른다는 의심이 확신으로 바뀌었기 때문에 크게 놀란 것이다. 이는 동이와 성씨 처녀의 얼굴이 겹쳐 보이는 다음 장면에서 확인할 수 있다.

1 인물의 성격, 태도 파악

동이는 허 생원이 어떠한 생각을 하고 있는지 정확하게 파악하지 못한 상태이며, 허 생원의 질문에 대해 별다른 고민 없이 대응하고 있다. 또한 허 생원의 태도에 대해 의구심을 드러내는 부분은 보이지 않는다.

오답 피하기 | ① 허 생원은 메밀밭 사이의 큰길을 지나며 동이의 과거와 출생에 대해 묻고 있다. 특히 동이의 어머니가 봉평 출신이라는 이야기를 듣고 나서 동이의 출생에 대해 더 관심을 보이고 있다.

③ 동이의 대사에서 확인할 수 있다. S# 21과 S# 23에서 어머니가 봉평 사람이며 제천 촌에서 달도 차지 않은 아이, 즉 동이를 낳았음을 알 수 있다.

④ S# 23의 의부에 대한 동이의 발언에서 사실이 확인된다. '술이 고주'이며 '철들어서 맞기 시작'하였고, '어머니는 말리다가 차이고 맞고 칼부림을 당'했음을 알려 주고 있다.

⑤ S# 24를 보면 '조 선달'이 허 생원의 행동에 반응을 보이거나 맞장구를 쳐 주면서 이야기를 이끌어 내고 있음을 알 수 있다.

2 효과음의 기능 파악

이 글에서 배경 음악에 해당하는 'M. 서정적인 음악이 흐르며'는 동이의 대답이나 행동, 혹은 동이와 관련된 정보를 확인한 허 생원의 반응과 관련하여 활용되고 있다. 동이에 대한 허 생원의 감정이나 혹시 내 아들일지도 모른다는 생각을 드러내는 수단으로 서정적 음악을 활용한 것이다.

오답 피하기 | ① '서정적인 음악'은 개울을 건너다 실족을 한 허 생원의 실수를 부각하기 위한 것이 아니다.

③ 동이가 전반적으로 친절한 태도를 보여 주는 것은 맞지만, '서정적인 음악'이 동이의 친절한 마음씨를 부각하는 것은 아니다.

④ 동이가 겪은 비극적 사건, 특히 의부와 관련된 사건을 언급할 때에는 '서정적 음악'이 활용되고 있지 않다.

⑤ '서정적 음악'을 공간적 배경을 부각하는 화면에 삽입하지 않았다.

3 표현 기법의 이해와 적용

의도적 효과음을 활용하여 나귀들을 주목하게 한 것은 맞지만, 허 생원이 말한 내용, 즉 '강릉집 피마에게'서 허 생원의 나귀가 새끼를 얻은 것이지, 허 생원의 나귀와 조 선달의 나귀 사이에서 새끼가 태어난 것은 아니다.

오답 피하기 | ① 음원이 화면에 보이지 않는 상황에서 사용됨으로써, 세 사람이 언덕길을 들어서고 있음을 알려 주고 있다. 또한 ㉠은 동이가 자신의 과거를 이야기하는 상황에서 활용되고 있다.

② S# 24의 공간적 배경, 시간적 배경은 각각 건너편 개울가, 밤이라고 할 수 있는데, 이는 허 생원이 개울에서 고꾸라지는

S# 23의 시간과 공간에 연속된 것이다. S# 24에서는 개울 건너편에 도착한 허 생원이 동이와의 관계를 떠올리며 나귀 이야기를 하는 상황을 제시하고 있다.

④ PAN.을 활용하여 부지런히 이동하는 세 사람의 모습과 메밀꽃이 가득 핀 공간적 배경의 특성을 드러내고 있다.

⑤ F.O.와 함께 '허 생원과 동이의 첫 번째 동행'이라는 사건이 마무리되고 있다. 이를 통해 동이와 함께 제천을 찾아가는 허 생원의 이야기는 시청자들의 상상 속에 남겨 두고 있다.

➕ **더해 읽기**

서술형 예시 답안 **1** S# 10의 V.O.는 허 생원의 목소리를 통해, 허 생원이 이제 막 과거 이야기를 시작하였음을 드러내고 있다. 반면 S# 11의 NAR.은 현재 허 생원이 하는 말(내레이션)들로, 과거 자신이 했던 행동에 대한 부연 설명에 해당한다.

2 허 생원이 물방앗간으로 걸어가게 된 이유를 '달이 밝아 주위가 온통 환한' 상황을 이용해 드러내고 있다. 이를 통해 허 생원이 성 서방네 처녀와 만나게 되는 사건에 개연성을 부여하고 있다.

❷ 진모영, '님아, 그 강을 건너지 마오'

▶ **실력 다지기**

1 ⑤   **2** ⑤   **3** ③

서술형 예시 답안 **1** 할아버지는 할머니가 준 눈을 먹고, '저 산의 작은 소리도 다 들린다.'고 너스레를 떨고 있다. 이는 자신을 생각하는 할머니의 마음이 흡족하라고 한 말이라 할 수 있다.

2 할아버지의 건강이 점차 악화되고 있음을 알 수 있으며, 할머니가 이를 곁에서 지켜보며 슬픔을 참고 있음을 알 수 있다.

1 감상의 적절성 평가

'S# 병원 2'는 할머니가 할아버지를 안고 할아버지를 먼저 보내고 싶지 않음을 고백하는 장면이다. 과거의 잘못이나 문제를 언급하지 않고 있으므로 '부부로 살면서 서로 조심해야 하는 것'을 염두에 두고 편집한 장면은 아니다.

오답 피하기 | ① 'S# 산에서 나무하다'에서는 할아버지와 할머니의 소소한 일상과 나이 듦에 대한 아쉬움을 두 부부의 대화를 통해 보여 주고 있다.

② 'S# 눈싸움'에서는 할아버지와 할머니가 여전히 서로를 아끼고 사랑하고 있음을 그들의 행동으로 보여 주고 있다.

③ 'S# 방 안'에서는 할아버지의 여윈 몸을 쓰다듬는 행위를 통해서 할아버지를 걱정하는 할머니의 마음을 드러내고 있다.
④ 'S# 수의를 준비하다'에서 할머니가 할아버지의 한복과 신발을 챙겨 놓는 장면을 통해, 할머니가 할아버지가 세상을 떠난다는 사실을 받아들이기 시작했음을 확인할 수 있다.

2 소재, 상황의 기능 파악

어른이 돌아가실 때 정성스럽게 수의를 준비하는 것은 우리나라의 전통이다. 즉 할아버지의 죽음이 멀지 않았음을 할머니도 인정하는 것이다. 하지만 할머니가 준비하는 수의는 할아버지의 것이므로 수의를 빠는 행위가 할아버지와 죽어서라도 함께하기를 바라는 마음을 상징하는 것은 아니다.
오답 피하기 | ① '많은 땔감'을 통해서 예전보다 기운이 떨어진 할아버지의 상황을 드러내고 있다.
② '눈싸움'을 통해서 아이처럼 천진난만하게 장난을 치는 할아버지와 할머니의 모습을 부각하고 있다.
③ '눈 사람 두 개'는 할아버지와 할머니가 각각 만든 눈사람으로, 두 사람이 함께 살아가는 상황을 의미한다. 또한 그 옆에 함께 있는 강아지 '공순이'를 제시하여 정다운 느낌을 강조하고 있다.
④ '할머니의 맨발'을 통해서 할아버지를 위한 행동에 집중하는, 그러면서 자신을 챙기지 않는 할머니의 태도를 강조하고 있다.

3 외적 준거에 따른 작품 감상

할머니는 할아버지의 옷을 태우면서 할아버지가 세상을 떠난 상황을 떠올린다. 마구 쏟아지는 '장대비'는 일반적으로 어둡고 컴컴한 분위기를 형성하면서 이러한 죽음의 이미지와 연결되고 있다.
오답 피하기 | ① 할머니는 할아버지에게 '눈'을 먹이며, 귀가 밝아지기를 기대하고 있다. '불완전하거나 결핍된 것을 완전하게 하거나 충족시켜 주는 매개체'로 '눈'을 떠올린 것은 맞지만, 그 자체가 생명의 원천이나 순환을 상징하는 것은 아니다.
② 할아버지를 보고 가족들이 흘리는 '눈물'은 이별의 슬픔이 내포된 것으로, 더러운 것이나 괴로움의 감정을 정화하기 위한 행위가 아니다.
④ 할머니가 바라보는 '냇가'의 물은 흘러간다는 속성을 통해 세월의 흐름이나 죽음을 드러낸다. '냇가'의 물이 부족한 부분을 채우거나 결핍된 부분을 충족시켜 주는 상황은 아니다.

⑤ 할머니는 수의를 빨아 널면서 할아버지의 죽음을 준비하고 있다. 그러나 그것이 할머니의 자포자기나 정신적 피폐를 직접적으로 드러내지는 않는다.

➕ 더해 읽기
본문 228쪽

서술형 예시 답안 **1** 'S# 과거 나들이'는 행복했던 할머니와 할아버지의 모습을 보여 주면서, 할아버지의 평소 생각을 전달하고 있다. 삶과 죽음에 대한 할아버지의 생각을 통해 우리가 가지고 있는 인식을 돌아볼 수 있다.
2 마당의 의자에 앉아 있던 할아버지의 모습이 화면에서 사라지는 장면 구성을 통해 할아버지가 세상을 떠났다는 사실을 감각적으로 형상화하고 있다.

03 소통과 공감

➊ 이정명 원작, 김영현·박상연 극본, '뿌리 깊은 나무'

➡ 실력 다지기
본문 229~232쪽

1 ④   **2** ②   **3** ④

서술형 예시 답안 **1** 훈민정음을 창제하고 반포하는 것이 별다른 이득이 없다고 주장하고 있다.
2 들은 소리 그대로 표기할 수 있는 표음 문자로서의 훈민정음의 특징과 누구나 쉽게 배울 수 있다는 장점을 강조하고 있다.

1 작품의 내용 파악

S# 15에서 이도는 '삼강행실도'를 언급한 것에 대해 불만을 표출하는 것이 아니며, 이순지가 유학자로서 잘못된 편견을 가진 것을 책망하고 있다. 책을 내던지는 장면은 내용 전달에 오해를 불러일으킬 수 있다.
오답 피하기 | ① S# 13을 시작할 때 이도가 '의자와 괘도 등을 들고 오'게 하는 행위는 시위하는 유생들이 예상치 못한 것이다.
② S# 13의 핵심은 이도를 설득하려는 혜강과 혜강을 설득하려는 이도의 모습을 보여 주는 것이다. 서로 다른 논리로 상대방을 설득하려는 상황을 대비적으로 드러내야 한다.
③ S# 14에서 이도는 '한곳에 관리들'이 '모여 있'는 상황에서 훈민정음 배포의 필요성을 역설하고 있다. 따라서 상대방을 설득하려는 듯한 태도를 보여야 한다.

⑤ S# 55의 핵심은 훈민정음이 배우기가 쉽다는 것을 인물들의 연기를 통해 시청자들에게 인식시키는 것이다.

2 소재의 기능 파악

이도는 ㉡을 활용해서 혜강의 주장이 잘못된 것임을 밝히고 있다. 그러나 이도가 ㉠과 관련해 혜강의 판단 근거 자체를 반박하는 것은 아니다. 중국의 한자가 유학의 도와 개념을 담아낸 글자라는 것은 이도도 인정하는 바이다.

오답 피하기 | ①, ③ 혜강은 '싸울 무' 자에서 '창'과 '그치다'라는 의미를 찾아내어 한자가 유학의 도를 담아낸 글자임을 밝히고 있다. 또한 한자가 뜻글자로서 많은 의미를 담아낼 수 있음을 강조하고 있다.

④ 이도는 ㉡의 중요성을 언급하고, ㉡이 이루어지지 않고 있는 현실을 강조하면서 자신의 만든 글자가 이를 위한 것임을 드러내고 있다.

⑤ ㉠은 혜강이 자신의 논리적 판단 근거를 강화하기 위해 선택한 것이라면, ㉡은 이도가 자신의 행위의 논리적 근거를 주장하기 위해 선택한 것이다.

3 외적 준거에 따른 새로운 가치 발견

S# 14~S# 16을 몽타주로 구성하고 있으므로 S# 16은 S# 14, S# 15와 단일한 주제나 분위기를 다룬 장면이되 상호 연관성이 떨어지는 컷으로 구성되어야 한다. 따라서 이도가 다른 곳에서 새로운 사람을 만나 훈민정음 반포의 필요성을 설득하는 장면으로 구성하면 몽타주를 완성할 수 있다.

오답 피하기 | ①, ② 연두와 개파이가 한글을 배우는 장면이나, 가리온과 한가 놈이 의논을 하는 장면은 S# 14나 S# 15와 단일한 주제나 분위기로 이어지지 않는다.

③ S# 13에서 채윤은 광화문의 경비를 서고 있던 군관일 뿐이다. 이도에게 직접 질문을 하는 것은 상황에 맞는 설정이 아니다.

⑤ 혜강과 이도의 논리 대결은 이미 S# 13에서 이도의 승리로 끝난 것으로 보아야 한다. 또한 혜강이 다시 등장하면 S# 14~S# 16의 흐름을 벗어나게 된다.

➕ **더해 읽기**

본문 233쪽

서술형 예시 답안 **1** 한자와 같은 글자는 배우는 데 시간이 많이 드는데, 하루 종일 일을 해야 겨우 먹고 살 수 있는 백성들은 그런 공부를 할 시간이 부족하다고 보았기 때문이다.

2 채윤은 한자와 같은 글자를 떠올리고 있었는데, 오직 28개의 글자만으로 세상 만물의 뜻을 다 표현할 수 있다는 것을 이해하지 못했기 때문이다.

❷ 이해준, '김씨 표류기'

➡ **실력 다지기**

본문 234~237쪽

1 ⑤   **2** ③   **3** ④

서술형 예시 답안 **1** 여자는 밤섬에 살고 있는 남자가 자신이 선의로 배달시킨 짜장면을 기쁘게 먹을 것이라 예상했는데, 자신의 예상과 달리 짜장면을 거절하였기 때문에 놀라고 있다.

2 남자는 자신에게 와인 병 편지를 보낸 누군가에 대해 호기심이 생긴 상태이다. 그가 '휴대 전화'를 꺼낸 것은 누군가와 소통하고 싶은 마음이 커졌기 때문이다. 따라서 '휴대 전화'의 상징적 의미는 인간과 인간 사이의 소통, 연결이라 할 수 있다.

1 갈래별 특징, 성격

S# 102에서 남자는 와인 병으로 편지를 보내 준 얼굴도 모르는 사람(여자)에게 호기심을 드러내고 있다. 따라서 떠난 연인을 떠올리며 그리움을 느끼는 상황은 아니다.

오답 피하기 | ① S# 83은 망원 렌즈를 통한 여자의 시선에서 남자와 배달원의 행동을 몰래 훔쳐보는 장면이다. 여자가 보낸 짜장면을 먹을 것이라는 관객의 예상을 깨뜨림으로써 새로운 의미를 형성하고 있다.

② S# 84는 짜장면 배달에 실패한 배달원이 힘들게 돌아오는 장면이다. 한 그릇의 짜장면을 배달하기 위한 배달원의 억척스러움을 보면서 관객들은 우리나라의 배달 문화를 떠올리며 웃음을 지을 수 있다.

③ S# 98은 마침내 짜장면을 완성해 한 입을 베어 문 남자의 북받치는 감정을 잘 드러내는 것이 중요한 장면이다.

④ S# 99는 남자의 목표 달성을 진심으로 축하하는 여자의 마음과 남자의 눈물에 공감하는 태도가 잘 드러나야 하는 장면이다.

2 서사 구조에 대한 이해

남자는 도시에서 떨어져 나온 '한강의 밤섬'에서 혼자 살아갈 수 있는 힘이 있다는 사실을 '자신의 힘으로 짜장면을 만들어 먹는 행위'를 통해 확인한다. 남자의 뜨거운 눈물은 원하는 것을 이루어 낸 것에 대한 기쁨에 해당하는 것이지만, 그것이 도시를 떠나 농촌으로 가겠다는 다짐을 드러내는 것은 아니다.

오답 피하기 | ① 남자는 서울이라는 도시에 있는 '한강의 밤섬'에서 홀로 살아가고 있다. 남자가 여자가 보낸 짜장면을 거부

한 것은 자신만의 힘으로 목표를 달성하겠다는 의지의 표현으로 이해할 수 있다.

② 〈보기〉의 내용을 보면 남자와 여자는 다른 사람들로부터 떨어져 자신만의 외로운 공간에서 생활하고 있다. 이러한 공통점으로 인해 소통과 공감의 가능성이 커지고 있다.

④ 여자는 비좁은 붙박이장이라는 공간에서 나와 더 넓은 방으로 나오는데, 이는 여자의 성격이 변화하였음을 나타낸다. 남자와의 소통을 통해 변화가 시작된 것이라 할 수 있다.

⑤ 남자와 여자는 서로 다른 상황이지만, 〈보기〉와 같이 비슷한 처지에 있다. 또한 S# 102에서 남자가 와인 병 편지를 보낸 사람과 서로 만나고 소통하기를 꿈꾸기 시작했다는 점에서 남자 또한 언젠가 한강의 밤섬을 나오게 될 것을 예상할 수 있다.

3 소재의 기능 파악

S# 85는 배달원의 대사를 통해 '짜장면'은 남자에게 곧 희망이라는 사실을 전달해 주기 위한 장면이다. 따라서 짜장면을 거부한 남자의 행위가 가진 의미를 파악하는 것이 이 장면의 핵심이다.

오답 피하기 | ① 배달원의 분노와 짜증이 나타나는 것은 맞지만, 갑질 문화가 이 시나리오의 핵심 주제는 아니다.

② 여자를 보고 놀라는 배달원의 모습을 통해 세상과 소통하지 않고 공포 영화의 귀신처럼 지내는 여자의 외양이 드러나지만, 그것이 이중적 성격을 드러내는 것은 아니다.

③ 배달원의 시선을 피하는 여자를 통해 다른 사람들과 교류를 거부하는 여자의 면모를 드러내고 있지만, 이러한 행위가 배달원에 대한 부정적 인식 때문은 아니다.

⑤ 배달원은 여자를 염려하여 충고하는 부분이 있지만, 그것이 진솔한 태도의 중요성을 부각하기 위해 삽입된 내용은 아니다.

➕ 더해 읽기
본문 238쪽

서술형 예시 답안 **1** S# 68에서 남자가 '바지'를 챙겨 입는 행위는 다른 사람의 시선을 인식한 결과이며, 다른 사람과의 관계를 고려한 것이다. 한편 S# 71에서 여자가 '헬멧'을 쓰고 밖에 나온 것은 다른 사람의 시선을 거부하기 위한 행위로서, 다른 사람과 관계를 맺는 것을 기피하는 태도가 투영된 것이다.

2 S# 72에서 여자가 보낸 와인 병 속 편지를 S# 74에서 남자가 찾아 발견하고 있다. 한편, S# 73에서는 두 마리 나비가 서로 어울려 날아다니는 모습을 보여 주고 있는데, 이러한 상징적 장면은 남자와 여자가 서로를 인식하고 소통하려고 노력하고 있음을 드러낸다.

실전 문제
본문 239~241쪽

| 1 | ⑤ | 2 | ② | 3 | ④ |

[1~3] 오승욱·허진호, 신동환, '8월의 크리스마스'

해제 | 이 작품은 불치병으로 시한부 인생을 살아가는 30대 사진사 정원이 삶을 하나씩 정리해 가는 이야기를 다룬 영화의 시나리오이다. 죽음을 담담하게 받아들이며 차분하게 주변을 정리하던 정원은 건강하고 활기찬 20대의 주차 단속원 다림을 알게 되고 그녀에게 사랑을 느끼게 되지만, 나중에 다림이 받을 상처를 생각해 섣불리 마음을 드러내지 못한 채 죽음을 맞이하게 된다. 이 영화는 젊은 남녀의 안타깝고 순수한 사랑을 아름다운 영상과 절제된 연출로 표현한 것으로 평가받는다.

주제 | 죽음을 앞둔 남자의 애틋한 사랑과 죽음을 응시하는 따뜻한 시선

전체 줄거리 | 30대 중반의 정원은 변두리 사진관을 운영하는 사진사이다. 불치병으로 시한부 인생을 살고 있는 그는 어느 날 20대 초반의 생기발랄한 주차 단속원 다림을 알게 되고 그녀는 매일 비슷한 시간에 찾아와 단속한 차량 사진의 인화를 맡긴다. 정원은 다림에게 사랑을 느끼고 삶에 대한 미련을 갖게 되면서 심리적으로 방황하지만, 두 사람이 가까워질 무렵 병이 악화된 정원은 다림에게 상처를 주지 않기 위해 자신의 마음을 드러내지 않는다. 정원이 병원에 실려 간 후로 다림은 문이 닫힌 사진관을 찾을 때마다 허탕을 치게 되고 사진관에 편지를 남겨 놓는다. 잠시 퇴원한 정원은 숨어서 다림이 일하는 모습을 지켜보고, 사진관에서 자신의 영정 사진을 찍은 뒤 숨을 거둔다. 이를 알지 못하는 다림은 오랜만에 다시 찾아온 사진관 쇼윈도에 자신의 사진이 걸려 있는 것을 본다.

1 갈래별 특징, 성격

이 글은 대사가 차지하는 비중보다 지시문이 차지하는 비중이 훨씬 높다. 지시문을 통해 등장인물의 행동과 표정 등을 제시함으로써 죽음을 향해 다가가는, 그러면서 다림에 대한 마음을 정리해 가는 정원의 심리를 보여 주고 있는 것이다.

오답 피하기 | ① 장면 전환이 잦다고 말할 수는 있지만 내용상 극적 반전이 거듭되고 있는 것은 아니다.

② 이 부분은 인물 간의 갈등이 점점 깊어지는 대목이 아니다.

③ 사진, 화초나 가로수 등은 상징적인 소품이라고 볼 수 있으나, 인물의 성격이 변화하고 있는 것은 아니다. 따라서 소품이 인물의 성격 변화 과정을 제시한다는 것은 적절한 설명이 아니다.

④ S# 79에서 화면이 어두워지는 부분, S# 114의 끝에 있는 암전 등은 조명의 밝기 변화가 드러나는 부분이지만, 이를 통

해 인물이 심리적 갈등을 겪게 되는 상황을 부각하는 것은 아니다.

2 감상의 적절성 평가

S# 108에서 공간적 배경이 되고 있는 찻집은 현재 정원이 하는 행동, 즉 다림을 그리워하지만 머지않아 맞게 될 자신의 죽음 때문에 다림에 대한 마음을 드러내지 않고 혼자 삭이며 정리하려는 모습만이 드러나는 장소이다. 여기서 다림의 과거 회상 장면은 나타나지 않는다.

오답 피하기 | ① S# 81에서 정원은 운동장을 달리기 시작하고 나서 얼마 안 되어 멈춰 서서 가쁜 숨을 고른다. 극의 전개로 볼 때, 이는 불치병을 앓고 있는 정원의 건강이 악화되고 있음을 관객들이 짐작하게 해 줄 수 있다.

③ S# 110에서 화초들은 '잎새가 다 떨어지고 가지만 남은' 모습이다. 이처럼 조락(凋落)한 화초의 모습은 그 자체로 죽음이 가까운 정원의 상황을 환기할 수 있으며, 시간이 흘러 화초의 잎이 떨어질 계절이 되었다는 것은 시한부 인생을 살고 있는 정원에게 시간이 얼마 남지 않았음을 보여 주기도 한다.

④ S# 112에서 다림에 대한 철구의 물음에 정원은 짐짓 화제를 바꾸며 답하지 않고 있다. 앞뒤의 장면으로 볼 때 정원이 다림에게 무관심하거나 다림을 싫어해서 그녀에 대한 얘기를 회피하는 것은 아니기 때문에, 다림을 애써 잊으려 노력하고 있을 정원의 심리적 태도를 관객들이 짐작할 수 있게 한다.

⑤ S# 114에서 정원이 스스로 찍은 사진이 영정 사진으로 바뀌는 디졸브 기법을 이용하여 장면을 전환한 것은 정원이 죽는 사건이 벌어지는 시간을 생략하는 효과와, 사진관에서 장례식장으로 바뀌는 공간적인 변화까지 포괄하고 있다.

3 외적 준거에 따른 작품 감상

정원의 눈으로는 자신이 미소 짓는 모습을 볼 수 없으므로, ㉢에서 관객이 보게 되는 화면은 정원의 시야에 들어온 시각 정보와 일치하는 것으로 간주될 수 없다. 또 정황상 정원이 자기 모습을 거울을 통해 보고 있다거나, 사진관 안에 정원의 모습을 지켜보는 또 다른 누군가가 있다고 볼 수도 없다. 따라서 ㉢은 〈보기〉의 예로 보기 어렵다.

오답 피하기 | ① S# 79의 ㉠ 바로 앞 문장에서 밝혀 두었듯 ㉠은 '정원의 시점으로 달리는 롤러코스터에서 보이는 풍경'을 찍는 것이다. 즉 정원의 눈으로 볼 때 풍경이 심하게 흔들리는 것을 표현한 것이다.

② S# 108은 일하고 있는 다림의 모습을 찻집 안에서 몰래 지켜보며 그녀의 모습을 쫓는 애달픈 손가락을 보여 주는 장면이다. 따라서 정원의 시점에서 본 자신의 손가락과, 유리창 너머의 다림의 모습을 화면에 제시하는 것이 적절하다고 할 수 있다.

③ S# 109는 사진을 현상하는 암실에서 현상액에 넣은 인화지에 다림의 얼굴이 서서히 나타나는 장면이므로, 정원의 눈을 통해 보이는 방식으로 촬영하지 않으면 의도대로 구현되기 힘들 것이다.

⑤ S# 113에서는 죽음을 앞둔 정원이 앨범을 보면서 과거의 추억을 떠올리며 미소를 짓다가 어떤 사진을 보고 눈물을 글썽인다. 앨범에 붙은 그 사진이 '자신이 찍어 준 다림의 증명사진'이란 것이 제시되는 부분이 ㉣이다. 그러므로 ㉣은 정원의 시야에 들어온 다림의 증명사진을 확대하여 화면에 보여 주는 것이 적절하다.

EBS 올림포스 현대문학 줄거리 모아 보기

염상섭, '만세전'
본문 82~85쪽

전체 줄거리 | 동경 유학생인 '나'(이인화)는 아내가 위독하다는 전보를 받고 조선으로 귀국한다. 귀국하는 배 안에서 '나'는 일본인이 조선인을 멸시하는 것을 보면서 울분을 느끼고, 조선인이 처한 비참한 현실을 인식하게 된다. 조선에 도착한 후 기차를 타고 고향으로 가는 과정과 고향에서 지내는 중에 '나'는 전근대적이고 가부장적인 사고 및 습관에 갇혀 생활하는 조선인의 모습을 보고 답답해한다. '나'는 아내의 죽음 또한 구태의연한 인습에 의한 것이라고 생각하고 구더기가 들끓는 공동묘지와 같은 조선의 현실에서 도망치듯 다시 동경으로 떠난다.

현진건, '고향'
본문 86~89쪽

전체 줄거리 | '나'는 서울행 기차 안에서 기이한 행색의 '그'의 자리를 이웃해서 앉게 된다. '나'는 '그'를 거리감을 두고 대하지만, '그'가 살아온 내력을 들으면서 '그'에게 점차 마음을 열게 된다. '그'는 일제에 농토를 빼앗긴 후 서간도에서 부모를 잃고 폐허가 된 고향에 갔는데, 그곳에서 우연히 혼인 말이 오갔던 여인을 만나게 되었다는 사연을 전한다. '나'는 '그'의 이야기를 듣고, '그'의 처지를 이해하면서, '그'의 눈물을 통해 '조선의 얼굴'을 발견한다.

윤흥길, '완장'
본문 90~93쪽

전체 줄거리 | 땅 투기로 성공해 기업가로 변신한 최 사장은 저수지 사용권을 얻어 양어장을 만들고 그 감시를 종술에게 맡긴다. 고향에 돌아와 낚시질이나 하며 한량으로 생활하던 종술은 완장을 차게 해 준다는 말에 귀가 솔깃해져 저수지 감시를 맡고 권력을 휘두르기 시작한다. 완장의 힘을 과신한 종술은 급기야 자신을 고용한 최 사장 일행의 낚시도 금지하게 해, 결국 감시원 자리에서 쫓겨난다. 하지만 종술은 해고에도 아랑곳하지 않고 저수지를 지키는 일에 몰두한다. 그러다가 가뭄 해소책으로 저수지의 물을 빼야 한다는 수리 조합 직원, 경찰과도 부딪치게 된다. 그 과정에서 종술은 완장의 허황됨을 알려 주는 부월이의 충고를 받아들이고, 부월이와 함께 떠난다.

김애란, '도도한 생활'
본문 94~97쪽

전체 줄거리 | 작은 만두 가게를 운영하는 어머니는 넉넉한 형편이 아님에도 불구하고, 딸을 위해 가게 안 작은 방에 피아노를 들여 놓는다. 그 후 아버지의 잘못된 보증으로 집이 망해 세간살이에 차압 딱지가 붙었지만 어머니는 피아노만은 끝끝내 팔지 않고, '나'와 언니가 사는 서울의 반지하방에 피아노를 갖다 놓는다. '나'는 서울의 반지하방에서 워드를 타이핑하는 아르바이트를 하고 있고, 언니는 나이 많은 애인과 사귀었다가 헤어지고 편입 준비를 하고 있다. 어느 날, 장마철의 비가 반지하방에 쏟아지기 시작하고, 무릎까지 물이 차오른다. 이런 상황에서 물에 잠겨 가는 피아노를 본 '나'는 검은 비가 출렁이는 반지하방에서 피아노를 치기 시작한다.

이호철, '나상'
본문 98~101쪽

전체 줄거리 | '나'는 철에게 형제의 이야기를 듣게 된다. 조금 모자란 편이었던 형을 아버지는 단념했고, 어머니는 불쌍하게 여겼으며, 동생은 오연한 태도로 대했다. 6·25 전쟁이 일어나서 군인이 된 형제는, 둘 다 북한군의 포로가 되어 후방으로 인계돼 가다가 만난다. 형은 경비병에게 얻은 밥 한 덩이를 동생과 나눠 먹고, 동생은 그런 형의 인간적인 모습에 마음을 연다. 다리에 담증이 생긴 형은 시

간이 지날수록 더 절름거리고, 결국 경비병이 쏜 총에 맞아 죽음을 맞는다. 철은 '나'에게 형제 이야기를 하며 형과 동생 중 누가 더 둔감하냐고 묻고, 철은 이야기 속의 동생이 본인이었음을 밝히며 조소를 짓는다.

황순원, '너와 나만의 시간'
본문 102~106쪽

전체 줄거리 | 전쟁 중 낙오된 주 대위, 현 중위, 김 일등병. 현 중위는 부상당한 주 대위 때문에 생명의 위협을 느끼자, 주 대위와 김 일등병을 버리고 혼자 가다 죽는다. 현 중위의 시체를 본 김 일등병은 죽음의 공포를 가까이 느낀다. 아군의 풋소리가 너무 먼 곳에서 들리자 주 대위는 절망하며 김 일등병을 살리기 위해 자결을 하려고 한다. 그때 어디선가 개 짖는 소리가 들리지만 김 일등병은 듣지 못한다. 주 대위는 김 일등병에게 권총을 겨누며 자신을 업으라고 명령한다. 걸음을 옮기던 김 일등병의 귀에도 마침내 개 짖는 소리가 들리고 사람의 그림자와 개의 모습이 어렴풋이 눈에 들어온다. 마을이 있음이 확인된 순간 김 일등병은 주 대위의 몸뚱이가 무겁게 탁 내려앉음을 느낀다.

최인훈, '광장'
본문 107~111쪽

전체 줄거리 | 명준은 아버지 때문에 남한 사회에서 고난을 겪고, 개인적 공간인 '밀실'만 존재하고 '광장'은 거의 존재하지 않는 남한 사회에 환멸을 느껴 밀입북을 감행하지만 그곳에서도 또다시 환멸을 느낀다. 남북한 양쪽에서 환멸을 느낀 명준은 포로수용소에서 중립국을 택한다. 타고르 호를 타고 중립국으로 향하던 중, 자신을 따라오던 갈매기 두 마리를 자신이 사랑하던 여자와 배 속에 있던 아이라고 여기게 된 명준은 갈매기가 날아다니는 푸른 바다가 광장이라 생각하고 바다로 뛰어든다.

이청준, '병신과 머저리'
본문 112~115쪽

전체 줄거리 | '나'는 혜인의 이별 통보에도 반응이 없을 정도로 무기력한 삶을 살고 있다. 6·25 전상자이자, 의사인 형은 수술을 하다 소녀를 죽게 만들고, 병원 문을 닫은 채 자신의 전쟁 체험을 소설로 쓰게 된다. 6·25 전쟁 때 의무병으로 참전했던 형은 적의 수중에 낙오되었던 경험이 있다. 그때 잔인함으로 가득 찬 오관모와 그 잔인함의 희생양이었던 김 일병, 그리고 그 모든 사실을 알지만 반응을 보이지 않았던 형이 며칠을 숨어서 이동하던 중 부상당한 김 일병의 팔에서 썩은 냄새가 나고 식량도 모자라자 오관모는 김 일병을 죽이려고 했다. 형이 쓴 소설은 오관모가 김 일병을 죽이려고 했던 부분에서 중단되어 있고, 그것을 훔쳐본 '나'는 형이 고통스러워하는 김 일병을 죽이는 것으로 소설의 결말을 짓는다. '나'가 소설의 결말을 끝맺었다는 것을 안 형은 그 부분을 찢어버리고, 자신이 오관모를 죽이는 것으로 소설의 끝을 다시 맺는다. 그러나 형은 살아 있는 오관모를 우연히 만나게 되고, 소설을 불태워 버린다. 형은 김 일병을 죽이는 결말을 쓴 '나'에게 병신, 머저리라고 소리치고, '나'는 근원을 알 수 없는 자신의 아픔에 대해 생각하며 자신을 반성하게 된다.

박완서, '겨울 나들이'
본문 116~119쪽

전체 줄거리 | '나'는 의붓딸의 초상화를 그리고 있는 남편의 모습을 보고, 남편이 북에 두고 온 아내를 그리워하는 것은 아닌가 하는 생각에 배신감이 들어 여행을 떠나기로 한다. 그러다 우연히 호숫가에 있는 여인숙에 들어가고, 그곳에서 아주머니와 연신 고개를 좌우로 도리질하는 노파를 만나게 된다. 아주머니에게서 노파의 도리질에 관한 사연을 들은 나는 아주머니에게 경외감을 느낀다. 아들을 찾

아보기 위해 서울에 간다는 아주머니의 말을 듣고 나는 그녀와 동행할 것을 결심한다. 나는 아주머니와 노파가 잡은 손에 자신의 손을 얹으면서 자신이 헛살지 않았다는 위로를 받는다.

김훈, '남한산성'
본문 120~123쪽

전체 줄거리 | 후금은 나라의 이름을 청으로 바꾸고 조선에 군신 관계를 요구한다. 반정을 일으킨 인조가 그것을 거절하자 청이 쳐들어온다. 인조는 강화도로 피난가려다 남한산성으로 들어가지만, 가장 먼저 쳐들어온 용골대가 남한산성을 둘러싸 포위한다. 이때 김상헌은 결사 항쟁을 주장하고, 최명길은 삶의 영원성이 더 가치 있다고 주장하며 갈등을 한다. 전투가 계속되고 산성 안의 상황은 갈수록 위태로워진다. 강화도가 청에게 함락되고, 인조는 항복을 결심하고 삼전도에 가 굴욕을 겪는다.

양귀자, '비 오는 날이면 가리봉동에 가야 한다'
본문 124~127쪽

전체 줄거리 | 임 씨의 본업이 연탄 배달이라는 이야기를 듣고 '그'는 욕실 공사를 맡긴 것을 후회하고, 아내 역시 의외로 공사가 간단해진 것을 알게 되자 견적서대로 돈 주기를 아까워한다. 하지만 임 씨는 일한 만큼만 계산해서 견적서를 수정하고, 옥상 공사는 '써비스'라고 말한다. 하루 종일 임 씨에게 줄 돈을 아까워하며 공사비를 깎아 보려던 아내와 '그'는 임 씨의 진실성 앞에서 부끄러움을 느낀다. 임 씨와 한 잔 더 하게 된 '그'는 임 씨가 비가 오는 날이면 떼인 연탄 값을 받기 위해 가리봉동에 간다는 이야기를 들으며 가난한 도시 빈민인 임 씨의 처지에 공감하게 된다.

임철우, '사평역'
본문 128~131쪽

전체 줄거리 | 눈 내리는 추운 겨울. 사평역에 막차가 좀처럼 오지 않는다. 막차를 기다리는 사람들은 톱밥 난로에 몸을 녹이며 자신들의 삶을 떠올리며 열차를 기다리고 있다. 몸이 좋지 않은 노인과 그 노인을 병원으로 모시고 가려는 아들, 시위를 주동한 혐의로 제적되어 고향에 왔다가 그 사실을 알리지 못하고 돌아가는 대학생, 사상범으로 감옥에 갔다가 출감한 중년 사내, 서울에서 음식점을 하는 서울 여자, 술집에 나가는 춘심이 등 이들은 각자 인생의 사연을 담고 있다. 특급 열차가 두 대가 지나가도록 기다리는 완행열차는 오지 않고, 거의 지쳤을 무렵 열차가 도착하여 승객들을 태우고 출발하자, 대합실에는 역장과 미친 여자만 남는다.

공선옥, '명랑한 밤길'
본문 132~135쪽

전체 줄거리 | 치매에 걸린 어머니를 모시고 지방에서 간호조무사로 일하고 있는 '나'는 외지에서 내려와 글을 쓰고 있는 남자를 우연히 알게 되고, 그에게 헌신한다. 하지만 그의 변심에 '나'는 슬퍼하고, 그 이유를 묻기 위해 그동안 정성껏 가꾼 무공해 채소를 가지고 밤길에 그의 집으로 간다. 그는 여전히 '나'를 집에 들이지 않고, '나'는 슬퍼하며 비를 맞고 칠흑 같은 밤을 걷는다. 정미소 부근에서 '나'는 외국인 근로자들을 피해 정미소로 숨는다. 숨어서 그들의 대화를 엿듣는 과정에서 그들의 삶을 이해하게 되고, 그들이 부른 노래를 따라 부르며 명랑하게 걷는다.

채만식, '논 이야기'
본문 136~139쪽

전체 줄거리 | 광복이 되면서 일본인들이 토지와 재산을 두고 쫓겨 갔다는 소식을 듣한 생원은 일본인에게 판 땅을 되찾을 수 있다는 기대감에 들뜬다. 그것

은 자신이 땅을 팔면서 큰소리쳤던 일이기도 했다. 그의 아버지는 동학 농민 운동과 관련하여 무고하게 옥살이를 하고 논 열세 마지기를 빼앗겼다. 한 생원은 그나마 남은 논과 땅도 술과 노름으로 빚이 늘어나자 일본인들에게 팔아넘겼다. 그러나 해방 후 발표된 정부의 토지 정책은 그가 땅을 되찾을 수 없는 정책이었다. 분노에 찬 한 생원은 해방이 되던 날 만세를 부르지 않기를 잘했다며 자조한다.

염상섭, '두 파산'
본문 140~143쪽

전체 줄거리 | 해방이 되자, 정례 모친은 집문서를 담보로 은행에서 빚을 얻어 문방구를 차린다. 가게를 차린 후 정례 모친은 동창생인 옥임에게 빚을 얻어 가게를 운영한다. 새로이 시작한 남편의 자동차 사업이 실패하여 옥임에게 진 빚의 이자마저도 제대로 갚지 못하는 어려운 형편이 되자, 옥임은 대리인인 전임 교장을 내세워 빚을 받아 내려 하고 이 과정에서 길거리에서 정례 모친에게 심한 창피를 준다. 문학을 사랑하고 여성 해방 운동을 찬양하면서 꿈 많던 처녀 시절을 보낸 옥임은 이젠 돈놀이에 몰두하여 성격 파산자로 변모한 것이다. 빚 독촉에 더 이상 견디지 못하고 정례 모친은 문방구를 처분하여 빚을 갚고는 허탈감에 앓아눕고, 남편은 자동차로 옥임에게 사기 칠 궁리를 한다.

이태준, '복덕방'
본문 144~147쪽

전체 줄거리 | 안 초시, 서 참의, 박희완. 이 세 노인이 복덕방에서 무료하게 소일한다. 안 초시는 사업 실패로 몰락하여 서 참의의 복덕방에서 신세를 지고 있지만, 재기의 꿈을 안고 살아간다. 무용가로 유명한 딸 경화가 있으나, 그녀는 아버지를 위하는 마음이 없다. 재기를 꿈꾸던 안 초시에게 박 영감이 부동산 투자에 관한 정보를 준다. 일확천금을 꿈꾸던 안 초시는 딸에게 투자를 권유하고, 딸은 자신이 마련한 돈을 몽땅 부동산에 투자한다. 그러나 일 년이 지나 그 모든 일이 사기극임이 밝혀지고, 투자 실패에 따른 좌절과 미래에 대한 꿈의 상실로 안 초시는 음독자살하고 만다. 아버지의 자살로 자신의 사회적 명예가 훼손될 것을 우려한 안경화는 서 참의의 권유를 받아들여 장례식을 성대하게 치른다. 장례식에 참석한 서 참의와 박 영감은 안경화와 조문객들의 위선적인 모습에 실망하여 장례 식장을 떠난다.

이문구, '유자소전'
본문 148~151쪽

전체 줄거리 | 작가인 '나'는 매사에 생각이 깊고 곧은 성품을 지녔으며 남의 아픔을 자신의 아픔으로 받아들일 줄 아는 '유재필'이라는 친구를, 성인군자를 대하는 기분으로 '유자'라고 부른다. 유자는 특유의 붙임성과 눈썰미로 학교에서 명물이 되어 이름을 날린다. 군 제대 후 총수의 집에서 운전기사로 지내게 되지만 유자는 총수의 위선적인 모습에 환멸을 느끼고, 그의 눈 밖에 나는 언행을 일부러 하다가 쫓겨난다. 그 후 유자는 그룹 소속 차량의 모든 교통사고를 뒤처리하는 노선 상무가 되는데, 그곳에서도 남을 먼저 생각하며 산다. 또 말년에는 종합 병원 원무실장으로 근무하면서 6·29 선언 때 시위를 하다 부상당한 사람들을 치료해 주고 사표를 내기도 한다. 그 후 유자는 간암으로 생을 마감한다.

최은영, '씬짜오, 씬짜오'
본문 152~155쪽

전체 줄거리 | '나'의 가족은 아빠의 직장 때문에 독일에서 살게 된 후, 아빠의 직장 동료이자 이웃인 베트남인 호 아저씨의 가족과 친분을 쌓는다. 엄마와 응웬 아줌마, '나'와 투이는 절친한 관계가 되어 서로 의지했지만, 베트남 전쟁에 대한

시각 차이로 인해 갈등을 겪게 된다. 뒤틀린 관계를 바로잡지 못한 채 '나'의 가족이 한국에 돌아오게 되면서, 투이네 가족을 더 이상 만나지 못하게 된다. '나'는 엄마가 돌아가신 후, 서른셋이 되어서야 응웬 아줌마를 만나 '씬자오, 씬자오' 인사를 나눈다.

성석제, '처삼촌 묘 벌초하기'
본문 156~159쪽

전체 줄거리 | 처갓집의 땅을 빌려 살고 있는 동순은 선산 벌초를 하러 온다는 처남의 전화를 받고 벌초를 대행해 줄 사람을 구해 보지만 실패하고 만다. 동순은 처갓집 식구들에게 잘 보이기 위해 새 예초기를 들고 하루 종일 움직여 벌초를 끝내지만 과로로 병을 얻고 만다. 방문 약속을 미룬 처갓집 식구들은 결국 다음해까지도 오지 않는다.

서유진, '스노우맨'
본문 160~163쪽

전체 줄거리 | 새해 첫 출근 날, 밤새 내린 눈 때문에 회사에 출근하지 못한 남자는 다음 날 눈을 파헤치며 회사로 향하지만 금세 지쳐 버린다. 상사의 압박 속에서 불안감을 느끼던 남자는 우수 사원인 유 대리 역시 출근을 안 했다는 소식을 듣는다. 짜장면을 시켜 먹고 힘을 얻어 회사로 나아가던 남자는 눈을 파헤치며 길을 만들다 눈 속에 파묻힌 유 대리를 발견하게 되고 힘이 빠져 주저앉게 된다.

이기호, '우리에겐 일 년 누군가에겐 칠 년'
본문 164~166쪽

전체 줄거리 | '나'는 어머니의 전화를 받고 어머니와 16년을 함께 산 반려견 몰티즈 '봉순이'를 묻으러 선산이 있는 가평에 와서 땅을 파고 있다. 회사 일로 지쳐 있던 '나'는 어머니의 요청을 거절하고 싶었지만 어머니의 강경한 태도를 이기지 못한다. 아버지를 대신해 어머니를 지켜 왔던 '봉순이'의 죽음을 귀찮은 일로 여기고, '쓰레기 종량제 봉투'까지 떠올렸던 '나'는 '봉순이'의 일화를 어머니에게서 듣고 마음이 캄캄해지는 것을 느낀다.

이상, '산촌 여정'
본문 184~187쪽

전체 줄거리 | 폐병으로 몸이 쇠약해진 이상이 휴양을 위해, 1935년 여름을 평안남도 성천에서 지냈던 경험을 구체적으로 열거하고 있다. '정 형'이라는 친구에게 편지를 보내는 형식을 빌려 익숙하지 않은 자연과 전원생활에 대한 낯선 느낌을 전달하고 있다. 근대적 발전에서 뒤처진 궁벽한 산촌 마을에서의 하루하루를 포착하여, 이국적인 단어들로 연결하는 도시적 감수성이 잘 드러난다.

이희승, '뒤지가 진적'
본문 188~190쪽

전체 줄거리 | 조선어 학회의 일원이었던 이희승이 일본 경찰에 검거되어 감옥살이를 한 경험을 서술하고 있다. 좁은 감방에서 고통스럽게 지내면서도 '뒤지'로 받은 종이를 서로 돌려서 읽던 자신과 동지들의 태도를 구체적으로 서술하였다. 감옥에서 지내던 고달픔과 뒤지를 구하기 위한 동료들의 우스꽝스러운 행동을 세세하게 드러내어 지식인들의 지식 습득 욕구를 재미있게 드러내고 있다.

박태원, '여백을 위한 잡담'
본문 191~193쪽

전체 줄거리 | 1930년대를 대표하는 모더니스트 작가 박태원이 자신의 이상한 머

리 모양에 대해 설명하는 내용의 수필이다. 글쓴이는 자신의 머리에 사람들이 호감을 갖지 못한다는 것을 인정하고 이러한 머리 모양이 스스로를 내세우기 위함이 아님을 강조하고 있다. 또한 이러한 머리 모양을 가질 수밖에 없는 이유로 자신의 게으름을 고백하면서 당분간 이대로 지낼 수밖에 없음을 토로하고 있다.

신영복, '관용은 자기와 다른 것, 자기에게 없는 것에 대한 애정입니다'
본문 194~197쪽

전체 줄거리 | 글쓴이는 당신에게 보내는 편지 형식을 활용해 이스탄불에 있는 소피아 성당을 돌아보고 이슬람에 대해 새로운 발견을 했음을 밝히며 그들에게 관용의 문화가 있었고, 그로 인해 서로 다른 문화를 융합할 수 있었다고 말한다. 또한 우리 의식 속에 있는 두 개의 장벽을 넘어서 서로의 '차이'를 이해하고 수용하기 위해 보다 관용적인 자세를 가질 것을 강조하고 있다.

정재찬, '총, 꽃, 시'
본문 198~201쪽

전체 줄거리 | 파리 테러와 관련하여 인터넷에 올라온 아빠와 아들의 동영상을 소개하면서 총을 이기는 꽃의 힘에 대해 설명하는 글이다. 박남수의 시 '할머니 꽃씨를 받으시다' 전문과 동요 '꽃밭에서' 가사를 통해 전쟁의 폐허 속에서 꽃을 키우는 마음을 생각해 보게 만든 후, 사진과 웹툰(지현곤의 그림)을 통해 꽃이 총을 이기는 상황을 드러내고 있다. 마지막으로는 꽃을 담은 시의 힘을 드러내며 글을 마치고 있다.

정혜윤, '사랑하는 자의 모습으로'
본문 202~204쪽

전체 줄거리 | 글쓴이는 삶이 무엇인지 질문을 던진 뒤, 중요한 대화 상대로서 '책'의 속성을 소개한 후, 사람이 사랑을 표현하는 방식에 대해 이야기를 펼친다. 뭔가를 좋아하는 사람은 사랑에서 출발하여 모든 것을 답하게 된다며, 사랑에서 디테일이 중요하듯이 '책' 또한 수많은 디테일로 세상을 드러내고 있음을 드러내고 있다. 마지막으로 더 잘 사랑하기 위해 나를 바꾸어 가는 것이 중요하다는 사실을 밝히며 글을 맺고 있다.

차범석, '불모지'
본문 214~217쪽

전체 줄거리 | 전통 혼례용 혼구를 대여하는 최 노인의 식구는 고층 건물로 둘러싸여 불모지처럼 보이는 낡은 한옥에서 살아간다. 실업 상태인 큰아들, 배우를 꿈꾸는 큰딸 등의 가족들은 집을 팔자고 종용하고, 이에 최 노인도 고민에 빠진다. 집에 대한 생각 차이로 큰아들과 최 노인은 심한 갈등을 겪는데, 결국 모든 불화가 돈이라고 생각한 큰아들은 강도질을 하다가 체포되고, 영화사에 사기를 당한 큰딸은 자살을 하게 된다.

이강백, '북어 대가리'
본문 218~221쪽

전체 줄거리 | 자양과 기임은 매일 트럭에 상자를 싣고 내리는 일을 하며 기계적으로 살아간다. 성실한 자양은 자기 일에 책임을 다하지만, 이 생활에 염증을 느낀 기임은 상자 하나를 고의로 바꿔서 실어 보낸다. 기임의 행동에 책임을 느낀 자양은 편지를 써서 잘못을 바로잡으려 하지만, 트럭 운전수는 그럴 필요 없다며 편지를 찢는다. 기임은 트럭 운전수의 딸인 다링과 함께 창고를 떠나고, 지금처럼 살기로 한 자양은 기임이 주고 간 북어 대가리를 바라보며 고민에 빠진다.

이효석 원작, 안재훈 각색, '메밀꽃 필 무렵'　　본문 222~225쪽

전체 줄거리 | 장돌뱅이 허 생원과 조 선달은 동이라는 청년이 충줏집에서 수작을 거는 것을 보고 심하게 나무란다. 메밀꽃이 흐드러지게 핀 달밤에 세 사람은 대화 장터로 동행하게 되는데, 성 서방네 처녀와의 추억을 이야기하던 허 생원은, 동이의 이야기를 듣고 동이가 자신의 아들일지도 모른다는 생각에 실족을 한다. 동이와 함께 제천까지 가 보기로 한 허 생원은 동이가 왼손잡이라는 것을 알고 자신의 아들이라는 확신을 한다.

진모영, '님아, 그 강을 건너지 마오'　　본문 226~230쪽

전체 줄거리 | 자식들을 타지로 떠나보낸 할머니와 할아버지는 강아지와 함께 산골 마을에서 다정하게 살아간다. 나이가 많으신 할아버지는 급격히 몸이 약해져 병원에 입원하게 되고, 할머니는 할아버지의 죽음을 준비하면서도 떠나보내고 싶지 않은 마음을 드러낸다. 할아버지와 할머니의 순진한 모습, 서로를 위하는 애틋한 마음, 할아버지의 죽음과 그로 인한 슬픔으로 영화는 마무리된다.

이정명 원작, 김영현·박상연 극본, '뿌리 깊은 나무'　　본문 231~235쪽

전체 줄거리 | 훈민정음을 만든 세종 대왕이 이를 반포하기까지의 과정을 역사적 허구로 구성한 팩션 드라마이다. 이도(세종 대왕)가 훈민정음을 창제, 반포하기 위하여 백방으로 노력하는 가운데, 훈민정음 창제에 관여한 집현전 학사들이 연쇄적으로 죽어 나간다. 세종 대왕이 꿈꾼 조선의 모습을 세종 대왕의 고뇌와 그에 맞서는 반대 세력(밀본)과의 극렬한 대결 구도로 드러내고 있으며, 여러 가지 사건을 치른 후에 결국 세종 대왕은 훈민정음을 반포한다.

이해준, '김씨 표류기'　　본문 236~240쪽

전체 줄거리 | 도시에 살며 실의에 빠진 남자는 한강에서 뛰어내렸다가 밤섬에 떨어지게 된다. 자신만의 힘으로 살아가던 남자는 짜장면 봉투를 보고 짜장면을 만들어 먹겠다는 희망을 품게 된다. 한편 좁고 어두운 붙박이장 안에 스스로 갇혀 살아가던 여자는 우연히 망원경으로 보게 된 남자에게 와인 병 편지를 보내 서로 소통하게 된다. 남자는 자신이 기른 재료로 짜장면을 만들어 먹고, 그 모습을 지켜보던 여자에게도 심경의 변화가 일어난다. 엄청난 비가 내린 후, 남자는 밤섬에서 쫓겨나 다시금 절망에 빠지는데 상처를 입은 여자가 남자를 뒤쫓아 결국 만나게 된다.

Memo

Memo

Memo

Memo

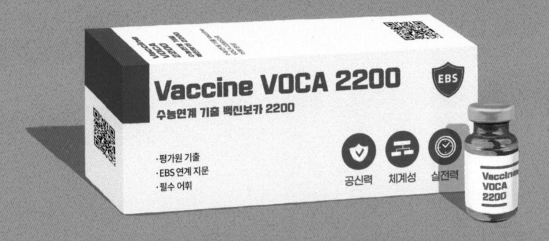

수능 영단어장의 끝판왕!
10개년 수능 빈출 어휘 + 7개년 연계교재 핵심 어휘

수능 적중 어휘 자동암기 3종 세트 제공
휴대용 포켓 단어장 / 표제어 & 예문 MP3 파일 / 수능형 어휘 문항 실전 테스트

휴대용 **포켓 단어장** 제공

내신에서 수능으로

수능의 시작, 감부터 잡자!

국어, 영어, 수학 I, 수학 II, 확률과 통계, 미적분

내신에서 수능으로 연결되는 포인트를 잡는 학습 전략

내신형 문항
내신 유형의 문항으로
익히는 개념과 해결법

동일한
소재·유형

수능형 문항
수능 유형의 문항을
통해 익숙해지는 수능

수능 국어 어휘

최근 7개년 수능, 평가원 6월·9월 모의평가 국어 영역
빈출 어휘, 개념어, 관용 표현, 필수 배경지식 등 선정 수록

어휘가 바로 독해의 열쇠!
수능 국어 성적을 판가름하는 비문학(독서) 고난도 지문도
이 책으로 한 방에 해결!!!

배경지식, 관용 표현과 어휘를 설명하면서
삽화와 사진을 적절히 활용하여
쉽고 재미있게 읽을 수 있는 구성

고1 , 2 예비 수험생이
어휘&독해 기본기를 다지면서
수능 국어에 빠르게 적응하는 29강 단기 완성!

고1~2, 내신 중점

구분	고교 입문 >	기초 >	기본 >	특화	+ 단기
국어		윤혜정의 개념의 나비효과 입문 편 + 워크북 / 어휘가 독해다! 수능 국어 어휘	기본서 올림포스	국어 특화 국어 독해의 원리 / 국어 문법의 원리	
영어	고등예비과정	내 등급은?	정승익의 수능 개념 잡는 대박구문	올림포스 전국연합학력평가 기출문제집	영어 특화 Grammar POWER / Listening POWER Reading POWER / Voca POWER	단기 특강
			주혜연의 해석공식 논리 구조편		영어 특화 고급영어독해	
수학			기초 50일 수학 + 기출 워크북	유형서 올림포스 유형편	고급 올림포스 고난도	
			매쓰 디렉터의 고1 수학 개념 끝장내기		수학 특화 수학의 왕도	
한국사 사회				기본서 개념완성	고등학생을 위한 多담은 한국사 연표	
과학		50일 과학		개념완성 문항편	인공지능 수학과 함께하는 고교 AI 입문 수학과 함께하는 AI 기초	

과목	시리즈명	특징	난이도	권장 학년
전 과목	고등예비과정	예비 고등학생을 위한 과목별 단기 완성		예비 고1
국/영/수	내 등급은?	고1 첫 학력평가 + 반 배치고사 대비 모의고사		예비 고1
	올림포스	내신과 수능 대비 EBS 대표 국어·수학·영어 기본서		고1~2
	올림포스 전국연합학력평가 기출문제집	전국연합학력평가 문제 + 개념 기본서		고1~2
	단기 특강	단기간에 끝내는 유형별 문항 연습		고1~2
한/사/과	개념완성&개념완성 문항편	개념 한 권 + 문항 한 권으로 끝내는 한국사·탐구 기본서		고1~2
국어	윤혜정의 개념의 나비효과 입문 편 + 워크북	윤혜정 선생님과 함께 시작하는 국어 공부의 첫걸음		예비 고1~고2
	어휘가 독해다! 수능 국어 어휘	학평·모평·수능 출제 필수 어휘 학습		예비 고1~고2
	국어 독해의 원리	내신과 수능 대비 문학·독서(비문학) 특화서		고1~2
	국어 문법의 원리	필수 개념과 필수 문항의 언어(문법) 특화서		고1~2
영어	정승익의 수능 개념 잡는 대박구문	정승익 선생님과 CODE로 이해하는 영어 구문		예비 고1~고2
	주혜연의 해석공식 논리 구조편	주혜연 선생님과 함께하는 유형별 지문 독해		예비 고1~고2
	Grammar POWER	구문 분석 트리로 이해하는 영어 문법 특화서		고1~2
	Reading POWER	수준과 학습 목적에 따라 선택하는 영어 독해 특화서		고1~2
	Listening POWER	유형 연습과 모의고사·수행평가 대비 올인원 듣기 특화서		고1~2
	Voca POWER	영어 교육과정 필수 어휘와 어원별 어휘 학습		고1~2
	고급영어독해	영어 독해력을 높이는 영미 문학/비문학 읽기		고2~3
수학	50일 수학 + 기출 워크북	50일 만에 완성하는 초·중·고 수학의 맥		예비 고1~고2
	매쓰 디렉터의 고1 수학 개념 끝장내기	스타강사 강의, 손글씨 풀이와 함께 고1 수학 개념 정복		예비 고1~고1
	올림포스 유형편	유형별 반복 학습을 통해 실력 잡는 수학 유형서		고1~2
	올림포스 고난도	1등급을 위한 고난도 유형 집중 연습		고1~2
	수학의 왕도	직관적 개념 설명과 세분화된 문항 수록 수학 특화서		고1~2
한국사	고등학생을 위한 多담은 한국사 연표	연표로 흐름을 잡는 한국사 학습		예비 고1~고2
과학	50일 과학	50일 만에 통합과학의 핵심 개념 완벽 이해		예비 고1~고1
기타	수학과 함께하는 고교 AI 입문/AI 기초	파이선 프로그래밍, AI 알고리즘에 필요한 수학 개념 학습		예비 고1~고2